suhrkamp taschenbuch
wissenschaft 2399

Geschichte ereignet sich in der Zeit. Aber wie? Als Fortschritt in aufsteigender Linie? Oder als Kreislauf in der ewigen Wiederkehr des Gleichen? Diesen beiden geläufigen Vorstellungen hat der Historiker Reinhart Koselleck eine dritte hinzugefügt: Nicht die Geschichte wiederholt sich, sondern die Bedingungen möglicher Geschichten. Nur wenn wir wissen, was sich wiederholt, erkennen wir das überraschend Neue: den Riss in der Zeit.

Koselleck hat zeitlebens seine Theorie historischen Wissens in immer neuen Anläufen umrissen. Auf der Grundlage unveröffentlichten Materials aus dem Nachlass rekonstruiert Stefan-Ludwig Hoffmann Kosellecks intellektuelle Biografie und dessen ungeschriebenes Buch: seine Historik.

Stefan-Ludwig Hoffmann ist Professor für die Geschichte der Europäischen Spätmoderne an der University of California, Berkeley. 2017 erhielt er den Preis der Guggenheim-Stiftung.

Stefan-Ludwig Hoffmann

Der Riss in der Zeit

Kosellecks ungeschriebene Historik

Suhrkamp

Klimaneutral
Druckprodukt
ClimatePartner.com/14438-2110-1001

2. Auflage 2023

Erste Auflage 2023
suhrkamp taschenbuch wissenschaft 2399
Originalausgabe

Umschlaggestaltung nach Entwürfen
von Willy Fleckhaus und Rolf Staudt
Druck und Bindung: C. H. Beck, Nördlingen
Printed in Germany
ISBN 978-3-518-29999-9

www.suhrkamp.de

Inhalt

Der Riss in der Zeit: Einleitung

Wer in der Alten Pinakothek in München auf der linken Seite die steile Treppe in die Obere Galerie hinaufsteigt, gelangt zu den Räumen mit altniederländischer und altdeutscher Malerei der Renaissance. Eines der berühmtesten Gemälde dort ist, etwas versteckt in einer Ecke des zweiten Raums, Albrecht Altdorfers Gemälde *Alexanderschlacht* (1529), das der Historiker Reinhart Koselleck im Februar 1965 in seiner Heidelberger Antrittsvorlesung »Vergangene Zukunft« analysierte, deren erweiterte Fassung seine gleichnamige, 1979 in der Theorie-Reihe bei Suhrkamp erschienene Aufsatzsammlung eröffnete. Was für Michel Foucault Diego Velázquez' *Las Meninas* (1656) war, mit dessen Betrachtung das erste Kapitel von *Die Ordnung der Dinge* (1966) einsetzt, um den epistemischen Umbruch in die Moderne zu veranschaulichen, das war für Koselleck Altdorfers *Alexanderschlacht*.

Den Auftrag für das Bild erhielt der Maler 1528 von Herzog Wilhelm IV. von Bayern, der einen ganzen Zyklus von Historienbildern für sein neues Lusthaus in den Gärten nahe der Stadtmauer Münchens bestellte. Anders als die großen Gemälde der italienischen Renaissance und des Barocks, die sich an den hohen Wänden der zentralen Ausstellungsräume in der Alten Pinakothek auftürmen, ist *Alexanderschlacht* mit anderthalb Quadratmetern erstaunlich klein. Thema ist die Schlacht bei Issos im November des Jahres 333 v. Chr. – eine Zeitenwende, wie wir heute sagen würden. Altdorfer zeigt das weltgeschichtlich folgenreiche Gemetzel als in sich drehendes, chaotisch aufgewühltes Panorama, zusammengezwängt in das untere Drittel des Bildes. Der Sieg der Griechen über die Perser, die 150 Jahre zuvor Athen verwüstet hatten, war der Beginn des neuen Zeitalters des Hellenismus und damit auch der kulturell-räumlichen Verflechtung eines Weltreichs, das vom östlichen Mittelmeer und Ägypten bis zum Indischen Ozean reichte.

Lesen wir zunächst die Beschreibung des Bildes zu Beginn des Textes in *Vergangene Zukunft*, die sich so bereits »als ikonologischer Exkurs« in Kosellecks Antrittsvorlesung findet. Altdorfer habe es mit »einer bis dahin unbekannten Meisterschaft« verstanden, »Tausende und Abertausende einzelner Streiter als geschlossene Heerhaufen darzustellen; er zeigt uns den Aufeinanderprall gepanzerter Reiterkolonnen und mit Speeren bewaffneter Fußtruppen; die siegreiche Stoßrichtung der Makedonen mit Alexander weit voraus an der Spitze; die Verwirrung und Auflösung, die sich gerade der Perser bemächtigte; die abwartende Haltung der griechischen Kampfreserven, die dann den Sieg vollenden sollten«. Damit sei es Altdorfer gelungen, so Koselleck bereits 1965, die Geschichte in ein Bild zu bannen, »so wie damals ›Historie‹ zugleich ein Bild und eine Geschichte meinen konnte«. Weiter lesen wir, dass der Maler einen von Koselleck nicht namentlich genannten Hofhistoriographen zu Rate gezogen habe, um die exakten Zahlen der Gefallenen und Gefangenen aus antiken Chroniken des Curtius Rufus in Erfahrung zu bringen. »Die Ziffern finden sich verzeichnet auf den Bannern der Heerhaufen, auf denen also Gefallene angeführt werden, die im Bilde selbst noch unter den Lebenden weilen, ja die vielleicht selber das Banner halten, unter dem sie demnächst tot zusammenbrechen werden.«[1]

Auf einen weiteren Anachronismus macht uns Koselleck aufmerksam. Die Perser seien im Bild so gekleidet wie im Jahr 1529, als das Bild entstand, die vor Wien lagernden türkischen Truppen. Umgekehrt sehen die Makedonier aus wie die Ritter des deutschen Kaisers Maximilian. »Mit anderen Worten«, spitzt Koselleck seine Analyse zu, »das geschichtliche Ereignis, das Altdorfer festhielt, war für ihn gleichsam zeitgenössisch.« Alexander der Große und Maximilian I. verschmelzen zu einer einzigen Herrscherfigur, der »historische Erfahrungsraum« erstrecke sich noch aus der Gegenwart Altdorfers in die »Tiefe einer Generationseinheit« bis in die Antike. Vergangenheit, Gegenwart und Zukunft seien noch »von einem *gemeinsamen geschichtlichen Horizont* umschlossen«.[2] Und Koselleck führt für diese seine These einen letzten, schlagenden Beweis an:

1 Reinhart Koselleck, »Vergangene Zukunft der frühen Neuzeit«, in: ders., *Vergangene Zukunft. Zur Semantik geschichtlicher Zeiten*, Frankfurt/M. 1979, S. 17-37, hier S. 17; DLA Marbach, A: Koselleck, Konvolut »Materialien zur Geschichte der frühen Neuzeit 1961-1983«, Mappe 3, Reinhart Koselleck, »Vergangene Zukunft. Historische Bemerkungen zur Prognostik in der Neuzeit«, Ts., o D. [Antrittsvorlesung Heidelberg 1965], 12 Bl., hier Bl. 4 f.; sowie Zettelkasten »Antrittsvorlesung«.

2 Koselleck, »Vergangene Zukunft der frühen Neuzeit«, S. 18. Meine Hervorhebung, SLH.

»Altdorfer, der die dargestellte Historie geradezu statistisch erhärten will, indem er die Schlachtteilnehmer in zehn Zahlenkolonnen aufführt – er hat auf eine Zahl verzichtet, auf das Jahresdatum. Seine Schlacht ist nicht nur gleichsam zeitgenössisch, sie scheint ebenso zeitlos zu sein.«[3]

Als Friedrich Schlegel im Sommer 1804 das Gemälde in Paris sah, wohin es Napoleon als Kriegsbeute hatte schleppen lassen, da habe ihn nicht nur »bei Erblickung dieses Wunderwerks« unbeschreibliches Erstaunen ergriffen, wie Koselleck zitiert. Er habe auch den tiefen Abstand zur Welt Altdorfers empfunden. Schlegel trennte von Altdorfer nicht nur die Differenz von dreihundert Jahren, sondern eine ganz andere Vorstellung von Vergangenheit, Gegenwart und Zukunft, also den drei Dimensionen geschichtlicher Zeit. Was bei Altdorfer noch eschatologisch in eins fiel – die Zeiten Alexanders und Maximilians, aber auch diesseitige Erfahrungen und endzeitliche Erwartungen, »Erfahrungsraum« und »Erwartungshorizont«, wie Koselleck später formuliert –, das riss für die Zeitgenossen der Französischen Revolution auseinander. In den Riss zwischen Vergangenheit und Zukunft, so Kosellecks berühmte These, schoben sich neue Begriffe, allen voran »die Geschichte«, und eine neue, sich katastrophisch beschleunigende Zeit: die *Neuzeit.*

*

Kosellecks Thesen zur Semantik geschichtlicher Zeiten, so auch der Untertitel der Aufsatzsammlung *Vergangene Zukunft*, haben mit dem *temporal turn* der Geistes- und Sozialwissenschaften der letzten zehn, fünfzehn Jahre so weite Kreise gezogen, dass auch die Kunstgeschichte und die Klassischen Philologien einen neuen Blick auf seine Bildanalyse von Altdorfers *Alexanderschlacht* geworfen haben. Dabei hat sich herausgestellt, was sich bei einem Besuch der Alten Pinakothek oder beim Hineinzoomen in das Gemälde auf unseren

3 Ebd.; ders., »Vergangene Zukunft. Historische Bemerkungen zur Prognostik in der Neuzeit«, Bl. 5 f.: »Was Altdorfer fehlte, war die historische Distanz, die Tiefe der Zeit, die ihn vom seinem historischen Gegenstand trennte [...]. Gegenwart und Vergangenheit wurden von einem gemeinsamen Erfahrungshorizont umschlossen. Eine zeitliche Differenz wurde nicht etwa willkürlich eliminiert, sie trat als solche gar nicht in Erscheinung.«

Bildschirmen leicht erkennen lässt: dass Kosellecks Bildanalyse für uns nicht ganz aufgeht.[4]

Da ist zunächst – augenfällig und zentral über der Schlacht schwebend – die riesige historische Tafel, die Koselleck gar nicht erwähnt. Sie beherrscht das obere Drittel des Bildes und lenkt den Blick mit einer wie ein Senkblei anmutenden Kordel vertikal von oben und aus der Ferne auf das Schlachtenpanorama, über dem sich von der Küste Kleinasiens aus gesehen die Landschaft des östlichen Mittelmeers, die Küste Afrikas und das Rote Meer erheben, so wie Altdorfer sie sich aus zeitgenössischen Karten und topografischen Beschreibungen imaginierte. Auf historisierende Distanz verweist die Schrifttafel auch insofern, als sie das Ereignis für uns zusammenfasst, wiederum mit einer genauen Auflistung der Verluste der Besiegten.[5] Altdorfer stützte sich auf die Auskünfte ebenjenes Hofhistoriographen, von dem er nicht nur die Quellen für die genauen Zahlen der Gefallenen und Gefangenen auf Seiten der Perser erfuhr, sondern der ihn auch auf die antiken Chroniken hinwies, in denen überliefert war, wie der dreispännige, sichelbewehrte Streitwagen von König Darius III. im Einzelnen ausgesehen hatte – so dass Altdorfer ihn so historisch genau wie seinerzeit möglich darstellen konnte. Bei diesem Hofhistoriographen handelt es sich um niemand anderen als Johannes Turmair, genannt Aventi-

4 Siehe ⟨https://www.sammlung.pinakothek.de/de/artwork/9pL3Qyz4eb/albrecht-altdorfer/historienzyklus-alexanderschlacht-schlacht-bei-issus⟩ oder mit Sucheingabe »Alexanderschlacht«: ⟨https://artsandculture.google.com⟩, letzter Zugriff jeweils am 3.11.2022. Zum Folgenden: Andreas Prater, »›Monumentale Miniatur‹. Bemerkungen zur Zeitstruktur in Altdorfers Alexanderschlacht«, in: Christoph Wagner, Oliver Jehle (Hg.), *Albrecht Altdorfer. Kunst als zweite Natur*, Regensburg 2012, S. 269-278; Götz Pochat, *Bild-Zeit. Zeitgestalt und Erzählstruktur in der bildenden Kunst des 16. Jahrhunderts*, Wien 2015, S. 218-224; Tim Rood u. a., *Anachronism and Antiquity*, London 2020, S. 44-52; sowie Daniela Bleichmar, Vanessa Schwartz, »Visual History: The Past in Pictures«, in: *Representations* 145 (2019), S. 1-31, hier S. 13-18.

5 »ALEXANDER M. DARIVM VLT: SVPERAT / CAESIS IN ACIE PERSAR: PEDIT: CM.EQVIT / VERO XM.INTERFECTIS. MATRE QVOQVE / CONIVGE, LIBERIS DARII REG: CVM M.HAVD / AMPLIVS EQVITIB: FVGA DILAPSI, CAPTIS.« [»Alexander der Große besiegt den letzten Darius, nachdem in den Reihen der Perser 100 000 Mann zu Fuß erschlagen und über 10 000 Reiter getötet wurden. Während König Darius sich mit nicht mehr als 1000 Reitern durch Flucht retten konnte, wurden seine Mutter, seine Gattin und seine Kinder gefangen genommen.«]

nus, den Vater der bayerischen Geschichtsschreibung, der auch mit der Erziehung der jüngeren Brüder von Wilhelm IV. betraut war. Die ursprünglich deutsche Inschrift auf der Tafel, die später auf Lateinisch überschrieben wurde, hatte Altdorfer wahrscheinlich der bayerischen Chronik des Aventinus entnommen, die auch antike Begebenheiten enthielt. Dass einige der fliehenden Perser Turbane trugen, mag Koselleck und uns an die Darstellung osmanischer Truppen des frühen 16. Jahrhunderts erinnern, ist aber ebenfalls in den antiken Quellen überliefert, die Aventinus und Altdorfer nutzten.

Koselleck übersieht zudem, dass die »Perser« nicht nur Turbane tragen, sondern wie die Reiter Alexanders eine frühneuzeitliche Ritterrüstung, so als wollte Altdorfer bewusst die scharfe Teilung zwischen beiden Seiten verwischen – ein Anachronismus gewiss, aber nicht aus zeitlicher »Generationseinheit« oder gar Zeitlosigkeit. Folgen wir von oben der den Blick leitenden Kordel, sehen wir in der Mitte des Schlachtgewühls Alexander an der Spitze seiner Reiter, der den zurückschauenden, das Ausmaß der Niederlage erkennenden Darius verfolgt, welcher wiederum von seinen nach links aus dem Bild fliehenden Truppen umgeben ist. Zentral darüber sehen wir in Miniatur und als winzige Punkte tausende Krieger, die aufeinander zuströmen. Im Chaos der Schlacht sind beide Seiten nur schwer unterscheidbar, aber wir erkennen persische oder türkische Bogenschützen auf der einen und Alexanders Truppen mit seinen Bannern auf der anderen Seite. Aber schon darunter, und noch oberhalb von Alexander und Darius, sehen wir frühneuzeitliche Ritter aufeinanderprallen, die eine Seite mit dem Habsburger Doppeladler, die andere unter den Fahnen Alexanders. Von rechts stürmen Landsknechte des frühen 16. Jahrhunderts auf die Mitte des Bildes zu. Was oben noch als Angriff auf die Perser (oder Türken) von allen Seiten ausgelegt werden könnte, wird unten und im Bildvordergrund unzweifelhaft zu einer Schlacht, in der *beide Seiten* zeitgenössische Ritterrüstungen tragen. Beide Seiten ähneln den Reitern, die weiter oben Alexander folgen. Ganz vorne stoßen zwei frühneuzeitliche Reiter aufeinander, wobei der eine den anderen mit der Lanze am Hals trifft und gleich vom Pferd werfen wird. Unter den beiden und entlang des linken unteren Bildrands erstreckt sich ein blutiger Teppich aus sterbenden Kriegern und Pferden, über dem die Schlacht tobt.

Altdorfers Bild enthält also eine Zeitschleife. Was oben als antike Schlacht der Griechen gegen die Perser beginnt, wandelt sich im Vordergrund in frühneuzeitliche Kriege – gegen die Türken, aber auch zwischen Christen. Altdorfer und Aventinus setzten nicht nur Alexander und Maximilian, der zu diesem Zeitpunkt schon seit zehn Jahren tot war, in der Abwehr der Perser oder Türken in eins. Zeitgenössische Betrachter werden auch die Italienkriege zwischen den Habsburgern und dem französischen Königshaus um die Vorherrschaft in Europa vor Augen gehabt haben, also die von Koselleck erwähnte Schlacht bei Pavia 1525, aber auch die Bauernaufstände und drohenden Konfessionskriege infolge der Reformation.[6]

Bei seinem Gemälde *Alexanderschlacht* scheint es sich mithin um einen politischen Balanceakt Altdorfers zu handeln. Zum einen wird die Kontinuität des Heiligen Römischen Reichs in der Person des Auftraggebers, des Wittelsbachers Wilhelm IV., beschworen, der sich in den 1520er Jahren gegen die Reformation gestemmt und Bayern zum Ausgangspunkt der Gegenreformation gemacht hatte. Es geht um die Verteidigung des Reichs gegen innere und äußere Feinde. Der schwarze Greif auf goldenem Grund, das Fantasiebanner Altdorfers für Alexander, weht genauso im Bild wie der schwarzgoldene Doppeladler der Habsburger, der auch auf anderen Schlachtbildern des vom Herzog in Auftrag gegebenen Historienzyklus zu finden ist, etwa Melchior Feselens *Belagerung der Stadt Alesia durch Julius Caesar und der Kampf gegen Vercingetorix* (1533). Die Betonung dieser Kontinuität durch bewusste Anachronismen im Bild soll *den Eindruck* eines zeitlich ungebrochenen gemeinsamen eschatologischen Horizonts vermitteln. Sie werden von Altdorfer im Sinne seines Auftraggebers gegenwartspolitisch eingesetzt, um bestehende Zweifel an dieser Kontinuität zu zerstreuen. Zugleich scheinen das gedrängte Schlachtgewühl und das unterschiedslose Gemetzel von Altdorfers Gemälde, das sich aus der Vergangenheit in der Bildmitte nach vorn und unten in die Gegenwart dreht, die entgrenzte Gewalt des Dreißigjährigen Krieges vorwegzunehmen,

6 Aventinus korrespondierte mit Luther und Melanchthon, schloss sich aber der Reformation nicht an. Er fiel dennoch 1528, dem Jahr als Altdorfer von Wilhelm IV. den Auftrag erhielt, die Alexanderschlacht zu malen, aus konfessionellen Gründen in Ungnade. Nach zwischenzeitlicher Haft entzog er sich dem Zugriff des Herzogs mit dem Umzug nach Regensburg, der Heimat Altdorfers, die als »freie Reichsstadt« 1519 die Juden vertrieb, aber Protestanten duldete.

die sich in den Kriegen und Aufständen des frühen 16. Jahrhunderts bereits andeutete.

Altdorfers *Alexanderschlacht* ist also nicht »zeitlos«. Auf neuartige und bis heute faszinierende Weise hat der Künstler verschiedene Zeiten miteinander verschränkt und in sich drehend verflochten. Da ist zunächst die Ereigniszeit der vergangenen Schlacht, deren chaotischer Verlauf sich vor unseren Augen abspielt. Darüber eine Landschaft, die sich kosmisch-eschatologisch lesen lässt, aber topografisch exakt zu sein versucht und sich hinten als Kugel wölbt, einen neuen zeitlichen Horizont andeutend, der im frühen 16. Jahrhundert mit der globalen Expansion europäischer Mächte auftauchte. Und schließlich die zeitliche Distanz zur Gegenwart, um diese zu kommentieren, bildlich erzeugt durch die übergroße Historientafel oben, die Zahlenangaben zu den Gefallenen und Gefangenen auf den Bannern, getragen von anonymen, nur punktgroßen Reitern, die gleich ihrerseits noch fallen werden, weil die Schlacht sich vor unseren Augen abspielt, wir sie, wie durch ein Fernglas, von weitem beobachten. Und deshalb fehlt auch nicht, wie Koselleck meint, jede Jahreszahl. Dort, wo wir als Besucher stehen und erstaunt auf das Schlachtengewühl blicken, vorn am unteren Bildrand, unterhalb des Gemetzels und des Teppichs aus Sterbenden und Toten, vermerkte Altdorfer links und mit bloßem Auge kaum erkennbar auf einem Felsen das Entstehungsjahr des Gemäldes: 1529.

Koselleck hat also Recht mit seiner Beobachtung des Anachronismus der frühneuzeitlichen Ritter. Die Vermischung historischer Zeiten geschieht aber bei Altdorfer nicht aufgrund von fehlendem historischen Abstand. Es geht ihm und Aventinus nicht nur um die Türken vor Wien, also die Rückkehr der äußeren Bedrohung der christlichen Welt, sondern um den grausamen Schrecken der konfessionellen Bürgerkriege, die im 16. Jahrhundert in Europa zu wüten beginnen. Die gegenwartspolitische Pointe des Gemäldes übergeht auch der von Koselleck angeführte Zeuge Friedrich Schlegel. Als Frühromantiker, der 1808 im Kölner Dom zum Katholizismus konvertierte, sah er aber in Altdorfers *Alexanderschlacht* kein verwunschenes Abbild einer verlorenen, stillgelegten Zeit. Für ihn handelte es sich um »ein Gemälde ganz neuer, ganz eigener Art, eine Gattung für sich, deren Begriff wir erst aufzustellen haben«. Diese »kleine Ilias in Farben« zeige, so weiter Schlegel in seiner Zeitschrift *Europa*, wie ein »wahrhaft romantisches Gemälde« aussehen könnte.[7] Von einem »tiefen Generationsabstand« ist nicht die Rede. Vielmehr wird hier eine ideelle und ästhetische Brücke zur deutschen Romantik herbeizitiert, was bei der dramatischen Gebirgs- und Meereslandschaft mit Ruine im mittleren Teil des Gemäldes nicht sonderlich überrascht. Die Kunst Altdorfers galt aus der Sicht Schlegels dreihundert Jahre später als eine Vergangenheit, die in die eigene Gegenwart hineinragt, zumindest hineinragen sollte. Eine »vergangene Zukunft« vielleicht, aber gewiss nicht eine, die Schlegel als für immer verloren ansah.

Wie lässt sich die ganz andere Interpretation Kosellecks erklären? Kaum ein Historiker der alten Bundesrepublik war so umfassend gelehrt, nur wenige haben so wie er versucht, auch Bilder zu analysieren. Koselleck zeichnete selbst und wollte in seiner Jugend auf die Kunstakademie. In Heidelberg studierte er neben Geschichte zuerst auch Kunstgeschichte und Germanistik, dann unter anderem Philosophie, Soziologie, Psychologie und medizinische Anthropologie.[8] Die Kunsthistorikerin Hildegard Marchand, seine 1950 verstorbene Tante, stand ihm nahe, von ihr erhielt er auch einen Münchener Ausstellungskatalog zu Altdorfer. Max Imdahl, einer der bedeutendsten deutschen Kunsthistoriker seiner Generation, zählte zu den engsten Freunden. Auch beschäftigte er sich über viele Jahrzehnte mit Fragen der historischen Ikonologie. Warum also hat Reinhart Koselleck nicht gesehen, was uns heute ins Auge fällt?

*

Eine mögliche Antwort, der ich in den folgenden Kapiteln nachgehen werde, bezieht sich nicht nur auf seine Bildanalyse von Altdorfers *Alexanderschlacht*. Über mehr als ein halbes Jahrhundert, von der Studienzeit im Nachkrieg bis zu seinen letzten Essays, hat Koselleck in immer neuen Anläufen mögliche Zugänge zu einer neuen Zeit- und Wissenstheorie der Geschichte skizziert. Anders als Johann Gustav Droysen, der Biograf Alexanders des Großen, hat Koselleck sie nie zu einem geschlossenen, systematischen Buch

7 Friedrich Schlegel, *Ansichten und Ideen von der christlichen Kunst*, hg. v. Hans Eichner (= *Kritische Ausgabe*, Bd. 4), München 1959, S. 119 f.

8 Reinhart Koselleck, »Mein Lebenslauf«, 26. 8. 1955, Universitätsarchiv Heidelberg, PA-4614, 3 Bl., hier Bl. 2.

zusammengefügt – einer Historik.[9] Zwar sprach Koselleck immer wieder davon, an einer neuen Theorie historischen Wissens zu arbeiten, besonders in den 1980er Jahren, zur Zeit des Historikerstreits. Doch ließ sich für ihn anscheinend die Geschichte nicht mehr in ein Lehrbuch fassen. Anders als Hayden White oder Paul Ricœur, die sich beide mit seinen theoretischen Arbeiten auseinandersetzten, und anders auch als Agnes Heller oder Jörn Rüsen ging es Koselleck nicht darum, die Geschichte erzähltheoretisch, philosophisch oder didaktisch in ein System zu bringen. Sein Geschichtsdenken entfaltete sich in experimentellen Vorträgen und weit ausgreifenden Essays am historischen Material – suchend, Hypothesen zu den Bedingungen möglicher Geschichten formulierend, um die als katastrophisch wahrgenommene eigene Gegenwart zu befragen. Was bleibt von der Historie als Wissenschaft nach den beiden Weltkriegen und Auschwitz, nach Hiroshima und im Schatten eines möglichen letzten Krieges zwischen zwei ideologisch verfeindeten Welten?

Koselleck ging es darum, für die Erfahrungen der 1930er und 1940er Jahre eine ebenso analytische wie bildhafte Sprache zu finden, für den Riss in der Zeit, den er selber nur durch Zufall überlebte und den er wie viele andere deutsche und europäische Intellektuelle, deren Denkweg in der Nachkriegszeit begann, zunächst in das 18. Jahrhundert verlegte, als öffnete sich mit dem Zeitalter zwischen den religiösen Bürgerkriegen des 17. Jahrhunderts und der Französischen Revolution der Abgrund der eigenen Zeit. Wenn Koselleck in Bezug auf Altdorfer und Schlegel schreibt, die Erfahrungsdifferenz zwischen beiden sei tiefer gestaffelt als der zeitliche Abstand von dreihundert Jahren, dann trifft das noch mehr zu für die hundertfünfzig Jahre, die Koselleck von Schlegel trennten. Altdorfer stand Schlegel näher, so scheint es uns heute, als Koselleck der Zeit um 1800 – ganz anders als die Antrittsvorlesung »Vergangene Zukunft« im Jahr 1965 behauptete.

Das beginnt damit, dass Anfang der 1960er Jahre, als Koselleck in verschiedenen Vorträgen seine *Alexanderschlacht*-Bildanalyse aus-

9 Johann Gustav Droysen, *Historik. Vorlesungen über die Enzyklopädie und Methodologie der Geschichte* [1868], hg. v. Rudolf Hübner, München 1943. Laut Besitzeintrag gelangte diese Ausgabe 1957 in Kosellecks Bibliothek, die sich jetzt im DLA Marbach befindet. In den Vorsatz notiert er sich »Gadamer: von Heidegger vor der Niederschrift von S[ein]+ Z[eit] in seinem Seminar behandelt«.

probierte, die Alte Pinakothek – erbaut von 1826 bis 1836 im historistischen Stil der frühen Neorenaissance, im Zweiten Weltkrieg von mehreren Fliegerbomben getroffen und teilweise zerstört – nach einer »kritischen Rekonstruktion« des Architekten Hans Döllgast gerade erst wieder eröffnet worden war. Döllgasts Entwurf war heftig umstritten, weil er sich entschied, das Gebäude nicht wieder in den Originalzustand zu versetzen, so als sei nichts geschehen.[10] Er optierte aber auch gegen den Abriss und einen modernen Neubau, also ein Vorgehen wie später bei der Ruine der Neuen Pinakothek. An der Alten Pinakothek blieb die offene Wunde kenntlich, indem die eingerissene Fassade sichtbar mit unverputzten Ziegelsteinen vermauert und sogar der Grundriss geändert wurde. Der neue Eingang mit dem Treppenhaus im schlichten Pathos der Nachkriegsmoderne liegt genau an der Stelle, wo die Bomben die historistische Fassade Leo von Klenzes aufgerissen hatten.

Als Koselleck den Vortrag »Vergangene Zukunft« schrieb, war er ungefähr vierzig Jahre alt. Hinter ihm lagen nicht nur Studium und Promotion in Heidelberg, sondern auch Kindheit und Jugend im »Dritten Reich«, die neunmonatige Teilnahme als Achtzehnjähriger am Vernichtungskrieg in der Sowjetunion, genauer gesagt als Soldat der Artillerie in der 6. Armee in der Ukraine. Dem Vormarsch in Richtung Kaukasus und Stalingrad entkam er nur dadurch, dass ihm Ende Juni 1942, kurz vor Beginn der deutschen Sommeroffensive im Donbas, die zentnerschwere, von Pferden gezogene Lafette seines Geschützes über beide Füße rollte. Nach zehn Monaten im Lazarett und zwei weiteren Jahren Innendienst bei einer Radareinheit im Elsass wurde er erst wenige Wochen vor Kriegsende wieder an die Front beordert. Dort geriet er am 8. Mai 1945 in sowjetische Kriegsgefangenschaft, erst nach Auschwitz, um dort die IG-Farben-Chemiefabriken abzubauen, und dann für mehr als ein Jahr in ein Gulag-Straflager in Zentralasien, das er erneut nur durch Zufall überlebte.

Dieser »Erfahrungsraum« und »geschichtliche Horizont« schwang unausgesprochen mit, als Koselleck vor seinen Zuhörern im Februar 1965 in der Alten Aula in Heidelberg über den Riss zwischen Vergangenheit und Zukunft sprach. So begann die Antritts-

10 Erich Altenhöfer, »Die Alte Pinakothek«, in: *Aufbauzeit. Planen und Bauen. München 1945-1950. Katalog zum Architekturteil der Ausstellung Trümmerzeit im Münchner Stadtmuseum*, hg. v. Winfried Nerdinger, München 1984, S. 63-76.

vorlesung auch nicht mit Altdorfer, sondern mit einem Zitat von Johann Georg Hamann aus dem *Kleeblatt hellenistischer Briefe* (1762): »Kann man das Vergangene erkennen, wenn man das Gegenwärtige nicht einmal versteht? Und wer will vom Gegenwärtigen richtige Begriffe nehmen, ohne das Zukünftige zu wissen? Das Zukünftige bestimmt das Gegenwärtige und dieses das Vergangene.«[11] Für Hamann waren, so Koselleck, die drei zeitlichen Dimensionen Vergangenheit, Gegenwart und Zukunft noch nicht auseinandergerissen. Seine Zeitgenossen begannen aber die neuen Begriffe »Geschichte«, »Revolution« oder auch »Fortschritt« in die eschatologische Leerstelle der »unbekannten Zukunft« zu rücken: Sie verklammerten den Riss zwischen Vergangenheit und Zukunft, indem sie die Zeit als eine aufsteigende Linie deuteten. In zeitlicher Umkehrung der Eschatologie bestimmte von nun an die Vergangenheit als »Geschichte« über die Gegenwart und Zukunft – von der Französischen Revolution bis in das eigene totale Zeitalter der beiden Weltkriege und der Erlösungs- und Vernichtungsideologien des 20. Jahrhunderts, die vorgaben, nur den Gesetzen »der Geschichte« zu folgen.

Aus dieser Geschichtskritik formuliert Koselleck die erste Prämisse für seine Historik. Wenn Geschichte als Wissenschaft noch möglich sein soll, dann gilt es, das Verhältnis der drei zeitlichen Dimensionen neu zu denken. Altdorfer und Hamann lebten noch im Horizont christlicher Zukunftserwartung, Schlegel und Koselleck nicht mehr – so sah es zumindest Koselleck. Was die Geschichte als Wissenschaft ausmache, sei die Frage nach der geschichtlichen Zeit. »Streng genommen«, so Koselleck in der Antrittsvorlesung, »ist alle Geschichte ›Zeitgeschichte‹.« Und als »Zeithistoriker« drehte er den Zeitpfeil einfach wieder um. Es gehe seinem »Vorgriff« darum, die »vergangene Zukunft als Bedingung vergangener Gegenwart und von deren Vergangenheit zu umreißen«.[12] Die Erwartungen vor-

11 Koselleck, »Vergangene Zukunft. Historische Bemerkungen zur Prognostik in der Neuzeit«, Bl. 1. Koselleck verwendet diese ersten Seiten der Antrittsvorlesung zwanzig Jahre später für den Aufsatz »Die unbekannte Zukunft und die Kunst der Prognose«, in: *Attempto. Nachrichten für die Mitglieder der Vereinigung der Freunde der Universität Tübingen* 70/71 (1984/85), S. 80-85, wiederabgedr. in Koselleck, *Zeitschichten. Studien zur Historik,* Frankfurt/M. 2000, S. 203-221. Siehe auch Johann Georg Hamann, *Kleeblatt hellenistischer Briefe. Text mit Wiedergabe des Erstdrucks,* hg. v. Karlheinz Löhrer, Frankfurt/M. 1994, S. 79.

12 Koselleck, »Vergangene Zukunft. Historische Bemerkungen zur Prognostik in der Neuzeit«, Bl. 3.

hergehender Generationen, ihre vergangenen Zukünfte sind es, die uns vergangene Wirklichkeiten und Ereignisfolgen erst begreifbar machen. Voraussetzung einer Historie nach der Katastrophengeschichte des 20. Jahrhunderts ist die zeit- und utopiekritische Einsicht, dass die Zukunft uns unbekannt ist. Nur die Vorstellung einer offenen Zukunft versetzt uns in die Lage, eine andere Gegenwart und Vergangenheit zu denken.

*

In die wenigen Seiten seiner Antrittsvorlesung von 1965 zwängte Koselleck viele der geschichtstheoretischen Themen und Thesen, die er in den nächsten Jahrzehnten entfalten sollte. Sie tauchen schon hier auf, so wie in anderen Texten aus dieser Zeit. Dem Exkurs zu Altdorfer voraus ging 1963 eine erste, nur eine Typoskriptseite umfassende methodologische Skizze zur Ikonologie, also zur historischen Bildwissenschaft. Auch hier interessierte Koselleck eine Erfahrung seiner Zeit. Gerade weil wir in Bildern denken, werden diese zur »Einbruchstelle für die moderne politische Ikonenwelt, die die Gesichtsfelder umstellt (Reklame, Plakate, Spruchband: ein Bild bevor es ein Satz ist!, die Darstellung der Prominenz etc.) Das Bild geht leichter ein als das Wort: scheinbar ein Widerspruch.«[13] Bilder können wortlos betrügen, sie bleiben haften, wandern ein in unsere Träume, wie Koselleck die moderne Bildpropaganda beschreibt. Auch das auf den ersten Blick etwas abseitige Interesse an der frühneuzeitlichen Prognose in der Antrittsvorlesung, hier noch »Rationalisierung der Zukunft« genannt, ist eines dieser Themen, die sich durch das gesamte Werk ziehen. Diese »Kunst der Prognose«, die es im 18. Jahrhundert noch Denis Diderot oder Christoph Martin Wieland erlaubte, den Verlauf der Französischen Revolution vorauszusagen, den plötzlichen Ausbruch wie auch das Ende in der Diktatur, ging, so Koselleck, mit der »Verzeitlichung« der Geschichte zunächst verloren. Am Beispiel der Schriften Lorenz von Steins zur preußischen Verfassung zeigt er, dass politische Prognosen dennoch möglich bleiben, wenn sie auf historischen Erfahrungssätzen beruhen, die theoretisch aus der Geschichte abgeleitet

13 Reinhart Koselleck, »Zur polit. Ikonologie«, Ts., März 1963, zit. n. Hubert Locher, »Denken in Bildern. Reinhart Kosellecks Programm *Zur politischen Ikonologie*«, in: *Zeitschrift für Ideengeschichte* 3 (2009), S. 81-96, hier S. 83.

werden – sein erster programmatischer Aufsatz, veröffentlicht im Jahr der Antrittsvorlesung. Bereits hier findet sich also die Fragestellung der Historik nach sich wiederholenden Mustern in einer Übergangs- und Krisenzeit, die er in »Historia Magistra Vitae: Über die Auflösung des Topos im Horizont der neuzeitlich bewegten Geschichte« (1967) weiter entfaltet, geschrieben für die Festschrift seines Lehrers Karl Löwith. Im gleichen Jahr veröffentlicht er eine erste Skizze der Richtlinien für das Lexikon *Geschichtliche Grundbegriffe*, mit »Verzeitlichung« als zentraler These für den Übergang in die Moderne, aus der sich später die anderen Verlaufsthesen ergeben: die »Ideologisierbarkeit« (1967 noch »Verschleiß« und »Verblindung«[14]) sowie die »Politisierung« und »Demokratisierung« der politisch-sozialen Sprache und ihrer »Bewegungsbegriffe«, einschließlich des neuen Kollektivsingulars der »Geschichte«.

In diesen sozial-, begriffs- und bildgeschichtlichen Skizzen, implizit zugleich Zeitdiagnose und Geschichtstheorie, entwickelt Koselleck einen ganz eigenen Stil: abstrakt und theoretisch, ganze Jahrhunderte in wenigen Absätzen umgreifend, in die anthropologische, philosophische oder politische Vorannahmen eingehen, die sich bei flüchtiger Lektüre kaum erschließen. Enorm ist jedoch die Suggestivkraft der Metaphern, Bilder und Begriffe, gerade weil hier in einer dichten und eigensinnigen Sprache die Zeitfragen der eigenen, als katastrophisch begriffenen Zeit verhandelt werden.[15] Kosellecks Dissertation, geschrieben in der ersten Jahreshälfte 1953 und veröffentlicht erst sechs Jahre später, wird auch aufgrund dieses leidenschaftlichen Stils, bei dem es immer ums Ganze zu gehen scheint, noch heute gelesen. Auch *Kritik und Krise* steht im Schatten der Katastrophe und blickt von dort aus auf die Welt des 18. Jahrhunderts, auf die den Dualismus von Moral und Politik verdeckende und verschleiernde Geschichtsphilosophie der Aufklärung, deren Kritik die Krise und den heraufziehenden Bürgerkrieg ungewollt verschärfte.[16] »Gehen S' das is schön; sag'n S' es noch einmal« – so reagierte der junge Althistoriker Christian Meier 1956

14 Reinhart Koselleck, »Richtlinien für das Lexikon politisch-sozialer Begriffe der Neuzeit«, in: *Archiv für Begriffsgeschichte* 11 (1967), S. 81-99, hier S. 87.

15 Anson Rabinbach, *In the Shadow of Catastrophe. German Intellectuals between Apocalypse and Enlightenment*, Berkeley 1997.

16 Reinhart Koselleck, *Kritik und Krise. Eine Studie zur Pathogenese der bürgerlichen Welt* [1959], Frankfurt/M. 1973, S. 103.

in seiner Rezension mit Karl Kraus und feiner Ironie auf Kosellecks Schreibstil. »Und gerade wenn man am tiefsten beeindruckt ist, hat man oft Anlaß über die durch die Verdeckung verdeckenden Funktionen dieses Stils nachzudenken.«[17]

Meier spielte hier nicht nur auf den Einfluss Carl Schmitts auf Kosellecks Dissertation an. In *Kritik und Krise*, aber auch in den Aufsätzen aus den 1960er Jahren arbeitete Koselleck »verdeckt« bereits an einer Geschichtstheorie für eine Zeit aus den Fugen, eine Welt zwischen Vernichtungskrieg und gewaltsamer Entkolonisierung, Kaltem Krieg und atomarer Bedrohung. Nur selten wird in diesen frühen Texten bereits die eigene existenzielle Verstrickung direkt ausgesprochen. Wenn es geschieht, dann aber mit einer für die Adenauer-Zeit erstaunlichen Klarheit. In der Einleitung von *Kritik und Krise* heißt es 1959, es gehe ihm nicht darum, den Aufklärern eine moralische Rechnung zu präsentieren. Vielmehr wolle er die spezifische geschichtliche Situation des späten 18. Jahrhunderts analysieren, ohne den »damaligen Menschen« Schuld zuzuweisen. »Das verbietet sich von selbst,« schreibt Koselleck in Anspielung auf die Schulddebatten der Nachkriegszeit und seine eigenen Kriegserfahrungen, »denn der Mensch als geschichtliches Wesen ist immer verantwortlich, für das Gewollte so sehr wie für das Ungewollte, und für das letztere vielleicht öfters und mehr als für das erstere«.[18] Kosellecks Historik ist mithin beides: der Versuch, eine neue Theorie historischen Wissens zu umreißen, und, was heute oft übersehen wird, eine Auseinandersetzung mit den Zeiterfahrungen des 20. Jahrhunderts.

So erklärt sich auch ein weiterer Widerspruch. Koselleck glaubte offensichtlich nicht daran, dass sich die Geschichte in ein schlüsselfertiges Theoriegebäude verwandeln lasse. Dennoch sprach er immer wieder davon, an einer neuen Historik zu schreiben. Im März 1976 fasst er bei der Aufnahme in die Rheinisch-Westfälische Akademie der Wissenschaften sein Forschungsvorhaben so zusammen: »Immer geht es mir darum, die der geschichtlichen Bewegung eigentümlichen Zeitstrukturen und die daraus ableitbaren Zeiterfahrungen zu thematisieren. Selbst wenn sich die Geschichte nie wiederholt, also immer einmalig ist, können die Bedingungen der Nichtwiederholbarkeit selber nicht ebenfalls einmalig sein.

17 Christian Meier, [Rezension zu *Kritik und Krise*,] in: *Ruperto-Carola* 13 (1961), S. 258-264, hier S. 260.

18 Koselleck, *Kritik und Krise*, S. 4.

Sie müssen sich wiederholen, wenn auch in zeitlich verschiedenen Fristen, Schichten oder Rhythmen. Die Geschichte drängt, mit anderen Worten, die Geschichtswissenschaft auf eine Theorie geschichtlicher Zeiten. Das Ergebnis wäre, wenn es erreicht wird, eine empirisch gesättigte Historik.«[19]

Wenn Koselleck davon sprach, an einer Historik zu arbeiten, dann meinte er damit nicht allein eine »Geschichte der Historiographie in systematischer Absicht« – das war nur »ein Streifen« dieses Vorhabens.[20] Worum es ihm bei der tastenden Suche mit »Vorgriffen« und »Hypothesen« ging, war die Frage, ob es nach der Katastrophengeschichte seiner Zeit noch möglich ist, geschichtliche Erfahrungen in historische Erkenntnis zu überführen. »Die Geschichte«, ideologisch »verschlissen« und »verblindet«, sollte nicht mehr die Erfahrungen diktieren, sondern umgekehrt: Aus gemachten Erfahrungen, wie sie in den Überresten der Vergangenheit auftauchen, sollte eine Theorie historischen Wissens gewonnen werden. Deshalb hat Koselleck seine Überlegungen immer wieder am historischen Material durchgespielt, in der Regel zuerst in Vorbereitung auf Vorträge oder Seminare, unter Zuhilfenahme von Notizen und Zitaten, Zettelkästen und Schubern, Mappen und Ordnern, seiner umfangreichen Bibliothek und eigenen Bildsammlung, die zum Schluss auf 30 000 Objekte angewachsen war. In diesen Materialfluten aus Überresten der Vergangenheit konnte er sich auch verlieren. Oft dauerte es Jahre, bis aus Vorträgen ein Aufsatz und aus Aufsätzen ein Sammelband entstand, stets begleitet von dem Gefühl, nur ein Zwischenergebnis zu formulieren, das nach weiteren theoretischen Überlegungen und Quellenbelegen verlangt.

Diese auf den ersten Blick unsystematische Suche im Austausch mit anderen hat Koselleck aber auch zu Quellen geführt, zu Träumen beispielsweise oder Kriegerdenkmälern, deren Analyse seinerzeit in keinem historischen Proseminar gelehrt wurde. Aus dieser Offenheit erschloss er in seinen Aufsätzen immer neue Themenbereiche. Es gibt in den Geisteswissenschaften des späten 20. Jahrhunderts kaum einen methodischen und theoretischen *turn – linguistic, cultural, iconic/visual, spatial, temporal, animal, ecological* –,

19 Reinhart Koselleck, »Rede bei der Aufnahme in die Rheinisch-Westfälische Akademie der Wissenschaften«, in: *Jahrbuch 1976 der Rheinisch-Westfälischen Akademie der Wissenschaften*, Wiesbaden 1977, S. 56 f., hier S. 57.

20 Ebd.

den Koselleck nicht vorweggenommen hat: in seinen Arbeiten zu historischen Semantiken, auch im Vergleich verschiedener europäischer Sprachen, zur Erfahrungsgeschichte des Massensterbens und der Unmöglichkeit, es angemessen zu erinnern, zum Raum und zur Zeit, die ihrerseits räumlicher Metaphern (»Fortschritt«) bedarf, um Anschaulichkeit zu gewinnen, zu Beschleunigung und Verzögerung, vergangenen Erfahrungen und vorgreifenden Erwartungen, zu den divergierenden Zeiten von Recht, Geschichte und Gerechtigkeit, den Ereigniskatarakten von Kriegen und Revolutionen, aber auch zum Jahrhunderte umgreifenden »Pferdezeitalter« oder zu den über Jahrtausende relativ stabil bleibenden natürlichen Vorbedingungen menschlichen Lebens, die im Anthropozän sprunghaft verschwinden.

Alle diese disparaten, ja ausufernden Themen werden von einer Fragestellung zusammengehalten: Was sind die Bedingungen möglicher Geschichten? Sie findet sich bereits in frühen Briefen aus der Studienzeit in Heidelberg und ist das Thema seines letzten zu Lebzeiten publizierten Essays mehr als fünfzig Jahre später: »Was sich wiederholt« (2005). Nur wenn wir wissen, was sich wiederholt, erkennen wir, was an unseren eigenen Zeiterfahrungen wirklich neu ist. Und die zentrale Achse, um die herum sich die Bedingungen möglicher Geschichten drehen, ist die Zeit, die für Koselleck zumeist im historischen Gewand von Kriegen und Katastrophen auftritt. Die Suche nach Wiederholung und Riss zieht sich durch sein gesamtes Werk und bildet den Glutkern dessen, was ich als Kosellecks Fragestellung bezeichne. Seine Historik zielt darauf, bei aller spielerischen Offenheit der herangezogenen Quellen und Themen dauerhafte historisch-anthropologische Erfahrungssätze aufzufinden, um den von den Zeiterfahrungen der ersten Jahrhunderthälfte ideologisch zerschlissenen Begriff »die Geschichte« zu ersetzen. Darum geht es bereits in *Kritik und Krise* und in den Aufsätzen zur Semantik geschichtlicher Zeiten. Zugleich wollte er herausfinden, was die Diskontinuität in seiner eigenen Zeit ausmachte. Worin unterscheidet sich die auf die Katastrophen des 20. Jahrhunderts zurasende »Neuzeit« von vorangegangenen geschichtlichen Erfahrungen? Fast alle geschichtstheoretischen Aufsätze Kosellecks kommen an entscheidender Stelle auf die beiden Weltkriege und die Schoah zu sprechen.

*

Kosellecks Suche nach einer Theorie historischen Wissens lässt sich nicht chronologisch und geradlinig erzählen, unvermeidlich ergeben sich Wiederholungen, Umwege und Sprünge. Fast scheint das beiläufig von Christian Meier vorgeschlagene Bild, mit dem Koselleck in *Vergangene Zukunft* veranschaulicht, dass geschichtliche Erfahrungen nicht einem aufsteigenden Zeitpfeil folgen, auch die Arbeit an seiner Historik zu beschreiben. So wie durch das Bullauge einer laufenden Waschmaschine die Wäschestücke, sehen wir einzelne Begriffe und Bilder, Denkfiguren oder Metaphern kurz auftauchen, bevor sie sogleich wieder untergemengt werden, um kurz darauf in anderer Konstellation erneut zu erscheinen.[21] Kosellecks These von der Verzeitlichung der Geschichte ist ein gutes Beispiel. In seiner *Alexanderschlacht*-Bildanalyse übersieht er (noch) die Erfahrungsdifferenz, die das 16. und 17. Jahrhundert von der Antike trennt. Zugleich überzeichnet er den Abstand der Welt Altdorfers zum Zeitalter der Aufklärung und der Revolutionen, weil es ihm um die Erfahrungsgeschichte des 20. Jahrhunderts geht, um den Riss, der durch seine Zeit lief und den er als Ergebnis der Verzeitlichung der Geschichte in der »Sattelzeit« um 1800 ansah. Ähnlich überpointiert lesen sich heute auch seine Begriffsgeschichten von »Geschichte, Historie«. Auch hier überdauerten, anders als Koselleck meint, die Semantiken noch im frühen 19. Jahrhundert. Ältere Bedeutungen von »Geschichte« und »Geschichten« verschwinden nicht, sondern setzen sich in der neuen Begrifflichkeit fort.[22] Auch gesteht Koselleck später zu, dass sich seine Begriffsanalyse besonders auf den deutschen Sprachgebrauch bezieht, nicht aber unbedingt

21 Reinhart Koselleck, »›Erfahrungsraum‹ und ›Erwartungshorizont‹ – zwei historische Kategorien« [1975], in: ders., *Vergangene Zukunft*, S. 349-375, hier S. 356; siehe auch Peter Geimer, *Die Farben der Vergangenheit. Wie Geschichte zu Bildern wird*, München 2022, S. 10 f.

22 Reinhart Koselleck, »Geschichte, Historie«, Kap. I, V-VII, in: Otto Brunner u. a. (Hg.), *Geschichtliche Grundbegriffe. Historisches Lexikon zur politisch-sozialen Sprache in Deutschland*, Bd. 2, Stuttgart 1975, S. 593-595, 647-718, sowie die Kritik bei Jan Marco Sawilla, »›Geschichte‹: Ein Produkt der deutschen Aufklärung? Eine Kritik an Reinhart Kosellecks Begriff des ›Kollektivsingulars Geschichte‹«, in: *Zeitschrift für historische Forschung* 31 (2004), S. 381-428; Stefanie Stockhorst, »*Novus ordo temporum.* Reinhart Kosellecks These von der Verzeitlichung des Geschichtsbewußtseins durch die Aufklärungshistoriographie in methodenkritischer Perspektive«, in: Hans Joas, Peter Vogt (Hg.), *Begriffene Geschichte. Beiträge zum Werk Reinhart Kosellecks*, Berlin 2011, S. 359-386.

auf *history* oder *histoire*. Im Französischen, so Koselleck sich später selbst korrigierend, besetze der Revolutionsbegriff die ideologische Stelle, die im deutschen Sprachgebrauch um 1800 dem Begriff der Geschichte zugedacht werde.[23]

In *Preußen zwischen Reform und Revolution* (1967) entfaltet Koselleck am historischen Material ein differenziertes Bild. Aus seinen zeit- und geschichtskritischen Verlaufsthesen der »Verzeitlichung« und »Beschleunigung« moderner Erfahrungen und Erwartungen tritt uns hier ein anderer Begriff von Geschichte entgegen, der historische Ereignisse aus sich überlagernden oder gegenläufigen, sich wiederholenden und verwerfenden geschichtlichen Zeiten heraus begreift. Koselleck setzt seine Überlegungen zu diesen Fragen in den 1980er und 1990er Jahren fort und arbeitet die »Bedingungen möglicher Geschichten« heraus, die sowohl Riss als auch Wiederholung ermöglichen. *Zeitschichten. Studien zur Historik* (2000) hat er seine gesammelten Aufsätze aus vier Jahrzehnten genannt. Der Eindruck liegt nahe, er habe sich mit der Metapher der »Zeitschichten« von den Thesen zur »Verzeitlichung« und »Beschleunigung« aus *Vergangene Zukunft* verabschiedet, so dass der späte Koselleck – anders als der frühe – womöglich gerade die Gleichzeitigkeit verschiedener Zeiten in Altdorfers *Alexanderschlacht* hervorgehoben hätte, die nur ein Bild einfangen kann.[24] Das genau besagt die Metapher der »Zeitschichten«, mit der sich für Koselleck auch die Frage nach historischer Periodisierung, der üblichen Unterteilung in Antike, Mittelalter, früher Neuzeit und Neuester Zeit, erledigt hat. Jede Gegenwart setzt sich zusammen aus vergangenen Zukünften, Gegenwarten und Vergangenheiten. »Zeitgeschichte, auf ihren Begriff gebracht«, heißt es in einem Vortrag von 1985, »ist mehr als die Geschichte unserer Zeit.«[25]

Allerdings kennen wir diese Formulierung schon aus der An-

23 DLA Marbach, A: Koselleck, Edoardo Tortarolo, Interview mit Reinhart Koselleck, Ts. [1988], 17 Bl., hier Bl. 6.

24 Siehe Locher, »Denken in Bildern«; sowie die Beiträge in Bettina Brandt, Britta Hochkirchen (Hg.), *Reinhart Koselleck und das Bild*, Bielefeld 2021.

25 Reinhart Koselleck, »Begriffsgeschichtliche Anmerkungen zur ›Zeitgeschichte‹«, in: *Die Zeit nach 1945 als Thema kirchlicher Zeitgeschichte. Referate der internationalen Tagung in Hüningen/Bern (Schweiz) 1985*, hg. v. Victor Conzemius u. a., Göttingen 1988, S. 17-31, wiederabgedr. als »Stetigkeit und Wandel aller Zeitgeschichte«, in: Koselleck, *Zeitschichten*, S. 246-265, hier S. 264.

trittsvorlesung. Und die Metapher der »Zeitschichten«, nicht nur das dahinterstehende Argument, findet sich bereits in Kosellecks Beiträgen für das Treffen von »Poetik und Hermeneutik« auf der Reichenau 1970, die ebenfalls in *Vergangene Zukunft* aufgenommen sind.[26] Dort zitiert er im Vorwort das gegen Kant gerichtete Diktum Herders: »›Eigentlich hat jedes veränderliche Ding das Maß seiner Zeit in sich; dies besteht, wenn auch kein anderes da wäre; keine zwei Dinge der Welt haben dasselbe Maß der Zeit.‹« Folglich gibt es, so Koselleck weiter Herders *Metakritik zur Kritik der reinen Vernunft* (1799) zitierend, »›zu einer Zeit unzählbar viele Zeiten‹«, also Zeitschichten.[27] Anfang der 1990er Jahre baut Koselleck diese Argumente um die Metapher der »Zeitschichten« herum weiter aus.[28] Beide Zeitbegriffe – die sich langfristig sedimentierenden, sich überlagernden, aber instabilen »Zeitschichten« und die sich beschleunigende »Endzeit« der Geschichte, »Kreislauf und Apoka-

26 Reinhart Koselleck, »Geschichte, Geschichten und formale Zeitstrukturen« und »Ereignis und Struktur«, in: ders., Wolf-Dieter Stempel (Hg.), *Geschichte – Ereignis und Erzählung* (= Poetik und Hermeneutik V), München 1973, S. 211-222 u. S. 560-571, hier S. 213 bzw. S. 560; wiederabgedr. in: ders., *Vergangene Zukunft*, S. 130-143, hier S. 132, sowie als »Darstellung, Ereignis und Struktur«, in: ebd., S. 144-157, hier S. 144.

27 Reinhart Koselleck, »Vorwort«, in: ders., *Vergangene Zukunft*, S. 9-14, hier S. 10. Siehe auch Helge Jordheim, »Against Periodization. Koselleck's Theory of Multiple Temporalities«, in: *History and Theory* 51 (2012), S. 151-171, gewendet gegen die Lesart von Kathleen Davis, *Periodization and Sovereignty. How Ideas of Feudalism and Secularization Govern the Politics of Time*, Philadelphia 2008, S. 15, S. 87-95, die zu Recht, aber einseitig Kosellecks These eines scharfen Bruchs zwischen vormoderner und moderner Zeitlichkeit in *Vergangene Zukunft* kritisiert, seine Überlegungen zu den Zeitschichten jedoch nicht berücksichtigt. Zu einer umgekehrten Lesart, die Koselleck nur als Theoretiker von vermeintlich statischen Zeitschichten, nicht aber (so wie schon im Preußen-Buch) von machtgestützten, sich beschleunigenden Konflikten gegenläufiger Zeiten begreift, siehe Dan Edelstein u. a., »Chronocenosis: An Introduction to Power and Time«, in: dies. (Hg.), *Power and Time. Temporalities in Conflict and the Making of History*, Chicago, 2020, S. 1-52. Zu den »Zeitschichten« als konflikthaften Wiederholungsstrukturen siehe Stefan-Ludwig Hoffmann, Sean Franzel, »Introduction: Translating Koselleck«, in: Reinhart Koselleck, *Sediments of Time. On Possible Histories*, Stanford 2018, hier S. xii-xiv.

28 DLA Marbach, A: Koselleck, Konvolut »Materialien und Notizen zu verschiedenen Vorträgen, 1991-2000«, Unterlagen zum Vortrag »Zeitschichten« (1994).

lypse« – lagen für ihn nah beieinander.[29] Beide gehören zur Erfahrungsgeschichte seiner Zeit.

*

Wenn wir uns auf die Spur von Kosellecks Historik begeben, entdecken wir einen Zeithistoriker des 20. Jahrhunderts. Denn die Frage nach den sich wiederholenden Strukturen oder Zeitschichten ist bei ihm verbunden mit der Suche nach analytischen Zugängen, um die Diskontinuität der eigenen Zeit zu beschreiben – jene Risse, durch die kein Weg zurückführt und an deren Rändern sich neue Erfahrungen anlagern. In den Jahren zwischen der Veröffentlichung von *Preußen zwischen Reform und Revolution* (1967) und *Vergangene Zukunft* (1979) beginnt Koselleck, sich ganz unmittelbar auf Zeiterfahrungen der 1930er und 1940er Jahre zu beziehen. Zum einen verknüpft er zunehmend die Frage nach einer Theorie historischen Wissens mit seinen begriffsgeschichtlichen, rechtshistorischen und zeittheoretischen Studien. Zum anderen fängt er an, umfangreiches Material für ein Buch zur Ikonologie des gewaltsamen Todes in der Moderne zu sammeln. Was für Foucault Benthams Panopticon ist, also eine Visualisierung der modernen Disziplinarmacht, sind für Koselleck die den Weltkriegen und ihren Toten gewidmeten Denkmäler und Gedenkstätten, die aber bis auf wenige Ausnahmen daran scheitern, den »beschleunigten Tod«, so Kosellecks Arbeitstitel für ein geplantes Buch zu diesem Thema, im 20. Jahrhundert darzustellen.[30]

Zu beiden Vorhaben, seiner Geschichte des politischen Totenkults in der Moderne und seiner Historik, veröffentlicht er in den folgenden drei Jahrzehnten Skizzen und Aufsätze. Den Auftakt machen 1979 zwei programmatische Aufsätze. »Kriegerdenkmale als Identitätsstiftungen der Überlebenden«, veröffentlicht in einem Band der Forschungsgruppe »Poetik und Hermeneutik«, beschäftigt sich mit den Denkmälern des Deutsch-Französischen Krieges,

29 DLA Marbach, A: Koselleck, Materialien und Notizen zu Vorträgen im Themenbereich »Wiederholungsstrukturen/Zeitschichten«, Reinhart Koselleck, »Kreislauf und Apokalypse«, Ms., o. D., 6 Bl.

30 Deutsches Dokumentationszentrum für Kunstgeschichte (im Folgenden DDK) – Bildarchiv Foto Marburg, Nachlass Koselleck, Konvolut »Das Buch«, Mappe 246.

der beiden Weltkriege und den frühen Gedenkstätten der Konzentrations- und Vernichtungslager, etwa in Buchenwald und Treblinka. Wie an den Massentod selbst erinnert werden kann – ohne nachträgliche Sinnzumutung –, ist bereits hier eine Leitfrage, die ihn in den 1990er Jahren zu öffentlichen Stellungnahmen im Berliner Denkmalstreit bewog.

Der andere Aufsatz, auf dessen Stellenwert für Kosellecks Geschichtsdenken zuerst Jan Eike Dunkhase aufmerksam gemacht hat, trägt den Titel »Terror und Traum. Methodologische Anmerkungen zu Zeiterfahrungen im Dritten Reich«.[31] Beide Texte gehen zurück auf Heidelberger Seminare, die Koselleck im Zuge der Studentenrevolte um 1968 angeboten hatte, auch in Auseinandersetzung mit einer neuen Generation, die Weltkrieg, Völkermord und Gulag nicht aus eigener Erfahrung kannte.[32] In beide Aufsätze gehen seine zeit- und geschichtstheoretischen Überlegungen ein und werden am Beispiel der Ikonologie des gewaltsamen Todes und der Träume in den ersten Jahren des »Dritten Reichs« sowie in den Konzentrationslagern neu durchdacht.

In den folgenden vier Jahrzehnte bis zu seinem Tod arbeitet Koselleck parallel an zwei Vorhaben, die nie als Bücher erscheinen sollten: an einer Theorie historischen Wissens, also seiner Historik, sowie an einer vergleichenden Geschichte des politischen Totenkults in der Neuzeit, aus der er zuletzt einen Band zu den Pferde- und Reiterdenkmälern herauszulösen suchte. Zudem beginnt er damit, die eigenen Zeiterfahrungen im Krieg und im Gulag, die er sich

31 Siehe Jan Eike Dunkhase, *Absurde Geschichte. Reinhart Kosellecks historischer Existenzialismus*, Marbach 2015, S. 21-36.

32 »Während der Studentenrevolte wollte ich mit den Marxisten eine Übung machen über Revolution, und zwar mit den Kunsthistorikern. Die machten da Ideologiekritik an der Formgeschichte und Kunsthistorie sei zu weit verblasen und ästhetisch und nicht sozial und nicht konkret und nicht politisch. Und da habe ich mit meinem Freund Riedl ein Seminar angeboten über den politischen Mord, über den Totschlag in Krieg und Bürgerkrieg, vom Bauernkrieg angefangen bis zu Kennedys Ermordung. Eine ästhetische Verarbeitung im Medium der Bilder, um zu sehen, wie von der Typologie [her] der Bauernkriegstotschlag Form bekommt bis zur Fotografie, als ein ganz anderer Realitätscharakter in die Bildwelt kommt. Dann stellte sich heraus, daß die Denkmäler bisher kein Thema waren in der Forschung. Diese ganzen lächerlichen Denkmäler, in jeder Stadt gibt es ein Denkmal, in Italien auch.« Edoardo Tortarolo, Interview mit Reinhart Koselleck, Bl. 13.

seit den 1960er Jahren in Erinnerungsfragmenten notiert hatte, in autobiografische Texte zu verwandeln und in die Theoriebildung bewusst idiosynkratisch einzubeziehen. Gemeinsam ist allen diesen Texten die Suche nach geschichtstheoretischen Zugängen zu Zeiterfahrungen *in extremis*, jene »Risse, durch die kein Mensch heil hindurchgehen kann«.[33]

*

Die folgenden Kapitel spannen den zeitlichen Bogen von den frühen biografischen Erfahrungen Reinhart Kosellecks bis zur vielfältigen, weltweiten Rezeption seines Werks in unserer Zeit. Die Perspektiven auf seine Zeit- und Geschichtstheorie wechseln von Kapitel zu Kapitel wie in einem Kaleidoskop. Ich konzentriere mich auf zentrale Themen und Denkmotive sowie auf die verschiedenen Konstellationen, zu denen diese sich immer wieder neu zusammenfügen, dabei bewusst punktuelle Wiederholungen in Kauf nehmend. Kapitel 1 skizziert Kosellecks intellektuelle Biografie, auch auf der Grundlage von Materialien aus dem Familienarchiv, die bislang nicht zugänglich waren, darunter seine Tagebücher, Briefe und Zeichnungen. Kapitel 2 gibt einen systematischen Aufriss seiner »Theorie der Bedingungen möglicher Geschichten« und arbeitet die Parallelen zu Hannah Arendts Theorie der Möglichkeitsbedingungen des Politischen heraus. So wie Arendt entscheidet sich Koselleck dafür, nicht bei der im intellektuellen Nachkrieg weit verbreiteten Geschichtskritik stehenzubleiben. Kapitel 3 zeigt, wie er sich dem »Zeitalter des Totalen«[34] in Texten zu Träumen und Zeitutopien, Wahrnehmungen und Erinnerungssplittern genähert hat, auch seiner eigenen aus Vernichtungskrieg und Gulag. Die fragmentarische, experimentelle, sich selbst befragende Form dieser Texte entspricht den Zeiterfahrungen des 20. Jahrhunderts mehr als

33 »Zeit, Zeitlichkeit und Geschichte – Sperrige Reflexionen: Reinhart Koselleck im Gespräch mit Wolf-Dieter Narr und Kari Palonen« [Februar 1999], in: Jussi Kurunmäki, Kari Palonen (Hg.), *Zeit, Geschichte und Politik: zum achtzigsten Geburtstag von Reinhart Koselleck*, Jyväskylä 2003, S. 9-33, hier S. 31.

34 Reinhart Koselleck, »Hinter der tödlichen Linie. Das Zeitalter des Totalen«, in: Michael Jeismann (Hg.), *Das 20. Jahrhundert. Welt der Extreme*, München 2000, S. 9-27.

ein systematisches Theoriegebäude oder Lehrbuch. Kapitel 4 erläutert, warum Kosellecks Geschichtstheorie in den transatlantischen Theoriedebatten des späten 20. Jahrhundert so unzeitgemäß wirkte, während Kapitel 5 der Frage nachgeht, warum in den letzten zwei Jahrzehnten eine weltweite Rezeption zu beobachten ist. Auf einmal liest sich Koselleck wie ein Kritiker auch unserer Zeit- und Krisenerfahrungen.

Schließlich: Um nicht nachträglich die Sprache Kosellecks und seiner Zeit aus der Perspektive unserer Gegenwart zu »korrigieren«, habe ich in diesem Buch auf das Gendern verzichtet. Allerdings will ich bereits an dieser Stelle daran erinnern, dass nicht nur der Sprachgebrauch, sondern auch der Wissenschaftsbetrieb in der zweiten Hälfte des 20. Jahrhunderts weitgehend eine Männerdomäne war. In den Archiven und Nachlässen finden sich deshalb Briefwechsel Kosellecks mit Nicolaus Sombart, Christian Meier, Hans-Georg Gadamer, Carl Schmitt, Karl Löwith, Ivan Nagel, Wilhelm Hennis, Saul Friedländer, Martin Warnke, Jürgen Habermas, Hans-Ulrich Wehler, François Furet, Hans-Robert Jauß und Hans Blumenberg, um nur einige zu nennen, aber nur wenige mit Frauen, darunter die kurze Korrespondenz mit Charlotte Beradt. In den unzähligen Arbeitskreisen und Ausschüssen, Beiräten und Forschungsgruppen, an denen sich Koselleck beteiligte, waren Frauen, wenn überhaupt, nur in nachgeordneten Positionen vertreten, so wie in den Geistes- und Sozialwissenschaften bis hinein in meine eigene Studienzeit, zumindest in Bielefeld, Stimmen aus der nichtwestlichen Welt nur am Rande oder als Studienobjekte vorkamen. Umso interessanter ist es, dass Koselleck heute gerade auch von jenen rezipiert wird, die vor dreißig Jahren nicht gehört worden wären.

I.
Ruinen der Geschichte: Zur intellektuellen Biografie

›You've got me wrong‹, she said, ›all wrong.
I don't believe in God.‹
›Then what do you believe in?‹
›History.‹
He looked at her in astonishment for a moment,
then laughed.
›Oh, Liz … oh *no*! You're not a bloody Communist?‹

– *John Le Carré*[1]

Schloss Göhrde 1947

Im Sommer 1947, also zwei Jahre nach dem Ende des Zweiten Weltkriegs, reiste der Historiker Eric J. Hobsbawm in die britische Besatzungszone, um jungen Deutschen die Demokratie beizubringen. Nach Studienjahren am King's College in Cambridge, und noch vor Abschluss der Dissertation, hatte Hobsbawm gerade seine erste Stelle als Lecturer am Birkbeck College angetreten. Noch als Student in Cambridge war er in die kommunistische Partei eingetreten. Geboren 1917 in Alexandria als Sohn einer jüdischen Familie im kolonialen Ägypten, wo sein britischer Vater für die Post- und Telegrafenanstalt arbeitete, und aufgewachsen im »roten« Wien, der Heimatstadt seiner Mutter, hatte Hobsbawm die Weltwirtschaftskrise und die Straßenkämpfe zwischen SA und Rot-Front-Kämpfern im Berlin der letzten Jahre der Weimarer Republik erlebt. Seine Eltern waren jung gestorben, noch vor 1933; der Großteil seiner Wiener Verwandtschaft war von den Nazis ermordet worden. Die britische Regierung hatte im Laufe von sechs Kriegsjahren keinen Gebrauch von Hobsbawms Sprachkenntnissen gemacht, und auch seine Karriere als Reeducation Offizier im Nachkriegsdeutschland, arrangiert von Studienfreunden aus Cambridge, die jetzt im

1 John Le Carré, *The Spy Who Came in from the Cold* [1963], London 2010, S. 66.

Foreign Office arbeiteten, endete mit den antikommunistischen Säuberungen des frühen Kalten Krieges.[2]

Das Seminar auf Schloss Göhrde in der Lüneburger Heide, unweit der Grenze zur sowjetischen Besatzungszone, war Hobsbawms erste Begegnung mit Deutschen, die im »Dritten Reich« aufgewachsen waren. Unter den Teilnehmern befand sich Reinhart Koselleck, zu der Zeit in seinem ersten Semester in Heidelberg nach der Heimkehr aus fünf Jahren Krieg und Gefangenschaft (*Abb.* 1). Koselleck hatte sich noch in der Schule im Februar 1941 – so wie der Vater im August 1914[3] – als Freiwilliger zum Kriegsdienst bei der Artillerie gemeldet, zwei Monate vor seinem achtzehnten Geburtstag und, dem Rat des Vaters folgend, um zu vermeiden, zur Infanterie eingezogen zu werden. Der einzige Mitschüler seiner Gymnasialklasse, der sich nicht freiwillig gemeldet hatte, ein gläubiger

2 Richard J. Evans, *Eric Hobsbawm. A Life in History*, Oxford 2019, S. 259.

3 Familienarchiv Koselleck (jetzt DLA Marbach), Arno Koselleck, »Geschichte des Feldartillerie-Regiments No. 112«, 4 Bde.; ders., »Aus der Geschichte und über die Leistungen des Feld-Artillerie-Regiments Nr. 112«, Vortrag, gehalten am 13.3.1965 in Düsseldorf. Arno Kosellecks Regiment befand sich nach der Aufstellung im März 1915 in der Champagne für die ersten fünf Wochen im Stellungskrieg. »Dann kam der Feldzug in Galizien (4. Mai - 29. Juni 1915), der einzige Vormarsch, der dem Regiment vergönnt gewesen ist.« Die übrige Kriegszeit verbrachte das Regiment wieder im Stellungskrieg – unter anderem in der Champagne, bei Sedan, Artois, in der Somme-Schlacht (1916), in St. Quentin, Arras, bei Lens, in den Ardennen, bei Verdun und, ganz am Ende im Oktober 1918, in Flandern – alles Orte, die Reinhart Koselleck im Rahmen seiner Forschungen zur Ikonologie des gewaltsamen Todes ab Anfang der 1970er Jahre bereisen sollte. Am Ende seines Vortrags 1965, dem Jahr der Heidelberger Antrittsvorlesung des Sohnes, weist Arno Koselleck die »Dolchstoßlegende« ausdrücklich zurück und schreibt: »Ludendorff wollte mit einem sofortigen Waffenstillstand, auf dem er gegen den Willen des Reichskanzlers bestand, einem Zusammenbruch des Heeres zuvorkommen. Er hat in seinem unpolitischen Denken wohl auf Bedingungen gehofft, die es uns erlaubten, den Kampf später wieder aufzunehmen. Die Kapitulation im Waffenstillstand hatte unsere Niederlage effektiv gemacht. Sie hat auch Zehntausende von Soldaten vor Tod, Verwundung oder Gefangenschaft bewahrt, während Hitler noch Millionen Menschen zugrunde gehen liess, obgleich er seit 1942 einen Sieg nicht mehr für möglich hielt […].« Sein Regiment habe »an Toten 20 Offiziere, 57 Unteroffiziere, 222 Mann, an Verwundeten 38 Offiziere, 113 Unteroffiziere und 558 Mann verloren. Das sind 9/10 des Bestands, zu dem es sich 3½ Jahre zuvor versammelt hatte.« (S. 19) Siehe Michael Geyer, »Insurrectionary Warfare: The German Debate about a *Levée en Masse* in October 1918«, in: *Journal of Modern History* 73 (2001) 459-527.

Katholik und Kosellecks engster Schulfreund, war zur Infanterie gekommen und als Erster an der Front gefallen. Zwei Drittel von Kosellecks Schulklasse kehrten nicht aus dem Krieg heim.[4]

Ab Mitte September 1941 nahm Koselleck für neun Monate am Angriffskrieg gegen die Sowjetunion teil. Auf die Einberufung zum Arbeitsdienst im Februar folgte von Mai bis Juli 1941 eine Ausbildung als Artillerist in Homburg (Saar).[5] Anfang August war er noch einmal auf Heimaturlaub in Saarbrücken. Eine Fotografie zeigt ihn in der Uniform seines Artillerieregiments mit der Mutter und dem jüngeren Bruder (*Abb.* 2). Das unzerstörte Elternhaus und den Bruder sah er dort ein letztes Mal. Am 20. September, nach der Eroberung Kyjiws, traf Koselleck in der Nähe der Stadt bei seiner Division ein. »Operation Barbarossa« war beides: ein kolonialer Eroberungskrieg von Ressourcen, Räumen und fremden »Rassen«, aber auch ein entgrenzter Vernichtungskrieg gegen den »jüdisch-bolschewistischen Todfeind«. Zwischen zwei totalen Staaten im Ausnahmezustand geführt, übertraf das Massensterben im Osten Europas historisch alle vorangegangenen Kriege. Die Gewalt eskalierte von Anbeginn und steigerte sich immer weiter in einem

4 Zum Folgenden siehe Reinhart Koselleck, Eric Johnson, »Recollections of the Third Reich«, in: *NIAS Newsletter* 22 (1999), S. 5-16, hier S. 8; Carsten Dutt, Reinhart Koselleck, »Erfahrene Geschichte«, in: dies., *Erfahrene Geschichte. Zwei Gespräche*, Heidelberg 2013, S. 11-44; gekürzte Fassung: Carsten Dutt, Reinhart Koselleck, »Von der Judenvernichtung erfuhr ich erstmals als Frontsoldat in Russland«, in: *Frankfurter Allgemeine Zeitung*, 4. 12. 2013; Reinhart Koselleck, »Vielerlei Abschied vom Krieg«, in: Brigitte Sauzay u. a. (Hg.), *Vom Vergessen und Gedenken. Erinnerungen und Erwartungen in Europa zum 8. Mai 1945*, Göttingen 1995, S. 19-25, hier S. 25; leicht gekürzte Fassung: »Glühende Lava, zur Erinnerung geronnen«, in: *Frankfurter Allgemeine Zeitung*, 6. 5. 1995. Zu Hobsbawm und Koselleck siehe auch Willibald Steinmetz, »New Perspectives on the Study of Language and Power in the Short Twentieth Century«, in: ders. (Hg.), *Political Languages in the Age of Extremes*, Oxford 2011, S. 3-53, hier S. 10 f.

5 Seinen ausbildenden Offizier Adolf Friedrich (1914-1956), im zivilen Leben ein Ethnologe Afrikas und Asiens, erinnerte Koselleck als dezidierten »Anti-Nazi«, der den Rekruten antisemitische Lieder verbot, Russisch lernte und mit Koselleck »Kameradschaftsabende« veranstaltete: »Ich habe gezeichnet, Friedrich hat gedichtet.« Koselleck, Dutt, »Von der Judenvernichtung«. Friedrich wurde 1947 auf den Lehrstuhl für Völkerkunde in Mainz berufen, erkrankte dann aber 1956 auf einer Forschungsreise in das Innere Pakistans, wo er jung verstarb. Beide hatten auch nach dem Krieg Kontakt gehalten. Familienarchiv Koselleck (jetzt DLA Marbach), Mappe »Adolf Friedrich 1914-1956«.

ideologischen Welt- und Bürgerkrieg, bei dem es um das Überleben nicht nur von Armeen, sondern ganzer Völker und Nationen ging.[6]

Das apokalyptische Pferd

Am Morgen des 22. Juni 1941, dem ersten Tag dieses Krieges, bombardierte die deutsche Luftwaffe Kyjiw. Drei Monate später eroberte die Heeresgruppe Süd die ukrainische Hauptstadt nach einer für die Rote Armee katastrophal verlustreichen Schlacht, einer von vielen. Dass ferngezündete Sprengsätze nach der Eroberung in der zerstörten Stadt Flächenbrände auslösten, führte dazu, dass deutsche Besatzungstruppen sowjetische Großstädte als Nächstes belagern und aushungern sollten – der Massenmord an der Zivilbevölkerung als ideologisch gerechtfertigte militärische Strategie, um eigene Verluste zu vermeiden, so wie es bei der Belagerung von Leningrad ab September 1941 auch geschah.[7] Allein bei der mehr als zweijährigen Belagerung der Millionenmetropole an der Mündung der Newa starben mehr Menschen als auf britischer und amerikanischer Seite im gesamten Zweiten Weltkrieg.

Mit dem Vormarsch der deutschen Truppen kamen auch die Sondereinheiten, die hinter der Front vermeintliche Gegner liquidierten. Ende September erschossen, angeblich als Vergeltung für die ferngezündeten Sprengsätze, Einsatzgruppen aus SS, Polizei und ukrainischen Freiwilligen außerhalb Kyjiws in der Schlucht von Babyn Jar mehr als 30 000 jüdische Bewohner der Stadt, eine Nachricht, »die uns 1941 wie ein Lauffeuer an der Front hinter Kiew erreicht hatte« und die Koselleck nach 1945, wie er ein halbes Jahr-

6 Mark Edele, Michael Geyer, »States of Exception. The Nazi-Soviet War as a System of Violence, 1939-1945«, in: Michael Geyer, Sheila Fitzpatrick (Hg.), *Beyond Totalitarianism. Stalinism and Nazism Compared*, Cambridge 2009, S. 345-395, hier S. 349. Zur Erfahrungsgeschichte des Krieges siehe Michael Geyer, »Eine Kriegsgeschichte, die vom Tod spricht«, in: Thomas Lindenberger, Alf Lüdtke (Hg.), *Physische Gewalt. Studien zur Geschichte der Neuzeit*, Frankfurt/M. 1995, S. 136-162; Nicholas Stargardt, *The German War. A Nation Under Arms, 1939-1945*, New York 2015.

7 Siehe Jörg Ganzenmüller, *Das belagerte Leningrad 1941-1944. Die Stadt in den Strategien von Angreifern und Verteidigern*, Paderborn 2005; Alexis Peri, *The War Within. Diaries from the Siege of Leningrad*, Cambridge, Mass. 2020.

hundert später schreibt, zunächst verdrängte.[8] Die Heeresgruppe Süd hinterließ in der Ukraine eine Spur der Vernichtung, die auch hinter den Linien zunehmend kaum noch Unterschiede zwischen Partisanen, Kriegsgefangenen und der Zivilbevölkerung machte, so als befände sich die Armee in einem Bürgerkrieg. Nachdem im Winter 1941/42 der deutsche Vormarsch ins Stocken geraten war, ernannte sich Hitler selbst zum Oberbefehlshaber und plante für den Sommer im Donbas eine erneute Offensive. Die deutschen Truppen stießen ab Ende Juni 1942 in Richtung Don und Wolga vor und erreichten im Süden den Kaukasus und die Erdölfelder von Maikop – nicht aber den Zusammenbruch der Sowjetunion. Im Gegenteil, mit der Schlacht um Stalingrad begann im Herbst 1942 die deutsche Niederlage.

Über das schockierende Ausmaß, in dem sich die 6. Armee an der entgrenzten Gewalt gegen die Zivilbevölkerung, insbesondere gegen Juden, aber auch gegen sowjetische Kriegsgefangene in der besetzten Ukraine beteiligte, wurde in der deutschen Öffentlichkeit erst anlässlich der Ausstellung des Hamburger Instituts für Sozialforschung »Vernichtungskrieg. Verbrechen der Wehrmacht 1941-1944« diskutiert. Der von Hannes Heer herausgegebene Ausstellungskatalog enthält eine Fülle von Dokumenten sowie hunderte Fotografien des Massenmordens, viele davon privat von deutschen Soldaten aufgenommen, darunter auch einige (wenige) mit unklarer Provenienz oder falscher Datierung. So wie der ein Jahr zuvor veröffentlichte wissenschaftliche Begleitband dokumentiert

8 Koselleck, »Vielerlei Abschied vom Krieg«, S. 20. Siehe auch Anatolij Kusnezow, *Babij Jar. Die Schlucht des Leids. Roman-Dokument* [Orig. 1966], Berlin 2001. In einem Interview 2005 erwidert Koselleck auf die Frage, was er von der Ermordung der Juden gewusst habe: »Das ist eine wichtige Frage. Als ich im Sommer 1941 an die Front kam, als Ersatz nach der Schlacht von Kiew, habe ich dort gehört, dass hinter uns 10 000 Juden in den Steinbrüchen ermordet worden seien. Das habe ich damals als eindeutige Wahrheit gehört, und ich kann mich nicht erinnern, dass wir darüber diskutiert hätten. Das wusste ich also theoretisch. Aber [vier Jahre später als Kriegsgefangener] in Auschwitz habe ich nicht daran gedacht, und zwar sicher aus Selbstschutz, aus Angst: wenn ich das erzählen würde, wäre ich in die Mühlen der GPU geraten. Und wer einmal im GPU-Keller verschwand, kam nur noch als Leiche heraus oder um zu sterben. Das habe ich später mehrfach erlebt.« Christian Esch, »Ich war weder Opfer noch befreit. Der Historiker Reinhart Koselleck über die Erinnerung an den Krieg, sein Ende und seine Toten«, in: *Berliner Zeitung*, 7. 5. 2005.

auch der Ausstellungskatalog eine Karte des Operationsraums der 6. Armee in der Ukraine 1941/42 (*Abb.* 3). In beide Karten hat Koselleck die Stationen eingezeichnet, die er mit der 6. Armee auf ukrainischem und südrussischem Territorium zurückgelegt hatte; das eine Mal mit rotem Kugelschreiber, das andere Mal mit Bleistift schrieb er sich in diese Kataloge des Grauens ein. Sein Weg begann bei Kyjiw Ende September 1941, führte über Mirgorod (Oktober/November) bis in die ukrainische-russische Grenzregion um Charkiw und Belgorod, wo die 6. Armee ihre Winterstellung bezog. In Morosow, unweit von Obojan und südlich von Kursk gelegen, nahm Koselleck im Dezember an der Abwehr des Durchbruchs einer sowjetischen Gegenoffensive teil. Im Frühjahr ging es weiter südwestlich an Charkiw vorbei in Richtung Donbas. Dort in der Ostukraine, unweit von Charkiw nahe der Kleinstadt Isjum, endete für Koselleck der sogenannte Russlandfeldzug.

Darüber, was der Achtzehnjährige als Kanonier einer Artillerieeinheit in diesen Monaten auf dem Vormarsch in der Ukraine sah und tat, wissen wir wenig. Die Briefe an Arno und Elisabeth Koselleck gingen bei der Zerstörung des Elternhauses in Saarbrücken durch eine Fliegerbombe im Juni 1942 mit allem anderen Besitz verloren. Kosellecks Erinnerungsfragmente aus dem Krieg setzen ebenfalls zumeist erst ab Sommer 1942 ein, mit der Zeit im Lazarett. Auch die Tagebuchnotizen, die er ab Mitte der sechziger Jahre verfasste, beziehen sich fast ausschließlich auf die Gefangennahme und die Zeit im Gulag. Was es gibt, sind Interviews, in denen er ganz offensichtlich versucht, sich selbst und anderen Rechenschaft darüber abzulegen, warum er sich nur fragmentarisch erinnert. Bei dem Vormarsch seines Regiments »in langen Eilmärschen durch tiefen Schnee« auf dem Weg von Kyjiw in die Gegend nördlich von Charkiw und um Belgorod wurden in einem Dorf 150 Juden ermordet, was Koselleck erst aus dem Begleitband zur Wehrmachtsausstellung erfahren haben will.[9] In Interviews mit Carsten Dutt, geführt weni-

9 Bernd Boll, Hans Safrian, »Auf dem Weg nach Stalingrad. Die 6. Armee 1941/42« sowie zur Infanteriedivision 62, der Kosellecks Artillerieregiment Nr. 162 unterstand: Truman O. Anderson, »Die 62. Infanterie-Division. Repressalien im Heeresgebiet Süd, Oktober bis Dezember 1941«, beide in: Hannes Heer, Klaus Naumann (Hg.), *Vernichtungskrieg. Verbrechen der Wehrmacht 1941-1944*, Hamburg 1995, S. 260-296 bzw. S. 297-322, dort ausführlich zum Terror von SS-Einsatzgruppen und Wehrmacht, nicht nur gegen die jüdische Zivilbevölkerung. In

ge Jahre vor seinem Tod, kommt er auf diese »Säuberungsaktionen« in der Umgebung von Myrhorod im Oktober 1941 zu sprechen. »Ich bin durch eben diesen Ort gekommen und kann mich nicht erinnern, dass ich währenddessen oder zuvor oder danach von dieser Aktion gehört hätte.« Auch in den von ihm im Winter 1941/42 ge-

Kosellecks Exemplar des Bandes finden sich zahlreiche Anstreichungen und Randbemerkungen, insbesondere bei diesen beiden Beiträgen. So notiert Koselleck auf S. 278 »Nichts habe ich als Soldat der 6. Armee davon erfahren!«, neben dem Satz: »Bereits im August 1941 machte sich die 6. Armee wissentlich zum Komplizen des Genozids. [Walter von] Reichenau [Oberfehlshaber der 6. Armee und ab 1. 12. 1941 der Heeresgruppe Süd] wie die Offiziere und Soldaten der 6. Armee benötigten keinen speziellen Befehl Hitlers, um das ihre zum Massenmord an jüdischen Männern, Frauen und Kindern beizutragen.« Unter den letzten Abschnitt des Beitrags, der das systematische Niederbrennen der Dörfer entlang der Bahnstrecke Belgorod – Kursk durch die Wehrmacht schildert, setzt Koselleck handschriftlich hinzu: »entspricht nicht meiner Erfahrung in Morosow [im Oblast Obojan, nördlich von Charkiw und Belgorod]«. Auch eine vorab von Heer an Koselleck gesandte Fotokopie ist übersät mit handschriftlichen Anmerkungen, in denen Koselleck den auf archivalischen Quellen beruhenden Beitrag Trumans mit den Erfahrungssplittern des achtzehnjährigen Soldaten abglich, also in der Erinnerung mit einem Abstand von mehr als fünfzig Jahren. Anderson stellt auf der Basis der akribisch geführten Divisionsakten fest, dass die 62. Infanteriedivision (ID) bereits Ende August 13 % ihrer Truppenstärke verloren hatte und bis Ende September 1941, nach der Kesselschlacht um Kyjiw, so hohe Verluste erlitt, dass sie im Laufe des Oktobers neu aufgefüllt werden musste. Koselleck schreibt an den Rand: »so ich!« und »statt Afrika: schon im August«. Mit anderen Worten, aufgrund der hohen Verluste der 62. ID kam Koselleck anscheinend nicht wie für den August geplant nach Afrika, sondern Ende September an die Ostfront. Dass seine Division von der Front in die Gegend um Myrhorod zurückverlegt wurde, wie Anderson schreibt, aufgrund des dort einsetzenden Partisanenkriegs, kommentiert Koselleck mit »so nicht bekannt gewesen!«. Anscheinend befand sich seine Einheit in einer der umliegenden Kolchosen bei Myrhorod (»wo ich ›lag‹«). Anderson berichtet, dass bei Partisanenüberfällen dort und im nahe gelegenen Baranówka deutsche Soldaten getötet wurden, einige davon auf grausame Weise. Koselleck notiert doppelt unterstrichen: »Terror«. Anderson führt weiter aus, dass der Stab des Heeresgebietes auf das bis dahin ungewohnte Ereignis so reagierte, als ob der Überfall ein Massaker gewesen wäre. Koselleck setzt hinzu: »sic was sonst?«. Soldaten des Bataillons III/190 der 62. ID erschossen am 28. Oktober 45 Partisanen und 162 Juden, »die gesamte jüdische Bevölkerung« von Mirgorod; am 10. November marschiert dieses Bataillon in Baranówka ein, brannte das Dorf nieder, erschoss zehn Einwohner sowie noch am gleichen Tag 45 Partisanen in Jereski. Die privaten Randbemerkungen Kosellecks in seinem Exemplar des Begleitbandes lesen sich so, als ob er von diesen Säuberungsaktionen nichts gewusst habe. Siehe DDK – Bildarchiv Foto Marburg, Nachlass Koselleck, Konvolut Reemtsma/H. Heer, Wehrmachtausstellung, Mappe 339.

führten Berichten seiner Batterie sei davon nichts erwähnt. »Wenn ich gewusst hätte, dass in jenem Dorf Juden ermordet worden waren, hätte ich bei der Niederschrift meines Berichts gewiss gezögert und mich gefragt, ob ich das sagen könnte, dürfte oder geradezu sollte. Auf diese Reflexion bin ich jedoch nicht gekommen, was für mich ein klares Indiz dafür ist, dass ich unter den damaligen Bedingungen nichts von jenem Vorkommnis wusste – so wie ich etwa von Babij Jar, wenn auch nicht unter diesem Namen, gehört hatte und das auch in meiner Erinnerung festhalten konnte.«[10]

Aus Kosellecks Aufzeichnungen lässt sich schließen, dass einzelne Bilder und Bildsequenzen aus dem Vernichtungskrieg in den letzten Jahren vor seinem Tod wieder in sein Bewusstsein drängten, ja vielleicht auch nie verschwunden waren. Eine Bildsequenz findet sich notiert in seiner Handschrift auf einem einzelnen Blatt unter den Arbeitsmaterialien für das geplante Buch über die Reiterdenkmäler. Unter dem Titel »Das apokalyptische Pferd, Sommer 1942« und datiert auf den 23. Dezember 2002 steht dort:

Ich sah Tote, deren halber Schädel weggerissen war – in Morosow nach der Wiedereroberung – aber der Tote war tot. Dann sah ich das Pferd, dessen halber Schädel weggerissen war – und das Pferd lebte, im Vollgalopp an der marschierenden Kolonne entlang galoppierend, die tödliche Verzweiflung selbst – und niemand konnte das Pferd erlösen, weil kein Rennpferd zur

10 Dutt, Koselleck, »Von der Judenvernichtung«. Sein Schulfreund und Mithäftling in Karaganda Alfred Kessler erinnert das laut der Tonaufzeichnung eines Gesprächs mit der Historikerin Christina Morina anders. Koselleck habe ihm nach dem Krieg erzählt, er habe »von einem zuverlässigen Zeugen« einer anderen Wehrmachtskompanie bei Charkiw gehört, sie seien gefragt worden, wer bereit sei, an Exekutionen teilzunehmen. Die Hälfte der Kompanie habe sich, wie Koselleck erschüttert erzählt habe, freiwillig gemeldet. Christina Morina, Gespräch mit Alfred Kessler, Amsterdam 28.5.2014 und 19.6.2014. Ich danke Christina Morina dafür, mir ihre Gesprächsnotizen und -mitschnitte zugänglich gemacht zu haben. Siehe auch dies., »Reinhart Koselleck und das Überleben in Trauer nach den Umbrüchen von 1945 und 1989«, in: *Zeitschrift für Geschichtswissenschaft* 63 (2015), S. 435-450. Koselleck erwähnt die Gespräche mit Kessler in einem Vortrag zur Differenz zwischen historischer Wahrheit und Erinnerung: »Ich selber kontrolliere meine Erinnerungen, indem ich mich mit meinem Freund, der mir in der russischen Gefangenschaft das Leben gerettet hat, unterhalte. Ich spreche mit ihm immer wieder und wir stellen fest, dass wir anderthalb Jahre im selben Straflager in Karaganda waren und doch sehr verschiedene Erinnerungen an dieselben Situationen haben.« Reinhart Koselleck, »Gibt es ein kollektives Gedächtnis?«, in: *Divinatio* 19 (2004), S. 1-6, hier S. 5.

Hand war, um das andere zu überholen – und weil ein Schuß aus dem Stand die marschierenden Soldaten tödlich gefährdet hätte. So raste das Pferd mit seinem halben Schädel weiter – eine Inversion der Apokalypse: das Pferd trug nicht den Todesboten – es war die Inkarnation der menschlichen Selbstvernichtung, die Alles Lebende mit sich reißt.[11]

Am 24. Juni 1942, vier Tage vor Beginn der deutschen Sommer-Offensive, rollte ein schweres Geschützrad seiner Batterie über Kosellecks Füße. Von Pferden gezogen, sank die Lafette im tiefen Matsch ein und zerquetschte die Fußknochen. Der Unfall rettete Koselleck wahrscheinlich das Leben. Am nächsten Tag kam er hinter der Linie in ein Feldlazarett, dann Anfang Juli weiter in ein Reservelazarett bei Krakau und wenige Tage später bis November in ein Lazarett bei Dresden, noch bevor die katastrophale Niederlage von Paulus' Armee begann.[12] Allein im Stalingrader Kessel starben im Winter 1942/43 160 000 deutsche Soldaten; von den 100 000, die in sowjetische Kriegsgefangenschaft gerieten, kehrten nach dem Krieg nur 5000 zurück. Mehr als eine Million Soldaten starben in der verlustreichsten Schlacht des 20. Jahrhunderts, dreimal so viele wie 1916 bei Verdun.[13] Die Zahl der in der Stadt getöteten Zivilisten ist bis heute unbekannt.

Kosellecks Fußverletzung wurde zunächst nicht richtig behandelt. Insgesamt musste er zehn Monate im Lazarett bleiben, ungefähr so lange wie zuvor an der Front.[14] Über die Zeit im Lazarett

11 DDK – Bildarchiv Foto Marburg, Nachlass Koselleck, Kasten 32, Mappe 169 »Thesen«. Siehe Ulrich Raulff, *Das letzte Jahrhundert der Pferde. Geschichte einer Trennung*, München 2015, S. 287.

12 Bundesarchiv (im Folgenden: BArch) Berlin, B 563-1 KARTEI/K-1536/028/Koselleck, Reinhart. Laut der Karteikarte gehörte Koselleck zu diesem Zeitpunkt zum Artillerieregiment 162 der 8. Armee.

13 Rüdiger Overmans, »Das andere Gesicht des Krieges. Leben und Sterben der 6. Armee«, in: Jürgen Förster (Hg.), *Stalingrad. Ereignis, Wirkung, Symbol*, München 1992, S. 419-455, zit. n. Boll, Safrian, »Auf dem Weg nach Stalingrad«, S. 260; Jochen Hellbeck, *Stalingrad. The City that Defeated the Third Reich*, New York 2015, S. 1.

14 Familienarchiv Koselleck (jetzt DLA Marbach), Mappe »Reinhart«. Bericht der Orthopädischen Heilanstalt Dresden, 5. 11. 1942. Die Röntgenbilder ergaben folgenden Befund: »Das Kahnbein ist komprimiert, niedriger, aus seinem normalen Lager nach unten und innen verlagert. Es besteht ein Ausheilungszustand nach einem Bruch des Kahnbeins mit Verletzungen sowohl des proximalen Gelenkes mit dem Sprungbein als auch bei der vorderen Fußwurzelreihe. Das Kahnbein ist bei dem 19 Jahre alten mann [sic!] nicht wieder unblutig in seine Stellung zu

und die immer neuen Operationen gibt der rege Briefwechsel mit den Eltern und dem älteren Bruder Auskunft, der ab Sommer 1942 überliefert ist.[15] Koselleck verbrachte die ersten Monate in einem Lazarett in Arnsdorf bei Dresden, wo ihn sein Patenonkel und späterer Doktorvater Johannes Kühn besuchte.[16] Das sächsische Arnsdorf liegt nur wenige Kilometer entfernt von Pirna, wo Kosellecks Tante, die unter Schizophrenie litt, zwei Jahre zuvor im Rahmen des »rassenhygienischen« Euthanasieprogramms getötet worden war.

Von November 1942 bis Ende Januar 1943 wurde Koselleck in ein Lazarett im niederschlesischen Bunzlau/Bolesławiec,[17] unweit von Görlitz, verlegt, unterbrochen von einigen Wochen um den Jahreswechsel in den Heilanstalten Hohnenlychen in der Uckermark.[18] Der Neunzehnjährige vertrieb sich die Zeit damit, politische Karikaturen von Stalin, Roosevelt und Churchill anzufertigen, die sich in imperialer Konkurrenz um die Weltherrschaft streiten, die er auch den Eltern schickte.[19] In den Briefen versicherte er Va-

bringen. […] Auch von Osteotomie [eine chirurgische Operation] verspreche ich mir nichts für die Funktion. Dagegen muß der Fuß gestützt werden. Das Tragen einer nach Gipsabguß gefertigten gewalkten Fußbettung halte ich für notwendig. Dienstfähigkeit ist mit Vorsicht zu beurteilen. Wahrscheinlich bleibt der junge Mann dauernd gvH [garnisonverwendungsfähig Heimat].« Koselleck laborierte lange an der falsch behandelten Fußverletzung und trug ein Leben lang orthopädische Schuhe. Gespräch des Verf. mit Felicitas Koselleck, 21. 6. 2021.

15 Arno Koselleck machte sich bereits Ende Juli 1942 Sorgen darüber, dass die Fußverletzung des Sohnes nicht richtig behandelt wurde. Familienarchiv Koselleck (jetzt DLA Marbach), Mappe »Vater, 1942-1955«. Arno Koselleck an Reinhart Koselleck, 24. 7. 1942; ebenso Arno Koselleck an Reinhart Koselleck, 6. 9. 1942.

16 Koselleck erinnert sich 1999, dass Kühn ihm Romain Rollands Roman *Jean-Christophe* und Sinclair Lewis' *Elmer Gantry* als Lektüre ins Lazarett brachte. Familienarchiv Koselleck (jetzt DLA Marbach), Mappe »J Kühn Varia«, Reinhart Koselleck an Eckart Krömer, 8. 11. 1999. Zu Kühn im Nationalsozialismus siehe unten, Kap. 4, Fn. 75.

17 Die Namen von Orten, die vor 1945 noch zum Deutschen Reich gehörten, werden im Folgenden auf Deutsch und Polnisch, Tschechisch oder Französisch angegeben.

18 Seine Personenkartei bei der Wehrmachtauskunftstelle vermerkt, dass Koselleck am 26. 1. 1943 als »innendienstfähig« aus dem Lazarett Bunzlau entlassen wurde. BArch Berlin, B563-1 KARTEI/K-1536/028/Koselleck, Reinhart.

19 »Rund um Roosevelt. 6 Tage im Bett gekritzelt, 12. 11. - 17. 11. 42. RK.« Familienarchiv Koselleck.

ter und älterem Bruder, er sehne sich nach der Rückkehr an die Front. Aufgrund der Fußverletzung wünschte er sich, zur Luftwaffe eingezogen zu werden. Antisemitismus oder nationalsozialistische Terminologie finden sich in den Briefen ebenso wenig wie Andeutungen über deutsche Verbrechen.[20] Arno Koselleck schickte dem Sohn Literatur ins Lazarett, etwa Goethes *Faust* oder Kants *Grundlegung der Metaphysik der Sitten*, und leitete die Karikaturen des neunzehnjährigen Sohnes an die Satirezeitschrift *Kladderadatsch* weiter, die dankend ablehnte.[21]

Reinhart Koselleck hatte die Angewohnheit, Materialien thematisch geordnet in Mappen zu sammeln und über Jahrzehnte hinweg zu ergänzen mit neuen Fundstücken, etwa Zeitungsausschnitten, Briefen und eigenen Notizen. Einige dieser Mappen enthalten biografische Materialien, beispielsweise seine Zeichnungen aus der Kriegs- und Nachkriegszeit. Auf einer Zeichnung vom 10./11. Januar 1943 notiert Koselleck am 12. Januar 1996, also fast auf den Tag genau 53 Jahre später, dass der SS-Chefarzt der Heilanstalten Hohenlychen aufgrund von Menschenversuchen an Frauen des nahegelegenen KZ Ravensbrück in den Nürnberger Prozessen zum Tode verurteilt und hingerichtet wurde. Auf der Rückseite einer anderen Zeichnung vermerkt Koselleck: »Weihnachten 1942 im Lazarett Bunzlau«, neben dem ursprünglichen Text: »Reiko in der Irrenzelle. Er ist unzurechnungsfähig u. bittet alle Unfreundlichkeiten zu entschuldigen.« Zu sehen ist ein Wärter in Uniform, der durch den Zellentürspion auf den Insassen blickt. In der Gummizelle sitzt Reinhart Koselleck (»Reiko«) in Anstaltskleidern und mit Gehhilfe, gegen die Zellentür hämmernd und »Ende« rufend (*Abb.* 4). Diese Zeichnung hatte er dem Vater nicht geschickt. Ende Januar 1943 nach mehr als einem halben Jahr im Lazarett endlich in den »Innendienst« entlassen, durchlief Koselleck im Frühjahr eine Ausbildung bei einer Funkeinheit der Luftabwehr im elsässischen Hagenau/Haguenau, unweit von Rastatt. Seine mehrfachen Gesuche, ungeachtet der Fußverletzung und einer Sehschwäche als Pilot

20 Zu diesem Ergebnis kommt auch die Einleitung von Manfred Hettling und Wolfgang Schieder in: dies., (Hg.), *Reinhart Koselleck als Historiker. Zu den Bedingungen möglicher Geschichten*, Göttingen 2021, S. 9-60, hier S. 23.

21 Familienarchiv Koselleck (jetzt DLA Marbach), Mappe »Vater, 1942-1955«, Arno Koselleck an Reinhart Koselleck, 13. 11. 1942.

für Jagdbomber ausgebildet zu werden, wurden »aus Zeitmangel« im Oktober 1944 ganz abgelehnt.[22]

In Straßburg/Strasbourg erlebte Koselleck den überstürzten Rückzug der Wehrmacht Ende November 1944. Nach eigener Erinnerung war er im Elsass »für den elektronischen Geräteeinsatz und deren Nachrichtenauswertung für Flak und Flieger zuständig«, aufgrund seiner Gehbehinderung zumeist im Innendienst über Karten gebeugt, eine Arbeit, die Zeit für Lektüren, das Zeichnen und Briefeschreiben ließ (*Abb. 5*).[23] Der Medientheoretiker Friedrich Kittler hat Kosellecks Einsatz bei der Luftüberwachungszentrale im Elsass zu der Legende verdichtet, der Obergefreite Koselleck sei bis zur Kapitulation für die Funkverbindung zwischen General Paulus' in Stalingrad eingekesselter 6. Armee und der Heeresgruppe Manstein zuständig gewesen (»Ja, so wird man Historiker«).[24] Daran stimmt allein, dass Koselleck vom Untergang der 6. Armee am 31. Januar 1943 hörte, allerdings über das Radio und im Lazarett.[25]

22 Familienarchiv Koselleck (jetzt DLA Marbach), Mappe »Reinhart«. Reinhart Koselleck an Elisabeth Koselleck, 10.10.1944, Reinhart Koselleck an Arno Koselleck, 10.10.1944. Seine Tante in Weimar und auch der Gymnasiallehrer in Saarbrücken hatten im Frühjahr 1944 vergeblich versucht, ihm das Gefühl zu nehmen, er müsse Bomberpilot werden. Dagegen beglückwünschten ihn die Eltern im Sommer, als er zwischenzeitlich »fliegertauglich« geschrieben wurde. Peter Schindler an Reinhart Koselleck, 8.4.1944, Hildegard Marchand an Reinhart Koselleck, 16.4.1944.

23 Koselleck, »Vielerlei Abschied vom Krieg«, S. 24. Koselleck war einige Tage zuvor mit seiner Flakeinheit nach Straßburg/Strasbourg versetzt worden und beschreibt die überstürzte Flucht aus der Stadt in einem Brief an den Vater, ebd., 24.11.1944.

24 Friedrich Kittler, Milo Rau, »So wird man Historiker. Ein Gespräch zwischen Milo Rau und Friedrich Kittler über die rumänische Telerevolution, die unterschwellige Kraft der Bilder und Reinhart Koselleck in Russland«, in: Milo Rau u.a. (Hg.), *Die letzten Tage der Ceausescus. Materialien, Dokumente. Theorie*, Berlin 2010, S. 143-152, hier S. 152.

25 DLA Marbach, A: Meier, Reinhart Koselleck an Christian Meier, 28.6.1995. Meier hatte Koselleck auf eine falsche Datierung im Lexikonartikel »Volk, Nation, Masse, Nationalismus« der *Geschichtlichen Grundbegriffen* hingewiesen. Der Verlust des letzten legalisierten Status für Juden, »Zigeuner« und »Asoziale« als »Schutzangehörige« des Deutschen Reichs sei zwar am 31.1.1942 erfolgt, aber anders als im Artikel behauptet nicht zeitgleich mit dem Untergang der 6. Armee. Koselleck antwortete, die Vordatierung der Niederlage von Stalingrad um ein Jahr sei ein »echter lapsus«, den er sich so erklärt: »Die vermutliche Herkunft dieses gravierenden Fehlers, auf den mich sonst nur noch [Gabriel] Motzkin hingewiesen hatte, liegt in der schwelenden Debatte, ob die Judenvernichtung erst

Geboren 1923 in Görlitz, gelegen an der Neiße zwischen der Lausitz und Schlesien, heute eine deutsch-polnische Grenzstadt, erlebte Koselleck die letzten Jahre der Weimarer Republik als Kind (*Abb.* 6) Sein Vater Arno Koselleck (1891-1977) arbeitete sich in den 1920er Jahren vom Geschichtslehrer zum Schulleiter und Akademiedirektor hoch. Damit setzte er den Familienaufstieg aus Handwerker- und Bauernkreisen fort, der vom Gastwirt (dem Urgroßvater) zum Kaufmann führte – was dem Großvater erlaubt hatte, alle drei Kinder studieren zu lassen. Die Mutter Elisabeth, geborene Marchand (1892-1978), entstammte dagegen einer hugenottischen Gelehrtenfamilie. Ihr Vater Felix Marchand (1846-1928) war im Kaiserreich ein berühmter Pathologe an der Leipziger Universität. Arno Koselleck und Elisabeth Marchand lernten sich in Leipzig kennen, wo sie Geschichte studierten, gemeinsam mit Johannes Kühn. Später erinnert er die Mutter als »calvinistische Kontrolleuse«, die sich nach der Heirat ganz der bildungsbürgerlichen Erziehung der drei Söhne verschrieb: mit Kunst und Literatur sowie Haus- und Kammermusik, in einer Zeit vor Grammofon oder Radio im Alltag.[26] Reinhart Koselleck spielte Cello, las die deutschen Klassiker von Kleist, Schiller und Goethe bis zu Theodor Storm und verfasste eigene Verse. Und er lernte zeichnen (*Abb.* 7). »Bildung« bedeutete für dieses bürgerliche Milieu mehr als Ausbildung oder nur Einbildung, also nicht nur Zugehörigkeit zu einer sozialen Klasse, wie Koselleck in einem seiner späten, dicht argumentierenden Aufsätze schreibt, die oft ein ganzes Forschungsfeld auf wenigen Seiten umreißen und in die er seine eigenen Erfahrungen eingehen ließ.[27] Bildung war

durch den rasanten Niedergang der Deutschen im Osten hervorgerufen worden sei oder schon vorher? Ein stummes, unreflektiertes Vorurteil verschiebt flugs die Chronologie (nicht das korrekte Datum).«

26 Thomas Martin, »Über Krisenerfahrungen und Kritik. Ein bislang unveröffentlichtes Gespräch aus dem Nachlass von Reinhart Koselleck«, in: *Frankfurter Allgemeine Zeitung*, 13. 1. 2010.

27 Reinhart Koselleck, »Zur anthropologischen und semantischen Struktur der Bildung«, in: ders. (Hg.), *Bildungsbürgertum im 19. Jahrhundert*, Teil 2: Bildungsgüter und Bildungswissen, Stuttgart 1990, S. 11-46, wiederabgedr. in: Reinhart Koselleck, *Begriffsgeschichten. Studien zur Semantik und Pragmatik der politischen und sozialen Sprache*, Frankfurt/M. 2006, S. 105-154.

eine Form der Lebensführung, an der die Familie durch alle Krisen hindurch festhielt.

Zu den frühesten Erinnerungen Kosellecks aus der Volksschule gehörten die Weltwirtschaftskrise und die Schlägereien zwischen den Anhängern linker und rechter Gruppierungen – die liberale Mitte der Weimarer Republik war da schon verschwunden.[28] Noch tiefer verlief der Einschnitt 1933. Schon im Jahr davor war die Pädagogische Akademie in Kassel geschlossen worden, zu deren erstem Direktor Arno Koselleck 1930, also noch vor seinem vierzigsten Geburtstag, berufen worden war. Seinen ersten Direktorenposten erhielt der Geschichtslehrer 1929 an der Pädagogischen Akademie in Breslau. Arno Koselleck genoss als Reformpädagoge die Förderung des parteilosen Kultusministers und Orientalisten Carl Heinrich Becker, der unter dem Sozialdemokraten Otto Braun progressive Hochschulreformen in Preußen in Gang gesetzt hatte, die nach 1930 wieder zurückgenommen und erst in den 1960er Jahren mit den neugegründeten Universitäten in Bochum und Bielefeld wieder aufgriffen wurden, an denen auch Reinhart Koselleck lehren sollte.

1932 wurde der Vater von Kassel an die Pädagogische Akademie in Dortmund versetzt und ein Jahr später, nach der Machtübergabe an Hitler, beurlaubt. Erst zum Wintersemester 1936/37, nach drei Jahren Arbeitslosigkeit und einem erneuten Umzug der Familie, fand der Vater wieder eine kommissarische Stelle als Professor für Geschichtsdidaktik an der neugegründeten Hochschule für Lehrerbildung in Saarbrücken. Hochschulen wie diese dienten der Ausbildung von Volksschullehrern. Sie ersetzten die Pädagogischen Akademien der Weimarer Republik und wurden, wie im Saarland, vom NS-Staat bevorzugt in umstrittenen Grenzregionen eingerichtet. Das zog auch für Arno Koselleck politische Anpassung nach sich.

Auf die politischen Schwierigkeiten des Vaters in den ersten Jahren des »Dritten Reichs« als Weimarer Reformpädagoge ohne Parteibuch geht Reinhart Koselleck in späteren Interviews ausführlich ein, auch auf den Eintritt in die seinerzeit als »bürgerlicher« geltende Reiter-SA, wo der Vater aufgrund seines Rangs als Leutnant im

28 Reinhart Koselleck, »Dankrede am 23. November 2004«, in: *Reinhart Koselleck (1923-2006). Reden zum 50. Jahrestag seiner Promotion in Heidelberg*, hg. v. Stefan Weinfurter, Heidelberg 2006, S. 33-60, hier S. 58.

Ersten Weltkrieg bald zum Sturmführer aufstieg.[29] Nicht erwähnt wird, dass Arno Koselleck im Frühjahr 1941 bei der Berufung nach Hannover in die NSDAP eintrat, wenn auch vergleichsweise spät für einen Lehrer im Hochschuldienst und nachdem die Wehrmacht halb Europa erobert hatte.[30] Reinhart Koselleck berichtet im Gespräch mit Carsten Dutt, der Vater habe sich der Teilnahme am Novemberpogrom 1938 dadurch entzogen, dass seine Einheit der Reiter-SA die Stadt verließ und erst 24 Stunden später zurückkehrte, also nachdem die Synagoge in Saarbrücken bereits niedergebrannt und die jüdischen Einwohner aus ihren Wohnungen gezerrt, geschlagen, gedemütigt und viele der Männer in das Konzentrationslager Dachau verschleppt worden waren. Nach der Rückkehr des Vaters sei ein eng befreundeter Kollege von der Hochschule für Lehrerbildung, der als SA-Oberscharführer an der Zerstörung der Synagoge teilgenommen hatte – »teilnehmen mußte«, wie Koselleck formuliert –, »vollständig aufgelöst zu uns« gekommen und habe einen Nervenzusammenbruch erlitten.[31] Dennoch, so Kosellecks Erinnerung, sei im Elternhaus über die Judenverfolgung seinerzeit nicht gesprochen worden. Ungeachtet jüdischer Freunde im Familienkreis vermutete er beim Vater eine stille Judenfeind-

29 Koselleck erklärt den Eintritt des Vaters in die Reiter-SA so: »Schwierig wurde es nach der Entlassung 1933. Wir mußten plötzlich mit fünf Personen in einer Vierzimmerwohnung von der Pension meines Vaters leben. Er hat sich geweigert, seine Pensionierung nach dem Gesetz zur Erhaltung des Berufsbeamtentums zu akzeptieren und wurde 1937 in Saarbrücken ›kommissarisch‹ als Professor eingesetzt.« In Saarbrücken wurde Arno Koselleck von den Studierenden »zum Vertrauensdozenten gewählt, woraufhin der AStA [Allgemeiner Studentenausschuss] abgesetzt werden sollte, weil er den einzigen Nicht-PG [Parteigenossen] gewählt habe. Das hatte zur Folge, dass mein Vater – um die Studenten zu schützen – in die Reiter-SA eintrat, den bildungsbürgerlichen Ableger der SA. Da er Leutnant des Ersten Weltkriegs gewesen war, wurde er zur Rangangleichung innerhalb von drei Monaten ›Sturmführer‹, ohne je einen SA-Sturm geführt zu haben.« Manfred Hettling, Bernd Ulrich, »Formen der Bürgerlichkeit. Ein Gespräch mit Reinhart Koselleck«, in: *Mittelweg 36* 12 (2003), S. 62-82, hier S. 70; siehe auch Dutt, Koselleck, »Erfahrene Geschichte«, S. 15-18.

30 Arno Koselleck beantragte die Aufnahme am 15. 1. 1941, sie erfolgte am 1. 4. 1941. BArch Berlin, Slg. BDC, R 9361-IX KARTEI/Personenbezogene Unterlagen der NSDAP-Mitgliederkartei – Gaukartei, 22481359; Koselleck, Johnson, »Recollections of the Third Reich«, hier S. 9, wo die Parteimitgliedschaft des Vaters nicht erwähnt wird.

31 Dutt, Koselleck, »Erfahrene Geschichte«, S. 20.

schaft.[32] Arno Koselleck war ein Weimarer Reformpädagoge und liberal-konservativer Republikaner, aber wie viele andere soziale Aufsteiger in das gehobene Bürgertum seiner Zeit dachte er großdeutsch-national. Die Revision des Versailler Vertrags gehörte parteienübergreifend zum politischen Konsens dieses bürgerlichen Milieus der Zwischenkriegszeit.

Reinhart Koselleck wurde 1934 als Kind von elf Jahren und wie nahezu seine gesamte Generation in das »Deutsche Jungvolk« aufgenommen (*Abb.* 8). Mit vierzehn erfolgte die Übernahme in die Hitlerjugend, wo er sich standesgemäß einer »Reitergefolgschaft« anschloss, »sodass die Dienstverpflichtung erfreulicherweise mit einem Sport verbunden war, den ich immer gerne getrieben hatte«, wie er 1953 in einem Lebenslauf schreibt.[33] Nicht nur hierin folgte er dem Vorbild des Vaters. Ausgestattet mit einem sogenannten Notabitur, für das sein Weihnachtszeugnis 1940 am Ludwigsgymnasium Saarbrücken anerkannt wurde, meldete er sich im Februar 1941 freiwillig zum Kriegsdienst, noch vor seinem achtzehnten Geburtstag. Der NSDAP trat Reinhart Koselleck nicht bei, anders als sein älterer Bruder, dessen Aufnahme auf den ersten Tag des deutschen Überfalls auf Polen fiel.[34] Auch diente Koselleck im Krieg nicht als Offizier, etwa bei der Marine wie Wilhelm Hennis oder bei der Waffen-SS wie Hans Robert Jauß, sondern als einfacher Soldat beziehungsweise bei Kriegsende als Obergefreiter.[35]

Seine beiden Brüder starben im Krieg – der jüngere, Eckart, im Alter von sieben Jahren bei einem britischen Luftangriff Ende Juli 1942, der das elterliche Wohnhaus zerstörte. Es war der erste Luftangriff auf Saarbrücken und nach Lübeck und Rostock der Beginn des Flächenbombardements deutscher Städte. Die Eltern verloren dabei ihren gesamten Besitz. Unter kamen sie zunächst im Haus

32 Hettling, Ulrich, »Ein Gespräch mit Reinhart Koselleck«, S. 71.

33 Reinhart Koselleck, »Mein Lebenslauf«, 15. 10. 1953, Universitätsarchiv Heidelberg, H-IV-757/56; Reinhart Koselleck, »Mein Lebenslauf«, 26. 8. 1955, Universitätsarchiv Heidelberg, PA-4614: DLA Marbach, A: Koselleck, Konvolut »Unterlagen zur Japan-Reise 1978«, Mappe 2: »Lebenslauf«.

34 Ernst Wolfram Koselleck beantragte die Aufnahme in die NSDAP am 26. 5. 1939, sie erfolgte am 1. 9. 1939. BArch Berlin, Slg. BDC, R 9361-IX KARTEI Personenbezogene Unterlagen der NSDAP-Mitgliederkartei – Gaukartei, 22481359. Zum Bruder als überzeugtem Nationalsozialisten siehe Dutt, Koselleck, »Erfahrene Geschichte«, S. 16.

35 Koselleck, Johnson, »Recollections of the Third Reich«, S. 9.

der Freunde Lisbeth und Hermann Overbeck, seit 1936 ein Kollege des Vaters an der Hochschule für Lehrerbildung, die 1940 von Saarbrücken nach Metz-Montenich/Montigny-lès-Metz in das annektierte Lothringen verlegt worden war. In Metz unterrichtete Arno Koselleck weiter, während er gleichzeitig als Offizier im Wehrbezirkskommando in Saarbrücken seinen Dienst verrichtete.[36] Beim Fliegerangriff auf Saarbrücken befand er sich anscheinend zu Hause.

Reinhart Koselleck erreichte die Nachricht vom Tod des jüngeren Bruders im Lazarett bei Dresden, wo er mit seinen zerquetschten Füßen lag.[37] Als der Neunzehnjährige den Vater mit dem Verweis auf das »unerbittliche Schicksal« aus der Verantwortung für den Tod des jüngsten Kindes nehmen will, antwortet Arno Koselleck: »Du schreibst: Eckarts Tod ist Schicksal. Ohne weiteres kann ich diese Vorstellung nicht übernehmen. Entweder ist ›Schicksal‹ die Schickung eines Gottes, seine Fügung. Dann kann man recht den Schmerz des Verlustes empfinden, aber hat auch die tiefe Beruhigung des besten Ratschlusses: dann muss dieser Tod der denkbar Beste sein. Ich habe diesen Glauben nicht. Ich glaube nicht, dass das Unheil, welches über die Welt rast, so und nicht anders mit allen seinen furchtbaren Folgen für den einzelnen von Gott gewollt ist, in seinem letzten Sinn recht Gott, aber dem Menschen unbekannt. Ich habe keinen Zugang zum ›deus absconditus‹.«[38] Die Einsicht, dass weder das »Schicksal« noch, in säkularisierter Form,

36 Familienarchiv Koselleck (jetzt DLA Marbach), Wolfgang Freund, »Gespräch mit Reinhart Koselleck vom 29. Mai 1999 im Hause von Michael Werner (Clamart)«, S. 2; ders., *Volk, Reich und Westgrenze. Deutschtumswissenschaften und Politik in der Pfalz, im Saarland und im annektierten Lothringen 1925-1945*, Saarbrücken 2006, S. 124-128, 156.

37 Familienarchiv Koselleck (jetzt DLA Marbach), Mappe »Vater 1942-1955«, Arno und Elisabeth Koselleck an Reinhart Koselleck, 31. 7. 1942: »Mein lieber Reinhart. Ich muß Dir sehr trauriges mitteilen. Unser guter, lieber Eckart ist von einer Fliegerbombe erschlagen worden. Sie hat auch Onkel Fritz schwer verwundet, unser Haus völlig zerstört, die Trümmer sind ausgebrannt. Wir waren im Keller verschüttet und haben Eckart lebend, aber Gott sei dank bewußtlos geborgen. Er ist dann friedlich eingeschlafen.« Die Mutter fügt hinzu: »Eckart hat sich sehr über Deinen lieben Brief gefreut.«

38 Familienarchiv Koselleck (jetzt DLA Marbach), Mappe »Vater 1942-1955«, Arno Koselleck an Reinhart Koselleck, 6. 9. 1942; Mappe »Reinhart«, Reinhart Koselleck an Arno Koselleck, 3. 9. 1942.

die »Geschichte« den Zeiterfahrungen der 1930er und 1940er Jahre einen Sinn verleihen können, wurde für den Sohn später zu einem Ausgangspunkt seiner Geschichtstheorie.[39]

Die Mutter überlebte den Fliegerangriff, der Onkel Friedrich Marchand, gerade auf Besuch in Saarbrücken und ein Arzt wie der Großvater, wurde schwer verletzt. Dass der ältere Bruder Wolfram als Wehrmachtsoffizier drei Wochen vor Ende des Krieges bei Königsberg fiel, erfuhr Koselleck erst nach der Heimkehr im September 1946. Auch davon, dass Erika Marchand, die unter Schizophrenie leidende Schwester der Mutter, in der »Aktion T4« in eigens dafür eingerichteten Kellerräumen der Klinik in Pirna-Sonnenstein vergast worden war, erhielt die Familie erst nach 1945 Kenntnis. In Sonnenstein wurde 1940 mit Tötungsformen an psychisch Kranken experimentiert, die als Nächstes an Sinti und Roma, dann an sowjetischen Kriegsgefangenen und schließlich bei der »Endlösung« angewandt wurden – für Koselleck später ein Grund dafür, warum die Erinnerung an die Ermordeten des Nationalsozialismus nicht nach Opfergruppen segmentiert werden sollte.[40] Beim Besuch der anderen Schwester der Mutter in Weimar im Februar 1943, der Kunsthistorikerin und Goethe-Expertin Hildegard Marchand (1896-1950), hörte Koselleck nach eigener Aussage erstmals vom KZ Buchenwald. Die Tante nahm ihn mit auf die im privaten Kreis tagende Dante-Gesellschaft. Dort wurde zum Tee »von den fürchterlichen KZ-Zuständen auf dem Ettersberg gesprochen und von dem unentrinnbaren Ende dieses Krieges«.[41]

39 Siehe Reinhart Koselleck, »Über die Verfügbarkeit der Geschichte«, in: Odo Marquard (Hg.), *Schicksal? Grenzen der Machbarkeit. Ein Symposion der Carl Friedrich von Siemens Stiftung*, München 1977, S. 51-67, wiederabgedr. in: Reinhart Koselleck, *Vergangene Zukunft. Zur Semantik geschichtlicher Zeiten*, Frankfurt/M. 1979, S. 260-277.

40 Dutt, Koselleck, »Von der Judenvernichtung«.

41 Koselleck, »Vielerlei Abschied vom Krieg«, S. 21. Wahrscheinlich fand der Besuch im Oktober 1942 statt. Siehe Familienarchiv Koselleck (jetzt DLA Marbach), Mappe »Reinhart«. Reinhart Koselleck an Elisabeth Koselleck, 24. 10. 1942.

Auschwitz und Gulag

In den letzten Kriegswochen wurde Koselleck als Infanterist tauglich geschrieben und im Februar/März vom Oberrhein wieder an die Ostfront geschickt, die zu diesem Zeitpunkt bereits deutsches Territorium erreicht hatte. Am 28. März 1945 schreibt er in einem letzten Brief an die Eltern, sein Einsatz stehe unmittelbar bevor. »Bitter ist es, daß ich all den Überschuß in meinem Herzen brauche, um mit meiner körperlichen Behinderung fertig zu werden.«[42] Kosellecks Einheit kämpfte gegen die Rote Armee in der Nähe von Mährisch-Ostrau/Moravská Ostrava, nahe der heutigen Grenze zwischen Tschechien und Polen, wo er sich am 1. Mai 1945 in sowjetische Gefangenschaft ergab. Gemeinsam mit tausenden Kriegsgefangenen marschierte er von Mähren zwei Tage lang zu Fuß die hundert Kilometer nach Auschwitz, um dort die Fabriken der IG Farben abzubauen und auf Züge in die Sowjetunion zu verladen – dieselben Chemiefabriken in Auschwitz-Monowitz, in denen Primo Levi noch wenige Monate zuvor als KZ-Häftling gearbeitet hatte, befreit im Januar 1945 von der Roten Armee.

Im August wurden die deutschen Gefangenen auf Züge nach Osten verladen. Einige Wochen später erreichte Koselleck Karaganda in Zentralasien, eine in den 1930er Jahren von Stalins Deportierten, viele von ihnen Wolgadeutsche und andere Angehörige ethnischer Minoritäten der Sowjetunion, in der kasachischen Steppe errichtete Industrie- und Kohlestadt. Kasachstan hatte im Zuge der Kollektivierung der einheimischen nomadischen Bevölkerung 1930 bis 1933 eine Hungersnot erlebt, bei der 1,5 Millionen Menschen ums Leben gekommen waren, gemessen am Bevölkerungsanteil – ein Viertel – mehr als bei der ebenfalls von den Bolschewiki aus ideologischen Gründen herbeigeführten Hungerkatastrophe in der Ukraine 1932.[43] Nicht alle Kriegsgefangenen überlebten den Transport, und mehr als die Hälfte war anfangs physisch nicht in der Lage, Zwangsarbeit zu verrichten. Die gesamte Region Karaganda, ein Territorium fast von der Größe Frankreichs, war ein unwirtlicher Ort mit strengsten Winterfrösten

42 Familienarchiv Koselleck (jetzt DLA Marbach), Mappe »Reinhart«, Reinhart Koselleck an die Eltern, 28. 3. 1945.

43 Sarah Cameron, *The Hungry Steppe. Famine, Violence, and the Making of Soviet Kazakhstan*, Ithaca 2018.

und brennender Sommerhitze, überzogen mit einem Gulag-Netzwerk, darunter auch separaten Lagern für deutsche und japanische Kriegsgefangene.[44] In den Lagern in und um Karaganda fand sich eine multinationale Zwangsarbeitsgesellschaft aus Deportierten verschiedener Ethnien des sowjetischen Imperiums, Kriegsgefangenen aus Hitlers Wehrmacht und verbündeten Armeen, darunter also nicht nur Deutsche und Österreicher, sondern auch Italiener und Rumänen sowie vom Kriegsschauplatz in Asien Angehörige der kaiserlich-japanischen Armee.

Das Lager 99 Spasozavodsk war 1941 auf dem Gelände einer stillgelegten Kupferhütte 45 Kilometer südlich der Stadt Karaganda eingerichtet und gegen Ende des Krieges auf mehr als zwanzig Teillager erweitert worden. Koselleck kam in das Teillager 99/1 Spassk, das zu den wenigen Lagern gehörte, in denen im Sommer 1946 ungefähr zu gleichen Teilen sowohl deutsche als auch japanische Kriegsgefangene untergebracht waren (ungefähr 3000). Es handelte sich offiziell um ein »Genesungsteillager« für geschwächte Kriegsgefangene, die kaum noch fähig waren, Zwangsarbeit zu leisten.[45] Koselleck erinnert sich später, wie »die Japaner, Offiziere mit ihren Säbeln voran, jeden Morgen zu Boden kniend den Kaiser im Osten anbeten durften. Erst verschwanden die Japaner, dann die Offiziere, und zurück blieben ameisende, dahinsiechende Arbeiter.«[46]

Als Hilfssanitäter verrichtete Koselleck die »Drecksarbeit« im Lazarett, aber er wurde nicht zur härtesten Arbeit im Kohlebergbau eingesetzt. Auch kam er nicht in eines der verschärften Straflager für Kriegsverbrecher oder überzeugte Nationalsozialisten innerhalb der Spasozavodsker Lagerwelt. Mit Beginn der Repatriierungen

44 Barbara Stelzl-Marx, »Alltag in Karaganda. Zur Geschichte des Kriegsgefangenen-Lagers 99 Spasozavodsk«, in: *Problemy voennogo plena: istoriia i sovremennost'*, Bd. 2, Vologda 1997, S. 202-225; Kate Brown, *Dispatches from Dystopia. Histories of Places Not Yet Forgotten*, Chicago 2015, Kap. 6: »Gridded Lives: Why Kazakhstan and Montana are Nearly the Same Place«. Zu den Erfahrungen des japanischen Dichters Ishihara Yoshiro als Kriegsgefangener in Karaganda siehe Andrew E. Barshay. *The Gods Left First. The Captivity and Repatriation of Japanese POWs in Northeast Asia, 1945-1956*, Berkeley 2013, Kap. 4: »Ishihara Yoshiro ›My Best Self Did Not Return‹«.

45 Die Gesamtzahl der Gefangenen im Lager 99 betrug am 1. 8. 1946 28899, davon 14445 deutsche und 12454 japanische Kriegsgefangene. Siehe Stelzl-Marx, »Alltag in Karaganda«, S. 204.

46 Koselleck, »Vielerlei Abschied vom Krieg«, S. 25.

wurden diese Lager, ab 1947/48 auch das Sanitätslager Spassk, mit sowjetischen Gulag-Häftlingen neu gefüllt, um die Zwangsarbeit im Bergbau fortzusetzen.

Zu den wenigen Zeugnissen aus dieser Zeit im Besitz der Familie gehören zwei Aquarelle Kosellecks vom Lager und seiner Umgebung, angefertigt im ersten Jahr nach der Heimkehr im Herbst 1946. Auf einem der Bilder (*Abb.* 9) stehen zwei Rückenfiguren vor einer hügeligen Steppenlandschaft, die vom Sonnenuntergang in ein überraschend farbiges Licht getaucht wird. Die blühende Vegetation im Vordergrund wie auch die menschenleere, von der Sonne in Ockertöne getauchte Landschaft geben dem Aquarell einen orientalisierenden Zug. Allein die hohen Wachtürme und Zäune machen deutlich, dass es sich hier um ein Straflager handelt. Erst auf den zweiten Blick wird erkennbar, dass die beiden Figuren im Vordergrund weiße Krankenkleidung und die in den Lagern verwendeten Filzschuhe tragen. Einer der Häftlinge trägt seinen Kittel als Turban auf dem Kopf, um sich vor der Sonne zu schützen. Wenige dunkelrote Striche markieren die auf dem Rücken hervortretenden Rippen des ausgemergelten Körpers, an dem die Hose lose hängt. Die Distanz der beiden Figuren zu den anderen Gebäuden des Lagers, ihr fast schon kontemplativer Blick auf die kasachische Landschaft, deren Horizont von den Hügeln verstellt wird, verweist auf ihre liminale Position im Gulag-Archipel: das Lazarett als Durchgangsstation zwischen der möglichen Rückkehr ins Lager als Arbeitssklave und dem Tod.

Auf der Rückseite hat Koselleck den Ort vermerkt (»Spassk in Karaganda«) und aus dem Gedächtnis die Topografie des Lagers skizziert. »Hinter brauner Mauer links das GPU Gefängnis« notiert er auf der Rückseite des anderen Aquarells, und auch dass es den »Blick vom chirurg[ischen] Lazarett auf die anderen Gebäude« festhalte. Er notiert auch die Vorgeschichte des Lagers: Das eine Ziegelgebäude sei bereits vor 1914 von einer britischen Aktiengesellschaft (»den Engländern«) für den Kupferabbau errichtet worden, zwei weitere Gebäude hätten finnische Kriegsgefangene nach dem sowjetisch-finnischen Krieg 1939 erbaut. Die beiden Aquarelle finden sich in einer Mappe von Zeichnungen aus Kosellecks Studienjahren, die auch Aquarelle von Schloss Göhrde und Heidelberg sowie ein Selbstporträt aus dem Juni 1948, fast zwei Jahre nach der Rückkehr aus Zentralasien, enthält. Die eine Postkarte der Mutter, von der Koselleck später berichtete, die ihn kurz vor der Entlassung über die humanitäre Organisation des Roten Halbmonds im Lager erreichte und das Überleben der Eltern bezeugte, ist nicht überliefert. Der umfangreiche Briefwechsel mit den Eltern aus den letzten Kriegsjahren bricht im Frühjahr 1945 ab und setzt erst zwei Jahre später mit dem Beginn des Studiums in Heidelberg wieder ein.

Darüber hinaus gibt es eine von Koselleck angelegte Mappe »Karaganda«. Darin befinden sich Briefe (auch in Abschrift) und Postkarten, die er nach der Heimkehr im September 1946 mit zurückgebliebenen Mitgefangenen in Karaganda und deren Familien wechselte, und weitere Briefe, oft zwei oder drei Jahre später geschrieben, die von der deren eigener Rückkehr berichten. Auf einer durch die sowjetische Zensur gelaufenen Karte (aus dem Lager Nr. 7099/19) vom 21. März 1948, die ihn mehr als einen Monat später in Heidelberg erreichte, heißt es: »für Deine Karte vom 14. 12. 47 meinen besten Dank. Es freut mich sehr, dass Du noch immer so treu und brav schreibst, viele andere haben mir dasselbe versprochen, aber keiner hat wahrscheinlich daran gedacht. Besonders freue ich mich, dass Du und Alfred [Kessler] wieder so schnell zum Studium kamt, ehrlich gesagt trage ich auch den festen Entschluss zu studieren [...].«[47] Koselleck hatte, und zwar nicht nur in diesem Fall, über den Suchdienst die neue Adresse der Angehörigen des Mitgefangenen ausfindig gemacht und im Sommer 1947 den Kontakt hergestellt – die erste Nachricht, die dessen Familie von seinem Verbleib erhielt; die Entlassung aus dem Lager erfolgte erst ein Jahr später. Alfred Kessler, Kosellecks Schulfreund aus Saarbrücken, den er durch Zufall in Karaganda wiedergetroffen hatte, schreibt am 4. April 1947: »nach 10-wöchiger Irrfahrt endlich zu Hause gelandet. Vorerst diesen kurzen Kartengruss. Wenn sich erst mal alles beruhigt hat, berichte ich ausführlich. In Spassk ist noch alles beim Alten. Die Verpflegung ist allerdings seit Oktober katastrophal schlecht gewor-

47 Familienarchiv Koselleck (jetzt DLA Marbach), Mappe »Karaganda«, Stefan Schiestl an Reinhart Koselleck, 21. 3. 1948. Anscheinend hat Koselleck in Briefen an die Familien von Mitgefangenen über die Zustände in Karaganda berichtet. Ebd., Elfriede Frenkel an Reinhart Koselleck, 13. 12. 1946. Koselleck war später Mitglied der Kriegsgräberfürsorge; gelegentlich besuchte er auch Treffen von Kriegsheimkehrern aus Spassk, die vom ehemaligen Lagerkoch Hans Weiss organisiert wurden. Christina Morina, Gespräch mit Alfred Kessler, Amsterdam 19. 6. 2014.

den. Die Folgen kannst Du Dir denken.«[48] Auch die Heimtransporte seien nicht ohne Risiken, zumal in den Wintermonaten. Zwei Wochen später berichtete Kessler, von den 500 deutschen Kriegsgefangenen, die am 19. Januar auf den Transport gesandt wurden, die Mehrzahl von ihnen anscheinend so wie Koselleck ein halbes Jahr zuvor aus der Krankenabteilung kommend, seien 30 bis zur Ankunft in Frankfurt/Oder am 2. März aufgrund von Mangelernährung und unzureichender Bekleidung unterwegs verstorben.[49]

Die hohe Sterberate in den Lagern um Karaganda ging zurück auf die harschen Lebensumstände. Es gab wenig zu essen – Dystrophie war die häufigste Todesursache – und die katastrophalen hygienischen Bedingungen führten zu Tuberkulose und Lungenentzündung, Herz- und Magenkrankheiten sowie Diphtherie-Epidemien. Ausgehoben wurden die Gräber bei glühender Hitze im Sommer, da sich der kasachische Boden im Winter im Dauerfrost befand. Dazu kamen Verhöre und Strafmaßnamen durch die sowjetischen Sicherheitskräfte. Auf beiden Aquarellen des Lagers »Spassk« ist das mit Stacheldraht umgebene GPU-Gefängnis gut zu erkennen. In tagebuchartigen Notizen beschrieb Koselleck ab Mitte der 1960er Jahre die gespenstische Welt des Lagers, die miserable Ernährung und Hygiene, die todbringenden Krankheiten, das intensive Zusammenleben mit der Tierwelt, von den Läusen bis zu den Pferden, und die ständige Präsenz der marxistischen »Klassiker« Marx, Engels, Lenin und Stalin (und Schillers Dramen) als einziger Lektüre.[50]

Vor Stalingrad hatte Koselleck ein zerquetschter Fuß bewahrt, und auch Karaganda überlebte er nur zufällig. Alfred Kessler, der in Karaganda als Wundarzt arbeitete, was im Lager die routinemäßige Obduktion der Toten einschloss, erkannte im Winter 1945/46 bei Koselleck frühzeitig die Symptome einer lebensbedrohlichen Erkrankung, eine durch Schmutzinfektion ausgelöste chronische Entzündung der Darmschleimhaut mit Geschwüren (Colitis ulcerosa), die in die Bauchhöhle aufbrechen können.[51] Bei Koselleck bilde-

48 Familienarchiv Koselleck (jetzt DLA Marbach), Mappe »Karaganda«, Alfred Kessler an Reinhart Koselleck, 4. 4. 1947.

49 Familienarchiv Koselleck (jetzt DLA Marbach), Mappe »Karaganda«, Kessler an Koselleck, 16. 4. 1947.

50 Familienarchiv Koselleck, Mappe »Krieg«, Tagebuchnotiz, 27. 6. 1965.

51 Familienarchiv Koselleck, Mappe »Krieg«, Tagebuchnotiz »Meine Heimkehr«,

te sich anfangs ein Furunkel am unteren Hals, das auch operiert worden war. Das Fieber aber blieb, weil die Entzündung bereits in die inneren Organe gewandert war und sich Geschwüre unterhalb der Rippen abzeichneten, die herausgeschnitten werden mussten.[52] Kessler verwies Koselleck an den Lagerarzt Dr. Wolf, ebenfalls ein Kriegsgefangener und ein früherer Assistent von Felix Marchand, Kosellecks Großvater mütterlicherseits. Nach fünfzehn Monaten in Karaganda und einer weiteren schweren Operation erklärte der Lagerarzt Koselleck für dauerhaft arbeitsunfähig, aber kräftig genug für den Transport nach Hause.

Als Koselleck am 9. September 1946 nach drei Wochen die neu gezogene Grenze zwischen Polen und der sowjetischen Besatzungszone in Frankfurt an der Oder erreichte, wurde ihm eine Ausgabe des Manifests von Marx und Engels in die Hand gedrückt, in der französischen Zone wurde er sodann aufgrund seines verwahrlosten Aussehens kurzzeitig als Landstreicher verhaftet. Amerikanische Baptisten ersetzten seine russische Kriegsgefangenenkleidung und gaben ihm ein Exemplar der Bibel. Beide, das *Manifest der Kommunistischen Partei* und die Baptisten-*Bibel*, gehörten später im privaten Arbeitszimmer zu seiner Handbibliothek gleich neben dem Schreibtisch.

Arno Koselleck arbeitete im September bereits in Hannover, Elisabeth aber blieb in Saarbrücken, damit der Sohn sie finden konnte. Anfang des Jahres hatte die Mutter einen Kalender für das Jahr 1946 gekauft, den sie dem Sohn bei der erhofften Rückkehr geben wollte. Dort notierte sie ab Ende August, als sie wusste, dass Reinhart Koselleck überlebt hatte und sich auf dem Weg zurück aus Zentralasien befand, in drei tagebuchartigen Briefen, wie es den beiden Eltern seit dem Frühjahr 1945, als der Kontakt abbrach, ergangen war. Sie hielt fest, dass sein Bruder Wolfram noch am

März 1974. Kessler, zwei Jahre älter als Koselleck und seit 1940 als Sanitäter bei der Wehrmacht, geriet im Juli 1944 in sowjetische Gefangenschaft und marschierte die 30 Kilometer von Karaganda nach Spassk barfuß – jene Marschroute, die auch Alexander Solschenizyn in *Der Archipel Gulag* (Orig. 1973, dt. 1974) beschrieb. Im Lager begegnete Kessler 1944/45 noch kriegsgefangenen finnischen Soldaten. Nach dem Krieg wurde er Frauenarzt und blieb einer von Kosellecks engsten Freunden.

52 Christina Morina, Gespräch mit Alfred Kessler, Amsterdam 19. 6. 2014; Gespräch des Verf. mit Felicitas Koselleck, 21. 6. 2021.

15. April 1945 gefallen sei, was die Eltern im Dezember 1945 erfuhren. Am Holzkreuz für den jüngsten Sohn, so Elisabeth Koselleck, hatten sie daraufhin auch für den ältesten eine symbolische Gedenkplakette angebracht. Die Eltern waren aufgrund der Ausbombung bereits Ende 1944 in ein »Waldhäuschen« im Odenwald gezogen. Dort blieb die Mutter allein zurück, als der Vater weiter als Reserveoffizier Kriegsdienst verrichtete. Im März/April geriet Arno Koselleck in der Pfalz in amerikanische Gefangenschaft. Im Rahmen der politischen Umerziehung gab er Vorlesungen im Offizierslager Cherbourg. Am 15. August 1945, an seinem Geburtstag, so die Mutter in ihrem Brief an den Sohn, wurde er entlassen. »Er bekam dann in Hannover sein Amt wie vor 1933«, also als Direktor einer Pädagogischen Hochschule, ernannt vom Sozialdemokraten Adolf Grimme, dem ersten Kultusminister des 1946 gegründeten Bundeslandes Niedersachsen.

Reinhart Koselleck hat nach seiner Rückkehr diesen Kalender fortgeführt. Auf die erste Seite notierte er sich, womöglich bereits Ende September 1946 und in Anspielung auf den Brief des Vaters aus dem Sommer 1942: »Mein Schicksal ist, kein Schicksal zu haben.«[53] Für den 15. August trägt er nachträglich in den Kalender ein: »Abfahrt Karaganda«; unter Montag, dem 16. September, steht: »Saarbrücken Ankunft 2240 Uhr«. Ob die Mutter ihn bei der Familie Overbeck erwartete, wo die Eltern nach der Ausbombung im Sommer 1942 zunächst unterkamen, oder in den Kellerräumen der Ruine des Elternhauses, geht aus dem Kalender nicht hervor. Da der Vater bereits in Hannover unterrichtete, schlug die Mutter ihrem Sohn vor, sich einige Wochen später von Saarbrücken aus auf den Weg zu machen, um den Vater, der im Rahmen einer Exkursion unterwegs zur Burg Ludwigstein war, bei Göttingen zu treffen. Er sollte den Vater überraschen und sich am Bahnhof, vermutlich in Göttingen, unter die Studierenden mischen, die an der Exkursion teilnahmen.[54] Als Reinhart Koselleck auf dem Bahnsteig an ihn herantrat, fragte der Vater höflich nach dem Namen – er erkannte den Sohn nicht wieder.[55]

53 Familienarchiv Koselleck, Merkbuch 1946, geführt von Elisabeth und Reinhart Koselleck.

54 Ebd., Kalendereinträge von Reinhart Koselleck: 21.10.1946 »Burg XY Vater«, 5.11.1946 »Fahrkarte + Zeit Göttingen«, 9.11.1946: »Vater Göttingen«.

55 Gespräch des Verf. mit Felicitas Koselleck, 21.6.2021. Koselleck hat anscheinend

Auf einer von Kosellecks Zeichnungen ist zu sehen, wie der Vater ihn danach im Eisenbahnabteil zu trösten suchte (*Abb.* 10). Auf der Rückseite vermerkt der Sohn die Worte des Vaters: »Entschuldigen Sie, wie war nochmal Ihr Name?« Noch Jahre später, als Reinhart Koselleck den Eltern die künftige Schwiegertochter vorstellte, nutzten Arno und Elisabeth Koselleck bereits nach wenigen Minuten den Moment, als er kurz das Zimmer verließ, um Felicitas Flimm nach den Kriegserfahrungen ihrer Familie zu fragen und von den eigenen zu erzählen: vom Verlust des Hauses und der zwei Söhne; und vom einzig überlebenden Sohn, der bis zur Unkenntlichkeit verändert aus dem Krieg zurückkehrte.[56]

Geschichte und Eigensinn

In seinen Memoiren *Interesting Times* (2002) beschreibt Eric Hobsbawm aus den Tagebuchnotizen die Gespräche mit Koselleck von 1947, auch dessen noch spürbare Furcht vor »den Russen«, erst als Frontsoldat, dann im Gulag. Eine wenige Monate zuvor aufgenommene Fotografie zeigt ihn mit aufgeschwemmten Gesicht nach der Genesung vom Lager (*Abb.* 11). Wie für andere westliche Besucher im Nachkriegsdeutschland, die mit Flüchtlingen oder Rückkehrern sprachen, war es Hobsbawms erste Begegnung mit einem Augenzeugen von Stalins weit ausgreifendem Lagersystem.[57] Dreieinhalb Millionen sowjetische Soldaten ließ die Wehrmacht in deutscher Kriegsgefangenschaft an Hunger und Krankheiten verenden, während die eigenen Soldaten bevorzugt versorgt wurden. In Karaganda teilten Gefangene und Deportierte, Bewacher und Bewachte

Alfred Kessler unmittelbar nach dessen Heimkehr im Frühjahr 1947 von der Situation berichtet. Kessler, der kurz darauf mit seinem Medizinstudium beginnen sollte, antwortet: »Das interessante psychologische Phänomen bei Deinem Vater führe ich auf eine Art Schockwirkung zurück, die sich aus einer plötzlichen Überlastung des Zentralnervensystems herleiten lässt.« Familienarchiv Koselleck (jetzt: DLA Marbach), Mappe »Karaganda«, Alfred Kessler an Reinhart Koselleck, 16.4.1947.

56 Koselleck, »Vielerlei Abschied vom Krieg«, S. 25. Gespräch des Verf. mit Felicitas Koselleck, 21.6.2021.

57 Eric J. Hobsbawm, *Gefährliche Zeiten. Ein Leben im 20. Jahrhundert*, München 2003, S. 208-212.

den gleichen, gespenstischen Alltag und den Zufall des Überlebens. Die »Russen« behandelten, so Koselleck 1947 laut Hobsbawms Notizen, die deutschen Gefangenen nicht viel anders als sich selbst. Aber sie hätten der Kälte und dem Hunger in der zentralasiatischen Steppe besser widerstehen können. »Die Angst blieb«, wie er noch 1995 in seinem Erinnerungsbericht »Vielerlei Abschied vom Krieg« schreibt.[58]

Von Koselleck überliefert ist neben dem Aquarell von Schloss Göhrde (in der privaten Mappe mit Zeichnungen folgt es auf ein Aquarell des Lagers Spassk) auch eine Zeichnung des jungen Eric Hobsbawm, mit riesiger Nase, Sonnenbrille und Zahnlücke (*Abb.* 12). Augenscheinlich haben sich die beiden jungen Männer, die unterschiedlicher kaum hätten sein können, gut verstanden. Gewiss aber nahm Hobsbawm den Bericht eines früheren Wehrmachtssoldaten über die Schrecken des Gulags mit Skepsis auf. Umgekehrt dürfte Koselleck die Ironie nicht entgangen sein, dass ausgerechnet ein britischer Kommunist ihn zur liberalen Demokratie bekehren wollte. Schließlich hatte Koselleck selbst nur wenige Monate zuvor die »Umerziehung« im sowjetischen Stil erlebt: Unterricht im Marxismus-Leninismus durch das »Antifaschistische Aktiv«, kurz Antifa, bestehend aus bereits konvertierten Kriegsgefangenen, plus Erlösungsversprechen durch Zwangsarbeit.[59] Auf der Rückseite des Aquarells »Jagdschloss Göhrde im August 1947« notierte sich Koselleck, Hobsbawm habe ihm 1981 in New York erzählt, die Situation sei ihm peinlich gewesen.

Eric Hobsbawm wurde zu einem der bekanntesten marxistischen Historiker der zweiten Hälfte des 20. Jahrhunderts und fand ein weltweites Publikum, besonders in den *global sixties*, als es so schien, als ob in der postkolonialen Welt dem Sozialismus die Zukunft gehöre.[60] Seine sozial- und kulturgeschichtliche Vignetten mit großflächigen ökonomischen Analysen verknüpfenden Bücher sind nicht nur packend geschrieben und kommerziell erfolgreich, sondern getrieben vom Glauben an eine notwendige Alternative

58 Koselleck, »Vielerlei Abschied vom Krieg«, S. 25.

59 Steven A. Barnes, *Death and Redemption. The Gulag and the Shaping of Soviet Society*, Princeton 2011.

60 Vgl. Emile Chabal, »The Voice of Hobsbawm«, in: *Aeon*, 8. 10. 2018, ⟨https://aeon.co/essays/how-eric-hobsbawm-helped-shape-the-global-marxist-imagination⟩, letzter Zugriff am 3. 11. 2022.

zum real existierenden Kapitalismus, in dem Hobsbawm die systemische Ursache für den Aufstieg des Faschismus sah. Auch für Koselleck verlangten die Zeiterfahrungen der 1920er und 1930er Jahre sowie der Absturz in den Vernichtungskrieg nach einem neuen Zugang zur Geschichte, einer Theorie historischen Wissens, die er in eleganten, abstrakten Essays am historischen Material skizzierte – gewiss weniger eingängig als Hobsbawms schwungvolle Geschichten der modernen, industriellen Welt, aber genauso originell und in viele Sprachen übersetzt, besonders in den letzten beiden Jahrzehnten.

Seine Mitgliedschaft in der kommunistischen Partei Großbritanniens gab Eric Hobsbawm niemals auf. Nach dem Zerfall des globalen Sozialismus Anfang der 1990er Jahre wurde er für seinen Eigensinn von liberalen Historikern wie François Furet oder Tony Judt gescholten, die beide den Marxismus und ihre eigene Vergangenheit als französischer Kommunist beziehungsweise linker Zionist weit hinter sich gelassen hatten.[61] Wer den Epilog von *Age of Extremes* (1994), seine kurze Geschichte des 20. Jahrhunderts, heute liest, wird überrascht sein, wie genau Hobsbawms Analyse unsere Welt der endlosen Kriege, enormen Ungleichheiten, globalen Umweltkatastrophen und anderer Ruinen des Neoliberalismus voraussah, gerade weil er Marxist blieb. So wenig wie Hobsbawm sich von Marx distanzierte, so hartnäckig hat sich auch Koselleck, der politisch eher dem späten Furet nahestand, geweigert, den Einfluss des konservativen Staatsrechtlers Carl Schmitt auf sein Werk herunterzuspielen. Schmitt, der nach 1933 die Nazis vergeblich mit seinen juristischen Rechtfertigungen des Ausnahmezustands und seiner antiliberalen, kaum verschleiert antisemitischen Konzeption des Völkerrechts zu beeindrucken suchte, wurde in den 1950er Jahren zu einem von Kosellecks Mentoren, eine Verbindung, die sich in einer umfassenden Korrespondenz spiegelt.[62] Koselleck gehörte wie Ernst-Wolfgang Böckenförde und andere junge Intellektuelle

61 Evans, *Eric Hobsbawm*, S. 581, insbes. zu Furet (bis 1956 selbst Mitglied der französischen kommunistischen Partei), der die französische Ausgabe von *Das Zeitalter der Extreme* zu verhindern suchte; Tony Judt, »Downhill All the Way«, in: *New York Review of Books*, 25. 5. 1995.

62 Reinhart Koselleck, Carl Schmitt, *Der Briefwechsel 1953-1983*, hg. v. Jan Eike Dunkhase, Berlin 2019. Siehe auch Carl Schmitt, *Gesammelte Schriften 1933-1936. Mit ergänzenden Beiträgen aus der Zeit des Zweiten Weltkriegs*, Berlin 2021.

der bundesdeutschen Nachkriegszeit zum Gesprächskreis um Carl Schmitt, einem konservativen Netzwerk, das sich etwa in den von Ernst Forsthoff organisierten Ebracher Ferienseminaren sammelte und für die Ideengeschichte der frühen Bundesrepublik ebenso einflussreich sein sollte wie die Kritische Theorie der Frankfurter Schule um Theodor W. Adorno und Max Horkheimer. Noch Anfang der 1990er Jahre verteidigte Koselleck das Anregungspotenzial Schmitts, etwa gegen den mit ihm befreundeten Wilhelm Hennis, der eine Förderung der Drucklegung von Schmitts Jugendschriften schlichtweg ablehnte (»nur über meine Leiche«),[63] oder gegenüber kritischen Studien zu Schmitt und seiner »Sekte« von jüngeren Historikern, die Koselleck selbst gesprächsweise begleitet und mit Gutachten gefördert hatte.[64] In der öffentlichen Wahrnehmung trat Koselleck deshalb nie ganz aus dem Schatten Schmitts heraus, der auch den Blick auf Kosellecks Historik verstellte. Es ist die Verknüpfung mit dem »gefährlichem Geist« Carl Schmitt,[65] die zu Kosellecks Reputation als eines brillanten, aber politisch fragwürdigen »Geschichtsphilosophen« führte, zumal in der englischsprachigen

63 DLA Marbach, A: Koselleck, Wilhelm Hennis an Reinhart Koselleck, 20.12.1993; Reinhart Koselleck an Wilhelm Hennis, 29.12.1993.

64 Siehe Raphael Gross, *Carl Schmitt und die Juden. Eine deutsche Rechtslehre*, Frankfurt/M. 2000. Koselleck ermöglichte dem Doktoranden Jonathan Steinbergs und Dan Diners den Zugang zum Schmitt-Nachlass und begleitete die Arbeit mit Gesprächen und Gutachten. DLA Marbach, A: Koselleck, Konvolut »Materialien zu Carl Schmitt 1978-1993«, Mappe 3/4, Raphael Gross an Reinhart Koselleck, 29.6.1992. Dirk van Laak, *Gespräche in der Sicherheit des Schweigens. Carl Schmitt in der politischen Geistesgeschichte der frühen Bundesrepublik*, Berlin 1993. Siehe auch DLA Marbach, Materialien von Dirk van Laak, Konvolut Briefe und Notizen zu einem Gespräch mit Reinhart Koselleck am 4.7.1991. Am 28.12.1993 schreibt Koselleck an van Laak, er sei endlich dazu gekommen, »Ihre Arbeit über die Schmitt-Schule als Sekte zu lesen. Sie haben Enormes geleistet, geistige Daten in ein Soziogramm einzuflechten, und das bei sichtbarer Enthaltung aller Werturteile, auch wenn sie nicht zu vermeiden sind. Das ist gewiß auch ein Vorzug der nachgeborenen Generation, der der Arbeit zugute gekommen ist. Eine exakte Beschreibung sagt mehr, als der Versicherungsstil der Zustimmung oder der Ablehnung zu erkennen geben kann.« In dieser Zeit drängte Koselleck den Carl-Schmitt-Arbeitskreis, in die Planung von Schmitts Gesammelten Schriften »auch die Äußerungen zur Judenfrage und andere umstrittene Texte aufzunehmen«. DLA Marbach, A: Koselleck, Konvolut »Materialien zu Carl Schmitt 1978-1993«, Mappe 3/4, Joseph H. Kaiser an Reinhart Koselleck, 9.9.1992.

65 Jan-Werner Müller, *Ein gefährlicher Geist. Carl Schmitts Wirkung in Europa*, Darmstadt 2007.

Welt.[66] Dass Koselleck als Geschichtsphilosoph galt und immer noch gilt, ist nicht ohne Ironie. Die Demaskierung der Gefahren der Geschichtsphilosophie – für Koselleck im Kern eine säkularisierte Form der Eschatologie, also christlicher Erlösungslehren – war es vor allem, die in ihm die Absicht reifen ließ, eine neue Theorie der Geschichte zu entwerfen.

Heidelberger Studienjahre

Die kritische Sicht auf die Geschichtsphilosophie als säkularisierte Heilslehre übernahm Koselleck von Karl Löwith, der 1952 aus der Emigration nach Heidelberg zurückkehrte. Er meinte später, selten so viel in drei Monaten gelernt zu haben wie bei der Übersetzung der letzten drei Kapitel von Löwiths *Meaning in History* (1949).[67] Koselleck übertrug auch den gesamten Anmerkungsapparat Löwiths aus dem Englischen zurück in die deutsche Sprache, wodurch er alle Zitate in den deutschen, französischen oder lateinischen Originalausgaben nachschlagen musste.[68] So wurde die Übersetzungsarbeit zur Recherche für die eigene Dissertation.

Löwith begegnete umgekehrt dem jungen Koselleck nicht ohne Skepsis und stufte die Note der Dissertation in seinem Zweitgutachten auf »magna cum laude« herunter – aufgrund der Verbindung zu Schmitt, wie Koselleck später vermutete, aber auch weil Löwith *Kritik und Krise* zu »soziologisch« fand.[69] In seinem Lebens-

66 Siehe unten, Kap. 4, S. 259-282.

67 Hettling, Ulrich, »Ein Gespräch mit Reinhart Koselleck«, S. 56. Schmitt hatte die englische Ausgabe von Löwiths Buch (*Meaning in History. The Theological Implications of the Philosophy of History*, Chicago 1949) positiv besprochen. Siehe Carl Schmitt, »Drei Stufen historischer Sinnbildung«, in: *Universitas* 5 (1950), S. 927-931.

68 Familienarchiv Koselleck (jetzt DLA Marbach), Mappe »Unveröffentlichte Texte«, Reinhart Koselleck, Gerhard Ruis, »Die Bedingungen möglicher Geschichten. Interview während des Castelgandolfo-Gesprächs 1987«, Ts., S. 2. Die Übersetzung erschien 1953 unter dem Titel *Weltgeschichte und Heilsgeschehen. Die theologischen Voraussetzungen der Geschichtsphilosophie*. Die übrigen Kapitel wurden von Hanno Kesting übersetzt.

69 DLA Marbach, A: Koselleck, Materialien von Dirk van Laak, Konvolut Briefe und Notizen zu einem Gespräch mit Reinhart Koselleck am 4. 7. 1991, S. 3. In seinem Zweitgutachten schrieb Löwith am 5. 5. 1954, dass er sich dem anerkennenden wie dem kritischen Teil des Hauptgutachtens von Johannes Kühn anschließe.

lauf 1953 schreibt Koselleck, die Geschichtsphilosophien, »die seit der Auflösung der religiösen Weltsicht den modernen Menschen leiten, haben in ihrer fortschrittlichen und marxistischen Ausprägung politisch eine so starke Aktualität gewonnen, dass sie in unserer Gegenwart zu einer geschichtlichen Frage ersten Ranges geworden sind. Diese Frage klären zu helfen, lag in der Absicht meiner Dissertation.«[70] Mit seiner Kritik »der Geschichte« als versteckter Theodizee folgte Koselleck jedoch stärker Löwiths Ansatz als etwa Gadamers Hermeneutik oder Schmitts politischer Theologie.

Seine beiden anderen Lehrer, Johannes Kühn und Hans-Georg Gadamer, kamen 1949 und 1950 von der Leipziger Universität, also aus der sowjetischen Besatzungszone. Karl Jaspers, bei dem Koselleck ebenfalls Vorlesungen besuchte, war da schon nach Basel gewechselt. Über Gadamer nahm Koselleck auch an Kolloquien mit Martin Heidegger teil (dem Lehrer Gadamers und Löwiths), dem wie Schmitt nach 1945 die Lehrbefugnis entzogen worden war. In den Seminaren mit Gadamer und Heidegger lernte Koselleck das genaue Nachverfolgen von Übersetzungsvorgängen und Sinnverschiebungen am Beispiel der Resonanz von antiken Texten in der Philosophie des 18. und 19. Jahrhunderts, das heißt: das begriffsgeschichtliche Handwerkszeug. Auch die Frage nach einer Theorie historischer Zeiten sei, so Koselleck später, wesentlich aus der durch Gadamer vermittelten Heidegger-Rezeption entstanden.

Dass Johannes Kühn von Leipzig nach Heidelberg auf eine Professur für die Geschichte der frühen Neuzeit (nicht »der Neuzeit«, dafür gab es noch keinen Lehrstuhlinhaber) gewechselt war, führte dazu, dass Kosellecks Patenonkel zu seinem Doktorvater wurde. Das seinerzeit nichtöffentliche Gutachten zur Dissertation fand Koselleck, wie er 1982 an dessen Rand notiert, im Nachlass seines

»Ein Unterschied der Beurteilung besteht nur darin, dass ich die prinzipiellen Mängel dieser gehalt- und geistreichen Darstellung stärker empfinde. Hobbes' Bedeutung ist schief gesehen, Rousseau viel zu wenig berücksichtigt, der Begriff ›Bürgertum‹ sehr unbestimmt und der Dualismus von Moral + Politik ein unangemessener + wenig besagender Leitfaden. Die ganze Arbeit leidet wie fast alle soziologischen Arbeiten dieser Art an einem zweifachen Mangel: es fehlt ihren stets interessanten aber oft unverbindlichen Analysen + Konstruktionen eine gründliche historische Schulung und andererseits eine genügend durchdachte philosophische Grundlegung.« Universitätsarchiv Heidelberg, H-IV-757/56.

70 Koselleck, »Mein Lebenslauf«, 15. 10. 1953.

Vaters, der mit Kühn seit dem Studium eng befreundet war. Bei allem Lob übte Kühn so wie Löwith deutliche Kritik an den »überscharfen Reduktionen« von *Kritik und Krise*, etwa des »unendlich oft wiederholten Ausdrucks ›Dualismus‹« (den Koselleck für die Druckfassung aus dem Titel strich), besonders dem vermeintlichen Dualismus von Politik und Moral, oder auch die »naive Gleichsetzung von Aufklärung und ›Bürgertum‹«, also die sozialen oder soziologischen Elemente im Gang der Argumentation, die auch Löwith moniert hatte.[71] Anders als Löwith sah Kühn die Arbeit zwischen *summa* und *magna cum laude*. Bei aller Sympathie für den offenkundig begabten Patensohn zeugt auch Kühns Gutachten von einer generationellen Distanz zu dessen überscharfen Formulierungen und Thesen. Am Ende erhielt *Kritik und Krise*, eine der wenigen Dissertationen der Nachkriegszeit, die heute noch gelesen werden, »nur« ein *magna cum laude*.

Wie viel auch immer Koselleck seinen akademischen Lehrern verdankte, voraus hatte er ihnen die grundstürzenden Erfahrungen von Vernichtungskrieg und Zwangsarbeitslager. Auf die Frage, was ihn wissenschaftlich am nachhaltigsten geprägt habe, antwortete Koselleck 2003 rückblickend: »Krieg und Russische Gefangenschaft = Erfahrungswissenschaft«.[72] Anders als Löwith und Jaspers, Kühn und Gadamer, Heidegger und Schmitt sowie den anderen Professoren aus der Studienzeit, die alle geistig aus der Weimarer Republik kamen, ging es Koselleck darum, in der Nachkriegswelt einen neuen theoretischen Zugang zur Geschichte zu entwerfen: zu einer Geschichte ohne Heilsversprechen, die auf der Evidenz gemachter Erfahrungen und der begrifflichen Analyse der Gegenwart beruhen sollte.

Die Begegnung mit Schmitt verdankte sich einem biografischen Zufall. Schmitt besuchte seit 1950 regelmäßig in Heidelberg seine Frau, die dort aufgrund eines Krebsleidens behandelt wurde. Abends traf er sich in Kneipen mit einem studentischen Freundeskreis um Nicolaus Sombart, den er aus Berlin als Sohn Werner

71 Familienarchiv Koselleck (jetzt DLA Marbach), Johannes Kühn, »Gutachten zur Dissertation von Reinhard [sic] Koselleck ›Kritik und Krise. Eine Untersuchung über die politische Funktion des dualistischen Weltbildes im 18. Jahrhundert‹«, 22.3.1954, 3 Bl., hier Bl. 2f. Koselleck übernimmt die meisten Vorschläge und Hinweise Kühns für die Druckfassung. Siehe auch Koselleck an Kühn, 16.11.1954.

72 Reinhart Koselleck in »Der Fragebogen« in: *Forschung & Lehre* 8 (2003), S. 464.

Sombarts kannte.[73] So wie der junge Sombart studierte Koselleck bei Alfred Weber und gehörte zu diesem Freundeskreis. Anders als Koselleck hat sich Sombart später öffentlich scharf von Schmitt distanziert. Zugleich überzeichnete er ideenhistorisch in seinen Memoiren die Heidelberger Studienjahre und den Freundeskreis sowie die gemeinsamen Pläne, eine Zeitschrift mit dem Titel »Archiv für Weltbürgerkrieg und Raumordnung« zu gründen, inspiriert von Schmitts *Der Nomos der Erde im Völkerrecht des Jus Publicum Europaeum* (1950).[74] Koselleck war bereits 1950 für ein Semester nach Bristol gegangen, im Jahr darauf verließ Sombart Heidelberg. Die Studienzeit im engeren Sinne, in der Koselleck auch Vorlesungen und Seminare besuchte und aufgrund der Wohnungsnot im Nachkrieg in wechselnden »Buden« lebte, war da bereits vorüber. Saarbrücken, seine erste Station nach der Rückkehr aus der Gefangenschaft, zeichnet er 1946/47 als Stadtpanorama mit Ruinen. Im unzerstörten Heidelberg zeugte nur die Allgegenwart der U.S. Army, die dort eines ihrer Hauptquartiere in Europa bezog, vom verlorenen Krieg (*Abb.* 13 und 14).

Für Koselleck war der Zirkel um Sombart, zu dem auch Hanno Kesting und Gerhard Hergt gehörten, ohne Zweifel wichtig. Aber andere Freundschaften, etwa die mit Ivan Nagel, der als ungarischer Jude den Weltkrieg, untergetaucht unter falschem Namen in Budapest, überlebt hatte und erst in Zürich und Paris, dann ab Sommer 1951 in Heidelberg studierte, waren ebenso bedeutsam. Die Verbindung zu Hans Robert Jauß, Christian Meier und anderen »Poeten und Hermeneuten« entstand im Heidelberg der 1950er Jahre und riss zeitlebens nicht ab. Meier hielt 2006, fünfzig Jahre nach der ersten Begegnung, die Trauerrede auf Koselleck an der Bielefelder Universität. Der engen Beziehung zu der Übersetzerin und Schriftstellerin Sigrid von Massenbach verdankte Koselleck nicht nur sein Exemplar der deutschen Ausgabe von Jean Cayrols *Lazarus unter uns* (1959, franz. Orig. 1950), sondern auch andere von ihr aus dem Französischen übersetzte Zeitdiagnosen, etwa Raymond Arons *Frieden und Krieg. Eine Theorie der Staatenwelt* (1963, Orig.

73 Carl Schmitt an Nicolaus Sombart, 2. 5. 1950, in: *Schmitt und Sombart. Der Briefwechsel von Carl Schmitt mit Nicolaus, Corina und Werner Sombart*, hg. v. Gerd Giesler, Martin Tielke, Berlin 2015, S. 32.

74 Nicolaus Sombart, *Rendevouz mit dem Weltgeist. Heidelberger Reminiszenzen 1945-1951*, Frankfurt/M. 2000.

1962). Zum Mikrokosmos Heidelberg gehörte auch der befreundete Schriftsteller Gert Kalow, der, zwei Jahre älter als Koselleck, 1947 nach der Rückkehr aus der Kriegsgefangenschaft das Studium aufgenommen hatte, seine Dissertation über Heideggers Sprache aber nie fertigstellte. Kalow lebte ab Mitte der 1950er Jahre in einer kleinen Wohnung im Turm des alten Brückentors, wo sich das junge akademische und literarische Heidelberg traf und feierte.[75] Hinzu kamen die geselligen Kreise der Kleinstadt-Boheme, die sich um den Maler Willibald Kramm, die Galeristin Hanna Grisebach und ihre Tochter Manon oder die Karikaturistin Marie Marcks sammelten. Die Nichte des Bildhauers Gerhard Marcks, 1922 geboren, übernahm wenige Jahre später die grafische Gestaltung des Auftritts der Bundesrepublik auf der Brüsseler Expo 58 und zeichnete für die politische Monatsschrift *atomzeitalter*. Koselleck, der zu dieser Zeit selbst noch intensiv zeichnete, war Teil dieses Heidelberger akademisch-künstlerischen Milieus. Hier fand er nach fünf Jahren Krieg und Gefangenschaft seine geistige Heimat. Die lokale Boheme und die jungen Intellektuellen verband der existentialistische Sound der Nachkriegsmoderne: studentische Jazzbands, Künstlerfeste und »Tanzwut«, Filmclubs und Dokumentarfilme,[76] Vernissagen und Leseabende oder auch rein äußerlich Kleidung und Habitus – der skeptisch zurückgeworfene Kopf, die obligatorische Zigarette oder Pfeife im Mundwinkel, die Hemden mit weitem Kragen, die locker sitzenden Anzüge –, alles Militärische, Zackige, Opferwillige bewusst abstreifend.[77] Auf den Fotografien der frühen fünfziger Jah-

75 Christiane Wachsmann, »›Diese Schule ist überdies ein Stück Demokratie‹ – Gert Kalow und die HfG«, in: Petra Keller u. a. (Hg.), *Rückblicke. Die Abteilung Information an der hfg ulm*, Ulm 2015, S. 124-135, hier S. 126.

76 »Neulich war ich im Picassofilm, den Ihr Euch auf keinen Fall entgehen lassen dürft. Thema: Die Auflösung des Bildes in der Zeitlichkeit. Der Unterschied zwischen Skizze und Entwurf zu einer ›endgültigen‹ Fassung verschwindet.« Familienarchiv Koselleck (jetzt DLA Marbach), Mappe »Reinhart«. Koselleck an die Eltern, 4. 8. 1957.

77 Von »anarchistisch-hedonistisch-erotischen bis zur Ausschweifung gesteigerten Gemeinschaftserlebnissen« spricht etwa Sombart, *Rendevouz mit dem Weltgeist*, S. 52. Koselleck schrieb 1955 einen empörten Leserbrief an die *Frankfurter Allgemeine*, die eine Kramm-Ausstellung mit ironischen Spitzen auch gegen seine »kleine Gemeinde treuer Freunde« in Heidelberg besprochen hatte. Familienarchiv Koselleck (jetzt DLA Marbach), Mappe »Eigene Rezensionen«. Koselleck an *Frankfurter Allgemeine Zeitung*, 9. 2. 1955; N. v. H., »Ein Sonntagsmaler aus Frankfurt an der Oder«, in: *Frankfurter Allgemeine Zeitung*, 19. 1. 1955.

ren (*Abb.* 15 und 16), als er dreißig Jahre alt wurde, wirkt Koselleck plötzlich wesentlich älter und sah im Grunde schon so aus wie in den nächsten fünf Jahrzehnten, anders als auf dem Bild des Kriegsheimkehrers 1947.

Zudem reizte Koselleck, wie so viele andere junge Deutsche zu dieser Zeit, das Ausland. 1953 bis 1955 ging er als DAAD-Lektor (Assistant Lecturer) am German Department zurück nach Bristol. Dort knüpfte er neue Freundschaften und wechselte weiter Briefe mit Sombart, Hergt und Nagel, in denen er auch seine Überlegungen zu einem möglichen Habilitationsthema diskutierte.[78] Und er spielte mit der Idee, als Postdoktorand an eine amerikanische Universität zu wechseln. Der wichtigste intellektuelle Gesprächspartner für Koselleck wie für den Heidelberger Freundeskreis war in den 1950er Jahren aber der Mann in Plettenberg: Carl Schmitt.

Eine neue Geschichtsontologie

Gleich im ersten Brief an Schmitt, am 21. Januar 1953 auf der Schreibmaschine getippt in der Dachstube der Sandgasse 10 mit Blick auf die Heiliggeistkirche und das Heidelberger Schloss, formulierte Koselleck den Auftakt seines wissenschaftlichen Programms, seine Fragestellung. In einer Zeit präzedenzloser Katastrophen müssten auch die neuzeitlichen Auffassungen der »Geschichte« verworfen werden, jene Geschichtsbegriffe, welche die Ideologien des 20. Jahrhunderts armierten – der Nationalsozialismus, aber auch die bedrohliche globale Konfrontation von Kommunismus und Liberalismus im Atomzeitalter, bei Schmitt unter dem Stichwort »Weltbürgerkrieg« zusammengefasst. Der »zweifellos einzige Ausweg für die Geschichtswissenschaft«, heißt es dramatisch in dem fünfseitigen Brief an den mehr als drei Jahrzehnte älteren Staatsrechtler, sei ein neuer Ansatz, der historische und systematische Zugänge verknüpft und mit dem impliziten Bezug auf die Geschichts-

78 Staatsbibliothek zu Berlin, Handschriftenabteilung, Nicolaus Sombart (Nachl. 405), Koselleck an Sombart, 24. 3. 1953; Archiv der Akademie der Künste Berlin, Ivan-Nagel-Archiv, Koselleck an Nagel, o. D. [Poststempel 12. 8. 1955]; Familienarchiv Koselleck (jetzt DLA Marbach), Koselleck an Gerhard Hergt, 31. 1. 1955, dort auch zum Thema »Geschichtsontologie«.

philosophie des späten 18. Jahrhunderts bricht. Auch die Krise des Historismus habe an der geschichtsphilosophischen Teleologie nichts geändert. »Der Abbau der fortschrittlichen Zukunft hat die Historie nicht davor bewahrt, eine linienhafte Vergangenheit beizubehalten, in der jede [geschichtliche] Situation, die eigene sowohl wie die ›betrachtete‹ verschwimmt.«[79] Stattdessen sei es an der Zeit, so Koselleck, »endlich durchzustoßen zu einer Geschichtsontologie, die nicht mehr methodisch letzte Auskunft ist, sondern der Anfang einer Begriffsbildung, die es ermöglicht, den Geschichtsphilosophien das Wasser abzugraben, und somit eine Antwort auf unsere konkrete Situation darstellen kann«.

Der Doktorand erkennt in Schmitts Schriften und Hans Freyers *Weltgeschichte Europas* (1948) nützliche Ansätze.[80] Aber das Programm, das hier skizziert wird, geht über beide selbstbewusst hinaus und entwickelt aus der Kritik an Historismus und Geschichtsphilosophie eine eigene Skizze dessen, wie Geschichte theoretisch erfasst werden könne. Koselleck fragt nach dem »dauernden Ursprung der Geschichte: also in Hinsicht auf Strukturen einer ›Situation‹, ohne die es soetwas wie Geschichte gar nicht gibt«. Die Geschichte sei, anders als der Historismus behaupte, »nicht transzendent, weil sie weitergeht, wenn dieser oder jener Mensch stirbt, sondern es durchherrscht eine Endlichkeit die menschlichen Dinge, die den Geschichtsraum, der den jeweiligen Menschen zugeordnet ist, dauernd in Frage stellt«. Aus dieser Endlichkeit heraus (ein Gedanke, den Koselleck von Heidegger übernimmt) muss auch alle Geschichte »ontologisch« (später nennt er das »anthropologisch«) begriffen werden. »›Herr und Knecht‹, ›Freund und Feind‹, Geschlechtlichkeit und Generation und alle ›geopolitischen‹ Fragen gehören hierher.«[81] Zugleich grenzt sich der Doktorand ironisierend von Heidegger und Jaspers ab, die an diesen Problemen vor-

79 Koselleck, Schmitt, *Der Briefwechsel*, S. 11.

80 Noch im Studium unterstrich Koselleck in einer unveröffentlichten Rezension die Vorzüge von Freyers *Weltgeschichte Europas* gegenüber Jaspers' *Vom Ursprung und Ziel der Geschichte* (1949). Siehe Jan Eike Dunkhase, *Absurde Geschichte. Reinhart Kosellecks historischer Existenzialismus*, Marbach 2015, S. 39 f., aber auch die spätere Würdigung in Koselleck, »Jaspers, die Geschichte und das Überpolitische« [1986], in: ders., *Vom Sinn und Unsinn der Geschichte*, hg. und mit einem Nachwort von Carsten Dutt, Berlin, 2010, S. 306-318.

81 Koselleck, Schmitt, *Der Briefwechsel*, S. 11.

beigegangen seien. Was hier formuliert wird, ist eine erstaunlich eigensinnige Fragestellung, gleichsam die *hardware* seiner weitverzweigten und später entfalteten historischen Interessen (die aktualisierbare *software*), die sich daraus ergeben.

Koselleck schrieb seine Dissertation von Januar bis August 1953 unter Zeitdruck, weil er zum 1. September die erwähnte Dozentenstelle in Bristol antreten wollte. Das ging nur mit eingereichter Dissertation. Aus Zeitdruck verzichtete er auch auf geplante Kapitel und musste die Anmerkungen im Herbst aus Bristol nachreichen.[82] Aus England schickt er einen langen Brief an den »Onkel Johannes«. Vorangegangen war ein Gespräch im Juli 1953 über das Manuskript. Auf einem Zettel, den Koselleck sich in sein Exemplar der Dissertation steckte, notiert er sich Kühns Reaktion: »›Eine große Enttäuschung‹ Warum, nicht gesagt. Weil das Thema nicht Kühns ist?«[83] Dass Kühn ihm einmal ein ambivalentes Verhältnis zur Geschichte attestiert hatte, nimmt Koselleck in dem Brief zum Anlass, über die ihm eigene Mischung aus systematischen und historischen Fragen selbstbewusst gegenüber dem Doktorvater zu reflektieren, der selbst 1947 einen geschichtsphilosophischen Essay verfasst hatte.[84] Beide Zugänge, systematisch und historisch, seien unerlässlich, »um das, was Geschichte ist, in den Griff zu bekommen«. Deshalb habe er in seinem Studium auch eine Abneigung

82 Die mündliche Prüfung erfolgte auf Besuch in Heidelberg im Januar 1954; der Doktortitel wurde im November 1954 verliehen. Kai Gräf, »*Critique and Crisis* in Context. Rereading Reinhart Koselleck's Interpretation of the Enlightenment«, in: Cesare Cuttica, László Kontler (Hg.), *Crisis and Renewal in the History of European Political Thought,* Leiden 2021, S. 44-62, hier S. 44.

83 Familienarchiv Koselleck (jetzt DLA Marbach), Einlage zu Reinhart Koselleck, »Kritik und Krise Eine Untersuchung der politischen Funktion des dualistischen Weltbildes im 18. Jahrhundert«, Dissertation Heidelberg 1954.

84 Johannes Kühn, *Die Wahrheit der Geschichte und die Gestalt der wahren Geschichte*, Oberursel (Taunus) 1947. Diesen Essay zitiert wiederum Arno Koselleck in seiner Broschüre *Über Bildung und Verbildung unseres Geschichtsbewußtseins*, hg. v. der Niedersächsischen Landeszentrale für Heimatdienst, Leer 1955. Dort heißt es auf S. 10 f., implizit gegen Kühn gewendet: »Uns ist dieses Vertrauen in die Geschichte zerbrochen worden. [...] In meiner Jugend [...] war die Vorstellung, daß amerikanische Soldaten auf deutschem Boden stehen müssen, um die Freiheit eines Teiles von Deutschland zu wahren, absurd. Aus unserem Geschichtsbewußtsein können wir jetzt diese Tatsache nicht eliminieren, wir können sie nicht abschwächen, wenn es wahrhaftig bleiben soll.«

dagegen entwickelt, »irgendeinen Gedanken oder ein Ereignis aus früheren abzuleiten, da man dann allzuleicht abrutscht in eine zeitliche Linienkonstruktion, die einer Kausalkette gleichkommt, womit man tatsächlich die Gründe in eine dann unbekannte Vergangenheit zurückverlegt«.

Koselleck wendet sich damit gegen den auf seine Dissertation bezogenen Vorschlag Kühns, in den Freimaurerlogen des 18. Jahrhunderts eine neue Kirche zu sehen, also ihre aufgeklärte Zivilreligion aus der Vergangenheit heraus zu erklären und nicht, wie es Koselleck vorschwebte, aus ihrer Zukunft, das heißt seiner eigenen Gegenwart, in der die Geschichtsphilosophie die großen politischen Mächte beherrsche. »Sie sind keine utopistische Sekte, weil sie rational planen«, heißt es über die Logen, »sie sind aber auch keine rationale Planungsgruppe, weil sie ihre Planung mit gleichsam religiöser Gewissheit auf die Geschichte übertragen zu können glauben. Diese eigentümliche Mischung ist, soweit ich sehe, erst im achtzehnten Jahrhundert möglich geworden.« Gerade der Umbruch einer religiösen Weltsicht in eine utopische Geschichtsphilosophie – eines der Themen Kühns – sei nur mit scheinbar formalen Begriffen und Kategorien zu bestimmen. »Man könnte sie zusammenfassen unter dem Begriff der eschatologischen Struktur des menschlichen Daseins, der alle Geschichte entspringt. Es sind die Gegebenheiten unserer Endlichkeit, in deren Leugnung das Utopische zu finden ist. Also der Endlichkeit, die immer aufbricht in den notwendigen Herrschaftsverhältnissen, in der immer gegebenen Möglichkeit, sich einem Feind gegenüberzusehen, die zu leugnen utopisch ist, die andererseits zuzugeben noch lange nicht bedeutet, dass man ›kriegslüstern‹ oder ›Militarist‹ ist. Ferner bricht diese Endlichkeit auf in der Geschlechtlichkeit des menschlichen Daseins, aus der alle Generationsproblematik entspringt, die als solche ›Geschichte‹ konstituiert. Die Endlichkeit unserer Erdoberfläche gehört zu diesen Strukturen in analoger Bedeutung und sie erhält immer mehr Gewicht, aber man kann die Grenzen der jeweiligen geographischen Gegebenheiten ebenso dazu zählen.« Bereits hier taucht, mit Kant und noch im Singular formuliert, die Frage nach der »Bedingung der Möglichkeit der Geschichte« auf. Mit diesen »geschichtsontologischen« Kategorien und anhand der Quellen wollte er geschichtlichen Umbruch vermessen, und zwar ohne die Historiographie seiner Zeit, die er in der Dissertation, aber auch in den späteren Aufsätzen oft übergeht oder nur am Rande erwähnt.[85]

Von Beginn an verknüpft Koselleck politische Analysen mit theoretisch-methodischen Überlegungen. So ist für ihn – auch das bleibt ein Lebensthema – die entscheidende Frage an die von ihm skizzierte Geschichtsontologie, die er 1961 in einem Literaturbericht erstmals »Historik« nennt, ob sie in der Lage sei, aus der Analyse vergangener Erfahrungen auch Prognosen für die Zukunft abzuleiten, um »die geschichtsphilosophischen Zwangsprophezeiungen außer Kurs« zu setzen.[86] Das ist für Koselleck die politische Pointe, gewendet insbesondere gegen die marxistische Geschichtsphilosophie.[87] An die Stelle der erfahrungsblinden Utopien sollten wirklichkeitsnahe Prognosen treten, und an die Stelle der Geschichtsphilosophie eine als »Erfahrungswissenschaft« theoretisch neu begriffene Historie, so der Anspruch von Kosellecks Theorie historischen Wissens. 1970, in einer Zeit der Krise des Faches, fiel seine Antwort auf das ihm für den Abschlussvortrag des Kölner Historikertags gestellte Thema »Wozu noch Historie?« eindeutig aus: »Die Historie zeigt Perspektiven, Bedingungsnetze möglichen Handelns; empirisch liefert sie Daten, um Trends zu extrapolieren – insofern hat sie Teil an der Prognostik.«[88]

Aus seiner frühen Kritik an der Geschichtsphilosophie wie später aus seiner Theorie der Zeitschichten, in denen sich vergangene Erfahrungen abgelagert haben, die gleichzeitig gegenwärtig sind und eigenen Wiederholungsstrukturen folgen, zieht Koselleck eine überraschende Pointe. Aus der Geschichte lässt sich nichts lernen, aber die Historie als »Erfahrungswissenschaft« macht es mög-

85 Familienarchiv Koselleck (jetzt DLA Marbach), Mappe »Johannes Kühn«, Reinhart Koselleck an Johannes Kühn, 15. 11. 1953.

86 Reinhart Koselleck, »Im Vorfeld einer neuen Historik«, in: *Neue Politische Literatur* 6 (1961), S. 577-588; Koselleck, Schmitt, *Der Briefwechsel*, S. 12 f. Siehe auch Niklas Olsen, *History in the Plural. An Introduction to the Work of Reinhart Koselleck*, New York 2012, S. 58-74 und das Nachwort von Jan Eike Dunkhase in: Koselleck, Schmitt, *Der Briefwechsel* sowie unten, Kap. 2.

87 Siehe Gennaro Imbriano, »Krise und Kritik. Reinhart Koselleck liest Karl Marx«, in: *Zeitschrift für Ideengeschichte* 11 (2017), S. 97-112.

88 Reinhart Koselleck, »Wozu noch Historie?« [1970], in: Wolfgang Hardtwig (Hg.), *Über das Studium der Geschichte*, München 1990, S. 347-365, hier S. 359. Der Aufsatz erschien 1971 zuerst in: *Historische Zeitschrift* 212 (1971), S. 1-18, wiederabgedr. in: Koselleck, *Vom Sinn und Unsinn der Geschichte*, S. 32-51.

lich zu antizipieren, wie mögliche Geschichten verlaufen werden. Historische Ereignisse sind für die Zeitgenossen immer neu und überraschend. Aber wenn sich einzelne Prognosen als zutreffend herausstellen, dann folgt daraus, dass die Geschichte niemals vollkommen neu ist und dass es deshalb dauerhaftere Strukturen geben muss, aus denen heraus auch das Neue entsteht. Um ein Beispiel zu geben: Eric Hobsbawms Glaube an das Heraufziehen einer gerechteren Gesellschaft, die Ungleichheit, Krieg und Entfremdung abschaffe, beruhte allein auf Erwartungen und verwirklichte sich deshalb nicht. Aber aus den gemachten Erfahrungen mit der Krise des globalen Kapitalismus um 1930 formulierte Hobsbawm sechzig Jahre später im Epilog von *Das Zeitalter der Extreme* eine realistische Prognose für die Welt nach dem Kalten Krieg – anders als seine liberalen Kritiker, die den Abschied von den radikalen Utopien des 20. Jahrhunderts als »Ende der Geschichte« feierten.

Utopiekritik und Wiederholungsstruktur

Auf die Umrisse seiner Historik, einer »Theorie der Bedingungen möglicher Geschichte«, wie er um 1970 erstmals formulierte,[89] kommt Koselleck seit dem Studium immer wieder zurück, vom ersten Brief an Schmitt im Januar 1953 bis zu seinem letzten publizierten Essay »Was sich wiederholt«. Geschrieben im Sommer 2005, ein halbes Jahr vor seinem plötzlichen Tod, zieht er hier die Summe seiner Theorie historischen Wissens. Neue Erfahrungen können wir nur machen, so Koselleck, wenn es erkennbare Wiederholungsstrukturen gibt im chaotischen Strom des Geschehens, den wir »Geschichte« nennen.[90] Die Geschichte ist weder die ewige Wiederkehr des Gleichen (Nietzsche) noch eine endloser Groundhog Day, an dem wir wie Bill Murrays Filmcharakter (in *Und täglich grüßt das Murmeltier*) in einer Zeitschleife gefangen immer wieder von vorn beginnen. Wiederholung und Riss sind beides Bedingungen

89 Reinhart Koselleck, »Begriffsgeschichte und Sozialgeschichte«, in: Peter Christian Ludz (Hg.), *Soziologie und Sozialgeschichte. Aspekte und Probleme*, Köln 1972, S. 116-131, wiederabgedr. in: Koselleck, *Vergangene Zukunft*, S. 107-129, hier S. 126.

90 Reinhart Koselleck, »Was sich wiederholt«, in: *Frankfurter Allgemeine Zeitung*, 21. 7. 2005.

möglicher Geschichten. Um das Neue an der eigenen Gegenwart zu verstehen, fragt Koselleck nach den geschichtlichen Wiederholungsstrukturen. Dazu zählen geografische und klimatische Bedingungen, die für lange Zeit unabhängig vom Menschen alles Leben möglich machen, biologische Bedingungen wie Geburt und Tod, menschliche Sexualität und Generationenabfolge, Institutionen wie die Arbeit und das Recht, aber auch die Sprache, die menschliches Handeln leiten, und schließlich die Ereignisse und ihre Brucherfahrungen selber, die eigene Wiederholungssequenzen in sich bergen. Nur die Wiederholung macht es möglich zu begreifen, was neu und präzedenzlos in unserer Gegenwart ist. Hier liegt vielleicht der Grund, warum Kosellecks Werk in den letzten Jahren weltweit so viel Aufmerksamkeit auf sich gezogen hat. In einer Zeit sich überlagernder Krisen und Verwerfungen gewinnen seine Entwürfe einer Theorie der Bedingungen möglicher Geschichten an neuer Dringlichkeit. Plötzlich und überraschend liest sich der »Geschichtsphilosoph« Reinhart Koselleck wie ein Kritiker auch unserer Krise.[91]

Koselleck hat in seinem Leben nur zwei Monografien verfasst sowie einen Band der *Fischer Weltgeschichte* über das Revolutionszeitalter, gemeinsam mit François Furet und Louis Bergeron. Er schrieb die vier letzten Kapitel von der Restaurationszeit bis zur europäischen Revolution 1848/49 in der Zeit der Studentenproteste um 1968. *Kritik und Krise*, die überarbeitete Fassung der Dissertation, wurde nach der Veröffentlichung 1959 sofort zu einem Klassiker. In diesem schlanken und dicht komponierten Buch entfaltet Koselleck ein zentrales Argument. In der politischen Konstellation des späten 18. Jahrhunderts findet er in der Geschichtsphilosophie die Anfänge der Ideologien des 20. Jahrhunderts, die alle auf verschiedene Arten für sich beanspruchen, den »Gesetzen der Geschichte« zu folgen. Ausgeschlossen von der politischen Macht, zirkulierten die Geschichtsphilosophien der französischen und deutschen Aufklärung in den neuen geheimen oder privaten Räumen der Freimaurerlogen, Lesezirkel und Salons. Der neue Begriff der Geschichte selber diente zur moralischen Kritik des Ancien Régime, das auf der Zeitschiene des »Fortschritts« jetzt als »rückschrittlich« angesehen werden konnte. Aus den vermeintlich unpolitischen, nur »moralischen« Innenräumen der aufgeklärten, geselligen Ge-

91 Siehe unten, Kap. 5.

sellschaft entstand die neue räsonierende Öffentlichkeit, die wiederum den Boden bereitete für die Französische Revolution und die radiale Jakobinerdiktatur, die auch die perplexen Aufklärer unter das Fallbeil der Guillotine legte. »Die Freiheit im geheimen wird zum Geheimnis der Freiheit«, wie Koselleck die politische Pointe der gesamten Studie in einem Satz zusammenfasst.[92]

Originell an *Kritik und Krise* ist nicht die kritische Sicht auf die Aufklärungsideen und die sie ungewollt auslösende Revolution als Bürgerkrieg, ein Thema der liberalen und konservativen Kritik seit Edmund Burkes *Reflections on the Revolution in France* (1790). Wie Koselleck im Vorwort zur englischen Ausgabe rückblickend im September 1987 schreibt, wollte die Studie nicht nur den Anteil der Geschichtsphilosophie am historischen Zerfall des Ancien Régime zeigen. Vielmehr zielte er darauf ab, »anhaltende Strukturen« der modernen Welt sichtbar zu machen, »die der historischen Anthropologie zugerechnet werden können: der Sog in eine offene und unbekannte Zukunft, der uns seit der Auflösung der ständischen Gesellschaft in Atem hält; der Zwang, in einer posttheologischen Zeit Politik und Moral begründen zu müssen, ohne sie je vermitteln zu können«.[93] Der neue, aufgeklärte Begriff der »Geschichte« beschleunigte alles Geschehen, was Koselleck später »Verzeitlichung« nennen sollte. Die neue Zeit (die »Neuzeit«) begreift die Gegenwart und die Vergangenheit ausschließlich aus der Antizipation einer auf Erlösung zielenden Zukunft heraus. So war der Kommunismus eine politische Bewegung, die sich allein auf diese Erwartung gründete. Auch für die anderen Ideologien des 20. Jahrhunderts, so Koselleck, diktiert die Erlösungserwartung das gewaltsame Handeln und weniger gegenwärtige Interessenlagen oder gemachte Erfahrungen.[94] In *Kritik und Krise* hat er die Anfänge dieses Glaubens an die Machbarkeit der Geschichte gesucht – und sie in den Erwartungsstrukturen der neuen Zeit gefunden.

92 Reinhart Koselleck, *Kritik und Krise. Eine Studie zur Pathogenese der bürgerlichen Welt* [1959], Frankfurt/M. 1973, S. 60.

93 Koselleck, »Preface to the English Edition«, in: *Critique and Crisis*, S. 3. Dt. Orig. zit. n. DLA Marbach, A: Koselleck, Prosa. Vor- und Nachworte, »Vorbemerkung«, Bielefeld 1987, S. 3.

94 Zum Begriff des »Erlösungsantisemitismus« siehe Saul Friedländer, *Das Dritte Reich und die Juden. Die Jahre der Verfolgung 1933-1939*, Bd. 1, München 1998, Kap. 3.

Die zeitkritische, existenzielle Tonlage von *Kritik und Krise* verliert sich etwas in Kosellecks Schriften der 1960er Jahre, einer Zeit sozialer Aufbrüche und Reformen, nicht nur in der Bundesrepublik. Sein zweites Buch, *Preußen zwischen Reform und Revolution*, geschrieben auf Anregung von Werner Conze und erschienen 1967, ist eine sozial-, rechts- und begriffsgeschichtliche Untersuchung des fehlgeschlagenen Versuchs der preußischen gebildeten Beamteneliten, die Auswirkungen der Französischen Revolution durch die Einführung von Verfassungsreformen »von oben« einzudämmen. Das Preußen-Buch stellte Kosellecks Habilitation dar, das *billet d'entrée* zu einem Lehrstuhl, das er bereits ein Jahr später mit einer Professur für Politische Wissenschaft an der 1962 gegründeten Ruhr-Universität Bochum einlösen konnte (*Abb.* 17). Bochum gehörte, so wie Bielefeld, aber anders als Heidelberg, zu den neuen Reformuniversitäten der 1960er und frühen 1970er Jahre, die den demokratischen Bildungsaufbruch auf den »grünen Wiesen« außerhalb der Städte in riesige, raumgreifende Gebäude betonierten, heute selbst eine »vergangene Zukunft« mit Sanierungsbedarf.[95] Die wissenschaftlichen Leitbegriffe der Zeit, »Interdisziplinarität« und »Struktur«, fanden so auch architektonisch in »Megastrukturen« zur Form: die Universität als kybernetisch verkoppelter Großbetrieb der »Massengesellschaft«.[96]

Basierend auf umfangreichen Archivarbeiten und auf mehr als 700 Seiten entwickelt Koselleck auch in *Preußen zwischen Reform und Revolution* am historischen Material ein theoretisches Argument. Seine These lautete: Verschiedene geschichtliche Wiederholungsstrukturen bewegen sich in verschiedenen Zeiten oder Geschwindigkeiten, wie sich für Preußen nach 1789/1792 für das Verfassungsrecht, die reformorientierte Verwaltungselite sowie die neuen sozialen Bewegungen zeigen lasse, die in getrennten Teilen

95 Reyner Banham, *Megastructures. Urban Futures of the Recent Past*, London 1976; Dietrich Erben, »Bau- und Wissenschaftskonzeption bei den Universitätsneugründungen der Nachkriegszeit«, in: Mark Häberlein u. a. (Hg.), *Geschichte(n) des Wissens*, Augsburg 2015, S. 773-795.

96 Sonja Hnilica, »Experiments with Megastructures and Building Systems. University Building in the Federal Republic of Germany in the 1960s and 1970s«, in: *Architectural Histories* 10 (2022), S. 1-34, hier S. 23.

des Buchs analysiert werden.[97] Die sozialen Bewegungen entlaufen dem Recht und der Verwaltung, die sie erst durch Reformen hervorgebracht hatten. Es ist der Konflikt zwischen den verschiedenen Zeiten des Rechts, der Verwaltung und des sozialen Wandels, der in der Revolution von 1848 aufbricht. Kosellecks Preußen-Buch kann als subtiler Kommentar zum eruptiven Umbruch der bundesrepublikanischen Gesellschaft gelesen werden, die mit den Studentenprotesten ab Juni 1967 selbst vor der Frage »Reform oder Revolution?« stand.

1968 nahm Koselleck einen Ruf zurück nach Heidelberg an. Dort gab er Seminare zu Marx mit zum Marxismus oder Maoismus bekehrten Studierenden. Zugleich besuchte er zum vorletzten Mal das von Ernst Forsthoff zusammengestellte Sommer-Ferienseminar für Studierende im Kloster Ebrach und hielt einen Vortrag zum Begriff der Revolution.[98] Der oft zu den Seminaren eingeladene Carl

97 Koselleck, *Preußen zwischen Reform und Revolution*, S. 14.

98 Reinhart Koselleck, »Der neuzeitliche Revolutionsbegriff als geschichtliche Kategorie«, in: *Studium Generale* 22 (1969), S. 825-838, als Rundfunkbeitrag gesendet im Süddeutschen Rundfunk, 4. 12. 1966; wiederabgedr. als »Historische Kriterien des neuzeitlichen Revolutionsbegriffs«, in: ders., *Vergangene Zukunft*, S. 67-86. Im Jahr darauf lautete der (von Forsthoff gewählte) Titel von Kosellecks Vortrag »Zum Begriff der Öffentlichkeit im Zeitalter des Absolutismus«. Dieser Vortrag, gehalten am 3. 10. 1969, wurde nicht publiziert. Forsthoff schickte Koselleck aber die Mitschrift nach einer Tonbandaufnahme. Familienarchiv Koselleck jetzt DLA Marbach, Ordner »Vorträge ungedruckt 1953-1976«. Am Schluss des Vortrags beschreibt Koselleck, wie sich das aufgeklärte Lesepublikum im 19. Jahrhundert auf alle Schichten ausdehnte, was auch den Stellenwert von »Öffentlichkeit« änderte. »Der Bereich der modernen Demokratie hat also einen anderen Stellenwert dessen, was Öffentlichkeit sei, und um das rigoroseste Beispiel zu nehmen, möchte ich nochmal darauf hinweisen, wie die Steuerung der öffentlichen Meinung im totalitären System von der Öffentlichkeit lebt, eine Öffentlichkeit, die eben permanent hergestellt wird. D. h., da ist die Öffentlichkeit um alle diese Kriterien betrogen worden, die die liberale Öffentlichkeit noch auszeichnen sollte, nämlich durch rationale Diskussion, die wahre Meinung jeweils zu einem politischen Tatbestand einzupendeln, sondern nur von vornherein produziert und ist in diesem Sinne schon identisch mit Gesinnungssteuerung, die viel effektiver ist als alles, was im 19. Jh. an Zensur versucht worden ist.« Beispielhaft nennt Koselleck als eine Form von »Terror im Medium der Öffentlichkeit« die Schauprozesse der 1930er Jahre unter Stalin, in denen die öffentlichen Geständnisse mit Terror und Gewalt im Geheimen erzwungen und vorchoreographiert waren. Dagegen sei das Charakteristische für den Terror im »Dritten Reich«, dass es einen »Bereich der Geheimhaltung« gab,

Schmitt war nicht anwesend.[99] In Ebrach trafen sich, wie Florian Meinel gezeigt hat, drei verschiedene liberal-konservative Generationen der bundesrepublikanischen Nachkriegszeit. Zunächst die noch von Weimar geprägte Generation, die wie etwa Forsthoff, Arnold Gehlen oder Joachim Ritter im »Dritten Reich« Karriere gemacht hatten. Sodann einige der klügsten Köpfe aus Kosellecks Kriegsgeneration, die sich bald auch bei »Poetik und Hermeneutik« trafen: Dieter Henrich, Wolfgang Preisendanz, Hermann Lübbe, Christian Meier, Niklas Luhmann sowie Ernst-Wolfgang Böckenförde, der auf der Tagung des Jahres 1964 zum Thema »Säkularisation« seine berühmte Formel prägte, der freiheitliche säkularisierte Staat lebe von Voraussetzungen, die er selbst nicht garantieren könne. Dazu kamen die um 1945 Geborenen, im Sommer 1968 beispielsweise die beiden Jura-Studenten Bernhard Schlink und Vigdis Henze, die spätere Ehefrau Thomas Nipperdeys – diese Generation bildete auf den Treffen die zuhörende Mehrheit. Forsthoffs Heidelberger Kollege Karl Löwith wurde nicht eingeladen, Hans Blumenberg winkte ebenso ab wie Jürgen Habermas.[100]

Parteipolitisch sah Koselleck sich selbst in dieser Zeit am ehesten bei den Liberalen. Adenauer habe er nicht gewählt.[101] Eine gewisse Distanz zum politischen Betrieb, den er aus der Beobachterposition des Zeitungslesers begleitete, war das vorherrschende Selbstbild (*Abb.* 18). Je mehr sich die bundesrepublikanische Demokratie nach 1968 von ganz links angegriffen sah, desto mehr scheint Koselleck sich aus dem Umkreis dieses konservativen Milieus sichtbar

»hinter dessen Schirmen die KZ abliefen«, die aber dennoch in der deutschen »Öffentlichkeit« wirkten: »[…] man wußte, man wußte zugleich nichts, man war insofern entlastet, indem man belastet war«. Siehe hierzu Frank Bajohr, Dieter Pohl, *Der Holocaust als offenes Geheimnis. Die Deutschen, die NS-Führung und die Alliierten*, München 2006.

99 DLA Marbach, A: Koselleck/Geschichtliche Grundbegriffe, Konvolut zum Lemma »Revolution« 17, Ernst Forsthoff an Reinhart Koselleck, 11. 9. 1968; Teilnehmerliste und Mitschrift des Ebracher Vortrags, 9. 10. 1968. Zu Kosellecks Teilnahme an den Ebracher Ferienseminaren in den 1960er Jahren siehe auch DLA Marbach, A: Koselleck, Dirk van Laak: Konvolut Briefe und Notizen zu einem Gespräch mit Reinhart Koselleck am 4. 7. 1991, sowie van Laak, *Gespräche in der Sicherheit des Schweigens*, S. 200-207.

100 Florian Meinel, »Die Heidelberger Secession. Ernst Forsthoff und die ›Ebracher Ferienseminare‹«, in: *Zeitschrift für Ideengeschichte* 5 (2011), S. 89-108.

101 Dutt, Koselleck, »Erfahrene Geschichte«, S. 29.

gelöst und sich der sozialliberalen Mitte der Bundesrepublik Willy Brandts angenähert zu haben. Anders als Werner Conze unterzeichnete er beispielsweise 1972 eine von Hans Mommsen formulierte gemeinsame »Erklärung zur Ostpolitik« von zweihundert Historikern und Politikwissenschaftlern, überwiegend so wie Mommsen der SPD nahestehend. Die Erklärung forderte den Bundestag auf, für die von Brandt in Warschau und Moskau ausgehandelten Ostverträge und damit auch die Anerkennung der Oder-Neiße-Grenze zu stimmen.[102] (Mommsen hatte sich 1967, zwei Jahre nach Koselleck, bei Conze in Heidelberg habilitiert.) Koselleck ging damit den umgekehrten Weg von Wilhelm Hennis, Hermann Lübbe, Thomas Nipperdey oder Alexander Schwan, die 1970 den »Bund Freiheit der Wissenschaft« gründeten und sukzessive ins konservative Lager wechselten. An dem in den 1970er und 1980er Jahren schwelenden Konflikt in den deutschen Geistes- und Sozialwissenschaften zwischen einem liberalkonservativen und einem sozialliberalen Lager, die sich wechselseitig beschuldigten, auf dem rechten oder linken Auge blind zu sein, und der im »Historikerstreit« 1986 aufbrach, beteiligte sich Koselleck nur mittelbar mit seinen Aufsätzen zu Zeiterfahrungen im Nationalsozialismus, an denen er bereits seit den späten 1960er Jahren, arbeitete.[103]

Im Sommersemester 1969 bot Koselleck, ungewöhnlich für einen deutschen Ordinarius seiner Generation, ein Seminar mit dem Titel »Über die Konzentrationslager 1933-1945 – Zur Pathologie der Gesellschaft« an, gemeinsam mit dem Internisten und Psychotherapeuten Wilhelm Kütemeyer, Professor an der Heidelberger Universitätsklinik und Mitbegründer der Anthropologischen Medizin.[104]

102 DLA Marbach, A: Koselleck, Hans Mommsen an Reinhart Koselleck, 24.3.1972. Zu den Unterzeichnern gehörten u.a. Wolfgang Abendroth, Karl Dietrich Bracher, Martin Broszat, Iring Fetscher, Eberhard Jäckel, Jürgen Kocka, Eugen Kogon, Golo Mann, Thomas Nipperdey, Helmuth Plessner, Dolf Sternberger und Hans-Ulrich Wehler. Ernst Nolte antwortete mit einem ablehnenden eigenen Brief an Mommsen, den er allen Unterzeichnern zukommen ließ. Werner Conze verweigerte Mommsen die Unterschrift und veröffentlichte (u.a. zusammen mit Wilhelm Hennis) eine öffentliche Stellungnahme gegen die Erklärung. DLA Marbach, A: Koselleck, Konvolut »Dokumente und Materialien zur Diskussion über die Ostverträge«. Zu Conzes Haltung siehe Jan Eike Dunkhase, *Werner Conze. Ein deutscher Historiker im 20. Jahrhundert*, Göttingen 2010, S. 198-209.

103 Siehe Dunkhase, *Absurde Geschichte*, S. 6-20.

104 Hierzu ausführlich ebd., S. 21-36 Aus Falk Pingels Seminararbeit »Häftlings-

Es war genau diese »Verbindung von Historikern und Ärzten bzw. Studenten beider Fachrichtungen, von wissenschaftlicher Betrachtung und persönlicher Involviertheit, nicht zuletzt durch die Teilnahme von Studenten, die zugleich Patienten der Ärzte waren und zum Teil dem [Sozialistischen] ›Patientenkollektiv‹ nahe standen, die dem Seminar eine aufregende Spannung verlieh, die aber«, wie ein Teilnehmer des Seminars sich erinnert, »am Ende auch zum Ab-

hierarchie und Häftlingsverhalten« ging zuerst seine Heidelberger Staatsexamensarbeit und später die Bielefelder Dissertation hervor: *Häftlinge unter SS-Herrschaft. Widerstand, Selbstbehauptung und Vernichtung im Konzentrationslager*, Hamburg 1978. Alle Seminararbeiten wurden von Koselleck zusammen mit seinen Notizen als Band gebunden aufbewahrt. Familienarchiv Koselleck (jetzt DLA Marbach), »KZ-Seminar HD 1969«. Koselleck hat auch in Bielefeld Veranstaltungen zur Geschichte des Nationalsozialismus angeboten, etwa im Sommersemester 1982 ein Seminar »Memoiren aus dem Dritten Reich«. Als methodische Leitfragen gab er den Studierenden unter anderem vor, nach sozialen Zugehörigkeiten zu fragen. Weiter sei »sehr wichtig der Jahrgang. Was waren die politischen und sozialen Initiationserlebnisse? Handeln die Erinnerungen von der Kindheit, der Jugend, dem ›erwachsenen‹ Alter? Daraus ergeben sich verschiedene Brechungen und Verwerfungen im Erinnerungsraum. Wann wurden die Erinnerungen niedergeschrieben? Wie gross ist der Abstand zum Erinnerten? Welche neuen Erlebnisse gehen in die zeitliche Distanz ein? Werden diese reflektiert? Was ist die Quellenbasis? Gedächtnis, Gespräche, Tagebücher, Briefe – welche Nachkriegsinformationen gehen in die Erinnerungen ein? Lässt sich textimmanent herausfinden, was verschwiegen, verdrängt, vergessen, verdreht worden ist? Verschiedene Stufen der Bewusstheit in der Verarbeitung der Vergangenheit. Gibt es die Möglichkeit, von aussen her Kontrollfragen an den Text zu stellen? Z. B. histor. Darstellungen (die sich natürlich grundsätzlich denselben kritischen Fragen aussetzen lassen) oder Primärquellen als Kontrollinstanz.« Und Koselleck schlägt drei mögliche Verhaltensweisen der Zeitgenossen im Umgang mit der NS-Zeit vor: »a) Selbstbewusste Wahrung der Kontinuität, sei es im (angeblichen oder wirklichen) Widerstand, sei es im durchgehaltenen Bekenntnis zu den 12 Jahren. b) Tendenzieller Versuch, einen ›objektiven‹ Bericht zu liefern. c) Schuldbekenntnis ex post. Schuld waren ›die anderen‹ oder der Autor bezieht sich ein.« Weitere Fragen lauteten: »Welche Gegenstands- und Sachbereiche werden in den Memoiren behandelt, angeschnitten, gestreift oder ignoriert? Juden und Judenvernichtung, KZ und Fremde Völker [...].« Koselleck nennt weitere mögliche Themen, auf die die Studierenden bei der Lektüre achten sollten. Auf keinen Fall aber sollten sie sich auf die Auswahl der Themen verlassen, die von den Memoirenschreibern selber vorgegeben werden. DLA Marbach, A: Koselleck, Konvolut Materialien zum Seminar »Memoiren aus dem Dritten Reich«, Reinhart Koselleck, »Methodische Fragen«, Ts., o. D. ([1982], 4 Bl.

bruch dieser Art von Zusammenarbeit geführt hat, weil Koselleck diese Verbindung von Patient, Arzt und Wissenschaft nicht mehr für – mit einem heutigen Begriff gesprochen – wissenschaftsethisch verantwortbar hielt«.[105]

Koselleck suchte dennoch die Auseinandersetzung mit der revoltierenden Generation. Auf dem Kölner Historikertag 1970 wollte der konservative Vorstand des Historikerverbandes im Anschluss an Kosellecks Abschlussvortrag »Wozu noch Historie?« – sein Plädoyer gegen den Historismus und für eine Theorie historischer Zeiten – keine Aussprache zulassen, worauf Christian Meier ihn und eine Gruppe linker Studierender in die Seminarräume des Instituts für Altertumskunde einlud, wo das Gespräch für weitere zwei Stunden fortgesetzt wurde.[106] Einige der studentischen Protestierer folgten Koselleck erst zum Studium nach Heidelberg und dann zur Promotion nach Bielefeld. Diese Offenheit und Neugierde zeigt sich auch später, etwa als Koselleck den marxistischen Historiker und Geschichtsphilosophen Heinz Dieter Kittsteiner habilitierte, gegen den Widerstand seiner sozialliberalen Bielefelder Kollegen.[107] So wie Christian Meier oder Ivan Nagel legte sich Koselleck parteipolitisch nicht fest. Die Grundhaltung war, wie bei den beiden Freunden, eine habituelle Liberalität, die das Gespräch mit allen Seiten suchte.

Von Heidelberg nach Bielefeld

1973 folgte Koselleck dem bereits zwei Jahre zuvor ergangenen Ruf an die neue Universität Bielefeld, gebaut im Stil der Brutalmoderne – ein ganzer Campus funktional in ein riesiges, raumschiffartiges Gebäude außerhalb der Stadt gezwängt. Bielefeld gehörte wie

105 Korrespondenz des Verf. mit Falk Pingel, 21.5.2021.

106 Gespräch des Verf. mit Christian Meier, 1.7.2021. So auch die Erinnerung bei Lucian Hölscher, »Abschied von Reinhart Koselleck«, in: Hans Joas, Peter Vogt (Hg.), *Begriffene Geschichte. Beiträge zum Werk Reinhart Kosellecks*, Berlin 2011, S. 84-93, hier S. 86.

107 DLA Marbach, A: Koselleck, Reinhart Koselleck an Heinz Dieter Kittsteiner, 23.9.1975, 28.1.1983. Kittsteiner kam in seinen späten Schriften zu einer ähnlichen Skepsis gegenüber »der Geschichte«. Siehe Kittsteiner, *Out of control. Über die Unverfügbarkeit des historischen Prozesses*, Berlin 2004.

Bochum zu den neuen Universitäten in Nordrhein-Westfalen, die erst von christdemokratischen, dann von sozialdemokratischen Regierungen in hochschulfernen Regionen des Landes erbaut wurden und auf eine Demokratisierung der Bildung, auf »Reform« statt »Revolution«, zielten. Koselleck gehörte seit 1966 dem von Helmut Schelsky geleiteten Gründungsauschuss der Universität an und hatte die innovative, interdisziplinäre Grundstruktur miterarbeitet. Für die neugeplante Fakultät für Geschichtswissenschaft setzte er die Schwerpunkte auf die Sozialgeschichte und die fächerübergreifende Vernetzung, etwa mit der Soziologie, der Rechtswissenschaft und den Philologien, und ganz allgemein auf die Verknüpfung von Forschung und Lehre mit geschichtstheoretischen Grundlagenfragen.[108] Auch holte er neue Köpfe nach Bielefeld. So setzte Koselleck sich unter anderem für die Berufung von Hans-Ulrich Wehler, der unter vielen Zunftkollegen seinerzeit als zu links galt, und seine Aufnahme in den »Arbeitskreis für moderne Sozialgeschichte« ein.[109] Die beiden hatten sich 1959 bei der Arbeit mit preußischen Akten im Staatsarchiv Breslau/Wrocław kennengelernt.[110]

Parallel erfolgte die Gründung des »Zentrums für interdisziplinäre Forschung«, zu deren ersten Direktoren Koselleck zählte, zusammen mit Harald Weinrich und Niklas Luhmann, der 1968 von Schelsky als erster Professor überhaupt nach Bielefeld berufen wurde und mit seiner Systemtheorie ganz der kybernetischen Ideenwelt der neuen Universität, ihrer Ultramodernität, entsprach (*Abb.* 19). So wie unter den Historikern die intellektuelle Spannweite von Koselleck bis Wehler für reichlich Konflikte, aber eben auch für Innovation sorgte, so spiegelt sich die »Schwebelage« Bielefelds als christdemokratische *und* sozialdemokratische Reformgründung auch in der produktiven Spannung zwischen der ersten, noch vom Gründungsausschuss berufenen Generation – neben Luhmann und Koselleck unter anderem auch Böckenförde und der Reformpädagoge Hartmut von Hentig – und den im Laufe der 1970er

108 DLA Marbach, Konvolut »Unterlagen zur Japan-Reise 1978«, Mappe 2, »Lebenslauf«, S. 2.

109 DLA Marbach, A: Koselleck, Reinhart Koselleck an Hans-Ulrich Wehler, 1. 12. 1970. Siehe auch Paul Nolte, *Hans-Ulrich Wehler. Historiker und Zeitgenosse*, München 2015.

110 Familienarchiv Koselleck (jetzt DLA Marbach), Mappe »Preussen-Korrespondenz«, Hans-Ulrich Wehler an Reinhart Koselleck, 24. 2. 1964.

Jahre hinzugekommenen, überwiegend mehr links stehenden jüngeren Professoren.[111] In Briefen beklagte sich Koselleck darüber, dass das ursprüngliche Konzept durch die »Sozio-Erlöser« unter den Kollegen zusehends auf die »Historische Sozialwissenschaft« enggeführt und die Professoren der Pädagogischen Hochschule Westfalen-Lippe en gros in die Geschichtsfakultät aufgenommen wurden, was ihn besonders störte (*Abb.* 20).[112] Dennoch wurde die Stadt in Ostwestfalen – so gesichtslos, dass noch Jahrzehnte später im Internet nur halb im Spaß das Gerücht zirkulieren konnte, sie existiere real gar nicht – bald für Geistes- und Sozialwissenschaftler ein »neues Eldorado«[113] und, neben Heidelberg, zu Kosellecks zweiter geistiger Heimat.

Das Lexikon

Das späte 20. Jahrhundert war das goldene Zeitalter des westdeutschen wissenschaftlichen Publizierens, in regalfüllende Buchreihen und Lexika gepresst, finanziert mit üppigen öffentlichen Zuschüssen und privaten Stiftungsgeldern, besonders für interdisziplinäre Forschung. Koselleck hatte seine eigene Reihe (»Sprache und Geschichte«, erschienen bei Klett-Cotta) und gab für die Forschungsgruppe »Poetik und Hermeneutik« genauso Sammelbände heraus wie für andere Arbeitskreise. Ein Großteil seiner Zeit und Energie wanderte neben dem laufenden Universitäts- und Gremienbetrieb

111 So die treffende Beschreibung bei Nolte, *Hans-Ulrich Wehler*, S. 63.

112 DLA Marbach, A: Meier, Reinhart Koselleck an Christian Meier, 16. 4. 1973. Siehe Dunkhase, *Absurde Geschichte*, S. 12.

113 Familienarchiv Koselleck (jetzt DLA Marbach), Dolf Sternberger (aus Darmstadt) an Reinhart Koselleck, 19. 1. 1974, mit Glückwunsch zur Berufung nach Bielefeld. Zu Heidelberg heißt es, im Rückblick auf die eigene Studienzeit bei Jaspers, Friedrich Gundolf, Ernst Robert Curtius, Alfred Weber und Viktor von Weizsäcker: »Was für ein Niedergang! Jetzt flieht man, wenn man etwas Ernstlich vor sich bringen will – nach Stuttgart oder Graz oder eben nach Bielefeld!« Koselleck antwortet am 28. 1. 1974, er habe sich als einer der Mitbegründer der Universität unter moralischem Druck gesehen, den Ruf anzunehmen und die Planung einzulösen, auch wenn sich die Vorgaben aus dem Ministerium bereits wieder geändert hätten, und zwar »in die Richtung einer Gesamthochschule«. Siehe auch Sonja Asal, Stephan Schlak (Hg.), *Was war Bielefeld? Eine ideengeschichtliche Nachfrage*, Göttingen 2009.

in diesen Jahren aber in die Herausgeberschaft des Lexikons *Geschichtliche Grundbegriffe*, formal gemeinsam mit Otto Brunner und Werner Conze. Brunner beteiligte sich nur in den Anfangsjahren, verfasste einen einzigen Artikel (»Feudalismus«) und starb 1982. Conze, der das Projekt (auch mit eigenen Artikeln) entscheidend vorangetrieben und organisatorisch im »Arbeitskreis für moderne Sozialgeschichte« verankert hatte, verstarb 1986. So fand sich Koselleck allein dafür verantwortlich, das eindrucksvollste wissenschaftliche Verbundprojekt der alten Bundesrepublik zu Ende zu führen.[114]

Brunner und Conze hatten beide bereits begriffsgeschichtlich gearbeitet, auch wenn ihr methodisches Schwergewicht in den 1930er Jahren auf einer völkisch verstandenen Sozialgeschichte lag. 1956 wechselte Conze nach Heidelberg und bot Koselleck an, ihn als Assistenten zu übernehmen. Nach seinen wissenschaftlichen Plänen gefragt, schlug Koselleck ein »Lexikon für die Geschichte zentraler Begriffe« vor.[115] Conze, zusammen mit Theodor Schieder in Köln der vielleicht einflussreichste westdeutsche Historiker der Nachkriegszeit, verstand sich selbst als Modernisierer des Faches. Ohne Zögern griff er die Idee eines begriffshistorischen Lexikons für sein neugegründetes »Institut für die Sozialgeschichte der Gegenwart« auf, aus dem der »Arbeitskreis für moderne Sozialgeschichte« entstand. Dort war künftig auch das Lexikonprojekt verankert, mit Koselleck als leitendem Redakteur. Von Conze kam die Schwerpunktsetzung auf die begriffliche Erfassung des sozialhistorischen

114 Werner Conze teilte sich bis Ende der 1970er Jahre organisatorisch die Herausgeberarbeit mit Koselleck, auch befand sich die Redaktion des Lexikons beim Arbeitskreis für moderne Sozialgeschichte in Heidelberg. Die konzeptionelle Arbeit am Lexikon leistete aber vor allem Koselleck, der auch die programmatische Einleitung verfasste, die von Brunner und Conze ohne Änderungen abgesegnet wurde. DLA Marbach, A: Koselleck/Geschichtliche Grundbegriffe, Otto Brunner an Reinhart Koselleck, 6.4.1972, Werner Conze an Reinhart Koselleck, 31.3.1972. Siehe auch Koselleck, »Einleitung«, in: Otto Brunner u.a. (Hg.), *Geschichtliche Grundbegriffe. Historisches Lexikon zur politisch-sozialen Sprache in Deutschland*, Bd. 1, Stuttgart 1972, S. xiii-xxvii.

115 »Begriffsgeschichte, Sozialgeschichte, Begriffene Geschichte. Reinhart Koselleck im Gespräch mit Christof Dipper«, in: *Neue Politische Literatur* 43 (1998), S. 187-205, hier S. 187. Siehe auch Dunkhase, *Werner Conze*, S. 145-153; Wolfgang Schieder, »Werner Conze und Reinhart Koselleck. Zwei begriffsgeschichtliche Konzeptionen in den Geschichtlichen Grundbegriffen«, in: Hettling, Schieder (Hg.), *Koselleck als Historiker*, S. 149-171.

Übergangs von der ständischen zur modernen Gesellschaft, mit der er sich am Beispiel der Begriffe »Pöbel« und »Proletariat« bereits 1954 in einem grundlegenden Aufsatz beschäftigt hatte. Sowohl den Fokus auf dem Übergang vom »Stand« zur »Klasse« als auch die methodische Verknüpfung von Sozialgeschichte und Begriffsgeschichte übernahm Koselleck von Conze und führte sie im Preußen-Buch paradigmatisch vor. Anders gewendet: Conze machte aus Koselleck, der in seinem ersten Buch mit einem Zettelkasten begriffsgeschichtlicher Belege eine Zeit- und Geschichtstheorie der Moderne skizziert hatte, erst einen Sozialhistoriker. Conze sorgte dafür, dass die Dissertation sechs Jahre nach der Abgabe endlich als Buch erschien – in seiner Reihe »Orbis Academicus: Geschichte der politischen Ideen in Dokumenten und Darstellungen«. Und er schob den brillanten Außenseiter Koselleck, der sich bis dahin disziplinär zwischen allen Stühlen befand, in den 1960er Jahren ins Zentrum seines eigenen institutionellen Netzwerks, das vom »Arbeitskreis für moderne Sozialgeschichte« über das Großunternehmen des Lexikons und die neue Buchreihe »Industrielle Welt« bis hin zu einflussreichen Beiräten und Gremien, etwa dem Gründungsausschuss der Universität Bielefeld, reichte. Koselleck baute später dieses Netzwerk, das seine Spuren in einer umfassenden Korrespondenz zu den *Geschichtlichen Grundbegriffen* hinterließ, disziplinenübergreifend weiter aus, erst in Heidelberg, später in Bielefeld, nicht zuletzt durch seine Mitgliedschaft bei »Poetik und Hermeneutik«.

International einzigartig, arbeiteten an dem Lexikon in den 1970er und 1980er Jahren, von Conze und Koselleck mühsam dirigiert, einige der namhaftesten deutschen Historiker, darunter wie in der gesamten »Zunft« zu jener Zeit kaum Frauen. Zu den Autoren gehören etwa Christian Meier, Otto Gerhard Oexle, Karl Ferdinand Werner, Jürgen Kocka, Reinhard Rürup, Lothar Gall, Rudolf Vierhaus, Hans Mommsen und Thomas Nipperdey. Dazu kamen Beiträger aus anderen Wissenschaften, von der Philosophie, Literatur und Theologie bis hin zum Recht. Einige bereits vergebene Artikel wurden nicht geliefert und dann von Mitarbeitern Kosellecks übernommen, etwa »öffentliche Meinung/Publizität«, versprochen 1963 von Wilhelm Hennis und geschrieben fünfzehn Jahre später von Lucian Hölscher.[116] Thomas Nipperdey übernahm

116 Universitätsarchiv Freiburg, NL Wilhelm Hennis, C10/56, Wilhelm Hennis an Reinhart Koselleck, 8.3.1963. Koselleck hatte Hennis nach Heidelberg einge

1973 den Artikel »Verein«, der 1990 in Band 6 erschien, verfasst allerdings von seinem Schüler Wolfgang Hardtwig.[117] Das Autorenspektrum reichte von politischen Grenzgängern wie Ernst Nolte (»Diktatur«) oder Panajotis Kondylis (»Würde«)[118] bis zu Bundesverfassungsrichtern wie Ernst-Wolfgang Böckenförde (»Organ, Organismus, Organisation politischer Körper«) oder Dieter Grimm (»Verfassung«), die beide wie viele andere Autoren zwischenzeitlich auch Kosellecks Kollegen in Bielefeld waren. Böckenförde kannte Koselleck zudem aus Heidelberg und dem Umkreis Carl Schmitts. Mit Meier verband ihn ebenfalls seit der Heidelberger Doktorandenzeit eine enge Freundschaft. So wie Koselleck bewegte sich das Lexikon geistig zwischen Heidelberg und Bielefeld.

Veröffentlicht in acht gewichtigen Bänden zwischen 1972 und 1997, umreißen die Beiträge des *Historischen Lexikons zur politisch-sozialen Sprache in Deutschland* die Geschichte einzelner Begriffe oder Begriffsreihen von der Antike bis zur von Koselleck so getauften »Sattelzeit« der Jahrzehnte um 1800, der Zeit des Übergangs in die Moderne. Anders als im Titel angezeigt, verfolgen viele Beiträge nicht nur den deutschen, sondern auch den englischen und französischen Sprachgebrauch und führen diesen zurück auf die gemeinsamen lateinischen oder griechischen Ursprünge. Mit anderen Worten, die *Geschichtlichen Grundbegriffe* waren ein dezidiert »westliches« Forschungsprojekt, den Grundkonsens der alten Bundesrepublik spiegelnd. Antike Begriffe wie »Republik«

laden, um in einem gemeinsam mit Conze und Gadamer alle vierzehn Tage veranstalteten Kolloquium vorzutragen. »Unser Oberthema soll Institutionsbegriffe erfassen (im Winter sollen Epochenbegriffe folgen). […] Vielleicht haben Sie Lust, noch einmal die Öffentliche Meinung unserer öffentlichen Meinung auszusetzen. Habermas wird ja auch dabei sein.« Reinhart Koselleck an Wilhelm Hennis, 21. 2. 1963.

117 Nipperdey erklärte sich 1973 bereit, den Artikel »Verein« zu übernehmen, »wenn ich den Artikel ›Utopie‹ loswerde«. 1980 schreibt er an Koselleck, sein Assistent Wolfgang Hardtwig habe ihm bei der Materialbeschaffung für den Artikel geholfen, daraus sei Hardtwigs Habilitationsschrift entstanden. DLA Marbach, Nipperdey an Koselleck, 27. 3. 1973, 6. 3. 1980. Wolfgang Hardtwig, »Verein, Gesellschaft, Geheimgesellschaft, Assoziation, Genossenschaft, Gewerkschaft«, in: *Geschichtliche Grundbegriffe*, Bd. 6, Stuttgart 1990, S. 789-829.

118 Siehe Kosellecks 1998 in Athen gehaltene Gedenkrede »Kondylis' Beiträge zu den ›geschichtlichen Grundbegriffen‹ [1998]«, in: Falk Horst (Hg.) *Panajotis Kondylis – Aufklärer ohne Mission*, Berlin 2007, S. 1-14.

und »Demokratie« gewannen im Zuge der Jahrhunderte neue Bedeutungen, andere Begriffe wie »Klasse« oder »Rasse« reflektierten die sozialen und politischen Umbrüche und leiteten sie in die moderne Welt. Koselleck hielt dieses enorme Projekt mit mehr als einhundert Autoren geistig und organisatorisch zusammen, beteiligte sich an einigen der entscheidenden Artikel selbst, die oft monografischen Umfang annahmen: zu »Bund, Bündnis, Föderalismus, Bundesstaat«, »Verwaltung, Amt, Beamte«, »Demokratie«, »Herrschaft«, »Interesse«, »Volk, Nation, Nationalismus, Masse«, »Emanzipation«, »Krise« (nicht aber »Kritik«), »Revolution, Rebellion, Aufruhr, Bürgerkrieg«, »Staat und Souveränität« sowie »Geschichte, Historie« und »Fortschritt«, verfasst zusammen mit Meier, der, wie so oft, für den antiken »Vorspann« sorgte. Koselleck übernahm bei fünf der sieben Bände die Redaktion (bei den ersten beiden Bänden wiederum unter Mitarbeit von Christian Meier), gab die Registerbände heraus und schrieb insgesamt fast fünfhundert Seiten für das Lexikon, mehr als Conze oder jeder andere der beteiligten Autoren.

Darüber hinaus veröffentlichte Koselleck in den 1960er und 1970er Jahren eine Reihe von Aufsätzen, die sich auf die materialreiche Arbeit am Lexikon stützten und die historische Semantik als Methode etablierten. Die Begriffsgeschichte verknüpfte sich international eng mit seinem Namen, und bis heute gilt Koselleck als Säulenheiliger der begriffsgeschichtlichen Methode, die sich wie alle anderen Zugänge zur Vergangenheit in den letzten beiden Jahrzehnten global gestreckt hat.[119] Zugleich sah er aber im Ansatz des Lexikons immer mehr eine »Zwangsjacke«[120] für seine viel weiter gehenden theoretischen Interessen.

119 Siehe Andrew Sartori, *Bengal in Global Concept History. Culturalism in the Age of Capital*, Chicago 2008; Margrit Pernau u. a., *Civilizing Emotions. Concepts in Nineteenth-Century Asia and Europe*, Oxford 2015; dies., Domimic Sachsenmaier, *Global Conceptual History. A Reader*, London 2016.

120 Reinhart Koselleck, »Hinweise auf die temporalen Strukturen begriffsgeschichtlichen Wandels«, in: Hans Erich Bödeker (Hg.), *Begriffsgeschichte, Diskursgeschichte, Metapherngeschichte*, Göttingen 2002, S. 31-47, hier S. 31.

Arbeit mit Zettelkästen und Metaphern

Ende der 1980er Jahre nimmt Koselleck Gastprofessuren in Chicago, New York und Paris an. In dieser Zeit werden auch, endlich, seine theoretischen Aufsätze aus den beiden Dekaden davor ins Englische und Französische übersetzt. Die zahlreichen Einladungen zu Konferenzen und Vorträgen in aller Welt nutzt er, um (von den Zuhörern weitgehend unbemerkt) seine Historik am Beispiel verschiedener Themen immer weiter auszufalten. Für die Vorträge entwirft er auf wenigen handbeschriebenen Zetteln die Grundlinien der Argumentation in numerischen Punkten. Das Skizzenhafte dieser Zettel, auch die verknappt stilisierte, dadurch schwer lesbare Handschrift erinnern an Kosellecks Zeichentalent. (Wann immer es ihn in Seminaren oder Sitzungen langweilte, zeichnete er Karikaturen, zuerst von den Lehrern, später von Kollegen.) Die messerscharfe, ganze Epochen und Wissenschaften in wenigen Absätzen umgreifende Skizze, durch Weglassen abstrakt und anschaulich zugleich, nicht die breitbändige Meistererzählung, entsprach dem Denkstil Kosellecks.[121] Andere haben einzelne seiner Skizzen für innovative Monografien genutzt, etwa zur Geschichte der Zukunft, der Theorie der Beschleunigung oder zum Ende des Pferdezeitalters.[122] Dieser pointierte Denkstil ist auch in den eigenen, später ausgearbeiteten Aufsätzen erkennbar, die oft das numerische, skizzenhafte Grundgerüst beibehalten, ergänzt um Zitate und sprachliche Bilder, an denen Koselleck aber oft lange Zeit feilte. Hinter der sprachlichen Brillanz, der Reduktion auf das Wesentliche, die in den späten Aufsätzen und Essays zunahm, steckte jahrzehntelange Arbeit an einzelnen Themen, Begriffen oder Metaphern. So gibt es von Vorträgen zumeist erst eine von Hand geschriebene Skizze, dann ein Typoskript der Vortragsfassung, oft mit weiteren handschriftlichen Ergänzungen, und schließlich das Aufsatzmanuskript, das dann kaum vom veröffentlichten Text abweicht. Seit den späten 1960er Jahren erscheint Kosellecks Werk allein in der Form von Aufsätzen für Zeitschriften und Zeitungsbeilagen, in Lexikonarti-

121 Hölscher, »Abschied von Reinhart Koselleck«, S. 89.

122 Lucian Hölscher, *Die Entdeckung der Zukunft*, Frankfurt/M. 1999; Hartmut Rosa, *Beschleunigung. Die Veränderung der Zeitstrukturen in der Moderne*, Frankfurt/M. 2005; Raulff, *Das letzte Jahrhundert der Pferde*.

keln, zumeist für die *Geschichtlichen Grundbegriffe*, oder in Beiträgen für Sammelbände, die aus Konferenzen hervorgingen.

Nach der Anfrage, einen seiner Vorträge für eine Publikation auszuarbeiten, begann Koselleck damit, sein Typoskript mit den handschriftlichen Notizen auszuformulieren und um Zitate und Belege anzureichern. Hierfür griff er auf dicht annotierte und von ihm bei der Lektüre mit Begriffsregistern versehene Ausgaben in seiner umfangreichen Privatbibliothek zurück. Dazu kamen eigens angelegte Zettelkästen sowie Mappen und Ordner mit Materialsammlungen zu einzelnen Begriffen, die bis in die Studienzeit zurückreichen, etwa der Zettelkasten »Geschichtlichkeit«, der Notizen und Exzerpte aus verschiedenen Lebensphasen enthält. Alle diese Materialien wie auch der mit Annotationen versehene Teil von Kosellecks Privatbibliothek finden sich heute im Deutschen Literaturarchiv Marbach (dazu gekommen sind 2021 noch einige im Familienarchiv verbliebene private Unterlagen) oder, soweit sie sich auf den Bildnachlass beziehen, im Bildarchiv Foto Marburg.

Einige Begriffe, Metaphern und Denkfiguren übernahm Koselleck von anderen und gab ihnen in immer neuen Anläufen eine eigene, unverwechselbare theoretische Prägung. »Kritik und Krise« fand er bei Carl Schmitt, der das umgedrehte Begriffspaar wiederum von Benjamin und Brecht entlehnte.[123] Die »Gleichzeitigkeit des Ungleichzeitigen« übernahm er nicht aus Ernst Blochs *Erbschaft dieser Zeit* (1935), sondern von einem Kunsthistoriker der Weimarer Zeit, Wilhelm Pinder, dem Doktorvater seiner Tante Hildegard Marchand, aber auch von George Kubler, der diese Denkfigur in *The Shape of Time* (1962) aufgriff.[124] Über Pinder taucht sie auch

123 Carl Schmitt, »Donoso Cortés in gesamteuropäischer Interpretation« [1949], in: ders., *Donoso Cortés in gesamteuropäischer Interpretation. Vier Aufsätze*, Köln 1950, S. 80-114, hier S. 100, zit. n. Dunkhase, »Nachwort«, S. 417. Koselleck scheint die Pläne von Walter Benjamin und Bertolt Brecht für eine Zeitschrift mit dem Titel *Krise und Kritik* von 1930/1931 nicht gekannt zu haben. Siehe Erdmut Wizisla, *Benjamin und Brecht. Die Geschichte einer Freundschaft. Mit einer Chronik und den Gesprächsprotokollen des Zeitschriftenprojekts »Krise und Kritik«*, Frankfurt/M. 2004.

124 Wilhelm Pinder, *Das Problem der Generation in der Kunstgeschichte Europas*, Berlin 1926, bes. das Kap. »Das Problem der geschichtlichen Gleichzeitigkeit«; ders., »Kunstgeschichte nach Generationen«. Sonderdruck aus Willy Schuster (Hg.), *Zwischen Philosophie und Kunst. Johannes Volkelt zum 100. Lehrsemester*, Leipzig 1926, S. 1-16; dieser Sonderdruck in Kosellecks Bibliothek (im DLA

bei Karl Mannheim auf, dessen »Erfahrungsraum« sich wiederum bei Koselleck findet, verknüpft mit dem »Erwartungshorizont«, der auf Edmund Husserls Phänomenologie zurückgeht (im Anschluss an Husserls »Erlebnishorizont« und seine Unterscheidung von antizipierender »Protention« und ihrer »Retention« als vergangene Erfahrung) und über Gadamers philosophische Hermeneutik auch in Jauß' literarische Rezeptionsästhetik eingeht.[125] Auch »Erwartungshorizont« notierte sich Koselleck vermutlich zuerst bei Mannheim.[126] »Erinnerungen sind nicht übertragbar«, heißt es in Cayrols *Lazarus unter uns*, eine Formulierung, die sich Koselleck ebenfalls unterstreicht und in den 1990er Jahren verwendet, um die Vorstellung eines »kollektiven Gedächtnisses« zu kritisieren.[127] Auf die Metapher der »glühenden Lava« stößt er ebenfalls bei Cayrol,

Marbach) stammt aus dem Nachlass von Hildegard Marchand. Von ihr erhält Koselleck bereits im Studium den Hinweis auf Pinder, bei dem Marchand 1924 in Kunstgeschichte promoviert hatte. Siehe Hildegard Marchand, *Die Plastik des Halberstädter Doms im 15. Jahrhundert mit besonderer Berücksichtigung der Übergangszeit von 1430-60*. Dissertation Leipzig 1925. Familienarchiv Koselleck (jetzt DLA Marbach), Mappe »Brief 1942 ff.«, Hildegard Marchand an Reinhart Koselleck, 20. 11. 1947.

125 Karl Mannheim, »Die Bedeutung der Konkurrenz im Gebiete des Geistigen« [1929], in: ders., *Wissenssoziologie. Auswahl aus dem Werk*, eingeleitet und hg. v. Kurt Wolff, Berlin 1964, S. 566-613, hier S. 576; Mannheim verwendet alternativ auch »Erfahrungsbasis« oder »Erfahrungszusammenhang«, siehe »Das Problem der Generationen« [1928], in: ebd., S. 509-565, dort auch zu Pinder, S. 517-518: »In derselben chronologischen Zeit leben verschiedene Generationen. Da aber wirkliche Zeit nur die erlebte Zeit ist, leben sie alle eigentlich in einer qualitativ völlig verschiedenen inneren Zeit. [...] Jeder Zeitpunkt ist deshalb eigentlich ein Zeitraum, er hat mehrere Dimensionen, da er ja stets von verschiedenen Entfaltungen der einzelnen daseienden Generationsschichten aus erreicht wird. Das Zeitdenken muß also – um ein musikalisches Gleichnis Pinders anzuwenden – polyphon organisiert sein, in jedem ›Zeitpunkt‹ muß man die einzelnen Stimmen der einzelnen Generationen heraushören, die stets von sich aus jenen Punkt erreichen.«

126 Karl Mannheim, *Mensch und Gesellschaft im Zeitalter des Umbaus*, Darmstadt 1958, S. 212 f. Mannheim spricht an dieser Stelle davon, dass sich in Krieg, Revolution und Gesellschaftszerfall »der frühere, engere Erwartungshorizont« des Menschen ausdehnt und erweitert. Siehe Reinhard Laube, »Wissen und Memoria. Reinhart Kosellecks Lektüren«, in: Carsten Dutt, Reinhard Laube (Hg.), *Zwischen Sprache und Geschichte. Zum Werk Reinhart Kosellecks*, Göttingen 2013, S. 95-110, hier S. 107.

127 Ebd., S. 100.

der zusammen mit Alain Resnais das Drehbuch für *Nacht und Nebel* (1956) geschrieben hatte, den ersten Dokumentarfilm über die Konzentrationslager.[128] Die Denkfigur von den Besiegten, die sich historisch gezwungen sehen, aus der Niederlage zu lernen, wanderte in den 1930er und 1940er Jahren von Benjamin zu Adorno und Schmitt – und wird schließlich von Koselleck in den 1980er Jahren für seine Historik neu und anders gefasst.[129] Selbst »Vergangene Zukunft«, der programmatische Titel der Antrittsvorlesung und seiner Aufsätze zur »Semantik geschichtlicher Zeiten« geht zurück auf Lektüren aus der Studienzeit. 1955 hatte er einen langen Essay zur Philosophie der Geschichte seines Doktorvaters Johannes Kühn durchgearbeitet, wo die Formulierung beiläufig auftaucht, ohne dass Koselleck davon Notiz nahm. Vierzig Jahre später, bei der erneuten Lektüre, fiel ihm die Stelle sofort ins Auge.[130]

128 Jan Eike Dunkhase, »Glühende Lava. Zu einer Metapher von Reinhart Koselleck«, in: Jeffrey Andrew Barash u. a. (Hg.), *Die Vergangenheit im Begriff. Von der Erfahrung der Geschichte zur Geschichtstheorie bei Reinhart Koselleck*, Freiburg 2021, S. 155-164.

129 So heißt es 1951 zur Beobachtungsposition der Besiegten bei Theodor W. Adorno, *Minima Moralia. Reflexionen aus dem beschädigten Leben*, Frankfurt/M. 1951, S. 285 f.: »Wenn Benjamin davon sprach, die Geschichte sei bislang vom Standpunkt des Siegers geschrieben worden und müsse von dem der Besiegten aus geschrieben werden, so wäre dem hinzuzufügen, daß zwar Erkenntnis die unselige Geradlinigkeit der Folge von Sieg und Niederlage darzustellen hat, zugleich aber dem sich zuwenden muß, was in solche Dynamik nicht einging, am Wege liegen blieb – gewissermaßen den Abfallstoffen und blinden Stellen, die der Dialektik entronnen sind. Es ist das Wesen des Besiegten, in seiner Ohnmacht unwesentlich, abseitig, skurril zu scheinen. […] Die Theorie sieht sich aufs Quere, Undurchsichtige, Unerfaßte verwiesen, das als solches zwar vorweg ein Anachronistisches an sich trägt, aber nicht aufgeht im Veralteten, weil es der historischen Dynamik ein Schnippchen schlug.« Ein Jahr zuvor erschien Carl Schmitts »Historiographie in Nuce: Alexis de Tocqueville«, in: ders., *Ex Captivitate Salus. Erfahrungen der Zeit 1945/47*, Köln 1950, S. 25-33, dort zu Tocqueville als »Besiegter, der seine Niederlage akzeptiert«, S. 30 f.

130 Familienarchiv Koselleck (jetzt DLA Marbach), Reinhart Koselleck an Rudolf Vierhaus, 22. 8. 1989. Siehe Kühn, *Die Wahrheit der Geschichte und die Gestalt der wahren Geschichte*, S. 40. »Der Utopist schließlich sieht dieses Sein nicht in verborgener Tiefe, sondern herausgetreten in das Taglicht einer den Wechselfällen nicht mehr unterworfenen Zukunft irdischer Endgültigkeit. Er verkörpert damit ein entschiedenes Anliegen jeder unter der Last der Geschichte seufzenden Gegenwart, ein Anliegen, das er aber in der Form vergangener Zukunft vorträgt.« In der ersten Anmerkung von »Vergangene Zukunft der frühen Neuzeit«

Koselleck drehte und wendete wie gesagt diese und andere Begriffe, Metaphern und Denkfiguren in verschiedenen Lebensphasen, verwarf sie wieder oder formulierte um, suchte nach neuen Belegstellen im historischen Material, bis sich aus seiner Sicht in ihnen genug Erfahrungsgehalt abgelagert und Suggestivkraft aufgebaut hatte. Die Metapher der »Zeitschichten«, die er in den 1990er Jahren theoretisch ausformuliert, auch wenn sich das Wort und die Denkfigur bereits in früheren Aufsätzen um 1970 finden,[131] beschreibt nicht nur seine Theorie historischen Wissens. »Zeitschichten« kann auch als Metapher herangezogen werden, um seinen eigenen Arbeitsprozess zu beschreiben, also das dauernde Sich-Überlagern, Verwerfen, Verdichten und dann überraschende Aufbrechen, neue Perspektiven Öffnende. Was von außen gesehen leichthändig und skizzenhaft aussah, beruhte in Wirklichkeit auf einem Papiergebirge an »Befunden«: an Zetteln und Textfragmenten, Büchern und Fotokopien, Zeitungsausschnitten und Fotografien, die Koselleck über Jahrzehnte ansammelte, sich wieder vornahm, um sie mit neuen Materialien oder Randnotizen zu ergänzen, und die sich sukzessive auf fast alle Räume im letzten Wohnhaus (ab 1987) in der

(in: Hans Barion u. a. [Hg.], *Epirrhosis. Festgabe für Carl Schmitt*, Berlin 1968, Bd. 2, S. 549-566, hier S. 549) nennt Koselleck für die erste Verwendung von »vergangene Zukunft« Raymond Aron, *Introduction à la philosophie de l'histoire,* Paris 1948, S. 182 (in seine Ausgabe notiert er sich »futur passé 183« unter den Besitzeintrag »Koselleck 1956«) sowie Reinhard Wittram, *Zukunft in der Geschichte*, Göttingen 1966, S. 5. Dort heißt es in Fn. 1: »Den hier verwendeten Begriff haben Reinhart Koselleck und ich unabhängig voneinander in unsere Arbeiten eingeführt, R. Koselleck früher als ich (u. a. schon in einem am 1. 1. 1961 gesendeten Rundfunkvortrag, der mir unbekannt geblieben ist). Herr Koselleck hatte die Güte, mir am 13. 3. 1966 brieflich mitzuteilen, daß er – ausgehend vom Problemkreis der Prognosen – heute in erweiterter Fragestellung die Zeitstrukturen der Neuzeit untersucht. Seine Heidelberger Antrittsvorlesung soll demnächst in der HZ [*Historische Zeitschrift*] erscheinen.« Siehe auch DLA Marbach, A: Koselleck, Konvolut zum Aufsatz »Die unbekannte Zukunft und die Macht der Prognose«, Hanno Kesting, Reinhart Koselleck, »Die vergangene Zukunft. Politische Prognostik von Rousseau bis Roosevelt«, Ts., o. D. [Dezember 1960], für eine Sendung des Hessischen Rundfunks, 10. 1. 1961, 26 Bl.

131 In Kosellecks Beiträgen zur Arbeitstagung von »Poetik und Hermeneutik« im Jahr 1970 »Ereignis und Struktur« sowie »Geschichte, Geschichten und formale Zeitstrukturen«, in: Reinhart Koselleck, Wolf-Dieter Stempel (Hg.), *Geschichte – Ereignis und Erzählung* (= Poetik und Hermeneutik V), München 1973, S. 211-222 bzw. S. 560-571, hier S. 213 bzw. S. 560.

Bielefelder Luisenstraße erstreckten, einschließlich eines unfertigen kleinen Schwimmbads im Keller, wo einer der Söhne Kosellecks für seine ersten Jazzsessions übte.

Allein die Bibliothek umfasste zuletzt knapp 18 000 Bücher, in denen er handschriftlich beim Erwerb seinen Namen und das Datum vermerkte. Sorgfältig wurden die aus seiner Sicht wichtigsten mit Notizen und Anstreichungen sowie einem eigenen Begriffsregister auf dem hinteren Vorsatz versehen. Viele der Bücher aus Kosellecks Bibliothek zeugen von wiederholten Lektüren über sechs Jahrzehnte hinweg.[132] Hinzu kamen, über die Jahre abgelagert, als Einlagen wiederum Zettel, Briefe oder Zeitungssauschnitte, die für ihn im Zusammenhang mit dem Buch standen. Im Nachlass finden sich Seminarunterlagen und Vorlesungsmanuskripte aus Heidelberg und Bielefeld, New York und Chicago, die studentischen Referate und die Fotokopien von behandelten Quellentexten, alles übersät mit handschriftlichen Notizen und Kommentaren. Kaum etwas wurde verworfen. Alles konnte potenziell als Beleg dienen.

Koselleck war deshalb und auch nach eigener Auskunft »ein sehr langsamer Schreiber«.[133] In einer Zeit, in der seine Zunftkollegen tausendseitige historische Meistererzählungen vorlegten, kaprizierte er sich neben der Lexikonarbeit auf schlanke, abstrakt gehaltene geschichtstheoretische Essays, an denen er oft ebenso lange feilte wie Nipperdey oder Wehler am nächsten Band ihrer deutschen Geschichten.[134] Mitte der 1970er Jahre begann Koselleck damit,

132 Laube, »Wissen und Memoria«, S. 94.

133 DLA Marbach, Siegfried-Unseld-Archiv (im Folgenden: SUA), Reinhart Koselleck an Siegfried Unseld, 6. 9. 1979.

134 Christian Meier berichtet, wie er über Jahre Koselleck freundschaftlich erinnern und ermahnen musste, um die schriftliche Fassung eines Konferenzbeitrags zu erhalten [»Erfahrungswandel und Methodenwechsel. Eine historisch-anthropologische Skizze«, in: *Historische Methode*, hg. v. Christian Meier und Jörn Rüsen (= Beiträge zur Historik, Bd. 5), München 1988, S. 13-61, wiederabgedr. in: ders., *Zeitschichten*, S. 27-77], einer seiner Schlüsseltexte. Koselleck hatte den Vortrag am 2. 11. 1984 in Bad Homburg gehalten, ein Jahr später diskutierte er auf Einladung von Jörn Rüsen den Vortrag noch einmal in Bochum – da wartete Meier bereits darauf, den Band an den Verlag zu schicken; alle anderen Beiträge lagen vor. Am 2. 1. 1986 erinnert Meier daran, dass Koselleck ihm die Abgabe des Manuskripts noch vor der Abreise nach Amerika versprochen hatte. Es folgen elf weitere Mahnbriefe, bis ihm Koselleck im März 1987 drei Viertel des Manuskripts sendet »als Unterpfand eines guten Willens«. Im Mai 1987

gekürzte Fassungen von Aufsätzen für Konferenzbände vorab als Zeitungsartikel im deutschsprachigen Feuilleton, vor allem in den Wochenendbeilagen der *Frankfurter Allgemeinen Zeitung* und der *Neuen Zürcher Zeitung*, später auch der *Süddeutschen Zeitung* zu veröffentlichen.[135] Das brachte mehr Publizität, aber auch zusätzliche Einnahmen für den Bielefelder Haushalt mit fünf Kindern. Nach einem oder zwei weiteren Jahrzehnten überarbeitete Koselleck diese verstreut publizierten Beiträge erneut für seine eigenen Aufsatzsammlungen, von denen nur zwei – *Vergangene Zukunft* (1979) und *Zeitschichten* (2000) – zu Lebzeiten herauskamen. Drei weitere erschienen posthum: *Begriffsgeschichten* (2006), noch von ihm selbst konzipiert, sowie *Vom Sinn und Unsinn der Geschichte* (2010) und *Geronnene Lava* (2023).

Nur im Rückblick wird erkennbar, wie fast alle diese Texte in verschiedenen Anläufen um eine zentrale Frage kreisten: Was sind die Bedingungen möglicher Geschichten? Koselleck sucht kategoriale Gegensatzpaare, die immer neue historische Erfahrungen hervortreiben. Was wir »die Geschichte« nennen, ist für ihn ein Strom aus Ereigniskatarakten, der von diesen formalen Gegensatzpaaren ausgelöst wird. Es gibt keine Vernunft der Geschichte oder eine wie auch immer geartete Hegelsche Theodizee oder Teleologie, also einen sich verwirklichenden Geist der Geschichte. Die Geschichte besitzt weder Sinn noch Richtung. Das analytische Netz, das Koselleck als Gerüst seiner Historik auswirft – die Gegensatzpaare früher/später, oben/unten, innen/außen –, bedingt aber auch die

folgte der vollständige Text. Der Band erschien 1988. DLA Marbach, A: Koselleck, Koselleck an Christian Meier, 29.3.1987, 11.5.1987. Siehe auch Reinhart Koselleck, »Arbeit am Besiegten«, in: *Zeitschrift für Ideengeschichte* 6 (2012), S. 5-10; Christian Meier, Stephan Schlak, »Vom Nutzen der Niederlage für den Historiker. Ein Gespräch«, ebd., S. 17-31.

135 Zwei frühe Beispiele: »Erfahrungsraum und Erwartungshorizont. Zwei historische Kategorien«, in: *Neue Zürcher Zeitung*, 24./25.1.1976; »Die Herausforderung der Mahnmale«, in: *Frankfurter Allgemeine Zeitung*, 13.11.1976. »Goethes unzeitgemäße Geschichte«, Kosellecks Festvortrag am 3.6.1993 auf der Jahrestagung der Goethe-Gesellschaft in Weimar, erschien zuerst gekürzt in der *Süddeutschen Zeitung* (28./29.8.1993), wurde dann (von Koselleck selbst eingesprochen) im September beim WDR als Rundfunkvortrag aufgenommen, abgedruckt im *Goethe-Jahrbuch* 110 (1993), S. 27-39, sowie fünf Jahre später als eigenes Buch beim Heidelberger Manutius Verlag verlegt und schließlich posthum erneut veröffentlicht in: *Vom Sinn und Unsinn der Geschichte.*

Geschichtsschreibung selber, wie er in »Erfahrungswandel und Methodenwechsel«, geschrieben Mitte der 1980er Jahre, zeigte.[136] Es ist ausschlaggebend für die Sehweise der Historiker, ob sie Zeitgenossen sind, also *früher* oder *später* geboren wurden, ob sie mithin Augenzeugen oder nur Nacherzähler von historischen Ereignissen sind, ob die Ereignisse für sie überraschend kamen oder ob sie deren Ergebnisse schon kannten, also das Geschehene ex post beschreiben. Sodann bestimmt die Perspektive der Historiker, ob sie von *oben* oder von *unten* auf die Ereignisse blicken, als triumphierende Sieger oder als unterlegene Besiegte eines Konfliktes. Und schließlich ist entscheidend, ob sie zu der politischen, sozialen, religiösen Handlungseinheit, deren Geschichte sie schreiben, gehören oder nicht, also ob sie sich nach *innen* mit ihr identifizieren oder sie von *außen* betrachten. Mehr noch als andere Wissenschaften zehrt die Historie davon, geschichtliche Erfahrungen aus prismatisch gebrochenen Perspektiven wahrzunehmen und erzählend auf den Begriff zu bringen.

Und doch holt die Sprache nicht alle Erfahrungen ein. Hierin liegt für Koselleck auch der entscheidende Unterschied zwischen seiner Historik und der Hermeneutik seines Lehrers Hans-Georg Gadamer, dessen 85. Geburtstag im Februar 1985 ihm Anlass gab, die bereits 1953 in dem Brief an Schmitt genannten Gegensatzpaare seiner »Geschichtsontologie« genauer zu umreißen. Es sind, nur scheinbar paradox, die vorsprachlichen Bedingungen aller möglichen Geschichten, die der Begriffshistoriker Koselleck abstrakt und theoretisch erfasst sehen will, um »die Geschichte« zu entideologisieren. Genau um diese »Ereignisse, Ereignisketten, Ereigniskatarakte, die sich der Sprache entziehen, auf die jedes Wort, jeder Satz, jede Rede nur noch reagieren kann«,[137] drehen sich seit den späten 1960er Jahren seine geschichtstheoretischen Überlegungen, entwickelt anhand von Quellen, die sich einer Begriffsgeschichte entziehen: Träume, Wahrnehmungen und vor allem und immer wieder: Bilder des gewaltsamen Todes.

136 Siehe unten, Kap. 2, S. 115-126.

137 Reinhart Koselleck, »Sprachwandel und Ereignisgeschichte«, in: *Merkur* 43 (1989), S. 657-673, hier S. 660.

Ikonologie des gewaltsamen Todes

Einige der innovativsten Essays Kosellecks beschäftigen sich mit der Gewaltgeschichte des 20. Jahrhunderts. Was ihn dabei besonders interessiert, sind die Grenzen des sprachlich Fassbaren: das Unsagbare, vielleicht auch Undarstellbare. Ein Beispiel ist der Aufsatz »Terror und Traum«, den Koselleck Anfang September 1979 auf einer Tagung von »Poetik und Hermeneutik« in Bad Homburg zur Diskussion stellte. Die Aussparung von Nationalsozialismus und Krieg, den alle Mitglieder der Forschungsgruppe prägend als Jugendliche oder junge Männer erlebt hatten, einige wenige als Verfolgte, die meisten als Soldaten oder Offiziere, gehörte zur stillen Geschäftsgrundlage der gemeinsamen Treffen. »So oder so steckte diese Vergangenheit allen in den Knochen. Über sie wurde jedoch nie gesprochen. Sie war tabu.«[138] Stattdessen waren Hans Robert Jauß und Thomas Luckmann, Hermann Lübbe und Wolfgang Iser, Dieter Henrich und Niklas Luhmann bestrebt, ihre eigenen Fächer zu modernisieren und so viel Abstand wie möglich zum »Dritten Reich« zu gewinnen. Mit seinem Vortrag zu Zeiterfahrungen im Nationalsozialismus durchbrach Koselleck dieses Tabu.

»Terror und Traum« diente später als Grundlage für Kosellecks Nachwort zur Neuauflage von Charlotte Beradts Buch *Das Dritte Reich des Traums* im Suhrkamp Verlag, die er bei Siegfried Unseld angeregt hatte. Die deutsch-jüdische Journalistin hatte ungefähr dreihundert Traumprotokolle von Berliner Freunden und Bekannten aus den ersten Jahren des »Dritten Reichs« vor dem Krieg und der Schoa in die Emigration geschmuggelt. In seinem in *Vergangene Zukunft* erschienenen Aufsatz mit dem Untertitel »Methodologische Anmerkungen zu Zeiterfahrungen im Dritten Reich« argumentiert Koselleck, dass die Träume wie kaum eine andere Quelle die vergangene Realität des »Dritten Reichs« einfangen. Denn die Träume sind vorsprachliche Zeugnisse des nationalsozialistischen Terrors *im Moment des Geschehens*; sie spiegeln nicht nur die Ängste und Demütigungen der vorangegangenen Tage und Wochen, sondern sind selbst eine Form des Terrors. In diesem Sinne antizipieren diese nächtlichen Traumbilder die aufziehende Gewalt genauer

138 Aleida Assmann, »Krieg in den Knochen. Die zwei Leben des Hans Robert Jauß«, in: *Zeitschrift für Ideengeschichte* 9 (2015), S. 121-124, hier S. 122.

als andere sprachliche Zeugnisse des »Tausendjährigen Reichs«. Sie zeugen vom Sog der nationalsozialistischen Erlösungs- und Vernichtungsutopie, die sich nach 1938/39 erfüllen sollte. Anders als die Träume aus den ersten Jahren des »Dritten Reichs«, die noch politische Wahrnehmungen und realistische Prognosen in Traumbildern verdichteten, führen die Träume in den Konzentrations- und Vernichtungslagern in eine letzte Zone des Unaussprechbaren, wie Koselleck am Beispiel von Jean Cayrols *Lazarus unter uns* zeigt. Gezwungen, einer tödlichen Wirklichkeit zu entfliehen, zeugen die bild- und handlungsarmen Träume aus den Lagern von »Anachronie«, also von der Aufhebung geschichtlicher Zeit. In diesem und anderen Aufsätzen zu Zeiterfahrungen im Nationalsozialismus stellt Koselleck die Frage, wie eine Historie nach Auschwitz möglich sei, die vor der abgründigen Sinnlosigkeit der Geschichte nicht die Augen verschließt.[139]

Das Unsagbare der Erfahrungen von Vernichtungskrieg und Schoah bildete auch den Fluchtpunkt von Kosellecks Überlegungen zur visuellen Darstellung des Massentods in der Moderne. Seit den 1970er Jahren sammelte er tausende Fotografien (oft von ihm selbst gemacht) von Kriegsdenkmälern in Europa und Nordamerika, die er für Aufsätze zur Ikonologie des gewaltsamen Todes verwendete. Den methodischen Ansatz der Ikonologie übernahm er von Erwin Panofsky, der wiederum hierzu auf Aby Warburgs Idee eines Bilderatlas zurückgriff, und von Max Imdahl, um ähnlich wie bei der Geschichte von Begriffen das Arsenal einmal gefundener Bild- und Pathosformeln zu inventarisieren.[140] Nur so

139 Siehe unten, Kap. 3, S. 151-179.

140 Interessanterweise hat Koselleck den von Imdahl in Weiterentwicklung Panofskys vorgeschlagenen Ansatz der »Ikonik« letztlich nicht übernommen. Imdahl verstand darunter ein »Verfahren phänomenaler Deskription«, das aus der dichten Bildbeschreibung heraus anderes erfasst als Ikonologie oder Ikonografie, etwa »Fragen der bildlichen Polysemie, der Zeitdarstellung sowie den bildgestifteten Anschauungszusammenhang von Kontingenz, Komposition und Providenz – eine Struktur, die gerade die Ereignisbilder Giottos auszeichnet und in der man eine Begründung der neuzeitlichen Bildkonzeption erblicken kann«. Max Imdahl, *Giotto. Arenafresken. Ikonographie, Ikonologie, Ikonik*, München 1980, S. 13 f. Allerdings gibt es von Koselleck ein sechsseitiges handschriftliches Vortragsmanuskript »Ikonik und Historik« (Münster, 1996). DDK – Bildarchiv Foto Marburg, Nachlass Koselleck, Kasten 47, Mappe 322. Siehe Adriana Markantonatos, »Reinhart Koselleck – Geschichtsdenken zwischen Bild und Text«,

ließen sich jenseits der politisch-sozialen Handlungsgemeinschaft und der situationsgebundenen Sinnstiftung, für die die Denkmäler errichtet wurden, gemeinsame diachrone und übernationale Signaturen erkennen. Wie die Begriffe enthalten auch die Bildformeln Wiederholungsstrukturen, die über den sozialen und politischen Entstehungszusammenhang hinausweisen. Nur wer die sich wiederholenden Bildformeln kennt, so auch hier Kosellecks Grundanliegen, sei in der Lage, die seltenen Innovationen zu erkennen, die wiederum auf präzedenzlose historische Zeitenbrüche verweisen.

Die formelhafte Kontinuität des politischen Totenkults im Zeitalter der Nationen lenkt die Aufmerksamkeit auf den historischen Bruch des von Deutschen im Zweiten Weltkrieg begangenen Massenmords. »Völlig ungelöst, vielleicht gar nicht lösbar ist die Frage, wie der Totenkult visualisiert werden kann, der sich auf die Erinnerung an die Millionen ermordeter Zivilisten konzentriert«, wie Koselleck in einem Vortrag zur Ikonologie deutscher und französischer Kriegsdenkmäler argumentiert, gehalten am Collège de France im Dezember 1994. »In der Steigerung der Tötungsweisen, bis hin zur Vergasung, ist ein geschichtlicher Qualitätssprung enthalten. Nicht mehr die angesonnene oder freiwillig übernommene Bereitschaft zum Tode, zum Tode für das Vaterland, der auf Gegenseitigkeit beruhte, leitete das Handeln. An seine Stelle trat das gewollte, geplante und bewußte Vernichten, der staatlich gesteuerte Mord, der Mord an zivilistischen Nachbarn, indem sie zu Unmenschen deklassiert und demgemäß ›vertilgt‹ und deren Leichen zum Verschwinden gebracht wurden.«[141]

Insofern fällt für Koselleck der von Deutschen begangene Massenmord aus der Gleichförmigkeit des politischen Totenkults in der Moderne heraus, die nur selten durch überraschende Innovation durchbrochen wurde. Ungeachtet nationaler Unterschiede in der Bildsprache sei die Botschaft der Kriegsdenkmäler überall ähnlich, was immer auch der Anlass gewesen sein mag, aus dem sie errichtet wurden. Nicht das sinnlose Sterben, sondern der sinnstiftende Opfertod, das »Sterben für« stehe im Zentrum der Kriegsdenkmäler: Sie behaupten, an die Toten zu erinnern, werden aber errichtet von

in: Bettina Brandt, Britta Hochkirchen (Hg.), *Reinhart Koselleck und das Bild*, Bielefeld 2021, S. 185-215.

141 Reinhart Koselleck, *Zur politischen Ikonologie des gewaltsamen Todes. Ein deutsch-französischer Vergleich*, Basel 1998, S. 49 f.

den und für die Überlebenden, als Sinnstiftung für die soziale und politische Identität, die Sieger oder Besiegte in die Zukunft verlängern wollen.[142] Diese gestifteten Identitäten verlieren über die Zeit an Bedeutung, weshalb sich auch die Botschaft der meisten Kriegsdenkmäler für nachfolgende Generationen nicht mehr erschließt oder ganz abgelehnt wird, bis hin zum Denkmalsturz. Nur jene intimeren Denkmäler überdauern, die Tod und Trauer selber in das Blickfeld rücken – ohne soziale und politische Sinnzumutung.

An welche Denkmäler hat Koselleck hier gedacht? In der Einleitung zum Sammelband *Der politische Totenkult*, erschienen 1994, die auf wenige Seiten verdichtet eine Zwischenbilanz seiner Überlegungen zum Thema zieht, erwähnt er als eine solche Ausnahme Wilhelm Lehmbrucks *Der Gestürzte* von 1915/16, gerade weil die Skulptur in ihrer nackten Gestalt auf keine nationale Zugehörigkeit verweist. Lehmbrucks gebeugte, auf Hände und Knien gestützte Figur kann als ein Verwundeter, als ein Sterbender oder als ein Trauernder verstanden werden. Die Frage, wofür gestorben wurde, stellt sich nicht. Die Einsicht in die Sinnlosigkeit des Massensterbens ermöglicht die Trauer um alle Toten, nicht nur die eigenen. Ossip Zadkines für Rotterdam geschaffene Bronzeplastik *Die zerstörte Stadt* (1953) eines »die Arme in den Himmel hinaufwerfenden zerrissenen Körpers« rückt ebenfalls das sinnlose Sterben selbst ins Zentrum, »jenen zernichteten Menschen, dessen Todesverzweiflung im Vollzug des Sterbens erstarrt«.[143] Diese Denkmäler zwingen zur Reflexion, sie verweigern beides: Sinnstiftung und Sinnfindung. Vielmehr wird, so Koselleck, die Frage nach dem Sinn des gewaltsamen Todes selbst in Frage gestellt. Diese Totenmale sprechen zu uns, weil sie die vergangenen politischen Sinnstiftungen des Opfertods übergehen. Sie erinnern daran, dass Tod und Trauer auch Teil unseres Lebens sind.

Koselleck nennt als weitere Beispiele das Vietnam Veterans Me-

142 Reinhart Koselleck, »Einleitung«, in: ders., Michael Jeismann (Hg.), *Der politische Totenkult. Kriegerdenkmäler in der Moderne*, München 1994, S. 9-20, hier S. 10. Siehe auch Koselleck, »Die Transformation der politischen Totenmale im 20. Jahrhundert«, in: Ralph Jessen u. a. (Hg.), *Zeitgeschichte als Streitgeschichte. Große Kontroversen nach 1945*, München 2003, S. 205-228.

143 Familienarchiv Koselleck (jetzt DLA Marbach), Reinhart Koselleck, unveröffentlichtes Interview mit Carsten Dutt, o. D. [2003], 8 Bl., hier Bl. 4; Koselleck, »Einleitung«, in: ders., Jeismann (Hg.), *Der politische Totenkult*, S. 18.

morial (1981/82), mit der schlichten schwarzen Granitmauer, die die Namen aller im Vietnamkrieg gefallenen oder vermissten US-Soldaten aufführt (»beider Geschlechter«, also auch der Soldatinnen, wie Koselleck hervorhebt), entworfen von der zwanzigjährigen Architekturstudentin Maya Lin. Diese Listen von Gefallenen seien Ausdruck der »Demokratisierung des Todes« seit den Napoleonischen Kriegen. »Aber der Schnitt in die Erde verweist ebenso auf die verschwundenen Leichen, so daß die Granitwand zur Klagemauer wird, vor der Millionen ihren privaten Trauerkult pflegen. Zugleich aber weist die schwarze Mauer den Betrachter auf sich selbst zurück. Denn sie ist so glatt geschliffen, daß sich jeder Überlebende spiegelbildlich dort wiederfindet, wo die Toten nur mehr als Namen erinnert werden. Die Reflexion, keine Botschaft ist das Thema des Denkmals.«[144]

Auch Käthe Kollwitz' *Trauernde Eltern* (1932) zieht den Betrachter in die Lücke zwischen die beiden einsamen, in Trauer versteinerten Figuren und verweist so auf den »entschwundenen Leichnam« ihres achtzehnjährigen Sohnes Peter, der als Infanterist in seinem ersten Gefechtseinsatz im Oktober 1914 in Westflandern sein Leben ließ. Der andere Sohn, Hans Kollwitz, überlebte den Ersten Weltkrieg, wurde später Arzt und nannte seinen 1921 geborenen Sohn Peter, der wiederum 1942 in Russland fiel. Das Denkmal wurde zuerst auf einem der deutschen Soldatenfriedhöfe in Flandern errichtet, die Koselleck später mit Notizbuch und Fotoapparat abwanderte. Ende der 1950er Jahre wurde eine Kopie – die Figur des Vaters ausgeführt von Joseph Beuys, die der Mutter von Erwin Heerich, beide seinerzeit Meisterschüler bei Ewald Mataré – in der Ruine der Kölner Kirche St. Alban aufgestellt, wo sie noch immer wie für sich steht, für Besucher nur durch ein Gitter von der Straße aus erkennbar.[145]

So gelungen die genannten Beispiele von Denkmälern für das Massensterben im 20. Jahrhundert sein mögen, so erfassen sie doch nicht den »geschichtlichen Qualitätssprung« der von Deutschen im Zweiten Weltkrieg begangenen Verbrechen, der »Steigerung der Tötungsweisen bis hin zur Vergasung«, in ihrer Mischung aus

144 Ebd., S. 19.

145 Siehe Sonja Körffer u. a. »Dokumentation zur Aufstellung der Trauernden Eltern in St. Alban, Köln«, in: *Käthe Kollwitz: Die trauernden Eltern. Ein Mahnmal für des Frieden*, hg. v. Hannelore Fischer, Käthe Kollwitz Museum Köln 1999, S. 125-131.

technisch-bürokratischer Perfektion und ideologischer Verblendung, wie Koselleck 1994 schreibt, für die es keinen Sieg mehr gab, sondern »nur noch den ›Endsieg‹, – eine apokalyptische Sicht in säkularem Gewand«.[146] Koselleck katalogisierte in seinem umfangreichen Bildarchiv auch frühzeitig die in den 1980er und 1990er Jahren weltweit entstehenden Holocaust-Denkmäler. Nur wenige Künstler ließen dabei, wie er kritisch anmerkt, die überkommenen Aussagen und Bildformeln hinter sich, um »die Wende unserer eigenen Erfahrung zu visualisieren«. Die obsessive Beschäftigung mit Darstellungen des gewaltsamen Todes hat mit seiner eigenen Suche nach einem Ausweg aus der Sprachlosigkeit zu tun, die das sinnentleerte Massensterben hinterließ. Nur die Kunst, so Koselleck, könne einen schmalen Ausweg aus der Sprachlosigkeit öffnen; »sie allein kann versinnbildlichen, was nicht mehr sagbar ist«.[147] Hier forderte er von der Kunst ein, wofür ihm selbst die Worte fehlten. Auch in seinen späten autobiografischen Texten – etwa dem erwähnten Text »Das apokalyptische Pferd« – nähert er sich der Gewalt abstrakt und allegorisch.

Koselleck überlebte den Krieg zufällig, aber auch aufgrund seiner sozialen Herkunft. Ohne den berühmten Pathologen in der Familie hätte ihm der Lagerarzt in Karaganda womöglich nicht das Leben gerettet. Im Aufsatz »Erinnerungsschleusen und Erfahrungsschichten«, erstmals vorgetragen 1984 in Warschau auf einer Tagung der Polnischen Akademie der Wissenschaften, die den Vergleich der beiden Weltkriege zum Thema hatte, analysiert Koselleck daher genau, wie Kriegserfahrungen durch soziale und kulturelle Vorbedingungen strukturiert werden.[148] Das Sterben im Krieg ist vorhersehbar, nicht unbedingt aber, wer überlebt. Kosellecks scharfe Kritik an moralischer Selbstverblendung, von »Hypokrisie«, war selbst zutiefst moralistisch, wie es oft der Fall ist. *Kritik und Krise* setzte hierfür den leidenschaftlichen, antiideologischen Grundton, der sich durch alle seine Texte zur Geschichtstheorie zieht, die an den entscheidenden Stellen, besonders seit den 1979 erschienenen Aufsätzen »Kriegerdenkmale als Identitätsstiftungen der Überle-

146 Koselleck, »Einleitung«, in: ders., Jeismann (Hg.), *Der politische Totenkult*, S. 19.

147 Ebd., S. 20.

148 Reinhart Koselleck, »Erinnerungsschleusen und Erfahrungsschichten. Der Einfluß der beiden Weltkriege auf das soziale Bewußtsein«, in: ders., *Zeitschichten. Studien zur Historik*, Frankfurt/M. 2000, S. 265-286.

benden« und »Terror und Traum«, auf Nationalsozialismus und Vernichtungskrieg zu sprechen kommen.

Im Denkmalstreit

Einen besonders polemischen Klang besaßen deshalb auch Kosellecks Äußerungen zu Fragen von Trauer und Erinnerung, mit denen er sich nach 1990 gegen die umstrittene Geschichtspolitik der Berliner Republik wandte. Er nahm an den öffentlichen Debatten um die Neue Wache und das Holocaust-Mahnmal teil. Ohne Erfolg, muss man sagen, denn seine Kritik richtete sich unzeitgemäß gegen alle Lager: gegen die konservative Erinnerungspolitik Helmut Kohls, der ohne öffentliche Ausschreibung verordnete, die Neue Wache zur zentralen Gedenkstätte der Bundesrepublik für alle »Opfer von Krieg und Gewaltherrschaft« zu verwandeln, aber auch gegen die Absicht der Mitglieder des privaten Förderkreises, ein Denkmal für die ermordeten Juden Europas zu errichten und es zum eigentlichen zentralen Erinnerungsort in der neuen Mitte der »Berliner Republik« zu machen – was es heute für Besucher und Staatsgäste ist. Dass der promovierte Historiker Kohl die Geschichte hemdsärmelig für seine parteipolitischen Zwecke nutzte, stieß Koselleck besonders ab. Im Herbst 1994 unterzeichnete er einen Protestbrief, der verhinderte, dass der Kanzler und CDU-Spitzenkandidat vierzehn Tage vor der Bundestagswahl auf dem Deutschen Historikertag den Eröffnungsvortrag hielt.[149]

In den Interventionen im Denkmalstreit kommt Koselleck zurück auf seine Überlegungen aus den 1970er und 1980er Jahren zum politischen Totenkult und seine These einer »Demokratisierung des Todes«. Die Erinnerung an die Gefallenen, als Einzelne oder als Gruppe, habe die Ruhmesdenkmäler für Monarchen oder Generäle ersetzt. An die Stelle des Reiterdenkmals für die herausgehobene Herrscherfigur tritt das Massensterben für die Nation. Diese soziale Demokratisierung beruhe auf der scharfen Teilung zwischen innen und außen, zwischen »unseren« Toten und den »anderen«, die nicht zu der Handlungseinheit gehören, der durch den politischen Toten-

149 Reinhart Koselleck, »Leipziger Zweierlei. Feststellungen zum Protest gegen die Kanzlerrede vor den Historikern«, in: *Frankfurter Allgemeine Zeitung*, 23.9.1994.

kult Sinn injiziert werden soll. Die Toten sind nicht gleich, sondern werden nach politischen Kriterien kategorisiert und zugeordnet, in einem Märtyrer- und Opferkult der Nation oder Revolution. Für Koselleck lag die moralische und ästhetische Herausforderung eines Denkmals für den sinnlosen Massenmord darin, dass die Täternation nicht einfach in diesen politisch geteilten Opfer- und Märtyrerkult der Vorkriegszeit zurückfallen könne. Während die jüdischen Überlebenden allein der eigenen Opfer gedenken könnten, sollte die Täternation, so Kosellecks provokante Forderung, sich zu ihren Taten bekennen und die sinnlose Absurdität des Massensterbens erinnern.

Anfang der 1990er Jahre zeigte Koselleck sich empört über Kohls Idee, die kleine und intime Plastik einer Mutter, die den gefallenen Sohn in den Armen hält, mit der Käthe Kollwitz 1937 erneut an ihren als Kriegsfreiwilligen gefallenen jüngsten Sohn Peter erinnert, in Schinkels Neuer Wache zum Totenmal der vereinigten Bundesrepublik zu machen.[150] Leidenschaftlich zeigte er auf, wen die Bildsprache der Trauerstätte vom Totengedenken ausschloss. Wie soll eine – klar christlich konnotierte – Pietà an die ermordeten Juden Europas erinnern? Und ist die Trennung, die nach dem Ersten Weltkrieg noch möglich schien, zwischen toten Söhnen und überlebenden Müttern, zwischen Gefallenen und Trauernden nach dem Zweiten, zu dessen Opfern nicht zuletzt Millionen Zivilisten, Frauen und Kinder gehörten, nicht geschichtsverzerrend? Bleibt die Kollwitz-Pietà also nicht nur ästhetisch in den 1930er Jahren?

Kosellecks Zorn richtete sich auch gegen die von Kohl selbstherrlich gewählte Widmung der Neuen Wache. »Den Opfern von Krieg und Gewaltherrschaft«, eine erinnerungspolitische Formel der Bonner Republik aufgreifend, verwandele, so Koselleck, Weltkrieg und Holocaust, aber auch die totale Herrschaft von Nationalsozialismus und Stalinismus in eine reine (deutsche) Opfergeschichte ohne Täter. Aber müsse der zentrale Erinnerungsort der Bundesrepublik nicht auch der Tat und der Täter gedenken?[151]

150 Reinhart Koselleck, »Stellen uns die Toten einen Termin? Die vorgesehene Gestaltung der Neuen Wache wird denen nicht gerecht, deren es zu gedenken gilt«, in: *Frankfurter Allgemeine Zeitung*, 23.8.1993.

151 Ulrich Schmidt, »Als Denkmal unangemessen. Ein Gespräch mit Reinhart Koselleck über den Streit um die Neue Wache«, in: *Süddeutsche Zeitung*, 20.10.1993. Koselleck, »Stellen uns die Toten einen Termin?«; Andrea Seibel,

Koselleck schlug stattdessen eine Widmung vor, die nicht alles unter dem politisch bequemen Opferbegriff summierte: »Den Toten – gefallen, ermordet, vergast, umgekommen, vermißt.« Nicht der Opferstatus, sondern das Sterben selbst sollte erinnert werden – ein ebenso problematischer Vorschlag, da so der gefallenen Wehrmachtssoldaten und der ermordeten Juden an einem gemeinsamen Ort gedacht worden wäre.[152]

Ganz ähnlich argumentierte Koselleck einige Jahre später gegen die Widmung des »Denkmals für die ermordeten Juden Europas«, da sie die anderen im nationalsozialistischen Vernichtungskrieg und Genozid ermordeten Gruppen und Völker von der Erinnerung ausschloss. Anders als bei der Neuen Wache fand – verspätet – ab 1996 eine öffentliche Debatte über die Denkmalspläne statt, an der sich Koselleck aktiv beteiligte. Schließlich wurden hier genau die Fragen diskutiert, die seine Studien zur politischen Ikonologie des gewaltsamen Todes motivierten. Auf einem der öffentlichen Berliner Denkmal-Kolloquien im Februar 1997 brachte er seine Argumente vor. »Es sei ein Unterschied«, so Koselleck laut Sitzungsprotokoll, »ob die Opfer sich ein Denkmal errichteten oder ob die Täter ein Denkmal für die von ihnen umgebrachten Opfer bauten«. Wenn die Täternation ein Denkmal errichte, dann dürften andere Opfergruppen (Koselleck nennt beispielhaft die sowjetischen Kriegsgefangenen sowie die Sinti und Roma) nicht ausgeschlossen werden. »Denn erst die gesamte Zahl der vernichteten Menschen offenbare den wirklichen Umfang der deutschen Verbrechen; daher ein

Siegfried Weichlein, »Mies, medioker und provinziell. Der Historiker Reinhart Koselleck kritisiert die Gestaltung der ›Neuen Wache‹ als nationale Gedenkstätte der Deutschen«, in: *Die Tageszeitung*, 13.11.1993. Ernst Nolte störte sich an Kosellecks Insistieren auf der deutschen Täterschaft. Siehe Nolte, »Es war die Schuld von Ideologiestaaten«, in: *Frankfurter Allgemeine Zeitung*, 2.9.1993. Siehe auch Olsen, *History in the Plural*, S. 269-301, sowie Martin Nebelin, »Ikonologische Kämpfe. Reinhart Koselleck im Denkmalstreit«, in: Hubert Locher, Adriana Markantonatos (Hg.), *Reinhart Koselleck und die Politische Ikonologie*, Berlin 2013, S. 54-69.

152 Die Betonung der Formen des Sterbens, nicht unbedingt die gewählte Ästhetik, überzeugte Koselleck auch an Alfred Hrdlickas Mahnmal gegen Krieg und Faschismus am Albertina-Platz in Wien. Markus Wailand, »Reflexion und Heimatkunde. Der Historiker Reinhart Koselleck im Gespräch über die Unmöglichkeit, nach Auschwitz Denkmäler zu errichten«, in: *Falter. Die Wochenzeitung aus Wien* 14 (1997), S. 62 f.

Denkmal für alle Opfer, ansonsten bleibe der Vorwurf der Hierarchisierung.«[153] In der Diskussion wurden Kosellecks Argumente von der Politik als nicht realisierbar (Rita Süssmuth) und vom Kreis der Initiatoren als gegenläufig zur denkmalpolitischen Absicht abgelehnt (Lea Rosh): Es sei immer nur um ein Denkmal für die ermordeten Juden Europas gegangen.

Koselleck sah hier voraus, dass als logische Folge auch alle anderen Ermordeten eigene Denkmäler in räumlicher Nähe zum zentralen Gedenkort des Holocaust-Denkmals erhalten müssten, was im Fall der ermordeten Sinti und Roma verspätet 2012 auch geschah. An die dreieinhalb Millionen sowjetischen Soldaten, die in deutscher Kriegsgefangenschaft ums Leben kamen, erinnert bis heute kein Denkmal in Berlins Mitte (oder in Russland), sie fallen erinnerungspolitisch durch alle Opferraster.[154] Anstelle eines zentralen Denkmals der Bundesrepublik, das aller im Nationalsozialismus und Weltkrieg Ermordeten gedenkt, ist die Erinnerungslandschaft in und um den Berliner Tiergarten aufgeteilt in verstreute Denkmäler unterschiedlicher Größe für verschiedene, aber eben nicht alle Opfergruppen: eine negative Siegesallee, die zusammen

153 Ute Heimrod u.a. (Hg.), *Der Denkmalstreit – das Denkmal? Die Debatte um das ›Denkmal für die ermordeten Juden Europas‹. Eine Dokumentation*, Berlin 1999, S. 674. Ganz ähnlich argumentierte wenige Monate später auch Christian Meier, »Der konsequente Aberwitz geteilten Gedenkens. Wenn generalisierbare Opferformeln versagen: Zum Problem des Berliner ›Denkmals für die ermordeten Juden Europas‹«, in: *Frankfurter Allgemeine Zeitung*, 25.7.1997; Michael Jeismann (Hg.), *Mahnmal Mitte. Eine Kontroverse*, Köln 1999; so auch Reinhart Koselleck, »Wer darf vergessen werden? Das Holocaust-Mahnmal hierarchisiert die Opfer. Die falsche Ungeduld«, in: *Die Zeit*, 19.3.1998. Siehe Kosellecks andere öffentliche Stellungnahmen: »›Denkmäler sind Stolpersteine‹: Der Historiker Reinhart Koselleck zur neu entbrannten Debatte um das geplante Berliner Holocaust-Mahnmal«, in: *Der Spiegel*, 2.2.1997, Nr. 9, S. 190-192; ders., »Vier Minuten für die Ewigkeit«, in: *Frankfurter Allgemeine Zeitung*, 9.1.1997; ders., »Erschlichener Rollentausch. Das Holocaust-Denkmal im Täterland«, in: *Frankfurter Allgemeine Zeitung*, 4.9.1997; ders., »Die Widmung. Es geht um die Totalität des Terrors«, *Frankfurter Allgemeine Zeitung*, 3.3.1999. Koselleck kam auch nach dem Bau des Denkmals immer wieder auf seine Einwände zurück. Siehe Esch, »Ich war weder Opfer noch befreit«.

154 Koselleck, »Wer darf vergessen werden?«. Siehe auch Sabine R. Arnold, *Stalingrad im sowjetischen Gedächtnis. Kriegserinnerung und Geschichtsbild im totalitären Staat*, Bochum 1998. Die von Koselleck betreute Bielefelder Dissertation beruht unter anderem auf Interviews mit sowjetischen Veteranen.

mit den privat errichteten Kreuzen für die Mauertoten und dem sowjetischen Panzerdenkmal in Sichtweite des Brandenburger Tors auf engstem Raum und chaotisch ungeplant den Besuchern die Schwierigkeiten vor Augen führt, an die deutsche Geschichte im 20. Jahrhundert zu erinnern.

Mehrfach unterstellt Koselleck in seinen Interventionen, der Kanzler (den er als Geschichtsstudenten aus Heidelberg kannte) habe in einer Art »Tauschhandel« Ignatz Bubis, dem Vorsitzenden des Zentralrats der Juden in Deutschland, das Holocaust-Denkmal allein für die jüdischen Opfer versprochen, um die Kritik an seinen Gestaltungsplänen für die Neue Wache zu entkräften, einschließlich der umstrittenen Widmung. Gegen die Verwischung von Opfern und Tätern formuliert er eine scharfe Alternative: Entweder errichtet die Bundesrepublik als Täternation ein Denkmal zur Erinnerung an eine Opfergruppe, an die ermordeten Juden Europas, unter Einbeziehung der jüdischen Gemeinschaft: ein Mahnmal für die jüdischen Opfer. Oder Kohl, das Land Berlin und der Förderkreis ringen sich dazu durch, ein Denkmal zu errichten, das »an die Tat erinnert und die Täterschaft einklagt«, also ein »Täterdenkmal«, das an den von Deutschen begangenen Massenmord erinnert, denn alle »Opfergruppen wurden von demselben System ausgelöscht«.[155]

Für Koselleck zeitigte diese politische Uneindeutigkeit auch ästhetische Konsequenzen am vorgesehenen Ort für das Denkmal, denn »der platzfüllende und dichtgedrängte Stelenwald von Serra und Eisenman sucht auf dem vorgegebenen Viereck ein Maximum an Masse zu visualisieren«. Damit bleibe das Projekt aber hinter einmal gefundenen ästhetischen Lösungen zurück, etwa der Anfang der 1960er Jahre in Treblinka errichteten Gedenkanlage, die Koselleck im November 1996 besuchte und auch fotografierte. Anders als in Auschwitz gab es von dem Vernichtungslager Treblinka kaum materielle Spuren. Adam Haupt und Franciszek Duszeńko hatten auf der Waldlichtung um den vermuteten Standort der Gaskammern herum 16 000 namenlose Grabsteine aus Granit angeordnet (*Abb.* 21). »Sie haben nur menschliche Ausmaße, aber ihre gezielt verteilte, durch verschieden große Abstände geprägte Aufstellung verhindert, daß je ein einziger Blick alle Steine zugleich erfassen kann – die Grenzenlosigkeit der Trauer und die Uneinholbarkeit

155 Koselleck, »Wer darf vergessen werden?«.

der 800 000 Toten apostrophierend. Daran gemessen ist das jetzt favorisierte Projekt zweitrangig. Wie bereits in der Neuen Wache vorgeführt, zeitigt die eine Fehlentscheidung die nächste: Sie entlarvt sich ästhetisch von selbst. Der Aufmarsch der betonierten und wie überlange Gardesoldaten ausgerichteten Stelen erschlägt jeden Betrachter. Trauer – sollte sie denn gesucht werden, wird erstickt.«[156]

Koselleck forderte zu Recht, dass die Frage, welches zentrale Denkmal das vereinte Deutschland zur Erinnerung an Nationalsozialismus und Zweiten Weltkrieg errichten sollte, im Bundestag diskutiert und dort entschieden werden müsse, wie es dann aufgrund des öffentlichen Drucks auch geschah. Zuvor hatte Kohl »von oben« die Gestaltung der Neuen Wache oktroyiert, während sich der Förderkreis des Holocaust-Denkmals, also einer privaten Initiative »von unten«, hinter verschlossenen Türen mit der Politik und dem Zentralrat abstimmte. So wie alle Debatten über eine (vom Grundgesetz für den Fall der Wiedervereinigung rechtlich vorgesehene) neue Verfassung nach 1990 verworfen wurden, so setzten sich auch in der Erinnerungspolitik die Konflikte und Kompromisse aus der alten Bundesrepublik zunächst einfach fort, so als habe sich die Welt nach Mauerfall und Ende des Kalten Krieges nicht geändert. Dass die leere Mitte zwischen Brandenburger Tor und Potsdamer Platz auch erinnerungspolitisch eine verminte Brache darstellte, wurde erst im Denkmalstreit der 1990er Jahre klar.

Koselleck sollte damit Recht behalten, dass die Errichtung eines Denkmals für die ermordeten Juden Europas auch Denkmäler für die anderen Opfergruppen politisch nach sich ziehen musste. Die Art, wie er seine Kritik vorbrachte, war aber ungewöhnlich scharf, persönlich und sarkastisch. Sie richtete sich gegen alle beteiligten Akteure, auch gegen Bubis, der im April 1998 die Unterstellung, er habe mit Kohl einen erinnerungspolitischen Tauschhandel vereinbart, empört zurückwies.[157] Auf diesen »Handel« kommt Koselleck ein Jahr später erneut zurück in einem Heidelberger Vortrag am 27. Januar 1999, ausgerechnet zum Tag des Gedenkens an die Opfer des Nationalsozialismus. »Gut, erhalten die Deutschen ihre Kollwitz, dann bekommen die Juden ihren sogenannten Fußball-

156 Ebd.

157 Ignatz Bubis, »Holocaust-Mahnmal: Eine Replik auf Reinhart Koselleck. Wer ist hier intolerant?«, in: *Die Zeit*, 2. 4. 1998.

platz zwischen Brandenburger Tor und Hitlers Bunker. Das war ein Handel, der plötzlich legalisiert wurde.«[158] Ganz abgesehen davon, dass »die Juden« gar kein Denkmal in der deutschen Hauptstadt gefordert hatten, worauf auch Bubis hingewiesen hatte, irritiert die heftige und hemdsärmelige Tonlage von Kosellecks Vortrag. Anders als bei ihm üblich, hat er den auf Tonband mitgeschnittenen Vortrag für die in der *Deutschen Zeitschrift für Philosophie* veröffentlichte Fassung nicht noch einmal sprachlich überarbeitet. Der saloppe, ungeschützte Ton des gesprochenen Wortes, der etwa Hannah Arendts umstrittene Argumente aus *Eichmann in Jerusalem* (1963) darauf zuspitzte, der Prozess sei seinerzeit zur »ex post-Selbstlegitimation rechtsorientierter Israelis zionistischer Herkunft« geführt worden, aber auch der exzentrische Vorschlag eines »Tätermals« führten zu einem Eklat. Erbost ließ der israelische Philosoph Shlomo Avineri daraufhin Jürgen Habermas wissen, dass er dem wissenschaftlichen Beirat der Zeitschrift nicht mehr angehören will. Der Herausgeber Axel Honneth bat daraufhin den Jerusalemer Ideenhistoriker Gabriel Motzkin um eine Replik, auf die Koselleck wiederum nicht antworten durfte.[159]

Motzkin, der mit Koselleck freundschaftlich verbunden war und über dessen intuitives Begreifen historischer Zeiten einen luziden Essay geschrieben hatte, sein Werk also gut kannte, weist in der Replik nicht nur Kosellecks Wendung der Primärerfahrung gegen die nur »sekundäre« Erinnerung zurück. Wenn eine neue Generation sich mehr mit den jüdischen Opfern als negativ mit den deutschen Tätern und ihren Taten identifiziere, dann sei diese Position in der Gegenwart nicht weniger legitim und moralisch verantwortungsvoll als Kosellecks Insistieren auf der eigenen Erfahrung der Sinnlosigkeit des Massensterbens.[160] Die von Koselleck im Vortragstitel angesprochene Diskontinuität der Erinnerung ist für Motzkin in

158 Reinhart Koselleck, »Die Diskontinuität der Erinnerung«, in: *Deutsche Zeitschrift für Philosophie* 47 (1999), S. 213-222, hier S. 221.

159 Korrespondenz des Verf. mit Gabriel Motzkin, 15.3.2021 und 21.3.2021, sowie mit Axel Honneth, 16.4.2021, und Jürgen Habermas, 9.7.2022.

160 Gabriel Motzkin, »On Koselleck's Intuition of Time in History«, in: Hartmut Lehmann, Melvin Richter (Hg.), *The Meaning of Historical Terms and Concepts. New Studies in* Begriffsgeschichte, Washington, D.C. 1996, S. 41-46; ders., »Über den Begriff der geschichtlichen (Dis-)Kontinuität: Reinhart Kosellecks Konstruktion der ›Sattelzeit‹«, in: Joas, Vogt (Hg.), *Begriffene Geschichte*, S. 339-358.

erster Linie der Bruch, der die Kriegsgeneration von ihren Kindern und Enkeln trennt. Die Frage nach der Diskontinuität der Erinnerung wird psychologisch interpretiert als ein doppelter Verrat, den Kosellecks Generation für sich reklamiere: erst die Erfahrung, von Hitler verraten und an Auschwitz mitschuldig zu sein, sodann der Verrat der Nachgeborenen, denen diese Erfahrungen nicht als Erinnerungen weitergeben werden könnten. »Die Erfahrung, verraten worden zu sein, war für das Selbstverständnis der Deutschen der Nachkriegszeit fundamental«, schreibt Motzkin. Koselleck notierte wütend an den Rand in sein Exemplar des Sonderdrucks: »nie für mich«.[161]

»Trauer ist nicht teilbar«, wie Koselleck seine Position im Berliner Denkmalstreit zusammenfasste. Das bedeutete auch, dass für ihn der Ermordeten eben nicht nach den von der SS verwendeten Kategorien gedacht werden sollte. Und die Deutschen sollten auch der eigenen Toten gedenken, ohne in die Rolle der Opfer zu schlüpfen, der Täter genauso wie der Zivilisten, die bei den Bombenangriffen oder auf der Flucht vor der Roten Armee im deutschen Osten ums Leben kamen, die Mehrheit von ihnen Frauen. In einem zu Lebzeiten unveröffentlichten Gespräch aus dem November 2005, seinem letzten Interview, weist er den Vorwurf zurück, bei dieser Forderung handele es sich um eine Form des Geschichtsrevisionismus. Koselleck verweist darauf, er habe die Oder-Neiße-Grenze bereits 1972 mit der Unterzeichnung der »Erklärung zur Ostpolitik« anerkannt, was angesichts der in Schlesien verankerten Familiengeschichte und der eigenen Kindheitsjahre in Breslau nicht einfach gewesen sei.[162] Im Privaten werde der Toten des Weltkriegs, wie verschieden sie auch ums Leben kamen – im Falle der Familie Koselleck im Luftschutzkeller des Elternhauses in Saarbrücken oder an der Front in Ostpreußen (die beiden Brüder), 1940 in der

161 DLA Marbach, A: Koselleck, Konvolut Dokumente zum Aufsatz »Die Diskontinuität der Erinnerung«, Gabriel Motzkin, »Moralische Antwort und Diskontinuität der Erinnerung«, in: *Deutsche Zeitschrift für Philosophie* 6 (1999), S. 1023-1031, Sonderdruck mit handschriftl. Anstreichungen und Anmerkungen Kosellecks.

162 Michael Jeismann, »Tränen sind nicht aus Blei. Mit dem Zeitzeugen und Historiker Reinhart Koselleck durch die Ausstellung ›Flucht, Vertreibung, Integration‹ im Bonner Haus der Geschichte«, in: *Frankfurter Allgemeine Zeitung*, 5. 12. 2005.

NS-Euthanasie-Aktion oder in den letzten Tagen des Krieges auf der Flucht vor der Roten Armee (eine Schwester der Mutter, drei Tanten des Vaters) –, an Geburts- und Todestagen gedacht, für sie wurden auch Orte des Gedenkens geschaffen.[163] Die Trauer um die Toten solle nicht politisch verordnet oder verwehrt werden. »Aus der Trauer um die Toten entstehen Verglasungen, die ich auch in meiner eigenen Familie erlebt habe. Das ist ein Element der Selbstwahrung, der eigenen Persönlichkeit, der Familie oder der Gruppe, in der man lebt. Und das sollte man sich nicht ausreden lassen.«[164] Das schloss für Koselleck auch die Erinnerung an die Täter ein, die mordeten und selbst ihr Leben für eine amoralische und abgründige Sache gaben, also keineswegs »Opfer« waren, wie es Hitler 1943 für die 6. Armee reklamierte. Gerade weil in der nationalsozialistischen Erlösungsideologie der Opfertod zentral war, wandelte sich nach 1945 die Bedeutung des Opferbegriffs im politischen Sprachgebrauch grundlegend, vom aktiven Opfertod für die Nation zum passiven Erleiden von staatlich organisierter Gewalt, vom »Opfer für« zum »Opfer von« – eine semantische Umbesetzung, der Kohl mit der Neugestaltung der Neuen Wache ein Denkmal setzte.

Für Koselleck, so lässt sich seine in den deutschen Erinnerungsdebatten der 1990er Jahre einsame Position vielleicht zusammenfassen, ging es darum zu verhindern, dass sich das Täterland diese schleichende Transformation des Opferbegriffs erinnerungspolitisch zu eigen macht und so nicht nur die Pluralität der Opfer, sondern auch die Motivation der Täter, ihre utopische Verblendung, ins Vergessen rutscht. Diese Prognose Kosellecks scheint sich nicht erfüllt zu haben. Es ist gerade die *damnatio memoriae* der Täter, ihr Ausschluss aus der Denkmallandschaft zwischen Reichstag und Potsdamer Platz, die das Abgründige ihrer Täterschaft für heutige Besucher der deutschen Hauptstadt anschaulich macht.

163 Esch, »Ich war weder Opfer noch befreit«. So versahen die Eltern den Grabstein des jüngsten Sohns Eckart in Saarbrücken in der Nachkriegszeit mit einer provisorischen Plakette, die auch an den in Ostpreußen gefallenen Wolfram erinnerte, dessen Leichnam verschollen war. Später sorgten sie dafür, dass sein Name auf das Ehrenmal der beiden Weltkriege auf dem Friedhof ihres Wohnorts in Osterwald bei Hannover eingraviert wurde. Gespräch des Verf. mit Felicitas Koselleck, 21.6.2021.

164 Martin, Koselleck, »Über Krisenerfahrungen und Kritik«.

Primärerfahrung und Geschichtstheorie

Kosellecks eigene Kriegserfahrung pulsiert ebenso durch seine abstrakt und analytisch gehaltenen geschichtstheoretischen Aufsätze wie die Abneigung gegen Ideologien aller Art.[165] Ein charismatischer Mann von kleiner Statur, gesellig, neugierig, stets mit einem leicht fragenden, ironisch-zweifelnden Blick, auf den ein befreiendes, gewinnendes Lachen folgen konnte, zog Koselleck kaum merkbar das eine Bein immer etwas nach, eine Erinnerung daran, dass es Erfahrungen gibt, »die sich als glühende Lava in den Leib ergießen und dort gerinnen. Unverrückbar lassen sie sich seitdem abrufen, jederzeit und unverändert.«[166] Wiederum verwendet Koselleck eine geologische Metapher, um seine Geschichtstheorie anschaulich zu machen. Und er zögert nicht, die Idiosynkrasien der eigenen Biografie für seine theoretischen Überlegungen heranzuziehen. Die gemachten geschichtlichen Erfahrungen öffnen sich auf diese Weise der kritischen Reflexion, wie umgekehrt die historische Theorie konkret und anschaulich wird. Kosellecks eigene Verstrickung in die Gewaltgeschichte des 20. Jahrhunderts gibt seinen theoretischen Überlegungen eine existenzielle, gedankliche Schärfe, wie sie sich nur bei wenigen Historikern des 20. Jahrhunderts findet. Kosellecks Historik war der Versuch, eine Theorie zu entwerfen, die dem geschichtlichen Erfahrungsbruch seiner Zeit angemessen ist. Der sachliche Ton dieser »pathosallergischen Generation« (Stephan Schlak), für die theoretische Reflexion eine Form war, sich die in den Knochen sitzende Vergangenheit nach außen auf Distanz zu halten, ist auch partiell der von Koselleck.[167] Die Arbeit an abstrakten Kategorien und anschaulichen Metaphern führte für ihn aber zurück in den Erfahrungsraum der 1930er und 1940er Jahre. Das gibt selbst seinen sprachlich ausgefeilten theoretischen Essays

165 Michael Jeismann, »Wer bleibt, der schreibt. Reinhart Koselleck, das Überleben und die Ethik des Historikers«, in: *Zeitschrift für Ideengeschichte* 3 (2009) S. 69-80.

166 Koselleck, »Vielerlei Abschied vom Krieg«, S. 21.

167 Stephan Schlak, »Am Erwartungshorizont der Begriffsgeschichte. Reinhart Koselleck und die ungeschriebenen *Grundbegriffe* der Bundesrepublik«, in: Jens Hacke, Matthias Pohlig (Hg.), *Theorie in der Geschichtswissenschaft*, Frankfurt/M. 2008, S. 171-179, hier S. 171; ders., *Wilhelm Hennis. Szenen einer Ideengeschichte der Bundesrepublik*, München 2008, Kap. 1: »Jahrgang 1923«.

einen Sound verzweifelter Leidenschaftlichkeit, der auf die nachfolgende Generation befremdlich wirkte. Die Gegensatzpaare seiner Historik – oben/unten, innen/außen, früher/später – treiben immer neue Konflikte und damit auch Geschichten hervor, in die sich die Menschen verstricken. »In Kosellecks Büchern und Aufsätzen enden diese ›Geschichten‹ fast immer tragisch: in Krisen, Revolutionen, Krieg und Tod«, wie Willibald Steinmetz in seinem Nachruf schreibt, auch wenn im Gespräch oder mündlichen Vortrag diese Tragik oft ironisch für einen Moment gebrochen wurde, durch einen Witz oder eine absurde Anekdote.[168]

Als »Besiegter« gezwungen, die eigene ideologische »Verblindung« in Frage zu stellen, hat Koselleck versucht, gemachte Erfahrungen in historisches Wissen zu transformieren. Zwar würden die Besiegten nicht »per se die bessere Geschichte schreiben«, so schreibt er 1993 in einem Brief an den jungen Historiker Dirk van Laak. »Aber es ist auffällig, daß neue Fragen und Methodenfortschritte häufig von Besiegten stammen. Und das versuchte ich anthropologisch zu begründen: weil sie in grössere Beweisnot geraten waren, um ihr Versagen oder Elend zu begründen, was der Sieger nicht nötig hat.«[169] Geschichtsschreibung war für Koselleck eine »Erfahrungswissenschaft«, ein Reservoir vergangener Erfahrungen, die es gilt, aus verschiedenen Blickwinkeln zu erzählen, die aber auch darauf befragt werden sollte, was im toten Winkel liegt, welche Wiederholungsstrukturen vor uns und höchstwahrscheinlich

168 Willibald Steinmetz, »Nachruf auf Reinhart Koselleck«, in: Joas, Vogt (Hg.), *Begriffene Geschichte*, S. 57-83, hier S. 83.

169 DLA Marbach, A: Koselleck, Reinhart Koselleck an Dirk van Laak, 28.12.1993. Siehe auch den Schlussabsatz von Koselleck, »Erfahrungswandel und Methodenwechsel«, in: ders., *Zeitschichten*, S. 77: »Der geschichtliche Wandel zehrt von den Besiegten. Sofern sie überleben, haben sie jene nicht austauschbare Urerfahrung aller Geschichten gemacht, daß sie anders zu verlaufen pflegen, als von den Betroffenen intendiert. Diese je einmalige Erfahrung ist nicht wählbar und bleibt unwiederholbar. Aber sie läßt sich verarbeiten, durch die Suche nach Gründen, die mittel- oder längerfristig währen, also wiederholbar sind. Das aber zeichnet die Methoden aus. Sie sind ablösbar vom einmaligen Anlaß, wieder applikabel. Die einmal von den Besiegten – und welche Sieger gehörten auf die Dauer nicht dazu? – methodisch in Erkenntnis überführte Erfahrung bleibt abrufbar über allen Erfahrungswandel hinweg. Darin mag ein Trost enthalten sein, vielleicht ein Gewinn. Er bestünde in der Praxis darin, uns Siege zu ersparen. Aber dagegen spricht jede Erfahrung.«

auch nach uns vorhanden sind, die allen Erfahrungen voraus liegen. Die Historik ist sein Gegenentwurf zur Geschichtsphilosophie und unterscheidet sich deshalb auch von philosophischen oder erzähltheoretischen Überlegungen à la Hayden White oder Paul Ricœur. Es ist die einzige Geschichtstheorie, die nach 1945 von einem Denker entworfen wurde, der sich als Historiker verstanden und seine Theorie aus dem empirischen Quellenmaterial entfaltet hat.

Geronnene Lava

Koselleck insistiert später darauf, ein Besiegter und nicht Opfer oder Befreiter zu sein. Es ist gerade die eigene Verstrickung in die Gewaltgeschichte, die den Ausgangspunkt seiner theoretischen Überlegungen darstellt. Mit Christian Meier weiß er sich 1987, im Nachklang zum Historikerstreit, einig, dass das »›Wir‹-Sagen-Müssen« dazu gehört, um gemachte Erfahrungen in historische Erkenntnisse zu verwandeln.[170] In seinem im Jahr davor auf dem Frankfurter Rechtshistorikertag gehaltenen Vortrag »Geschichte, Recht und Gerechtigkeit« heißt es apodiktisch: »Das Ereignis selbst – die ›Vertilgung‹ von Millionen Juden und anderer Volksgruppen – lässt sich durch keine Wissenschaft von der Geschichte, weder moralisch noch rational, angemessen deuten. Vielmehr muss die Absurdität, mit Hannah Arendt gesprochen, das Böse in seiner Banalität, ausgehalten werden, auch wenn man für die Zukunft daraus Lehren zu ziehen trachtet. Denn die Menschen – hier also die Deutschen – müssen auch für das Absurde einstehen, das sie einmal produziert haben.«[171]

Bei Kosellecks Historik handelt es sich nicht um ein nach allen Seiten abgedichtetes, systematisches Theoriegebäude. Vielmehr

170 DLA Marbach, A: Koselleck, Reinhart Koselleck an Christian Meier, 3.9.1987. Meier hatte zuvor geschrieben, er sei gespannt auf Kosellecks Analyse der Besiegten-Perspektive, »die eigentlich auch uns heute in rebus Germanicis große Historie erlauben müßte und vielleicht auch dazu provoziert, wenn wir uns nicht eher als Befreite fühlten«. DLA Marbach, A: Koselleck, Meier an Koselleck, 7.4.1987.

171 Reinhart Koselleck, »Geschichte, Recht und Gerechtigkeit«, in: ders., *Zeitschichten*, S. 345. Siehe Dunkhase, *Absurde Geschichte*; sowie Debarati Sanyal, *Memory and Complicity: Migrations of Holocaust Remembrance*, New York 2015.

sucht er über mehr als ein halbes Jahrhundert, im Grunde seit der Rückkehr aus dem Krieg, nach einer Theorie des historischen Wissens. Er verwirft einzelne Theoreme und »Hypothesen« (ein von ihm oft benutztes Wort) und fügt neue hinzu, immer im Modus des tastenden Experimentierens, das auch selbst dem Zeitenwandel unterworfen ist. Daher der theoretische Essay anstelle der historischen Meistererzählung. Zugleich findet er erst nach einer gewissen Zeit schrittweise die Worte, um auch die eigenen geschichtlichen Zeiterfahrungen fassen zu können. In einer seiner unzähligen Materialmappen sammelte Koselleck eigene Textfragmente und Träume seit den 1960er Jahren zum Thema »Krieg«. Aus »Geronnene Lava«, einem dieser unveröffentlichten Texte, hat er 1995 einzelne Formulierungen in seinen autobiografischen Bericht »Vielerlei Abschied vom Krieg« übernommen, so auch das Bild von der Lavamasse, die sich glühend in den Leib ergießt und dort gerinnt, also verhärtet und erstarrt – unveränderbar, von der weit beweglicheren Erinnerung umspült.[172] »Jede Erinnerung ist zerklüftet«, notiert er sich zwei Jahre zuvor:

Da gibt es harte Kanten, an denen sich alles bricht. Unverrückbar ragen sie in das Gedächtnis und sie öffnen Hohlräume, die sich beim besten Willen nicht schließen lassen. Aber die Erinnerung ist auch beweglich. Plötzlich tauchen ganze Landschaften auf, die zuvor verschwunden waren, Umrisse werden deutlich und füllen sich wieder mit Leben. Doch wie trügerisch, unkontrollierbar ist dies verschüttete Leben, das aus der Vergangenheit auftaucht, durchsetzt von Gewissheiten, Wünschbarkeiten und Enttäuschungen, die nicht mehr einholbar sind. Wieviel ist Erfindung davon, was nicht mehr wiedergefunden werden kann? Ohne zeitgenössische Niederschrift – Tagebücher, Notizen oder Briefe – gibt es keine Kontrollinstanz, die vergangene Wahrheit verbürgt.

172 Dabei vermeidet er bewusst den Begriff »Trauma«, der sich in Verbund mit dem Begriff »Erinnerung« am Ende des 20. Jahrhunderts durchsetzt, wenn es darum geht, über psychische Verletzungen zu sprechen. Zweifelsohne sucht aber Koselleck, der nach dem Krieg in Heidelberg auch bei Viktor von Weizsäcker medizinische Anthropologie studiert hatte und die Sprache der Psychologie und Psychosomatik gut kennt, hier als Historiker nach Worten, Bildern und Metaphern, um über dauerhafte seelische Wunden und ihre körperlichen Folgen zu sprechen, auch die eigenen. Siehe dazu ausführlich unten, Kap. 3, S. 221-240, sowie allgemein zur Thematik: Ruth Leys, *Trauma. A Genealogy*, Chicago 2000.

Und doch gebe es Wahrheiten, »die sich in Riechen, Hören, Fühlen, Tasten und Sehen dem Leib eingeschrieben haben und die der Leib nicht mehr abstoßen kann. Hier ist die Erinnerung unverrückbar, so wirklich wie der Anlass ihrer Entstehung.« Diese »leibliche Gegenwart des Vergangenen« endet erst, so Koselleck, mit dem eigenen Sterben. Im eigenen Leib als festgeronnene Lavamasse gespeichert sind die besonderen, existenziellen menschlichen Erfahrungen mit Tod und Todesgefahr, tödlichen Krankheiten und dem Älterwerden, »mit Liebe, scheinbar wiederholbar, doch einmalig, wenn es denn Liebe war«, auch Freundschaft und Rettung aus der Not. Diese Erfahrungsschichten lassen sich nicht einfach abschütteln oder von außen verrücken; sie bleiben in Existenz als »Lavamassen, wenn das Wasser des Alltags weggespült wird«.[173]

Sich dieser schartigen, »zerklüfteten Erinnerung« zu stellen, sie so weit möglich analytisch »einzuholen«, darauf zielten Reinhart Kosellecks Versuche einer theoriegeleiteten Historie nach Auschwitz und Gulag. Das war seine Fragestellung.[174] Für ihn hatte die Geschichte nach den Kataklysmen des Vernichtungskriegs jeden Sinn verloren. Die Geschichte selbst ist abgründig und absurd, nur ihre Analyse kann rational sein. Daher die Suche nach einer Theorie der Bedingungen möglicher Geschichten als Versuch, auch die eigenen, radikalen Erfahrungen in historisches Wissen zu überführen.

173 Familienarchiv Koselleck, Mappe »Krieg«, Reinhart Koselleck, »Geronnene Lava«, handschriftl. Ms., o. D. [Bielefeld 1993], 3 Bl., hier Bl. 1.

174 »Ich gehe davon aus, ein Historiker kann nur ein Frageraster entwickeln, das ihn interessiert. Alles was ich geschrieben habe, ist nur durch meine Fragestellung entstanden.« Reinhart Koselleck, Renate Solbach, »Öffentlichkeit ist kein Subjekt. Reinhart Koselleck im Gespräch mit Renate Solbach«, in: *Iablis. Jahrbuch für europäische Prozesse* 2 (2003), S. 131-158, hier S. 156.

2.
Koselleck, Arendt und die Anthropologie geschichtlicher Erfahrungen

> Wenn wir Studenten von 1951 den Auftrag zu denken passioniert annahmen – dann musste dieses Denken am Ausgang radikaler Katastrophen ein radikales sein.
>
> – *Ivan Nagel*[1]

Umwege

Geschichte ist immer mehr, als Sprache begreifen kann, und Begriffe enthalten stets mehr, als sich historisch ereignet. Auf diese Unterscheidung pochen leidenschaftlich die begriffshistorischen Arbeiten Reinhart Kosellecks. Von dieser Differenz zeugt auch sein eigener Schreibstil. Für die tief über ihre Akten gebeugten Zunftgenossen wirkten die von ihm geprägten Begriffe, gerade weil sie einen metaphorischen Überschuss besaßen, theoretisch abstrakt, aber ungemein suggestiv: »Sattelzeit« für das Jahrhundert des Durchbruchs zur modernen Welt zwischen 1750 und 1850, »Erwartungshorizont« und »Erfahrungsraum« für die seit dieser Zeit auseinanderbrechende Relation von gemachter Erfahrung und gehegter Erwartung oder »Zeitschichten« für die sich in Begriffen über Jahrhunderte ablagernden Erfahrungen – womit Koselleck zugleich beiläufig daran erinnerte, dass alle historisch-temporalen Kategorien (wie auch der »Fortschritt«) ursprünglich räumliche Ausdrücke waren, da die reine Zeit keine sinnliche Anschauung kennt. Historische Semantik war für ihn mehr als nur Philologie für Historiker, und alle Überzeugungsarbeit ihm gewogener Geister wie Hans-Georg Gadamer, Hayden White oder Paul Ricœur, geschichtliche Quellen und die Regeln ihrer Interpretation seien nicht von der anderer, etwa literarischer Texte zu unterscheiden, wurde von ihm freundlich, aber bestimmt zurückgewiesen. Mit den sieben Bänden der *Geschichtlichen*

1 Ivan Nagel, »Der Kritiker der Krise. Über den Historiker Reinhart Koselleck«, in: *Neue Zürcher Zeitung*, 8./9.1.2005.

Grundbegriffe hat Koselleck nicht nur das (neben dem *Historischen Wörterbuch der Philosophie*) bedeutendste geisteswissenschaftliche Lexikon der alten Bundesrepublik entworfen und herausgegeben; die Begriffsgeschichte als historische Methode ist untrennbar mit seinem Namen verknüpft.

Koselleck sah aber in der Begriffsgeschichte immer nur einen Weg, nie das Ziel seines historischen Denkens. Im Zentrum stand vielmehr der Versuch, eine Theorie der Bedingungen möglicher Geschichten zu entwerfen. Seit seiner Heidelberger Assistentenzeit in den 1950er Jahren hatte er über eine solche Historik als eine grundlegende Wissenschaftstheorie der Geschichte nachgedacht – und die Begriffsgeschichte war ihm, wie er selber schreibt, hierfür nur eine Art Propädeutikum.[2] Für Koselleck verweisen die sprachlichen Quellen auf eine Welt jenseits des Textes, auf anthropologische, vorsprachliche Bedingungen geschichtlicher Erfahrungen, die eigene Wiederholungsstrukturen besitzen. Diese Erfahrungen sind auch, aber eben nicht nur sprachlich geformt. Sie ereignen sich historisch immer wieder neu, sind je einmalig und generieren so neue Geschichten. Um begreifen zu können, wie sich Geschichten ereignen, bedarf die Historie eines theoretischen Vorgriffs, der über die Methodenlehren seit Droysen hinausgeht.

Zu einem einheitlichen Theoriegebäude hat Koselleck diese Überlegungen nicht zusammengefügt. Sein im Jahr 2000 erschienener Aufsatzband *Zeitschichten* bekam noch den Untertitel »Studien zur Historik«. Eine systematische Abhandlung seiner Historik, von der er ebenso oft sprach wie von seiner geplanten Studie zur modernen Ikonologie des gewaltsamen Todes, hat er nicht vorgelegt. Ob das von Nachteil sein muss, darf mit Hans Blumenberg bezweifelt werden: »Man kann ebenso richtig wie langweilig definieren, was eine Theorie ist; sie kommt dann ohne das, was ihr zudefiniert worden ist, nicht aus und nicht durch. Mehr lernen läßt sich durch Anschauung und freie Variation, die den harten Kern heraustreten läßt.«[3] Neben der zehrenden Arbeit am Lexikon hat Koselleck seine Überlegungen ausschließlich in pointierten Aufsätzen festhalten können – vielleicht die seiner Theoriebildung gemäße Form des

2 Reinhart Koselleck, »›Erfahrungsraum‹ und ›Erwartungshorizont‹– zwei historische Kategorien« [1975], in: ders., *Vergangene Zukunft*, S. 349-375, hier S. 350.

3 Hans Blumenberg, *Begriffe in Geschichten*, Frankfurt/M. 1998, S. 193.

Schreibens. Es sind diese Aufsätze, zumeist verfasst aufgrund von Einladungen und Ehrungen, die sich seit den 1970er Jahren, dann vor allem aber seit der Bielefelder Emeritierung (1988) häuften und ihn auf Gastprofessuren auf beiden Seiten des Atlantiks führten, die die Umrisse seiner Historik erkennen lassen.

Dass ausgerechnet der bekannteste deutsche Begriffshistoriker nach den vor- und außersprachlichen Bedingungen geschichtlicher Erfahrungen fragt, mag auf den ersten Blick überraschen. Auch dürfte der politisch existenzielle Ton von Kosellecks historischer Anthropologie, der selbst aus versunkenen Zeitschichten herkommt, jene irritiert haben, die in den ereignisarmen Jahren der alten Bundesrepublik ihre geistige Prägung erhielten. Das hat die Rezeption zusätzlich erschwert. In jedem Fall ist Kosellecks Historik – anders als seine methodischen Überlegungen zur Begriffsgeschichte und seine Theorie geschichtlicher Zeiten – bislang kaum aufgegriffen und weitergedacht worden.

Ich will in diesem Kapitel zunächst skizzieren, wie Koselleck über mehrere Jahrzehnte in immer neuen Anläufen und Variationen den harten Kern einer Theorie der metahistorischen Bedingungen möglicher Geschichten (nicht »der Geschichte«) herauszuarbeiten versucht hat. Sodann werde ich auf die erstaunliche Nähe seiner Historik zu Hannah Arendts historisch-politischer Anthropologie und ihrer Kritik des modernen Geschichtsbegriffs aufmerksam machen. Die Geschichtskritik findet sich in den intellektuellen Debatten nach 1945 aber nicht nur bei Arendt, sondern auch bei so unterschiedlichen Autoren wie Karl Popper und Mircea Eliade, Raymond Aron und Theodor W. Adorno, Maurice Merleau-Ponty und Reinhold Niebuhr, Arthur Koestler und, hinter dem Eisernen Vorhang, Jan Patočka. Kosellecks Lektürespuren in Arendts Schriften aus der Nachkriegszeit und dem frühen Kalten Krieg deuten an, wie er in der Auseinandersetzung mit dieser Geschichtskritik seine eigenen Positionen formuliert, und geben, wie ich vorschlagen werde, den Blick frei auf die Krisenerfahrungen, auf die beide reagieren. Die erstaunliche Nähe der Überlegungen sowohl Kosellecks als auch Arendts zur anthropologischen Bedingtheit menschlichen Handelns und Leidens sowie der daraus hervorgehenden Geschichten erklärt sich mithin nicht nur aus dem gemeinsamen Ausgangspunkt, der Daseinsanalyse Martin Heideggers und der Kritik der Geschichtsphilosophie. Vielmehr gründen die historischen Anthropologien Kosellecks und Arendts in ihrem existenziellen Verständnis des Politischen nach den katastrophischen Zeiterfahrungen der 1940er Jahre. Es ist das Bewusstsein einer präzedenzlosen Gegenwart, das sie – nur scheinbar paradox – nach Wiederholungsstrukturen in der Geschichte fragen lässt. Die eigene Brucherfahrung hat beide zu einer Radikalität des Denkens geführt, die am Anfang ihrer Anthropologie geschichtlicher Erfahrungen steht.

Kosellecks Historik

Die Forderung nach einer neuen Wissenschaftstheorie der Geschichtsschreibung findet sich bereits in den ersten publizierten Texten Kosellecks. In einer Rezension aus dem Jahr 1961 von Arbeiten zur Theorie und Methode der Geschichtswissenschaft, die sich »im Vorfeld einer neuen Historik« bewegen, heißt es apodiktisch: »Der elementare Einbruch politischer Ereignisse – und damit auch philosophischer und religiöser Fragestellungen – drängt die Historie erneut, ihre Grundlagen zu überprüfen, d.h. unkritisch hingenommene Voraussetzungen zu revidieren.«[4] Zu diesen fragwürdigen Voraussetzungen gehört für Koselleck der Begriff der Geschichte selbst. Nötig sei nicht nur die politisch motivierte »Revision des Geschichtsbildes« seit 1945, sondern auch eine Kritik der geschichtlichen Bedingungen von Historismus und Geschichtsphilosophie, die eine Krise des Politischen mit hervorgebracht hätten. Bereits in *Kritik und Krise* führt Koselleck die Entstehung der Geschichtsphilosophie, die sich von konkreten politischen Erfahrungen löste und einen utopischen Erwartungshorizont aufspannte, auf das aufgeklärte Räsonnement des 18. Jahrhunderts, insbesondere in den Logen und Geheimgesellschaften, zurück. In der politischen Konstellation des 18. Jahrhunderts meint Koselleck die Genese des dualistischen Weltbildes des Kalten Krieges zu entdecken. Ost und West beriefen sich in ihrem utopischen Selbstverständnis gleichermaßen auf »die Geschichte«, der notfalls auch gewaltsam auf die Sprünge zu helfen sei. Wie Jürgen Habermas seinerzeit in einer Rezension bemerkt, wird die *Kritik und Krise* zugrunde liegende

4 Reinhart Koselleck, »Im Vorfeld einer neuen Historik« in: *Neue Politische Literatur* 6 (1961), S. 577-588, hier S. 577.

politische Anthropologie nie selbst zum Thema, obgleich sie alle Fragen bestimmt und (noch) manche Antworten verstellt.[5]

Der zeitdiagnostisch-polemische Ton von *Kritik und Krise* verliert sich etwas in Kosellecks Schriften der 1960er Jahre. Dafür werden die aufgeworfenen Fragen methodisch und theoretisch weiter entfaltet. Im Umkreis der Überlegungen für das Lexikon *Geschichtliche Grundbegriffe* und der Arbeit an der Habilitationsschrift fokussiert sich sein Denken auf eine methodische Begründung der Begriffsgeschichte in enger Verknüpfung mit der von Werner Conze propagierten Sozialgeschichte. In die von ihm hierfür entwickelten historischen Verlaufskategorien der »Verzeitlichung«, »Politisierung«, »Demokratisierung« und »Ideologisierbarkeit« von Begriffen geht seine vorgängige Kritik an den zwischen 1750 und 1850 geprägten Kollektivsingularen ein. Aus konkreten Geschichten sei in der Sattelzeit begrifflich *die* Geschichte geworden, aus den sachbezogenen einzelnen Fortschritten *der* Fortschritt und so weiter.[6]

Erst mit der Arbeit im Gründungsausschuss der Bielefelder Reformuniversität und kurz vor der Berufung an die dortige Geschichtsfakultät kommt Koselleck auf die Forderung nach einer neuen Historik zurück.[7] In einem programmatischen Text aus dem Jahr 1972 fasst er die Reformziele der neuen Fakultät aus seiner Sicht zusammen. Dort heißt es – gegen eine aus der Soziologie entlehnte historische Gesellschaftstheorie (Hans-Ulrich Wehlers Programm der Historischen Sozialwissenschaften, später seine Gesellschaftsgeschichte) gewendet –, eine erst noch freizulegende Historik ziele »auf eine Metahistorie, die nicht die Bewegung, sondern die Beweglichkeit untersucht, nicht die Veränderung im konkreten Sinne, sondern die Veränderlichkeit«. Hierfür sei, so Koselleck, eine historische Anthropologie notwendig, die solche metahistorischen

5 Jürgen Habermas, »Verrufener Fortschritt – verkanntes Jahrhundert. Zur Kritik an der Geschichtsphilosophie«, in: *Merkur* 14 (1960), S. 468-477, hier S. 471.

6 Reinhart Koselleck, »Einleitung«, in: Otto Brunner u. a. (Hg.), *Geschichtliche Grundbegriffe. Historisches Lexikon zur politisch-sozialen Sprache in Deutschland*, Bd. 1, Stuttgart 1972, S. xiii-xxviii, hier S. xvi-xvii; ders., »Geschichte, Historie«, Kap. I, V-VII, in: dies. (Hg.), *Geschichtliche Grundbegriffe*, Bd. 2, Stuttgart 1975, S. 593-595, 647-718; ders., »Fortschritt«, Kap. I, III-VII, in: ebd., S. 351-353, 363-423. Siehe Marco Sawilla, »›Geschichte‹: Ein Produkt der deutschen Aufklärung? Eine Kritik an Reinhart Kosellecks Begriff des ›Kollektivsingulars Geschichte‹«, in: *Zeitschrift für historische Forschung* 31 (2004), S. 381-428.

7 Siehe oben, Kap. 1, S. 77-79.

Bedingungen möglicher Geschichten in den Blick nimmt. »Es gibt eine Menge ähnlicher Formalkriterien historischen Handelns und Erleidens, die gleichsam zeitlos quer zur Geschichte dazu dienen, Geschichte aufzuschlüsseln. Ich erinnere an ›Herr und Knecht‹, ›Freund und Feind‹ oder an die Heterogonie der Zwecke oder an die wechselnden Relationen von Zeit und Raum im Hinblick auf Handlungseinheiten und Machtpotential oder an das anthropologische Substrat des politischen Generationswechsels. Die Liste solcher Kategorien ließe sich verlängern, sie verweisen auf jene Endlichkeit, die Geschichte sozusagen in Bewegung versetzt, ohne daß der Inhalt oder die Richtung solcher Bewegungen damit irgendwie erfasst würde.«[8] Seinem neugeschaffenen Bielefelder Lehrstuhl gab Koselleck die programmatische Denomination: Lehrstuhl für Allgemeine Geschichte, mit dem Schwerpunkt Theorie der Geschichte.

Anfang der 1970er Jahre stand die Geschichte als Fach insgesamt zur Disposition. Gegen die Tendenz ihrer Auflösung in die Sozialwissenschaften formuliert Koselleck den theoretischen Anspruch an die Geschichtsschreibung grundsätzlich neu. In seinem Abschlussvortrag auf dem Historikertag 1970 fragt er: »Wozu noch Historie?« – und gibt selbst die Antwort. Anstatt sich die Theorie nur etwa aus der Soziologie zu »erborgen«, müsse die Historie gerade das kategorial erschließen, was ihren besonderen Gegenstand ausmacht: »Nur die temporalen, und d. h. die den Ereigniszusammenhängen innewohnenden, jedenfalls an ihnen aufzeigbaren Strukturen können den historischen Erfahrungsraum adäquat als eigenen Forschungsbereich gliedern« – so Kosellecks Plädoyer für eine Theorie historischer Zeiten. »Die Form der Geschichte überhaupt, und damit der durch sie sichtbar zu machenden Geschichten, ist deren spezifische Zeitlichkeit.«[9] Zugleich verweist er auf die Dringlichkeit einer historischen Anthropologie, wie er sie ausgerechnet bei Foucault zu erkennen glaubt.[10] Nur so sei es überhaupt möglich, so etwas wie die Ordnung des Terrors in den Konzentrationslagern ansatzweise zu begreifen.

8 Reinhart Koselleck, »Über die Theoriebedürftigkeit der Geschichtswissenschaft« [1972], in: ders., *Zeitschichten. Studien zur Historik*, Frankfurt/M. 2000, S. 298-316, hier S. 300.

9 Reinhart Koselleck, »Wozu noch Historie?« [1970], in: Wolfgang Hardtwig (Hg.), *Über das Studium der Geschichte*, München 1990, S. 347-365, hier S. 365.

10 Ebd., S. 362.

Diese theoretischen Fragen verfolgt Koselleck in einer Vielzahl von Aufsätzen anhand historisch-empirischer Befunde weiter, die einen zeitlichen Raum von der Antike bis in die Gegenwart umspannen. In »Terror und Traum« etwa zeigt er, wie die von Charlotte Beradt gesammelten individuellen Träume aus der Frühzeit des »Dritten Reichs« nicht nur vom schockartigen Ereignis des Terrors zeugen, sondern selbst vorsprachlich geformte Vollzugsweisen des Terrors darstellen und so anthropologisch die überkommene Trennung von *res fictae* und *res factae*, Fiktion und geschichtlicher Wirklichkeit, unterlaufen.[11] In »Zur historisch-politischen Semantik asymmetrischer Gegenbegriffe« entwickelt Koselleck die These, zur geschichtlichen Erfahrung seit der Antike gehöre, dass sich politische Handlungseinheiten über ein- und ausgrenzende Begriffe konstituieren und negieren. Den historisch konkreten Befunden zur Semantik der asymmetrischen Begriffspaare Hellenen und Barbaren, Christen und Heiden, Mensch und Unmensch beziehungsweise Übermensch und Untermensch liege die formale Grundstruktur von Freund und Feind voraus, so Koselleck im Anschluss an Carl Schmitt.

Besonders anschaulich wird der Versuch einer anthropologisch fundierten Historik in seinem Aufsatz »›Erfahrungsraum‹ und ›Erwartungshorizont‹ – zwei historische Kategorien«. In der Neuzeit brechen Erfahrung und Erwartung auseinander, so bereits die ihrer polemischen Pointe in *Kritik und Krise* entkleidete These der Heidelberger Antrittsvorlesung 1965, die in diesem zehn Jahre später publizierten Aufsatz geschichtstheoretisch ausgefaltet wird. Der konkrete Erfahrungsgehalt, der in die begriffliche Fassung von Erwartungen eingeht, werde immer geringer, der Erwartungshorizont dafür immer weiter gespannt. »Je geringer die Erfahrung, desto größer die Erwartung, dies ist eine Formel für die zeitliche Struktur der Moderne, sofern sie vom ›Fortschritt‹ auf ihren Begriff gebracht wurde.«[12] Gerade die Spannung zwischen diesen beiden formalen Kategorien, so Kosellecks theoretische Schlussfolgerung, ermögliche die empirische Analyse geschichtlicher Zeiten: »Der formale Vorgriff, die Geschichte überhaupt mit diesen polar gespannten Ausdrücken aufzuschlüsseln, kann also nur beabsichtigen, die Be-

11 Siehe unten, Kap. 3.

12 Koselleck, »›Erfahrungsraum‹ und ›Erwartungshorizont‹«, S. 374.

dingungen möglicher Geschichten zu umreißen und festzusetzen, nicht diese Geschichten selbst. Es handelt sich um Erkenntniskategorien, die die Möglichkeit einer Geschichte begründen helfen. Anders gewendet: es gibt keine Geschichte, ohne daß sie durch Erfahrungen und Erwartungen der handelnden oder leidenden Menschen konstituiert worden wäre.«[13] Koselleck nennt als weitere mögliche Erkenntniskategorien wiederum die Unterscheidungen von Herr und Knecht sowie Freund und Feind, auf die ich gleich noch zurückkommen werde. Gemeinsam sei diesen Kategorien, dass sie als Bedingung der Möglichkeit den konkreten Geschichten voraus liegen, ohne sie zu determinieren.[14]

Auch wenn also der Aufsatzband *Vergangene Zukunft*, in dem diese Texte versammelt sind, der »Semantik geschichtlicher Zeiten« gewidmet ist, so taucht bereits hier die Idee einer Historik auf, die die Bedingungen geschichtlicher Erfahrungen umreißt. Exemplifiziert wird sie hier noch anhand von zwei Begriffen seiner Theorie historischer Zeiten. Am Ende des Aufsatzes über »Erfahrungsraum« und »Erwartungshorizont«, der *Vergangene Zukunft* beschließt, formuliert Koselleck sein Anliegen überaus klar: Erfahrungen lassen sich nur sammeln, »weil sie – als Erfahrungen – wiederholbar sind. Also muß es auch langfristige formale Strukturen der Geschichte geben, die Erfahrungen wiederholt sammeln lassen.« Wenn sich diese Wiederholungsstrukturen geschichtlich zeigen und theoretisch erfassen lassen, dann müsse sich auch die Differenz zwischen Erfahrung und Erwartung, die in der Neuzeit aufgerissen sei, »soweit überbrücken lassen, daß Geschichte wieder als lehrbar begriffen werden kann. Die Historie kann das stets sich Wandelnde und Neue nur erkennen, wenn sie um das Herkommen weiß, in dem dauerhafte Strukturen verborgen sind. Auch diese müssen gefunden und untersucht werden, wenn die geschichtlichen Erfahrungen in historische Wissenschaft übersetzt werden sollen.«[15] Es ist die explorative Suche nach solchen Kategorien einer Theorie der Bedingungen möglicher Geschichten, einer Historik, die Koselleck von nun an vornehmlich beschäftigen sollte.[16]

13 Ebd., S. 351.

14 Ebd., S. 352 f.

15 Ebd., S. 375.

16 Dennoch scheint mir die Rede von einer »anthropologischen Wende« in Kosellecks Denken übertrieben. Siehe Kari Palonen, *Die Entzauberung der Begriffe.*

Die Theorie historischer Zeiten, die Begriffsgeschichte und die Überlegungen zur Historik liegen also weniger weit auseinander, als es zunächst scheinen mag. Erst aus Anlass eines Ehrenkolloquiums 1985 für Hans-Georg Gadamer sieht sich Koselleck aber veranlasst, die Kategorien seiner Historik systematischer zu entwickeln. Zwar beginnt er bereits in den frühen 1950er Jahren in Briefen aus Heidelberg und Bristol an die Freunde, aber auch an Carl Schmitt und Johannes Kühn über seine »Geschichtsontologie« zu schreiben, und es ist nicht ausgeschlossen, dass er in dieser Zeit auch mit seinem Lehrer Gadamer darüber spricht, aus dessen Seminaren mit Heidegger er wesentliche Anregungen erhält.[17] Sein Rezensionsessay »Im Vorfeld einer neuen Historik« formuliert 1961 das eigene Programm noch als Forderung an andere.[18] Im selben Jahr weist er in einem Brief an einen Freund der Familie Spenglers Morphologie als »biologische Geschichtsmetaphysik« zurück und umgrenzt seine eigene Fragestellung wie folgt: »Die Geschichte hat es z. B. mit gleichzeitig verschiedenen Geschwindigkeiten zu tun, mit Kontinuität und Katastrophe, Hemmung und Beschleunigung, Handlungsspielraum und Erbe, mit Freund und Freund wie mit Herrschaft und Knechtschaft, sicher mit Bewusstsein und Unbewusstem: nie aber gerinnt sie zu festen Formen, selbst nicht im Staat, alles ist Vollzug und Entzug in einem.«[19]

Zehn Jahre später verknüpft Koselleck in »Wie rational ist die Historie?« die Analyse der Träume aus den ersten Jahren des »Dritten Reichs« und später aus den Konzentrations- und Vernichtungslagern mit Reflexionen zur Theorie historischen Wissens. Der unveröffentlichte Vortrag enthält eine Skizze der axiomatischen Gegensatzpaare seiner Historik, die hier noch nicht zu ihrer späteren abstrakten Klarheit gefunden haben. Wiederum nennt Koselleck als formale Kategorien, die allen Geschichten voraus liegen, »Herr und Knecht« (später formalisiert als »unten und oben«) wie

Das Umschreiben der politischen Begriffe bei Quentin Skinner und Reinhart Koselleck, Münster 2004, S. 307.

17 Siehe oben, Kap. 1, S. 64-69.

18 Koselleck, »Im Vorfeld einer neuen Historik«.

19 DLA Marbach, A: Koselleck, Konvolut »Geschichtlichkeit«: Reinhart Koselleck an Johannes Sippel, 25. 4. 1961.

auch »Freund und Feind«. »Es ist die Unlösbarkeit von Konflikten, die sie vorantreiben«, heißt es nun nicht mehr ontologisch, sondern konflikttheoretisch. Aber andere Kategorien in »Wie rational ist die Historie?« werden später wieder verworfen oder theoretisch subsumiert, so die Denkfigur von der »Heterogonie der Zwecke«, die bereits in *Kritik und Krise* den Geschichtsphilosophien entgegengehalten wird, die Zeit-Raum-Relation, der Koselleck 1986 seinen Abschlussvortrag auf dem Trierer Historikertag widmet,[20] sowie das »Spannungsverhältnis von Produktionsverhältnissen und Produktivkräften«, um 1968 in aller Munde – die Einleitung von *Die Deutsche Ideologie* (1845-1846) gilt ihm auch später und bei aller Kritik am Marxismus als ein gelungener Versuch, rein geschichtstheoretische Kategorien zu entwickeln.[21]

In seinem Beitrag »Historik und Hermeneutik« für die Gadamer-Festschrift wie auch in einigen späteren Aufsätzen versucht Koselleck den eigenen historisch-anthropologischen Ansatz genauer und systematischer zu fassen. Nachdem erst der totale Erklärungsanspruch der Geschichtsphilosophien und dann der Plan- und Machbarkeitsoptimismus der Sozialwissenschaften sich historisch überlebt hatten (die Angriffsziele seiner Geschichtskritik und Zeittheorie), grenzt er sich nun genauso scharf von der sprachphilosophischen Hermeneutik ab wie vom transatlantischen *linguistic turn* in den Kultur- und Geisteswissenschaften.[22]

»Erschöpfen sich die Bedingungen möglicher Geschichte in Sprache und Texten? Oder gibt es Bedingungen, die außersprachlich, vorsprachlich sind, selbst wenn sie sprachlich gesucht werden?« So lautet die Ausgangsfrage Kosellecks in seiner Differenzbestimmung von Historik und Hermeneutik. »Wenn es solche Voraussetzungen der Geschichte gibt, die sich weder in Sprache erschöpfen noch auf Texte verwiesen sind, dann müßte die Historik wissenschaftstheoretisch einen Status haben, der nicht als Unterfall der Hermeneutik behandelt werden kann.« Das ist die These, die er seinem Lehrer Gadamer entgegenhält. »Die Historik befaßt sich als theoretische Wissenschaft im Unterschied zur empirischen Historie

20 Koselleck, »Raum und Geschichte« [1986], in: ders., *Zeitschichten*, S. 78-96.

21 DLA Marbach, A: Koselleck, Konvolut »Materialien zum Aufsatz ›Wie rational ist die Historie?‹«: Reinhart Koselleck, »Wie rational ist die Historie?«, 14 Bl., hier Bl. 12-14.

22 Siehe unten, Kap. 4, S. 300-309.

nicht mit den Geschichten selber, deren vergangene, gegenwärtige und vielleicht künftige Wirklichkeiten von den Geschichtswissenschaften thematisiert und untersucht werden. Die Historik ist vielmehr die Lehre von den Bedingungen möglicher Geschichten. Sie fragt nach den theoretisch zu erbringenden Vorgaben, die es begreiflich machen sollen, warum sich Geschichten ereignen, wie sie sich vollziehen können und ebenso, warum und wie sie untersucht, dargestellt oder erzählt werden müssen.«[23]

Für Koselleck existiert eine unaufhebbare Differenz von vergangener Wirklichkeit und ihrer sprachlichen Erfassung. Es ist diese Differenz, die die Historie von anderen Geisteswissenschaften unterscheidet. Der Aufsatz »Sprachwandel und Ereignisgeschichte« sucht diese Differenz theoretisch präziser zu fassen und verweist auf die unterschiedlichen temporalen Strukturen, die in Ereignisse eingehen und diese hervortreiben. Die Ereignisse im Vollzug ihres Geschehens haben eine andere Seinsweise als die Sprache, die davor, dabei oder danach gesprochen wird, so Koselleck in Anknüpfung an seine Überlegungen in »Terror und Traum«. »Zwischen Sprechen und Tun bzw. zwischen Sprechen und Leiden bleibt eine Differenz, auch wenn Sprechen eine Sprachhandlung ist und auch wenn Tun und Leiden sprachlich vermittelt werden.«[24] Die Strukturen möglichen Handelns sind nur in ihrer sprachlichen (oder bildlichen) Gestalt weiter präsent und künftig abrufbar. Umgekehrt bleiben aber »elementare, aus der Natur ableitbare Vorgaben enthalten, an denen sich alle Sprache vergeblich abarbeitet«.[25]

Die Rede von den Vorgaben der Natur zielt weder auf eine metaphysische Bestimmung der Natur des Menschen noch – mit Nietzsche – auf eine ewige Wiederkunft des Gleichen. Vielmehr sucht Koselleck nach Wiederholungsstrukturen, die sich historisch immer wieder neu und anders ereignen. »In jeder einmaligen Handlung«, so die Einleitung von *Zeitschichten*, »und in jeder einzigartigen Konstellation, die von ebenso einmaligen oder einzigartigen Menschen jeweils vollzogen oder ausgehalten wird, sind immer sich wiederholende Zeitschichten enthalten. Sie ermöglichen, bedingen

23 Reinhart Koselleck, »Historik und Hermeneutik« [1985], in: ders., *Zeitschichten*, S. 97-118, hier S. 99.

24 Reinhart Koselleck, »Sprachwandel und Ereignisgeschichte«, in: *Merkur* 43 (1989), S. 657-673, hier S. 658.

25 Ebd., S. 660.

und begrenzen die menschlichen Handlungschancen und setzen sie zugleich frei.«[26] Die Wiederholbarkeit ist also die Voraussetzung aller Einzelfälle. Und auch sein letzter Text »Was sich wiederholt« enthält die These, »daß alle Einmaligkeiten in der gesprochenen Sprache und in der geschehenden Geschichte weder denkbar noch möglich sind ohne Wiederholungsstrukturen. [...] Unsere Feststellung, daß jede Rede und jede Handlung irreversibel und einmalig seien, wird also nicht aufgegeben, sondern ergänzt. Es sind die Wiederholungsstrukturen, die diachrone Voraussetzungen und synchrone Bedingungen in sich speichern, um einmalige Überraschungen freizugeben und zu begrenzen.«[27]

Mit dem Begriff der »Wiederholungsstrukturen« operiert Koselleck erst in diesen letzten publizierten Texten. In »Historik und Hermeneutik«, zwanzig Jahre zuvor, sind es vor allem drei anthropologische Differenzbestimmungen, die für ihn die Grundbedingungen möglicher Geschichten vorgeben:

Früher und Später. Geschichte ereignet sich in der Zeit, deshalb nennt Koselleck zuerst die Spanne zwischen Früher und Später, zwischen Geborenwerden und Sterbenmüssen, die jedes Leben einzigartig und zugleich zum Teil einer Generationserfahrung macht. Für ihn ist die zeitliche Dimension menschlicher Erfahrungen nicht hintergehbar, der Bezug zu den vorgängig entwickelten Kategorien »Erfahrungsraum« und »Erwartungshorizont« ist hier klar erkennbar. Er bezieht sich jetzt noch direkter auf Heideggers Daseinsanalyse aus der Zwischenkriegszeit und dessen Kategorien der Geworfenheit und des Vorlaufens zum Tode, des »Sterbenmüssens«, ergänzt diese aber um die Möglichkeit des »Totschlagenkönnens«: »Welche historischen Erscheinungsformen im Laufe der Zeit auch thematisiert werden, um die Ausprägungen möglichen Krieges und möglichen Friedens und deren Künste und deren Gemeinheiten zu untersuchen: Ohne die Fähigkeit, seinesgleichen umbringen zu können, ohne die Fähigkeit, die Zeitspanne der Lebensmöglichkeit der jeweils anderen gewaltsam abkürzen zu können, gäbe es nicht die Geschichten, die wir alle kennen.«[28] Zur Generativität als biologischer Vorgabe menschlicher Natur gehört auch die Geschlecht-

26 Reinhart Koselleck, »Einleitung«, in: *Zeitschichten*, S. 9-16, hier S. 13.

27 Reinhart Koselleck, »Was sich wiederholt«, in: *Frankfurter Allgemeine Zeitung*, 21. 7. 2005. Siehe hierzu ausführlich unten Kap. 5, S. 338-368.

28 Koselleck, »Historik und Hermeneutik«, S. 102.

lichkeit, für Koselleck die Relation von Mann und Frau, sowie, zeitlich gewendet, die Relation zwischen Eltern und Kindern, den Generationen, die zugleich darauf verweist, dass geschichtliche Erfahrungen nicht von einer Generation auf die andere unmittelbar übertragbar sind.[29]

Innen und Außen. Sodann können alle möglichen Geschichten der Unterscheidung zwischen Innen und Außen, in der Terminologie Carl Schmitts: zwischen Freund und Feind, nicht entrinnen. Hier greift Koselleck auf seine scharfe Kritik der »Hypokrisie« der Aufklärung zurück, die er in *Kritik und Krise*, aber auch in seinem Aufsatz zu den asymmetrischen Gegenbegriffen formuliert hat. Wenn der aufgeklärte Universalismus für sich beansprucht, die Grenze zwischen Innen und Außen moralisch überwölben zu können, indem er politisch den Begriff der Menschheit einführt, so intensiviere sich dadurch Feindschaft nur noch mehr: der politische Gegner wird semantisch aus der Menschheit ausgeschlossen und zum »Unmenschen«. Mehr noch als diese von Schmitt entliehene politische Pointe interessiert Koselleck jetzt die dahinterliegende formale Struktur. Die Pluralität als Grundbedingung menschlichen Handelns führt politisch dazu, dass sich immer ein Innen und ein Außen einstellt. Alle Menschen sind Mitmenschen, aber geschichtlich gesehen auf je verschiedene Weise.[30] »Ob sich in der tatsächlichen Geschichte Griechen und Barbaren bekämpfen oder Griechen und Griechen, ob sich Christen und Heiden bekämpft haben oder die Christen untereinander, ob sich die modernen Handlungseinheiten im Namen der Menschheit konstituieren und den Gegner als Unmenschen bekämpfen, oder ob sich die Handlungseinheiten als Klassensubjekte begreifen, um die Klassen überhaupt zu beseitigen – die empirische Ausweitung in ihrer diachronen Sukzession setzt allemal das Oppositionspaar Freund und Feind voraus. Hier handelt es sich kategorial gesprochen um eine formale Opposition, die allen inhaltlichen Auffüllungen zugänglich bleibt, also um eine Art transzendentaler Kategorie möglicher Geschichten.«[31] Koselleck deutet also Schmitts agonale Begrifflichkeit von Freund und Feind, die in der politischen Situation der späten Weimarer Republik eine polemische Spitze besaß, als symmetrische, abstrakt-theo-

29 Ebd., S. 107.
30 Ebd., S. 104.
31 Ebd., S. 103.

retische Kategorien, die historisch ganz unterschiedlich gefüllt werden konnten.[32]

Zur Opposition von Innen und Außen zählt er in »Historik und Hermeneutik« noch den Gegensatz von »Geheim und Öffentlich«, sein Thema in *Kritik und Krise*, der in seinen späteren Texten kaum mehr auftaucht, dafür aber – als eine Form der Innen-Außen-Relation – die Differenz von Siegern und Besiegten. Zudem differenziert sich seine formale Bestimmung später konflikttheoretisch weiter aus. Nicht nur die Abgrenzung von politischen Handlungseinheiten, im Extremfall: die Feindschaft, sondern auch die Überschreitung von Grenzen gehört nun zur Innen-Außen-Relation: »Ohne Kontakte und Kontraste, ohne Konflikt und Kompromisse, ohne Konsensbildung dieser oder jener Art könnte keine Aktionsgemeinschaft, zumindest nicht in unserer komplexen Gesellschaft, existieren oder überleben. […] Bedrohlich werden diese lebensnotwendigen Innen-Außen-Abgrenzungen erst, wenn die Kontakte blockiert, Kompromisse verhindert werden, wenn die Konsensbildungen nur noch einseitig dazu dienen, Konflikte zu schüren, Bürgerkriege zu entfesseln, Kriege zu führen, den Massenmord freizugeben.«[33]

Oben und Unten. Schließlich meint Koselleck, dass die Differenz

32 In einem Interview mit Claus Peppel am 14.3.1994 antwortet Koselleck auf die Frage, welchen Nutzen Schmitt aus den gemeinsamen Gesprächen gezogen habe, dieser habe in seinem Aufsatz »Clausewitz als politischer Denker« (1967) von Koselleck diese paritätische Lesart von Freund und Feind übernommen, die allerdings in seinem Begriff des Politischen bereits angelegt gewesen sei. In dem Aufsatz wird von Schmitt nur Kosellecks Preußen-Buch angeführt, um auf die schwache Ausbildung politischer Parteien im Vormärz zu verweisen. Als eine Weiterentwicklung seiner Freund-Feind-Unterscheidung von einem Kriterium (bei Schmitt) zu einer Möglichkeitsbedingung des Politischen erwähnt der Aufsatz dagegen die gerade erschienene Dissertation Julien Freunds, *L'Essence du politique* (1965), eines Schülers Raymond Arons. Siehe Carl Schmitt, »Clausewitz als politischer Denker. Bemerkungen und Hinweise«, in: *Der Staat* 6 (1967), S. 479-502, hier S. 500 f. Schmitt bezieht sich auf Kosellecks Weiterentwicklung der Freund-Feind-Opposition in dem Aufsatz »Die legale Weltrevolution. Politischer Mehrwert als Prämie auf juristische Legalität und Superlegalität«, in: *Der Staat* 17 (1978), S. 321-339, hier S. 339. Siehe Reinhart Koselleck, Carl Schmitt, *Der Briefwechsel*, hg. v. Jan Eike Dunkhase, Berlin 2019, S. 379.

33 Reinhart Koselleck, »Feindbegriffe« [1993], in: ders., *Begriffsgeschichten. Studien zur Semantik und Pragmatik der politischen und sozialen Sprache*, Frankfurt/M. 2006, S. 274-284, hier S. 274.

zwischen Oben und Unten, zwischen Herr und Knecht, wie es bei Hegel und bei Marx heißt, alle sozialen Beziehungen in der Geschichte durchzieht. Das bedeute keineswegs, dass nicht ein Mehr an Freiheit und Gleichheit im Laufe der menschlichen Geschichte erreichbar sei. Nur würden sich soziale Hierarchien dennoch immer wieder neu einstellen. Das gelte, so die politische Wendung seiner historischen Anthropologie, auch für alle Versuche, die Gleichheit mit Gewalt durchzusetzen. »Jede Revolution, die auf gewaltsame Weise Gewaltverhältnisse geändert hat, führt zur Etablierung neuer Gewaltverhältnisse. Die Legitimation mag neu sein, die Rechtsverhältnisse mögen andere, vielleicht sogar bessere geworden sein, an der Wiederkehr von neu organisierten und rechtlich geregelten Abhängigkeitsformen, an der Oben-Unten-Relation selber ist deshalb noch nie etwas geändert worden.«[34]

In seinem letzten zu Lebzeiten publizierten Essay hat Koselleck diese drei formalen Grundbestimmungen als Basis seiner historischen Anthropologie bezeichnet, sie aber um drei weitere Kategorien ergänzt: die geografischen und klimatischen Vorbedingungen, die unabhängig vom Menschen dessen Leben ermöglichen, die Institutionen, die rein menschlich generierte Bedingungen möglicher Geschichten hervorbringen, wie etwa die Arbeit und das Recht, und schließlich die Ereignisse selbst, die eigene Wiederholungsstrukturen enthalten, wie der Begriff der Revolution anzeigt.[35]

Handeln und Erleiden

Koselleck geht es weder darum, alles menschliche Handeln und Erleiden auf diese anthropologischen Grundbedingungen zu reduzieren (deshalb die Betonung auf den *möglichen* Geschichten), noch streitet er ab, dass diese nur an der Sprache ablesbar seien; gerade die Begriffsgeschichte ist für ihn die Methode, seine theoretischen Kategorien empirisch nachzuweisen.[36] Aber die Krisenerfahrungen seiner Gegenwart verlangen, so Koselleck, eine neue Theorie histo-

34 Koselleck, »Historik und Hermeneutik«, S. 109.

35 Koselleck, »Was sich wiederholt«.

36 Eine andere Lesart findet sich bei Angelika Epple, »Natura Magistra Historiae? Reinhart Kosellecks transzendentale Historik«, in: *Geschichte und Gesellschaft* 32 (2006), S. 201-213.

rischen Wissens, um die Offenheit der Zukunft zurückzugewinnen. Das ist im Kern sein Anliegen. Eine Leistung seiner Historik sieht er folglich darin, geschichtliche Erfahrungen theoretisch einzuholen, um sie für künftiges politisches Handeln und für prognostische Argumentation nutzbar zu machen. Hier liegt auch der entscheidende Unterschied zu Heideggers *Sein und Zeit*, dem Kosellecks Historik dennoch wesentliche Anstöße verdankt, insbesondere der im fünften Kapitel aufgeworfenen Grundfrage nach der Zeitlichkeit und der Geschichtlichkeit des Daseins. Anders als für Heidegger gehört für Koselleck aber die Pluralität (Löwiths »Miteinandersein«) und Konfliktträchtigkeit des Menschen zu den Grundstrukturen möglicher Geschichten.[37]

Bereitwillig räumt er ein, für seine Historik Versatzstücke aus der politischen Theorie von der Antike bis Carl Schmitt zu entlehnen. Gewiss sei auch die Herkunft seiner historischen Theorie hermeneutisch-textkritisch aufweisbar. Damit wäre aber nicht gesagt, dass die Historik nicht dennoch Möglichkeitsstrukturen beschreibt, auf die jede Verstehenslehre erst reagieren kann, wie er Gadamer entgegnet. Die Historik ziele darauf, theoretisch zu erschließen, wie sich Geschichten überhaupt historisch konkret ereignen können. »Denn immer handelte es sich bei den allgemeinen Formalbestimmungen von Innen und Außen, Oben und Unten, Früher oder Später und auch bei den konkreteren Formalbestimmungen von Freund und Feind, von Generativität, von Herr und Knecht und von Öffentlichkeit und Geheimnis um kategoriale Bestimmungen, die auf Seinsweisen zielen, die zwar sprachlich vermittelt werden müssen, aber der Sache nach nicht in sprachlicher Vermittlung aufgehen, sondern auch etwas Eigenständiges sind. Es handelt sich also um Kategorien, die auf eine Seinsweise möglicher Geschichten zielen, die so etwas wie Verstehen und Begreifen erst provozieren.«[38] Nur so könne die Historie dem Chaos geschichtlicher Befunde eine rationale Ordnung abgewinnen und auch an einem Wahrheitsbegriff festhalten, der sie überhaupt erst zur Wissenschaft macht. »Geschichte selber, wenn diese ideologieträchtige

37 Koselleck, »Historik und Hermeneutik«, S. 101. Siehe auch Niklas Olsen, »Reinhart Koselleck, Karl Löwith und der Geschichtsbegriff«, in: Carsten Dutt, Reinhard Laube (Hg.), *Zwischen Sprache und Geschichte. Zum Werk Reinhart Kosellecks*, Göttingen 2013, S. 236-255.

38 Koselleck, »Historik und Hermeneutik«, S. 112.

Vokabel einmal hingenommen wird, ist unvernünftig – vernünftig ist höchstens deren Analyse.«[39]

Mehr noch als für andere Wissenschaften, die sich auf Textexegesen stützen, sei die Historie darauf angewiesen, die Differenz zwischen vergangener Wirklichkeit und der Sprache auszumessen, auch wenn sich diese Wirklichkeit nur sprachlich konstituiert. »Was sich im Rahmen der genannten Vorgaben zum Ereignis schürzt, ist mehr, als sprachlich beherrscht werden kann. Wenn die bewegliche Innen/Außen-Abgrenzung zum leidenschaftlichen Gegensatz von Freund und Feind zugespitzt wird, wenn der unentrinnbare Tod durch Totschlag oder Selbstopfer überboten wird, wenn die Relation zwischen oben und unten zur Versklavung und unaufhebbaren Demütigung oder zur Ausbeutung und zum Klassenkampf führt, ja selbst wenn die Spannung zwischen den Geschlechtern der Entwürdigung dient – immer dann entstehen Ereignisse, Ereignisketten, Ereigniskatarakte, die sich der Sprache entziehen, auf die jedes Wort, jeder Satz, jede Rede nur noch reagieren kann.«[40]

Wie empirisch produktiv die von ihm gefundenen kategorialen Oppositionspaare für die historische Analyse sind, hat Koselleck in seinen eigenen Arbeiten vorgeführt, etwa anhand der politischen Semantik von »Nation« und »Volk«, der Erinnerungen und Erfahrungen der beiden Weltkriege oder der Ikonologie des gewaltsamen Todes beim Übergang vom dynastischen in das demokratische Zeitalter.[41] Besonders anschaulich ist ihm das am Beispiel der Geschichtsschreibung selbst gelungen. Denn die Bedingungen möglicher Geschichten sind auch die der historischen Analyse oder

39 Ebd., S. 113.

40 Koselleck, »Sprachwandel und Ereignisgeschichte«, S. 660.

41 Reinhart Koselleck u. a., »Volk, Nation, Nationalismus, Masse«, in: *Geschichtliche Grundbegriffe*, Bd. 7, Stuttgart 1992, S. 141-431, hier S. 142-151, S. 380-431 u. bes. S. 144-146 zur politischen Semantik der Oben-unten- bzw. Innen-außen-Relation; ders., »Erinnerungsschleusen und Erfahrungsschichten. Der Einfluß der beiden Weltkriege auf das soziale Bewußtsein«, in: ders., *Zeitschichten*, S. 265-286, bes. S. 266-272; sowie am Beispiel der politischen Ikonologie: ders., »Einleitung«, in: ders., Michael Jeismann (Hg.), *Der politische Totenkult. Kriegerdenkmäler in der Moderne*, München 1994, S. 9-20, hier S. 10; ders., »Kriegerdenkmale als Identitätsstiftungen der Überlebenden«, in: Karlheinz Stierle, Odo Marquardt (Hg.), *Identität* (= Poetik und Hermeneutik VIII), München 1979, S. 255-276; ders., *Zur politischen Ikonologie des gewaltsamen Todes. Ein deutsch-französischer Vergleich*, Basel 1998.

Erzählung. Für die Perspektive des Historikers ist es entscheidend, so Koselleck, ob er früher oder später geboren wurde, ob er mithin Zeitgenosse war oder *ex post* über die Ereignisse berichtet, ob er sozial oder politisch oben oder unten verortet werden muss, das heißt, ob er zu den Siegern oder den Besiegten zählt, und ob er der Handlungseinheit angehört, über die er als Historiker berichtet, oder den Blick von außen auf sie richtet.[42]

Erst nachdem er die kategorialen Gegensatzpaare seiner Historik gefunden hat, entdeckt er eine ähnliche Anthropologie geschichtlicher Erfahrungen in Goethes Farbenlehre: »Mit leisem Gewicht und Gegengewicht wägt sich die Natur hin und her, und so entsteht ein Hüben und Drüben, ein Oben und Unten, ein Zuvor und Hernach, wodurch alle Erscheinungen bedingt werden, die uns in Raum und Zeit entgegentreten.«[43] Koselleck versteht seine Theorie der Bedingungen möglicher Geschichten als bewusst unzeitgemäß, fern der wissenschaftlichen Moden seiner Zeit, die seinen methodischen Innovationen zumeist hinterherlaufen. Verbindungslinien lassen sich am ehesten zur philosophischen Anthropologie Karl Löwiths und dessen Kritik des modernen Geschichtsdenkens ziehen.[44] Ins Auge fallen aber vor allem die Parallelen zu einer politischen Denkerin, die wie Koselleck für »die

42 Koselleck, »Sprachwandel und Ereignisgeschichte«, S. 669; ausführlich: ders., »Erfahrungswandel und Methodenwechsel. Eine historisch-anthropologische Skizze« [1988], in: ders., *Zeitschichten*, S. 27-77, bes. S. 67-77.

43 »Zur Farbenlehre«, in: *Sämtliche Werke*, Bd. 23, S. 13, zit. n. Reinhart Koselleck, »Goethes unzeitgemäße Geschichte«, in: ders., *Vom Sinn und Unsinn der Geschichte. Aufsätze und Vorträge aus vier Jahrzehnten*, hg. und mit einem Nachwort von Carsten Dutt, Berlin 2010, S. 286-305, hier S. 298.

44 In Karl Löwith, *Weltgeschichte und Heilsgeschehen. Die theologischen Voraussetzungen der Geschichtsphilosophie* [Orig. 1949, dt. 1953], Stuttgart 1973; sowie in den Aufsätzen aus den 1950er Jahren: *Der Mensch inmitten der Geschichte. Philosophische Bilanz des 20. Jahrhunderts*, Stuttgart 1990. Während seines Aufenthalts an der New School in New York schreibt Koselleck im März 1986 das Vorwort zu Löwiths Lebensbericht. Dort spricht er von dessen »rigorose[m] Zweifel, der sich allen Geschichten und allem Geschehen überlegen weiß. [...] Die geschichtlich bedingte Entstehung und die philosophisch genuine Überzeugungskraft jenes Skeptizismus, den Löwith später auf seinem Heidelberger Lehrstuhl vertreten wird, sie werden in diesem Lebensbericht einsichtig und nachvollziehbar.« Koselleck, »Vorwort«, in: Karl Löwith, *Mein Leben in Deutschland vor und nach 1933. Ein Bericht. Mit einer Vorbemerkung von Reinhart Koselleck und einer Nachbemerkung von Ada Löwith*, Frankfurt/M. 1989, S. ix-xv, hier S. xiii.

Geschichten im Plural, gegen die Geschichte im Singular« stritt: Hannah Arendt.[45]

Arendts Geschichtskritik

Hinweise auf das Werk Hannah Arendts finden sich nur an wenigen, wenn auch prominenten Stellen bei Koselleck. Wenn sie genannt wird, dann zumeist im Zusammenhang mit anderen liberalen, antitotalitären Denkern der Zeit wie Raymond Aron, denen sich Koselleck politisch nahe fühlte. Nach dem Erscheinen der deutschen Ausgabe von *Elemente und Ursprünge totaler Herrschaft* (1955) lud Koselleck Arendt nach Heidelberg zum Vortrag ein. Dabei waren, wie er sich 1998 erinnerte, kaum Kollegen, dafür aber viele Studenten, die bis tief in die Nacht begeistert mit der Meisterdenkerin der Nachkriegszeit diskutierten. Für Koselleck und andere Heidelberger Studenten, die aus dem nationalsozialistischen Krieg und einige auch aus den sowjetischen Gulags zurückgekommen waren, sei Arendts Totalitarismus-Studie eine Entdeckung gewesen: »Heidegger und Lukács, Kojève und Jaspers bewegten sich noch im Vorfeld der Katastrophe. Nicht so Hannah Arendt.«[46]

Auch für Arendt besitzt die Geschichte kein Telos und keine Vernunft, sondern ist, nach einem Diktum Goethes, das sie im August 1954 in ihr Denktagebuch notiert, nicht mehr als »ein Mischmasch aus Irrtum und Gewalt«.[47] Arendt und Koselleck gehen mit Heidegger über Heidegger hinaus,[48] auch hat Carl Schmitt ihrer bei-

45 Die Formulierung stammt mit Bezug auf Koselleck von Jacob Taubes, »Geschichtsphilosophie und Historik. Bemerkungen zu Kosellecks Programm einer neuen Historik«, in: Reinhart Koselleck, Wolf-Dieter Stempel (Hg.), *Geschichte – Ereignis und Erzählung* (= Poetik und Hermeneutik V), München 1973, S. 490-498. Zu Taubes' Rolle in der Forschungsgruppe siehe Jerry Z. Muller, *Professor of Apocalypse. The Many Lives of Jacob Taubes*, Princeton 2022, S. 323-332.

46 Reinhart Koselleck, »Laudatio auf François Furet«, in: *Sinn und Form* 49 (1998), S. 297-300, hier S. 297.

47 Hannah Arendt, *Denktagebuch 1950-1973*, Bd. 1, München 2002, S. 488.

48 Zu Koselleck und Heidegger vgl. Taubes, »Geschichtsphilosophie und Historik«; sowie zuletzt: Steffen Kluck, Richard Pohle, »Koselleck, Heidegger und die Strukturen geschichtlicher Situationen«, in: Manfred Hettling, Wolfgang Schieder (Hg.), *Reinhart Koselleck als Historiker. Zu den Bedingungen möglicher Geschichten*, Göttingen 2021, S. 61-86; aus der Fülle an Literatur zu Arendt und

der Denken, wenn auch auf unterschiedliche Weise, beeinflusst.[49] Weniger einflussreich für Koselleck, aber ebenfalls ein gemeinsamer Bezugspunkt ist Karl Jaspers, bei dem beide – Arendt vor 1933, Koselleck nach 1945 – studiert haben.[50] Beide sehen in der Analyse abgelagerter Begriffssedimente einen methodischen Zugang zu vergangenen Wirklichkeiten. Beide suchen im Dialog mit den antiken Texten und der alteuropäischen Tradition des politischen Denkens die Genealogie der neuzeitlichen Brucherfahrung und der Katastrophen des 20. Jahrhunderts zu begreifen. Und beide entwickeln metahistorisch-anthropologische Kategorien, die diesen Traditionsbruch perspektivieren und zugleich kategorial überbrücken sollen.

Hannah Arendts politische Theorie ist bekanntlich eng mit ihrem historischen Denken verknüpft.[51] Gerade weil sie von der Geschichtswissenschaft nicht viel hält – eine Abneigung, die von der Historikerzunft weitgehend (und bis heute) erwidert wird[52] –,

Heidegger: Dana R. Villa, *Arendt and Heidegger. The Fate of the Political*, Princeton 1996; Rahel Jaeggi, *Welt und Person. Zum anthropologischen Hintergrund der Gesellschaftskritik Hannah Arendts*, Berlin 1997; Annette Vowinckel, *Geschichtsbegriff und Historisches Denken bei Hannah Arendt*, Köln 2001; Richard Wolin, *Heidegger's Children. Hannah Arendt, Karl Löwith, Hans Jonas, and Herbert Marcuse*, Princeton 2015.

49 Vgl. Reinhard Mehring, »Begriffssoziologie, Begriffsgeschichte, Begriffspolitik. Zur Form der Ideengeschichtsschreibung nach Carl Schmitt und Reinhart Koselleck«, in: Harald Bluhm, Jürgen Gebhardt (Hg.), *Politische Ideengeschichtsschreibung im 20. Jahrhundert. Konzepte und Kritik*, Baden-Baden 2006, S. 31-50; zu Arendt und Schmitt: David Bates, »On Revolutions in the Nuclear Age: The Eighteenth Century and the Postwar Global Imagination«, in: *qui parle* 15 (2005), S. 171-195; Samuel Moyn, »Hannah Arendt on the Secular«, in: *New German Critique* 35 (2008), S. 71-96; Andreas Kalyvas, *Democracy and the Politics of the Extraordinary. Max Weber, Carl Schmitt, and Hannah Arendt*, New York 2008.

50 Vgl. Hannah Arendt, »Karl Jaspers. Bürger der Welt?« [engl. Orig. 1958], in: dies., *Menschen in finsteren Zeiten*, München 1989, S. 99-112; Reinhart Koselleck, »Jaspers, die Geschichte und das Überpolitische«, in: Jeanne Hersch u. a. (Hg.), *Karl Jaspers. Philosoph, Arzt, politischer Denker*, München 1986, S. 291-302.

51 Vgl. Claudia Althaus, *Erfahrung denken. Hannah Arendts Weg von der Zeitgeschichte zur politischen Theorie*, Göttingen 2000; Vowinckel, *Geschichtsbegriff und Historisches Denken bei Hannah Arendt*; sowie Seyla Benhabib, *Hannah Arendt. Die melancholische Denkerin der Moderne*, Hamburg 1998, S. 146-168.

52 Eine Ausnahme ist etwa Hans Mommsen, »Hannah Arendt und der Prozeß gegen Adolf Eichmann«, in: Hannah Arendt, *Eichmann in Jerusalem. Ein Bericht von der Banalität des Bösen*, München 1986, S. 9-48. Mommsen schickte das Buch nach Erscheinen an Koselleck, der es mit umfangreichen Anstreichungen

bilden historisch-genealogische Fragen den Ausgangspunkt ihres Versuchs, die politischen Katastrophen des 20. Jahrhunderts zu verstehen. In *The Origins of Totalitarianism*, so der Titel der 1951 erschienenen Originalausgabe, entwickelt sie die These, totale Herrschaft stelle nicht nur eine völlig neue Staatsform dar. Vielmehr beruhe sie auf geschichtlichen Erfahrungen, die nie zuvor Grundlage von Politik gewesen seien. Wie der in dieser Zeit von Raphael Lemkin gefundene Ausdruck »Genozid« bringt auch »Totalitarismus« beziehungsweise »totale Herrschaft« eine neue Erfahrung auf den Begriff.[53] Die Grundlage totaler Herrschaft sei, so Arendt, der Terror, der den Raum menschlichen Handelns zusammenzwingt und damit die Freiheit zum Verschwinden bringt, ihre Bewegungsbegriffe seien »Geschichte« und »Natur«, nach deren vermeintlichen Gesetzen die Gesellschaft zugerichtet werden soll. In der Utopie des »neuen Menschen« treffen sich Rassismus und Marxismus; beide orientieren sich nicht an einer konkreten, erfahrungsgestützten Wirklichkeit, sondern zielen auf deren ideologische, beschleunigte Transformation. Wo das gesetzmäßige Absterben bestimmter Klassen zu lange dauert oder die perfekte Rasse den Existenzkampf braucht, um sich evolutionär weiterzuentwickeln, dort hilft der Terror der Geschichte oder der Natur gewaltsam nach: »Terror makes man conform to the movement of History or Nature«, wie

und seinem eigenen Begriffsregister versah (DLA Marbach, C: Koselleck, Einlagen 1763). Unter den Einlagen finden sich neben einem Auszug aus einer neuen Einleitung von Arendt, erschienen am 11. 9. 1964 in *Die Zeit* (»Schuld bleibt Schuld. Wider die Theorie vom ›Rädchen im Getriebe‹«) auch ein Bericht über eine Tagung zu Arendt und Adorno in der *Frankfurter Allgemeinen Zeitung* vom 23. 2. 2000, geschrieben von Richard Kämmerlings. Darin unterstreicht Koselleck (und markiert zusätzlich am Rand mit einem roten Balken) die folgenden Sätze Arendts zu den Vernichtungslagern, die er zweifellos auf seine eigenen Überlegungen in »Terror und Traum« zur »Faktizität des Fiktiven« bezog: »Angesichts der Ungeheuerlichkeit des Geschehenen wird die Kategorie der Faktizität selbst problematisch – freilich nicht im Sinne einer Leugnung, sondern als Scheitern der historischen Vorstellungskraft.«

53 Vgl. Anson Rabinbach, »The Challenge of the Unprecedented. Raphael Lemkin and the Concept of Genocide«, in: *Jahrbuch des Simon-Dubnow-Instituts* 4 (2005), S. 397-420; ders., *Begriffe aus dem Kalten Krieg. Totalitarismus, Antifaschismus, Genozid*, Göttingen 2009; Benjamin Alpers, *Dictators, Democracy, and American Public Culture. Envisioning the Totalitarian Enemy, 1920s-1950s*, Chapel Hill 2003, bes. Kap. 5.

Arendt für eine Vorlesung an der New School im März 1953, wenige Tage nach Stalins Tod, notiert.[54]

Arendt hat diese Auseinandersetzung mit dem modernen Geschichtsbegriff in den 1950er und 1960er Jahren in einer Reihe von Aufsätzen sowie in ihren privaten Aufzeichnungen fortgesetzt. »Das Unheil, das durch die Herrschaft naturwissenschaftlichen Denkens in die *Geschichte* kam«, schreibt sie im Sommer 1953 in ihr Denktagebuch, »liegt nicht an den Begriffen, sondern am Prozess-Denken. Entwicklung, nämlich Entfaltung eines ursprünglich Gegebenen, ist eine Konzession der Naturwissenschaften an die geschichtliche Realität: Mit ihr historisierte man natürliche Prozesse (Darwin) und naturalisierte die Geschichte.«[55] Unbrauchbar erschienen ihr daher auch die überkommenen Methoden und Erklärungsmodelle der Geschichtswissenschaft. »Alle Kausalität vergessen«, notiert sie zwei Jahre früher. »An ihre Stelle: Analyse der Elemente des Ereignisses. Zentral ist das Ereignis, in dem sich die Elemente jäh kristallisiert haben. Titel meines Buches grundfalsch; hätte heissen müssen: The *Elements* of Totalitarianism.«[56] Im Titel der deutschen Ausgabe von 1955 sind die »Elemente« dann tatsächlich aufgenommen, zusammen mit einem neuen Schlusskapitel: »Ideologie und Terror: eine neue Staatsform«, das die theoretischen Grundlinien ihres (letztlich ungeschriebenen) Nachfolgebuchs über Marx und den Marxismus enthält.[57]

Lektüren im Kalten Krieg

Arendts Geschichts- und Ideologiekritik in *Elemente und Ursprünge totaler Herrschaft*, aber auch die Zeitdiagnosen in ihren Aufsätzen sind es, die Koselleck bei seiner Lektüre elektrisieren. So enthält *Fragwürdige Traditionsbestände im politischen Denken der Gegenwart*,

54 Hannah Arendt, »The Great Tradition and the Nature of Totalitarianism« [1953], Bl. 8, Hannah Arendt Papers, Library of Congress, Manuscript Division; abgedr. in: dies., *The Modern Challenge to Tradition. Fragmente eines Buchs* (= Kritische Gesamtausgabe, Bd. 6, hg. v. Barbara Hahn u. a.), Göttingen 2018, S. 117-132, hier S. 126.

55 Arendt, *Denktagebuch*, Bd. 1, S. 415.

56 Ebd., S. 96 f.

57 Siehe Arendt, *The Modern Challenge to Tradition.*

die von Charlotte Beradt übersetzten Essays aus den 1950er Jahren, in denen Arendt ihre Kritik des modernen Geschichtsbegriffs (und der marxistischen Geschichtsphilosophie) formuliert, Anstreichungen, handschriftliche Marginalien und, wie bei intensiven Lektüren Kosellecks üblich, ein von ihm angelegtes Register auf der Innenseite des Rückdeckels. Auf Seite 102 von Arendts »Geschichte und Politik in der Neuzeit« unterstreicht er das Schlüsselzitat aus dem letzten Kapitel von *De la Démocratie en Amérique* (»Seit die Vergangenheit aufgehört hat, ihr Licht auf die Zukunft zu werfen, irrt der menschliche Geist in der Finsternis«) und notiert auf dem hinteren Vorsatz als Stichwort »hist[oria] mag[istra] vitae 102 (Tocqueville!)«. Das Tocqueville-Zitat findet sich später mit einem Verweis auf das Original wie auch auf *Fragwürdige Traditionsbestände im politischen Denken der Gegenwart* und Arendts *Über die Revolution* (1963) an ähnlich herausgehobener Stelle in Kosellecks »Historia Magistra Vitae. Über die Auflösung des Topos im Horizont neuzeitlich bewegter Geschichte«, einem seiner wichtigsten Aufsätze, zuerst publiziert 1967 in der Festschrift *Natur und Geschichte* für Karl Löwith.[58]

Koselleck interessierten an *Elemente und Ursprünge totaler Herrschaft* besonders die zeitdiagnostischen Überlegungen zu Stalinismus und Nationalsozialismus. Dabei ging es nicht nur um Arendts Analyse einzelner Elemente totalitärer Ideologie, etwa ihre Kritik der Geschichtsteleologie, also des Glaubens an »Gesetze der Geschichte«, deren bewiesene Rationalität und prozesshafte Logik (»Wer A sagt, muss auch B sagen«) nur zu befolgen sei, auch wenn sie intuitiv dem Common Sense widersprachen. Kosellecks Lektürespuren drehten sich um Arendts politische Analyse der Machtausübung im Alltag, um »totale Herrschaft« als radikal neue Form dessen, was Foucault später Gouvernementalität nannte. So annotiert Koselleck besonders die von Arendt herausgearbeitete Paradoxie von öffentlichen Schauprozessen und der von den Angeklagten geforderten »Einsicht« in die »höhere«, geschichtliche Vernunft ihrer Verurteilung bei gleichzeitig strikter Geheimhaltung der sich als verschworene Elite begreifenden staatlichen Verfolgungsagenturen (»Prozesse 1936 ff.«, »Geheimnis + Verschwörung«). Nicht nur hier

58 Reinhart Koselleck, »Historia Magistra Vitae. Über die Auflösung des Topos im Horizont neuzeitlich bewegter Geschichte« [1967], in: ders., *Vergangene Zukunft*, S. 38-66, hier S. 47.

ist der Bezug erkennbar, den Koselleck zur zeitkritischen Pointe von *Kritik und Krise* hergestellt haben mag.

Ausgerechnet Carl Schmitt hatte den Heidelberger Doktoranden ein Jahr nach Erscheinen der englischen Originalausgabe auf *Origins of Totalitarianism* hingewiesen.[59] Kosellecks Exemplar der wesentlich erweiterten und von Arendt selbst übertragenen deutschen Ausgabe von 1955 ist gründlich durchgearbeitet, weniger die ersten beiden, stärker historischen Teile, etwa Arendts Hobbes-Lektüren, die sich auf den ersten Blick thematisch enger mit *Kritik und Krise* berühren. Fast alle Begriffe in dem von Koselleck angelegten Register beziehen sich auf den dritten Teil »Totalitäre Bewegung und totale Herrschaft«. Dort findet er einzelne Stichworte für seine Historik: »Herr + Knecht«, »Innen + Außen«, »Prognose«, »Utopie«, »Erdeinheit«, »Privat u. Öffentlich« und, die entsprechende Seitenzahl doppelt unterstrichen, »Prognose«, sowie als Einlage seine akribischen Notizen zu Arendts Vortrag aus dem Jahr 1958 »Die ungarische Revolution und der totalitäre Imperialismus« (ebenfalls übersetzt von Beradt), womöglich der Vortrag, den sie auch in Heidelberg gehalten hat.[60] So wie Arendt aus der Geschichtskritik heraus nach Möglichkeitsbedingungen des Politischen sucht, so sammelt Koselleck politische Gedankensplitter für seine Theorie historischen Wissens im Zeitalter der Katastrophen, die er zwar nicht nur, aber auch bei Arendt findet.

Möglichkeitsbedingungen des Politischen

So wusste sich Koselleck mit Arendt darin einig, konsequent die modernen Geschichtskonstruktionen bei Hegel und Marx, Oswald Spengler und Arnold Toynbee (dessen Denkfigur von »challenge« und »response« in den Kern der Modernisierungstheorie einging) zu verwerfen.[61] Nicht Worte, Taten und Ereignisse – die klassischen

59 Schmitt zitiert am 7.10.1954 Arendt in seiner Zueignung von *Gespräch über die Macht und den Zugang zum Machthaber* (1954) an Koselleck: »Real power begins where secrecy begins«, in: Koselleck, Schmitt, *Der Briefwechsel*, S. 65.

60 So das Ergebnis der Studie von Sebastian Huhnholz, *Von Carl Schmitt zu Hannah Arendt? Heidelberger Entstehungsspuren und bundesrepublikanische Liberalisierungsschichten von Reinhart Kosellecks »Kritik und Krise«*, Berlin 2019, S. 135-142.

61 Hannah Arendt, »Natur und Geschichte«, in: dies., *Zwischen Vergangenheit und*

Themen antiker Geschichtsschreibung und Politik – bilden in der Neuzeit, so Arendt, den Gegenstand historischen Denkens. Stattdessen geht es etwa Hegel darum, das »objektive« Wirken der Vernunft und des Fortschritts im Wirken eines welthistorischen Individuums aufzuzeigen, das geschichtlich realisiert, was notwendig an der Zeit ist. »Seit Hegel Napoleon in Jena einreiten sah und in ihm nicht den Kaiser Frankreichs und nicht den Eroberer Preußens, nicht den Sohn und nicht den Zerstörer oder Überwinder der Französischen Revolution erblickte, also nichts von dem, was Napoleon in diesem Moment wirklich war, sondern den ›Weltgeist zu Pferde‹ – seither haben die Geschichtswissenschaft und die Geschichtsschreibung gemeint, nur dann mit der Erforschung und Darstellung eines Ereignisses fertig zu sein, wenn sie in ihm das funktionell Exponentenhafte entdeckt haben, nämlich das, was selbst ungreifbar sich hinter dem Sichtbaren und Erfahrbaren verbarg.«[62]

Die Kritik am neuzeitlichen Begriff der Geschichte, den Arendt als geteiltes Ideologem von Marxismus und amerikanischen Sozialwissenschaften ansah, führt sie zu der Frage nach den anthropologischen Bedingungen geschichtlicher Erfahrungen. In *The Human Condition* (1958, dt. *Vita activa oder Vom tätigen Leben*, 1960) und zwar besonders im fünften Kapitel »Das Handeln«, entfaltet sie ihre historisch-politische Anthropologie als Antwort auf die in den Studien zum Totalitarismus diagnostizierte Krise.

Natalität und Pluralität. Wie Koselleck, der sich an dieser Stelle auch direkt auf *Vita activa* bezieht,[63] gehört für Arendt zu den Grundbedingungen menschlicher Existenz die Natalität, das Geborensein. Es ermöglicht das Außerordentliche, einen neuen Anfang und damit auch ein sich immer wieder neu und spontan ein-

Zukunft. Übungen im politischen Denken I, München 1994, S. 54-79, hier S. 50. Vgl. zum intellektuellen Kontext: Ira Katznelson, *Desolation and Enlightenment. Political Knowledge after Total War, Totalitarianism, and the Holocaust*, New York 2003.

62 Hannah Arendt, »Geschichte und Politik in der Neuzeit«, in: dies., *Zwischen Vergangenheit und Zukunft*, S. 80-109, hier S. 80 f. Wie »Natur und Geschichte« geht auch dieser Text zurück auf zwei englischsprachige Aufsätze, die Arendt Ende der 1950er Jahre veröffentlicht hat: »History and Immortality«, in: *Partisan Review* 24 (1957), S. 11-35, bzw. »The Modern Concept of History«, in: *Review of Politics* 20 (1958), S. 570-590.

63 Koselleck, »Historik und Hermeneutik«, S. 107.

stellendes Gegengewicht zur Herrschaft von Terror und Ideologie. »›*Initium ut esset, creatus est homo* – damit ein Anfang sei, wurde der Mensch geschaffen‹, sagt Augustin. Dieser Anfang ist immer und überall da und bereit. Seine Kontinuität kann nicht unterbrochen werden, denn sie ist garantiert durch die Geburt eines jeden Menschen.«[64] In *Vita activa* knüpft Arendt direkt an diese letzten Sätze von *Elemente und Ursprünge totaler Herrschaft* an. Jetzt zählen für sie zu den Grundbedingungen menschlicher Existenz neben »Natalität und Mortalität« allgemein »das Leben selbst und die Erde« (bei Koselleck: die geografischen, klimatischen und anderen natürlichen Vorgaben möglicher Geschichten) sowie »Weltlichkeit und Pluralität« (bei Koselleck: die Konfliktstrukturen der Innen-außen- und Oben-unten-Relationen).[65]

Der augustinisch-christliche Begriff des Anfangs, der als Möglichkeit qua Geburt jedem Menschen unterschiedslos zukommt, realisiert sich für Arendt politisch nur im Miteinander. Pluralität bedeutet für sie eine politische Vielheit, und das heißt auch: eine Sphäre von Konsens und Konflikt zwischen den je verschiedenen Individuen. Hieraus erklärt sich ihre Polemik gegen einen vorpolitischen Begriff der »Menschheit«, die sich ähnlich auch bei Koselleck findet. Gegen die kosmopolitische Illusion, alle Menschen seien qua ihres Menschseins Weltbürger, erinnert Arendt, die selbst knapp zwanzig Jahre zur Staatenlosigkeit gezwungen worden war, daran, dass der Mensch, um politisch handeln zu können, immer mindestens einer konkreten Handlungseinheit angehören muss. Aus dieser Kritik an einem abstrakten Begriff der Menschheit rührt auch ihre Skepsis gegenüber den Menschenrechten, denen sie wie Burke die Staatsbürgerrechte vorzog. Das bedeutet keineswegs, dass sie sich aus einer bildungsaristokratischen Position heraus an der Vorstellung natürlicher Rechte stößt, die für Bürger wie »Barbaren« gleichermaßen gelten sollen.[66] Nur kann sie nicht erkennen, wie der Appell an die »Menschheit« Rechte garantieren und durchsetzen soll, solange es keinen Weltstaat gibt. Und ein solcher Weltstaat wäre, so Arendt, nur die furchtbarste Form der Tyrannis, weil er

64 Hannah Arendt, *Elemente und Ursprünge totaler Herrschaft*, München 2003, S. 979.

65 Hannah Arendt, *Vita activa oder Vom tätigen Leben*, München 1981, S. 21.

66 So eine oft vorgebrachte Kritik, z. B. von Hauke Brunkhorst, *Hannah Arendt*, München 1999, S. 102.

alle Politik, die Pluralität und Differenz voraussetzt, beenden würde. Denn »die Politik hat mit Menschen im Plural und nicht mit einem Menschengeschlecht oder dem Menschen überhaupt zu tun, und diese Menschen sind Bürger vieler Nationen und Erben vieler Vergangenheiten«.[67]

Handeln und Sprechen. Für Arendt bilden Natalität und Pluralität die Voraussetzung für die zentrale Kategorie ihrer historisch-politischen Anthropologie: das Handeln. Gegen einen providenziellen Begriff der Geschichte, der immer nur *ex post* die Ereignisse als notwendigen Vollzug vorgängiger anonymer Prozesse und Strukturen wegerklärt und damit auch ein Moment menschlicher Freiheit leugnet, setzt Arendt die ereignishafte Möglichkeit des Handelns, das diese Prozesse und Strukturen zu unterbrechen vermag. »Der Neuanfang steht stets im Widerspruch zu statistisch erfassbaren Wahrscheinlichkeiten, er ist immer das unendlich Unwahrscheinliche; er mutet uns daher, wo wir ihm in lebendiger Erfahrung begegnen [...], immer wie ein Wunder an.«[68] Es sind nicht die vermeintlich objektiven Gesetze der Geschichte oder der Natur, die handeln, sondern die Menschen selbst.[69] Und die konkreten Resultate dieses Handelns sind aufgrund der menschlichen Pluralität nicht vorhersehbar. In ihr Denktagebuch notiert sie: »Hamlets ›Our thoughts are ours, their ends none of our own‹.«[70]

Nicht in der Arbeit und im Herstellen, sondern im Handeln und Sprechen realisiert sich also für Arendt politisch die Conditio humana. Was auch immer die konkreten Interessen sein mögen, die Menschen zum Handeln und Sprechen bewegen, entscheidend sei ihr *inter-esse*, dass sie ein Dazwischen generieren und sich Bezüge einstellen, die die Menschen miteinander verbinden oder auch voneinander trennen.[71] »Handeln, im Unterschied zum Denken und Herstellen, kann man nur mit der Hilfe der anderen und in der Welt«, wie Arendt diese These später in einem für ihr Werk zentralen Aufsatz über »Freiheit und Politik« variiert. »In dem Zusammenhandeln, dem ›acting in concert‹, wie Burke zu sagen pflegte, realisiert sich die Freiheit des Anfangenkönnens als ein

67 Hannah Arendt, »Karl Jaspers. Bürger der Welt«, S. 99 f.

68 Arendt, *Vita activa*, S. 216 f.

69 So argumentiert auch Koselleck, »Laudatio auf François Furet«, S. 299.

70 Arendt, *Denktagebuch*, Bd. 1, S. 274.

71 Arendt, *Vita activa*, S. 224.

Frei*sein*. […] Durch das Freisein, in dem die Gabe der Freiheit, des Anfangenkönnens, zu einer greifbaren weltlichen Realität wird, entsteht zusammen mit den Geschichten, die das Handeln erzeugt, der eigentliche Raum des Politischen.«[72] Es ist diese erfahrungsgestützte Wirklichkeit, die aus dem Handeln und Sprechen hervorgeht, die Arendt das Bezugsgewebe menschlicher Angelegenheiten nennt. Auch Arendt ging es nicht darum, eine metaphysische Natur des Menschen zu bestimmen; sie wollte Kategorien finden, um die Möglichkeitsstrukturen des Politischen offenzulegen – das, was Koselleck die Bedingungen möglicher Geschichten nennt.[73]

In einer Schlüsselpassage von *Vita activa* erläutert Arendt, wie aus diesen Möglichkeitsstrukturen geschichtliche Erfahrungen – und damit auch die Geschichten im Plural – immer wieder neu und anders entstehen. »Da Menschen nicht von ungefähr in die Welt geworfen werden, sondern von Menschen in eine schon bestehende Menschenwelt geboren werden, geht das Bezugsgewebe menschlicher Angelegenheiten allem einzelnen Handeln und Sprechen voraus, sodaß sowohl die Enthüllung des Neuankömmlings durch das Sprechen wie der Neuanfang, den das Handeln setzt, wie Fäden sind, die in ein bereits vorgewebtes Muster geschlagen werden und das Gewebe so verändern, wie sie ihrerseits alle Lebensfäden, mit denen sie innerhalb des Gewebes in Berührung kommen, auf einmalige Weise affizieren. Sind die Fäden erst zu Ende gesponnen, so ergeben sie wieder klar erkennbare Muster bzw. sind als Lebens*geschichten* erzählbar.«[74] Nicht die Realisierungen konkreter Ziele und Zwecke sind also die originären Produkte des Handelns, sondern die unvorhersehbaren Geschichten, die daraus hervorgehen, der, wie Paul Ricœur treffend Arendts Geschichtsbegriff zusammenfasst, »Übergang von der Handlung zur Erzählung [*story*] und von der Erzählung zur Geschichte [*history*]«.[75] Die Geschichte selber handelt nicht, sondern ist das erzählbare Produkt menschlichen Handelns und Sprechens. Und die Geschichte hat keine Verfasser.

72 Hannah Arendt, »Freiheit und Politik« [1958], in: dies., *Zwischen Vergangenheit und Zukunft*, S. 201-226, hier S. 224 f.

73 Arendt, *Vita activa*, S. 224 f.

74 Ebd., S. 226.

75 Paul Ricœur, »Action, Story, and History. On Re-reading *The Human Condition*«, in: Reuben Garner (Hg.), *The Realm of Humanitas. Responses to the Writings of Hannah Arendt*, New York 1989, S. 149-164, hier S. 150.

»Jemand hat sie begonnen, hat sie handelnd dargestellt und erlitten, aber niemand hat sie ersonnen. Daß die Spanne menschlichen Lebens zwischen Geburt und Tod schließlich sich zu einer erzählbaren Geschichte formiert mit Anfang und Ende, ist die vorpolitische und prähistorische Bedingung dessen, daß es überhaupt so etwas wie Geschichte im Dasein der Menschheit gibt.«[76]

Die Geschichten, die die Handelnden selbst über ihre Motive und Taten erzählen, gehen in dem, was sich ereignet hat, nicht auf. Erst der unbeteiligte Geschichtsschreiber oder »Geschichtenerzähler« vermag rückblickend zu erkennen, in welche Bezugsgewebe die handelnden Menschen eingesponnen waren. Auch wenn Arendt also wie Koselleck nach den anthropologischen Grundbedingungen fragt, die allen möglichen Geschichten gleichsam voraus liegen und diese erst hervortreiben, so geht Kosellecks Historik in diesem Punkt über Arendts narrativen Geschichtsbegriff hinaus. Gewiss, die Geschichten lassen sich erst im Nachhinein analytisch auf den Begriff bringen oder durch Erzählung in Anschauung überführen, damit wir lernen, mit der Sinnlosigkeit des Geschehens umzugehen oder ihm einen Sinn abzugewinnen. Gleichwohl enthalten, so Koselleck, die perspektivisch gebrochenen, pluralistischen Wahrnehmungen der Teilnehmer eines Geschehens mehr, als sich in einer Erzählung später einholen lässt.[77] Die Geschichtsschreibung muss folglich danach fragen, welche vergangenen Erfahrungen verdrängt, vergessen oder verschwiegen wurden, und sie muss sich darüber im Klaren sein, selbst nur »ein Vorgriff auf Unvollkommenheit« insofern zu sein, als künftig diese vergangenen Erfahrungen ganz anders erzählt werden könnten.[78] So bleibt die Historie immer hinter den gegenwärtigen Vergangenheiten zurück, jedenfalls wenn sie meint, ohne eine Theorie möglicher Geschichten auszukommen.

76 Arendt, *Vita activa*, S. 227.

77 An anderer Stelle sieht Arendt dieses Problem: »The sources talk and what they reveal is the self-understanding as well as the self-interpretation of people who act and who believe they know what they are doing. If we deny them this capacity and pretend we know better and can tell them what their real ›motives‹ are or which real ›trends‹ they objectively represent – no matter what they themselves think – we have robbed them of the very faculty of speech.« Hannah Arendt, »On the Nature of Totalitarianism«, in: dies., *Essays in Understanding 1930-1954*, hg. v. Jerome Kohn, New York 1994, S. 328-360, hier S. 338.

78 Reinhart Koselleck, »Vom Sinn und Unsinn der Geschichte«, in: *Merkur* 51 (1997), S. 319-334, hier S. 326.

Verzeihen und Versprechen. Für Koselleck besteht darüber hinaus ein unaufhebbarer Hiatus zwischen den »Primärerfahrungen« der am Geschehen Beteiligten und den »Sekundärerfahrungen« unbeteiligter Beobachter oder späterer Erzähler, den er aus der Früher-später-Relation und der Kategorie der Gebürtlichkeit ableitet. Die Erfahrungen von Krieg und Genozid etwa »füllen das Gedächtnis der Betroffenen, sie formen deren Erinnerungen, ergießen sich wie Lavamasse in ihre Leiber – unverrückbar und eingeschrieben. Daran gemessen sind alle Erfahrungen der Zeitgenossen, die nicht im Lager waren, so wie die der Nachgeborenen, sekundär.« Diese Primärerfahrungen können – schwer genug, wie Koselleck einschränkt – erzählt werden; eine kollektive Erinnerung, die Täter und Opfer, also Handelnde und Erleidende, aber auch Zeitgenossen und Nachgeborene gleichermaßen verbindet, lasse sich daraus nicht konstruieren.[79]

Arendt formuliert hier eine andere Position. Das Miteinanderhandeln und -sprechen der Menschen erzeugt als nichtintendierte Folge die Geschichten, aber auch und vor allem Macht und Gewalt, die wiederum das Geflecht menschlicher Angelegenheiten und Bezüge durchziehen. Die Resultate des Handelns sind unvorhersehbar und nicht umkehrbar; die Menschen wissen nicht, was sie tun, wenn sie handeln. Aber sie haben die Macht, zu verzeihen. Um nicht selbst mit ihrer historisch-politischen Anthropologie die Vergangenheit zur Determinanten menschlicher Handlungsfreiheit zu erheben, entwickelt Arendt die Kategorien des Verzeihens und des Versprechens. »Im Unterschied zur Rache, die sich als natürlich-automatische Reaktion gegen Verfehlungen jeder Art einstellt und die auf Grund der Unwiderruflichkeit der Prozesse des Handelns berechenbar ist, stellt der Akt des Verzeihens in seiner Weise einen neuen Anfang dar und bleibt als solcher unberechenbar. Verzeihen ist die einzige Reaktion, auf die man nicht gefaßt sein kann, die unerwartet ist, und die daher, wiewohl nur Reagieren, selber ein dem ursprünglichen Handeln ebenbürtiges Tun ist. Weil das Verzeihen ein Handeln eigener und eigenständiger Art ist, das zwar von einem Vergangenen provoziert, aber von ihm nicht bedingt ist, kann es von den Folgen dieser Vergangenheit sowohl

79 Reinhart Koselleck, »Formen und Traditionen des negativen Gedächtnisses«, in: Volkhard Knigge, Norbert Frei (Hg.), *Verbrechen erinnern. Die Auseinandersetzung mit Holocaust und Völkermord*, München 2002, S. 21-32, hier S. 23 f.

denjenigen befreien, der verzeiht, wie den, dem verziehen wird.«[80] Die »Unwiderruflichkeit des Getanen« und der daraus folgenden Handlungs- und Gewaltlogik kann also durch das Verzeihen unterbrochen ,werden. Umgekehrt bietet ihre Fähigkeit, Versprechen zu geben, den Menschen ein Korrektiv zur Unabsehbarkeit der Resultate künftigen Handelns. Verzeihen und Versprechen entspringen aus konkreten Erfahrungen und werden gewonnen im Miteinander der Menschen, dem »Erscheinungsraum« des Politischen. Verzeihen und Versprechen sind kommunikative Akte, die neue Geschichten und Erinnerungen freigeben. Sie ermöglichen erfahrungsgestützte Regeln und Institutionen, die das Unabsehbare politischer Handlungen auffangen.

Das Singuläre der nationalsozialistischen Verbrechen liegt für Arendt genau darin, dass sie sich dem Verzeihen vollständig entziehen. Deshalb ist die fabrikmäßige Vernichtung der europäischen Juden (anders als die, wie sie meinte, der Form nach »altmodischen« Verbrechen des Stalinismus) ein Ausdruck des »radikal Bösen«.[81] Die Vernichtungslager sind nicht nur Orte von Grausamkeit; sie bilden eine eigene, präzedenzlose Ordnung radikaler Entmenschlichung, indem sie den Opfern jede Möglichkeit nehmen zu handeln, also Menschen zu sein, und die Täter außerhalb der rechtlichen, moralischen oder religiösen Normen stellen, die sich Menschen in der Vergangenheit gegeben haben. So wie das »absolut Gute« nichts im Bereich menschlicher Beziehungen und Bezüge zu suchen hat, weil es politisches Handeln, das in Konflikten und Kompromissen ausgetragen wird, durch ein passives Mitleiden mit anderen ersetzt, das leicht in eine letzte Gewalt umschlägt, die von allem Leid und aller Ungerechtigkeit erlösen soll, so ist auch das »radikal Böse« eine Negationsform des Politischen.[82] Das »radikal Böse« sprengt den menschlichen Erfahrungsraum, da

80 Arendt, *Vita activa*, S. 306 f.

81 Hannah Arendt, *Über das Böse. Eine Vorlesung zu Fragen der Ethik* [1965], München 2006, S. 14. In *Elemente und Ursprünge totaler Herrschaft* heißt es auf S. 721 im Abschnitt über die Konzentrationslager: »Aber in ihrem Bestreben, unter Beweis zu stellen, daß alles möglich ist, hat die totale Herrschaft, ohne es eigentlich zu wollen, entdeckt, daß es ein radikal Böses wirklich gibt und daß es in dem besteht, was Menschen weder bestrafen noch vergeben können.« Koselleck hat diese Stelle in seiner Ausgabe mehrfach angestrichen.

82 So Arendts Kritik an Rousseau, im Anschluss an Melvilles *Billy Budd*, Hannah Arendt, *Über die Revolution* [1963], München 1994, S. 100-111.

»wir es weder bestrafen noch vergeben können«, wie Arendt im Rückgriff auf eine Formulierung aus *Elemente und Ursprünge totaler Herrschaft* schreibt.[83] Beim Prozess gegen Adolf Eichmann 1961 sieht sie sich in dieser Einsicht bestätigt. Für die Bewertung von dessen Taten stehen keine aus menschlichen Erfahrungen ableitbaren Kategorien der Moral oder des Rechts zur Verfügung, und das nicht, weil es sich bei Eichmann um einen besonders dämonischen Täter handelt, wie die Anklage in Jerusalem zu suggerieren sucht. Arendts oft missverstandene Formel »Banalität des Bösen« meint nichts anderes als »das ›Paradoxon‹ eines banalen Täters, in dessen Taten sich das extreme Böse manifestiert hat«.[84]

Zerstückelte Vergangenheit

Der existenzielle, polemische Ton dieser historisch-politischen Anthropologien lässt sich nur aus den geschichtlichen Zeiterfahrungen Arendts und Kosellecks verstehen, die für die jüdische Emigrantin andere waren als für den Kriegsheimkehrer. So bedeutsam der Einfluss der Existenzphilosophie der 1920er Jahre auf Hannah Arendt gewesen sein mag, scheint mir die Reduktion ihres Denkens auf einen »politischen Existentialismus« (Martin Jay) oder »politisierten Existentialismus« (Margaret Canovan) jedoch zu kurz zu greifen.[85] Und auch für den jungen Koselleck war die Begegnung mit Heideggers Philosophie in den Seminaren bei Gadamer und mit dem französischen Existentialismus der Nachkriegszeit nur ein möglicher Ausgangspunkt seiner Zeit- und Geschichtstheorie.[86]

Ähnliches gilt für die Bedeutung Carl Schmitts. Schon in *Kritik und Krise* ist Koselleck mehr »Aufklärer der Aufklärung« (Ivan Nagel) als nur Sprachrohr Schmitts, wie Jürgen Habermas im letzten

83 Arendt, *Vita activa*, S. 307 f.

84 Dana R. Villa, »Das Gewissen, die Banalität des Bösen und der Gedanke eines repräsentativen Täters«, in: Gary Smith (Hg.), *Hannah Arendt Revisited. ›Eichmann in Jerusalem‹ und die Folgen*, Frankfurt/M. 2000, S. 231-263, hier S. 247.

85 Martin Jay, Leon Botstein, »Hannah Arendt. Opposing Views«, in: *Partisan Review* 45 (1978), S. 348-380, hier S. 368; Margaret Canovan, *Hannah Arendt. A Reinterpretation of Her Political Thought*, Cambridge 1992, S. 190.

86 Jan Eike Dunkhase, *Absurde Geschichte. Reinhart Kosellecks historischer Existenzialismus*, Marbach 2015, insbes. zu Kosellecks Lektüren von Sartre und Camus, S. 38-48.

Satz seiner Rezension 1960 behauptet.[87] Sowohl was die Fragestellung als auch was die Verfallsrhetorik angeht, verdankt Habermas' *Strukturwandel der Öffentlichkeit* (1962) ebenso viel *Kritik und Krise* wie *Vita activa*.[88] Wo Arendt einen Niedergang der Politik im Aufstieg des Gesellschaftlichen (und ein Verschwinden des öffentlich-politischen Raums) seit der Antike zu erkennen meint und Koselleck diese Krise des Politischen im 18. Jahrhundert in der Dialektik von Öffentlichkeit und Geheimnis verortet, da diagnostiziert Habermas einen Verfall der bürgerlich-liberalen Öffentlichkeit erst im Zuge der im 19. Jahrhundert entstehenden modernen Massengesellschaft. Alle drei Studien gehören in den Kontext einer sich zwischen totalitärer Erfahrung und endzeitlicher Erwartung eines globalen Atomkriegs bewegenden politischen Ideengeschichte der Nachkriegszeit.[89]

Gemeinsam ist Arendt und Koselleck der antitotalitäre Affekt, der ihnen den Weg zu einer marxistisch eingefärbten Gesellschaftstheorie verstellt. So werden Arendt *und* Koselleck auch zu Bezugspunkten etwa für François Furet und andere französische Intellektuelle, die sich seit den 1970er Jahren vom Marxismus gelöst haben.[90] »Wir – zumindest die Älteren unter uns – haben in den 1930er und 1940er Jahren den totalen Zusammenbruch aller geltenden moralischen Normen im öffentlichen und privaten Leben miterlebt, nicht nur (wie heutzutage gewöhnlich angenommen wird) in Hitlers Deutschland, sondern auch in Stalins Russland«, wie Arendt 1965 formuliert.[91] Der gemeinsame Gegner ist die Ge-

87 Habermas, »Verrufener Fortschritt – verkanntes Jahrhundert«, S. 477. Siehe unten, Kap. 4, S. 247-271.

88 Zu Koselleck und Habermas vgl. Anthony La Vopa, »Conceiving a Public. Ideas and Society in Eighteenth-Century Europe«, in: *Journal of Modern History* 64 (1992), S. 79-116; zu Arendt und Habermas: Benhabib, *Hannah Arendt*, S. 310-316.

89 Vgl. Bates, »On Revolutions in the Nuclear Age«; Harald Bluhm, »Das Atomzeitalter. Varianten einer Epochenbestimmung«, in: Karsten Fischer (Hg.), *Neustart des Weltlaufs? Fiktion und Faszination der Zeitenwende*, Frankfurt/M. 1999, S. 203-224.

90 Michael Scott Christofferson, »An Anti-Totalitarian History of the French Revolution. François Furet's *Penser la Révolution* in the Intellectual Politics of the Late 1970s«, in: *French Historical Studies* 22 (1999), S. 557-611; Samuel Moyn, »On the Intellectual Origins of François Furet's Masterpiece«, in: *The Tocqueville Review/La Revue Tocqueville* 29 (2008), S. 59-78.

91 Arendt, *Über das Böse*, S. 14.

schichtsphilosophie mit ihrem totalen Erklärungsanspruch, der – so Koselleck und Arendt – im 20. Jahrhundert politisch in die totalitäre Idee des Geschichtemachens umgeschlagen ist. Der Versuch totaler Herrschaft und der sie in Bewegung haltenden ideologischen Geschichtsutopien (aber auch der Plan- und Machbarkeitsfantasien der westlichen Sozialwissenschaften), die konkreten, auf eine vergangene Wirklichkeit bezogenen Erfahrungen, auf denen eine Tradition politischer Theorie seit der Antike aufruht, auszuhebeln, lässt beide nach der metahistorischen Bedingtheit menschlichen Sprechens und Handelns fragen.

Die Dringlichkeit, eigene theoretische Kategorien des Politischen zu entwickeln, ergibt sich für Arendt aus den geschichtlichen Erfahrungen des 20. Jahrhunderts selbst. Die Herausforderung liegt für sie darin, dass »alle unseren politischen Begriffe und Unterscheidungen nicht nur nicht ausreichen, […] sondern dass es ist, als ob uns alle unsere Kategorien des Denkens und Maßstäbe des Urteilens gleichsam unter der Hand explodierten, sobald wir sie hier anwenden wollen«.[92] Hieraus erklärt sich auch ihre Ende der 1960er Jahre geäußerte scharfe Kritik an der »Neuen Linken«, die, so Arendt, die Wirklichkeit des 20. Jahrhunderts mit politischen Kategorien des 19., etwa mit einem überholten Fortschrittsbegriff, zu begreifen sucht.[93]

Für Arendt stellen die geschichtlichen Erfahrungen ihrer Zeit einen unaufhebbaren Bruch mit der Vergangenheit dar, den sie genealogisch bis in die Antike zurückverfolgt. Zerbrochen sei, so Arendt, nicht nur die Politik, sondern auch die Geschichte. »Man hat dann immer noch die Vergangenheit, aber eine *zerstückelte* Vergangenheit, die ihre Bewertungsgewissheit verloren hat«, wie sie in ihrem letzten, unvollendeten Buch *Vom Leben des Geistes* ein Jahr vor dem Tod 1975 schreibt.[94] Der elegisch-pessimistische Grundton, der heutige Interpreten oft irritiert, kommt aus diesem Bewusst-

92 Hannah Arendt, »Die Menschen und der Terror. Vortrag für die Rias-Funk-Universität«, 23.3.1953, S. 4, Hannah Arendt Papers, Library of Congress, Manuscript Division; ähnlich argumentiert Arendt in ihrer Replik auf Eric Voegelins Kritik von *Origins of Totalitarianism*. Hannah Arendt, »A Reply«, in: *Review of Politics* 15 (1953), S. 76-84, hier S. 80.

93 Hannah Arendt, *Macht und Gewalt* [1969/70], München 2008, S. 27 f.

94 Hannah Arendt, *Vom Leben des Geistes* [1979], Bd. 1: *Das Denken*, München 2006, S. 208.

sein einer präzedenzlosen Gegenwart, das sie etwa mit Tocqueville und anderen politischen Denkern teilt, die sich von der Gewalt geschichtlicher Ereignisse überrollt sahen und sich in der Finsternis einer Welt wiederfanden, in der »die Vergangenheit aufgehört hat, ihr Licht auf die Zukunft zu werfen«. Dieses Tocqueville-Zitat, das Koselleck sich bei seiner Arendt-Lektüre notiert, ist eine Art Leitmotiv ihres politischen Denkens.[95] Wie Tocqueville so sieht auch Arendt eine Konsequenz der eigenen Zeiterfahrungen darin, eine »neue politische Wissenschaft für eine neue Welt« zu entwerfen, einen neuen Anfang zu machen, um die singuläre Brucherfahrung in begriffliche Erkenntnisse zu überführen. Daher der – angesichts der These vom unaufhebbaren Traditionsbruch – nur scheinbar paradoxe Rückgriff auf die politische Theorie der Vormoderne. Der Bruch mit der Tradition der Vergangenheit ist irreparabel. Uns bleibt, auf dem Meeresgrund der Vergangenheit »das Reiche und Seltsame, Perlen und Korallen, herauszubrechen und als Fragmente an die Oberfläche des Tages zu retten«.[96]

Überholt scheinen einige der zeitgebundenen Krisendiagnosen Arendts, nicht aber die theoretischen Fragen und Kategorien, die sie entwickelt hat, um die Brucherfahrungen des Zeitalters des Totalen zu analysieren.[97] Arendts auf geschichtliche Erfahrungen gestützte Anthropologie ermöglichte ihr, politische Herausforderungen zu erkennen, denen sich die Sozialwissenschaften erst in unserer Gegenwart zugewendet haben: dass eine Arbeitsgesellschaft, der die Arbeit ausgeht, ebenso politisch verhängnisvoll ist wie etwa der Niedergang des Nationalstaats in einer Welt, in der Rechte nur durch und zwischen Nationalstaaten garantiert werden können; oder dass der Umgang mit Vernichtungsgewalt neue Begriffe von Recht, Gerechtigkeit und Erinnerung verlangt. Selbst

95 Arendt, »Geschichte und Politik in der Neuzeit«, S. 96; bei Koselleck findet sich dieses Zitat mit einem Verweis auf Arendts *Über die Revolution* und *Fragwürdige Traditionsbestände* in: *Vergangene Zukunft*, S. 47. Siehe auch Harald Bluhm, »Alexis de Tocqueville und Reinhart Koselleck. Der Wandel der modernen politischen Sprache«, in: Hettling, Schieder (Hg.), *Koselleck als Historiker*, S. 171-193.

96 Hannah Arendt, »Walter Benjamin« [1968/71], in: Detlev Schöttker, Erdmut Wizisla (Hg.), *Arendt und Benjamin. Texte, Briefe, Dokumente*, Frankfurt/M. 2006, S. 47-97, hier S. 97.

97 Harald Bluhm, »Von Weimarer Existenzphilosophie zu politischem Denken«, in: Winfried Thaa, Lothar Probst (Hg.), *Die Entdeckung der Freiheit. Amerika im Denken Hannah Arendts*, Berlin 2003, S. 60-92.

Arendts emphatischer Begriff des Ereignisses als unvorhersehbares »Wunder«, das für kurze Zeit die Möglichkeit eines neuen Anfangs bietet und das sie etwa bei der Revolution in Ungarn 1956 erkennt, wirkt im Lichte des plötzlichen Zerfalls des sowjetischen Herrschaftsimperiums um 1990 weniger abwegig als die auf empirische Daten gestützten Projektionen vermeintlicher Experten der 1970er und 1980er Jahre.[98]

Was die Zukunft birgt

Auf die Geschichtsbrüche ihrer Zeit reagieren Tocqueville und Arendt mit einer neuen, erfahrungsgestützten politischen Theorie. Ähnliches gilt für Koselleck und seinen Impuls, der »Geschichte« als *Erfahrungswissenschaft* neue theoretische Grundlagen zu geben. Auch bei ihm färbt der existenziell-pessimistische Grundton des Nachkriegs seine Krisendiagnosen. Skepsis ist der Grundzug von Kosellecks Theorie möglicher Geschichten, die Begriffsgeschichte das methodische Rüstzeug, um sich der Zumutungen des Zeitgeistes zu erwehren, nicht zuletzt derjenigen, »die Geschichte« als vernünftig zu begreifen. Was Kosellecks Begriffsgeschichte von anderen Formen der historischen Semantik unterscheidet (und unverwechselbar macht), ist gerade die Verknüpfung von semantischen Befunden mit weit ausgreifenden Verlaufs- und Verfallsthesen, die eine bestimmte politische Anthropologie und Zeiterfahrung zur Voraussetzung haben.[99] Erinnert sei nur an seine These von der zunehmenden Differenz zwischen Erfahrung und Erwartung als zeitlicher Struktur der Moderne, der komplementär die These von der »ständig wechselnde[n], aber andauernd wachsende[n] Macht des Tötens« und der »Demokratisierung des Todes« entspricht.[100] Koselleck selbst hat in verschiedenen Aufsätzen seine Historik von anderen Wissensformen abgegrenzt – von der philosophischen

98 Siehe Alexei Yurchak, *Everything Was Forever, Until It Was No More. The Last Soviet Generation*, Princeton 2005.

99 So auch die These von Palonen, *Entzauberung der Begriffe*, S. 309.

100 Reinhart Koselleck, »Daumier und der Tod«, in: Gottfried Boehm u. a. (Hg.), *Modernität und Tradition. Festschrift für Max Imdahl*, München 1985, S. 163-178, hier S. 176; ders., »Kriegerdenkmale als Identitätsstiftungen der Überlebenden«, S. 267. Siehe dazu oben, Kap. 1, S. 92-98.

Hermeneutik ebenso wie von der literarischen Erzähltheorie oder der Psychoanalyse und der Psychologie. Einen vergleichbaren Text, in dem er seine Historik zur Politik oder zur politischen Theorie ins Verhältnis setzt, gibt es jedoch nicht. Wozu auch, lässt sich doch mit einigen Gründen sein gesamtes Werk als eine neue Begriffsbestimmung von »Politik« verstehen.[101] »Es gibt keine Geschichte ohne politische Theorie, sei sie nun in aristotelischer Tradition auf Verfassungsstrukturen oder, eher modern, auf das offene Feld politischen Handelns und Erleidens bezogen, oder auf beides zugleich«, wie Koselleck in seiner Laudatio auf Furet auch sein eigenes Selbstverständnis beschreibt. »So wird politische Theorie zur Voraussetzung und zum Ergebnis historischer Erkenntnis.«[102]

Aus diesem Anspruch heraus muss auch seine Theorie historischen Wissens begriffen werden. Die Historik ist für ihn eine theoretisch reflektierte Form des Umgangs mit dem radikalen Traditionsbruch, der Vergangenheit und Zukunft auseinandergerissen hat. Im Vorwort der Neuausgabe von *Kritik und Krise* aus dem Jahr 1973 formuliert Koselleck die spezifische Herausforderung, vor die er sich gestellt sieht. Wenn der alte Topos »Historia magistra vitae« sich in der Neuzeit aufgelöst hat und die Historie nicht mehr als Lehrmeisterin des Lebens auftreten kann (eine These, die Koselleck schon 1967 in der Festschrift für Karl Löwith entfaltet hat), dann gilt es zu fragen, wo die Bedeutung geschichtlicher Erfahrungen für die politische Gegenwart liegt. »Geschichtliche Lehren lassen sich heute nicht mehr unmittelbar aus der Historie ableiten, sondern nur über eine Theorie möglicher Geschichten vermitteln. [...] Sobald es gelungen ist, Strukturen einer geschichtlichen Epoche in ihrer anthropologischen Verfaßtheit aufzuzeigen, die sich aus den konkreten Einzelfällen ableiten läßt, können die Ergebnisse exemplarische Befunde sichtbar machen, die auch auf unsere Gegenwart beziehbar sind. Denn unerachtet ihrer Einmaligkeit kann eine vergangene Epoche – auf ihre Struktur hin befragt – Momente der Dauer enthalten, die noch in unsere Gegenwart hineinreichen.«[103]

Diese Momente der Dauer findet Kosellecks Historik nicht in »der Geschichte«, sondern in den Wiederholungsstrukturen, deren

101 Gennaro Imbriano, *Der Begriff der Politik. Die Moderne als Krisenzeit im Werk von Reinhart Koselleck*, Frankfurt/M. 2018.

102 Koselleck, »Laudatio auf François Furet«, S. 298.

103 Koselleck, *Kritik und Krise*, S. ix.

Erkenntnis geschichtliche Erfahrungen wieder für politisches Handeln in der Gegenwart zugänglich macht – und damit den Topos von der Geschichte als Lehrmeisterin des Lebens theoretisch reflektiert wieder ins Recht setzt.[104] Die Historik sucht nach Erfahrungssätzen, wie es im Aufsatz »Zeitschichten« heißt, »die bereits *vor* den jeweils zusammenlebenden Generationen angeboten wurden und die auch *nach* den zusammenlebenden Generationen aller Wahrscheinlichkeit weiter wirken werden«. Solche Erfahrungsbefunde sind der eigentliche Gegenstand der Historie, »per definitionem *die* Erfahrungswissenschaft schlechthin«, wie Koselleck schreibt.[105] Aus der Geschichte lässt sich nichts lernen, sondern nur aus den Erfahrungssätzen, die aus den konkreten Geschichten selber – den einmaligen Worten, Taten und Ereignissen, die wiederum eigene Wiederholungsstrukturen besitzen – theoretisch ableitbar sind. Die von Koselleck gewonnenen formalen Kategorien – früher/später, innen/außen, oben/unten – formulieren Bedingungen, die jedes Sprechen und jedes Handeln ermöglichen und begrenzen, ohne es zu determinieren.[106]

Das bedeutet auch, dass eine Historik nicht nur Aussagen über die Vergangenheit, sondern auch über die Zukunft machen kann. Gewiss, die konkreten Geschichten lassen sich nicht prognostizieren, wohl aber die Bedingungen, nach denen sie sich ereignen werden, wie Koselleck in dem das Anliegen seiner Historik erhellenden Essay »Die unbekannte Zukunft und die Kunst der Prognose« argumentiert. Die Geschichte ist immer neu und überraschungsschwanger, zumal für die davon Betroffenen. Wenn es aber dennoch zutreffende historische Prognosen gibt, dann muss es auch Möglichkeitsbedingungen geben, die sich wiederholen, also

104 So auch die Pointe des Gesprächs zwischen Reinhart Koselleck und Carsten Dutt, »Geschichte(n) und Historik«, in: *Internationale Zeitschrift für Philosophie* 2 (2001), S. 257-271, hier S. 270 f. Ähnlich argumentiert Dieter Langewiesche, »Historische Anthropologie und Sprache bei Reinhart Koselleck. Geschichtliche Prognostik als Wiederkehr der *Historia Magistra Vitae*?«, in: Hettling, Schieder (Hg.), *Koselleck als Historiker*, S. 425-435. Eine andere Position vertritt Jan-Friedrich Missfelder, »Weltbürgerkrieg und Wiederholungsstruktur. Zum Zusammenhang von Utopiekritik und Historik bei Reinhart Koselleck« in: Dutt, Laube (Hg.), *Zwischen Sprache und Geschichte*, S. 268-286.

105 Koselleck, »Zeitschichten«, in: ders., *Zeitschichten*, S. 19-26, hier S. 20.

106 Koselleck, »Was sich wiederholt«.

dauerhafte Grundmuster, die das überraschend Neue hervorbringen.[107]

»Je mehr zeitliche Schichten möglicher Wiederholung in die Prognose eingegangen sind, desto zutreffender war die Voraussage. Je mehr sich die Voraussage auf die Unvergleichbarkeit und Einmaligkeit der kommenden Revolution bezog, desto weniger hat sie sich erfüllt.«[108] Diese beiden Erfahrungssätze, die er am historischen Beispiel der Revolutionsprognosen Christoph Martin Wielands aufstellt, treffen auch auf Kosellecks und Arendts Geschichtskritik zu. Viele – nicht alle – Krisendiagnosen, die die eigene Gegenwart als einmalig und alle bisherigen Erfahrungen und Erwartungen übersteigend charakterisiert haben, sind heute ihrerseits historisch. Das gilt aber nicht für die von Koselleck und Arendt entwickelten anthropologischen Kategorien: Wer die Bedingungen möglicher Geschichten kennt, wird nicht völlig überrascht davon sein, was die Zukunft für uns birgt.

107 Reinhart Koselleck, »Die unbekannte Zukunft und die Kunst der Prognose« [1984/85], in: ders., *Zeitschichten*, S. 203-221, hier S. 207.
108 Ebd., S. 214.

3.
Zeiterfahrungen im Nationalsozialismus

Und was
will diese Sonne
uns, was

springt
aus enger Pforte
jener großen Glut?

Ich weiß
nichts Dunkleres
denn das Licht.
– *Ernst Meister*[1]

Manhattan 1980

Auf seiner ersten Reise nach New York besucht Reinhart Koselleck im Frühjahr 1980 Charlotte Beradt in ihrer Wohnung im siebzehnten Stock eines Apartmenthauses auf der Upper West Side (*Abb.* 22). Anlass für das kurzfristig vereinbarte Treffen war Beradts 1966 erschienenes Buch *Das Dritte Reich des Traums*, das Koselleck intensiv durchgearbeitet und im Sommersemester 1969 für sein Heidelberger Seminar zur Geschichte der Konzentrationslager verwendet hatte. Im folgenden Jahrzehnt entsteht in verschiedenen Anläufen der Aufsatz »Terror und Traum«, der im Januar 1979 noch kurz vor Manuskriptabgabe in den Band *Vergangene Zukunft. Zur Semantik geschichtlicher Zeiten* eingeht und den er nun Beradt in Manhattan übergibt (*Abb.* 23).[2] Wieder zurück in Bielefeld, schreibt er an die deutsch-jüdische Emigrantin, der wenige Monate nach dem Novemberpogrom die Flucht aus Berlin gelang: »Ich brauche Ihnen nicht noch einmal zu versichern, für wie wichtig ich die Traum-Edition halte, um die Innengeschichte des Dritten

1 Ernst Meister, *Im Zeitspalt. Gedichte*, Darmstadt 1979, S. 7.

2 Koselleck besucht auf dieser ersten Reise nach Amerika vermutlich auch seinen Cousin John (Hans) Marchand, ein Arzt (so wie sein Vater Felix Marchand), der an einem New Yorker Krankenhaus arbeitete. Gespräch des Verf. mit Felicitas Koselleck, 25. 7. 2022.

Reiches kennenzulernen.« Deshalb habe er jetzt bei Siegfried Unseld angefragt, ob der Suhrkamp Verlag bereit sei, das Buch neu zu aufzulegen.[3]

Unseld reagiert sofort enthusiastisch und bittet um die Übersendung der 1968 erschienenen amerikanischen Ausgabe, um auch das Nachwort des Psychoanalytikers Bruno Bettelheim für die Neuauflage zu prüfen. In »Terror und Traum« erwähnt Koselleck Bettelheims Buch *Aufstand gegen die Masse. Die Chance des Individuums in der modernen Gesellschaft* (1960), in dem dieser den psychologischen Schock der eigenen Lagererfahrung in Dachau und Buchenwald zu deuten versucht.[4] Vielleicht freue sich Charlotte Beradt besonders, mutmaßt Koselleck gegenüber Unseld, wenn Bettelheims Essay (den er selbst gar nicht kannte) auch die deutsche Neuauflage begleiten wird.[5]

In ihrer Antwort greift Beradt die von Koselleck gewählte förmliche Anrede »sehr verehrte[r]« auf, setzt aber ein »lieber Herr Professor Koselleck« hinzu, »ohne es zu merken«, wie sie im nächsten Satz augenzwinkernd schreibt. Die englische Ausgabe sei leider vergriffen, sie habe aber eine Fotokopie von Bettelheims Nachwort beigefügt. Dann wird es grundsätzlich: »Als von einem ultraschwarzen, unbekehrten Freudianer kommend«, gehe das Nachwort »verhältnismäßig milde mit einem Laien um, der ›nur‹ den manifesten Trauminhalt kennt und (wie Sie) sagt, dies seien ›Träume des Terrors selbst, Wellen des Terrors, die in die Nischen des Alltags eindringen‹, wenn man an den analytischen Zugang denkt.« Und Beradt fährt ungehalten fort: »Immerhin nennt B. es ›fortunate‹, dass diese Quelle ›now available‹ ist. Ich fand es unfortunate, dass ein dogmatischer Freudianer dies Nachwort schrieb, aber das geschah natürlich, weil B. ein sehr bekannter Name ist. Übrigens hat Lawrence Langer unter dem Titel ›The Holocaust and the Literary

3 DLA Marbach, A: Koselleck, Reinhart Koselleck an Charlotte Beradt, 9.6.1980.

4 Die englischsprachige Originalausgabe *The Informed Heart. Autonomy in a Mass Age* gehört wie etwa David Riesmans *The Lonely Crowd* (1950) zu den sozialwissenschaftlichen Bestsellern der Nachkriegszeit, die die Gefahren der modernen »Massengesellschaft« thematisieren.

5 DLA Marbach, SUA: Reinhart Koselleck an Siegfried Unseld, 15.1.1979; Reinhart Koselleck an Siegfried Unseld, 14.5.1980; Siegfried Unseld an Reinhart Koselleck, 28.5.1980. Siehe hierzu und zum Folgenden: Jan Eike Dunkhase, *Absurde Geschichte. Reinhart Kosellecks historischer Existenzialismus*, Marbach 2015, S. 25-36.

Imagination‹ bei der Yale University Press 1975 sehr positiv über das Buch geschrieben, da er ja nicht an all die dogmatischen Einwände gebunden war, sondern mehr Ihren Zugang Faktizität-Fiktivität hatte.« Für ein Nachwort komme aus ihrer Sicht nur Koselleck in Frage. *Vergangene Zukunft* enthalte, so Beradt werbend, »besser als ich es zu formulieren verstand, genau das, was mir im Sinne lag«.[6]

Koselleck nimmt in seiner Antwort Beradts Kritik an einer rein psychoanalytischen Interpretation der Träume des »Dritten Reichs« auf. In seinem Nachwort weist Bettelheim darauf hin, dass die Träume nicht nur auf die politische Situation der Jahre nach 1933 reagieren, sondern auch Ausdruck innerer Konflikte seien, die auf Kindheitserlebnisse zurückzuführen seien. Dadurch aber nehme Bettelheim, so Koselleck, »in gut freudianischer Weise« die Rolle des Zensors ein, der Angstträume allein pathologisch deute, so als reagierten sie nicht auf eine Gesellschaft im Ausnahmezustand.[7] Eine Woche später zeigt sich Beradt hocherfreut über das Einverständnis einer politischen Lesart der Träume und gibt zu erkennen, dass es hier auch um ihre eigenen Traumerfahrungen der 1930er Jahre geht. »Ich habe damals geschrieben, was mein Empfinden mir sagte, und natürlich gewusst, dass es in den Schulbüchern der Analytiker anders steht.« Weiter heißt es, eine Formulierung Kosellecks aufgreifend: »Ich habe von ›geschichtlichen Zeiterfahrungen‹ nichts gewusst; muss aber gewusst haben, was Terror ist; einige der Träume stammen von mir selbst. Der von ihnen wiedergegebene Traum vom Papierkorb von einer mir am nächsten stehenden Person.«[8] Beradt spricht von einer bevorstehenden Reise in die Schweiz und dass sie gerne Kosellecks Einladung nach Bielefeld wahrnehmen würde, wenn es ihre angeschlagene Gesundheit zulasse. Zurück in New York, dankt sie Koselleck vier Monate später für die »Stunden

6 DLA Marbach, A: Beradt, Charlotte Beradt an Reinhart Koselleck, o. D. [Juni 1980]. Siehe Lawrence L. Langer, *The Holocaust and the Literary Imagination*, New Haven 1975, zu Beradt: S. 44-49, 136-137. Auf S. 52 schreibt Langer: »*Das wandlose Leben*, life without walls, in the graphic phrase of Charlotte Beradt – a life inflexibly shadowed by a particular kind of threat, permanently deprived of a particular kind of security, has begun.« Beradt hatte die deutsche Ausgabe 1966 an Bettelheim geschickt, der sich für das »interesting book of dreams« bedankte, das er andernfalls nicht wahrgenommen hätte, da er kaum noch Bücher auf Deutsch lese. DLA Marbach, A: Beradt, Bruno Bettelheim an Charlotte Beradt, 19. 4. 1966.

7 DLA Marbach, A: Koselleck, Reinhart Koselleck an Charlotte Beradt, 30. 6. 1980.

8 DLA Marbach, A: Beradt, Charlotte Beradt an Reinhart Koselleck, 6. 7. 1980.

in Ihrem Haus, die Ihre Frau und Sie so herzlich gestaltet haben«. Offensichtlich ging es bei dem Besuch in der großzügigen Industriellenvilla in der Stieghorster Straße auch um einzelne Träume und ihre Interpretation. Beradt findet nun verspätet in New York den vollständigen Titel des Heine-Gedichts (»Erinnerung aus Krähwinkels Schreckenstagen«), dessen umgedichtete Zeilen in einem der Träume auftauchen und das beide vergeblich unter »Krähwinkel« in Kosellecks Heine-Ausgabe gesucht hatten. Und Koselleck gab Beradt ein Exemplar von Jean Cayrols *Lazarus unter uns* mit auf den Weg – des anderen, die späteren Träume aus den Konzentrations- und Vernichtungslagern beschreibenden Buchs, auf dessen Analyse er sich in »Terror und Traum« stützt.[9]

Nach weiteren vier Monaten sendet Koselleck sein Nachwort mit der Bitte um Verbesserungsvorschläge. Ausdrücklich gehe es ihm darum, Einwände von Psychoanalytikern angesichts von Beradts »einleuchtenden und spontanen sowie zugleich hintergründigen Interpretationen« auszuräumen. Postwendend kommt die enthusiastische Antwort aus New York. Beradt zeigt sich dankbar, dass ihre Traumsammlung nun endlich auch als Quelle zur Zeitgeschichte erkannt worden sei und wie das Nachwort eventuelle Einwände dogmatischer Psychoanalytiker widerlege, ohne Bettelheim zu nennen. Änderungsvorschläge habe sie keine, mit einer Ausnahme: »auf Seite 8 würde ich gerne die achte Zeile von oben ›die sich damals einer schon geächteten Frau anvertrauten‹ ausgelassen haben. Erstens wussten die Erzähler keineswegs alle, dass ich einer falschen Rasse angehöre. Aber ein viel persönlicherer Grund liegt darin, dass es Hitler erst durch die Reichskristallnacht gelang, mir klar zu machen, dass ich keine Deutsche sei. Sie lächeln jetzt, aber genau so war es.« Außerdem fragt sich Beradt, ob ihr Hinweis auf Karl Jaspers' kritische Haltung zur Psychoanalyse im Buch gestrichen werden sollte. Besonders gefällt ihr der von Koselleck als Motto des Nachworts gewählte Satz aus Dostojewskis *Traum eines lächerlichen Menschen*: »Aber ist es denn wirklich nicht ganz gleich, ob es ein Traum war oder nicht, wenn dieser Traum mir die Wahrheit offenbart hatte?«[10]

Koselleck nimmt die gewünschte Änderung in seinem Nach-

9 DLA Marbach, A: Beradt, Charlotte Beradt an Reinhart Koselleck, 4.11.1980.

10 Charlotte Beradt, *Das Dritte Reich des Traums. Mit einem Nachwort von Reinhart Koselleck* [1981], Frankfurt/M. 1994, S. 54.

wort vor. Am Text von *Das Dritte Reich des Traums* möchte er allerdings nichts ändern, denn Beradts Analyse der Traumerfahrungen sei selbst ein Zeugnis des nationalsozialistischen Terrors und der Emigration. Beradt erkundigt sich nach der Familie mit den fünf Kindern und den in dieser Zeit eingetroffenen Rufen nach Göttingen und Berlin. Koselleck fragt umgekehrt nach gesundheitlichen Problemen, die das Reisen für die Neunundsiebzigjährige immer schwerer machen, und setzt handschriftlich hinzu, im *Merkur* sei ein Aufsatz zum literarischen Werk von Martin Beradt erschienen, ihrem 1949 verstorbenen Ehemann: »Hoffentlich löst er ein größeres Echo aus!«[11] Fast scheint es, als ob über das Einverständnis in der Lesart der Träume rasch eine persönliche Nähe entstanden ist, ungeachtet der weit auseinanderliegenden Erfahrungen im »Dritten Reich« – die eine als Verfolgte und Emigrantin, der andere, mehr als zwanzig Jahre Jüngere als Schüler und dann Wehrmachtssoldat.[12]

Worum also geht es Beradt und Koselleck bei ihrer Ablehnung einer rein psychoanalytischen Lesart der Träume im »Dritten Reich«? Anders gefragt: Weshalb entziehen sich in ihren Augen die Traumerfahrungen in der Zeit von 1933 bis 1938 – und, wie Koselleck in »Terror und Traum« am Beispiel von Cayrols *Lazarus unter uns* weiter argumentiert, in den darauffolgenden Jahren der Vernichtung – den geläufigen Kategorien der Freudianischen Psychoanalyse?[13] Welche Zugänge schlagen beide stattdessen vor, um diese Träume zu analysieren?

In diesem Kapitel will ich zunächst zeigen, inwiefern Koselleck Beradts Gedanken aufnimmt und sie zu der Frage verdichtet, wie sich Zeiterfahrungen beim Übergang von der Demokratie zur Diktatur ändern. Der deutsch-jüdischen Journalistin ging es darum, am

11 DLA Marbach, A: Beradt, Reinhart Koselleck an Charlotte Beradt, 4.11.1980; Charlotte Beradt an Reinhart Koselleck, 6.7.1980; DLA Marbach, A: Koselleck, Reinhart Koselleck an Charlotte Beradt, 23.3.1981.

12 Gespräch des Verf. mit Gerhard Casper, 6.12.2021. In seiner handschriftlichen Kondolenzkarte zum Tod Beradts nennt Koselleck *Das Dritte Reich des Traums* erneut »ein unüberholbares Dokument, ein Zeugnis des genuinen Mutes und einer erzwungenen Angst, die nie mehr zusammenfinden konnten oder nur selten, um nur zu überleben. Charlotte Beradt hatte eine unbestechliche Klarheit, in der Gefühl und Scharfsinn kongruierten.« DLA Marbach, A: Beradt, Reinhart Koselleck an Helga Croner, 1.8.1986.

13 Dagmar Herzog, *Cold War Freud. Psychoanalysis in an Age of Catastrophes*, Cambridge 2016.

Beispiel der Träume zu zeigen, wie durch Terror und Anpassungsdruck in den ersten Jahren des »Dritten Reichs« die Wahrnehmung politischer Wirklichkeit in die Träume abwandert. Die Traumbilder enthalten auch *realistische Erwartungen* künftiger Gewalt. Koselleck wandelt diese Überlegungen seiner Theorie historischer Zeiten an. Die Zukunft, geschichtsideologisch vom Regime besetzt, etwa mit dem Erlösungsbegriff der »Volksgemeinschaft«, enthülle sich nur noch in diesen Traumbildern. Zu den Machttechniken totaler Beherrschung gehöre der Versuch, nicht nur die Vergangenheit umzuschreiben und die Gegenwart gleichzuschalten, sondern auch die Zukunft zu versiegeln, bis hin zur Aufhebung geschichtlicher Zeit in den Konzentrationslagern.

In einem zweiten Schritt soll dann beleuchtet werden, in welcher Weise Nationalsozialismus und Weltkrieg in Kosellecks geschichtstheoretische Überlegungen eingehen. Welche Rolle spielen sie für seine aus der Geschichtskritik formulierte Theorie geschichtlicher Zeiten? Welche methodischen und theoretischen Angebote offeriert er, um eine Erfahrungsgeschichte des 20. Jahrhunderts zu schreiben? Es zeigt sich, dass seine eigenen Wahrnehmungen und Träume, auf die am Ende des Kapitels eingegangen wird, ihm oft als Material dienen, um die Differenz zwischen Erfahren und Erinnern auszuloten. Koselleck war mithin beides, Zeitzeuge und Zeithistoriker. Beides wird von ihm in seinen Überlegungen zunehmend aufeinander bezogen, also das Jahrhundert prismatisch in den eigenen Erfahrungen gebrochen, um die Umrisse einer Theorie historischen Wissens nach Auschwitz und Stalingrad zu skizzieren.

Träume in der Diktatur

Das Dritte Reich des Traums stützt sich, mehr als Charlotte Beradt das im Buch zu erkennen gibt, auf ihre eigenen Träume und die Martin Beradts in den ersten Jahren der Diktatur. Nach der Machtübergabe an die Nationalsozialisten im Januar 1933 konnte sie selbst nicht mehr als freie Journalistin arbeiten und begann damit, wie sie in der Einleitung schreibt, auch nach Traumerfahrungen in ihrem Charlottenburger Freundes- und Bekanntenkreis zu fragen. Dieses Material ist allerdings nicht überliefert. Um 1900 als Charlotte Aron in einer bürgerlichen, deutsch-jüdischen Familie geboren (der Vater war Fabrikbesitzer), wächst Beradt in Berlin auf und schließt sich in den zwanziger Jahren der KPD an.[14] Dort trifft sie auf Heinrich Blücher, den späteren Ehemann Hannah Arendts. So wie Blücher gehört auch Beradt zum undogmatischen Flügel der Partei und schreibt unter dem Namen Charlotte Pohl für die Berliner Abendzeitung *Tempo* und andere Ullstein-Blätter. Einer ihrer Artikel erscheint in Carl von Ossietzkys *Weltbühne*.[15] Als Kommunistin kommt sie nach dem Reichstagsbrand für kurze Zeit in Haft und gehört danach dem Widerstand an.[16] An zwei Vordenker eines unorthodoxen Marxismus, Paul Levi und Rosa Luxemburg, erinnert sie in Buchform 1969 und 1973, in der Bundesrepublik Willy Brandts, der selbst aus dieser Weimarer Tradition kam.[17]

Auf die Trennung von ihrem ersten Ehemann folgt 1938 die Heirat mit Martin Beradt, für den sie in der Weimarer Zeit als Sekretärin gearbeitet hat und bei dem sie nach der Haftentlassung im Februar 1933 untergekommen war, um sich Denunziationen von Nachbarn und möglichen weiteren SA-Übergriffen zu entziehen. Nach dem Novemberpogrom und kurz vor Kriegsausbruch flieht das Paar im Juli 1939 erst nach London und ein Jahr später weiter nach New York. Dort kommen sie nach der Überfahrt mit einem der letzten Passagierschiffe im August 1940 auf dem Cunard Pier in Manhattan völlig mittellos an. Nach zwei Jahren können sie zwar ihre Berliner Möbel und Bücher im Freihafen von New York abholen, aber das Vermögen Martin Beradts, der in der Weimarer Republik erfolgreich als Rechtsanwalt gearbeitet und auch große

14 DLA Marbach, A: Beradt, [Lebenslauf], o. D. [1969], 2 Bl., hier Bl. 1. Beradt nannte als Geburtsjahr stets 1907, wurde aber vermutlich bereits 1901 geboren. Siehe Kirsten Steffen, *»Haben sie mich gehasst?« Antworten für Martin Beradt (1881-1949). Schriftsteller, Rechtsanwalt, Berliner jüdischen Glaubens*, Oldenburg 1999, S. 309.

15 DLA Marbach, A: Beradt, Charlotte Beradt an Gabriele Tergit, 4. 11. 1968.

16 DLA Marbach, A: Beradt, [Lebenslauf], o. D. [1969], 5 Bl., hier Bl. 1 f.

17 Beradt hat eine Biografie Paul Levis, der 1921 als Abweichler aus der KPD ausgeschlossen wurde, geschrieben und einen Band mit seinen Schriften zusammengestellt; zudem hat sie eine Neuauflage der Briefe Rosa Luxemburgs aus dem Gefängnis (1915-1918) herausgegeben. Charlotte Beradt, *Paul Levi. Ein demokratischer Sozialist in der Weimarer Republik*, Frankfurt/M. 1969; *Paul Levi. Zwischen Spartakus und Sozialdemokratie, Schriften, Aufsätze, Reden und Briefe*, hg. v. Charlotte Beradt, Frankfurt/M. 1969; *Rosa Luxemburg im Gefängnis. Briefe und Dokumente aus den Jahren 1915-1918*, hg. v. Charlotte Beradt, Frankfurt/M. 1973.

Firmen vertreten hatte, wird von den deutschen Auswanderungsbehörden weitgehend eingezogen. Charlotte Beradt muss, besonders nach der Erblindung des Ehemanns, allein den Unterhalt sichern. Sie schneidet und färbt dem deutsch-jüdischen Emigrantenkreis der Nachbarschaft an der Upper West Side (»das Dorf«) in ihrem Apartment unweit des Central Parks die Haare.[18] Zu diesem Freundeskreis zählen auch Blücher und Arendt.

Aus Deutschland heraus gelangen ungefähr dreihundert Traumaufzeichnungen, die Beradt in den Jahren zuvor als Bucheinlagen versteckt an Freunde in aller Welt verschickt hatte. Um sich vor der Gestapo zu schützen, habe sie in diesen Aufzeichnungen einige Worte geändert, erläutert Beradt auf skeptische Nachfragen 1966. »Klasse für Rasse, Krankheit für Zwischenfälle, Onkel für Parteinotabeln Familie für Partei«, aber das sei kein besonderer Code gewesen, »so wurde vielfach auch im täglichen Leben gesprochen«.[19] Aus diesem nach der Ankunft in New York wieder eingesammelten Material fügt sie 1943 für die linke Zeitschrift *Free World* einen kurzen Essay zusammen, der in englischer Übersetzung erscheint.[20] Doch »Dreams under Dictatorship« wird nirgends aufgegriffen – auch nicht, was nahegelegen hätte, in Arendts *Origins of Totalitarianism.* Stattdessen stützt sich Arendt im Kapitel über die Konzentrationslager als Laboratorien totaler Beherrschung auf Bruno Bettelheims Bericht über Dachau und Buchenwald in dessen schriftlicher Zeugenaussage für die Nürnberger Prozesse. Dieser Bericht beruht wiederum auf seinem Aufsatz »Individual and Mass Behavior in Extreme Situations«, welcher 1943 im *Journal of Abnormal and Social Psychology* erschien und Bettelheims wissenschaftliche Karriere als Psychologe und Psychoanalytiker der dunklen Seite der modernen »Massengesellschaft« begründete.[21] In diesem

18 Charlotte Beradt, »Martin Beradt«, in: *Deutschsprachige Exilliteratur seit 1933*, Bd. 2: *New York*, hg. v. John M. Spalek, Joseph Strelka, Bern 1989, S. 83-96, hier S. 90 f.

19 DLA Marbach, A: Beradt, Charlotte Beradt an Rainer Fabian (*Rheinischer Merkur*), 9. 6. 1966.

20 Charlotte Beradt, »Dreams Under Dictatorship«, in: *Free World* (Oktober 1943), S. 333-337.

21 Bettelheims schriftliche Zeugenaussage vom 10. 7. 1945 in Washington, D.C. findet sich in: Office of United States Chief Counsel for Prosecution of Axis Criminality, *Nazi Conspiracy and Aggression*, Bd. 7, Washington, D.C. 1946, S. 818-839.

Text wie auch in zwei Kapiteln von *Aufstand gegen die Masse* macht Bettelheim seine eigenen demütigenden Erfahrungen im »Dritten Reich« anonymisiert zum Gegenstand der Analyse und mischt sie, so wie Beradt in *Das Dritte Reich des Traums*, mit Berichten anderer. Das Insistieren darauf, hier handele es sich um eine rein wissenschaftliche Studie (Bettelheim) beziehungsweise um eine objektivierbare Dokumentensammlung (so immer wieder Beradt), hatte mithin auch damit zu tun, dass beide hier mit ihren aus den eigenen Erfahrungen abgeleiteten Einsichten gehört werden wollten. Beradts scharfe Ablehnung von Bettelheims Nachwort erklärt sich vielleicht auch daraus. Hier will eine Zeitzeugin nicht von einem anderen Zeitzeugen auf die Couch gelegt und »wissenschaftlich« gemaßregelt werden.

Hinzu kommt, dass der Psychoanalytiker Bettelheim in seinem Artikel von 1943 Traumerfahrungen in den Konzentrationslagern nur am Rande streift. Dagegen erkennt Beradt die Bedeutung dieses Themas früh und hält an ihm fest, selbst in den 1940er und 1950er Jahren, als sie selbst kaum Möglichkeiten besitzt, journalistisch zu arbeiten. In den frühen 1960er Jahren greift sie wieder auf die Träume des »Dritten Reichs« zurück, ermutigt durch das befreundete Schriftstellerehepaar Karl und Ellen Otten, die beide 1933 selbst aus Berlin hatten fliehen müssen. 1958 von London nach Locarno umgezogen, setzen sich die Ottens durch Vermittlungen und Übersetzungen dafür ein, die Literatur des Exils im Nachkriegsdeutschland bekannt zu machen.[22] Anders als Arendt schrieb Beradt nur auf Deutsch. Zwanzig Jahre lebt sie von den Einnahmen ihres privaten Friseursalons.[23] Erst nach der erfolgten Wiedergutmachung durch die Bundesregierung Anfang der 1960er Jahre beginnt sie wieder als freie Autorin zu arbeiten. Im März 1963 sendet der Westdeutsche Rundfunk Beradts einstündiges Radio-Feature »Träume vom Terror«. 1966 erscheint auf Anregung des Lektors und Schriftstellers

Siehe auch Christian Fleck, Albert Müller, »Bruno Bettelheim and the Concentration Camps«, in: *Journal of the History of Behavioral Sciences* 33 (1997), S. 1-37.

22 Siehe zum Folgenden Martine Leibovici, »Préface: Les fables politiques de Charlotte Beradt«, in: Charlotte Beradt, *Rêver sous le IIIe Reich*. Postfaces de Reinhart Koselleck et de François Gantheret, Paris 2002, S. 7-32; Steffens, *Antworten an Martin Beradt*, S. 309-316, 367-371.

23 So Beradt im Interview mit Gabriele Kreis, *Frauen im Exil. Dichtung und Wirklichkeit*, Düsseldorf 1984, S. 93.

Martin Gregor-Dellin schließlich *Das Dritte Reich des Traums* bei der Nymphenburger Verlagsanstalt.[24] Es ist diese Ausgabe, die Koselleck für sein Heidelberger Seminar verwendet hat.

Einige der Träume kommen von Beradt selbst. Andere, wie die Traumerfahrung des im letzten Kapitel erwähnten Berliner Rechtsanwalts und Notars, der auf die sechzig zuging und später im Ausland als gebrochener Mensch starb, stammen, wie sie im Sommer 1980 an Koselleck schreibt, »von einer mir am nächsten stehenden Person«, also von Martin Beradt, der als jüdischer Rechtsanwalt nach 1933 ebenfalls Berufsverbot hatte.[25] Es dürfte ihr Ehemann gewesen sein, der nach dem April 1935, als Juden in deutschen Städten nur noch auf wenigen, gelb markierten Parkbänken sitzen durften, das Folgende träumte: »Zwei Bänke stehen im Tiergarten, eine normal grün, eine gelb, und zwischen beiden ein Papierkorb. Ich setze mich auf den Papierkorb und befestige selbst ein Schild an meinen Hals, wie es blinde Bettler zuweilen tragen, wie es aber auch ›Ras-

24 DLA Marbach, A: Charlotte Beradt, Charlotte Beradt an Martin Gregor-Dellin, 22. 6. 1965. In dem Brief erwähnt Beradt, Hannah Arendt habe das Manuskript gelesen und halte es »für einen überraschenden Beitrag von einer ganz andern Seite, zur Struktur des total regierten Menschen« – das Buch könne ein Bestseller werden. Beradt führt die Autorität der Freundin anscheinend an, um Gregor-Dellins Vorschlag abzuwehren, einen zweiten Teil mit Träumen aus der DDR der 1950er Jahre hinzuzufügen. DLA Marbach, A: Charlotte Beradt, Beradt an Gregor-Dellin, 12. 4. 1965. Gregor-Dellin verließ 1958 die DDR und ließ sich in der Bundesrepublik nieder. Siehe auch seinen ursprünglich als Nachwort zu *Das Dritte Reich des Traums* vorgesehenen Essay »Die zweite Flucht. Monographie eines Alptraums«, in: ders., *Im Zeitalter Kafkas*, München 1979, S. 231-256, der Träume aus der DDR parallel mit Beradts Traumsammlung aus dem »Dritten Reich« liest.

25 Die Schriftstellerin Irmgard Keun schreibt (aus Dresden) am 1. April 1933, dem Tag des von der SA organisierten Boykotts jüdischer Geschäfte, Ärzte und Rechtsanwälte, an Martin Beradt: »Ich glaube, es geht mir wie Ihnen – mich macht dieses gottverfluchte Regime krank. Sie haben nie etwas derartiges gesagt oder geschrieben oder auch nur entfernt angedeutet, aber ich muss annehmen, dass diese Judenhetze Sie bedrückt. Vielleicht bedrückt sie mich mehr. Die Luft ist vergiftet, man wagt nicht mehr zu atmen – geschweige denn zu denken.« DLA Marbach, A: Charlotte Beradt, Irmgard Keun an Martin Beradt, 1. 4. 1933. Charlotte Beradt schreibt am 30. 3. 1980 an Keun, niemand habe Martin Beradt seinerzeit »eine Zeile der Missbilligung oder Anteilnahme geschrieben als die – ihm offenbar nicht lange und nicht nah bekannte – dreiundzwanzigjährige Irmgard Keun. [Martin] Beradt hat diesen Brief, unter ausgewählten Schriftstücken, mit ins Ausland genommen.« Ebd.

senschändern‹ behördlicherseits umgehängt wurde: ›Wenn nötig, mache ich dem Papier Platz‹.«[26] Auch andere Träume von Berliner Juden, die im letzten Kapitel des Buchs geschildert werden, zeugen davon, wie der schleichende Terror und die alltägliche Bedrohung sich in der Nacht fortsetzen und wie die »träumenden Juden« (so der Titel des Kapitels) in geschärften Traumbildern die akute Bedrohung »mit naturalistischer Clairvoyance« wahrnehmen und so »aus dem Traum der Assimilation unsanft geweckt« werden.[27]

Das wandlose Leben

»Dreams under Dictatorship« enthält 1943 in einer Zwischenüberschrift den Gedanken, die Traumerfahrungen der 1930er Jahre – etwa der Papierkorb-Traum Martin Beradts, der schon in diesem Text erwähnt wird, oder Charlotte Beradts eigener Traum aus den ersten Monaten des »Dritten Reichs«, in dem eine junge Frau vor SA-Leuten fliehend »beschossen, gefoltert und skalpiert« wird – zeugten nicht nur vom Anpassungsdruck im Alltag der Diktatur. Vielmehr enthielten die nächtlichen Träume auch die Antizipation kommender Gewalt, deren Ausmaß in der Frühzeit des Regimes bei Tag noch undenkbar scheint.[28] In *Das Dritte Reich des Traums*, geschrieben mehr als zwanzig Jahre später, wandelt Beradt das Argument der träumenden Antizipation von Gewalt leicht ab und weitet es zugleich auf diejenigen Gruppen der deutschen Gesellschaft aus, denen der Weg zur Anpassung offenstand. Denn die Mehrheit der von ihr festgehaltenen Träume stammen weder von Juden noch von Nationalsozialisten. Eingangs des zweiten Kapitels begegnen wir dem Traum eines Berliner Arztes, der nach nur einem Jahr NS-Herrschaft eines Nachts Folgendes träumt: »Während ich mich nach der Sprechstunde, etwa gegen neun Uhr abends, mit einem Buch über Matthias Grünewald friedlich auf dem Sofa austrecken will, wird mein Zimmer, meine Wohnung plötzlich wandlos. Ich sehe mich entsetzt um, alle Wohnungen, soweit das Auge reicht, ha-

26 Beradt, *Das Dritte Reich des Traums*, S. 104.

27 Ebd., S. 106.

28 Beradt, »Dreams Under Dictatorship«, S. 336: »Dreams that Anticipate the Future«. Siehe auch Roxanne Panchasi, *Future Tense. The Culture of Anticipation in France between the Wars*, Ithaca 2009.

ben keine Wände mehr. Ich höre einen Lautsprecher brüllen: ›Laut Erlaß zur Abschaffung von Wänden vom 17. des Monats.‹« Um zu unterstreichen, dass es sich hier um Angstträume handelt, die dem Anpassungsdruck im neuen Alltag und nicht etwa Kindheitserlebnissen entspringen, fügt Beradt erklärend hinzu, dass derselbe Arzt am Tag zuvor vom Blockwart des Hauses darauf angesprochen worden war, dass er die Fahne – als Zeichen der Loyalität zum »Dritten Reich« – nicht gehisst habe; auch der Bezug auf Grünewald wird vom Arzt (und Beradt) ausdrücklich politisch gelesen (der Isenheimer Altar galt dem Träumenden als Inbegriff des Deutschtums): »Alle meine Traumzutaten und Extempores sind politisch, obwohl ich kein politischer Mensch bin.«[29]

Ein Fabrikbesitzer, der Beradts Widerstandsgruppe monatlich 50 Mark zur Unterstützung politischer Gefangener zukommen lässt, erzählt ihr im März 1933 »mit zitternder Stimme« einen Traum, der vom Anpassungsdruck an das neue Regime zeugt. Dieser Traum gibt den ersten Anstoß, weitere Träume zu sammeln,[30] deshalb setzt

29 Beradt, *Das Dritte Reich des Traums*, S. 19.

30 DLA Marbach, A: Beradt, [Lebenslauf], o. D. [1969], 5 Bl., hier Bl. 2. In diesem Lebenslauf berichtet sie: »Ich fing also gleich im März 1933 mit dieser Traumsammlung an. Das war nicht ganz einfach, weil zu der allgemeinen Tendenz, quälende Träume zu vergessen, nun hinzukam, dass die Leute sich ängstigten zu erzählen, was sie sich hatten träumen lassen. Ich fragte jeden Alltagsmenschen, der mir zugänglich war, Schneiderin, Klempner, den Nachbarn auf der Bank im Park, immer ohne Angabe des Zwecks, denn ich wollte ungefärbte Antworten haben. Oft öffnete mein Standardtraum, der des Fabrikbesitzers, einem Zögernden den Mund, er sagte: ›O so ungefähr habe ich auch ---‹ und fing an zu erzählen. Ein paar Freunde halfen mir, mein wichtigster Helfer war ein Arzt, der einen weiten Kreis von Patienten überblickte und unauffällig fragen konnte. Die Träume in dem mit »Handelnde Personen« überschriebenen Kapitel meines Buches kamen aus meiner ›Gruppe‹.« Beradt berichtet, wie sie auf diesen Zetteln bestimmte Worte »maskierte«, also »Familie« für »Partei« verwendete oder »Hans«, »Gustav«, »Gerhard« für Hitler, Goebbels und Göring, so dass im Falle einer Verhaftung sich die Zettel wie Familiengeschichten lesen würden. Zuerst versteckte sie die Zettel im Rücken einzelner Bücher in ihrer umfangreichen Bibliothek. »Später sendete ich sie, in Teilchen zerlegt, als Briefe an verschiedene Adressen in verschiedene Länder, wo sie auf mich warteten.« Zum Traum des Fabrikbesitzers siehe auch Charlotte Beradt an Wilhelm Kütemeyer, 9. 6. 1966 (DLA Marbach, A: Beradt). Kütemeyer hatte ihr nach Erscheinen von *Das Dritte Reich des Traums* einen langen Brief geschrieben, in dem er auch von seinen eigenen Träumen nach 1933 berichtete.

sie ihn 1966 an den Anfang ihres Buchs. Der Fabrikbesitzer träumt, dass Goebbels seine Belegschaft in zwei Reihen antreten lässt und ihn auffordert, den Arm zum Hitlergruß zu heben. »Es kostet mich eine halbe Stunde, den Arm, millimeterweise, hochzubekommen. Goebbels sieht meine Anstrengungen wie einem Schauspiel zu, ohne Beifalls-, ohne Missfallensäußerung. Aber als ich den Arm endlich oben habe, sagt er fünf Worte: ›Ich wünsche Ihren Gruß nicht‹, dreht sich um und geht zur Tür. So stehe ich in meinem eigenen Betrieb, zwischen meinen eigenen Leuten, am Pranger, mit gehobenem Arm.«[31] Der Fabrikbesitzer war laut Beradt ein »aufrechter, selbstbewußter, fast despotischer Mann« und Sozialdemokrat. Den Traum seiner Selbstgleichschaltung träumt er mehrfach und mit immer neuen demütigenden Details. Einmal läuft ihm der Schweiß vor Anstrengung, den Arm zu heben, in Strömen übers Gesicht, so dass es so aussieht, als ob er aus Scham vor den Augen Goebbels' und der überwiegend sozialdemokratischen Belegschaft weine. Ein anderes Mal bricht er sich beim halbstündigen Versuch, den Arm zu heben, das Rückgrat.

Am Schluss des Rundfunkbeitrags »Träume vom Terror« verwendet Beradt bereits ein Bild, das später das Argument des Buchs zusammenfassen wird. Von der »inneren Logik der Diktatur diktiert«, muten die Träume an »wie ein surreales Mosaik, dessen einzelne Steinchen aus Elementen der politischen Wirklichkeit bestehen. Das gibt das Recht, sie vom politischen Standpunkt aus zu interpretieren und beiseite zu lassen, daß sie noch andere, psychologische Inhalte haben mögen.« Das »wandlose Leben« wie auch der gehobene Arm mit gebrochenem Rückgrat seien verdichtete Beschreibungen des Alltags der sich etablierenden Diktatur und ihre »antizipierte Wirklichkeit«, wie Beradt formuliert. »Der totale Terror hat seine innere Logik, in diesem Wahnsinn ist wahrhaft Methode, und die Vorstellungskraft von geängstigten Menschen geht weit, so weit, innerhalb dieser Logik weiter zu denken. So erleben sie in ganz rätsellosen Bildern, wie zwischen Wachen und Schlafen, von der Parabel über das Paradox zur Parodie alles, was dem Individuum von totaler Macht angetan werden kann und muss: Nicht ihre persönliche Tragödie, sondern Schrecklicheres: Ächtung, Entwurzelung, Entwertung, Unterbrechung der Lebens-

31 Beradt, *Das Dritte Reich des Traums*, S. 7.

kontinuität, Existenzunsicherheit bis zu der Frage: existiert mein Ich überhaupt? Entpersönlichung bis zum Bruch der Person. Denn das eben sagt die Logik der Diktatur, dass nur total gebrochene Personen total beherrschbar sind.«[32]

Beradt liest ihr Traummaterial in den frühen 1960er Jahren als Zeugnis (und ihre Methode als »Traumdokumentation«) dessen, was Arendt als das schockierend Neue am totalen Regieren bezeichnet hat und was sich »Vertreter der psychologischen Traumschulen«, wie Beradt mit einem erneuten Seitenhieb auf Bettelheim schreibt, mit ihren Theorien nicht erklären könnten.[33] So wie Arendt (und Koselleck) hatte Beradt dabei die Ideologien des totalen Zeitalters, Nationalsozialismus und Marxismus beziehungsweise Stalinismus im Blick. In einem Radiointerview kurz vor dem Tod meint sie, sie habe sich nie als jüdisch oder als Zionistin, sondern als Sozialistin verstanden: »An Religion oder so hab' ich ja nie geglaubt, und es war mein größter Riß, als ich daran [an den Sozialismus] nicht mehr glaubte.« Diese Ablösung von der linken Utopie ist für Beradt ein tieferer Schnitt als die Emigration. »Der Riß von außen, den Hitler also geschaffen hatte, der war natürlich viel sichtbarer und fühlbarer im Verlauf des Lebens, aber innerlich war das, glaub ich, viel schmerzhafter.«[34] Arendt liefert nicht nur (so wie auch Brecht oder Kafka) Motti für einzelne Kapitel. Beradt nimmt auch ein Kapitel auf, in dem sie die ganz anderen Träume derjenigen heraushebt, die in den ersten Jahren der Diktatur noch Widerstand geleistet hatten, eben als »Handelnde Personen« (so der Titel des Kapitels) im Sinne einer selbstbestimmten *vita activa*, im Leben wie im Traum. Das Verhältnis zu Arendt war aufgrund der bis in die 1920er Jahre zurückreichenden engen Beziehung zu Blücher nicht spannungsfrei.[35] Doch wie unschwer zu erkennen ist, beruht

32 DLA Marbach, A: Beradt, WDR-Rundfunkmanuskript »Träume vom Terror«, 26 Bl., gesendet 21.3.1963, hier Bl. 23 f.

33 Beradt, *Das Dritte Reich des Traums*, S. 12, 15.

34 DLA Marbach, A: Beradt, WDR-Rundfunkmanuskript »›Eine Katastrophe genügt‹. Erinnerung an Charlotte Beradt, 1940 bis 1986 im New Yorker Exil. Eine Sendung von Ulrich Gembhardt, Brigitte Granzow und Roland H. Wiegenstein«, o. D. [1986/87], 75 Bl., hier Bl. 74.

35 Siehe Hannah Arendt, *Wie ich einmal ohne Dich leben soll, mag ich mir nicht vorstellen. Briefwechsel mit den Freundinnen Charlotte Beradt, Rose Feitelson, Hilde Fränkel, Anne Weil und Helen Wolff*, hg. v. Ingeborg Nordmann und Ursula Ludz, München 2019, S. 307-440.

Das Dritte Reich des Traums auf jener politischen Anthropologie, mit der Arendt auf die katastrophischen Erfahrungen ihrer Zeit reagiert hat und die ihre wichtigsten Werke durchzieht – von *Elemente und Ursprünge totaler Herrschaft* bis zu *Vita activa oder Vom tätigen Leben*.[36]

Auch für Reinhart Koselleck lag Hannah Arendt näher als Sigmund Freud, um die Traumerfahrungen der 1930er Jahre zu entschlüsseln.[37] Bei der Lektüre von *Elemente und Ursprünge totaler Herrschaft* interessiert ihn weniger die Hobbes-Interpretation als Arendts Geschichtskritik und politische Zeitdiagnose – ihre Analyse des »Zeitalters des Totalen«. In diesen Zusammenhang gehört auch Kosellecks Interesse an den Träumen. Für den Begriffshistoriker stellt *Das Dritte Reich des Traums* aber auch eine einzigartige Quelle dar, um seinen »Zugang Faktizität-Fiktivität«, wie Beradt in ihrem Brief im Sommer 1980 an Koselleck zusammenfasst, also seine Überlegungen zum Verhältnis von Sprache und Geschichte, zu durchdenken. Vordergründig geht es dabei um ein methodisches Problem seiner Theorie historischen Wissens: Wo verlaufen die Grenzen zwischen Fiktion und der »Fiktion des Faktischen«, wie Koselleck das Metier der modernen Geschichtsschreibung – der auf Quellen gestützten Annäherung an vergangene Wirklichkeiten – beschreibt?[38] Die Traumerfahrungen der 1930er Jahre zeigen, so Koselleck, wie diese Unterscheidung von der geschichtlichen Zeit selbst unterlaufen wird. In einer von utopischen Erwartungen durchherrschten Welt, der totalen Zukunft, gewinnen die Träume mit ihrer »unentrinnbaren Faktizität des Fiktiven« eine neue, ja einzigartige Bedeutung. Sie werden zur letzten Zuflucht gemachter Erfahrungen und einer *erfahrungsgestützten* Antizipation kommender Wirklichkeit, der Prognose. Das ist der Punkt, an dem sich Beradts politische Traumanalysen und Kosellecks Theorie geschichtlicher Zeiten treffen.

36 Siehe oben, Kap. 2, S. 130-147.

37 Siehe Dunkhase, *Absurde Geschichte*, S. 48-51.

38 Diese Formulierung verwendete Koselleck auch für den deutschen Titel von Hayden Whites Aufsätzen, die er in seiner Reihe »Sprache und Geschichte« 1986 mit einer Einleitung herausbrachte. Hayden White, *Auch Klio dichtet oder die Fiktion des Faktischen. Studien zur Tropologie des historischen Diskurses*, Stuttgart 1986 (Orig.: *Tropics of Discourse. Essays in Cultural Criticism*, Baltimore 1978).

Angstträume, die sich nicht nur individuell-pathologisch lesen lassen, hat es in geschichtlichen Umbrüchen immer gegeben, von der Französischen Revolution und der Romantik bis in unsere Zeiten globaler Pandemie. Aber warnende Träume, die gesellschaftliche Erwartungen an die Zukunft enthalten, treten anscheinend im bürgerlichen Zeitalter zurück.[39] Die neue, europäisch beherrschte Welt mit ihren politisch-sozialen Semantiken gerät im Jahrhundert nach der Aufklärung, wie Koselleck in *Vergangene Zukunft* zeigt, in den beschleunigten Sog einer als »neue Zeit« begriffenen Zukunft. Der Riss zwischen hochfliegenden Erwartungen und gemachten Erfahrungen wird immer größer. Zugleich verengt sich die Welt der Träume und ihrer bürgerlichen Analytiker, so ließe sich ergänzen, auf das geheime Innenleben des Privaten. Das ändert sich, so Koselleck, die Einsicht Beradts aufgreifend, erst in den 1930er Jahren. Anders als in seinen sich über Jahrhunderte erstreckenden Begriffsgeschichten interessiert ihn an den Träumen ausschließlich, was sie über Zeiterfahrungen im Nationalsozialismus aussagen. Für Koselleck sind Träume die vielleicht einzige Form, wie sich unter den Bedingungen totaler Herrschaft neue Erwartungen aus real im Alltag gemachten Erfahrungen ableiten lassen. In einer Welt, in der Utopie und Terror regieren, erlauben nur die Träume realistische Prognosen über die Zukunft.

Das war es, was Koselleck an den von Beradt analysierten Träumen elektrisiert hat. Sein Aufsatz »Terror und Traum« ist das Ergebnis einer mehr als zehn Jahre dauernden Suche nach einer Antwort auf die Fragen, die *Das Dritte Reich des Traums* für seine Theorie geschichtlicher Zeiten aufgeworfen hat, nicht zuletzt die Frage nach der Singularität der Zeiterfahrungen im Nationalsozialismus. 1967, ein Jahr nach dem Erscheinen von Beradts Buch, schickt er

39 Alain Corbin, »Das Geheimnis des Individuums«, in: Philippe Ariès, Georges Duby (Hg.), *Geschichte des privaten Lebens*, 5 Bde., hier Bd. 4: *Von der Revolution zum Großen Krieg*, hg. v. Michelle Perrot, Frankfurt/M. 1994, S. 427-630, hier S. 481. Corbin wiederum bezieht sich auf George Steiner, »Les rêves participent-ils de l'histoire? Deux questions adressées à Freud«, in: *Le Débat* 3 (1983), S. 158-177. In derselben Ausgabe der von Pierre Nora und Marcel Gauchet herausgegebenen Zeitschrift sind auch Auszüge aus *Das Dritte Reich des Traums* sowie aus »Terror und Traum« erschienen.

ein Exemplar nach Warschau. »Ich halte das Buch für eines der wichtigsten, um die innere Geschichte der Hitlerzeit verstehen zu können«, schreibt er an den Soziologen Paweł Beylin, dem er zuvor im persönlichen Gespräch begeistert davon berichtet hat – auf der Jahrestagung der Forschungsgruppe »Poetik und Hermeneutik«, wo Koselleck und Siegfried Kracauer freundlich aneinander vorbeiredeten. »Dass ein totaler Staat nicht mit dem Schlagwort der Diktatur hinreichend bezeichnet werden kann, scheint mir aus der Beradt'schen Quellensammlung deutlich zu werden. Ich glaube, dass auch die unterirdische Ästhetik der Traumgeschichten aus den totalen Staaten aufregende Fragen enthält.«[40]

Wie Jan Eike Dunkhase herausgearbeitet hat, geht es Koselleck in seiner Auseinandersetzung mit Beradts *Das Dritte Reich des Traums* und Jean Cayrols *Lazarus unter uns* um die Frage, wie eine Historie nach Auschwitz möglich sei. So wie Arendt geht Koselleck von der Prämisse aus, dass der radikale Bruch der 1930er und 1940er Jahre nur mittels einer neuen Anthropologie geschichtlicher Erfahrungen zu erfassen sei. So führt er auch *Das Dritte Reich des Traums* in einer Stellungnahme zum Heidelberger Seminar zur Geschichte der Konzentrationslager 1969 ein,[41] die nötig wird, weil Wilhelm Kütemeyer (anders als mit Koselleck vereinbart) die Krankengeschichte einer teilnehmenden Studentin, die auch seine Patientin war, zum Gegenstand der Seminardiskussion gemacht hat. Die Proteste führen letztlich zum Abbruch des Seminars.[42] Beradt zeige,

40 DLA Marbach, A: Koselleck, Reinhart Koselleck an Paweł Beylin, 21.4.1967.

41 Siehe oben, Kap. 1, S. 75-77.

42 Von Kütemeyer dazu ermutigt, hat diese Studentin in ihrem Referat die eigenen Angstträume mit den Traumerfahrungen des »Dritten Reichs« ineinandergeblendet, was Koselleck besonders empört. »Welch makabre Anmaßung steht dahinter, die Schuldverstrickung und Verlassenheit einer gegenwärtigen Befindlichkeit mit der eschatologischen Einsamkeit gleichzusetzen, der sich ein überlebender KZ-Häftling im vollen Bewusstsein der Nicht-Mittelbarkeit ausgesetzt sieht. Hier zerrinnen unter dem Identifizierungszwang zugunsten des Allgemeinplatzes einer kranken Gesellschaft alle Maßstäbe.« In seiner an Kütemeyer und die Seminarteilnehmer gerichteten Stellungnahme beruft er sich auf die Arbeiten der französischen Psychiater Eugène Minkowitz und Joseph Gabel, insbesondere zur Schizophrenie. Gabel habe gezeigt, dass das ideologische Denken gerade deshalb eine schizophrene Struktur habe, weil es kraft des pathologischen Rationalismus die Zeit verdingliche, also historischen Erfahrungen unzugänglich bleibe. Bezogen auf die Seminararbeit und Kütemeyers Ansatz formuliert Koselleck überaus

»dass unter dem einsetzenden Terror 1933 eine intakte Bewegung noch prognostische Wahrnehmungen ermöglichte. Der Terror war schon groß genug, um das Unbewusste ungehemmt überschwemmen zu können, aber die Träumer waren noch frei genug, dass bei ihnen der manifeste Trauminhalt mit den latenten Traumgedanken konvergieren konnte.« Das unterscheide, so Koselleck weiter, die Träume aus den ersten Jahren des »Dritten Reichs« von denen der Konzentrationslager in Jean Cayrols *Lazarus unter uns*. »Für Cayrol habe ich gezeigt, dass ganz spezifisch privat-persönliche Träume nur in ihren anthropologischen Zusammenhang gestellt repräsentative Bedeutung gewinnen konnten: für die Bedingungen möglichen Überlebens. Wenn darin auch keine Garantie tatsächlichen Überlebens enthalten war, weil die Infamie des SS-Terrors, wie Améry und Levi berichten, auch die größte Integrität der Einzelperson zu überspielen oder kurzerhand zu vernichten wusste. Die leib-seelische Verfasstheit der Personen, der Handelnden und Leidenden – und das tatsächliche Geschehen sind nicht rundweg auseinander ableitbar.«[43]

Zwei Jahre später nutzt Koselleck die Einladung zum Jahrestreffen der Görres-Gesellschaft 1971 zum Thema »Rationalität und Geschichte« für einen ersten öffentlichen Vortrag zu den Traumerfahrungen des »Dritten Reichs«, den er dann auch 1976, wenngleich in veränderter Form, auf dem Düsseldorfer Germanistentag hält. Beide Vorträge beginnen mit den Träumen des Arztes von den wandlosen Räumen und des Rechtsanwalts, der auf dem Papierkorb sitzt. Koselleck formuliert gleich auf der ersten Seite von »Wie rational ist die Historie?« seine These, die später in »Terror und Traum« einging: »Beide Träume sind Geschichten, sie enthalten

scharf: »Die Erkenntnisse von Gabel entschlüsseln die hier verwendete Methode. Sie zeigt genau jene Verhaltensweisen, die als eine Voraussetzung der KZ zu untersuchen wir hier zusammengekommen sind: sie ist pseudologisch, fanatisch, utopisch im Sinne eines fixierten politischen Bewusstseins. Wenn sie so wollen, sie zeigt faschistoide Züge.« Reinhart Koselleck, »Erklärung zu dem vorgelegten Referat über die Identität der Person in der nachkonzentrationären Welt«, 8 Bl., hier Bl. 5 u. 7. DLA Marbach, A: Koselleck, Konvolut »Materialien zum Thema ›Traum‹«, Mappe 1/2. Zu den Hintergründen siehe Dunkhase, *Absurde Geschichte*, S. 28-33, sowie ergänzende Hinweise von Falk Pingel, Korrespondenz mit dem Verf., 18.3.2021.

43 Koselleck, »Erklärung zu dem vorgelegten Referat über die Identität der Person in der nachkonzentrationären Welt«, Bl. 5f.

eine Handlung mit Anfang und Ende, eine Handlung, die so nie stattgefunden hat, wie sie berichtet wird. Aber beide Geschichten geben eine Erfahrung wieder, die unter die Haut ging, sie enthalten eine innere Wahrheit, die von der späteren Wirklichkeit des Dritten Reichs nicht nur eingelöst, sondern unermesslich überboten wurde.« Deshalb seien die »geträumten Geschichten« nicht nur Zeugnisse des Terrors, sondern besäßen eben auch prognostischen Gehalt. »Die beiden Träume enthalten«, wie Koselleck fast wortwörtlich auch 1976 in »Fiktion und geschichtliche Wirklichkeit« seine an Beradt angelehnte These formuliert, »eine höhere Wahrscheinlichkeit, als zur Zeit der Träume wirklich schien, sie nehmen das empirisch Unwahrscheinliche vorweg, das später – in der Katastrophe des Untergangs – zum Ereignis wurde.«[44]

In »Wie rational ist die Historie?« unterscheidet Koselleck zwei historische Zugänge, um die nationalsozialistische Herrschaft entweder zu erklären oder zu verstehen. Zuerst eine kausale Ableitung (soziale, ökonomische, politische, ideelle Verwerfungen), die mit verschiedenen Zeiträumen operiere (kurzfristige, mittelfristige, langfristige Ursachen). Gemeinsam sei den erklärenden Herangehensweisen, dass sie der Geschichte nachträglich einen Sinn geben, sie rational nachvollziehbar machen möchten. Aber die Zahl an Gründen, die für ein Ereignis herangezogen werden könnten, sei sowohl sachlich als auch zeitlich unbegrenzt. Über zwingende Erklärungen, warum ein Ereignis nur so und nicht anders habe eintreten können, verfüge die Geschichtswissenschaft nicht. In jeder geschichtlichen Konstellation sei immer mehr oder weniger angelegt, als sich historisch ereigne.

Deshalb sind die Träume für Koselleck so aufschlussreich. Sie ermöglichen uns, so der zweite Schritt seiner Argumentation, die geschichtliche Konstellation des Jahres 1933 selbst zu verstehen, auch das überraschend Neue, schockierend Einmalige, zu Traumbildern Verdichtete, ohne sie nur aus der vorangegangenen Geschichte

44 DLA Marbach, A: Koselleck, Konvolut »Materialien zum Aufsatz ›Wie rational ist die Historie?‹«, Reinhart Koselleck, »Wie rational ist die Historie?«, 14 Bl., hier Bl. 1f. 1976 setzt er hinzu: »Sie wurden zum Ereignis, und demnach waren die beiden Traumgeschichten nicht nur Fiktion, zumindest sind sie es nicht geblieben.« Reinhart Koselleck, »Fiktion und geschichtliche Wirklichkeit«, in: ders., *Vom Sinn und Unsinn der Geschichte. Aufsätze und Vorträge aus vier Jahrzehnten*, hg. und mit einem Nachwort von Carsten Dutt, S. 80-95, hier S. 81.

abzuleiten. Träume sind, wie er schon 1971 formuliert, »nicht nur Zeugnis für den Terror, sondern eine leiblich manifeste Erscheinungsweise des Terrors selbst«. Auch die folgenden Schlüsselsätze finden sich später in »Terror und Traum«: »Die Abschaffung der Wände qua Verordnung entblösst den Privatraum jeglichen Schutzes. Der Lautsprecher liess dem Träumer keinen Zweifel. Der beklemmende Zwang des jüdischen Anwalts, selbst freiwillig dem Papier Platz zu machen, bedarf für den, der die Geschichte erfahren hat, keiner deutenden Übersetzung. In solchen Träumen ereignete sich der Terror, sie sind eine seiner Vollzugsweisen. Und in der grossen Summe solcher Träume kommt offenbar das Erlebnis einer ganzen politischen Generation zur bildhaften Sprache.«[45]

Anachronie

Der Philosoph und Theologe Hermann Krings, dessen spröde Geistigkeit von seinem Enkel Joachim Meyerhoff in einem autobiografischen Roman verewigt wurde,[46] vermochte im *Jahrbuch der Görres-Gesellschaft* Kosellecks Vortrag nur halbwegs und bis hierhin zu folgen. Die Erwähnung der Träume führte dazu, dass Krings in seiner Zusammenfassung diesen zweiten, Zeiterfahrungen im Nationalsozialismus selbst in den Blick nehmenden Ansatz ganz der Psychoanalyse zurechnete. Der letzte Teil des Vortrags, in dem Koselleck auf Jean Cayrol, Auschwitz und – im Manuskript handschriftlich hinzugefügt – erstmalig auf seine »Theorie möglicher Geschichten« knapp und kryptisch zu sprechen kommt, wurde von Krings im Tagungsband deshalb einfach ausgelassen.[47] Für Koselleck zeigen die Träume aus den Konzentrationslagern, dass auch eine die geschichtliche Konstellation selbst in den Blick nehmende Analyse, so wie auch kausale Herleitungen, an Grenzen stößt. Anders als die Träume aus den ersten Jahren des »Dritten Reichs«, die noch politische Wahrnehmungen und realistische Prognosen in sprachlichen Bildern verdichtet haben, führen die von Cayrol gesammelten Träume in die »letzte Zone« des Unaussprechbaren.

45 Koselleck, »Wie rational ist die Historie?«, Bl. 7.

46 Joachim Meyerhoff, *Ach, diese Lücke, diese entsetzliche Lücke*, Köln 2015.

47 Hermann Krings, »Sektionsberichte. 1. Sektion für Philosophie«, in: *Jahres- und Tagungsberichte der Görres-Gesellschaft 1971*, Köln 1972, S. 56 f., hier S. 56.

In den Konzentrations- und Vernichtungslagern, in denen der reale Terror nicht mehr von kommender Gewalt überboten werden konnte, haben sich die Zeiterfahrungen erneut geändert. Gezwungen, der Wirklichkeit zu entfliehen, zeugen die Träume aus den Lagern von »Anachronie«, wie Koselleck in »Terror und Traum« ergänzt, also von der *Aufhebung geschichtlicher Zeit.*[48] Nur der Abschied vom anthropologischen Bezug auf Vergangenheit, Gegenwart und Zukunft, der sich in den bild- und handlungsarmen Heilsträumen Cayrols findet, erlaubte das Überleben.

Bereits im Vortrag von 1971 formuliert Koselleck, sich an Fragen herantastend, mit denen sich die Geschichtsschreibung seinerzeit kaum beschäftigt hat: »Erst die absurde Schwundstufe, seinen eigenen Tod schon ausgestanden zu haben, bot Anhalt zu Hilfe. Erst so gewann der Häftling mit seinem nahezu vernichteten Körper eine minimale, aber entscheidende Stütze zum Weiterleben.« Selbst eine sprach- und zeitlos machende biopolitische Vernichtungsmaschinerie bringt »Aussagen des stummen Leibes« hervor. »Dabei handelt es sich um Erfahrungen«, so Koselleck weiter, »die nicht direkt kommunizierbar sind, Erfahrungen, die sich also der herkömmlichen historischen Methodik entziehen.«[49] Damit ist zugleich ein wichtiges Motiv für seine Historik formuliert.

Die Zeit- und die Sprachlosigkeit der von Cayrol wiedergegebenen Träume lassen sich nicht mehr zur Gänze auf die geschehenden Ereignisse beziehen, die Ereignisse setzen eine Grenze, »die selbst nicht mehr rational überschritten werden kann«.[50] Hier kommt Koselleck auf seine Ausgangsfrage zurück. Wenn die Geschichte selbst irrational ist und weder in kausalen Erklärungen noch in zeitgebundenen Wahrnehmungen aufgeht, worin könnte dann eine mögliche Rationalität der Historie liegen? Koselleck gibt zwei vorläufige Antworten. Einmal beruft er sich auf die »negative Rationalität« der historischen Methode, was er an anderer Stelle das »Vetorecht der Quellen« nennt.[51] Nicht »die Geschichte«, nur ihre quellengestützte Analyse kann vernünftige Ausschlusskriterien

48 Koselleck, »Terror und Traum«, S. 291.

49 Koselleck, »Wie rational ist die Historie?«, Bl. 11.

50 Ebd., Bl. 12.

51 Reinhart Koselleck, »Standortbindung und Zeitlichkeit. Ein Beitrag zur historiographischen Erschließung der geschichtlichen Welt«, in: ders., *Vergangene Zukunft*, S. 176-206, hier S. 206.

von »wahr« und »falsch« bestimmen. Gerade Koselleck, der sich wie kaum ein anderer Historiker der zweiten Hälfte des 20. Jahrhunderts in den Nachbardisziplinen der Philosophie, Ästhetik, Philologie oder des Rechts auskennt, insistiert auf der historischen Methode, um die Differenz zwischen Fiktion und geschichtlicher Wirklichkeit aufrechtzuerhalten, sie als »Fiktion vergangener Faktizität« auszumessen. »Es gibt keinen Text, den der Historiker um seiner selbst willen liest. Sofern er das tut, ist er Philologe. Der Historiker unterscheidet sich nicht nur graduell, sondern, wie ich glaube, fundamental von seinen hermeneutischen Nachbarwissenschaften. Der Jurist, der Theologe, der Philologe, der Ästhetiker, der Philosoph: alle lesen ihre Texte, um deren Aussage um ihrer selbst willen zu verstehen.«[52]

Um die Quellen zum Sprechen zu bringen, bedarf es der historischen Theorie. Nur eine Theorie möglicher Geschichten, so Kosellecks zweites Argument, erlaube es, »die Fiktion vergangener Wirklichkeit im Bereich des Wahrscheinlichen zu halten. [...] Ob die Theorie möglicher Geschichten rational mitteilbar ist, ob sie von jedermann geteilt wird oder nicht, scheint mir dann eine Frage der Übereinkunft, der historischen Vernunft, sofern es so etwas gibt.« An den Rand setzt er handschriftlich hinzu: »Hypothese«.[53] Er umreißt abschließend einige Formalkategorien seiner Theorie der Bedingungen möglicher Geschichten. Einige davon greift er auf, andere verwirft er wieder in seinem Festvortrag für Hans-Georg Gadamer 1985,[54] der die Grenzen zwischen Hermeneutik und Historik zieht. Auch in anderen Vorträgen der 1980er Jahre, der Zeit des Historikerstreits, sucht Koselleck nach einer genuin *historischen* Theorie nach Auschwitz, die beides, totale und zukunftslose Zukunft, Beschleunigung und Aufhebung geschichtlicher Zeit, als gemachte Erfahrungen im Nationalsozialismus analytisch einfängt.[55]

52 Koselleck, »Wie rational ist die Historie?«, Bl. 14.

53 Ebd., Bl. 16.

54 Siehe oben, Kap. 2, S. 120-126.

55 Dunkhase, *Absurde Geschichte*, S. 37 f.

Für Verunsicherung sorgt »Terror und Traum« schon Anfang September 1979 auf der Jahrestagung von »Poetik und Hermeneutik«. Koselleck hatte den Aufsatz Anfang des Jahres fertiggestellt und im Sommer als Textvorlage für die Diskussion in Bad Homburg eingereicht. Hans Ulrich Gumbrecht berichtet von der wütend-nervösen Reaktion der meisten anwesenden deutschen Kollegen (in dem Kreis gab es keine Frauen), überwiegend so wie Koselleck Angehörige der Kriegsgeneration. Nicht nur für Gumbrechts Doktorvater Hans Robert Jauß, den Kopf der Gruppe nach dem frühen Ausscheiden von Hans Blumenberg, sondern auch für weniger Belastete wie Odo Marquard, Manfred Fuhrmann oder Wolf-Dieter Stempel sei die Aussparung des »Dritten Reichs« auf deren Treffen selbstverständlich gewesen. Koselleck habe mit »Terror und Traum« ein Tabu gebrochen.[56]

Auf einen Eklat deutet vielleicht hin, dass die für »Poetik und Hermeneutik« übliche Zusammenfassung der Diskussion für den Tagungsband durch den an der Columbia University lehrenden Philosophen Richard Kuhns erfolgte, also von einem amerikanischen Gast und auf Englisch, was ungewöhnlich war.[57] (Richard

56 Hans Ulrich Gumbrecht, »Pyramiden des Geistes. Über den schnellen Aufstieg, die unsichtbaren Dimensionen und das plötzliche Abebben der begriffsgeschichtlichen Bewegung«, in: ders., *Dimensionen und Grenzen der Begriffsgeschichte*, Stuttgart 2006, S. 7-36, hier S. 31. Korrespondenz des Verf. mit Hans Ulrich Gumbrecht, 3. 4. 2021. Hierzu mit implizitem Bezug auf Jauß: Gumbrecht, »Die Hypokrisie der Aufklärung: Wirklich kritische Zeitgenossen sollten Reinhart Koselleck neu entdecken«, in: *Neue Zürcher Zeitung*, 3. 4. 2021: »Als junger Kollege habe ich miterlebt, wie Reinhart Koselleck bei einem Kolloquium der Forschungsgruppe ›Poetik und Hermeneutik‹ seinen Generationsgenossen, von denen es einigen damals noch gelang, ihre Vergangenheit als aktive Nationalsozialisten zu verbergen, eben mit seinem Vortrag über Träume unter den Opfern jener Zeit die Unmittelbarkeit historischer Vergegenwärtigung zumutete. Nach seiner Präsentation entlud sich ein Sturm der Vorwürfe, die von der angeblichen Absenz einer Methodengrundlage bis zur Beschimpfung als nationaler Nestbeschmutzer reichten. Koselleck verteidigte sich kaum, schien deprimiert und blieb dem gemeinsamen Abendessen fern. Nur eine Replik auf seinen Vortrag, nicht der Vortrag selbst ist im Dokumentationsband jener Tagung erschienen.«

57 Richard Kuhns, »Comments on ›Terror und Traum‹«, in: Dieter Henrich, Wolfgang Iser (Hg.), *Funktionen des Fiktiven* (= Poetik und Hermeneutik X), München 1983, S. 397-401.

Rorty und Arthur C. Danto hielten ebenfalls Gastvorträge.) Für Irritation sorgte offensichtlich auch, dass Koselleck Träume zum Gegenstand der Geschichtsschreibung machte. Ausgerechnet der Kreis aus Philosophen, Kunsthistorikern und Literaturwissenschaftlern, der zusammengekommen war, um die »Funktionen des Fiktiven« zu diskutieren, hält dem Historiker Koselleck vor, bei Träumen handele es sich gar nicht um historische Quellen. Ein weiterer Einwand lautet, dass Träume die Wahrheit nur verzerrt wiedergäben, was schließlich auch Zweifel daran wecke, ob sie, wie Koselleck meinte, soziale und politische Erwartungen enthalten könnten. Besonders vehement, so Kuhns, hat Koselleck in der Diskussion den Einwand zurückgewiesen, die Analyse der Träume sei nicht Sache der Historie, sondern der Psychoanalyse. Kuhns, der zu dieser Zeit in seinen eigenen Arbeiten dabei war, Psychoanalyse und Kunsttheorie zu verknüpfen, sieht die Konsequenz von Kosellecks Ansatz darin, dass sie eine genuin historische Theorie der Traumdeutung verlange. Wie sonst könnten die Träume nicht nur individuell begriffen, sondern in soziale und politische Zusammenhänge eingerückt werden? Mehr an die Zweifler im »Poetik und Hermeneutik«-Kreis als an Koselleck sich wendend, erinnert der Kommentar daran, dass Träume sich wie andere fiktive Geschichten und Erzählungen analysieren lassen. Könne dann nicht die Literaturtheorie der Geschichtsschreibung bei der Trauminterpretation helfen? »Die Träume verknüpfen in einer Erzählung [*narrative*] die privaten Fantasien und Ängste von Einzelnen mit dem öffentlichen Schock [*public outrage*] der Verfolgung und Demütigung. Wir begegnen den Träumen als erzählte Wirklichkeit, als eine Synthese von Alltag und Theorie, die keine andere Erzählung aus dieser Zeit erreichen konnte.« Anders als literarische Geschichten aber seien Träume »Erzählungen ohne Erzähler«, diese imaginative Funktion müsse die Geschichtsschreibung übernehmen, denn Träume seien »Fragmente, Scherben, Objekte aus einer undatierten Grabung«, die nur durch die historische Imagination Form gewinnen: »*The historian becomes the presence informing the dreams.*«[58] Die Historie als Medium von erträumten Geschichten? Das ist nicht, worauf es Koselleck ankommt, wenn er den Traumerfahrungen des »Dritten Reichs« eine unter die Haut gehende »unentrinnbare Faktizität des Fiktiven« zuschreibt.

58 »Kuhns, »Comments on ›Terror und Traum‹«, S. 401.

In seinem im Winter 1980 geschriebenen Nachwort zu *Das Dritte Reich des Traums* antwortet Koselleck implizit auf diese und andere Einwände. In Beradts »behutsamer, nüchterner Interpretation« werden, so Koselleck, »mit dem vielschichtigen Wissen der Zeitgenossin« die Traumberichte entschlüsselt.[59] Andere Zugänge zu den Träumen, etwa der Geschichtswissenschaft, seien damit aber keineswegs hinfällig. Im Gegenteil erlaube *Das Dritte Reich des Traums* gerade auch Antworten auf die Kontroverse, »die heute unter einer falschen Alternative danach fragt, inwieweit Hitler und mit ihm der deutsche Nationalsozialismus ein singulärer Fall gewesen sei, oder ob Hitler nur das Epiphänomen allgemeiner sozialer und ökonomischer Bedingungen gewesen sei, die nicht auf Deutschland beschränkt blieben, hier nur eine besondere Ausprägung erhalten hatten«. Die Traumsammlung verdeutliche, so Koselleck, auf die Sonderwegdebatte und die Intervention von David Blackbourn und Geoff Eley anspielend,[60] wie »Hitler in seinen Voraussetzungen angelegt war und wie seine Voraussetzungen in Hitler aufgehoben«, also auch überschritten wurden. Hier nimmt er den Faden von »Wie rational ist die Historie?« wieder auf. Beides, eine kausal-ableitende, zeitlich weit zurückgreifende wie auch eine synchrone, aus den Ereignissen und handelnden Akteuren selbst entstehende, Zufall und Selbstbeschreibung rekonstruierende Perspektive ergänzt sich wechselseitig, ohne doch das Geschehen ganz begreiflich machen zu können. Koselleck bezieht sich, ohne ihn direkt zu nennen, auf die im gleichen Jahr erschienene Studie eines weiteren britischen Historikers, Ian Kershaws *Der Hitler-Mythos. Volksmeinung und Propaganda im Dritten Reich.* Die beherrschende Stellung, die Hitler auch in *Das Dritte Reich des Traums* einnehme, zeige, »wo die seelische Disposition der deutschen Bevölkerung und Hitler als charismatischer Führer im Sinne von Max Weber nicht zu trennen sind«.[61] Es ist genau diese Einsicht, die zwanzig Jahre später Kershaws Hitler-Biografie und Hans-Ulrich Wehlers Interpretation

59 Reinhart Koselleck, »Nachwort«, in: Beradt, *Das Dritte Reich des Traums,* S. 116-132, hier S. 117.

60 David Blackbourn, Geoff Eley, *Mythen deutscher Geschichtsschreibung. Die gescheiterte bürgerliche Revolution von 1848*, Frankfurt/M. 1980.

61 Koselleck, »Nachwort«, S. 118.

der Gesellschaftsgeschichte des Nationalsozialismus als Form charismatischer Herrschaft leiten sollte.[62]

Im Nachwort wiederholt Koselleck einzelne Passagen aus »Terror und Traum«, so auch die von Beradt in ihren Briefen herausgehobenen Formulierungen. Die Träume »führen uns exemplarisch in die Nischen des scheinbar privaten Alltags, in den die Wellen der Propaganda und des Terrors eindringen. Sie zeugen vom anfangs offenen, dann schleichenden Terror, dessen gewaltsame Steigerung sie vorwegnehmen.« Die berichteten Träume haben, so Koselleck, die Einwände des »Poetik und Hermeneutik«-Kreises zurückweisend, »vorschriftlichen Ereignischarakter, auch wenn sie ex post niedergeschrieben wurden«, etwa in Tagebuchnotizen. »Die erzählten Traumgeschichten bezeugen – als fiktionale Texte – den Terror, zugleich aber sind sie Vollzugsweisen des Terrors selbst. Der Terror wird nicht nur geträumt, sondern die Träume sind selber Bestandteil des Terrors. Sie werden in den Leib diktiert.«[63]

Es ist diese »politisch-anthropologische Dimension«, die Koselleck an den Träumen des »Dritten Reichs« besonders interessiert und die er im Nachwort, mehr noch als in »Terror und Traum«, in den Vordergrund rückt. Gerade weil es sich um Traumerfahrungen handele, von denen der Mensch im Schlaf überfallen wird, seien in verschiedenen Zeiten und Kulturen Traumbilder darauf befragt worden, welche als Bedrohung erfahrenen Visionen sie enthalten. »Zahlreiche Traumbücher vermittelten über Jahrhunderte hinweg das gesammelte Erfahrungswissen. Träume bündelten in ihrer scheinbaren Zeitlosigkeit alle temporalen Dimensionen. Sie galten als nächtliche Verdoppelungen des jeweiligen Tagesgeschehens, als Aufbereiter der zurückliegenden Vergangenheit und, mehr noch, als Wegweiser in die Zukunft.« Zugleich gebe es eine parallele Tradition der Traumkritik, die zur Aufklärung führe, »und schließlich bei Fontenelle und Bayle eine durchschlagende Überzeugungskraft gewannen. Seitdem gehörte es für die Aufgeklärten der Neuzeit zum Bildungshabitus, statt Träume zu deuten, sie als physiologisch erklärbare, deshalb unerhebliche Phantasien abzutun.« Beides, die

62 Ian Kershaw, *Hitler 1889-1936*, Stuttgart 1998, ders., *Hitler 1936-1945*, Stuttgart 2000; Hans-Ulrich Wehler, *Deutsche Gesellschaftsgeschichte*, Bd. 4: *Vom Beginn des Ersten Weltkriegs bis zur Gründung der beiden deutschen Staaten 1914-1949*, München 2003.

63 Koselleck, »Nachwort«, S. 127.

aufgeklärte Traumkritik wie auch die »Gegenwelt der Träume«, ihre Erfahrung, gehöre zu einer Sozialgeschichte der Träume.[64]

Freud steht für Koselleck in beiden Traditionslinien, Traumkritik und Traumerfahrung. Anders als Beradt, die die Psychoanalyse rundweg ablehnt, beschäftigt sich Koselleck schon seit dem Heidelberger Studium mit Freud und auch mit Psychologie, aber er nimmt *Das Dritte Reich des Traums* zum Anlass für weitere Lektüren. Am 6. September 1980 setzt er in einem Brief an Unseld handschriftlich hinzu: »Bitte lassen Sie mir doch die Suhrkamp-Freud-Ausgabe zum Autorenpreis senden. Ich brauche sie zur Vorbereitung des Beradt-Nachwortes.«[65] Freud führe mit seiner »naturwissenschaftlich grundierten Anthropologie« die Traumkritik fort, heißt es nun, gewinne aber durch sie den Traumerfahrungen zugleich neue, individuelle Sinnhorizonte ab, die einer eigenen Rationalität folgen, ihnen also Geltung verschaffen. Allerdings seien die von Beradt dokumentierten Träume nicht in therapeutischer Absicht erzählt worden. »Und selbst wenn eine solche Intention stillschweigend gehegt wurde, ging es nicht darum, Assoziationen hervorzurufen, die die Traumdeutung auf die private Biographie diagnostisch hätte zurückbeziehen lassen.« Die von Beradt wiedergegebenen Träume seien nicht »im Umkreis der Psychopathologie, der Nervenklinik oder einer Behandlungscouch entstanden«, sondern seien »gleichsam normale Alltagsträume, deren Normalität und Alltäglichkeit gerade das schwer Begreifliche der Ereignisse nach 1933 durchsichtig macht«.[66] Es handele sich, wie Koselleck komplex, aber doch

64 Ebd., S. 121. Siehe etwa Peter Burke, »The Cultural History of Dreams«, in: ders., *Varieties of Cultural History*, Ithaca 1997, S. 23-42; Daniel Pick, Lyndal Roper (Hg.), *Dreams and History. The Interpretation of Dreams from Ancient Greece to Modern Psychoanalysis*, London 2003; Lyndal Roper, *Ödipus und der Teufel. Körper und Psyche in der frühen Neuzeit*, Frankfurt/M. 1995; dies., *Hexenwahn. Geschichte einer Verfolgung*, München 2007; Doris Kaufmann, »Träume als wissenschaftliches Objekt. Bürgerliche Selbstverständigungsprozesse im späten 18. und frühen 19. Jahrhundert«, in: Michael Grüttner u. a. (Hg.), *Geschichte und Emanzipation. Festschrift für Reinhard Rürup*, Frankfurt 1999, S. 75-94; Isabel Richter, »Geschichte aus Träumen. Traum-Erzählungen als Quellen der europäischen Kulturgeschichte«, in: *Österreichische Zeitschrift für Geschichtswissenschaften* 23 (2012), S. 140-160; Hannah Ahlheim, *Der Traum vom Schlaf im 20. Jahrhundert. Wissen, Optimierungsphantasien und Widerständigkeit*, Göttingen 2018.

65 DLA Marbach, SUA: Reinhart Koselleck an Siegfried Unseld, 6. 9. 1979.

66 Koselleck, »Nachwort«, S. 121 f.

präzise zusammenfasst, »um zukunftsträchtige Verarbeitungen von verallgemeinerungsfähigen Erfahrungen, die bis dahin nicht vorstellbare Möglichkeiten totalitärer Herrschaft artikulierten«.[67]

Die von Beradt gesammelten und gedeuteten Träume sind für Koselleck beides: Sie zeugen vom Terror einer in die totale Zukunft ziehenden Gesellschaft, sind »in den Leib diktiert«, aber gerade deshalb enthalten sie auch eine Vorahnung kommender Ereignisse, die selbst den Terror der 1930er Jahre in den Schatten stellen sollten.[68] Traumerfahrung und Traumerwartung kommen mithin zur Deckung. Es ist dieser Schatten von Morgen, das Entsetzen über den Sog der Gewalt des »Tausendjährigen Reichs«, der sich bereits auf das Bewusstsein der Träumenden gelegt hatte.

Umso erstaunlicher ist es, dass Beradts *Das Dritte Reich des Traums* wie auch Kosellecks »Methodologische Anmerkungen zu Zeiterfahrungen im Dritten Reich«, so der Untertitel von »Terror und Traum«, in der Historiographie zur Gesellschaftsgeschichte des Nationalsozialismus kaum ein Echo gefunden haben. Die Zeitgeschichte hat zuletzt die Macht der Zeit, ihre Geschichtlichkeit als Thema entdeckt und beruft sich dabei auf Koselleck.[69] Doch in den neueren Arbeiten zu den Zeiten des Nationalsozialismus kommt Beradts *Das Dritte Reich des Traums* ebenso wenig vor wie Kosellecks methodologische Überlegungen in »Terror und Traum«.[70]

67 Ebd., S. 126.

68 Ebd., S. 127 f.

69 Fernando Esposito, Sven Reichardt »Revolution and Eternity. Introductory Remarks on Fascist Temporalities«, in: *Journal of Modern European History* 13 (2015), S. 24-43; Christopher Clark, *Time and Power. Visions of History in German Politics from the Thirty Years' War to the Third Reich*, Princeton 2019, Kap. 4: »Time of the Nazis«; sowie die Beiträge in: Dan Edelstein u. a. (Hg.), *Power and Time. Temporalities in Conflict and the Making of History*, Chicago 2020.

70 Als Ausnahmen sind zu nennen: Willibald Steinmetz, »Rêver à l'âge des extrêmes. Pour une lecture historique des transcriptions de rêves«, in: *Communications. EHESS – Laboratoire d'Anthropologie Critique Interdisciplinaire* 108 (2021), »La circulation des rêves«, hg. v. Jacqueline Carroy, S. 39-53. Aus literaturwissenschaftlicher Sicht: Irina Paperno, *Stories of the Soviet Experience. Memoirs, Diaries, Dreams*, Ithaca 2009, insbes. S. 162-164 zu Koselleck und Beradt; Barbara Hahn, *Endlose Nacht. Träume im Jahrhundert der Gewalt*, Berlin 2016, die Koselleck aber nicht erwähnt; sowie Christiane Solte-Gresser, *Shoa-Träume. Vergleichende Studien zum Thema Traum als Erzählverfahren*, Paderborn 2021, ausführlich zu Koselleck, Beradt und Cayrol. Eine frühe Ausnahme unter den Zeithistorikern ist nicht von ungefähr: Detlev K. Peukert, *Volksgenossen und Gemeinschaftsfremde.*

Für die noch zu schreibende Geschichte der Traumerfahrungen des »Zeitalters des Totalen« formulieren Beradt und Koselleck eine Ausgangsthese: Träume erzählen uns mehr über die Erfahrungen und Erwartungen einer in die Diktatur aufbrechenden Gesellschaft als andere historische Quellen. Sie führen uns die Möglichkeit einer politischen Realität vor Augen, deren Wahrheit sich allererst im Traum erschließt.

Zeitreisen hinter dem Vorhang

Im Juli 1991 ist Reinhart Koselleck eingeladen, auf der Jahrestagung der Zeitschrift *Kirchliche Zeitgeschichte* in Erfurt über seine Historik zu sprechen. Nach der Revolution im Herbst 1989, dem Mauerfall und der Übernahme der DDR samt ihren Bürgern in die Bundesrepublik findet die Konferenz der Zeitschrift erstmals in Thüringen statt. Untergebracht sind die Teilnehmer im mittelalterlichen Augustinerkloster, in dem Anfang des 16. Jahrhunderts Martin Luther für einige Jahre als Mönch gelebt hatte. Im Zweiten Weltkrieg erheblich zerstört, wurde das Kloster in der frühen DDR wieder aufgebaut und diente als evangelisches Priesterseminar. Im Herbst 1989 war es einer der kirchlichen Orte, in denen sich die Bürgerbewegung treffen konnte. Mehr noch als das Thema »Zur Historik kirchlicher Zeitgeschichte« mag Koselleck die Gelegenheit angezogen haben, in die Nähe von Weimar zurückzukehren, dorthin, wo seine 1950 verstorbene Tante als Kunsthistorikern bei den Staatlichen Kunstsammlungen gearbeitet hatte.

Am Vortag der Konferenz sind die Teilnehmer eingeladen, die Gedenkstätte des Konzentrationslagers Buchenwald zu besuchen. Bei seiner Weimar-Reise während der Lazarett-Zeit im Februar 1943 hatte der Zwanzigjährige aus Gesprächen in den geselligen Zirkeln seiner Tante von den Verbrechen im nahegelegenen Lager auf dem Ettersberg erfahren. Ein Jahr später schrieb Hildegard Marchand an den Neffen: »Vor einigen Tagen musste ich über Land fahren nachmittags, um Bergungsräume [für die Staatlichen Kunstsamm-

Anpassung, Ausmerze und Aufbegehren unter dem Nationalsozialismus, Köln 1982, S. 280-284 u. S. 322, Fn. 2, der auch Kosellecks Sicht der Moderne als einer »Trümmerlandschaft« teilt, die »in sich unübersehbar, fragmentarisch und sinnlos« sei. Detlev Peukert, *Max Webers Diagnose der Moderne*, Göttingen 1989, S. 7, 63 f.

lungen Weimar] zu besichtigen. Überall an den Bahndämmen u. auf den Straßen arbeiten pol. Gefangene aus dem riesigen Konzentrationslager ›Buchenwald‹, ein zu trauriger Anblick.«[71]

Seine ersten Reisen in den Ostblock führen Koselleck Ende der 1950er Jahre in die DDR vor dem Mauerbau und in die Volksrepublik Polen. Äußerer Anlass waren die Archivrecherchen für sein Preußen-Buch.[72] Auf den Reisen wollte er sich aber auch einen Eindruck vom gesellschaftlichen Leben auf der anderen Seite des Eisernen Vorhangs verschaffen. Die geteilte Welt des Kalten Krieges und die Neugier auf die andere Gesellschaftsordnung überlagerte sich mit einer anderen Zeitreise: zurück in die eigene Vergangenheit und die der Familie.

In Polen besuchte er Breslau/Wrocław, die Stadt, in der er einige Jahre seiner Kindheit verbracht hatte, aber auch Warschau, Posen/Poznań, Kattowitz/Katowice, Krakau und das ehemalige Konzentrationslager Auschwitz, das er erstmals seit Kriegsende wiedersah. Arno Koselleck war bereits im Frühjahr 1957 als Teil einer offiziellen Delegation mit einer Gruppe von Studierenden nach Polen gereist und hatte darüber einen detaillierten handschriftlichen Bericht geschrieben. Zudem gab er dem Sohn eine umfangreiche Liste von deutschsprachigen Gesprächspartnern an polnischen Universitäten mit auf den Weg.[73] Von der ersten Reise 1958, unter anderem auch nach Krakau, hatte Reinhart Koselleck in Briefen an die Eltern berichtet.[74] Kurz vor Antritt der zweiten Reise im März 1959 schickte er noch das Vorwort für *Kritik und Krise* an den Alber Verlag. Auf der Reise fertigte er dann so wie der Vater genaue, stichwortartige Beschreibungen an, die sich wie Notate für einen später zu publizierenden Bericht lesen, wozu es aber nicht gekommen ist. Die Reisebeschreibungen wanderten schließlich in eine der vielen ei-

71 Familienarchiv Koselleck (jetzt DLA Marbach), Mappe »Briefe 1942 ff.«, Hildegard Marchand an Reinhart Koselleck, 16. 4. 1944.

72 Anfangs verwehrte ihm die DDR den Zugang zum Staatsarchiv in Merseburg, weshalb Koselleck zunächst auf die Akten in den östlichen Provinzarchiven angewiesen war, die sich jetzt auf polnischem Territorium befanden. DLA Marbach, A: Koselleck, Briefe des Direktors des Deutschen Zentralarchivs Potsdam an Reinhart Koselleck, 21. 12. 1957, 5. 3. 1958 und 23. 12. 1959. Die Erlaubnis wurde erst im Frühjahr 1960 erteilt.

73 Familienarchiv Koselleck (jetzt DLA Marbach), Mappe »Polen: Korrespondenz«, Arno Koselleck an Reinhart Koselleck, 21. 2. 1959.

74 Ebd.

gens angelegten Material-Mappen, die er kurz darauf auch für eine Heidelberger Vorlesung zur Geschichte Polens nutzen sollte.[75]

Einen ähnlichen Bericht mit vielen soziologischen Beobachtungen (»England heute«) hatte er schon 1955 in Bristol verfasst. Dort hielt er etwa als landestypisch unter dem Stichwort »Ruhe« fest: »Sonntag / Keine Revolution / Liberale Toleranz / Kein Atheismus / Starke Stellung der Kirche (Grundbesitz gross) / Sonntag religiöser als bei uns / Wesley's Rolle! / Fehlen radikaler Aufklärung / cf. Revolution im 17. Jh. Libertinismus überwunden.« Zu den Engländern heißt es: »grosse Gastfreundschaft / Dagegen schwer Kontakt zu bekommen«. In England stehen »Klub und Gemeinde gegen Familie (Boarding-school!) / Homoerotik / Schiffahrt + Society: Billy Budd!« Zu den Frauen notiert sich Koselleck »Schönheit / Schminke: 25-50 Ladytyp / Emanzipation (Klubleben der Männer), harte Eleganz als Folge / Pink als Nationalfarbe«. Zum englischen Humor vermerkt er nur: »schwer zu verstehen«. Hass auf die Deutschen erlebe er im Alltag nicht, auch wenn das Misstrauen groß sei. Über die englische Kolonie »Burma« (das heutige Myanmar) wisse seine Umgebung in Bristol mehr als über Deutschland. Auch stünden Studierende aus den Kolonien sowie solche, die mit Labour sympathisieren, in politischen Debatten »näher zueinander als [zu den] Empire-Vertretern«.[76] Auf die Präsenz der Kolonial- und Sklavenhandelsgeschichte im Alltag geht Koselleck in dieser Zeit auch in einer sozialgeschichtlichen Skizze ein, die im Grunde eine kleine Globalgeschichte der Hafenstadt Bristol ist. In diesem seinem ersten publizierten Essay heißt es: »Die Weite des Meeres trennte beide Welten, und die Masse des Wassers schien jedes Mißverhältnis von Moral und Gewinn zu verschlucken. Werden freilich beide, Reichtum und Elend, miteinander konfrontiert, dann gerät jedes Wort der Entschuldigung in jenen Bereich der Scheinheiligkeit, der immer noch dem angeblichen Volkscharakter der Engländer zugeordnet wird. Wohlstand und schlechtes Gewissen stehen bekanntlich selten in gleicher Proportion; und so wuchs auch in Bristol mit dem Reichtum keineswegs die Kraft moralischer Einwände gegen dessen Herkunft.«[77]

75 Familienarchiv Koselleck (jetzt DLA Marbach), Mappe »Polen (seit dem 18. Jh.)«, 1959.

76 Familienarchiv Koselleck (jetzt DLA Marbach), Mappe »England + Deutschland«, Reinhart Koselleck, »England heute« (1955), 3 Bl.

77 Reinhart Koselleck, »Bristol, die ›zweite Stadt‹ Englands. Eine sozialgeschicht-

Nur im Zuge der Französische Revolution, und gegen den Protest der Kaufleute Bristols, sei der Sklavenhandel abgeschafft worden. Den »situationsgebundenen Zusammenhang zwischen der bürgerlichen Geschichtsphilosophie als säkularisierter Heilsplanung, die die eine Welt des Globus erfasst, und der europäischen Ausbreitung in Übersee im 18. Jahrhundert« wollte Koselleck ursprünglich in einem Kapitel von *Kritik und Krise* behandeln.[78] In Bristol kam er auf diese koloniale Variante seiner These der Hypokrisie der Aufklärung wieder zurück und nahm sie als mögliches Habilitationsthema in den Blick.

In Polen notiert Koselleck vier Jahre später seine ganz anderen Eindrücke vom Alltag, anders auch als bei einem Besuch in der DDR zwei Jahre zuvor. So beobachtet er die »größere Offenheit im Gegensatz zur Ostzone / Hagere Typen und schöne Frauen: geschickt angezogen trotz älterer Mode«. Viele Informationen gewinnt er aus Gesprächen mit polnischen Bekannten: die Preise und die Löhne, die übervollen Kirchen und die Macht des Katholizismus (»Auch Kommunisten katholisch«), die Situation der Universitäten (»Keine Marxismus-Vorlesung als Pflicht«), auch der Antisemitismus gegenüber jüdischen Linksintellektuellen, den es, wie ihm berichtet wird, im Vorkriegspolen gab, aber auch im Sozialismus noch gibt. Überrascht vermerkt Koselleck, der Blick der linken jüdischen Intellektuellen sei nach Westen gerichtet, auf die Bundesrepublik sowie auf Frankreich und England. Freundliche Aufnahme fand er anscheinend bei einer jüdischen Familie. »Ein Kind schenkt mir was, weil ich nicht der erwartete SS-Mann bin. / Gastfreundschaft!« Zur Gedenkstätte in Auschwitz notiert Koselleck knapp »Schaufenster, beinah Gruselkammer / neutraler Begleiter, aber keine Entschuldigung / Technik des Todes ›Vergasung‹: man roch es, man wusste es, daher Ghettoaufstand / Erhöhter Neubau Denkmal«. An den Rand fügt er handschriftlich die »polnische Sicht« auf die Opfergruppen deutscher Vernichtungsabsicht hinzu: »›Juden, Polen und andere unerwünschte Völker‹«.

Arno Kosellecks Familie kam aus der Oberlausitz, jene historische Region, die an Schlesien angrenzt, nach 1815 zwischen Sachsen und Preußen, nach 1945 zwischen der DDR und Polen geteilt

liche Skizze«, in: *Soziale Welt* 6 (1955), 360-374, hier S. 371 f.

78 Reinhart Koselleck, »Mein Lebenslauf«, 15. 10. 1953, Universitätsarchiv Heidelberg, H-IV-757/56.

wurde, so wie die Stadt Görlitz, in der sein Sohn Reinhart 1923 geboren wurde. Der notiert sich nun 36 Jahre später zum Komplex »Oder-Neisse«, seine Gespräche mit polnischen Intellektuellen zeugten von einem »schlechten Gewissen« der mit den deutschen Gebieten von der Sowjetunion Beschenkten, auch wenn fast alle die Gebietsabtrennung von 1945 als rechtmäßig erachten und sogar auf weitere Entschädigungen drängen würden, auch als Ausgleich für die aus den an die Sowjetunion abgegebenen polnischen Gebieten im Osten in die ehemaligen deutschen Territorien an der Westgrenze Umgesiedelten. Koselleck beobachtet in Hinblick auf die junge Bundesrepublik ein »gespaltenes Bewusstsein«. »Westdtschld. ist für die Polen noch die Nazibande unter denen es ›die guten Deutschen‹ zu suchen gelte.« Die Sicht seiner Gesprächspartner auf die Bonner Republik fasst er so zusammen: »Ignorierung der Vergangenheit und keine Beziehung zu Polen gefördert.« Stattdessen blicke die Bundesrepublik nur nach vorn und nach Westen. »Sie fühlen sich daher verachtet: gleich aus welchen polit. Motiven unsere Westhaltung entspringt.«[79]

In Breslau/Wrocław begegnete Koselleck 1958/59 dem polnischen Historiker Wacław Długoborski, den er umgehend zum Vortrag nach Heidelberg einlädt und der ihm bei der Übersetzung polnischer Archivquellen behilflich ist.[80] Długoborski gehörte als Jugendlicher der polnischen Heimatarmee an und wurde kurz nach dem Warschauer Ghettoaufstand mit siebzehn Jahren im August 1943 nach Auschwitz-Birkenau deportiert. Dort verrichtete er, nachdem er eine schwere Lungenentzündung nur knapp überstand – so wie der drei Jahre ältere Koselleck unter ganz anderen Umständen in Karaganda –, Zwangsarbeit in der Krankenabteilung, die ihm das Überleben und, wenige Tage vor der Befreiung im Januar 1945, die Flucht aus dem Lager ermöglichte. Wie Koselleck in Schlesien geboren, im oberschlesischen Kattowitz/Katowice, beschäftigt sich Długoborski in den 1950er Jahren mit der Entstehung der schlesischen Arbeiterklasse im Vormärz. Unter anderem ediert er 1954,

79 Familienarchiv Koselleck (jetzt DLA Marbach), Mappe »Polen. 1959 Reisenotizen«.

80 DLA Marbach, A: Koselleck, Reinhart Koselleck an Wacław Długoborski, 30.5.1959, mit beigefügtem »Archivbericht« Kosellecks zu seiner siebenwöchigen Polenreise, 10.5.1959; Familienarchiv Koselleck, Mappe »Polen: Korrespondenz«, Wacław Długoborski an Reinhart Koselleck, 3.7.1959.

bereits zwei Jahre vor der Promotion in Warschau, auf Polnisch die Schriften des deutschen Demokraten Wilhelm Wolff, dessen Artikel zum Elend der schlesischen Textilarbeiter erst von Marx, später auch von Gerhart Hauptmann in *Die Weber* (1892) und Käthe Kollwitz (für den Zyklus *Ein Weberaufstand*, 1893-1897) aufgegriffen wurde. Długoborski unterrichtete schlesische Sozial- und Wirtschaftsgeschichte unter anderem in Kattowitz/Katowice, wo er (wie Koselleck in Bielefeld) zur Gründungsgeneration einer neuen Universität gehörte. Ab 1989 lehrte er wieder in Breslau/Wrocław, zwei Jahre später übernahm er auch kuratorische Aufgaben bei der Neukonzeption der Ausstellung in der Gedenkstätte Auschwitz, nach dem Fall des Kommunismus.[81] 1995 erscheint von ihm in fünf Bänden eine Geschichte des Konzentrationslagers Auschwitz, herausgegeben zusammen mit Franciszek Piper. 1998 veröffentlicht er schließlich eine Geschichte der Ermordung der europäischen Sinti und Roma in Auschwitz – seine Arbeit in der Krankenabteilung führte Długoborski 1943/44 mehrfach in das sogenannte »Zigeunerlager«.[82] So wie Koselleck begann Długoborski als Historiker des späten 18. und frühen 19. Jahrhunderts und beschäftigte sich ab den 1970er Jahren mit dem Zweiten Weltkrieg und dem Holocaust, also auch der eigenen Lebensgeschichte.

Ab 1960 ist Długoborski oft Gast Kosellecks, erst in Heidelberg, dann in Bielefeld.[83] 1979 bittet Koselleck als ZiF-Direktor die Universität Bielefeld um zusätzliche Forschungsgelder für den polnischen Kollegen, der von ihm für das Jahr 1978/79 als Fellow eingeladen worden ist.[84] 1984, nach der Aufhebung des Kriegsrechts in Polen, das die kommunistische Partei 1981 verhängt hat, um die

81 Wacław Długoborski, »›Erziehung nach Auschwitz‹ im Jahre 1995«, in: *Zeitschrift für Politik* 42 (1995), S. 1-15.

82 Wacław Długoborski, Franciszek Piper, *Auschwitz, 1940-1945. Studien zur Geschichte des Konzentrations- und Vernichtungslagers Auschwitz* (poln. Orig. 1995), 5 Bde., Oświęcim 1999; Długoborski, *Sinti und Roma im KL Auschwitz-Birkenau, 1943-44, vor dem Hintergrund ihrer Verfolgung unter der Naziherrschaft* (poln. Orig. 1994), Oświęcim 1998; Oral History Interview mit Wacław Długoborski, 12.9.1999, United States Holocaust Memorial Museum Collection, ⟨https://collections.ushmm.org/search/catalog/irn510451⟩, letzter Zugriff am 12.11.2022.

83 DLA Marbach, A: Koselleck, Reinhart Koselleck an Wacław Długoborski, 25.9.1968, 14.4.1977.

84 DLA Marbach, A: Koselleck, Konvolut »Korrespondenz zum Zentrum für interdisziplinäre Forschung«, Schreiben von Reinhart Koselleck, 9.8.1979.

Demokratiebewegung um die freie Gewerkschaft Solidarność unter Kontrolle zu bringen, ist Koselleck erneut in Warschau auf einer Konferenz, doch kann sich Długoborski, der die Einladung vermittelt hat, aufgrund einer Erkrankung nicht mit ihm und Felicitas Koselleck treffen.[85] Koselleck berichtet ihm nach der Rückkehr, das Ehepaar habe auf seiner Reise auch versucht, das Lager Majdanek zu besuchen, das aber geschlossen gewesen sei; 1996 kehrt er zurück, um die Gedenkstätte zu fotografieren. 1993, als Długoborski bereits am Museum in Auschwitz arbeitet, lädt er Koselleck zu einer Konferenz dorthin ein, worauf ihm dieser antwortet: »Mein Interesse ist sehr groß, und ich könnte natürlich auch ein kurzes Referat halten, weil mich die Fragen, die Sie entwickeln, begleiten, seitdem ich im Kriege war und aus der Gefangenschaft zurückgekommen bin.«[86] Wieweit beide sich wechselseitig ihre Lagererfahrungen erzählt haben, geht aus den überlieferten Briefen und Notizen nicht hervor.

Die DDR bereist Koselleck zwei Jahre zuvor im März 1957. Der Heidelberger Wirtschaftsprofessor Helmut Meinhold hatte ihn eingeladen, gemeinsam in seinem Volkswagen zur Leipziger Messe zu fahren. Wiederum versorgt ihn der Vater mit Kontakten für seine erste Reise in die »Ostzone«, aber auch mit den Adressen von Freunden und Familienangehörigen.[87] Auf der Reise sieht Koselleck in acht Tagen mehr als zuvor in vier Wochen in Frankreich, wie er den Eltern schreibt, »denn alles scheint so anders, dass alles + jedes bemerkenswert aussieht«. Im Straßenbild von Leipzig etwa »wimmelt es von Militär wie zu Hitlers Zeiten; in den analogen Uniformen; dieselben Blondinen als ihre Begleitung […]«.[88] Er sucht vergeblich das Grab der Großeltern, besucht die Buchmesse und trifft

85 DLA Marbach, A: Koselleck, Reinhart Koselleck an Wacław Długoborski, 5.3.1984.

86 DLA Marbach, A: Koselleck, Reinhart Koselleck an Wacław Długoborski, 14.5.1993. Offensichtlich ging es auf der Konferenz um das Holocaust-Gedenken. Koselleck wundert sich an anderer Stelle in diesem Brief darüber, dass James Young nicht auf der Liste der Eingeladenen stand, obgleich dessen Buch *The Texture of Memory* (1993) gerade erschienen war. »Nachdem mein Lexikon abgeschlossen ist«, schreibt Koselleck weiter, »werde ich jetzt endlich mein Buch über den politischen Totenkult schreiben, der sich natürlich auch mit der sogenannten Bearbeitung des Holocaust beschäftigen muß.«

87 Familienarchiv Koselleck (jetzt DLA Marbach), Mappe »Reinhart«, Reinhart Koselleck an die Eltern, 18.2.1957.

88 Ebd., Reinhart Koselleck an die Eltern, 20.3.1957.

sich mit Ernst Bloch, »das deutsche Gegenstück zu Kojève in Paris«, mit dem er über den Marxismus diskutiert. »Er ist der Lehrer von Harich und jetzt sehr bedroht«, schreibt Koselleck an die Eltern, in Anspielung auf die laufenden Säuberungsaktionen gegen linke Intellektuelle in der DDR. »So war er anfangs sehr misstrauisch, lebte aber auf, als er merkte, dass wir ihn nicht aushorchen wollten und nur ›abstrakt‹ über den Marxismus sprechen, den er dezidiert vertritt.«[89] Er verbringt einen Abend mit einem »Assistentenehepaar«, »ganz idealistische Marxisten und Arbeiterkinder, mit denen man im Privatzirkel gut ins Gespräch kam«. Anscheinend handelte es sich hier um den Romanisten Manfred Naumann, einen der Leipziger Schüler von Bloch und Werner Krauss, der im Sommer Koselleck privat in Heidelberg besuchte und erneut mit ihm über den Marxismus diskutierte.[90] 1956, im Zuge der niedergeschlagenen Aufstände in Ungarn und Polen, hatte Koselleck in Heidelberg ein Seminar zu Marx' Geschichtsphilosophie angeboten, einem seiner impliziten Angriffsziele in *Kritik und Krise*, das er aus seinen Lektüren in Karaganda genauestens kannte.[91] *Das Prinzip Hoffnung*, Blochs auf Marx und Hegel zurückgreifende Neubegründung der Utopie, geschrieben im amerikanischen Exil, war ab 1954 in der DDR erschienen. Um Bloch herum gruppierte sich ein Kreis von jungen marxistischen Philosophen, die von der Partei als Abweichler gemaßregelt wurden. Wolfgang Harich, so wie Koselleck 1923 geboren, mit dem Bloch die *Deutsche Zeitschrift für Philosophie* herausgab, wurde im März 1957, kurz vor Kosellecks Besuch bei Bloch, in einem stalinistischen Schauprozess zu zehn Jahren Gefängnis verurteilt.[92] Blochs Assistent Jürgen Teller wurde entlassen und »zur Bewährung in der Produktion« in ein Leipziger Stahlwerk geschickt, wo er seinen linken Arm verlor. Kurz nach Kosellecks Besuch erfolgte Blochs Zwangsemeritierung. Nach dem Mauerbau im August 1961 kehrte Bloch von einer Vortragsreise im Westen nicht in die DDR zurück.

Von Leipzig aus geht die Reise mit dem Auto weiter nach Meißen. Dort trifft er im Hof des Doms auf bereitstehende sowjetische Soldaten, die aber, wie er erleichtert feststellt, eine tschechische Delega-

89 Ebd.

90 Ebd., Reinhart Koselleck an die Eltern, 17.6.1957.

91 Siehe Imbriano, »Krise und Kritik«.

92 Familienarchiv Koselleck (jetzt DLA Marbach), Mappe »Reinhart«, Reinhart Koselleck an die Eltern, 20.3.1957.

tion begleiten. Das zerstörte Dresden habe er nicht wiedererkannt: »Rasen, Rasen, Wiese und der Zwinger: c'est tout. Einige Trümmer stehen noch [...]. Dresden war zweifellos das Niederdrückendste, trotz der Gemäldegalerie, die wieder sehr schön hergerichtet ist: ›russische Kulturtat‹. Auf der anschließenden Fahrt nach Berlin begegnen uns auf der Autobahn mehr Radfahrer als Autos!« In Westberlin angekommen, trifft Koselleck seinen engen Freund Peter Dietrich, der an der Deutschen Hochschule für Politik (ab 1959 Otto-Suhr-Institut) gemeinsam mit Carola Stern über die Propaganda der DDR forscht und Koselleck davon berichtet, dass einige seiner Mitarbeiter sich nachts nicht allein in die Berliner U-Bahn trauen, weil sie Angst haben, von Stasi-Agenten entführt zu werden. Carola Stern selbst, die 1951 direkt von der Parteihochschule vom Ost- in den Westteil der Stadt geflohen war (sie arbeitete zu der Zeit auch für den Geheimdienst der US-Armee), hatte zwei Entführungsversuche erlebt. Koselleck besucht in Ostberlin zwei Brecht-Inszenierungen am Berliner Ensemble, *Furcht und Elend des Dritten Reiches* und *Leben des Galileo Galilei*, »Stücke, die mehr im Westen & im Osten gezeigt werden sollten«, wie er findet. Die Stalinallee sei hingegen »entsetzlich hässlich«, das neue Hansaviertel im Tiergarten aber »vielversprechend«. Bei der Rückreise erfolgt die obligatorische Tiefenkontrolle des Autos an der Grenze auf »Hetzschriften«. Die Volkspolizei findet aber nur seine frisch erworbene Marx-Engels-Ausgabe, »woraus sie sich keinen Reim machen konnte«.

Am Beginn der Reise, auf dem Weg nach Leipzig, macht Koselleck kurz halt in Weimar und besucht die beiden Goethe-Häuser. Die Gedenkstätte Buchenwald befindet sich noch im Entstehen, die unterhalb des Lagers gelegene, weiträumige Gedenkanlage um das von Fritz Cremer geschaffene Denkmal wird erst im September 1958 als zentraler Erinnerungsort der DDR eingeweiht. Nach dem Krieg nutzte die sowjetische Militärregierung das Lager für weitere vier Jahre, jetzt gefüllt mit echten und vermeintlichen Gegnern des neuen Regimes. Parallel beginnt die Umwandlung Buchenwalds zum Gedenkort des Antifaschismus, insbesondere anlässlich der Jahrestage der Befreiung mit ehemaligen Häftlingen aus ganz Europa und Beflaggung im öffentlichen Raum, wovon im April 1948 Hildegard Marchand Koselleck aus Weimar berichtet.[93] Anfang der

93 DLA Marbach, C: Koselleck, Einlagen 1037 zu *Albrecht Altdorfer und sein Kreis. Gedächtnisausstellung zum 400. Todesjahr Altdorfers*, München 1938. Hildegard

1950er Jahre wurde das Lager auf Beschluss des SED-Zentralkomitees weitgehend abgerissen. Nur das Krematorium, also der Ort, wo der KPD-Vorsitzende Ernst Thälmann erschossen wurde, und das Torgebäude mit dem Schriftzug »Arbeit macht frei« sowie zwei Wachtürme sollten erhalten bleiben. Heute liegt der zentrale Gedenkort der ehemaligen DDR verwaist und menschenleer unterhalb eines Parkplatzes. Die Besucherströme laufen vorbei an der Anlage hin zum Lager selbst, wo im Laufe der 1990er Jahre eine neue Ausstellung eingerichtet wurde. Koselleck besucht Buchenwald in dieser Zeit mehrfach, auch mit seiner Frau Felicitas, um die Gedenkanlage noch vor Abschluss der erinnerungspolitischen Umdeutung zu fotografieren. 1993 wurde der jüdischen Opfer unter den im KZ Buchenwald ermordeten Kommunisten genauso gesondert gedacht wie ab Februar 1990 zunächst mit einem einfachen Holzkreuz derjenigen, die nach 1945 von der sowjetischen Militärregierung hier inhaftiert worden und an den Folgen der Haft gestorben waren, darunter einige Sozialdemokraten, in der Mehrheit aber Nationalsozialisten aus Weimar und Umgebung. Eine Fotografie von Felicitas Koselleck zeigt 1993 die monumentale Figurengruppe Cremers als Rückenansicht von hinten, vom Ettersberg etwas verloren ins Land blickend (*Abb.* 24). Bei Kosellecks Besuch 1991 war die Ausstellung im ehemaligen Krematorium noch unverändert und ragte als sperriges, sich als antifaschistisch begreifendes Gründungszeugnis der DDR in die neue Zeit hinein. Koselleck verwendet am Tag nach der Besichtigung weite Teile seines extemporierten Erfurter Vortrags »Wissenschaftstheoretische Ortsbestimmungen von Geschichte und Kirchengeschichte« darauf, über Buchenwald zu sprechen.

Opfer für, Opfer von

Der Vortrag beginnt mit dem »Schwur der Überlebenden« nach der Befreiung des Lagers, formuliert für die Trauerfeier am 19. April 1945, der im DDR-Ausstellungsführer zitiert wird: »Wir stellen den Kampf erst ein, wenn auch der letzte Schuldige vor den Richtern der Völker steht.« Das sei ein »sehr aufregender Satz«, für den Ko-

Marchand an Reinhart Koselleck, 9.4.1948. Das Buch stammt vermutlich aus der Bibliothek von Hildegard Marchand.

selleck drei Lesarten anbietet.[94] *Empirisch* verspreche der Satz, dass den Opfern Gerechtigkeit widerfährt und dies von Richtern der achtzehn Nationen der Häftlinge (die auch symbolisch in der Gedenkanlage mit eigenen Pylonen vertreten sind, es fehlt allein der Staat Israel) durchgesetzt wird, wie es auch teilweise in Nürnberg geschah. *Geschichtstheoretisch*, so weiter Koselleck, tauchen Zweifel auf: »Wer ist der letzte Schuldige?« Wenn die Geschichte weitergehe, dann werde sie auch neue Schuldige produzieren. Und was, wenn die Richter der Völker nicht vielleicht auch schuldig werden?[95] Eine dritte mögliche Lesart wäre *theologisch*, dann berge der Satz eine Blasphemie, denn nur Gott sei der Richter der Völker und die Richter seien nur Menschen, die keinesfalls »den letzten Schuldigen« erfassen könnten.

Koselleck kommt dann auf ein Thema zu sprechen, das ihn die folgenden Jahre begleiten und in die bald ausbrechenden Erinnerungskontroversen der neuen, alten Bundesrepublik verwickeln wird. Die Disproportion zwischen der Denkmalanlage in Buchenwald und dem, was sich im Lager ereignete, verweise auf die »Unmöglichkeit, ein Denkmal für den 2. Weltkrieg zu errichten«. Das beginne bereits bei der Semantik: »Den Opfern«. Die oft gewählte »Verlegenheitsinschrift« beziehe sich auf einen minimalen gemeinsamen Nenner in der Hoffnung, Unterschiede des Sterbens zu verwischen, die in der Opfersemantik aber durchscheinen. Denn »Opfer« meint in der Sprache der politischen Ideologien seit 1789 den Opfertod für das Vaterland oder die Revolution. Auf diese Semantik habe auch der Nationalsozialismus zurückgegriffen. Umgekehrt könnten auch die Soldaten, die mit ihrem Tod ein »Opfer für Großdeutschland« bringen wollten, als Opfer angesehen werden, als Opfer einer politischen Ideologie. Hier spricht Koselleck indirekt von seiner eigenen Generation, das heißt auch von dem Achtzehnjährigen, der 1941 als »überzeugter grossdeutscher freiheits-

94 DLA Marbach, A: Koselleck, Konvolut »Materialien und Notizen zu verschiedenen Vorträgen«, Reinhart Koselleck, »Wissenschaftstheoretische Ortsbestimmungen von Geschichte und Kirchengeschichte«, Ts. mit handschriftl. Ergänzungen, o. D. [1991], 16 Bl., hier Bl. 1. Siehe auch Familienarchiv Koselleck (jetzt DLA Marbach), Mappe »KZG-Symposion 18.-22. 7. 91«.

95 Siehe Francine Hirsch, *Soviet Judgment at Nuremberg. A New History of the International Military Tribunal after World War II*, Oxford 2020.

kämpfer«[96] bereit gewesen war, sein Leben für eine Ideologie zu opfern.

Die Opfersemantik, so weiter Koselleck, verliere aber die Bedeutung des aktiven Sich-Opferns für eine Sache, und sei diese noch so ideologisch verblendet, wenn es um die Schoah gehe. Dass der DDR-Ausstellungskatalog ausdrücklich nicht von »Opfern«, sondern von »Ermordeten« spricht, wird von Koselleck positiv registriert. Zugleich äußert er hier erstmals eine Position, die zwei Jahre später auch seine Kritik an der von Helmut Kohl geplanten Widmung der Neuen Wache (der andere zentrale Gedenkort der DDR) motiviert: »Den Opfern von Krieg und Gewaltherrschaft«. Der von Kohl verwendete Opferbegriff verkehre nicht nur die Bedeutung des *pro patria mori*, des aktiven Sich-Opferns, das im politischen Totenkult der Moderne und auch ungebrochen für die Erinnerung der anderen Nationen an den Zweiten Weltkrieg im Zentrum stehe; im deutschen Fall mache er aus Tätern, die sich opfern wollten, Opfer.[97] Kohls allein passiv gewendeter Opferbegriff verschweige zudem das historisch Einmalige an der Schoah, eben dass die Vernichtung so organisiert wurde, dass ein aktives Sich-Opfern kaum möglich war. »Aber bei Denkmälern, die gemeinsame Erinnerungen pflegen sollen, ist das Opfer, auf die Juden bezogen, eine sehr fragwürdige Formulierung, denn das Fürchterliche der KZ-Morde an den Juden liegt darin, dass sie gar keine Chance hatten, sich zu opfern: sie wurden vernichtet. Es fehlt die aktive Aufgabe des Sich-Opferns, denn sie wurden ›geopfert‹ und hatten selber, bis auf wenige Ausnahmen, nicht die Freiheit, ein Opfer bringen zu können. […] Zudem kommt die Bezeichnung dieser ermordeten und vernichteten Menschen als ›Opfer‹ sehr nahe an den Sprachgebrauch der Nazis heran, denn Himmler hatte sie gleichsam als ›Opfer‹ bezeichnet, im Sinne der ›Sündenböcke‹. Sie wurden zu Opfern im Sinne eines rassezoologischen Manichäismus, damit die Welt ›rein‹ werde. Der Opferbegriff ist also auch negativ lesbar, indem man die SS-Ideologie in ihn hineindeuten kann.«[98]

Die Unmöglichkeit, das Geschehene im Begriff »Opfer« zu fas-

96 Familienarchiv Koselleck, Mappe »Krieg«, Reinhart Koselleck, Tagebuchnotizen, Bielefeld 3.11.2000.

97 Siehe dazu oben, Kap. 1, S. 98-106.

98 Koselleck, »Wissenschaftstheoretische Ortsbestimmungen von Geschichte und Kirchengeschichte«, Bl 2.

sen, verweist für Koselleck auf die Schwierigkeiten der Geschichtsschreibung, dieses, wie er im Vortragstyposkript handschriftlich korrigierend und offensichtlich nach Worten suchend schreibt, »in sich fast unbegreifbare, der alltäglichen menschlichen Phantasie sich entziehende Phänomen« der Schoah zu erklären. Auf das Ökonomische reduzierende Erklärungen der Vernichtungslager, etwa die des Marxismus-Leninismus, der den »Faschismus« als letztes Stadium eines entfesselten Kapitalismus ansah (so auch die in der Gedenkstätte Buchenwald bis 1991 vermittelte historische Erklärung), seien ebenso unzureichend wie politische, ideologiekritische, sozialhistorische oder mentalitätsgeschichtliche Erklärungsversuche. Sie alle führen, so Koselleck, nur bis an die Schwelle des Todes, »aber den Akt selber, das millionenfache fabrikmäßig organisierte Sterben« lasse sich nicht hinreichend erklären. Auch das moralische Urteil helfe, selbst wenn es »absolut richtig und erforderlich« sei, nicht weiter. Koselleck spricht den Historikerstreit der 1980er Jahre an und nennt auch (im Typoskript später durchgestrichen) Klaus Hildebrand und Jürgen Habermas als Vertreter dieser beiden Positionen – historische Erklärung und moralisches Urteil –, »die beide für sich genommen unzureichend bleiben«. Interessant ist, dass er Ernst Noltes umstrittene These, der nationalsozialistische Vernichtungseifer sei nur eine Reaktion auf die vorangegangene Gewalt des russischen Bürgerkrieges, nicht erwähnt.[99] Als ernstzunehmende Positionen genannt werden nur Hildebrand, der 1969 mit einer Arbeit zum Zusammenhang von Nationalsozialismus und Kolonialismus promoviert hatte[100] und als Experte für die Außenpolitik des »Dritten Reichs« im Historikerstreit vergleichsweise moderate

99 In einem Interview 1987 macht Koselleck seine Ablehnung der Thesen Noltes explizit. Selbstverständlich dürfe man als Wissenschaftler Fragen stellen; »ob gerade dieses Angebot besonders schlüssig ist, möchte ich sehr bezweifeln [...], daß man also den Vorlauf der Kulakenvernichtung als Modell der Judenvernichtung verwenden könnte [...], weil die innerdeutschen Voraussetzungen des Antisemitismus und der daraus folgenden Radikalisierungen in sich schon sehr viel potentere Erklärungen bieten als ausgerechnet die große Parallele zu den Russen.« Familienarchiv Koselleck (jetzt DLA Marbach), Mappe »Unveröffentlichte Texte«, Reinhart Koselleck, Gerhard Ruis, »Die Bedingungen möglicher Geschichten. Interview während des Castel Gandolfo Gesprächs 1987«, Ts., Bl. 10.

100 Klaus Hildebrand, *Vom Reich zum Weltreich: Hitler, NSDAP und koloniale Frage 1919-1945*, München 1969.

Töne anschlug, und Habermas, der 1986 mit seiner Kritik an Nolte die Debatte angestoßen hatte, in die er auch konservative Historiker wie Hildebrand hineinzog, gleichsam stellvertretend für die von Kohl 1982 proklamierte »geistig-moralische«, also auch geschichtspolitische Wende. Auch wenn Koselleck sich im Historikerstreit im sozialliberalen Lager verortet,[101] so zeigen aus seiner Sicht beide Seiten, die unbeholfenen Erklärungsversuche liberalkonservativer Historiker wie auch das moralische Urteil des sozialliberalen Philosophen, wie unmöglich es sei, die Vernichtungsgewalt zu begreifen.

Eine mögliche »dritte Antwort« auf Auschwitz (Koselleck schreibt hier nicht »Erklärung«), die er selber nicht teilen könne, sei religiöser Natur. »Die Nichteinlösbarkeit dieser Schuld durch irgendeine Form der Sühne zu erkennen, setzt voraus, die eigene Unfähigkeit einzuräumen und diese in eine Antwort umzusetzen. Und das scheint mir die religiöse Antwort zu sein. So ist eine Antwort, die nicht durch Wissenschaft und die auch nicht durch Moral vermittelbar ist, immerhin vielleicht theologisch zu thematisieren. Ich kann das nicht authentisch beurteilen, weil ich kein Theologe bin.« Koselleck vermutet auch, dass eine »religiöse Antwort die Juden eher befähigt als die Deutschen, sich mit ›Auschwitz‹ und der KZ-Lager-Geschichte auseinanderzusetzen. Wir Deutschen bleiben als Mörder stehen und können deshalb keinen politischen Totenkult entwickeln, der uns als Mörder sozusagen festschreibt. Ein religiöser Kult bleibt aber möglich – jenseits der Politik.«[102]

Es sind diese beiden ineinander verschränkten Themen, die Koselleck spätestens seit den frühen 1970er Jahren beschäftigen: Zum einen führt sein Weg von der Geschichte der Begriffe zu den Grenzen des Begreifens und zu neuen Quellen wie Träumen, Bildern

101 DLA Marbach, A: Koselleck, Reinhart Koselleck an Wolfgang J. Mommsen 26.9.1988: »Verfolgt man Ihre Linie, westliche normative Vorgaben mit Theorie schlechthin gleichzusetzen, dann wird jede Geschichtstheorie und Geschichtspraxis zur Didaktik. [...] Es gibt eben theoretische Gesichtspunkte möglicher Geschichten, die sich nicht alleine auf politische Positionen der jeweiligen Gegenwart reduzieren lassen. [...] Politisch befinde ich mich durchaus in Ihrem Boot: Aber ich bin nicht davon überzeugt, dass die liberalen Normen deshalb identisch seien mit den theoretischen Vorgaben, unter denen wir unsere Vergangenheit zu betrachten haben.« Zu Kosellecks Position im Historikerstreit siehe Dunkhase, *Absurde Geschichte*, S. 13-28.

102 Koselleck, »Wissenschaftstheoretische Ortsbestimmungen von Geschichte und Kirchengeschichte«, Bl 4.

und Wahrnehmungen – deshalb auch sein Interesse an einer Ikonologie des gewaltsamen Todes. Zum anderen entwirft er Kategorien für eine Theorie historischen Wissens, die auf die Erfahrungen des 20. Jahrhunderts reagiert. Oft überschneiden sich beide Themen in einem Text, manchmal auf wenigen, dicht argumentierenden Seiten. So auch im Erfurter Vortrag, in dessen zweitem Teil er seine »Theorie« scharf von der Theologie abgrenzt, gerade auch vom Anspruch der Kirchengeschichte, eine Theologie der Geschichte zu liefern. Die Geschichtstheorie operiere mit Hypothesen, die empirisch überprüfbar seien (das von Koselleck so genannte »Vetorecht der Quellen«). Und er formuliert präzise wissenschaftstheoretisch die Absicht seiner Historik, »analog zur Theologie« auch axiomatische Sätze aufzustellen, »die aber nur dann unwiderlegbar werden, wenn sie formalisiert werden und nicht inhaltliche Festlegungen implizieren«. Einmal mehr kommt Koselleck auf die Gegensatzpaare seiner Historik zu sprechen: »Solche axiomatischen Sätze über mögliche Geschichte sind etwa der Gegensatz von innen und außen oder der Gegensatz von oben und unten oder der Gegensatz von früher und später. Das sind rein formale Kategorien, die in allen Geschichten auftauchen. Denn jede Handlungseinheit, die sich konstituiert, konstituiert ein Innen und, gegenüber einer anderen Handlungseinheit, ein Außen.«[103] Gewiss, so Koselleck weiter, können diese Oppositionspaare auch theologisch gelesen werden und lasse sich »das Innen als Gewissen oder das Oben als Gott definieren«. Aber eine historische Theorie suche nach axiomatischen Sätzen, die solchen inhaltlichen Festlegungen und damit auch allen Geschichten voraus liegen. Koselleck beschreibt hier erneut das Anliegen seiner Historik, eigene historische Kategorien zu entwickeln, die nicht aus Philosophie oder Medizin, Ästhetik oder Psychologie, Biologie oder Ökonomie, Moral oder Theologie abgeleitet sind.[104]

103 Ebd., Bl. 5.

104 Schon 1961 hatte er in seinem Brief an Johannes Sippel geschrieben, es sei »das Dilemma der Historiographie, dass sie noch nie selbständige Kategorien aus der Geschichte abgeleitet hat, die dieser entsprechen. Immer hat sie Anleihe bei anderen Wissenschaften oder bei der Philosophie gemacht, sehr oft bei den jeweiligen Parteien und Richtungen [...]« – eine Anspielung auf den Fortschrittsglauben von Marxismus und Liberalismus, aber auch auf den biologistischen Nationalsozialismus. »Medizinische, psychologische, biologische, ästhetische und sonstige Begriffe können verdeutlichen – übrigens auch moralische und theologische – aber nie geschichtliche Phänomene als solche in den vollen und

Es ist erstaunlich, welche Schlüsselrolle die beiden Weltkriege und die Schoah in Kosellecks Geschichtsdenken einnehmen. Kaum einer seiner Aufsätze seit den 1970er Jahren kommt nicht an entscheidender Stelle auf Auschwitz, aber auch Stalingrad oder Verdun als Orte sinnlosen Massensterbens zu sprechen. Sie sind gleichsam das Epizentrum, von dem aus sich Kosellecks Theorie entfaltet. Der präzedenzlose Absturz in die Vernichtungsgewalt durchzieht eben nicht nur seine Arbeiten zum politischen Totenkult, sondern auch seine geschichtstheoretischen und methodologischen Aufsätze, die auf den ersten Blick andere Fragen stellen. So beschäftigt sich der Aufsatz »Geschichte, Recht und Gerechtigkeit« vordergründig mit der zeitlichen Struktur des Rechts, das eine andere Änderungsgeschwindigkeit besitze als die politischen Ereignisse. Das Recht ändere sich nur langsam und laufe deshalb den Ereignissen immer hinterher. Es liege aber als eigene Wiederholungsstruktur immer auch den Ereignissen voraus, wie Koselleck schon im Preußen-Buch argumentiert. Darüber hinaus skizziert er aber im ersten Teil des Aufsatzes (der auf einen auf dem Deutschen Rechtshistorikertag 1986 gehaltenen Vortrag zurückgeht) auf wenigen, verdichteten Seiten das schwierige Verhältnis von Recht und Gerechtigkeit von der Antike bis Auschwitz, um die Absurdität der Idee, in der Geschichte würde sich so etwas wie Gerechtigkeit realisieren, vorzuführen. Anstatt der Geschichte nachträglich einen Sinn zuzumuten oder sie mit Schiller zum Weltgericht zu erklären, sollte mit Blick auf die Schoah »die Absurdität, mit Hannah Arendt gesprochen, das Böse in seiner Banalität, ausgehalten werden, auch wenn man für die Zukunft daraus Lehren zu ziehen trachtet. Denn die Menschen – hier also die Deutschen – müssen auch für das Absurde einstehen, das sie einmal produziert haben.«[105]

Zugleich sucht Koselleck in diesen Aufsätzen der späten 1970er

freien Blick bekommen.« DLA Marbach, A: Koselleck, Konvolut »Geschichtlichkeit«, Reinhart Koselleck an Johannes Sippel, 25.4.1961.

105 Reinhart Koselleck, »Geschichte, Recht und Gerechtigkeit«, in: ders., *Zeitschichten. Studien zur Historik*, Frankfurt/M. 2000, S. 336-358, hier S. 345. Eine etwas andere Position formuliert Joan Wallach Scott, *On the Judgement of History*, New York 2020.

und 1980er Jahre seine Historik von den Nachbardisziplinen abzugrenzen und sie neu ins Verhältnis zu setzen: von Psychoanalyse und Psychologie (in »Terror und Traum«), von Rechtswissenschaften und Verfassungslehre (in »Geschichte, Recht und Gerechtigkeit«), von den Sprachwissenschaften (in »Sprachwandel und Ereignisgeschichte«), von der philosophischen Hermeneutik (in »Historik und Hermeneutik«), von der Ästhetik und der Kunstgeschichte (in »Kriegerdenkmale als Identitätsstiftungen der Überlebenden«), von der Theologie (in »Wissenschaftstheoretische Ortsbestimmungen von Geschichte und Kirchengeschichte«), von der Geografie (in »Raum und Geschichte«) sowie von Wissenschaftstheorie und -geschichte (in »Erfahrungswandel und Methodenwechsel«). Es scheint, als wollte er in der Auseinandersetzung mit den Nachbardisziplinen den Kern dessen herausarbeiten, was nur eine Theorie historischen Wissens leisten kann.

Koselleck nahestehenden Beobachtern ist nicht verborgen geblieben, dass all diese Texte Vorarbeiten zu seiner angekündigten Historik darstellen – jener »Geschichte der Historiographie in systematischer Absicht«, wie er sie in einem Brief an Christian Meier im August 1980 bezeichnet.[106] »Erfahrungswandel und Methodenwechsel« beispielsweise, der Aufsatz, auf den Christian Meier drei Jahre wartete, enthält im Grunde eine mehrere Jahrhunderte umgreifende Skizze einer Theorie historischen Wissens, zugespitzt auf die Frage, welche Auswirkungen gemachte Erfahrungen auf die Methoden der Geschichtsschreibung haben, also ob etwa »die Besiegten« – »und welche Sieger gehörten auf die Dauer nicht dazu?«, es gebe eben nur »Zwischensieger«, wie Koselleck listig hinzusetzt[107] – auf lange Sicht gezwungen sind, aus ihren Niederlagen zu lernen. Als Meier im Juli 1987 den Aufsatz endlich erhält, ist er froh, Koselleck jetzt der »Eigengesetzlichkeit« seiner um die Historik kreisenden Forschung überlassen zu können.[108] Heiner Schultz,

106 DLA Marbach, A: Koselleck/Geschichtliche Grundbegriffe, Reinhart Koselleck an Christian Meier, 12.8.1980.

107 Reinhart Koselleck, »Erfahrungswandel und Methodenwechsel. Eine historisch-anthropologische Skizze« [1988], in: ders., *Zeitschichten*, S. 27-77, hier S. 76 f.

108 DLA Marbach, A: Koselleck, Konvolut »Materialien zum Aufsatz ›Erfahrungswandel und Methodenwechsel‹«, Christian Meier an Reinhart Koselleck, 12.7.1987; zuvor schon Koselleck an Meier, 3.7.1987 (ebd.). Siehe oben, Kap. 1, Fn. 134.

der damals bei Koselleck promoviert, schreibt seinem Doktorvater einige Monate zuvor nach der Diskussion von »Erfahrungswandel und Methodenwechsel« im Bielefelder Kolloquium: »Nun glaube ich doch noch oder – besser gesagt – wieder, dass Sie ›Ihr Buch‹ schreiben werden.« Er spricht aus, was Koselleck so offen im Kolloquium nicht gesagt hatte: »[...] dass Sie etwas anstreben, was noch niemand versucht hat – und wozu schwerlich viele imstande sind – : eine Geschichte der geschichtlichen Erkenntnisweisen zu schreiben, eine Metageschichte also, in der mit wenigen anthropologischen Kategorien fast 2500 Jahre geschichtswissenschaftlicher Arbeit und Erkenntnis einheitlich darstellbar sind.« Am Ende des Briefes verspricht Schultz, die eigene überfällige Dissertation bald einzureichen. Und er fügt, etwas doppelbödig, hinzu: »Für mich war dieser Vortrag sehr anregend, und ich glaube daran, daß Sie dies Buch schreiben werden; niemand sonst kann es schreiben und hat auch nur ein Interesse daran!«[109] Koselleck, der Briefe ab den 1980er Jahren oft nur aufhob, wenn er meinte, sie könnten ihm als Arbeitsmaterial dienen (dann wanderten sie, so wie der Brief von Schultz und der Durchschlag von Kosellecks Antwort, in thematisch angelegte Mappen, hier zum Aufsatz »Erfahrungswandel und Methodenwechsel«), dankt Schultz ausführlich, denn: »Sie haben auf zwei Seiten all das erfasst und gesagt, was mich seit langem umtreibt.« Wie zuvor in seiner Antwort an Christian Meier avisiert Koselleck für die nächsten Jahre nach der Emeritierung, »das Buch doch noch zu schreiben«.[110]

Dazu ist es nie gekommen. Ein Grund, warum Koselleck die Idee aufgab seine Historik systematisch in Buchform zu bringen, mag gewesen sein, dass es ihm eben nicht nur darum ging, eine Metatheorie der Geschichte als Wissenschaft zu schreiben – was an sich schon ein ziemlich vermessenes Vorhaben gewesen wäre.[111] Darüber war er bestrebt, sich auch im Rückgriff auf die politische Theorie und Historiographie *vor* dem Traditionsbruch, also von Thukydides bis Tocqueville, den katastrophischen Zeiterfahrun-

109 DLA Marbach, A: Koselleck, Konvolut »Materialien zum Aufsatz ›Erfahrungswandel und Methodenwechsel‹«, Heiner Schultz an Reinhart Koselleck, 6.5.1987.

110 Ebd., Reinhart Koselleck an Heiner Schultz, 20.5.1987.

111 Siehe Jörn Rüsen, *Grundzüge einer Historik*, 3 Bde., Göttingen 1983-1987.

gen des 20. Jahrhunderts anzunähern.[112] Nicht nur »Terror und Traum«, auch viele andere Arbeiten – vor allem aus den 1980er und 1990er Jahren – drehen sich um die Frage, wie die Historie auf die Erfahrungsgeschichte des »Zeitalters des Totalen« sowohl methodologisch als auch theoretisch reagieren müsse. Es ist diese Frage, die mehr und mehr in den Vordergrund rückt und um die Kosellecks Vorträge in den vier Jahrzehnten vor seinem Tod im Februar 2006 kreisen. Anstelle einer systematischen Theorie historischen Wissens schreibt er geschichtstheoretische Aufsätze zu Zeiterfahrungen im Nationalsozialismus und in den Weltkriegen.

Die Utopie der Geschichte

Ein »Zeithistoriker« war Koselleck also im doppelten Sinne. *Vergangene Zukunft* enthielt seine Arbeiten zur Semantik geschichtlicher Zeiten aus den 1960er und 1970er Jahren, die er in den beiden Folgejahrzehnten in geschichtstheoretischen Aufsätzen anders ausfaltete und als »Studien zur Historik« für den Band *Zeitschichten* zusammenstellte. Als Zeithistoriker versteht sich Koselleck aber schon in seinen frühen Arbeiten, da es ihm um eine Analyse der geschichtlichen Erfahrungen seiner Zeit ging. Das gilt bereits für *Kritik und Krise* wie auch für die begriffs- und zeitgeschichtlichen Aufsätze und Artikel seit den späten 1950er Jahren, die auf eine historische und politische Analyse der Gegenwart zielen, also jenes »Zeitalters der Extreme«, das für Koselleck (anders als für Hobsbawm, aber so wie für Furet) mit dem ausgehenden 18. Jahrhundert und der Französischen Revolution beginnt. Im Vorwort für die englischsprachige Ausgabe von *Kritik und Krise* schreibt er rückblickend im September 1987, die Arbeit sei ein Produkt der unmittelbaren Nachkriegszeit gewesen. »Diese Ausgangslage mag erklären, warum die Dissertation auch ein Versuch war, sich mit den geschichtlichen Voraussetzungen des deutschen Nationalsozialismus auseinanderzusetzen, dessen Verlust an Wirklichkeitsnähe, dessen utopische Selbstüberhöhung zu Verbrechen geführt hatte, die bis dahin unbekannt waren.«[113] Die Dissertation liefere nicht weniger als eine »ge-

112 Siehe auch Christian Meier, *Von Athen bis Auschwitz*, München 2002.

113 Koselleck, »Preface to the English Edition«, in: *Critique and Crisis*, S. 1. Dt.

netische Theorie der modernen Welt«, eine »Pathogenese«, wie es im Untertitel heißt, des Krankheitsverlaufs, der im 20. Jahrhundert zum weltweiten Bürgerkrieg zwischen sich wechselseitig ausschließenden Ideologien – Kommunismus, Nationalsozialismus, Liberalismus – geführt habe. Aus der Erfahrung des radikalen Bruchs heraus formuliert Koselleck seine Fragestellung nach der Genealogie der Ideologien des 20. Jahrhunderts und des Grundbegriffs, den sie nur für sich reklamieren, klassenökonomisch, rassenbiologisch, moralpolitisch: »die Geschichte«.

Das ist die Ausgangsfrage, mit der Koselleck sein Studium im Frühjahr 1947 beginnt: als desillusionierter Wehrmachtssoldat, zufällig Überlebender des Vernichtungskriegs und des sowjetischen Gulags, der sich nach dem Weltkrieg als Geschichtsstudent im unzerstörten, idyllischen Heidelberg wiederfindet, dem Sitz des amerikanischen Hauptquartiers in einem besetzten Land, und in einer ideologisch erneut geteilten Welt, die, zumindest in der zeitgenössischen Wahrnehmung, auf einen letzten, atomaren Vernichtungskrieg zurast. Auf die Analyse der geschichtlichen Erfahrungen seiner Zeit hin liest Koselleck schon in der Studienzeit alles, was ihm in die Hände fällt. So findet er seine Fragestellung und auch rein äußerlich zu sich selbst als junger Intellektueller der »skeptischen Generation«[114] (*Abb.* 25).

Ein Beispiel ist sein Seminarreferat »Der Jakobinismus und die Französische Revolution«, gehalten am 18. Januar 1950 im Kolloquium des Kultursoziologen Alfred Weber, das mittwochabends im Privatissimum von dessen Wohnzimmer stattfand. (Auch Koselleck legte später sein Kolloquium in die Abendstunden und lud zu sich nach Hause ein, wo bis in die Nacht bei Wein diskutiert wurde – ein Stück Heidelberg in Bielefeld.) Alfred Weber bildete nicht nur die geistige Brücke zum Heidelberg Max Webers, sondern auch zu Lukács, Bloch oder Kojève, die Kosellecks Freundeskreis um Nicolaus Sombart nicht mehr mit ihrer Universität verband. Zu diesem Heidelberg vor 1933 gehörte auch Karl Mannheim (und sein Assistent Norbert Elias), dessen »sozialtheoretische Geschichtsschreibung« Kosellecks Ansatz entsprach, dessen Arbeiten er aber

Orig. zit. n. DLA Marbach, A: Koselleck, Konvolut »Prosa. Vor- und Nachworte«, »Vorbemerkung«, Ts., Bielefeld 1987, 4 Bl., hier Bl. 1.

114 Helmut Schelsky, *Die skeptische Generation. Eine Soziologie der deutschen Jugend*, Düsseldorf 1957.

damals nicht kannte, so wie er auch die *Dialektik der Aufklärung* von Horkheimer und Adorno erst nach der Niederschrift der Dissertation entdeckte.[115]

In seinem Referat, gehalten *vor* der ersten Begegnung mit Carl Schmitt, entwickelt Koselleck bereits einige der Grundideen von *Kritik und Krise.* Gleich am Anfang stellt er die Jakobinerherrschaft in den weltgeschichtlichen Zusammenhang des Aufstiegs der beiden Weltmächte Amerika und Russland. Er erinnert an die geschichtliche Prognose Tocquevilles in *De la démocratie en Amérique* (1835), in diesen beiden Mächten werde »die Zentralisierung und Demokratisierung der Menschheit ihre Vollendung finden«. Das Thema der geschichtlichen Prognosen, so wie hier in seinem Referat positioniert als Antwort auf die Utopie, wird Koselleck ein Leben lang begleiten. Darüber will er nach der Rückkehr aus Bristol seine Habilitation schreiben, eine Idee, die ihm Werner Conze dann aber ausgeredet hat.

Für das Heidelberger Referat stützt sich Koselleck auf die 1939 auf Deutsch erschienene Studie des Ideenhistorikers Crane Brinton, *Europa im Zeitalter der Französischen Revolution.*[116] Er führt den Harvard-Historiker als »Soziologen« in das Weber-Seminar ein und übernimmt Brintons Idee, Geschichte müsse heute soziologisch geschrieben werden. Und er lokalisiert mit Brinton sowie im Anschluss an Augustin Cochin[117] in den neuen, aufgeklärten Geselligkeitsformen (der »Zivilgesellschaft« im heutigen Sprachgebrauch) den sozialen Vorläufer der neuen, revolutionären Gesellschaft. Aus den aufgeklärten Salons, Lesegesellschaften und Freimaurerlogen des 18. Jahrhunderts heraus gründen sich in der Revolution die Jakobinerklubs, die sich nach 1790 über das gesamte Land verbreiten.

115 Nicolaus Sombart, *Rendezvous mit dem Weltgeist. Heidelberger Reminiszenzen 1945-1951*, Frankfurt/M. 2000, S. 35 u. S. 167; DLA Marbach, A: Koselleck, Edoardo Tortarolo, Interview mit Reinhart Koselleck, Ts. 17 Bl., [1988], hier Bl. 11. Zur gekürzten Druckfassung des Interviews siehe »Intervista. Indici del divenire. Reinhart Koselleck risponde a Edoardo Tortarolo«, in: *L'indice dei libri del mese* 5 (1989), Nr. 1, S. 23 f.

116 Orig. *A Decade of Revolution 1789-1799*, New York 1934. Brintons wichtigste Studie, *The Jacobins. An Essay in the New History* (New York 1930), kann als Vorarbeit zu diesem von Koselleck rezipierten Buch gelesen werden.

117 Augustin Cochin, *Les Sociétés de Pensée et la Révolution en Bretagne (1788-1789)*, Paris 1924. Auf Cochin und Brinton stützt sich Koselleck später auch in *Kritik und Krise.*

Aus dem Netzwerk der Jakobinerklubs formiert sich wiederum, so referiert Koselleck die Thesen Brintons, politisch die Republik – und aus der »Jakobinerreligion« schließlich der Terror.[118]

Die historische Parallelisierung von Jakobinerherrschaft und den totalitären Bewegungen des 20. Jahrhunderts, die sich bereits bei Brinton findet, wird in Kosellecks Referat noch sprachlich zugespitzt. Aus dem »Wohlfahrtsauschuss« und dem »Zentralorgan der revolutionären Polizei« wird bei ihm »der erste totalitäre Einheitsparteistaat«, dessen *modus vivendi* der Terror sei. Die Überwachungsausschüsse und Revolutionstribunale beschreibt er »als ein[en] ständige[n] Volksgerichtshof«, die in der Revolution aufgekommene Bezeichnung von echten und vermeintlichen Gegnern der Revolution als »Volksfeinde« wird von ihm ebenso angeführt wie Dantons Zitat »Ehe die Kinder den Eltern gehören, gehören sie der Republik«. Denn »neben den Terror tritt«, so Koselleck »die Erziehung, eine Art irdische Erlösung«. Viele der Quellenzitate findet er in Hippolyte Taines *Die Entstehung des modernen Frankreich*,[119] einem großangelegten Versuch, nach der Pariser Kommune von 1871 die Bürgerkriege der *deux frances*, also der in zwei unversöhnliche Lager geteilten französischen Gesellschaft, aus der Jakobinerherrschaft abzuleiten. So wie Taine liest Koselleck die Zitate aus der Französischen Revolution auf seine, als in einem ideologischen Bürgerkrieg begriffene Zeit hin.

Auch die eigenen Jugenderfahrungen im »Dritten Reich« kommen im historischen Kostüm der Jakobiner zur Sprache: »Die Kinder sollen in Schulungsanstalten eingezogen, uniformiert und in

118 Brinton, *Europa im Zeitalter der Französischen Revolution*. In der Zusammenfassung begründet Brinton auf S. 410, warum es sich beim Jakobinertum um eine »aktive Religion« handelt: »Kennzeichnend für die jakobinische Revolution ist: ihre starre, aber verlockende Eschatologie; ihr tröstlicher Determinismus; ihr Bekehrungseifer, der sich nicht durch logische Schwierigkeit stören läßt, den freien Willen mit dem Gesetz der Kausalität zu vereinen; ihre erbarmungslose Intoleranz, die davor nicht haltmacht, den Gegner zu töten; ihre unerbittlichen Moralvorschriften; ihr Mangel an gesundem Menschenverstand […].« Siehe hierzu Dan Edelstein, *The Terror of Natural Right. Republicanism, the Cult of Nature, and the French Revolution*, Chicago 2009; sowie als eine andere Sichtweise: Carla Hesse, »La logique culturelle de la loi révolutionnaire,« in: *Annales: Histoire, Sciences Sociales* 57 (2002), S. 915-933.

119 *Les origines de la France contemporaine*, Paris 1875. Die deutsche Übersetzung erschien 1877-1893.

1. »13. Juni 1948. Reiko«. Selbstporträt Reinhart Kosellecks.

2. »3. Aug. 41, auf Urlaub in Saarbrücken. Lisel, Reinhart, Eckart«, der letzte Urlaub vor dem Transport an die Ostfront bei Kyjiw.

3. Karte des Operationsraums der 6. Armee im Katalog der Ausstellung *Vernichtungskrieg. Verbrechen der Wehrmacht 1941-1944*, in die Koselleck 1996 handschriftlich »meine Stationen in Ukraine 41/42« einträgt, insbesondere den Vormarsch von Myrhorod nach Obojan (»hier Durchbruch der Russen abgewehrt«) und dann südlich an Charkiw vorbei bis »Isjum > Unfall«.

4. »Reiko in der Irrenzelle. Er ist unzurechnungsfähig u. bittet alle Unfreundlichkeiten zu entschuldigen.« Gezeichnet Weihnachten 1942 im Lazarett Bunzlau/Bolesławiec.

5. In der Unterkunft der Radarstation »Forelle« bei Hagenau/Haguenau, Sommer 1944.

6. Die Eltern mit Reinhart und dem älteren Bruder Wolfram, 1923.

7. »Juni 1930: Reinhart malt Schloss Wilhelmshöhe« in Kassel.

8. Elisabeth Koselleck mit den Söhnen Reinhart, Eckart und Wolfram, Oktober 1935.

9. Das Lager Spassk bei Karaganda, Zentralasien. Aquarell von Reinhart Koselleck 1947.

10. »Entschuldigen Sie, wie war nochmal Ihr Name?«. Mit dem Vater im Zug. Zeichnung von Reinhart Koselleck, 1946.

11. »Aus Rußland zurück. April 1947«, das Gesicht noch aufgeschwemmt von der Genesung nach der Lagerhaft.

12. Eric Hobsbawm. Zeichnung von Reinhart Koselleck, August 1947.

13. »Blick von Overbecks Wohnung« in Saarbrücken, links neben dem 1938 erbauten Staatstheater ein zerstörtes Wohnviertel. Aquarell von Reinhart Koselleck, [September] 1946.

14. »Abendmahl bei Oma Frey, 17. II. 1948«, der Wirtin in Heidelberg. Zeichnung von Reinhart Koselleck.

15. Im Atelier des Heidelberger Malers Willibald Kramm, 1950er Jahre. Foto: Hermann Speer.

16. Mit Willibald Kramm, der Schauspielerin Wawe Frank und sitzend Hanno Kesting, 1950er Jahre. Foto: Hermann Speer.

17. Nach der Antrittsvorlesung in der Alten Aula der Universität Heidelberg, mit Felicitas Koselleck und Ion Contiades, Februar 1965.

18. Selbstporträt Reinhart Koselleck aus einem Zyklus zum Heidelberger Universitätsbetrieb, hier bei der Klausuraufsicht *Die Welt* lesend.

19. Universität Bielefeld, 1975. Foto: Fritz Dasselaar.

20. Mit den Bielefelder Kollegen Hans-Ulrich Wehler und Jürgen Kocka sowie dem Rektor Karl Peter Grotemeyer – bei der Feier der Fusion von Universität und Pädagogischer Hochschule 1980, die Koselleck stets abgelehnt hatte.

21. Gedenkstätte Vernichtungslager Treblinka, gestaltet 1960-1964 von Adam Haupt und Franciszek Duszeńko mit namenlosen Grabsteinen am ehemaligen Standort der Gaskammern, Foto: Reinhart Koselleck.

22. Charlotte Beradt in ihrem Apartment in Manhattan, 1977, Foto: Gerda Meyerhof.

23. An der New School for Social Research in New York 1986. Foto: Andy Feldman.

24. Rückenansicht der Figurengruppe von Fritz Cremer, *Buchenwalddenkmal*, 1952-1958, mit Blick vom Ettersberg, 1993. Foto: Felicitas Koselleck.

25. Porträtfotoserie, Heidelberg, 1950er Jahre. Foto: Hermann Speer.

26. Zigarrenkiste mit Begriffszetteln für die Dissertation, 1952/53.

27. Im Arbeitszimmer, Bielefeld 2000. Foto: Barbara Klemm.

28. Albert Gleizes, *Retour* (1915). Eine Reproduktion hing über der Liege im Arbeitszimmer.

29. Rudolf Hausner, *Erschrockener Europäer* (1980). »Adam, schau hin! Siehst Du denn nicht, es brennt bereits am Horizont!??« Das war Kosellecks Bildvorschlag für den Umschlag von *Taktische Kernwaffen. Die fragmentierte Abschreckung* (1987).

10 Wörth, Regimentsdenkmal für 1870

11 Hinderwell, England, Gemeindedenkmal für 1914/18

12 Torgau, Sowjetisches Ehrenmal für 1945

13 St. Mihiel, Gemeindedenkmal für 1914/18

30. Seite aus dem Bildteil von Reinhart Koselleck, »Kriegerdenkmale als Identitätsstiftungen der Überlebenden« (1979).

31. Regal mit gerahmter Fotografie Erwin Panofskys vor Karteikästen der ikonologischen Sammlung in den Kellerräumen des Privathauses in der Bielefelder Luisenstraße. Foto: Horst Fenchel.

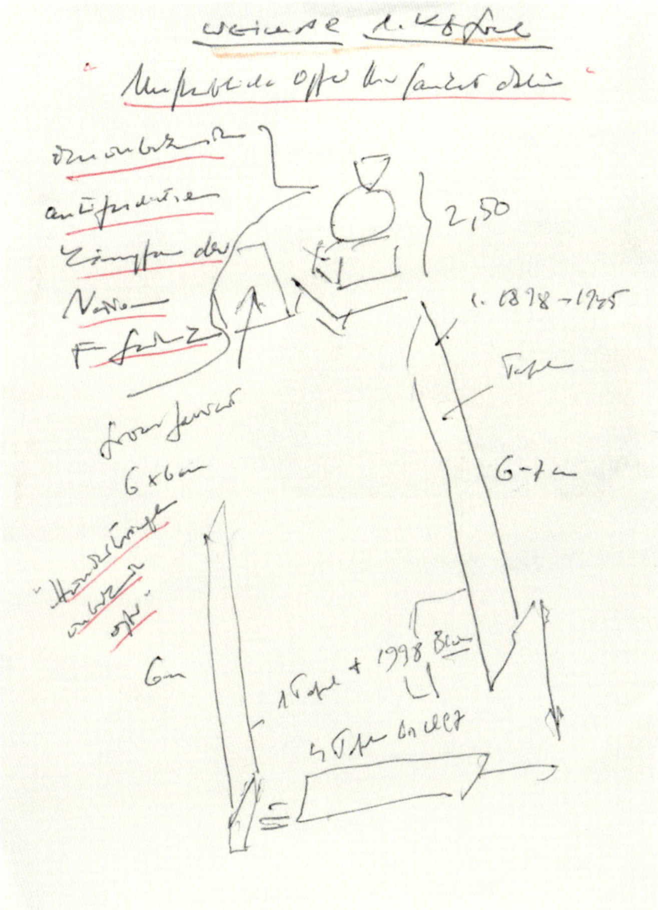

32. Notizzettel von Reinhart Koselleck zum Denkmal für die Opfer des KZ Buchenwald, aufgestellt 1948 auf dem Ehrenhain der Verfolgten des Naziregimes, Hauptfriedhof Weimar. Inschrift: »Unsterbliche Opfer ihr sanket dahin … Den unbekannten antifaschistischen Kämpfern aller Nationen zum Gedenken«.

33. Vor der Marienkirche in Krakau im Jahr 2000, mit Stift und Notizbuch auf »Denkmaljagd«. Foto: Isolde Ohlbaum.

34. Mit Ivan Nagel in Sankt Petersburg, 2004. Foto: Isolde Ohlbaum.

35. Reiterdenkmal für die Gefallenen des Deutsch-Französischen Krieges 1870-71 und des Ersten Weltkriegs, errichtet 1923 vor der Dorfkirche in Lossow bei Frankfurt (Oder). Im April 1945 wurden Oberkörper und Kopf des auf dem dahingestreckten Pferd sitzenden Reiters weggesprengt. Foto: Aglaya Glebova.

Kompanien und Bataillonen gegliedert werden. Alljährlich findet ein grosses Manöver statt, und während der Erntezeit fungiert die Jugend als Landhilfe. (Saint Just). In Paris wurde eine solche spartanische ›Marsschule‹ zur Wehrertüchtigung und politischen Schulung der 16 und 17 Jährigen bereits gegründet.« Koselleck erwähnt den »revolutionären Kitsch« der neuen Abzeichen und Embleme, die neue Öffentlichkeit der Revolutionsfeste und Massenversammlungen, die an die Stelle der bald »bis auf wenige linientreue Blätter« verbotenen Zeitungen treten, den Wunsch Robespierres nach einem riesigen Gebäude, »das wenigstens 1200 Leute erfasst«, wie »der Unbestechliche« überhaupt »die Massen immer wieder versammelt«, weil es für ihn nach eigener Aussage »›kein grossartigeres Schauspiel der Natur‹ als ›eine grosse Volksversammlung‹« gegeben habe. Koselleck referiert weiter, in der Revolution sei ein eigener religiöser Ritus entstanden, mit neuen heiligen Schriften, Revolutionsfeiern und einer neuen Zeitrechnung, dem Revolutionskalender »mit gleich 6 Nationalfeiertagen hintereinander«. Und die Revolution trete (so wie die Ideologien des 20. Jahrhunderts) über ihre Grenzen hinweg, sie begnüge sich nicht mit »der Umwandlung des absolutistischen Staates in einen absoluten Nationalstaat«. Denn, so die von Koselleck arrangierten Quellenzitate: »›Wenn Du für die Sache der Revolution kämpfst, dann kämpfst Du zugleich für die Sache der übrigen Völker‹, so schreiben Vergniaud und Condorcet im Januar 1792 in ihrer Revolutionszeitung.« Aus einem Krieg gegen fremde Staaten wird laut Koselleck ein Krieg gegen feindliche Regierungsformen, basierend auf der neu eingeführten allgemeinen Wehrpflicht, mithin der »totalen Mobilmachung« als neugeschaffener Einheit von Bürger und Soldat.[120]

Für den jungen Koselleck, der aufgrund von Krieg und Gefangenschaft spät mit dem Studium begonnen hat, ist »die Jakobinerdiktatur ein Experiment des totalen Gesinnungsstaates« – einer Politik, die ganz auf Utopie beruht, das heißt auf einem anderen Begriff geschichtlicher Zeit. Hier findet er zu seiner Fragestellung: »An sich nichts Neues, liegt das Entscheidende darin, dass seit der

120 Siehe auch Michael Jeismann, *Das Vaterland der Feinde. Studien zum nationalen Feindbegriff und Selbstverständnis in Deutschland und Frankreich, 1792-1918*, Stuttgart 1992; David A. Bell, *The Cult of the Nation in France. Inventing Nationalism, 1680-1800*, Cambridge, Mass. 2001; ders., *The First Total War. Napoleon's Europe and the Birth of Modern Warfare*, New York 2007.

Revolution das Böse in die Vergangenheit verwiesen, das Gute aber nunmehr und für die Zukunft auf Erden verwirklicht wird. Wer auf Seiten der Revolution ficht, erfüllt die ›Wünsche der Natur‹, vollzieht ›die Bestimmung der Menschheit‹. Aus derartig religiösem Geschichtsglauben, der sich in die Begrifflichkeit einer politischen Mythologie kleidet, wird der Terror verständlich. Hier wird die ›Milde‹ zum ›Verbrechen der Menschheit‹ (Robespierre). ›Wir werden Frankreich eher in einen Leichenacker verwandeln, als den Versuch aufgeben, es in unserem Sinne umzugestalten.‹ (Carrier).«[121]

Wie Jan-Friedrich Missfelder gezeigt hat, setzt genau hier Koselleck mit seiner Dissertation an. Auch wenn die Tiraden gegen aufgeklärte Beamte des Ancien Régime wie Turgot oder abseitige deutsche Geschichtsphilosophen wie Adam Weishaupt und seine Illuminaten überzogen wirken, richtet sich seine Kritik der Aufklärung, anders als bei Schmitt, nicht in erster Linie gegen die Aufklärung an sich oder den Liberalismus des 19. Jahrhunderts, wie *Kritik und Krise* oft unterstellt wird. Vielmehr geht es Koselleck um die formale Zeitstruktur der aufgeklärten Utopie, die die Kritik hervorbringt und auf Verwirklichung in einer letzten »Krise« drängt, in der sich die Zukunftsutopie endlich »als innerweltliche Erlösung« verwirklicht. Die »Hypokrisie« der Aufklärung liegt für Koselleck darin, die Grenze politischen Handelns, die »in der Unverfügbarkeit der Zukunft liegt«,[122] zu verkennen und zu vernebeln, mit der neuen Geschichtsphilosophie als »Hypokrisie der Hypokrisie« – eine potenzierte Nebelmaschine. So wurde *Kritik und Krise* auch von Ivan Nagel verstanden. Und deshalb fanden diese drei in wenigen Monaten überaus dicht und eindringlich formulierten Dissertationskapitel, die Koselleck im Herbst 1953 einreicht und später nur wenig für die Veröffentlichung überarbeitet, eine solche Resonanz in der ideellen Welt des deutschen Nachkriegs. *Kritik und Krise* traf den Nerv einer Generation.

121 Reinhart Koselleck, »Der Jakobinismus und die französische Revolution« (1950), in: Manfred Hettling, Wolfgang Schieder (Hg.), *Reinhart Koselleck als Historiker. Zu den Bedingungen möglicher Geschichten*, Göttingen 2021, S. 439-457, hier S. 448 f.

122 Jan-Friedrich Missfelder, »Weltbürgerkrieg und Wiederholungsstruktur. Zum Zusammenhang von Utopiekritik und Historik bei Reinhart Koselleck« in: Carsten Dutt, Reinhard Laube (Hg.), *Zwischen Sprache und Geschichte. Zum Werk Reinhart Kosellecks*, Göttingen 2013, S. 268-286, hier S. 280.

In seiner Kritik »der Geschichte« als Utopie, die sich im Jakobinerreferat ankündigt und dann das Grundthema von *Kritik und Krise* bildet, entwickelt Koselleck auch seine ersten zeittheoretischen Überlegungen. Die »Geschichte«, auf den Kollektivsingular gebracht, als bestehe die Welt nicht aus einer Vielzahl von unterschiedlichen, sich widerstrebenden Geschichten und Zeiten, entfaltet einen eigenen zeitlichen Sog. Dieser Zwang zur Verwirklichung der Utopie »der Geschichte«, der 1792 mit der Jakobinerherrschaft erstmals die Macht ergreift, führt aus der Sicht Kosellecks auch 1917 und 1933 zu Terror und Bürgerkrieg und erfasst in Zeiten des globalen Kalten Kriegs und der antikolonialen Revolutionskriege von Algier bis Hanoi die ganze Welt.

Wie später in »Terror und Traum« zielt Koselleck bereits in *Kritik und Krise* auf die besondere Zeitlichkeit totaler Beherrschung, den gewaltsamen Versuch, die Wirklichkeit, also auch die Unverfügbarkeit der Zukunft, der Utopie gewaltsam anzupassen. Der Umschlag von der Utopie in den Terror erfolgt für ihn genau dann, wenn die Unvorhersehbarkeit der Zukunft als Grenze politischen Handelns durch den neuen Glauben an die Geschichte außer Kraft gesetzt wird. Dieser neue Glaube entfaltet in der Revolution seine eigene gewaltsame Logik, die auch aufgeklärte Geschichtsphilosophen wie Condorcet dahinraffen sollte. Darum also geht es dem »Aufklärer der Aufklärung« in *Kritik und Krise*, und so verteidigt Koselleck auch später seinen Ansatz: »Es war weder ein philosophisches noch ein historisches Buch, sondern ein geschichtstheoretisches Buch im empirischen Material«, wie er im Dezember 1988 dem italienischen Historiker Edoardo Tortarolo berichtet und damit auch auf seine Kritiker antwortete, die, so wie Karl Löwith in seinem Zweitgutachten, *Kritik und Krise* genau das vorwarfen, also weder historisch genau noch streng philosophisch zu argumentieren.[123]

Kritik und Krise gehört zweifellos zu den meistgelesenen Dissertationen der alten Bundesrepublik und ist als wissenschaftsgeschichtliches Phänomen selbst zum Gegenstand zahlreicher Untersuchungen geworden.[124] Die kaum verhüllte Auseinandersetzung

123 DLA Marbach, A: Koselleck, Edoardo Tortarolo, Interview mit Reinhart Koselleck, [Dezember 1988], 17 Bl., hier Bl. 10. Siehe dazu oben, Kap. 1, S. 59-61.

124 Missfelder, »Weltbürgerkrieg und Wiederholungsstruktur«; ders., »Die Gegenkraft und ihre Geschichte: Carl Schmitt, Reinhart Koselleck und der Bürgerkrieg«, in: *Zeitschrift für Religions- und Geistesgeschichte* 58 (2006), S. 310-336;

mit Zeiterfahrungen im Nationalsozialismus und Stalinismus, die auch sprachlich an das Referat zur Jakobinerdiktatur anschließt, wird dabei oft überlesen. So geht es im Schlusskapitel zur Krise des späten 18. Jahrhunderts vordergründig um Rousseaus *Vom Gesellschaftsvertrag*, aber auch um die Frage, wie in der Begründung des souveränen Volkswillens der Umschlag zur »permanenten Diktatur« bereits vorgedacht und gerechtfertigt wurde. Die daran anschließenden beiden Abschnitte fehlen noch in der Dissertation. Sie werden von Koselleck für die Druckfassung neu geschrieben, um die politische Pointe von *Kritik und Krise* deutlich zu machen: »Ohne es zu ahnen, hat Rousseau die permanente Revolution auf der Suche nach dem wahren Staat entfesselt. Was er suchte, war die Einheit von Moral und Politik, und was er fand, war der totale Staat, das heißt die permanente Revolution im Gewande der Legalität.«[125] Und weiter heißt es: »Das Volk, selbst in seiner Mehrheit unfähig, seinen wahren Willen zu erkennen, bedarf der guides, der chefs. Der Führer herrscht nicht kraft eigener Entscheidung, sondern weil er über den hypostasierten Allgemeinwillen besser aufgeklärt ist als die Summe der Individuen. Aufgabe des Führers ist es, die fiktive Identität von Moral und Politik zu schaffen. Das Volk will immer das Gute, aber es weiß nicht darum. Um es zum Guten zu leiten, bedarf es – ganz im Sinne der Logen – mehr als absolutistischer Herrschaft, die nur das Äußere erfaßt.« Um die totale Herrschaft über den Einzelnen zu erlangen, müsse bis in das Innere des Menschen vorgedrungen werden. Nicht nur das Handeln, so Koselleck weiter Rousseau zitierend, sondern auch die Gesinnung müsste auf Linie gebracht werden. »Das anfängliche Postulat des

Niklas Olsen, *History in the Plural. An Introduction to the Work of Reinhart Koselleck*, New York 2012, S. 41-100; Mario Wimmer, »Über die Wirkung geschichtswissenschaftlicher Texte«, in: *Schweizerische Zeitschrift für Geschichte* 62 (2012), S. 217-238; Sebastian Huhnholz, *Von Carl Schmitt zu Hannah Arendt? Heidelberger Entstehungsspuren und bundesrepublikanische Liberalisierungsschichten von Reinhart Kosellecks »Kritik und Krise«*, Berlin 2019; Lukas Potsch, »Die Moderne als Weltbürgerkrieg. Zeit- und Geschichtskritik bei Roman Schnur, Reinhart Koselleck, Hanno Kesting und Nicolaus Sombart«, in: *Leviathan* 47 (2019), S. 244-265; Kai Gräf, »*Critique and Crisis* in Context. Rereading Reinhart Koselleck's Interpretation of the Enlightenment«, in: Cesare Cuttica, László Kontler (Hg.), *Crisis and Renewal in the History of European Political Thought*, Leiden 2021, S. 44-62.

125 Koselleck, *Kritik und Krise*, S. 136 f.

Kollektivs – und gerade hier erweist sich sein fiktiver Charakter – muß durch *Gleichschaltung* der Individuen verwirklicht werden. Ihr Weg ist der Terror und ihre Weise die Ideologie.«[126]

Auch ein anderes Grundthema von Kosellecks späteren geschichtstheoretischen Aufsätzen, der Verlust von Wirklichkeit und die Versiegelung der Zukunft, klingt hier an: »Die Denkbarkeit und Wünschbarkeit des immer rechthabenden Allgemeinwillens einmal als existent gesetzt, erzwingt den Terror und die Ideologie: die Waffen der Diktatur, um die eigentliche Wirklichkeit, die sich störend aufdrängt, zu korrigieren. Damit ist die Methode der fortschrittlichen Kritik, das rational Geforderte als die wahre Realität anzusprechen, vor der die Gegenwart verschwindet, zum politischen Prinzip erhoben. Beständig werden ungedeckte Wechsel auf die Zukunft gezogen. Auf der Jagd nach der Fiktion einer rational durchgeplanten Wirklichkeit wird sich die Revolution so sehr vorantreiben, wie sie immer wieder die Diktatur aus sich gebiert, um die ungedeckten Wechsel einzulösen.«[127]

Politik und Prognose

Diese scharfe Kritik an Jean-Jacques Rousseau und der utopischen Geschichtsphilosophie des 18. Jahrhunderts lässt sich nicht allein durch den Einfluss Carl Schmitts erklären, und sie setzt auch politisch nicht einfach die Aufklärungskritik der Weimarer Zeit fort. Für den Heidelberger Kreis um Koselleck war das Thema Geschichtsphilosophie und Politik so beherrschend, weil hier die drängenden Fragen nach 1945 verhandelt wurden, nicht zuletzt auch die eigene ideologische Verführbarkeit durch ein Regime, das seine Verbrechen als »geschichtliche Aufgabe« und »Schicksal« drapiert hatte und dessen Vernichtungswut weiter eskalierte, als der Krieg ab dem Winter 1941/42 nicht mehr gewonnen werden konnte. »Über die

126 Ebd., S. 138. Meine Hervorhebung, SLH. Ernst Fraenkel hat diese Lesart von Rousseaus Ausführungen nicht völlig überzeugt, auch wenn *Kritik und Krise* zu denjenigen Schriften gehöre, »die mich im letzten Jahrzehnt am stärksten beeindruckt haben«, Familienarchiv Koselleck (jetzt DLA Marbach), Ernst Fraenkel an Reinhart Koselleck, 11. 10. 1965.

127 Koselleck, *Kritik und Krise*, S. 140.

Verfügbarkeit der Geschichte«, Kosellecks 1977 bei der Münchner Siemens-Stiftung gehaltener Vortrag, skizziert auf wenigen Seiten Hitlers »solipsistisches Verhältnis zur geschichtlichen Zeit«: seinen Glauben, »Geschichte« zu machen, jetzt und für alle Ewigkeit, also sein eigenes politisches Handeln einerseits in große Zeiträume einzurücken und anderseits sich unter beschleunigtem Zugzwang zu sehen, seine »geschichtlichen« Ziele in der eigenen Lebenszeit zu verwirklichen. Koselleck schließt hier an die Argumente aus *Kritik und Krise* gegen die geschichtsideologisch begründeten Zukunftsutopien an und entwickelt eine These, die Hans Blumenberg einige Jahre später in *Lebenszeit und Weltzeit* weiterdenken wird (ohne sich auf Koselleck zu beziehen): die »Ungefügigkeit der Zeit« als menschlicher Grundbedingung, die Hitler mit exzessiver Gewalt aufheben wollte. Gerade Hitlers Versuch, die Weltzeit der eigenen Lebenszeit unterzuordnen, führt in die präzedenzlos beschleunigte, totale Vernichtung.[128]

Koselleck selbst hat immer wieder auch die politische Situation des Kalten Krieges angeführt, um zu erklären, wie er zu seinen geschichts- und zeittheoretischen Fragen gefunden hat. Wenn es im Schlussabsatz von *Kritik und Krise* über die »Herrschaft der Utopie« heißt, die »Fragwürdigkeit und Offenheit aller geschichtlich noch zukünftigen Entscheidungen scheinen seitdem beseitigt«, dann zielt das nicht nur auf die Aufklärung und den von ihr ausgestellten, »politisch ungedeckten Wechsel auf die Zukunft«, der erstmals in der Französischen Revolution eingefordert worden sei.[129] Die Geschichtsphilosophie dient auch in der Zeit des Kalten Krieges dazu, die verschiedenen Seiten – den Westen und die Sowjetunion wie auch das aufstrebende China und die sich entkolonialisierende Welt – ideologisch darin zu bestärken, politisch über die Zukunft zu verfügen, diese allein für sich zu beanspruchen, und sei es um den Preis der Vernichtung des »historisch« überholten Gegners, in Zeiten des Atomkriegs bis hin zur Selbstzerstörung.

Mit anderen Worten: Das Thema »Geschichtsphilosophie und Politik« besitzt in der intellektuellen Welt des Nachkriegs eine besondere Resonanz, die sich politisch nicht so einfach zuordnen

128 Blumenberg, *Lebenszeit und Weltzeit*, Kap. II: »Die Kongruenz von Lebenszeit und Weltzeit als Wahn«, S. 80-85, hier S. 80.

129 Koselleck, *Kritik und Krise*, S. 157.

lässt. Nicolaus Sombart, Hanno Kesting und Ivan Nagel beschäftigen sich in ihren Dissertationen mit geschichtsphilosophischen Fragestellungen, Jürgen Habermas promoviert 1954 mit einer Arbeit zu Schellings Geschichtsphilosophie, und auch seine Habilitation *Strukturwandel der Öffentlichkeit* liegt nahe an Fragen, mit denen sich *Kritik und Krise* beschäftigt. Sombart geht 1952 nach Paris und wird 1954 für drei Jahrzehnte Beamter in der Kulturabteilung des Europarats in Strasbourg, politisch ein Liberaler und später auch Kritiker von Schmitt. Kesting habilitiert sich 1966 bei Arnold Gehlen mit der gegen Habermas gerichteten schmalen Arbeit *Öffentlichkeit und Propaganda* und rückt nach der Berufung auf eine Professur an der Ruhr-Universität Bochum 1968 unter dem Eindruck der Studentenrevolte weit nach rechts.[130] Ivan Nagel scheitert mit seiner Dissertation »Die Formen der geschichtlichen Bewegung bei Hegel«, die er in Frankfurt bei Adorno einreichen wollte,[131] und wird zu einer der prägenden Figuren der deutschen Theaterwelt. Koselleck geht den Weg von der Geschichtskritik zur Geschichtstheorie, ohne sich später von *Kritik und Krise* zu distanzieren. Im Gegenteil: Aus der Freilegung der utopischen Zeitstrukturen der Geschichtsphilosophie entwickelt Koselleck die Frage nach formalen, dauernden Geschichtskategorien, dic sich der Verfügungsgewalt der Zukunftsutopien entziehen.[132]

Hieraus erklärt sich auch sein Interesse an geschichtlichen Prognosen, das ebenfalls schon im Jakobinerreferat vom Januar 1950 anklingt. Bereits im März 1953, noch während der Niederschrift der Dissertation, schreibt er aus Heidelberg an den Freund Nico-

130 Zu Kesting siehe van Laak, *Gespräche in der Sicherheit des Schweigens*, S. 271-281. Kestings Heidelberger Dissertation trug den Titel »Utopie und Eschatologie. Ein Beitrag zur Geistesgeschichte des 19. Jahrhunderts« (1952). Die Arbeit blieb unveröffentlicht, siehe aber: Kesting, »Utopie und Eschatologie. Zukunftserwartungen in der Geschichtsphilosophie des 19. Jahrhunderts«, in: *Archiv für Rechts- und Sozialphilosophie* 41 (1954), S. 202-230; ders., *Geschichtsphilosophie und Weltbürgerkrieg. Deutungen der Geschichte von der Französischen Revolution bis zum Ost-West-Konflikt*, Heidelberg 1959.

131 Jan Eike Dunkhase, »Weltbürgerkrieg und Freundschaft. Ivan Nagels Heidelberger Reminiszenz«, in: *Zeitschrift für Ideengeschichte* 12 (2018), S. 87-100, hier S. 94. Siehe auch Ivan Nagel, *Autonomie und Gnade. Über Mozarts Opern*, München 1985, S. 79-81 (»Der Feind wird annulliert. Für R. Koselleck«).

132 Siehe dazu oben, Kap. 2, S. 59-69.

laus Sombart in Strasbourg: »Als Fernziel schwebt mir vor, eine Untersuchung über Geschichtsphilosophie und Prognose als Gegensatzpaar. Hierin liegt ein fruchtbarer systematischer Ansatz, der dennoch an historischen Quellen orientiert, den modernen Bürgerkrieg in den Blick rücken kann.«[133] In seinen zwei Jahren als Dozent in Bristol sucht Koselleck nach einem Thema für die Habilitationsschrift. Geografisch hätte er sich gerne der englischen Geschichte zugewandt, der Artikel zur Sozialgeschichte Bristols als einer durch den Sklavenhandel reich gewordenen globalen Hafenstadt war eine Fingerübung in diese Richtung. Auch wäre er gerne für einige Zeit mit einem Stipendium nach Amerika gegangen, wie er Carl Schmitt im Februar 1954 aus Bristol mitteilt.[134] Die »zunehmende ›Demokratisierung‹ Englands und die diesem Vorgang korrespondierende Rolle des Empires, oder Disraeli und Marx«, nennt er als weitere mögliche Themen.[135] Auch ein Jahr später ist sich Koselleck noch nicht darüber im Klaren, wohin sich seine Interessen bewegen. Ivan Nagel, der in der Zwischenzeit selbst zum Studium nach Durham gewechselt war, berichtet er nicht nur vom strömenden Regen und dass jeder Engländer ihm versichere, »dieser Sommer sei exceptionally bad«. Als ein möglicher Gegenstand der Habilitation wird nun die »atlantische Differenz« genannt.[136]

133 Staatsbibliothek zu Berlin, Handschriftenabteilung, Nicolaus Sombart (Nachl. 405): Reinhart Koselleck an Nicolaus Sombart, 24.3.1953; an Carl Schmitt schreibt Koselleck zwei Jahre später aus Bristol: »In England habe ich bisher meine Lektüre auf folgende zwei Fragestellungen ausgerichtet: ›Prognose und Geschichtsphilosophie‹ (als Gegenbegriffe), und die Rolle Amerikas im engl. 19. Jahrhundert.« Koselleck an Schmitt, 6.7.1955, in: Reinhart Koselleck, Carl Schmitt, *Der Briefwechsel*, hg. v. Jan Eike Dunkhase, Berlin 2019, S. 95.

134 Koselleck an Schmitt, 14.2.1954, in: ebd., S. 43. An Corina Sombart schreibt Koselleck am 25.8.1954, nach einem »durch Regen erstaunlich ungetrübten« Sommerurlaub mit den Eltern an der Atlantikküste Cornwalls wende er sich wieder seiner Arbeit zu, »die sich zur Zeit mit der amerikanischen Revolution befasst, und die ich vielleicht in Amerika zu beenden hoffe«. Staatsbibliothek zu Berlin, Handschriftenabteilung, Nicolaus Sombart (Nachl. 405).

135 Koselleck an Schmitt, 14.2.1954, in: Koselleck, Schmitt, *Der Briefwechsel*, S. 43.

136 Siehe auch Familienarchiv Koselleck (jetzt DLA Marbach), Mappe »USA«, Reinhart Koselleck, »Die atlantische Differenz«, Ts., Bristol 1955, 5 Bl. Koselleck interessiert, wie in den Gründungsdokumenten der amerikanischen Revolution und des Unabhängigkeitskriegs gegen die britische Kolonialmacht naturrechtliche und geschichtsphilosophische Argumente den Ausschlag geben. Das The-

»Die Rolle der am[erikanischen] Rev[olution] für das englische Bewusstsein im 19. Jh. ist, soweit ich sehe, noch nicht bearbeitet. Oder Übersee und Fortschritt (Progress). Kurz, ich bin noch nicht entschieden, lese mich vielmehr in die englische Sekundärliteratur ein, die unsere Fragen kaum kennt, aber ebenso Quellen schaue ich an, und sehe, dass unsere Fragen z. B. des 18. Jhs. in den britannischen Quellen gar nicht auftauchen. Es handelt sich also darum, erst einmal angelsächsisch denken zu lernen, um überhaupt zurückschalten zu können. – Du wirst [Dir] solche Mühe also ersparen, indem Du in England über Hegel schreiben willst.«[137]

Nach der Rückkehr aus Bristol landet Koselleck wieder bei der Frage, was sich der Geschichtsphilosophie entgegensetzen ließe. In einem Brief an den Vater schreibt er 1957, er habe sich mit Werner Conze, dem neuen Lehrstuhlinhaber in Heidelberg, auf das Habilitationsthema »Politische Prognostik im 19. Jahrhundert« geeinigt.[138] Viele Jahre später sagt er in einem Interview, es habe ihm damals ein Vergleich der temporalen Strukturen des Wiener Kongresses mit denen des Versailler Vertrags vorgeschwebt. Der Vergleich wäre, so Koselleck 1999, zugunsten der Wiener Friedensordnung ausgegangen, ganz ähnlich wie in Henry Kissingers Dissertation *A World Restored.*[139] Am Ende lehnt Conze das Thema ab und schlägt das Preußen-Thema vor, um ihn zu bewegen, stärker sozial- und verfassungsgeschichtlich sowie – erstmals – im Archiv zu arbeiten. Aber das Thema der Unverfügbarkeit der Zukunft und der Strukturen geschichtlicher Zeit lässt Koselleck nicht los.

So kommt er in seiner Heidelberger Antrittsvorlesung »Vergan-

ma wird aufgegriffen von Jörg Fisch, *Das Selbstbestimmungsrecht der Völker. Die Domestizierung einer Illusion*, München 2010.

137 Archiv der Akademie der Künste Berlin, Ivan-Nagel-Archiv: Reinhart Koselleck an Ivan Nagel, o. D. [Poststempel 12. 8. 1955].

138 Familienarchiv Koselleck (jetzt DLA Marbach), Mappe »Reinhart«: Reinhart Koselleck an Arno Koselleck, 13. 8. 1957.

139 »Zeit, Zeitlichkeit und Geschichte – Sperrige Reflexionen: Reinhart Koselleck im Gespräch mit Wolf-Dieter Narr und Kari Palonen« [Februar 1999], in: Jussi Kurunmäki, Kari Palonen (Hg.), *Zeit, Geschichte und Politik: zum achtzigsten Geburtstag von Reinhart Koselleck*, Jyväskylä 2003, S. 9-33, hier S. 10. Henry A. Kissinger, *A World Restored. Metternich, Castlereagh and the Problems of Peace 1812-1822*, New York 1957. Siehe auch Jörg Fisch, *Krieg und Frieden im Friedensvertrag. Eine universalgeschichtliche Studie über Grundlagen und Formelemente des Friedensschlusses*, Stuttgart 1979.

gene Zukunft« zurück auf das Thema »geschichtliche Prognosen« als eine mögliche Antwort auf die erfahrungsblinden Zukunftsutopien, die den Gewaltideologien des 20. Jahrhunderts zugrunde liegen. In der überarbeiteten Fassung, die er nicht wie ursprünglich beabsichtigt in der *Historischen Zeitschrift*, sondern 1968 in der Festschrift für Carl Schmitt publiziert, fügt er im Schlussteil zwei Absätze hinzu, die sich wie ein Postskript zu *Kritik und Krise* lesen. Auch geht er hier zwar subtil, aber deutlich auf Distanz zu Schmitts politischer Theologie und dessen Glauben an den Katechon, also an eine die geschichtliche Apokalypse aufhaltende Macht, etwa in Gestalt der Idee des »Reichs«. »Erst im Sog der Beschleunigung entsteht eine Verzögerung, die die geschichtliche Zeit im Wechselspiel von Revolution und Reaktion vorantreiben hilft. Was vor der Revolution als katechon begriffen werden mochte, wird selbst zum Stimulans der Revolution.«[140] Zugleich formuliert Koselleck hier ein zeit- und konflikttheoretisches, historisches Erklärungsangebot für das durch die modernen politischen Ideologien, durch »Revolution« und »Reaktion« ausgelöste beschleunigte Massensterben im 20. Jahrhundert. Es lohnt sich, diesen Abschnitt im vollen Wortlaut wiederzugeben: »Die Reaktion, im 18. Jh. noch als mechanistische Kategorie verwendet, wird funktional zu einer Bewegung, die sie aufzuhalten trachtet. Die Revolution, anfangs aus dem naturalen Sternenumlauf abgeleitet und kreisförmig in die naturhafte Bewegung der Geschichte eingelassen, gewinnt seitdem eine unumkehrbare Richtung. Sie scheint sich in eine herbeigesehnte, aber der jeweils gegenwärtigen Erfahrung sich völlig entziehende Zukunft hinein zu entfesseln, indem sie die Reaktion ständig von sich abstößt und zu vernichten sucht in dem Maße, als sie diese reproduziert. Denn die moderne Revolution bleibt immer affiziert von ihrem Gegenteil, der Reaktion.« Und Koselleck fährt fort, indem er Schmitt die Idee von geschichtlicher Prognostik, abgeleitet aus einer sich als Erfahrungswissenschaft begreifenden Historik, vorhält: »Dieses Wechselspiel von Revolution und Reaktion, das einen paradiesischen Endzustand herbeiführen soll, ist als *zukunftslose Zukunft* zu verstehen, weil die Reproduktion und die immer wie-

140 Reinhart Koselleck, »Vergangene Zukunft der frühen Neuzeit«, in: Hans Barion u. a. (Hg.), *Epirrhosis. Festgabe für Carl Schmitt*, Berlin 1968, Bd. 2, S. 549-566, wiederabgedr. in: Reinhart Koselleck, *Vergangene Zukunft. Zur Semantik geschichtlicher Zeiten*, Frankfurt/M. 1979, S. 17-36, hier S. 34 f.

der nötige Aufhebung des Gegensatzes eine schlechte Unendlichkeit fixieren. Auf der Jagd nach dieser, wie Hegel sagte, schlechten Unendlichkeit wird das Bewußtsein der Akteure an ein endliches ›Noch-nicht‹ geheftet, das die formale Struktur eines perennierenden Sollens besitzt. Seitdem wird es möglich sein, Fiktionen wie das tausendjährige Reich oder die klassenlose Gesellschaft in die geschichtliche Realität zu überführen. Die Fixierung der Handelnden an einen Endzustand erweist sich als Vorwand für einen Geschichtsprozess, der sich der Einsicht der Beteiligten entzieht. Daher wird eine geschichtliche Prognostik nötig, die über die rationalen Prognosen der Politiker hinausweist und die als ein legitimes Kind der Geschichtsphilosophie den geschichtsphilosophischen Entwurf relativiert.«[141]

Im Vorwort zur Neuausgabe von *Kritik und Krise* 1969 legt Koselleck noch einmal nach: »Sobald es gelungen ist, Strukturen einer geschichtlichen Epoche in ihrer anthropologischen Verfasstheit aufzuzeigen, die sich aus den konkreten Einzelfällen ableiten lässt, können die Ergebnisse exemplarische Befunde sichtbar machen, die auch auf unsere Gegenwart beziehbar sind. Denn unerachtet ihrer Einmaligkeit kann eine vergangene Epoche – auf ihre Struktur hin befragt – Momente der Dauer enthalten, die noch in unsere Gegenwart hineinreichen.«[142] Diese »Momente der Dauer« ermöglichen für Koselleck auch geschichtliche Prognosen und so ein Mindestmaß politischer Voraussicht. Anders als die Zukunftsutopien beruhen sie auf Wiederholungsstrukturen gemachter Erfahrungen und sind gerade deshalb nicht »zukunftslos«. Beides, Erwartungen und Erfahrungen, »Verzeitlichung« und »Wiederholung« fand er gespeichert in den Begriffen.

Begriffe im Zeitsattel

Im Zuge der Arbeit an *Kritik und Krise* hatte Koselleck damit begonnen, seinen ersten Zettelkasten anzulegen (*Abb.* 26). Aufbewahrt in einer schmalen, goldfarbenen Zigarrenkiste (»Neuhaus Zigarren sind gut und mild«) liegen sechzig karteikartengroße Zettel vor,

141 Ebd., S. 35. Meine Hervorhebung, SLH.
142 Koselleck, *Kritik und Krise*, S. ix.

auf die sich der Doktorand Zitate, Notizen und Formulierungen zu einzelnen Begriffen notiert hat, in alphabetischer Sortierung beginnend mit »Abbau/Jenseits« und »Amerika« und endend mit »Teleologie«, »Theodizee«, »Toleranz«, »Tradition«, »Utopie«, »Vernunft«, »Völkerbund«, »Welt«, »Weltbürger«, »Wirkung Kants« und »Zeit«. Dazwischen finden sich bereits Verlaufskategorien, beispielsweise »Moralisierung«, »Politisierung« und »Säkularisierung«, die *Kritik und Krise* zu analysieren suchte. Am umfangreichsten waren die Belege für die Begriffe »Fortschritt« und »Geschichte + Historie«, mit den Variationen »Geschichtlichkeit (Simmel, Krise)« und »Gesch. Philo. (+ F[ortschritt])«, sowie »Revolution (+ Gphil)« – Begriffe, zu denen er zwanzig Jahre später Artikel für das Lexikon *Geschichtliche Grundbegriffe* verfasste. Überhaupt füllte Koselleck parallel zu den Annotationen in den Bänden seiner umfangreichen Privatbibliothek über Jahrzehnte zahlreiche Kästen, Mappen und Ordner mit Materialien zu einzelnen Begriffen.[143] Er ging dabei zwar nicht ganz so systematisch vor wie Niklas Luhmann oder Hans Blumenberg bei der Arbeit an ihren berühmten Zettelkästen, aber doch ähnlich. Auch Koselleck hat seinen Materialfundus immer wieder ergänzt und beim Schreiben seiner Begriffsgeschichten und geschichtstheoretischen Aufsätze konsultiert.

Aus dem Zettelkasten von *Kritik und Krise* und den ersten geschichtstheoretischen Überlegungen Anfang der 1960er Jahre entwickelt er für das Mammutprojekt *Geschichtliche Grundbegriffe* historische Verlaufsthesen, die vordergründig den Übergang von der ständischen zur modernen Gesellschaft erfassen sollen. Er nennt die *Verzeitlichung* (die implizite These von *Kritik und Krise*), die *Ideologisierbarkeit* (1967 noch *Verschleiß* und *Verblindung* genannt[144]), die *Politisierung* und die *Demokratisierung* der politisch-sozialen Sprache und ihrer Begriffe, etwa im neuen Kollektivsingular der »Geschichte« oder des »Fortschritts«. So werden diese Verlaufsthesen auch von Otto Brunner, Werner Conze und den meisten Autoren des Lexikons verstanden: als Versuch, den begrifflichen Umbruch in der »Sattelzeit«, also den politischen und sozialen Wandel vom späten 18. ins frühe 19. Jahrhundert, zu erfassen. Mit der eigenen Gegenwart und Erfahrungsgeschichte hat das für sie vordergrün-

143 Siehe dazu auch oben, Kap. 1, S. 84-89.

144 Reinhart Koselleck, »Richtlinien für das Lexikon politisch-sozialer Begriffe der Neuzeit«, in: *Archiv für Begriffsgeschichte* 11 (1967), S. 81-99, hier S. 87.

dig wenig zu tun. Im Gegenteil, die beiden älteren Mitherausgeber Brunner und Conze sind bestrebt, den Einschnitt der 1930er und 1940er Jahre semantisch zu überdecken. Beide haben nach 1945 in ihren eigenen Arbeiten »Volk« durch »Struktur« ersetzt und sehen in der Sozial- und Strukturgeschichte methodisch einen Weg, sich in der Nachkriegszeit als Modernisierer des Fachs, auch im Anschluss an internationale Methodendebatten, zu präsentieren.[145] Das gesamte Lexikonprojekt legt – darauf drängt vor allem Conze – den Schwerpunkt auf den sozialgeschichtlichen Übergang von »Alteuropa« in die moderne Welt zwischen 1750 und 1850. Auf diese Weise gingen die spezifischen Brucherfahrungen von Nationalsozialismus und Vernichtungskrieg in einem gemeineuropäischen Strukturwandel auf. Die zwei Jahrzehnte von 1930 bis 1950 wurden einfach übersprungen.

Auch die meisten Autoren des Lexikons verzichten darauf, die Semantik ihrer Begriffe bis hinein ins 20. Jahrhundert zu verfolgen – sehr zum Ärger von Koselleck. An den Historiker Dieter Groh, einen seiner engsten Freunde noch aus der Heidelberger Zeit, schreibt er ungehalten 1976, nachdem er dessen Entwurf des Artikels zum »Imperialismus« gelesen hat: »Man kann die Geschichte ja nicht abrupt vor Lenin abbrechen, nachdem die Wirkungsgeschichte seitdem von neuem anhebt.« Und er erinnert Groh daran, dass sich ganz verschiedene politische Lager seit 1920 des Begriffs »Imperialismus« bedient haben. »Der Leser erwartet hier doch zumindest kursorische Information, etwa über den Sprachgebrauch nach 1945 im Kalten Krieg, sowie über den Sprachgebrauch innerhalb der marxistischen Kampflager.«[146] Da Groh sich außerstande sieht, den Artikel in dieser Hinsicht zu überarbeiten, leisten das, zumindest kursorisch, die mit der Redaktion betrauten Bielefelder Assistenten Kosellecks, in diesem Fall Jörg Fisch und Rudolf Walther. Oft übernimmt es Koselleck selbst, den Fluchtpunkt der

145 Siehe James Van Horn Melton, »Otto Brunner and the Ideological Origins of *Begriffsgeschichte*«, in: Hartmut Lehmann, Melvin Richter (Hg.), *The Meaning of Historical Terms and Concepts*, Washington, D.C. 1996, S. 21-34; Gadi Algazi, »Otto Brunner. ›Konkrete Ordnung‹ und ›Sprache der Zeit‹«, in: Peter Schöttler (Hg.), *Geschichte als Legitimationswissenschaft, 1918-1945*, Frankfurt/M. 1997, S. 166-203.

146 DLA Marbach, A: Koselleck/Geschichtliche Grundbegriffe, Reinhart Koselleck an Dieter Groh, 8. 6. 1976.

Geschichte des 20. Jahrhunderts in die begriffliche Analyse der Lexikonartikel einzubringen, deren Umfang dadurch mitunter auf mehrere hundert Seiten anschwillt, wie etwa beim Artikel »Volk, Nation, Nationalismus, Masse«.[147]

Für Koselleck zielt das gesamte Lexikon-Unternehmen darauf, zeitdiagnostisch den semantischen Wandel bis in die eigene Gegenwart hinein zu begreifen. Das zeigt sich nicht nur in der programmatischen Einleitung im ersten Band der *Geschichtlichen Grundbegriffe*. Zu den wenigen Artikeln im Lexikon, die über die »Sattelzeit« hinaus bis ins 20. Jahrhundert reichen, gehören ausnahmslos alle Beiträge Kosellecks. So konstatiert der »Ausblick« des Artikels »Emanzipation«, geschrieben Anfang der 1970er Jahre, der Begriff erlebe derzeit eine erstaunliche Rückkehr und zirkuliere politisch in den neuen sozialen Bewegungen. »Die begrifflichen Positionen im modernen Sprachgebrauch von ›Emanzipation‹ haben indes den geschichtsphilosophischen Rahmen des vergangenen Jahrhunderts kaum verlassen.«[148] Auch die damaligen Protestbewegungen befinden sich für Koselleck noch im Sog der Utopie.

Einige Jahre später im Artikel »Krise« formuliert Koselleck – nach einer kurzen Skizze von Krisendiagnosen der Zwischenkriegszeit bei Paul Valéry, José Ortega y Gasset, Johan Huizinga und Edmund Husserl – explizit: »Der geschichtsphilosophische Rahmen, den unser Begriff bereits im vorigen Jahrhundert ausgespannt hatte, wird durch derartige Versuche – unbeschadet ihrer analytischen Qualität – freilich nicht überschritten. ›Krisis‹ bezeugt weiterhin eine anhaltende Neuheit unserer Epoche, die als Übergang gedeutet wird.«[149] Das gilt auch für die anderen von Koselleck federführend geschriebenen Artikel für die *Geschichtlichen Grundbegriffe*. In den mit »Ausblick« betitelten Abschnitten von »Bund, Bündnis,

147 Reinhart Koselleck u. a., »Volk, Nation, Nationalismus, Masse«, in: Otto Brunner u. a. (Hg.), *Geschichtliche Grundbegriffe. Historisches Lexikon zur politisch-sozialen Sprache in Deutschland*, Bd. 7, Stuttgart 1992, S. 142-431.

148 Karl Martin Grass, Reinhart Koselleck, »Emanzipation«, in: *Geschichtliche Grundbegriffe*, Bd. 2, Stuttgart 1975, S. 153-197, hier S. 197. Siehe auch Familienarchiv Koselleck (jetzt DLA Marbach), Ordner »Vorträge ungedruckt ab 1976«, Reinhart Koselleck, »Emanzipation und Folgelasten«, Ts., 1988, geschrieben für die Berliner »Tageszeitung«, aber nie veröffentlicht.

149 Reinhart Koselleck, »Krise«, in: *Geschichtliche Grundbegriffe*, Bd. 3, Stuttgart 1982, S. 617-650, hier S. 648; siehe auch ders., »Krise«, in: Joachim Ritter u. a. (Hg.), *Historisches Wörterbuch der Philosophie*, Bd. 4, Basel 1976, S. 1235-1240.

Föderalismus, Bundesstaat«, »Fortschritt«, »Geschichte, Historie«, »Revolution, Rebellion, Aufruhr, Bürgerkrieg« und besonders von »Volk, Nation, Nationalismus, Masse« scheint die Sprache der Sattelzeit noch immer den Erfahrungsgehalt des späten 20. Jahrhunderts zu bestimmen.

Dass es Koselleck bei dem Lexikonprojekt auch um die eigene Gegenwart geht, in die sich die Begriffswelt dieser Übergangszeit erstreckt, gibt seine Einleitung in einer bildlichen Metapher zu erkennen: »Der heuristische Vorgriff führt sozusagen eine ›Sattelzeit‹ ein, in der sich die Herkunft zu unserer Präsenz wandelt. Entsprechende Begriffe tragen ein Janusgesicht: rückwärtsgewandt meinen sie soziale und politische Sachverhalte, die ohne kritische Kommentare nicht mehr verständlich sind, vorwärts und zu uns gewandt haben sie Bedeutungen gewonnen, die zwar erläutert werden können, die aber auch unmittelbar verständlich zu sein scheinen. *Begrifflichkeit und Begreifbarkeit fallen seitdem für uns zusammen.*«[150]

Kosellecks Metapher der Sattelzeit, in der Vergangenheit, Gegenwart und Zukunft aufeinander bezogen sind, könnte also genau so gelesen werden: als eine Beobachterposition hoch zu Ross, von der aus die Begriffe sowohl zurück als auch nach vorn blicken, wie Helge Jordheim vorschlägt.[151] Die Gegenwart sei, wie schon William James 1890 schreibt, »eine Art Zeitsattel von einer gewissen Ausdehnung, in dem wir sitzen und von dem aus wir nach zwei Richtungen in die Zeit blicken«.[152] Die Denkfigur der Sattelzeit, »in der sich die Herkunft zu unserer Präsenz wandelt«, mag Koselleck auch bei Paul Valéry aufgelesen haben, der in Voltaire einen Denker der Aufklärung des 18. Jahrhunderts sieht, der zugleich »sein ganzes Leben daran setzte, alles zu vernichten und in dem Feuer, das er war, zu verbrennen, was von dem großen Jahrhundert geblieben war«. Weiter heißt es bei Valéry in der utopie- und geschichtskriti-

150 Reinhart Koselleck, »Einleitung«, in: *Geschichtliche Grundbegriffe*, Bd. 1, Stuttgart 1972, S. xiii-xxvii, hier S. xv. Meine Hervorhebung, SLH.

151 Helge Jordheim, »Sattel, Schicht, Schwelle, Schleuse. Kosellecks paradoxe Sprachbildlichkeit der pluralen Zeiten«, in: Bettina Brandt, Britta Hochkirchen (Hg.), *Reinhart Koselleck und das Bild*, Bielefeld 2021, S. 217-243, hier S. 228; sowie Daniel Fulda, »Sattelzeit. Karriere und Problematik eines kulturwissenschaftlichen Zentralbegriffs«, in: Elisabeth Décultot, Daniel Fulda (Hg.), *Sattelzeit. Historiographiegeschichtliche Revisionen*, Berlin 2016, S. 1-16.

152 William James, *The Principles of Psychology*, Bd. 1, New York 1890, S. 609. Siehe auch Jordheim, »Sattel, Schicht, Schwelle, Schleuse«, S. 229.

schen Tonlage, die auch bei Koselleck stets durchklingt: »Zwischen der Zeit seiner Jugend und der Zeit, die ihn sterben sah, ist der Gegensatz frappierend. Wäre er nur zehn Jahre später gestorben, so hätte dieser Mann, der noch Ludwig XIV. sah, das Ende der Terreur erlebt, sofern er nicht durch sie, vor dem Thermidor, ums Leben gekommen wäre. Darin mag er an den Gott Janus erinnern, dem die Römer zwei in entgegengesetzte Richtungen blickende Gesichter gaben: den Gott des Anfangs und des Endes. Doch blickt das Antlitz des jungen Voltaire auf die prunkvoll traurige Dämmerung, in deren dunklem Purpur der Sonnenkönig untergeht – erdrückt unter der Last seines Ruhmes und sich der Nacht überlassend –, wie auf eine festliche Sonne, die nicht wiederkehren wird. Und das andere Antlitz dieses Janus, das Antlitz des alten Voltaire, das sich dem Sonnenaufgang zukehrt, sieht, daß eine fremdartige Morgenröte gewaltige Wolken bestrahlt. Tief am Horizont zucken die Blitze … .«[153]

Die Gegenwart ist auch für Koselleck keine in sich abgeschlossene Zeit. In sie ragt Vergangenes, aber auch Zukünftiges hinein, deshalb die Suche nach einer Theorie, die Brüche oder Risse und Wiederholungstrukturen zusammendenkt. Und da Begriffe Teil der Wiederholungsstrukturen sind, zielen seine begriffsgeschichtlichen Arbeiten über die Historisierung des vergangenen sozialen und politischen Sprachgebrauchs hinaus auf eine Analyse der fortwirkenden »Ideologie der Neuzeit«.[154] Begriffsgeschichten sind für ihn analytische Schneisen in die Zeitgeschichte.

Koselleck fragt sich an verschiedenen Stellen, ob seine Verlaufsthesen, aber auch seine Definition eines »Grundbegriffs« im späten 20. Jahrhundert noch auf die politisch-soziale Sprache zutreffe. Luhmanns soziologische Systemtheorie werfe beispielsweise die Frage auf, ob »Staat« noch immer ein Grundbegriff sei. Nach Kosellecks Minimaldefinition sind Grundbegriffe einerseits unverzichtbar, um Politik zu machen, andererseits immer politisch umstritten. Aber: »Es könnte durchaus sein, da der heutige Sprachgebrauch der Politik so schauspielerisch, so behavioristisch geworden

153 Paul Valéry, »Voltaire«, in: *Werke*, hg. v. Jürgen Schmidt-Radefeld, Frankfurt/M. 1989, Bd. 3, S. 105-120, hier S. 108.

154 So der Titel seiner unveröffentlichten Berliner Simmel-Vorlesungen an der Humboldt-Universität aus dem Jahr 1996, in denen Koselleck seine begriffsgeschichtlichen Studien bilanziert.

ist, dass überhaupt keine begrifflichen Klärungen mehr gebraucht werden. Im Gegenteil. Die Vernebelung ist das, was erreicht werden soll. Es könnte jedoch auch sein, dass bestimmte Formen sprachlicher Präzision vermieden werden müssen, um überhaupt Wähler zu mobilisieren. Das, was die Grundbegriffe fassen, könnte nur noch dem Scheine nach gegeben sein.«[155] Koselleck greift zudem neue Begriffe auf, etwa »Ökologie« oder »Globalisierung«, um zu prüfen, ob sie grundsätzlich neue Erfahrungsgehalte erfassen.[156] Das Ergebnis ist jedoch fast immer dasselbe – und im Grunde schon in *Kritik und Krise* vorgezeichnet: Die begriffliche Analyse führt stets zurück zu der These, dass sich die Gegenwart in denjenigen sprachlichen Begriffsgittern bewegt, die in den Jahrzehnten um die Französische Revolution herum erstmals auftreten.

Auch wenn die meisten Artikel im Lexikon *Geschichtliche Grundbegriffe* in der »Sattelzeit« des späten 18. und frühen 19. Jahrhunderts festsitzen, gilt das für Kosellecks eigene begriffsgeschichtlichen Arbeiten nicht und schon gar nicht für seine Historik. So gesehen, sollte das in jüngster Zeit vorgeschlagene Projekt einer Geschichte der Grundbegriffe des 20. Jahrhunderts erweitert werden. Ohne eine geschichtstheoretische Reflexion der Erfahrungsbrüche des »Zeitalters des Totalen« wird es nicht gehen.[157] Zu fragen wird auch sein, ob sich unsere heutige Perspektive, gesehen aus dem Zeitsattel des frühen 21. Jahrhunderts, auf diese Erfahrungsbrüche, zu denen nicht nur Auschwitz und Gulag, sondern auch die Folgen kolonialer und ökologischer Zerstörungsgewalt gehören, grundsätzlich von der Kosellecks unterscheidet.

155 »Zeit, Zeitlichkeit und Geschichte«, S. 32.

156 Siehe dazu unten, Kap. 5.

157 Siehe Christian Geulen, »Plädoyer für eine Geschichte der Grundbegriffe des 20. Jahrhunderts,« in: *Zeithistorische Forschungen* 7 (2010), S. 79-97, sowie insbes. die Diskussionsbeiträge von Alf Lüdtke, Philipp Sarasin und Willibald Steinmetz sowie Geulens »Reply« zum Forum »*Geschichtliche Grundbegriffe* Reloaded? Writing the Conceptual History of the Twentieth Century«, in: *Contributions to the History of Concepts* 7 (2012), S. 78-128; Anson Rabinbach, *Begriffe aus dem Kalten Krieg. Totalitarismus, Antifaschismus, Genozid*, Göttingen 2009; die Beiträge in Steinmetz (Hg.), *Political Languages in the Age of Extremes*, Oxford 2011; Jan-Werner Müller, »On Conceptual History«, in: Darrin M. McMahon, Samuel Moyn (Hg.), *Rethinking Modern European Intellectual History*, Oxford 2014, S. 74-93; sowie das Themenheft *Begriffsgeschichte des 20. Jahrhunderts*, hg. v. Ernst Müller u. a., in: *Archiv für Begriffsgeschichte* 63:1 (2021).

Am 19. April 1993, wenige Tage vor seinem siebzigsten Geburtstag, erhält Reinhart Koselleck überraschend einen Leserbrief von Jürgen Habermas, mit dem er seit den frühen 1960er Jahren nur noch selten Kontakt hatte. Anfang des Monats hatte er sich in der *Frankfurter Allgemeinen Zeitung* mit dem Artikel »Bilderverbot. Welches Totengedenken?« erstmals in die einsetzende Debatte um die Gestaltung der Neuen Wache eingeschaltet. Angesichts der Aufgabe, »das Unvorstellbare zu visualisieren und das Unaussprechbare in Worte zu gießen«, argumentiert er, der sich zu diesem Zeitpunkt bereits seit mehr als zwei Jahrzehnten intensiv mit der Ikonologie des gewaltsamen Todes beschäftigt hat, nicht nur gegen die Pietà von Käthe Kollwitz. Auch die vorgesehene Inschrift »Den Getöteten und Ermordeten« hält er für irreführend. Warum nicht eine Plastik, die Worte und Zahlen überflüssig mache, so Kosellecks Vorschlag. »Sie ist möglich. Es sei auf Lösungen verwiesen, die vom symbolischen Realismus bis zur leiblich eingebundenen Abstraktion reichen, wie sie von Brancusi, Maillol, Lehmbruck, Gropius, Zadkine, Moore, Hrdlicka gefunden wurden.« Ungeachtet der räumlichen Vorgabe von Schinkels Gebäude müsse es »möglich sein, die historische Herausforderung und die ästhetische Antwort zusammenzuführen. Durch das Dekret der Bundesregierung ist diese Lösung nicht in Sicht.« Und mit Bezug auf die Kollwitz-Plastik heißt es: »Sie ist von unserer Geschichte bereits überholt worden. Die Geschichte unserer Toten läßt sich so wenig wie das Gedenken an sie religiös oder national einengen.«[158]

Wenige Tage darauf erhielt Koselleck Post aus Starnberg. Habermas schreibt »spontan«, »bewundernd« und anscheinend auch ein wenig überrascht, denn an keiner Stelle höre er, »was bei diesem Thema sonst ganz unvermeidlich ist, einen falschen Ton«. Hinter Kosellecks Plädoyer, für das Totengedenken an Weltkriege und Völkermord ganz auf religiöse und nationale Sinnzuschreibungen zu verzichten, setzt Habermas dennoch ein Fragezeichen. Bei einer nationalen Gedenkstätte handele es sich um einen politischen Ort. Die von Koselleck vorgeschlagene ästhetische Abstraktion entgehe nicht der Gefahr, »moralische Unterschiede zu nivellieren, die man

158 Reinhart Koselleck, »Bilderverbot. Welches Totengedenken?«, in: *Frankfurter Allgemeine Zeitung*, 8.4.1993. Siehe dazu oben, Kap. 1, S. 98-106.

in der politischen Dimension doch nicht preisgeben möchte«.[159] Bestehe zwischen den Kriegsopfern und den Opfern der Massenvernichtung nicht ein fundamentaler Unterschied, der es verbiete, beider an einem Ort zu gedenken? Ist die vorgesehene Inschrift »Den Getöteten und Ermordeten« insofern nicht wenigstens ein Hinweis auf diese Differenz?

In seiner Antwort begründet Koselleck noch einmal, warum er die vorgeschlagene Inschrift für problematisch hält. Jeder Ermordete gehöre auch zu den Getöteten, von daher ergebe die Formel keinen Sinn. Tatsächlich wird sie später fallengelassen zugunsten von »Den Opfern von Krieg und Gewaltherrschaft«, die Koselleck aber ebenfalls für verfehlt halten wird. Genauer müsse es vermutlich lauten: »Den Gefallenen und den Ermordeten«. Aber selbst diese Formel sei problematisch: »Denn wieviel Gefallene gehören auch zu den Mördern? Und zudem ist auch der Ausdruck ›Ermordete‹ in gewisser Weise nicht angemessen, sofern zu einem Mord immer noch eine individuelle Tat gehört, die von der deutschen Tötungsorganisation in Auschwitz usw. gerade vermieden wurde. Selektiert und dann vergast worden zu sein, ist in gewisserweise ›schlimmer‹ als von einer Person ermordet zu werden, wenn man diesen Unterschied analytisch aufdecken will. Die Möglichkeit von zwei gleichsam offiziellen Denkmälern ist sicher bedenkenswert, verbirgt aber gerade jene fürchterlichen Grauzonen, wo sich beide Bereiche unserer Geschichte überlappen.« Koselleck bleibt bei seinem (letztlich gescheiterten) Vorschlag einer wort- und zahlenlosen Plastik, die die verschiedenen Todesweisen umgreift und gemeinsam an sie erinnert, die also das Sterben selbst und nicht das Wofür und Warum beschwört. Nur jene Denkmäler überdauern seiner Auffassung nach die Zeitläufe, die Tod und Trauer nicht mit politischer Sinnstiftung durch die Überlebenden verstellen. Besonders für die Deutschen verbiete sich ein Opferkult, der dem Massensterben nachträglich einen Sinn abgewinnen will. Die abgrundtiefe Sinnlosigkeit der deutschen Vernichtungsgewalt sei historisch präzedenzlos und verlange deshalb nach neuen Formen des Erinnerns. Das war die Pointe seiner ikonologischen Studien zum politischen Totenkult.

159 Universitätsarchiv Frankfurt, Vorlass Jürgen Habermas: Jürgen Habermas an Reinhart Koselleck, 9.4.1993. Siehe auch Jürgen Habermas, »Der Zeigefinger. Die Deutschen und ihr Denkmal [1999]«, in: ders., *Zeit der Übergänge. Kleine Politische Schriften IX*, Frankfurt/M. 2001, S. 47-62.

Habermas hatte seiner Skepsis gegenüber einem nationalen Totenkult ebenfalls Ausdruck verliehen und mit Adorno von einer »nachmetaphysischen Abschaffung des Opfers«, also des Sich-Opferns, gesprochen, die »ein unverlierbares Erbe der Aufklärung« sei. Koselleck antwortet mit Blick auf die entgrenzte Gewalt des Bürgerkriegs im zerfallenden Jugoslawien skeptisch: »Was Sie am Schluß über die ›Abschaffung des Opfers‹ schreiben, mag ja als Postulat einsichtig sein, scheint mir aber die Wirklichkeit zu verfehlen. Jenseits aller theologischer Überhöhung oder religiösen Institutionalisierung tauchen in der Geschichte aporetische Situationen auf, die so etwas wie ein Opfern fordern. Wie fassungslos wir heute vor den Ereignissen in Bosnien stehen: Wer einmal dort geboren ist, wird schnell in eine Lage geraten können, entweder dahingemetzelt zu werden oder vielleicht doch ein Selbstopfer zu riskieren, um seinesgleichen zu schützen. Meine Kritik richtet sich vor allem gegen den deutschen Sprachgebrauch von ›Opfer‹, der wegen seiner Ambivalenz nur Unklarheiten und Verlogenheiten schürt. Ich bin mir sicher, daß eine sprach- und wortfreie Plastik jede Zweideutigkeit eines Opferbegriffs hinter sich lassen kann. Nur fehlt unserer Bundesregierung bzw. dem Kanzler persönlich der Mut, hier neue Wege zu erschließen, die unserer Geschichte angemessen sind.«[160]

Kosellecks Beschäftigung mit politischen Bildern geht zurück bis in die 1950er Jahre. 1959 schickt ihm der Heidelberger Studienfreund Gert Kalow, der seinerzeit (so wie Hanno Kesting) an der 1945 von Otl Aicher und Inge Scholl gegründeten Hochschule für Gestaltung in Ulm unterrichtet, die bibliografischen Angaben zu Jacques Driencourt, *La propagande: nouvelle force politique* (1950), »die du vielleicht für deine politische Ikonografie gebrauchen könntest«.[161] Kosellecks Interesse an der politischen Ikonografie richtet sich (ähnlich wie bei der Begriffsgeschichte) anfangs darauf, die Erfahrungsgeschichte des 20. Jahrhunderts, insbesondere die Macht

160 Universitätsarchiv Frankfurt, Vorlass Jürgen Habermas: Reinhart Koselleck an Jürgen Habermas, 19.4.1993.

161 Familienarchiv Koselleck (jetzt DLA Marbach), Gert Kalow an Reinhart Koselleck, 19.8.1959. Siehe Christiane Wachsmann, »›Diese Schule ist überdies ein Stück Demokratie‹ – Gert Kalow und die HfG«, in: Petra Keller u. a. (Hg.), *Rückblicke. Die Abteilung Information an der hfg ulm*, Ulm 2015, S. 124-135, sowie Markantonatos, »Reinhart Koselleck – Geschichtsdenken zwischen Bild und Text«, in: Brandt, Hochkirchen (Hg.), *Koselleck und das Bild*.

der Bilder seriell-empirisch, aber auch geschichtstheoretisch »in den Griff zu bekommen«.[162]

Der Anstoß, die Frage nach der »politischen Ikonografie« in ein Buch zur Geschichte des politischen Totenkults in der Moderne (oder zur »Ikonologie des gewaltsamen Todes«) zu verwandeln, kommt aber erst Ende der 1960er Jahre, und zwar von linken Studierenden, die unter anderem fordern, der Sozialgeschichte der Kunst mehr Raum in den Lehrplänen zu geben. Also bietet Koselleck 1971 in Heidelberg gemeinsam mit dem Kunsthistoriker Peter Anselm Riedl, ebenfalls ein Freund aus der Studienzeit, ein Seminar »Politische Ikonologie des Todes« an – von den Holzschnitten der frühneuzeitlichen Bauernkriege bis zu den Film- und Fotoaufnahmen der Ermordung John F. Kennedys. Riedl und Koselleck reisen mit den Studierenden zu den Schlachtfeldern des Deutsch-Französischen Krieges von 1870/71 um Metz und des Ersten Weltkriegs um Verdun, aber auch zur Gedenkstätte des KZ Natzweiler-Struthof im Elsass, alles nur wenige Autostunden von Heidelberg entfernt.[163]

Zu diesem Zeitpunkt gibt es so gut wie keine Forschung zu diesem Thema. Weder vonseiten der Kunstgeschichte noch der Geschichtswissenschaft wird den Mahnmalen Beachtung geschenkt, obgleich es kaum eine Stadt oder Gemeinde in Europa gibt, in der keine Denkmäler an Kriege oder Revolutionen erinnern. Koselleck initiiert ein deutsch-französisches Forschungsprojekt, gemeinsam mit dem Revolutionshistoriker Michel Vovelle, der seinerzeit noch an der Universität der Provence Aix-Marseille unterrichtet, sowie mehrere Kolloquien, unter anderem am neugeschaffenen Zentrum für interdisziplinäre Forschung in Bielefeld, zu denen er auch Kunsthistoriker wie Max Imdahl, Hans Belting oder Josef A. Schmoll-Eisenwerth einlädt.

Die Exkursion 1971 machte nur den Anfang. Von da ab reist Koselleck quer durch Europa, aber auch in den USA und in Israel zu den Denkmälern und Gedenkstätten der Toten von Krieg, Revolution und Völkermord. Auf einer seiner frühen Exkursionen nach Nordfrankreich benutzt er die Regimentsgeschichte des Vaters, um die Schlachtlandschaft des Ersten Weltkriegs abzureisen – nicht nur

162 Familienarchiv Koselleck (jetzt DLA Marbach), Mappe »Johannes Kühn«, Reinhart Koselleck an Johannes Kühn, 15. 11. 1953.

163 Familienarchiv Koselleck (jetzt DLA Marbach), Reinhart Koselleck, unveröffentlichtes Interview mit Carsten Dutt, Ts., o. D. [2003], 8 Bl., hier Bl. 1.

Verdun, sondern auch die Sommeregion und Flandern, wo unmittelbar nach 1918 ein politischer Totenkult entstanden war. In einem späten Interview sagt Koselleck, von der Semantik zur Semiotik sei es nur ein kleiner Schritt gewesen und er sei ohne Absicht auf ein Thema gestoßen, »das im Alter doch den Blick zurück in Trauer« zwangsläufig mit sich bringe.[164] Fast alle europäischen Familien hatten Angehörige oder Freunde in den beiden Weltkriegen verloren. Koselleck fertigt für sich selbst – vermutlich in den 1990er Jahren – eine Liste an, die mit »Meine Toten« überschrieben ist und auf der unter anderem seine Schulfreunde, die beiden Brüder, eine Schwester der Mutter und drei Großtanten des Vaters verzeichnet sind.[165] »Der beschleunigte Tod« ist einer der Arbeitstitel, den er sich für dieses Buch notiert hat; auf anderen Mappen seiner Ikonologie-Sammlung steht schlicht: »Totenbuch«.

Koselleck besucht in den nächsten vier Jahrzehnten zehntausende Kriegerdenkmäler und Grabmale, Friedhöfe und ehemalige Konzentrations- und Vernichtungslager und baut ein privates Bildarchiv des gewaltsamen Todes auf. Anfangs gilt sein Interesse auch dem dynastischen Totenkult des 17. und 18. Jahrhunderts, dem er die »Demokratisierung des Todes« im 19. und 20. Jahrhundert gegenüberstellt. Je mehr sein serielles Sammeln von Darstellungen des gewaltsamen Todes bekannt wird, desto öfter bekommt er Postkarten oder Fotografien mit einschlägigen Motiven aus aller Welt geschickt. Kaum eine private Urlaubsreise mit der Familie vergeht ohne Zwischenstopp bei lokalen Kriegerdenkmälern oder Gedenkstätten, jede Vortragsreise wird um einen Ausflug mit dem Fotoapparat zu den Toten erweitert. Im November 1992 hält Koselleck einen Vortrag an der Johns Hopkins University in Baltimore – wo ich seinerzeit studierte. Am Tag darauf geht es mit Kamera »auf Denkmaljagd« durch die Stadt, von den Kriegerdenkmälern des Bürgerkriegs bis zum Holocaust-Memorial, das 1988, also nur wenige Jahre zuvor, zum fünfzigsten Jahrestag der Pogromnacht eingeweiht wurde. Eine ähnliche Geschichte kann fast jeder erzählen, der Koselleck begegnet ist. Zurück in Bielefeld sortierte er die Bilder zusammen mit seinen Notizen und Skizzen in ein serielles Archiv ein, das immer mehr dem Mnemosyne-Bilderatlas Aby Warburgs

164 Ebd., Bl. 2.

165 Familienarchiv Koselleck, Reinhart Koselleck, »Meine Toten«, handschriftl. Notiz, o. D., 1 Bl.

glich, nur dass es bei Koselleck ausschließlich um Bilder des Todes und des Gedenkens ging.

Das obsessive Fotografieren und Katalogisieren von Denkmälern wird für Koselleck selbst zu einer Form des Umgangs mit dem sinnlosen Massensterben. In seinem Vortrag »Zur politischen Ikonologie des gewaltsamen Todes. Ein deutsch-französischer Vergleich« führt er aus, wie der gewaltsame Tod national unterschiedliche politische Sinnstiftungen erfährt, denn »gewaltsam zu sterben oder zu töten ist begründungspflichtig«.[166] Der politische Totenkult zieht sich für ihn durch alle Zeiten und Kulturen. »Wie ein unverlierbarer Schatten begleitet die politische Ikonologie des gewaltsamen Todes die menschlichen Geschichten.«[167] Koselleck benutzt seine Theorie historischen Wissens, um den besonderen Legitimationsanspruch des gewaltsamen Sterbens in der Moderne aufzuzeigen, so wie umgekehrt seine ikonologischen Studien in die Theoriebildung eingehen. Die von ihm als Bedingungen möglicher Geschichten entwickelten Gegensatzpaare wendet er auch auf das Totengedenken an: »Die Signatur der Totenmale ist international, ihre politische Sinnstiftung jeweils national gebrochen. Es ist das Paradox der politischen Totenkulte, daß ihre Zeichen und Funktionen identisch sind oder analog lesbar, ihre Botschaften dagegen für die jeweiligen Handlungseinheiten Ausschließlichkeit beanspruchen. Teils explizit, immer implizit wird zwischen Innen und Außen, zwischen Oben und Unten unterschieden. Feinde oder Besiegte werden ausgeblendet oder, wenn sie auf einem Monument auftauchen, visuell nach unten oder außen verwiesen. Die strukturellen Gemeinsamkeiten sind größer, als die nationalen Besonderheiten zu erkennen geben können.«[168]

Zugleich insistiert Koselleck hier wie auch in seinen Interventionen im Denkmalstreit der 1990er Jahre um die Neue Wache und das Mahnmal für die ermordeten Juden Europas darauf, dass die Verbrechen der Schoah wie auch das Ausmaß des Massensterbens im Zweiten Weltkrieg sich einer geschichtlichen Sinnstiftung entziehen. Besonders nach der Emeritierung reist er privat mit seiner

166 Reinhart Koselleck, *Zur politischen Ikonologie des gewaltsamen Todes. Ein deutsch-französischer Vergleich*, Basel 1998, S. 6.

167 Ebd.

168 Koselleck, »Einleitung«, in: ders., Michael Jeismann (Hg.), *Der politische Totenkult. Kriegerdenkmäler in der Moderne*, München 1994, S. 9-20, hier S. 10.

Ehefrau Felicitas zu den Gedenkstätten der deutschen Konzentrations- und Vernichtungslager. In den 1990er Jahren besucht er unter anderem die in der ehemaligen DDR gelegenen Gedenkstätten in Sachsenhausen, Ravensbrück, Oranienburg und (erneut) Buchenwald sowie seinerzeit weniger bekannte KZ-Außenstellen, beispielsweise Mittelbau-Dora in Thüringen, wo mehr als 20 000 Menschen infolge der Zwangsarbeit in der Rüstungsindustrie starben, und Langenstein-Zwieberge in der Nähe von Halberstadt. 1993 fotografiert er eine noch zu DDR-Zeiten angebrachte Gedenktafel in Pirna-Sonnenstein, wo seine Tante vergast wurde, sowie das nahgelegene KZ Hohenstein in der Sächsischen Schweiz. Bei einem Besuch der Gedenkstätte des KZ Neuengamme bei Hamburg macht er im Februar 1997 nicht nur Bilder von der Bronzefigur *Le Déporté*, die einen gestürzten, sterbenden Häftling zeigt und 1964 von der französischen Bildhauerin Françoise Salmons gestaltet wurde, einer Auschwitz- und Ravensbrück-Überlebenden, sondern auch von allen Gedenktafeln, einschließlich der neu angebrachten für die homosexuellen Opfer des Nationalsozialismus. Auch in Bergen-Belsen, Flossenbürg, Dachau und anderen ehemaligen Konzentrationslagern fotografiert Koselleck in den 1990er Jahren. An vielen dieser Orte ist er nicht das erste Mal. Ältere Schwarzweißaufnahmen stehen im Fotokasten neben Farbfotografien aus ebendieser Zeit. Und er reist nach 1990 auch wieder nach Polen und besucht die deutschen Vernichtungslager in Treblinka und Majdanek sowie erneut Auschwitz-Birkenau. Alles wird von ihm akribisch dokumentiert; alles findet sich heute in einer Wand aus Fotokästen im Bildarchiv Marburg – das Material für sein Totenbuch.

Erfahren und Erinnern

Auf einer Fotografie von Barbara Klemm aus dieser Zeit ist Koselleck lesend auf seiner Liege im Bielefelder Arbeitszimmer zu sehen (*Abb.* 27). Über ihm hängt die Reproduktion eines Holzschnitts des französischen Kubisten Albert Gleizes. *Retour*, entstanden 1915, im zweiten Jahr des »Grossen Kriegs«, zeigt anthropomorphe, gesichtslose Figuren aus gebrochenen, ineinander verschränkten Perspektiven, die den Eindruck von Bewegung erwecken. Es kann sich also auch um nur eine Figur handeln, die gleichzeitig aus verschiedenen

Blickwinkeln gezeigt wird. Wir sehen die nur angedeutete, fast abstrakte und dadurch deformiert erscheinende Figur in rotierender Bewegung: die »Rückkehr« aus dem Krieg nicht als befreiender Augenblick, sondern als dauernde Wiederholung, kreisläufig und klaustrophobisch (*Abb.* 28).

Wie Gleizes' schemenhafte Gestalten, so haben auch Koselleck die Kriegs- und Lagererfahrungen nie verlassen, wie so viele andere Überlebende der beiden Weltkriege, die deutschen Heimkehrer seiner Generation eingeschlossen.[169] Kosellecks Form des Umgangs mit dieser Vergangenheit ist sein Versuch, die gemachten Erfahrungen in historische Theorie zu übersetzen.[170] In den ersten beiden Jahrzehnten nach dem Krieg bestimmt noch die Geschichtskritik, insbesondere die Freilegung der formalen Zeitstrukturen von Geschichte als politische Gewalt legitimierender Ideologie, den Fragehorizont Kosellecks. Ab Mitte der 1960er Jahre schiebt sich die bereits in der Studienzeit aufgeworfene Frage nach den Bedingungen möglicher Geschichten – erst als erfahrungsgestützte Wissenschaft geschichtlicher Prognosen gegen die Zukunftsutopien, dann als Theorie historischen Wissens – ins Zentrum seiner Überlegungen. Kosellecks Frage, wie sich Geschichte als »Erfahrungswissenschaft« theoretisch neu begreifen lässt, dreht sich von nun an immer sichtbarer auch um seine eigenen »zerklüfteten Erinnerungen« an Krieg und Lager.[171]

Den Anfang macht »Wie rational ist die Historie?«, Kosellecks Versuch, die Traumerfahrungen in Beradts *Das Dritte Reich des Traums* und Cayrols *Lazarus unter uns* zeit- und geschichtstheoretisch zu deuten. Parallel beginnt er in tagebuchartigen Notizen seine eigenen Erfahrungen aus dem Lager in Karaganda festzuhalten, einschließlich der Träume, die ihn zwanzig Jahre nach Kriegsende noch immer verfolgen. Seine fragmentarischen Notizen setzen im

169 Siehe Svenja Goltermann, *Die Gesellschaft der Überlebenden. Deutsche Kriegsheimkehrer und ihre Gewalterfahrungen im Zweiten Weltkrieg*, München 2009.

170 Michael Jeismann, »Wer bleibt, der schreibt. Reinhart Koselleck, das Überleben und die Ethik des Historikers«, in: *Zeitschrift für Ideengeschichte* 3 (2009) S. 69-80; Ute Daniel, »Reinhart Koselleck«, in: Lutz Raphael (Hg.), *Klassiker der Geschichtswissenschaft*, Bd. 2: *Von Fernand Braudel bis Natalie Z. Davis*, München 2006, S. 166-194.

171 Familienarchiv Koselleck (jetzt DLA Marbach), Mappe »Krieg«, Reinhart Koselleck, »Geronnene Lava« [Bielefeld 1993], handschriftl. Ms., 3 Bl., hier Bl. 1.

September 1965 ein. Mit der Verschriftlichung wolle er Abstand gewinnen zu den Träumen aus der Gefangenschaft.[172] Von den Träumen und Bildern aus seinem ersten Kriegsjahr als Achtzehnjähriger im Winter und Frühjahr 1941/42 in der Ukraine ist in diesen ersten Tagebuchnotizen noch nicht die Rede. Fast scheint es, als habe sich das Überleben der Gefangenschaft im Gulag über diese vorangegangenen »Erfahrungsschichten« des Vernichtungskriegs gelegt, die erst in den 1980er und 1990er Jahren zur autobiografischen Reflexion drängen.

Zugleich benutzte Koselleck die Träume aus seiner Zeit im Lager als historisches Material, etwa als empirische Vergleichsfolie für die Überlegungen in »Terror und Traum« zu Jean Cayrol und der Aufhebung geschichtlicher Zeit in den Konzentrationslagern, ohne die von Cayrol geschilderten Träume hier oder auch in späteren Aufzeichnungen mit den eigenen gleichzusetzen.[173] Ein Beispiel für dieses Verfahren ist eine auf den 7. Oktober 1965 datierte Notiz, in der er seine Zeiterfahrungen auf dem Transport in Viehwaggons nach Zentralasien beschreibt:

der weg ins absurde wurde zum ereignis. Der einbruch der zeitlosigkeit konnte nirgends stärker empfunden werden als gerade auf einem gezielten wege, der alle rückwege abschnitt. das klingt paradox, weil ein weg immer ein ziel und damit ein ende auch in der zeitlichen erstreckung haben müsste, aber die zeit ist sosehr an den ort gebunden – geschichtlich –, dass die entfernung aus der heimat und von der heimat weg, auch wenn sie ein ziel hatte, nämlich karaganda, wie sich später herausstellte, die ortlosigkeit herbeiführte, und damit auch den verlust jeder zeit. Dieses geschehen rollte,

172 Familienarchiv Koselleck, Mappe »Krieg«, Tagebuchnotiz, 20.9.1965.

173 Gefragt nach einem Vortrag in Leiden im Mai 1995, ob in »Terror und Traum« auch seine eigenen Lagererfahrungen eingegangen seien, tippt Koselleck privat in seine Schreibmaschine: »für mich stand die erfahrung der russ. lager hinter meinem text. Was KZ für die insassen, mehr noch für die juden war, lässt sich an den russ lagern zT ausmessen. Die absolute vernichtung als dauererwartung ist etwas völlig anderes als die dauerwartung, dass man das lager nicht werde durchhalten können. Die juden hatten eine erfahrung machen müssen, die alle hoffnung blockierte, die das überleben zum unwahrscheinlichen fall des nicht zu erwarteten machte. das war so nicht in den russ. lagern, aber mit einer ausnahme: wer einmal im keller der GPU verschwand, der hatte kaum eine überlebenschance [...].« Familienarchiv Koselleck, Mappe »Krieg«, Tagebuchnotiz, Mai 1995.

mit den umdrehungen der achsen der wagen, die in den ohren ratterten, über die gefangenen hinweg, indem es sie ins unbekannte nach sich zog. Die wendung nach innen, die alle woina plennyis [russisch: Kriegsgefangenen] zu vollziehen gezwungen wurden, verwies sie auf das ohr. Es war nicht nur die wand der waggons, die eine barriere zogen zur aussenwelt, dass man sich auf die interpretation der geräusche verwiesen sah: die rollende zelle wurde zum symbol der vollendeten abgeschlossenheit, gerade weil sie im weiterrollen den fortgang der zeit penetrant in der erinnerung wachhielt. es war unmöglich, sich einzurichten, wie es später, im lager, auf irgendeine weise möglich gemacht wurde: so wie das unwahrscheinliche zum ereignis werden kann. Kurzum, man wurde auf dem transport selbst des geschichtlichen zusammenhanges beraubt, den sich jedermann herstellt, wenn er auch nur ein oder zwei schritte zu laufen vermag, die von seiner freiheit – in den grenzen des möglichen – abhängen. So waren selbst die viehwagen, in denen man transportiert wurde, mehr als nur ein technischer notbehelf: sie waren der modus vivendi, der die überlebenden vom leben abschnitt und im strengen sinne des wortes zu über-lebenden machte. der tod erschien als fata morgana, nach der man lechzte, weil man in das vergangene leben zurück sich sehnte.[174]

Koselleck hat diese und andere Notizen seit 1965 in einer eigenen Mappe mit dem Titel »Krieg« gesammelt und sporadisch um neue Traumfragmente ergänzt, die er als Material für seine geschichtstheoretischen Aufsätze verwendet, auch um die Grenzen zwischen Erfahren und Erinnern zu beschreiben. So gleichen, wie er in seinen »Methodologische[n] Anmerkungen zu Zeiterfahrungen im Dritten Reich« schreibt, Träume »psychischen Innenaufnahmen, im Gegensatz zu den zahlreich überlieferten filmischen und fotografischen Bildern, die das Elend von außen festgehalten haben«.[175] In den Träumen des Terrors, die noch zwanzig Jahre später geträumt werden, sind die Erfahrungen nicht nur zu Bildern geronnen; sie ereignen sich nachts immer wieder neu. Was Koselleck an Beradts *Das Dritte Reich des Traums* heraushebt, entspricht auch seinen eigenen verkörperten Erfahrungen. Ob Beradt dieser implizite Abgleich ganz unterschiedlicher Formen des Terrors durch den ehe-

174 Familienarchiv Koselleck, Mappe »Krieg«, Tagebuchnotizen, 7.10.1965. Koselleck verfasste den Großteil seiner Tagebuchnotizen in durchgängiger Kleinschreibung.

175 Reinhart Koselleck, »Terror und Traum. Methodologische Anmerkungen zu Zeiterfahrungen im Dritten Reich«, in: ders., *Vergangene Zukunft*, S. 278-299, hier S. 294.

maligen Wehrmachtssoldaten Koselleck bewusst war, lässt die Korrespondenz nicht erkennen. Ganz entgangen sein wird es ihr nicht.

Ein anderes Beispiel sind seine Überlegungen zu den »Schleusen«, »Schichten« und »Schwellen« der gemachten Erfahrungen, die er erstmals für einen Vortrag auf der Tagung der Polnischen Akademie der Wissenschaften 1984 verwendet, die den Vergleich der beiden Weltkriege zum Thema hatte und Historiker aus Ost und West zusammenbrachte, darunter auch Überlebende der Schoah wie der seinerzeit in Budapest lehrende Wirtschaftshistoriker Iván Berend. »Erinnerungsschleusen und Erfahrungsschichten«, so der spätere Aufsatztitel, unterscheidet »synchrone Faktoren der Bewusstseinsbildung« durch den Einbruch des Krieges, ausdifferenziert nach Kosellecks anthropologischen Gegensatzpaaren (die erfassen, wie je nach Zugehörigkeit zu politischen Handlungseinheiten oder sozialen Klassen, Geschlechtern oder Generationen der Krieg ganz unterschiedlich erfahren wird, und wie sich diese als Erfahrungen abschichten), von den »diachronen Wirkungen der Kriege auf das Bewußtsein«, also wie Gesellschaften mit den Kriegsfolgen umgehen und sie in »Erinnerung« verwandeln, etwa im politischen Totenkult.

Sein Ausgangspunkt ist aber womöglich ein ganz anderer gewesen. Während der Warschauer Vortrag herausarbeitet, inwiefern die Kriegserfahrungen sich nach sozialen und politischen Vorbedingungen ausdifferenzieren und dadurch radikal verschieden ausfallen, hat ihn zehn Jahre zuvor in den Tagebuchnotizen die Frage bewegt, wie Kriegserfahrungen unabhängig von diesen Differenzierungen eine gemeinsame, nicht hintergehbare »Schwelle« bilden – sowohl geschichtstheoretisch als auch autobiografisch. So schreibt er im September 1973 von

> erfahrungsschwellen, über die keine generation hinwegkommt. Sie sind in das persönliche Leben eingezeichnet, sodass generationseinheiten entstehen, quer durch alle fronten, die sie ehedem profiliert haben. Wie wäre es sonst möglich, dass ich mich zwanzig jahre nach dem krieg im elsass mit einem ehemaligen häftling im konzentrationslager stutthof bei danzig habe unterhalten können, während seine frau bösartig schauend dieses gespräch mit abwehr verfolgte. Die kinder, sagte der elsässer mir, verstünden ihn nicht, zuhause könne er darüber – französisch – nicht sprechen, sie wollten nichts von diesen geschichten wissen. Es ist nicht nur verbrüderung, nein das ist es gar nicht, die mich bei wein mit dem elsässer zusammenführte,

sondern es ist die signatur einer generation, die in den leib geschrieben ist wie kafka in der sträflingskolonie die prozedur beschrieben hat.

Koselleck nennt die engsten Freunde mit ihren auseinanderliegenden Erfahrungen: zuerst Ivan Nagel, dem einzigen unter den Heidelberger Freunden, der als Jugendlicher mit seiner jüdischen Familie untertauchen musste, um zu überleben, aber auch den Schulfreund Alfred Kessler, der ihm in Karaganda das Leben rettete, sowie Hans Robert Jauß, Hanno Kesting und Nicolaus Sombart. Sie alle gehörten für Koselleck zu einer Generation, deren »Erfahrungsschwellen« sie trennten von den um wenige Jahre Jüngeren (Wehler und Habermas) oder den nur wenig Älteren (Conze), ganz zu schweigen von der »Generation der Väter«: Schmitt, Gadamer, Kühn und Löwith. Weiter heißt es in dem Fragment aus der Zeit, in der Koselleck auch an »Terror und Traum« und »Kriegerdenkmale als Identitätsstiftungen der Überlebenden« arbeitet und »Vergangene Zukunft« als Titel seiner Aufsatzsammlung wählt:

erfahrungsschwellen, die sehr eng und präzise umschreibbar sind, lenken die wege der vergangenen zukunft. Dass meine brüder nicht mehr dazugehören, isoliert mich zudem: nicht nur zeitlich engt sich der raum des naiv kommunizierbaren ein, auch die natürlich vorgegebenen bande sind zerrissen, sodass ich als generationsglied in extremer weise geschichtlich zu bestimmen – oder von mir selbst – zu begreifen bin. Diese erfahrungsschwelle, hinter die ich nicht mehr zurückkann, mehr noch, über die hinweg ich auch nicht mehr in eine offene zukunft hineinschreiten kann, ist der krieg, speziell die gefangenschaft, die das ergebnis des krieges war. Sie hat mich verfolgt, jahrzehntelang in den träumen und im unausgesprochenen dialog mit den toten und den lebenden – das macht hier keinen unterschied, und mittlerweile in der reflexion, die ich zu papier bringe. Die erfahrungsschwelle ist unübersteigbar, denn ich weiss nicht, ob sie zu registrieren mir zum weiterleben hilft oder zum abschluss des lebens. […] die erfahrungseinheit einer generation ist von anbeginn vorhanden, sie braucht nicht zu wachsen oder ihre betroffenen zusammenwachsen zu lassen. Sie lautet – hinter diese tür führt kein weg mehr zurück – um es, wohl mit dante, für heute pathetisch zu sagen.[176]

Viele zeigen sich in den 1990er Jahren überrascht, als die ersten autobiografischen Texte Kosellecks erscheinen, die nur wenig mit seinen Arbeiten zur Begriffsgeschichte der »Sattelzeit« des späten

176 Familienarchiv Koselleck, Mappe »Krieg«, Tagebuchnotizen, Sept. 1973.

18. und frühen 19. Jahrhunderts zu tun zu haben scheinen. Eine genaue Lektüre der privaten Aufzeichnungen in Verbindung mit Vorträgen seit den 1960er Jahren zeigt jedoch, dass auch die Texte in *Vergangene Zukunft* als Versuch einer zeit- und geschichtstheoretischen Auseinandersetzung mit der Katastrophengeschichte des 20. Jahrhunderts zu deuten sind.

Kosellecks Überlegungen zu den zeitlichen »Schwellen« oder »Schichten« gemachter Erfahrungen sind dafür ein Beispiel. Sie führen nicht nur zur Metapher der »Zeitschichten«, sondern auch zur zentralen Frage seiner Historik, ob und gegebenenfalls wie sich gemachte Erfahrungen übertragen, also in historisches Wissen verwandeln lassen. Bereits 1970 heißt es in »Wozu noch Historie?«, wo er fordert, die »Geschichte an sich« mit einer Theorie geschichtlicher Zeitstrukturen, also der »unendlich vielen Geschichten im Plural« zu ersetzen, und damit die konservativen Zunftkollegen erzürnte: »Jede eigene Erfahrung verändert die Ausgangslage und damit die Erfahrung selber. Vergangene Erfahrung, die andere gemacht haben, lässt sich nicht unmittelbar übertragen.«[177] In seinem Warschauer Vortrag von 1984, »Einfluss der Kriege auf das gesellschaftliche Bewusstsein«, der auf Długoborskis Beitrag »Krieg, Okkupation und Gesellschaft« folgt, greift Koselleck diesen Gedanken ebenso wieder auf wie in »Erfahrungswandel und Methodenwechsel«, präsentiert 1985 im Arbeitskreis »Theorie der Geschichte«, in dem er zeigt, wie eng gemachte Erfahrungen und historisches Wissen aufeinander bezogen sind.

In seinen privaten Aufzeichnungen setzt er diese Überlegungen fort und bezieht sie wiederum auf die eigenen Kriegserfahrungen und -erinnerungen. 1993 formuliert er handschriftlich auf drei Seiten den Text »Geronnene Lava«, der um die paradoxe Beobachtung kreist, dass einzelne Erinnerungen, als einmal gemachte Erfahrungen, sich nicht abstreifen lassen, sondern als »geronnene Lava« in den Körper eingelassen sind, während andere plötzlich wieder auftauchen oder wieder verschwinden können, so dass nicht entschieden werden kann, was an ihnen wiedergefunden oder nur Erfindung sei. Die »geronnene Lava« dagegen bilde innere »Erfahrungsschichten«, auf die die Außenwelt keinen verändernden

177 Reinhart Koselleck, »Wozu noch Historie?« [1970], in: Wolfgang Hardtwig (Hg.), *Über das Studium der Geschichte*, München 1990, S. 347-365, hier S. 359. Siehe dazu oben, Kap. 1, S. 72-79.

Zugriff hat, weder durch Gegenfrage noch durch Ideologiekritik. »Es ist die leibliche Gegenwart des scheinbar Vergangenen und nur durch den Tod kommt sie zum Ende.«[178]

Als er 1995 zum fünfzigsten Jahrestag des Kriegsendes um einen Vortrag gebeten wird, stützt er sich bei dessen Vorbereitung bis in die Formulierungen hinein auf die Notizen der Mappe »Krieg«, die stets griffbereit im Regal neben seinem Schreibtisch im Arbeitszimmer steht, zusammen mit den wichtigsten Nachschlagewerken, einschließlich der Bibelausgabe, die ihm im Herbst 1946 bei der Heimkehr nach Saarbrücken amerikanische Baptisten mit der neuen Kleidung in die Hand gedrückt hatten.[179] »Vielerlei Abschied vom Krieg« war aber nicht nur Erfahrungsbericht wie der nur einen Tag vorher am gleichen Ort erschienene und ebenso Aufsehen erregende Essay des Konstanzer Mediävisten Arno Borst,[180] sondern auch eine Fortführung seiner geschichtstheoretischen Überlegungen am autobiografischen Material. Und auch diesen Schritt versucht Koselleck am eigenen Beispiel theoretisch zu reflektieren. So schreibt er ein Jahr später dem Literaturwissenschaftler Harald Weinrich: »[...] je mehr ich aus dem persönlichen Gedächtnis in die verschriftlichte Erinnerung überführe, desto mehr reissen alle Fäden zur ehedem primären Erlebnisschicht ab. Mit der schriftlichen Fixierung wird das Vergessen etabliert. Es ist wie beim Denkmal: Zeigen heisst verschweigen. Schreiben heisst auswählen, also den Rest dem Vergessen überantworten.«[181]

Je mehr sich im öffentlichen Diskurs der 1990er Jahre die Rede

178 Koselleck, »Geronnene Lava«, Bl. 1f.

179 Gespräch des Verf. mit Katharina Koselleck, 14.4.2022; Reinhart Koselleck, »Vielerlei Abschied vom Krieg«, in: Brigitte Sauzay u.a. (Hg.), *Vom Vergessen und Gedenken. Erinnerungen und Erwartungen in Europa zum 8. Mai 1945*, Göttingen 1995, S. 19-25, hier S. 25; Reinhard Laube, »Wissen und Memoria. Reinhart Kosellecks Lektüren«, in: Dutt, Laube (Hg.), *Zwischen Sprache und Geschichte*, S. 95-110, hier S. 96. Siehe dazu auch oben, Kap. 1, S. 53-55.

180 Arno Borst, »Befreit von der Pflicht zu töten. Mit den Augen eines Zeitgenossen. Der 8. Mai 1945 als Beginn einer Geschichte menschlichen Zusammenlebens«, in: *Frankfurter Allgemeine Zeitung*, 5.5.1995; Kosellecks »Vielerlei Abschied vom Krieg« erschien zuerst gekürzt unter dem Titel »Glühende Lava, zur Erinnerung geronnen«, in: *Frankfurter Allgemeine Zeitung*, 6.5.1995.

181 DLA Marbach, C: Koselleck, Einlagen 2158 zu Harald Weinrich, *Gibt es eine Kultur des Vergessens?* Basel 1996, Reinhart Koselleck an Harald Weinrich, 4.11.1996.

von »kollektiver Erinnerung«, »Erinnerungsorten« oder »Erinnerungskulturen« durchsetzt, desto schärfer zieht Koselleck die theoretische Differenz zwischen Erfahren und Erinnern. Er sieht im Wunsch nach einer von den, wie er es nannte, »sieben Ps« (Professoren, Politiker, Priester, Pädagogen, Poeten, Publizisten und PR-Spezialisten) gelenkten »kollektiven Erinnerung« nichts andere als eine Rückkehr zur ideologischen Überformung »der Geschichte«, wie er sie in seinen Jugendjahren im »Dritten Reich« erlebt hat, nur unter anderen Vorzeichen.[182] In einem seiner letzten öffentlichen Vorträge, gehalten Ende April 2005 auf einer europäischen Tagung zum Kriegsende 1945 in Genshagen bei Berlin, greift er diese Fragen bis in die Formulierungen hinein noch einmal auf und präzisiert: »Streng und beim Wort genommen kann ich nur erinnern, was ich selbst erfahren, selbst erlebt habe. Nur meine eigene Erfahrung, in den Leib geschrieben, kann ich erinnern. Die eigene Erfahrung läßt sich nicht lehren und nicht erlernen: Sie muß ganz persönlich ›gemacht‹, getätigt oder erlitten werden. Sie läßt sich nicht übertragen.«[183]

Was genau an einmal gemachten Erfahrungen lässt sich nicht übertragen? Und: Wenn sich Zeiterfahrungen nicht übertragen lassen, was ist dann der Status von historischem Wissen? Um diese beiden Fragen drehen sich einige der letzten, autobiografisch gehaltenen Vorträge und Aufsätze Kosellecks, in denen er als Historiker, der sich selbst als Zeitzeuge befragt, den Stellenwert vergangener Wirklichkeit gegenüber »der Geschichte« oder »der kollektiven Erinnerung«, von *res factae* und *res fictae*, zu klären versucht. Im Medium der eigenen Zeiterfahrungen kehrt er also zurück zur Ausgangsfrage von »Wie rational ist die Historie?« und »Terror und Traum«, erweitert um eine aus den autobiografischen Texten und den Studien zur Ikonologie des gewaltsamen Todes gewonnene Dimension: die sinnliche Wahrnehmung.

182 So z. B. Javiér Fernández-Sebastián, Juan Francisco Fuentes, »Conceptual History, Memory, and Identity: An Interview with Reinhart Koselleck«, in: *Contributions to the History of Concepts* 2 (2006), S. 99-127, hier S. 113.

183 Reinhart Koselleck, »Der 8. Mai zwischen Erinnerung und Geschichte«, in: Rudolf von Thadden, Steffen Kaudelka (Hg.), *Erinnerung und Geschichte. 60 Jahre nach dem 8. Mai 1945*, Göttingen 2006, S. 13-24, hier S. 14.

Geschichte als Wahrnehmung

In »Vielerlei Abschied vom Krieg« will Koselleck mit der Metapher der »geronnenen Lavamasse« beschreiben, wie einschneidende Erfahrungen im Leib verglühen und aushärten, sich nicht abwerfen oder ausreden lassen. In Erinnerung überführt, gründen sie auf sinnlicher Präsenz. »Der Geruch, der Geschmack, das Geräusch, das Gefühl und das sichtbare Umfeld, alle Sinne, in Lust oder Schmerz, werden wieder wach und bedürfen keiner Gedächtnisarbeit, um wahr zu sein und zu bleiben.«[184] Als Beispiel für eine solche plötzliche und wieder aufrufbare Erfahrung erzählt er eine Situation aus dem Sommer 1945 in Auschwitz. Als dem polnischen Aufseher und ehemaligen KZ-Häftling das Kartoffelschälen des deutschen Kriegsgefangenen nicht schnell genug ging, habe er einen Wehrmachtsschemel gegriffen, um ihn auf Kosellecks Kopf zu zerschlagen, »aber plötzlich hielt er inne: ›Was soll ich Dir schlaggen Schäddel ein, Ihr habt ja vergasst – Millionen‹ und schmiss den Schemel voller Wucht in die Ecke, so daß ein Bein abbrach.« Koselleck schreibt, »schlagartig« sei ihm klar geworden, dass der Auschwitz-Überlebende die Wahrheit sprach. »Vergast? Millionen? Das konnte nicht erfunden sein.«[185]

Koselleck ist in seinem Leben viermal in Auschwitz gewesen – von Mai bis August 1945 als kriegsgefangener Wehrmachtssoldat, um dort Zwangsarbeit für die sowjetischen Befreier des Lagers zu leisten, die das Stammlager Auschwitz ebenso weiternutzten wie das KZ Buchenwald. 1958 kehrt er als Besucher zurück auf seiner Archivreise durch das kommunistische Polen und findet das Lager menschenleer, aber unverändert mit dem Geruch der Chemiewerke vor, den er aus dem Sommer 1945 erinnert. In einer der Barracken des Stammlagers meint Koselleck noch den Platz gefunden zu haben, wo das Stockbett stand, in dem er damals schlief. Im Dezember 1998 besichtigt er die Gedenkstätte gemeinsam mit Długoborski, der als Kurator an der Umgestaltung der Ausstellung in den Jahren nach dem Ende des Kommunismus beteiligt gewesen war, die aus einer Gedenkstätte des Antifaschismus und polnischen

184 Koselleck, »Vielerlei Abschied vom Krieg«, S. 21.
185 Ebd.

Widerstands auch und vor allem einen Ort des Gedenkens an die überwiegende Mehrzahl der in Auschwitz Ermordeten machte: der europäischen Juden.[186] Kurz darauf ist er erneut dort, diesmal am Rande des Jahrestreffens der Darmstädter Akademie für Sprache und Dichtung. Mittlerweile war Auschwitz zu dem symbolischen Ort mit Besucherströmen aus aller Welt, von deutschen und israelischen Schulklassen geworden, der er noch heute ist.

Auf einer internationalen Konferenz zu Pierre Noras Erinnerungsorten erläutert Koselleck 2003 in Sofia anhand seiner eigenen Erinnerungen an »Auschwitz«, wie irreführend die Idee einer kollektiven Erinnerung sei.[187] Unter den Konferenzteilnehmern befindet sich auch François Hartog, dessen Buch *Régimes d'historicité. Présentisme et expériences du temps*, eine elegante, sich auch auf *Vergangene Zukunft* berufende Kritik am *memory boom* des ausgehenden 20. Jahrhunderts, gerade erschienen ist. Koselleck benutzt die Gelegenheit, um sich selbst und anderen darüber Rechenschaft abzulegen, wie weit entfernt »Auschwitz« als symbolischer Erinnerungsort von den konkret gemachten Primärerfahrungen seiner Generation sei, von seinen eigenen als Wehrmachtssoldat und Kriegsgefangener, aber noch viel mehr denen der Auschwitz-Überlebenden wie Wacław Długoborski oder Ruth Klüger, deren 1992 erschienenes Erinnerungsbuch *Weiter leben. Eine Jugend* sich mit intensiven Lektürespuren in Kosellecks Bibliothek findet und das er gegenüber Eric Hobsbawm in eine Reihe mit den Auschwitz-Erinnerungen Primo Levis stellt.[188] Er erwähnt im Vortrag, dass Długoborski (so wie Klüger) sehr jung nach Auschwitz kam und dort unter dem Schutz des polnischen Widerstands stand, nachdem seine Identität, also seine nichtjüdische Abstammung, geprüft worden war. 1959 seien sie sich zum ersten Mal in Polen begegnet. Als er ihn ein Jahr danach in Heidelberg wiedertraf, habe er Długoborski zunächst

186 Siehe Długoborski, »›Erziehung nach Auschwitz‹ im Jahre 1995« sowie allgemein Jelena Subotić, *Yellow Star, Red Star. Holocaust Remembrance after Communism*, Ithaca 2019.

187 Reinhart Koselleck, »Gibt es ein kollektives Gedächtnis?«, in: *Divinatio* 19 (2004), S. 1-6, hier S. 3. Familienarchiv Koselleck (jetzt DLA Marbach), Mappe »Kolloquium Nora«, Koselleck, [»Gibt es ein kollektives Gedächtnis?«], Ts., 6. 12. 2003, 9 Bl.

188 Familienarchiv Koselleck (jetzt DLA Marbach), Reinhart Koselleck an Eric J. Hobsbawm, 20. 7. 1994.

kaum wiedererkannt: die Haare des Anfang Dreißigjährigen waren auf einmal weiß.[189]

Auschwitz als konkreter Ort, den Koselleck noch 1958 fast unverändert vorfand, ist vierzig Jahre später verschwunden, besitzt mithin keine sinnliche Präsenz mehr. Zwischen seinen eigenen Erinnerungen an das Lager und dem, was er nach dem Krieg über Auschwitz erfährt, klafft ein Abgrund, über den nur historisches Wissen hinweghelfe, nicht aber eine »kollektive Erinnerung«, die alle vergangenen »Primärerfahrungen«, auch widerstrebende, aber sinnlich als wahr verbürgte, einfach in der Gegenwart subsumieren oder überschreiben will. Koselleck verwendet seit den 1980er Jahren fast alle seine zeit- und geschichtstheoretischen Begriffe und Metaphern nur noch im Plural, nicht nur »Zeiten« oder »Zeitschichten«, sondern auch »Erfahrungen« oder »Erinnerungen«, ihre »Schwellen« und »Schleusen«. Wieder geht es darum, »die Geschichte«, die mit neuen Kollektivsingularen unterwegs war, in Geschichten zu zerlegen, um sie analytisch beschreibbar zu machen.

So fühlt sich Koselleck besonders herausgefordert, als sein Bielefelder Nachfolger Jörn Rüsen im Oktober 1994 zum Abschluss der von ihm geleiteten Forschungsgruppe »Historische Sinnbildung« am Zentrum für interdisziplinäre Forschung eine große internationale Konferenz unter den Titel stellt: »Geschichte als Sinnproblem/What Makes Sense in History?«. Die transdisziplinäre Gruppe hatte sich primär für die kulturelle und erzählerische Orientierungsfunktion von »Geschichte« oder »Erinnerung« in der Gegenwart, das heißt dem ausgehenden 20. Jahrhundert, interessiert. Den Eröffnungsvortrag von Paul Ricœur, »Gedächtnis – Vergessen – Geschichte«, kommentiert Saul Friedländer, gemeinsam mit Koselleck der einzige Historiker auf der Tagung (beide gehörten nicht zur Forschungsgruppe).[190] Ricœur nimmt Kosellecks

189 Koselleck, [»Gibt es ein kollektives Gedächtnis?«], Ts., 6. 12. 2003, 9 Bl., hier Bl. 3. Siehe dazu oben in diesem Kap., S. 183-185.

190 Der Aufsatz erschien drei Jahre später, gewidmet Christian Meier: Reinhart Koselleck, »Vom Sinn und Unsinn der Geschichte«, in: *Merkur* 51 (1997), S. 319-334, wiederabgedr. in: ders., *Vom Sinn und Unsinn der Geschichte*, S. 9-31, und parallel dazu im Konferenzband: Klaus E. Müller, Jörn Rüsen (Hg.), *Historische Sinnbildung. Problemstellungen, Zeitkonzepte, Wahrnehmungshorizonte, Darstellungsstrategie*, Reinbek 1997, S. 79-97. Zur Forschungsgruppe »Historische Sinnbildung« siehe ⟨https://www.uni-bielefeld.de/ZiF/FG/1994Sinnbildung/Abschlussbericht.pdf⟩, letzter Zugriff am 12. 11. 2022.

Kategorien »Erfahrungsraum« und »Erwartungshorizont« auf, um an die Kontingenz vergangener Erwartungen, »die Wünsche, Vorhersagen, Befürchtungen und Absichten« zu erinnern. Und er weist hin auf den »Friedhof nicht eingelöster Versprechen«, der die spätere Geschichtsschreibung von den Zeitgenossen trenne, ja trennen müsse, eben weil die Historie auf vergangene Zukünfte zurückblicke, die aber im kollektiven Gedächtnis gespeichert seien. Deshalb gelte es mit Nietzsche, »ein Übermaß an Historie« zu vermeiden, um ein Gedächtnis zu ermöglichen, das anders als die Geschichtsschreibung auch vergeben und vergessen könne, solange es sich nicht um Verbrechen gegen die Menschlichkeit handele. Ricœur, der seinen Vater im Ersten Weltkrieg verloren und den Zweiten Weltkrieg Jaspers und Husserl lesend in deutscher Kriegsgefangenschaft verbracht hatte, formuliert hier als Philosoph einige Kernargumente seiner historischen Epistemologie und Geschichtsethik, die Geschichte als Historie und als kollektives Gedächtnis in ein »therapeutisches« Verhältnis setzen will, um die Zukunft offenzuhalten.[191]

Um diese Zeit herum muss Koselleck die Absicht, eine eigene, in sich geschlossene Theorie historischen Wissens vorzulegen, endgültig aufgegeben haben. »Vom Sinn und Unsinn der Geschichte«, sein Bielefelder Vortrag, den er kurz darauf auch in Konstanz hält, zieht gleichsam die Summe seiner geschichtstheoretischen Überlegungen zu den katastrophischen Zeiterfahrungen des 20. Jahrhunderts, die er zu den Chiffren »Stalingrad« und »Auschwitz«, also Massensterben und Massenmorden im Weltkrieg, verdichtet. So wie »Geschichte, Recht und Gerechtigkeit« mit Verweis auf Auschwitz die Vorstellung, es gebe so etwas wie Gerechtigkeit in der Geschichte, als »absurd« zurückweist, so wird hier anhand der Ereignisse der Schlacht von Stalingrad und der Ermordung der europäischen Juden die abgrundtiefe Sinnlosigkeit »der Geschichte«, ihre Unvernunft vorgeführt – gegen den Versuch der von Rüsen zusammengestellten Forschungsgruppe aus Geschichts- und Erzähltheoretikern, »Auschwitz« nachträglich historischen Sinn abgewinnen zu wollen.

Im Vortrag, nicht aber im später publizierten Aufsatz lässt Koselleck auch erstmals seine eigenen Kriegserfahrungen einfließen, die hier nicht wie in »Geronnene Lava« oder in »Vielerlei Abschied

191 Siehe Paul Ricœur, *Gedächtnis, Geschichte, Vergessen*, München 2004.

vom Krieg« sprachlich stilisiert, sondern abgehackt und atemlos im Landserton eingestreut werden, als wolle er seinen Zuhörer das Chaotisch-Absurde und Widersprüchliche in den zeitgebundenen Wahrnehmungen vorführen: »rußland: gleicher frost gleicher hunger gleiche angst. tausende von füsilierten deserteuren, die auf der habenseite der befreier vom ns-terror nicht zu verbuchen sind – weil sie die analogen frontschweine waren wie die deutschen.«[192] Koselleck springt im Vortrag von »dieser story, deren anfang und deren folgen teil meiner erinnerung ist«, über die Sinnlosigkeit »Stalingrads« und der »gleichzeitig angelaufenen judenvernichtung«, die beide »in einer spezifisch deutschen ns-ideologie der rassischen zoologie der menschen mit erlösungs- und vertilgungsansprüchen« verortet werden, zur Geschichtskritik Nietzsches, um gegen Ende bei Kohl und Mitterrand, Deutschen und Franzosen zu landen – hier sei eine Versöhnung möglich gewesen, weil beide Seiten mit gleichen Waffen gekämpft hätten. Den Abschluss des Vortrags bildet eine Reflexion auf Arendts Kritik des Eichmann-Prozesses und des Versuchs, den Sinn von Auschwitz in der Gründung des Staates Israel zu suchen. Entscheidend ist aber, was sich dazwischen befindet: eine theoretische Bestimmung der Differenz zwischen »der Geschichte« und den Geschichten, also den vergangenen Wirklichkeiten, die seine Historik um die Dimension der »Wahrnehmung« erweitert.

Die »Geschichten« (nicht »die Geschichte«) ereignen sich, so Koselleck, »immer nur im Medium der Wahrnehmung der Beteiligten. Die Vorstellungen der Handelnden von dem, was sie zu tun, und von dem, was sie zu lassen haben, sind die Elemente, aus denen sich, perspektivisch gebrochen, die Geschichten zusammenfügen. Vorstellungen, Willensbildungen, Wünsche, sprachlich und vorsprachlich generiert, das Fürwahrnehmen und das Führwahrhalten gehen allesamt in die Situation ein, aus der sich Ereignisse herauskristallisieren. Was von den verschiedenen Agenten an einer Geschichte, so wie sie entsteht, für wirklich gehalten und so *in actu* vollzogen wird, konstituiert pluralistisch die kommende Geschichte.«[193] Koselleck verallgemeinert hier seine eigene Erfahrung

192 DLA Marbach, A: Koselleck, Konvolut »Materialien zum Aufsatz ›Vom Sinn und Unsinn der Geschichte‹«, Koselleck, »Vom Sinn und Unsinn der Geschichte«, Ts. mit handschriftl. Ergänzungen, Bielefeld 1994, 6 Bl., hier Bl. 1.

193 Koselleck, »Vom Sinn und Unsinn der Geschichte«, S. 16 f.

und die anderer Kriegsteilnehmer seiner Generation, die »Stalingrad« und »Auschwitz« im Moment des Geschehens nicht als das wahrnahmen beziehungsweise wahrnehmen wollten oder konnten, wofür beide als Chiffren später stehen. »Während sich Ereignisse zusammenbrauen oder Geschehnisse sich schürzen, Konflikte sich aufstauen, die dann durchbrechen, gibt es keine gemeinsame Wirklichkeit, die von den verschiedenen Beteiligten auf dieselbe Art wahrgenommen werden könnte. Die Wahrnehmungsgeschichte ist immer pluralistisch gebrochen. So vollzieht sich ›Geschichte‹, indem Geschehnisse sich aufstufen zu dem, was später eine Geschichte genannt werden mag. Man kann sogar so weit gehen zu sagen, daß die Wirklichkeiten, wie sie wahrgenommen werden, im Hinblick auf das, was tatsächlich der Fall sein wird, immer schon verfehlte oder gar falsche Wirklichkeiten sind. Jene Wirklichkeiten, die man wahrnimmt, sind wegen ihrer perspektivischen Verkürzung nie so einlösbar, wie sie wahrgenommen wurden. Es handelt sich also, indem es zweitens anders kommt, als man erstens denkt (um Wilhelm Busch zu vereinfachen), immer schon um verfehlte Wirklichkeiten. Die Realität der Geschehnisse besteht *in actu* aus verfehlten Wirklichkeiten.«[194] Die Geschichte, so Koselleck weiter, gehe aber nicht einfach in der Vielfalt ihrer Wahrnehmungen auf, etwa so wie in den Romanen Faulkners und Tolstois oder, geschichtstheoretisch gewendet, in den Diskurs- und Erzähltheorien des späten 20. Jahrhunderts, etwa bei Hayden White. »Hinter oder vor oder zwischen den Wahrnehmungsebenen der Teilnehmer konstituiert sich das, was erst später, also *ex post* als die eigentliche oder die wahre oder die wirkliche Geschichte definiert wird.«[195]

Für die Geschichtsschreibung liegt die Herausforderung genau darin, auch hier kommt Koselleck auf »Wie rational ist die Geschichte?« zurück, nicht einfach nur »dem Zeitverlauf als kausale Erklärung« zu vertrauen, also dem *post hoc ergo propter hoc*, sondern zu bestimmen, was sich aus und in der Pluralität an perspektivisch gebrochenen, wechselseitigen Wahrnehmungen historisch ereignet habe. »Was sich in Wahrheit abgespielt hat, kann erst gesagt werden, wenn alle Parteien, einschließlich der Toten, die zum Schweigen verurteilt sind, in ihrer Wechselseitigkeit zur Sprache kommen.

194 Ebd., S. 17.
195 Ebd., S. 18.

Die juristische Regel *audiatur et altera pars* bleibt für jeden Historiker bis heute in Kraft. [...] Die wirkliche Geschichte ist also immer zugleich mehr und weniger, als in der Summe der in sie eingegangenen Irrtümer, Wahrnehmungen oder Bewußtseinseinstellungen enthalten ist.«[196] Die Geschichte in ihrem Vollzug ist absurd, aporetisch, unlösbar, unsinnig und widersinnig, wie Koselleck zusammenfasst – vernünftig ist höchstens der Versuch, sie analytisch auf einen Begriff zu bringen oder sie durch Erzählung in Anschauung zu überführen. »Wir bedürfen sogar der Erzählung, um das Aporetische zu veranschaulichen, um es überhaupt einsichtig machen zu können, auch wenn es nicht rational verständlich oder begreiflich gemacht werden kann.«[197] Die Geschichte enthält also nicht die eine Wahrheit, und sie ist auch nicht das Weltgericht. Aber die Historie kann und soll, so Kosellecks Plädoyer, methodisch und theoretisch reflektiert diese vergangenen, sinnlich verbürgten, sich verfehlenden Wahrnehmungen und Wahrheiten zum Gegenstand der Analyse machen, um die »Vielsinnigkeit« der Geschichte auszumessen.[198]

»Vom Sinn und Unsinn der Geschichte« ist Dieter Groh gewidmet, dem Heidelberger Studienfreund, und erscheint 1997. In dieser Zeit, dem akademischen Jahr 1996/97, hat Koselleck eine Forschungsprofessur am Warburg-Haus in Hamburg inne und entscheidet, aus seinen Studien zum politischen Totenkult das Thema »Reiterdenkmale« herauszuschneiden und hierzu ein eigenes Buch zu schreiben, für das er neue Kapitel in Vorträgen ausprobiert und in Aufsatzform bringt. Zudem sichtet er den Steinbruch seiner Vorträge und Aufsätze aus vier Jahrzehnten mit dem Ziel, diese zu Aufsatzbänden zu gruppieren. Ein Band soll seine zeit- und ge-

196 Ebd., S. 19.

197 Ebd., S. 16.

198 Ebd., S. 28. Auf die Frage, ob geschichtliche Wahrheit nicht einfach nur eine Fiktion sei, antwortete Koselleck um diese Zeit: »Doch, es gibt eine historische Wahrheit. Ich würde nie so weit gehen, die Historie in bloße Schriftstellerei umzudefinieren. Es gibt immer ein Element der Kontrolle. Ereignisse und Strukturen sind mittels methodisch gesicherter Testverfahren überprüfbar. Ob es aber nur die eine Wahrheit gibt – wie noch Ranke annahm – oder ob es viele Wahrheiten über dasselbe Ereignis geben kann, ist eine andere Frage. Wahrheit ist nur zu haben, wenn ich sie perspektivisch gebrochen wahrnehme; sie hat notwendig immer einen subjektiven Anteil.« Hasso Spode, »Ist Geschichte eine Fiktion? Gespräch mit Reinhart Koselleck«, in: *NZZ Folio* (1995), Nr. 3, S. 60.

schichtstheoretischen Studien enthalten, ein zweiter die begriffsgeschichtlichen Arbeiten. Im dritten Band sollen seine Texte zur Geschichte der Geschichtsschreibung versammelt werden, darunter »Vom Sinn und Unsinn der Geschichte« und »Wozu noch Historie?«, zusammen mit historiographischen Studien zu Chladenius und Goethe, Karl Löwith und Hayden White sowie Texten zur historischen Methode, etwa zu Träumen als historischen Quellen. Er soll die Summe seiner Überlegungen zu den Erklärungsansprüchen der Historie als Wissenschaft abbilden. Der von Koselleck vorgesehene Titel für diesen Band lautet: »Geschichte als Wahrnehmung«.[199]

199 Familienarchiv Koselleck (jetzt DLA Marbach), Mappe ohne Namen mit geplanter Inhaltsübersicht der Bände »Zeitschichten«, »Begriffsgesch[ichten]« und »G[eschichte] als Wahrnehmung«, [1994]. So auch Kosellecks Ankündigung im Vorwort von *Zeitschichten*, S. 7. In einem Brief an seinen Lektor beim Suhrkamp Verlag nennt er diesen letzten Band »Geschichte-wahrgenommen«. DLA Marbach, A: Koselleck, Konvolut »Materialien zum Sammelband ›Zeitschichten‹«, Reinhart Koselleck an Wolfgang Kaußen, o. D. [1998]; siehe auch Familienarchiv Koselleck (jetzt DLA Marbach), Mappe »Zeit + Geschichte« (1987). Dort fügt Koselleck auf einem Zettel hinzu: »Geschichte als Wahrnehmung/nicht als Wahrheit.«

4.
Begriffe am Ende der Geschichte oder: Ist die ganze Welt ein Text?

Posthistoire

In den Schwellenjahren um 1989/1990, der letzten Zeitenwende, als die Welt aus der Kälte kam und der Westen mit dem Abschied vom Jahrhundert der Utopien auch das Ende der Geschichte feierte, da schien der Moment für eine umfassende Rezeption von Reinhart Kosellecks Werk in der englischsprachigen Welt gekommen zu sein. 1986 hat Koselleck als Gastprofessor an der New School for Social Research in New York gelehrt. Zwei Jahre später erscheint, mit einer Verspätung von fast dreißig Jahren, die englische Übersetzung von *Kritik und Krise*, sein eigener Abschied von den Geschichtsutopien. Kosellecks Aufsätze zur Semantik geschichtlicher Zeiten, der Band *Vergangene Zukunft*, war bereits 1985 auf Englisch herausgekommen. *Futures Past* wurde von Hayden White und David Carr prominent besprochen und begründete Kosellecks Ruf »as one of Germany's most distinguished philosophers of history«.[1] Im Dezember 1992 findet ein Symposium am Deutschen Historischen Institut in Washington, D.C. statt, um das Erscheinen des letzten Bandes der *Geschichtlichen Grundbegriffe* zu würdigen. Dort kommt es endlich zu einem lange geplanten Treffen Kosellecks mit John Pocock, der neben Quentin Skinner als Kopf der Cambridge School der Geschichte politischer Ideen gilt, die auf den ersten Blick einen mit der Begriffsgeschichte verwandten methodischen Ansatz vertritt. Zudem sieht es auf einmal so aus, als ob viele der von Koselleck über die Jahre verfolgten Themen, von der historischen Semantik bis zur Ikonologie des gewaltsamen Todes, Mitte der 1980er Jahre als Folge des sogenannten *linguistic turn* und des darauffolgenden *cultural turn* in den Sozial- und Geisteswissenschaften den akademischen Mainstream erreicht hätten. Am Ausgang des 20. Jahrhunderts rückt schließlich auch die Koselleck seit den späten 1960er

1 Hayden White, [Rezension zu *Futures Past*,] in: *American Historical Review* 95 (1987), S. 1175-1176, hier S. 1175; David Carr, [Rezension zu *Futures Past*,] in: *History and Theory* 26 (1987), S. 197-204.

Jahren umtreibende Frage, wie der Erfahrungsgeschichte der beiden Weltkriege und der Lager gedacht werden sollte, auf beiden Seiten des Atlantiks ins Zentrum öffentlicher Debatten.

Zudem wird Koselleck im Sommer 1988 in Bielefeld emeritiert und damit, wie Gadamer ironisch bemerkt, »den Amerikanern zum Geschenk gemacht«.[2] Gadamer spielt mit der Umkehrung der Formel aus der Zeit von Marshall-Plan und deutschem Wiederaufbau darauf an, dass Koselleck nun so wie er regelmäßig im Herbst an amerikanischen Universitäten unterrichten könnte. Die von Koselleck beklagte Bielefelder »Zwangsvergreisung« mit 65 Jahren macht das möglich. Zehn Jahre zuvor, als Wilhelm Hennis ihm eine Gastprofessur an der New School in New York vermitteln wollte, hatte Koselleck mit Verweis auf die fünf Kinder im Alter zwischen 2 und 17 Jahren noch abgewinkt.[3] Im Herbst 1988 aber folgt er der Einladung von Michael Geyer und John Boyer, jedes Jahr für ein Quarter, also drei Monate, am History Department der University of Chicago zu unterrichten.[4] Geplant ist, dass Koselleck zunächst für drei Jahre den Herbst in Hyde Park verbringen und zwei Lehrveranstaltungen anbieten soll, auch um den wenige Jahre zuvor in Chicago ausgeschiedenen Ideenhistoriker Leonard Krieger zu ersetzen.[5] François Furet, mit dem Koselleck Ende der 1960er Jahre ein Buch geschrieben hatte und freundschaftlich verbunden blieb, unterrichtet bereits seit 1980 jeden Herbst in Chicago. 1985 erhält Furet eine auf fünf Jahre begrenzte Professur (am History Department, dem Committee on Social Thought und am College); ab

2 Familienarchiv Koselleck (jetzt DLA Marbach), Hans-Georg Gadamer an Reinhart Koselleck, 28.6.1988.

3 Universitätsarchiv Freiburg, NL Wilhelm Hennis, C10/82, Wilhelm Hennis an Reinhart Koselleck, 11.10.1977, Koselleck an Hennis, 22.3.1978.

4 Familienarchiv Koselleck (jetzt DLA Marbach), Michael Geyer, John Boyer an Reinhart Koselleck, 10.10.1986, 19.5.1988; Koselleck an Geyer, 27.6.1988.

5 Krieger wurde vor allem bekannt durch seine Studie *The German Idea of Freedom. History of a Political Tradition*, Boston 1957, das methodisch im Stil des Historismus Friedrich Meineckes die illiberalen Tendenzen in der deutschen Ideengeschichte des 18. und 19. Jahrhunderts herausstellt. Koselleck hielt von Kriegers methodischem Ansatz einer *history of ideas* nicht viel, wie aus seinem ablehnenden Gutachten (20.10.1981) zu dessen Manuskript »Hegel and History« für die Zeitschrift *Geschichte und Gesellschaft* hervorgeht. DLA Marbach, A: Koselleck, Konvolut »Materialien und Notizen zum Seminar ›Zu Hegels Philosophie der Geschichte WS 1982/83‹«.

1990 wechselt er dann komplett an das renommierte Committee on Social Thought, an dem auch Hannah Arendt gelehrt hatte – ein Arrangement, das Koselleck gerne auch für sich in Anspruch genommen hätte.[6]

Zum Jahresende 1988 erhält Hennis eine begeisterte Postkarte (mit der Abbildung eines Gemäldes von Georges Seurat) vom Bielefelder Emeritus aus Chicago, »wo ich im letzten Term geldverdienender Weise unterrichtet habe: kluge Studenten, sehr arbeitsam und diskussionsfreudig«.[7] Insgesamt bietet Koselleck sechs Kurse in drei *fall quarters* an: »War and its Representations«, »German Intellectual History, 18th/19th Century«, »Studies in Historiography«, »Nietzsche and Dilthey«, »1848 Revolution – France/Germany« (gemeinsam mit Furet) sowie zuletzt im Herbst 1990 ein Seminar zu »Carl Schmitt and the Breakdown of the Weimar Republic« (zusammen mit dem Politikwissenschaftler Stephen Holmes). Aus diesem Seminar geht eine der wenigen von Koselleck angeregten Dissertationen in Chicago hervor, John McCormicks erstes Buch, eine Kritik von Schmitts Liberalismuskritik.[8]

Spuren hinterlassen Kosellecks Gastaufenthalte in Chicago aber kaum, nicht nur gemessen am enormen Einfluss, den Furet dort entfaltet hat. Alf Lüdtke, der für zwei Jahre ebenfalls in Chicago unterrichtet, und andere deutsche Alltagshistoriker wie Detlev Peukert regen in dieser Zeit eine neue Generation amerikanischer Sozial- und Kulturhistoriker an, methodisch neue Wege zu gehen,

6 Korrespondenz des Verf. mit Michael Geyer, 28.2.2014.

7 Universitätsarchiv Freiburg, NL Wilhelm Hennis, C10/111, Reinhart Koselleck an Wilhelm Hennis, 28.12.1988.

8 Auskunft des Special Collections Research Center, University of Chicago, 17.2.2015; DLA Marbach, A: Koselleck, Konvolut »Unterlagen zum Seminar ›Carl Schmitt and the Breakdown of the Weimar Republic‹«. Zur Kurslektüre gehörten Schmitts Schriften aus der Zeit der Weimarer Republik: *Politische Romantik* (1919), *Politische Theologie* (1922), *Die geistesgeschichtliche Lage des heutigen Parlamentarismus* (1923), *Römischer Katholizismus und politische Form* (1923) und *Der Begriff des Politischen* (1932) sowie *Der Leviathan in der Staatslehre des Thomas Hobbes* (1938). Korrespondenz des Verf. mit John McCormick, 15.2.2015, und mit Michael Geyer, 28.2.2014. Zwei weitere von Koselleck in Chicago angeregte Dissertationen sind später in Buchform erschienen: Matthew Levinger, *Enlightened Nationalism. The Transformation of Prussian Political Culture, 1806-1848*, Oxford 2000; Susan Crane, *Collecting and Historical Consciousness in Early Nineteenth-Century Germany*, Ithaca 2000.

nicht nur in Chicago.[9] An der Westküste begeistert Michel Foucault Anfang der 1980er Jahre Studierende in Berkeley mit Vorlesungen über »Wahrheit, Diskurse und das Selbst« und erkundet mit ihnen die queere Subkultur San Franciscos. Jacques Derrida folgt 1986 einem Ruf in das südkalifornische Irvine und erlebt, wie der französische Poststrukturalismus verspätet die amerikanischen Universitäten erobert. Der nur um wenige Jahre ältere Koselleck wirkt dagegen in Chicago wie ein Fossil aus der versinkenden Welt des Kalten Krieges und bis in die Umgangsformen hinein als letzter Repräsentant der deutschen Ordinarienuniversität, der es unter anderem gewohnt ist, sich auf die Zuarbeit von Mitarbeitern zu verlassen beziehungsweise, da es die an nordamerikanischen Universitäten nicht gibt, auf die von Kollegen am Department.[10] Das allein erklärt aber nicht, warum nach nur drei Jahren Kosellecks Position in Chicago nicht verlängert wird. Im Herbst 1991 folgt eine erneute Einladung an die New School (im Department of Philosophy) und im Jahr darauf als Max Kade Visiting Professor an die Columbia University (auf Einladung des Germanisten Andreas Huyssen). Das war aber das letzte Mal, dass Koselleck in Amerika unterrichtete.[11]

Was immer die konkreten Umstände waren, die gegen eine Verlängerung der Gastprofessur in Chicago sprachen, interessanter ist die Frage, warum Koselleck – anders etwa als Jürgen Habermas –

9 Siehe etwa Paul Steege u. a. »The History of Everyday Life: A Second Chapter«, in: *Journal of Modern History* 80 (2008), S. 358-378.

10 Reinhart Koselleck an Michael Geyer, 31. 5. 1989. Privatbesitz Michael Geyer. So wurden die Seminararbeiten oft von Geyer gelesen und korrigiert. Korrespondenz des Verf. mit David Bates, 3. 4. 2015.

11 DLA Marbach, A: Koselleck, Richard J. Bernstein an Reinhart Koselleck, 18. 12. 1990. Koselleck bot zwei Kurse an der New School an: »Theory of History from Ancient to Modern Times« und »On Husserl's *Crisis* and the Concept of Modern History«. DLA Marbach, A: Koselleck, Konvolut »Dokumente und Korrespondenzen zu Aufenthalten in New York«, Andreas Huyssen an Reinhart Koselleck, 4. 7. 1992. An der Columbia University unterrichtete Koselleck erneut »Theory of History« (am History Department) und »Utopia in Literature and Social Thought« (gemeinsam am German Department und am Comparative Literature Department). Er lehrte auch mehrfach in Frankreich. Furet, der sich für Koselleck am Committee for Social Thought in Chicago einsetzte, hatte ihn im März 1979 und 1980 als directeur associé an die École des hautes études en sciences sociales/EHESS Paris eingeladen. Seine erste Gastprofessur im Ausland führte Koselleck in September/Oktober 1978 an die Universität Tokio. DLA Marbach, A: Koselleck, Konvolut »Lebensläufe und Schriftenverzeichnisse 1993-2002«.

im späten 20. Jahrhundert in der englischsprachigen Welt nur am Rande rezipiert wurde. Im Rückblick erstaunt, dass, ungeachtet der Begegnungen auf Konferenzen oder in Seminaren und mit seinen nun übersetzt vorliegenden frühen Schriften, sein Versuch, über die Begriffsgeschichte hinaus eine Theorie möglicher Geschichten zu entwerfen, in der englischsprachigen Welt seltsam ins Leere lief. Zu erklären ist nicht nur die verhaltene Rezeption, sondern auch das Faktum, dass sich Kosellecks Fragen kaum auf die an nordamerikanischen und britischen Universtäten geführten methodischen Debatten des späten 20. Jahrhunderts übertragen ließen und warum umgekehrt Koselleck ungeachtet des Austauschs etwa mit Hayden White oder John Pocock diesen Methodendebatten nicht viel abgewinnen konnte.

Den Gründen für diese sich wechselseitig verfehlende Wahrnehmung im letzten *Fin de siècle* will ich in diesem Kapitel nachgehen. Zunächst frage ich, warum *Kritik und Krise* in der englischsprachigen Welt kaum gelesen wurde, wohingegen ein anderer Klassiker aus der Ideenwelt des deutschen Nachkriegs, Jürgen Habermas' *Strukturwandel der Öffentlichkeit*, um 1990 eine intensive Debatte auslöste. Die politischen Attacken von Habermas, aber auch des Bielefelder Kollegen Hans-Ulrich Wehler, methodisch-theoretisch drapiert, beeinflussen zudem die Sicht auf Koselleck in Amerika. Auf Unverständnis trifft er auch damit, dass er darauf besteht, die Begriffsgeschichte sei mehr als nur eine historische Methode, und sich gleichzeitig dagegen wehrt, vergangene Wirklichkeit in Erzählungen oder Diskursen aufgehen zu lassen, so als gäbe es nichts außerhalb des Textes. Genau die Spannung zwischen Sprache und Geschichte steht schon seit den späten 1960er Jahren im Zentrum seiner Historik, etwa in »Wie rational ist die Geschichte?« und »Terror und Traum«. In Chicago treibt er diese Überlegungen mit weiteren Vorträgen und Aufsätzen voran, gerade auch in Abgrenzung etwa zur erzähltheoretischen »Metageschichte« Hayden Whites, der Diskursgeschichte der französischen Poststrukturalisten oder der politischen Ideengeschichte der Cambridge School, also denjenigen unterschiedlichen methodischen Ansätzen, die damals *en vogue* sind. Koselleck sitzt in den 1980er und 1990er Jahren zwischen allen Stühlen: den Theoretikern ist er mit seinem Festhalten an »vergangenen Wirklichkeiten« und dem »Vetorecht der Quellen« zu historisch, den Historikern mit seiner »Fiktion des Faktischen« und der

»zukunftslosen Zukunft« zu theoretisch, von wenigen Ausnahmen, etwa Saul Friedländer, abgesehen. Warum sich das in jüngster Zeit grundlegend gewandelt hat, ist eine der Fragen, die ich in diesem Kapitel aufwerfen und im nächsten beantworten werde. Nach dem Ende des »Posthistoire«[12] ist Koselleck auf einmal weltweit und Disziplinen übergreifend der meistzitierte deutsche Historiker des vergangenen Jahrhunderts. Auf seine Theorie der historischen Zeiten bezieht sich, wer auch immer überlagernde Zeiten oder unterschiedliche »Regime der Historizität« in unserer »breiten Gegenwart« zu beschreiben sucht.[13] Auch so unterschiedliche Autoren wie Giorgio Agamben, Timothy Mitchell oder Dipesh Chakrabarty, die Koselleck in den 1990er Jahren nicht rezipiert haben, entdecken jetzt seine frühen Schriften.[14] Von einer regelrechten »Apotheose« Kosellecks im Zuge des *temporal turn* ist gar die Rede.[15] Was also

12 Lutz Niethammer, *Posthistoire. Ist die Geschichte zu Ende?*, Reinbek 1989. Koselleck konnte mit dem Ausdruck nichts anfangen. An Christian Meier schreibt er am 6.10.1983: »Außerdem möchte ich noch einen Beitrag zum ›Posthistoire‹ formulieren, da mir dieser Ausdruck absolut unsinnig erscheint.« (DLA Marbach, A: Koselleck) Fünf Jahre später hat sich seine Meinung nicht grundsätzlich geändert, aber er gesteht im Interview zumindest zu, »daß, weil so ein Schlagwort auftaucht, offenbar ein Mißbehagen besteht über bestimmtes Reden von Geschichte, was ich ja teile. Ich muß einräumen, daß die Kritik an der Geschichte, die jetzt so überall aufbricht, sicher nicht nur eine Kritik an der bestehenden Geschichtsschreibung ist, sondern offenbar auch mit Erfahrungswandel zu tun hat.« DLA Marbach, A: Koselleck, Edoardo Tortarolo, Interview mit Reinhart Koselleck [1988], Ts., 17 Bl., hier Bl. 6.

13 François Hartog, *Regimes of Historicity. Presentism and Experiences of Time*, New York 2015 [franz. Orig. 2003]; Hans Ulrich Gumbrecht, *Unsere breite Gegenwart*, Berlin 2010; Aleida Assmann, *Ist die Zeit aus den Fugen? Aufstieg und Fall des Zeitregimes der Moderne*, München 2013.

14 Giorgio Agamben, *Stasis. Der Bürgerkrieg als politisches Paradigma*, Frankfurt/M. 2016, S. 65, 84f.; Timothy Mitchell, »Economentality. How the Future Entered Government«, in: *Critical Inquiry* 40 (2014), S. 479-507, hier S. 484f.; Dipesh Chakrabarty, *Das Klima der Geschichte im planetarischen Zeitalter*, Berlin 2022, S. 279-281.

15 Dan Edelstein u.a., »Chronocenosis: An Introduction to Power and Time«, in: dies. (Hg.), *Power and Time. Temporalities in Conflict and the Making of History*, Chicago, 2020, S. 1-52, hier S. 10. Ganz ähnlich schreibt Christopher Clark in *Time and Power. Visions of History in German Politics, from the Thirty Years' War to the Third Reich*, Princeton 2019, S. 8: »It would be difficult to overstate the influence of Koselleck's work on the historical study of temporality.«

macht seine Begriffs- und Zeitgeschichten so unzeitgemäß im späten 20. Jahrhundert und so anschlussfähig in der heutigen Zeit?

Zeitkapseln aus dem deutschen Nachkrieg

»Theory« besitzt seit den 1930er Jahren und der deutsch-jüdischen Emigration in den amerikanischen Sozial- und Geisteswissenschaften einen unverwechselbar deutschen Akzent. Um 1968 gilt »Theorie« nahezu gleichbedeutend mit »kritischer Theorie« der Frankfurter Schule, besonders in ihrer linken Variante von Walter Benjamin bis Herbert Marcuse, dem Übervater der Studentenrevolte von Berkeley bis Westberlin – für Angela Davis ebenso wie für Rudi Dutschke. Die bundesrepublikanische Nachkriegsgeneration steht lange im Schatten der überragenden Bedeutung dieser ersten Exilgeneration der Frankfurter Schule, von denen einige wie etwa Marcuse oder Leo Löwenthal bis in die 1960er Jahre hinein an amerikanischen Universitäten lehren. Dieser Schatten fällt nicht nur auf Theoretiker wie Hans Blumenberg und Niklas Luhmann, sondern auch auf diejenigen, die sich in der Tradition der Frankfurter Schule verorten. Jürgen Habermas' Schriften aus den 1970er und 1980er Jahren erscheinen zwar nur um wenige Jahre verzögert auf Englisch, seine 1962 publizierte Habilitationsschrift *Strukturwandel der Öffentlichkeit* kommt aber erst 1989 in englischer Übersetzung in der von Thomas McCarthy gegründeten Buchreihe *Studies in Contemporary German Social Thought* bei MIT Press heraus, also mit einer Verspätung von einem Vierteljahrhundert, was die Rezeption entscheidend beeinflusst hat. Dazu hat auch das neue Vorwort von Habermas beigetragen, das die Kulturkritik in *Strukturwandel der Öffentlichkeit* normativ auffängt und die Unterschiede zu *Theorie des kommunikativen Handelns* verwischt. Zudem: Als das Buch auf Englisch herauskommt, gilt Habermas bereits weltweit als der deutsche Meisterdenker einer liberalen Moderne, der er 1962 noch nicht war.

Die Reihe bei MIT Press wird zu einem der wichtigsten Transmissionsriemen des transatlantischen Theorietransfers von deutschen Autoren, deren Studien wie Zeitkapseln aus der frühen Bundesrepublik verspätet eine englischsprachige Leserschaft erreichen. *Kritik und Krise* kommt dort 1988 heraus, ein Jahr vor der Übersetzung von *Strukturwandel der Öffentlichkeit* und fast dreißig Jahre nach der deutschen Ausgabe von 1959, die auf der wenig veränderten Dissertation Kosellecks von 1953/54 beruhte.[16] Zum Vergleich: In Frankreich erschien *Strukturwandel der Öffentlichkeit* bereits 1978 und *Kritik und Krise* 1979. Die französische Übersetzung von *Kritik und Krise* trifft dort zehn Jahre nach dem Scheitern der Revolte vom Mai 1968 auf große Resonanz. Sie erreicht französische Intellektuelle wie Furet, die unter dem Eindruck von Alexander Solschenizyns *Der Archipel Gulag* eine eigene Utopie- und Geschichtskritik formulieren und sich hierfür die antitotalitäre Literatur der 1950er Jahre erst jetzt aneignen. In diesen Zusammenhang gehört auch die verspätet einsetzende Rezeption von Hannah Arendts Analyse totaler Herrschaft, auf Französisch erstmals veröffentlicht in drei Teilbänden 1972, 1973 und 1982. Später beschreibt Furet die Ablösung von Marx und Mao in einem Buch, das den Titel *Le passé d'une illusion* trägt, analog zum Titel von Kosellecks 1990 in französischer Übersetzung erschienener Aufsatzsammlung *Le futur passé*.[17] Ein gutes Jahrzehnt vor dem *bicentennial* der Französischen Revolution erschien sein einflussreichstes Werk, *Penser la Révolution française* – eine neue Interpretation der Revolution im Schatten der Gewaltgeschichte des 20. Jahrhunderts, die nahe bei Kosellecks Thesen in *Kritik und Krise* liegt.

So wie Koselleck verortet Furet die Ursprünge totaler Herrschaft in der Französischen Revolution und der revolutionären Ideologie, die zuvor in den vermeintlich vorpolitischen, sich nur als moralisch begreifenden aufgeklärten Geselligkeitsformen zirkulierte. In *Penser la Révolution Française* knüpft er hierfür, auch in Absetzung von seinen früheren Arbeiten, an die katholische und konservative Revolutionskritik der Jahre 1789 bis 1794 an. Wahrscheinlich ist es Koselleck gewesen, der Furet auf den katholischen Historiker Augustin Cochin aufmerksam gemacht hat, der schon für sein Heidelberger Referat zu den Jakobinern bei Alfred Weber 1950 und

16 Reinhart Koselleck, *Critique and Crisis. Enlightenment and the Pathogenesis of Modern Society*, Cambridge, Mass. 1988; Jürgen Habermas, *The Structural Transformation of the Public Sphere. An Inquiry into a Category of Bourgeois Society*, Cambridge, Mass. 1989.

17 François Furet, *Le Passé d'une illusion. Essai sur l'idée communiste au xxe siècle*, Paris 1995 (dt.: *Das Ende der Illusion. Der Kommunismus im 20. Jahrhundert*, München 1996).

die Dissertation bedeutsam gewesen war.[18] Cochin wird mit seiner These eines sozialgeschichtlichen Zusammenhangs von Geselligkeit und Revolution für *Penser la Révolution française* zum wichtigen Stichwortgeber.[19]

Auch *Strukturwandel der Öffentlichkeit* knüpft an Kosellecks Analyse der entstehenden Gegenöffentlichkeit im Ancien Régime an, was heute oft übersehen wird. Beide Studien nehmen die politische Philosophie Kants als Ausgangspunkt. Während Koselleck ursprünglich die politischen Funktionen von Kants drei Kritiken historisch freilegen,[20] also die Aufklärung so wie Horkheimer und Adorno kritisch auf ihre Widersprüche befragen will, geht es Habermas um eine normative Rekonstruktion von Kants regulativer Idee der Öffentlichkeit, die erst im 19. Jahrhundert durch den Aufstieg von Kapitalismus und Massenkultur (Stichwort: »Kulturindustrie«) zerfallen sei. Beide Bücher haben also mehr gemein, als in der verspäteten Rezeption erkannt wird.[21] Gerade diese Nähe hat auch zum Zerwürfnis zwischen Koselleck und Habermas Anfang der 1960er Jahre beigetragen, worauf ich gleich noch zu sprechen kommen werde. *Transformation of the Public Sphere* jedenfalls wird nach dem Ende des Kalten Krieges zu einem der meistdiskutier-

18 Siehe dazu oben, Kap. 3, S. 198-205.

19 François Furet, *Penser la Révolution française*, Paris 1978 (dt.: *1789. Vom Ereignis zum Gegenstand der Geschichtswissenschaft*, Berlin 1980); Christophe Prochasson, *François Furet. Les chemins de la mélancolie*, Paris 2013, S. 230; Samuel Moyn, »On the Intellectual Origins of François Furet's Masterpiece«, in: *The Tocqueville Review/La Revue Tocqueville* 29 (2008), S. 59-78, Fn. 29; Michael Scott Christofferson, »An Anti-Totalitarian History of the French Revolution. François Furet's Penser la Révolution in the Intellectual Politics of the Late 1970s«, in: *French Historical Studies* 22 (1999), S. 557-611. Koselleck war mehrfach Gast Furets an der EHESS in Paris, und Furet hat ihn in Bielefeld während der Arbeit an *Penser la Révolution française* besucht. DLA Marbach, A: Koselleck: Konvolut »Materialien zu François Furet«, François Furet an Reinhart Koselleck, 3. 2. 1978. Siehe auch Reinhart Koselleck, »Laudatio auf François Furet«, in: *Sinn und Form* 49 (1998), S. 297-300.

20 Siehe aber die bei Koselleck entstandene Dissertation von Claudia Langer, *Reform nach Prinzipien. Untersuchung zur politischen Theorie Immanuel Kants*, Stuttgart 1986.

21 Eine Ausnahme ist der Rezensionsessay von Anthony La Vopa, »Conceiving a Public. Ideas and Society in Eighteenth-Century Europe«, in: *Journal of Modern History* 64 (1992), S. 79-116. Siehe auch die Kapitel zu Koselleck und Habermas in Jakob Norberg, *Sociability and its Enemies. German Political Theory after 1945*, Evanston 2014.

ten Bücher eines deutschen Philosophen in der englischsprachigen Welt, oft begeistert aufgegriffen als normative Messlatte einer nach 1990 auf einmal greifbar nahen »globalen Zivilgesellschaft«, aber auch heftig kritisiert, etwa von feministischen oder postkolonialen Autoren.[22] Dagegen löst *Critique and Crisis* kaum Debatten aus, nicht einmal in der Historiographie zum 18. Jahrhundert. Die Frage lautet, warum?

Bielefelder Schule

Ein Grund, warum *Kritik und Krise* sofort zu einem Klassiker in der westdeutschen Öffentlichkeit der 1960er und 1970er wurde, ist Kosellecks suggestiver Denk- und Schreibstil. So nutzt er bereits in diesem Buch die verschiedenen Bedeutungsschichten eines Begriffs, um den Bezug auf die eigene Gegenwart herzustellen. Dass es sich bei *Kritik und Krise* nicht allein um eine historische Studie zur französischen und deutschen Aufklärung, sondern um eine geschichtstheoretische Abrechnung mit den modernen Zukunftsutopien handelt, kommt aber selbst in den deutschen Rezensionen kaum vor. Nur in der Kritik des 1949 von einer Professur an der Universität Emory in Atlanta aus der Emigration zurückgekehrten Philosophen Helmut Kuhn klingt das an. In der *Historischen Zeitschrift* lobt er den »bewundernswerten Scharfsinn« und den »Glanz der Formulierungen« von *Kritik und Krise*, bemerkt aber auch, dass Kosellecks fulminante Geschichtskritik nur eine »Umzeichnung« der von ihm verurteilten geschichtsphilosophischen Denkweise darstelle: »Die phantastische Hoffnung ist durch unwahrscheinliche Hoffnungslosigkeit ersetzt, die Utopie als geschichtsphilosophischer point de repère durch die absolute Krise, der Futurismus durch den Existentialismus. Aber diese Umzeichnung ändert nichts an dem schematisierenden Effekt: die Entfremdung ist nicht geringer.« Kuhn fordert Koselleck mithin auf, nicht bei der Kritik stehenzubleiben, nicht lediglich die »Illusionierung« durch eine »Desillusionierung« des Geschichtsdenken zu ersetzen.[23] Genau

22 Siehe dazu die Beiträge in: Craig Calhoun (Hg.), *Habermas and the Public Sphere*, Cambridge, Mass. 1992.

23 Helmut Kuhn, [Rezension zu *Kritik und Krise*,] in: *Historische Zeitschrift* 192 (1961), S. 666-668, hier S. 668.

das, also über die bloße Kritik hinauszugehen, ist die Leitidee von Kosellecks Historik.

Kaum eine Rezension von *Critique and Crisis* in den späten 1980er Jahren thematisiert diese Zeit- und Geschichtskritik. Auch die Faszinationskraft von Kosellecks Schreibstil verflüchtigt sich in der Übersetzung, für die – ungewöhnlich genug – kein Übersetzer verantwortlich genannt wird.[24] So formuliert Tim Blanning einen weit verbreiteten Vorbehalt, als er 1989 in seiner Rezension die »gargantuan German footnotes« von *Critique and Crisis* beklagt, obgleich genau diese für die englische Ausgabe bereits gekürzten Fußnoten viele dichte Begriffsanalysen von »Krise«, »Bürgerkrieg« oder »Revolution« enthalten.[25] Für den in Cambridge lehrenden Sozial- und Kulturhistoriker ist Kosellecks Sprache schwer zugänglich, sie schieße »in metaphysische Stratosphären« und habe »keinen erkennbaren Zusammenhang mit dem, was am Boden geschieht«.[26]

24 Ein Grund für die Verzögerung der Publikation der Übersetzung lag im Bankrott des Verlags Urizen Books in New York, der ursprünglich die englischsprachigen Rechte 1976 vom Karl Alber Verlag in Freiburg erworben hatte, wo die erste Auflage von *Kritik und Krise* 1959 erschienen war (Alber hat 1973 nur die deutschsprachigen Rechte an Suhrkamp veräußert). Urizen gab eine Übersetzung in Auftrag (gefördert von Inter Nationes), mit einem Vorwort von Victor Gourevitch und dem geplanten Titel »Enlightenment and Hypocricy«. DLA Marbach, A: Koselleck, Briefe von Victor Gourevitch an Reinhart Koselleck, 4.8.1977, 28.9.1979. (Gourevitch hatte 1978-1979 auf Einladung Kosellecks ein Jahr am Bielefelder ZiF verbracht, im Rahmen der Arbeitsgruppe »Philosophie und Geschichte«.) Der erste Übersetzer, David Swann, verstarb vor Abschluss der Arbeit, kurz darauf meldete der Verlag Konkurs an. Danach gingen die Rechte an Crossroad Publishers. 1983 erkundigte sich Marion Berghahn nach der Rechtslage, um *Kritik und Krise* mit ihrem neuen Verlag, Berg Publishers, herauszubringen. Auch Cambridge UP und Columbia UP zeigten Interesse. Schließlich erwarb Berg Publishers die Rechte an der Übersetzung von Crossroad; *Critique and Crisis* erschien 1987 in Großbritannien bei Berg und in Nordamerika bei MIT Press in Thomas McCarthys Reihe, wo auch 1985 *Futures Past* erschien. DLA Marbach, A: Koselleck, Konvolut »Unterlagen und Korrespondenz zum Buch ›Kritik und Krise‹ im Alber-Verlag 1958-1995«, Briefwechsel Reinhart Koselleck – Urizen Books 1976-1982; DLA Marbach, SUA: Briefwechsel mit Reinhart Koselleck 1965-1985.

25 So fehlt z.B. in der englischen Ausgabe ein Exkurs Kosellecks zur Semantik des Bürgerkriegs im Zusammenhang mit Diderots geschichtlichen Prognosen. Siehe zum Vergleich Reinhart Koselleck, *Kritik und Krise. Eine Studie zur Pathogenese der bürgerlichen Welt* [1959], Frankfurt/M. 1973, S. 227, Fn. 144.

26 T.C.W. Blanning, [Rezension zu *Critique and Crisis*,] in: *German History* 20 (1989), S. 265 f.

Ganz anders, so Blanning, lese sich *The German Empire, 1871-1918*, die 1985 erschienene Übersetzung von Hans-Ulrich Wehlers *Das Deutsche Kaiserreich, 1871-1918*. Ausgerechnet Wehler, so ließe sich anfügen, Kosellecks in der englischsprachigen Fachwelt gut vernetzter Bielefelder Gegenspieler, der ihn seit den 1960er Jahren wiederholt attackiert hat. So bezeichnet Wehler 1968 in einer Fußnote der publizierten Fassung seines Kölner Habilitationsvortrags »Clausewitz und die Entwicklung vom absoluten zum totalen Krieg« Koselleck zusammen mit Ernst-Wolfgang Böckenförde als Neo-Schmittianer und erklärt ihre Beteiligung an der Festschrift für Carl Schmitt 1968 sarkastisch mit Modernisierungsdefiziten: als Beispiel dafür, »daß Deutschland im Hinblick auf politische Scham fraglos ein unterentwickeltes Land« sei.[27] An anderer Stelle richten sich Wehlers Attacken auch auf die Begriffsgeschichte als Methode, der er einen Rückfall in den deutschen Historismus und die Ideengeschichte à la Friedrich Meinecke, also eine »erneute Flucht vor den realen Problemen der Geschichte in die Welt der Ideen« unterstellt.[28] Die Abkehr vom Historismus Meineckes ist allerdings einer der Ausgangspunkte von *Kritik und Krise* und von Kosellecks Historik, was Wehler offenbar nicht erkannt hat oder nicht erkennen wollte. Dass Koselleck in seiner Habilitationsschrift *Preußen zwischen Reform und Revolution* gerade methodisch vorgeführt hat, wie sich Sozial-, Begriffs- und Rechtsgeschichte miteinander verknüpfen lassen, dürfte angesichts der begeisterten Rezensionen seitens jüngerer Sozialhistoriker wie Jürgen Ko-

27 »Obwohl Deutschland im Hinblick auf politische Scham fraglos ein unterentwickeltes Land ist, bedeuten doch die beiden Festschriften, die Schmitt ungeachtet seiner Hilfsdienste für den Nationalsozialismus in den letzten Jahren erhalten hat, im buchstäblichen Sinne einen Skandal.« Wehler verweist auf die Festschriften für Schmitt von 1959 und 1968 und setzt in Klammern hinzu: »[...] nicht daß dort kompromittierte Juristen wie Forsthoff und Maunz oder Neo-Schmittianer wie Böckenförde und Koselleck vertreten sind, ist das Bestürzende, sondern die Beteiligung von Lübbe, Rohrmoser, Scheibert u. a.« Hans-Ulrich Wehler, »›Absoluter‹ und ›totaler‹ Krieg. Von Clausewitz zu Ludendorff«, in: *Politische Vierteljahresschrift* 10 (1969), 220-248, hier S. 236 f., Fn. 26.

28 Hans-Ulrich Wehler, »Probleme der modernen deutschen Sozialgeschichte«, in: ders., *Krisenherde des Kaiserreichs 1871-1918. Studien zur deutschen Sozial- und Verfassungsgeschichte*, Göttingen 1970, S. 313-323, hier S. 320, zit. n. Jan Eike Dunkhase, *Absurde Geschichte. Reinhart Kosellecks historischer Existenzialismus*, Marbach 2015, S. 11.

cka und Mack Walker ein Grund für Wehlers Attacke gewesen sein.

Koselleck reagiert im Dezember 1970 auf beide Vorwürfe in einem langen Brief an den künftigen Kollegen. Wehlers These vom deutschen Sonderweg in die Moderne wird von Koselleck ebenso gelassen und ironisch abgehandelt wie die Kritik an der Begriffsgeschichte als vermeintlich alter Wein in neuem Schlauch. Scharf und persönlich weist Koselleck aber den Vorwurf mangelnder politischer Scham zurück. »Ich weiß, dass die Moral unteilbar ist, wenn man sie total vertritt, aber gerade darin liegt das Problem beschlossen, worüber wir uns vielleicht einmal mündlich auseinandersetzen sollten. Jedenfalls hat die Tatsache, dass ich von Carl Schmitt viel gelernt habe, was ich auch offen bekenne, mich nicht gehindert, die Geschichte des Nationalsozialismus mit rigoroser Konsequenz zu durchleuchten. Ich habe zahllose Vorträge vor Schulklassen gehalten, zu einer Zeit, als die Lehrer oft noch unfähig waren, diesen Fragekomplex überhaupt aufzugreifen.« Koselleck bezieht sich hier auf seine Assistentenzeit in den 1950er Jahren und erwähnt auch sein Heidelberger Seminar aus dem Jahr 1969: »Und wenn man eine Übung zu den Konzentrationslagern macht, so steht man auch mit dem Begriff der politischen Scham nicht besser gewappnet vor dem, was sich dort an Unvorstellbarem auftut.«[29] Im gleichen Brief signalisiert Koselleck dennoch als Vorsitzender der Gründungskommission der Geschichtsfakultät sein Interesse an einer Berufung Wehlers nach Bielefeld, die ein Jahr später auch erfolgt – eine Entscheidung, die Koselleck bald bereuen wird.[30]

Die Mitglieder des Gründungsausschusses der Universität, aus denen die Kommissionen gebildet wurden, besaßen das Vorrecht auf einen Lehrstuhl an den von ihnen geschaffenen Fakultäten. 1972, als der Ruf an ihn ergeht, zögert Koselleck noch, die gewohnte Umgebung in Heidelberg aufzugeben. Jetzt ist es Wehler, der von einem Forschungsaufenthalt in Harvard aus Koselleck zu bewegen sucht, in die »ostwestfälische Steppe« zu wechseln. Nur wenn Koselleck zusage, würde auch Kocka aus Münster kommen: »Dann können wir doch einen sehr manierlichen Betrieb aufziehen.« Für

29 DLA Marbach, A: Koselleck, Reinhart Koselleck an Hans-Ulrich Wehler, 1.12.1970. Siehe dazu auch oben, Kap. 3, S. 167 f.

30 DLA Marbach, A. Meier, Reinhart Koselleck an Christian Meier, 16.4.1973.

Bielefeld, so Wehler um Koselleck werbend, stehe »viel auf dem Spiel, nämlich ob wir eine Provinz-Uni werden oder nicht«.[31]

Dass sich Koselleck 1973 für den Wechsel nach Bielefeld entschieden hat, mag daran gelegen haben, dass er selbst als Mitglied der Gründungsgremien der Geschichtsfakultät für ihr unverwechselbares, innovatives Profil verantwortlich zeichnet. Das Reformprogramm, mit dem Bielefeld Schule machen wird, entspricht ganz wesentlich seinen geschichtstheoretischen und methodischen Überlegungen, die er auch in begleitenden Aufsätzen, etwa in »Über die Theoriebedürftigkeit der Geschichte«, festhielt.[32] Hierzu gehört die Auflösung der traditionellen Periodisierung und die Einrichtung von Lehrstühlen, die sich über methodische Zugänge definieren. Anders als in Heidelberg entstehen an der Bielefelder Geschichtsfakultät somit epochenübergreifende und systematische Lehrstühle, oft die ersten mit dieser Denomination in der Bundesrepublik, etwa für Theorie der Geschichte, Sozialgeschichte, Wirtschaftsgeschichte oder Wissenschaftsgeschichte (für den Blumenberg vorgesehen ist, der aber in Münster bleibt) sowie seinerzeit noch neu: Zeitgeschichte, bis 1974 für zwei Jahre besetzt mit Klaus Hildebrand, dem späteren Antipoden von Habermas und Wehler im »Historikerstreit«. Die üblichen Periodisierungen werden auch bei den anderen Lehrstühlen unterlaufen, etwa das Spätmittelalter und die frühe Neuzeit (12. bis 18. Jahrhundert) ebenso zusammengefasst wie das 19. und 20. Jahrhundert. Als *rising star* übernimmt Jürgen Kocka den Lehrstuhl für Sozialgeschichte und beginnt 1973 gemeinsam mit Koselleck in Bielefeld in einem noch im Bau befindlichen Universitätsgebäude. Sozialgeschichte meint für Koselleck, wie er sich 1977 für eine öffentliche Zwischenbilanz der neuen Fakultät stichwortartig notiert, nicht die Geschichte der sozialen Frage der Unterschichten, des Sozialismus oder nur der Arbeiter-

31 Familienarchiv Koselleck (jetzt DLA Marbach), Hans-Ulrich Wehler an Reinhart Koselleck, 26.2. [1972].

32 Reinhart Koselleck, »Über die Theoriebedürftigkeit der Geschichte«, in: Werner Conze (Hg.), *Theorie der Geschichtswissenschaft und Praxis des Geschichtsunterrichts*, Stuttgart 1972, S. 10-28, wiederabgedr., jedoch, wie Koselleck etwas säuerlich bemerkt, »gekürzt um die ›praktischen Folgerungen‹, die sich auf das – wie üblich nur teilweise realisierte – Reformprogramm der Bielefelder Fakultät für Geschichtswissenschaften bezogen hatten«, in: ders., *Zeitschichten. Studien zur Historik*, Frankfurt/M. 2000, S. 298-316, sowie hier S. 398.

klasse, sondern »sozial im sinne von gesellschaftlich: G[eschichte] der gesellschaftlichen Zusammenschlüsse, aber mehr: der gesellsch[aftlich] Zusammengehörigen: der gruppen, schichten, klassen, organisationen, verbände, parteien ….«[33] Das sozialgeschichtliche Programm kommt auch darin zum Ausdruck, dass alle Studierenden im ersten Jahr einen vierstündigen epochenübergreifenden Grundkurs »Soziale Gruppen, Schichten, Klassen« durchlaufen, unterrichtet von zwei Professoren mit unterschiedlichen Epochenschwerpunkten. So wird bereits zu Beginn des Studiums eine epochenübergreifende, theoretisch-analytische Herangehensweise eingeübt, wie sie auch Koselleck selber praktiziert.

Die Konzeption zielt auch darauf ab, so Koselleck in seiner Zwischenbilanz, strukturübergreifende Fragen in der Philosophischen Fakultät gemeinsam diskutieren zu können: »theoriegeleitet« und »interdisziplinär«, seit den 1970er Jahren die Zauberworte in den Geistes- und Sozialwissenschaften, nicht nur in Bielefeld. Wie sich aber bald herausstellen wird, verstehen Koselleck und Wehler unter »Interdisziplinarität« oder »Theorie« etwas grundsätzlich anderes. So schwebt Koselleck eine Professur für Kunstgeschichte an der Fakultät vor, die er mit Max Imdahl besetzen will, was Wehler anscheinend verhindert hat. Auch der Brückenschlag zur Literatur (Harald Weinrich), Soziologie (Niklas Luhmann) oder zum Recht (Ernst-Wolfgang Böckenförde, später Dieter Grimm) liegt Koselleck ungleich näher als Wehler, der unter »Theorie« in erster Linie die amerikanischen Sozialwissenschaften der 1950er und 1960er Jahre versteht, im Grunde ein von Talcott Parsons modernisierungstheoretisch gelesener Max Weber,[34] ergänzt um Habermas' normative Sozialtheorie, mit der er ab den 1970er Jahren »von oben« die deutsche Gesellschaftsgeschichte auf Modernisierungsdefizite abklopfte. In Wehlers empirischen, archivbasierten Arbeiten der 1960er Jahre geht es schwerpunktmäßig darum, die deutsche und die amerikanische Außenpolitik vor 1914 als eine Form des »So-

33 DLA Marbach, A: Koselleck, Konvolut »Materialien zum Aufsatz ›Geschichtswissenschaft in Bielefeld‹«, Reinhart Koselleck, »Die Fakultät für Geschichtswissenschaft. Die neue Orientierung eines alten Faches«, Notizen zu einem Vortrag für die Bielefelder Universitätstage 1977, Ts., o. D., 17 Bl.

34 Siehe auch Nils Gilman, *Mandarins of the Future. Modernization Theory in Cold War America*, Baltimore 2003; Wilhelm Hennis, *Max Webers Fragestellung. Studien zur Biographie des Werks*, Tübingen 1987.

zialimperialismus« zu interpretieren, das heißt als eine Ableitung innerer gesellschaftlicher Verwerfungen in aggressive, imperiale Politik nach außen – ein Thema, mit dem sich heute die Globalgeschichte beschäftigt.[35]

»Kritische Studien zur Geschichtswissenschaft«, die von Wehler und Kocka seit 1972 herausgegebene Reihe, signalisiert für Wehler nicht eine an der kritischen Theorie orientierte Form der Geschichtsschreibung oder methodisch einfach nur Sozialgeschichte. Das konnten andere auch, etwa die englischen Marxisten um *Past and Present*, von E. P. Thompson bis Eric Hobsbawm, oder später die deutschen Alltagshistoriker um Alf Lüdtke. Vielmehr geht es um eine als »Historische Sozialwissenschaft« aufgestellte Kritik des deutschen Sonderwegs in die Moderne, wie Wehler sie auch in den Werken emigrierter deutscher Historiker, etwa des in Berkeley lehrenden Hans Rosenberg, verkörpert sieht. In den 1960er und 1970er Jahren gibt Wehler nicht nur die Schriften Rosenbergs, sondern auch die anderer deutsch-jüdischer und marxistischer Historiker heraus, etwa die Aufsätze Eckart Kehrs, was ihm um 1968 in konservativen Fachkreisen den absurden Ruf eines linken Historikers einbringt, der Koselleck aber anscheinend nicht stört – er selbst hat in dieser Zeit der Zunft mehr »Theorie« verschrieben und im Preußen-Buch vorgeführt, wie sich Sozial-, Rechts- und Begriffsgeschichte mit genuin geschichtstheoretischer Reflexion verknüpfen lassen.

Gerade Kosellecks Annahme, dass die Geschichte als Wissenschaft eigene theoretische Kategorien benötige, die sich von denen der Nachbardisziplinen *unterscheiden*, mit der »Zeit« als Leitbegriff, erscheint aber Wehler schon im Ansatz unverständlich und antiquiert, wenn nicht politisch verdächtig, auch weil Koselleck sich nicht nur von Carl Schmitt und Martin Heidegger, sondern auch von Jacob Burckhardt, Wilhelm Dilthey oder Friedrich Nietzsche anregen ließ, also von den deutschen Geisteswissenschaften des 19. Jahrhunderts, die Wehler genauso wie Habermas überwinden will.[36] Dass Koselleck anders als Wehler schon länger zu Zeiterfah-

35 Siehe etwa Sebastian Conrad, *Globalisierung und Nation im Deutschen Kaiserreich*, München 2006; Paul A. Kramer, *The Blood of Government. Race, Empire, the United States, and the Philippines*, Chapel Hill 2006.

36 Wie der »Geist« auch in den Sozialwissenschaften fortwirkt, hat Koselleck in einer von ihm mitverfassten Denkschrift zur Lage der Geisteswissenschaften lis-

rungen im Nationalsozialismus oder zur Ikonologie des gewaltsamen Todes arbeitet, fällt folglich methodisch aus dem Blickfeld der »Historischen Sozialwissenschaft« heraus, obgleich sich beide in Gremien und Kommissionen, in der Arbeit im Sonderforschungsbereich »Sozialgeschichte des neuzeitlichen Bürgertums« (1986-1997) oder im Arbeitskreis für moderne Sozialgeschichte ständig begegnen. Wehler sieht in Koselleck immer nur den Begriffshistoriker, also den Vertreter einer von der Modernisierung des Faches methodisch überholten, politisch fragwürdigen »Geistesgeschichte«. Wer nimmt schon als einzige Lektüre die Bibel, Burckhardts *Weltgeschichtliche Betrachtungen* und Montaignes *Essais* mit auf eine einsame Insel?[37]

Auch habituell liegen Welten zwischen dem Bildungsbürger Koselleck, der für seine große Familie in Bielefeld-Stieghorst eine 1973 als altmodisch geltende Fabrikantenvilla aus den zwanziger Jahren anmietet, die auch Platz für seine umfangreiche Gelehrtenbibliothek bietet, und dem ehemaligen Leistungssportler und Kaufmannssohn Wehler, der sich – so wie Habermas in Starnberg, nur eben in Ostwestfalen auf der grünen Wiese – einen ultramodernen weißen Kubus aus Beton und Glas bauen lässt.[38] Vor keiner »lebhaften Kampfsituation« zurückschreckend, auch nicht gegenüber dem älteren Kollegen, dessen Büro sich nur wenige Türen weiter auf dem gleichen Universitätsflur befindet, behauptet Wehler 1979 erneut in Habermas' *Stichworte zur ›Geistigen Situation der Zeit‹*, einer intellektueller Bestandsaufnahme der alten Bundesrepublik, die Begriffsgeschichte führe »auf mittlere Sicht in die historistische Sackgasse«.[39] Koselleck soll so auch öffentlichkeitswirksam aus der

tig gezeigt. Reinhart Koselleck, »Wie sozial ist der Geist der Wissenschaften? Zur Abgrenzung der Sozial- und Geisteswissenschaften«, in: Wolfang Frühwald u. a., *Geisteswissenschaften heute. Eine Denkschrift*, Frankfurt/M. 1991, S. 112-141.

37 Reinhart Koselleck in »Der Fragebogen«, in: *Forschung & Lehre* 8 (2003), S. 464.

38 Niklas Maak, »Die absolute Form und die Geschichte. Betrachtungen zum Haus Habermas«, in: *Zeitschrift für Ideengeschichte* 15 (2021), S. 101-114.

39 Hans-Ulrich Wehler, »Geschichtswissenschaft heute«, in: Jürgen Habermas (Hg.), *Stichworte zur ›Geistigen Situation der Zeit‹*, Frankfurt/M. 1979, S. 709-753, hier S. 725, Fn. 23. Siehe auch Hans-Ulrich Wehler, *Eine lebhafte Kampfsituation. Ein Gespräch mit Manfred Hettling und Cornelius Torp*, München 2006; Paul Nolte, *Hans-Ulrich Wehler. Historiker und Zeitgenosse*, München 2015, S. 63-65 u. S. 69-72.

»Bielefelder Schule« herausgedrängt werden, was besonders in der Wahrnehmung auf der anderen Seite des Atlantiks auch gelingt, wo Bielefeld zum Synonym für die Sonderwegsthese und die von Wehler propagierte »Historische Sozialwissenschaft« wurde. Dass Koselleck spätestens seit der Habilitationsschrift als einer der wichtigsten Sozialhistoriker Preußens in der ersten Hälfte des 19. Jahrhunderts gilt, den Arbeitskreis für moderne deutsche Sozialgeschichte über viele Jahre geleitet hat und das Bielefelder Modell ganz wesentlich auf seine Ideen zurückgeht, ist heute kaum mehr bekannt.

Die Distanz zwischen Koselleck auf der einen, Wehler und Habermas auf der anderen Seite hat aber noch tiefere Gründe, die in den radikal unterschiedlichen Kriegserfahrungen liegen. Für die um 1923 Geborenen wie Koselleck, Wilhelm Hennis oder Hans Robert Jauß (die Liste ließe sich fortführen: Joseph Beuys, Siegfried Unseld, Rudolf Augstein, Karl-Otto Apel, Joachim Fest, in der DDR etwa Franz Fühmann oder Wolfgang Harich) sind die Erfahrungen des Kriegs fundamental – der Zufall des Überlebens wie auch die aktive Teilhabe am deutschen Vernichtungskrieg. Die Nachkriegszeit beginnt für diese Generation zumeist in Gefangenschaft, mit Umerziehungslager, physischen und psychischen Folgeschäden, schwieriger Heimkehr und Schuldfrage. Die um 1930 Geborenen starten im »Jahre Null« mit leichterem Gepäck. Die Grenze zwischen den Generationen verläuft entlang des Geburtsjahres 1927, dem Jahrgang von Günter Grass, der noch 1944 als Siebzehnjähriger in den Krieg zieht und sich später in seinem literarischen Werk an dieser Erfahrung abarbeitet, so wie Koselleck mit seiner Geschichtstheorie.[40] Habermas und Wehler waren dagegen wie andere »Fünfundvierziger« zu jung, um in die Wehrmacht eingezogen zu werden. Stattdessen erleben beide das Kriegsende als Hitlerjungen in Gummersbach, befreit von der US-Armee und bereit, die bedingungslose Niederlage als Chance für sich anzunehmen. »Doch schon nach vierzehn Tagen war das jahrelang aufgebaute Feindbild weg«, wie Wehler sich erinnert.[41] Es ist diese

40 Siehe Stephan Schlak, *Wilhelm Hennis. Szenen einer Ideengeschichte der Bundesrepublik*, München 2008, S. 22-25; sowie A. Dirk Moses, *German Intellectuals and the Nazi Past*, Cambridge 2007; Daniel Fulda u. a. (Hg.), *Demokratie im Schatten der Gewalt. Geschichten des Privaten im deutschen Nachkrieg*, Göttingen 2010.

41 Jens Hacke, Julia Schäfer, »Interview mit Hans-Ulrich Wehler zum Thema ›Neubeginn und Entwicklung der deutschen Geschichtswissenschaft in den 1950/60er

Generation der »Flakhelfer«, die durch den Krieg kaum dezimiert wird und weniger gezeichnet ist als die um 1923 Geborenen. Jürgen Habermas und Hans-Ulrich Wehler, Hans Magnus Enzensberger und Karl Heinz Bohrer, um nur vier Beispiele zu nennen, werden 1945 von der Aussicht befreit, bald in einem sinnlosen Krieg zu sterben. Ab den späten 1960er Jahren wird ihre Generation die intellektuelle Szene der alten Bundesrepublik beherrschen.

Carl Schmitt als Stigma

Eine der Konfliktlinien, die durch beide Generationen läuft, ist der Umgang mit Carl Schmitt. Aber besonders für den »Jahrgang 1923« lässt sich die Bedeutung des konservativen Staatsrechtlers im Nachkrieg kaum überschätzen, und sie geht in der Kontinuität rechtsintellektueller Kreise von 1930 bis 1950, etwa in der Person des Staatsrechtlers Ernst Forsthoff, nicht auf. Schmitt hat schon vor 1933 ganz unterschiedliche Köpfe in seinen Bann gezogen. Nach 1945 steht er im Zentrum eines von ihm unermüdlich geknüpften Netzwerks von Jüngeren, das über den engeren Kreis des Ebracher Ferienkurses hinausreicht und wie in der Weimarer Zeit ein breites Spektrum umfasst: Koselleck und Jauß gehören ebenso dazu wie Hans Blumenberg und Jacob Taubes, alle Jahrgang um 1923. Dazu kommen noch Jüngere, etwa der katholische Sozialdemokrat und spätere Verfassungsrichter Ernst-Wolfgang Böckenförde oder der Althistoriker Christian Meier, beide ebenfalls alles andere als Rechtsintellektuelle.

Koselleck hat den Einfluss der *bête noire* des deutschen intellektuellen Nachkriegs auf seine Dissertation nie verschwiegen, auch nicht in der Danksagung. Kaum eine Rezension von *Kritik und Krise* nimmt darauf nicht zumindest implizit Bezug. »Der Geist Carl Schmitts (dem bisweilen Th. Adorno über die Schulter sieht) ist in jedem Kapitel dieser Studie gegenwärtig« heißt es etwa in der erwähnten Rezension Helmut Kuhns in der *Historischen Zeitschrift*, der bereits 1933 Schmitts *Der Begriff des Politischen* kritisch rezensiert hatte und 1938 aus Deutschland fliehen musste.[42] Fast scheint es,

Jahren‹, Wissenschaftskolleg Berlin, 4. 12. 1999, ⟨http://hsozkult.geschichte.hu-berlin.de/BEITRAG/intervie/wehler.htm⟩, letzter Zugriff am 12. 11. 2022.

42 Kuhn, [Rezension zu *Kritik und Krise*,] S. 668.

als ob der junge Koselleck in eine selbstgestellte Falle gelaufen ist, aus der er später nicht mehr heraus kann oder will. Für ihn, der in den 1950er Jahren Schmitts antisemitische Aufsätze aus den ersten Jahren des »Dritten Reichs« nicht kennt, kommt eine umerzogene Distanznahme von dem von den Alliierten aus der Universität entfernten brillanten Staatsrechtler nicht in Frage. Dass *Kritik und Krise* zwar Anregungen Schmitts (aber auch Löwiths und vieler anderer) aufnimmt, ansonsten aber, zumal für eine Dissertation, eine erstaunlich eigenständige Geschichtskritik entwickelt, wird durch die Verbindung mit Schmitt verdeckt. Spätestens als Schmitt vorschlug, eine Besprechung von *Kritik und Krise* zu schreiben, hätte sich Koselleck der Umarmung entziehen sollen.[43] Dass er es nicht getan hat und zehn Jahre später noch einen Beitrag in der Festschrift für Schmitt veröffentlicht, muss umgekehrt als politisches Zeichen begriffen werden, was immer Kosellecks persönliche Beweggründe gewesen sein mögen und wie deutlich auch immer sich seine Geschichtstheorie von Schmitt unterscheidet. Als Resultat werden in *Kritik und Krise* oft nur die Spuren Carl Schmitts gesucht, bis heute.

Den Anfang macht im Mai 1960 eine Rezension von Jürgen Habermas im *Merkur*, die nicht nur *Kritik und Krise*, sondern auch Hanno Kestings *Geschichtsphilosophie und Weltbürgerkrieg* (1959) behandelt, interessanterweise zusammen mit einem von Habermas als »neukonservatives Selbstzeugnis« apostrophierten Buch von Peter Drucker (*Das Fundament für morgen*, 1958). Der in einer jüdischen Familie in Wien geborene Drucker (Hans Kelsen ist sein Onkel) promoviert 1931 in Frankfurt am Main mit einer Arbeit zum Völkerrecht und findet nach der Emigration 1933 in London zunächst eine Anstellung bei einer Versicherungsgesellschaft und dann als Ökonom bei einer privaten Bank. 1937 erfolgt die Übersiedlung in die USA, wo er als Journalist und Unternehmensberater arbeitet und Bestseller über das amerikanische Wirtschaftsleben schreibt, unter anderem *The Future of Industrial Man* (1942) und *Concept of the Corporation* (1942), eine Studie im Auftrag von General Motors; ab 1950 unterrichtet er Management an der New York University. Für Habermas liegt das Gemeinsame der drei Bücher in ihrer Kritik der Fortschrittsidee, bei Drucker nur als resignative

43 Carl Schmitt, [Rezension zu *Kritik und Krise*,] in: *Das historisch-politische Buch* 7 (1959), S. 301 f.

Akzeptanz des technisch-organisatorischen Voranschreitens ohne utopische Aufladung, bei Koselleck und Kesting als scharfer Angriff auf die darin verborgene Geschichtsphilosophie des 18. Jahrhunderts: »Verrufener Fortschritt – verkanntes Jahrhundert«, wie der Titel des glänzend formulierten Essays anzeigt.

Habermas lässt eingangs keinen Zweifel an der herausragenden Stellung von *Kritik und Krise.* »Allein, die Prägnanz der angezogenen Texte, die Subtilität der Interpretation, die Eleganz der hergestellten Perspektiven werden eigentümlich von Ressentiment begleitet.« Dieses »Ressentiment«, Kosellecks Polemik gegen die utopische Geschichtsphilosophie, die er implizit für die ideologisch motivierten Revolutionen und Bürgerkriege seit 1789 verantwortlich macht, nicht zuletzt auch für die geteilte Welt des Kalten Krieges, führt Habermas aber ausschließlich zurück auf den Einfluss Schmitts sowie, als nachrangiges Angriffsziel, Arnold Gehlens (*Die Seele im technischen Zeitalter*, erschienen 1957). Das Grundmotiv von Kosellecks Geschichtskritik in *Kritik und Krise*, das ideologiekritische Insistieren auf der Unverfügbarkeit der Zukunft, das ihn zu seiner Zeit- und Geschichtstheorie führen wird, bleibt unerwähnt. Habermas lenkt den Blick ganz auf die Aufklärungskritik. Politisch stehe hinter dieser »die rational unauflösbare Substanz eines herrschaftlichen Willens, der sich einzig und allein durch die nackte Existenz der Herrschenden selber legimitiert […]«, also Schmitts bekannte Position, und andererseits die Gehlens, dass die menschliche Natur »dieses politischen Elements, nämlich der Abstützung der vagierenden Antriebe und des plastischen Verhaltens durch autoritär verfestigte Institutionen, bedarf«.[44] Für Habermas kann die Kritik der Geschichtsphilosophie durch Koselleck und Kesting (der deutlich schlechter wegkommt) nur auf eine neokonservative Rechtfertigung des absolutistischen oder autoritären Staates hinauslaufen. Der letzte Satz der Rezension klingt so, als ob dies für Habermas den wichtigsten Lektüregewinn darstellt: »Immerhin sind wir dankbar, von so gescheiten Autoren zu erfahren, wie Carl Schmitt, ein so denkender Spezialist, die Lage heute beurteilt.«[45]

Habermas tritt bereits 1959 mit dem Vorschlag der Besprechung an die Redaktion des *Merkur* heran und schlägt noch eine weitere

44 Jürgen Habermas, »Verrufener Fortschritt – verkanntes Jahrhundert. Zur Kritik an der Geschichtsphilosophie«, in: *Merkur* 14 (1960), S. 468-477, hier S. 470 f.

45 Ebd., S. 477.

Rezension vor, Ernst Blochs *Das Prinzip Hoffnung*, geschrieben im amerikanischen Exil, das gerade bei Suhrkamp erschienen ist und dem er ebenfalls ein »kulturkritisches Ressentiment« unterstellt, diesmal von »jenseits der Elbe« und von zu weit links. Wie Roman Yos gezeigt hat, müssen beide Rezensionsessays im Zusammenhang gelesen werden: Habermas greift Koselleck und Kesting aufgrund ihrer Kritik der Geschichtsphilosophie an und grenzt sich umgekehrt kurz darauf von deren zeitgenössischer marxistischer Spielart bei Bloch, den »Grundrissen für eine bessere Welt«, ab.[46] Erneut wird der »Feldzug gegen die Utopie« bei Koselleck und Kesting, also Schmitt und Gehlen (die aber alle hier nicht genannt werden) kritisiert, also die Auflösung des emanzipatorischen Gehalts der Geschichte in einer politischen Anthropologie sowie »eine Art Überrundung der Geschichte«, in dem die »Geschichtsphilosophie metahistorisch überboten wird«. Auch die folgenden Sätze scheinen auf Kosellecks Geschichtsdenken gemünzt zu sein: »Es bedient sich eines mit institutionalisierten Krisenaffekten aufgeladenen Bewußtseins bloß, um Geschichte im ganzen den Zyklen einer Übergeschichte zu integrieren; sie lenkt den offenen historischen Prozeß von möglicher Selbstbestimmung ab und in die erhaltenen Proportionen eines naturhaften Geschehens zurück: das Buch der Geschichte wird ins Buch einer Gesteinskunde der Weltalter rückübersetzt.«[47]

Umgekehrt sieht Habermas in der utopischen Geschichtsphilosophie von Blochs *Das Prinzip Hoffnung*, das um 1968 zum Kultbuch avancieren wird, eine überholte, auch sprachlich exaltierte Sozialromantik, »mehr Böcklin als Benjamin«, belebt »vom großen Atem des deutschen Idealismus«, nur ohne Kant, also »vorkritisch«. Bloch sei »ein marxistischer Schelling«.[48] Schellings Geschichtsphilosophie war das Thema von Habermas' Doktorarbeit.[49] 1959/60

46 Roman Yos, *Der junge Habermas. Eine ideengeschichtliche Untersuchung seines frühen Denkens, 1952-1962*, Berlin 2019, S. 442-461. Siehe dazu auch oben, Kap. 2, S. 143 f.

47 Jürgen Habermas, »Ein marxistischer Schelling. Zu Ernst Blochs spekulativem Materialismus«, in: *Merkur* 14 (1960), S. 1078-1091, hier S. 1081. Blochs eigene Position und die seiner Schüler wurde in der DDR seit seiner Zwangsemeritierung 1957 politisch immer prekärer. Ein Jahr nach dem Erscheinen der *Merkur*-Rezension musste er Leipzig verlassen.

48 Ebd., S. 1082 u. S. 1091.

49 Jürgen Habermas, »Das Absolute und die Geschichte. Von der Zwiespältigkeit in Schellings Denken«, Diss., Bonn 1954. Digitalisat einsehbar unter ⟨https://

positioniert sich der Dreißigjährige mit den beiden *Merkur*-Rezensionen als Anwalt der liberalen Fortschrittsidee gegen links und rechts und einer normativen Gesellschaftstheorie, in der Krieg und Revolution nicht vorkommen.

In Kosellecks Umfeld wird Habermas' Verriss von *Kritik und Krise* noch anders gelesen. Um diese Zeit arbeitet Habermas an seiner Habilitationsschrift *Strukturwandel der Öffentlichkeit*, die sich teilweise mit ähnlichen Fragen beschäftigt und sich auf begriffsgeschichtliche Befunde aus *Kritik und Krise* stützt. Wo Koselleck die Entstehung einer indirekten Gewalt in den geselligen Innenräumen des Ancien Régime rekonstruiert, die dann ungewollt zur Revolution 1789 und zur *terreur* führt, da sieht Habermas umgekehrt die Entstehung einer idealen, kritischen Öffentlichkeit, die erst im Verlauf des 19. Jahrhunderts durch die moderne Massengesellschaft korrumpiert worden sei, sich aber auf lange Sicht im modernen bürgerlichen Rechtsstaat institutionell durchgesetzt habe. Als *Strukturwandel der Öffentlichkeit* zwei Jahre nach der *Merkur*-Rezension erscheint und Koselleck darin zwar angeführt (in der Bibliografie als »Kosellek«, was diesem nicht entging) und auf seine Quellenmaterialien und Lektüren zurückgegriffen wird, ohne dass seine Thesen diskutiert werden, zirkuliert in Kosellecks Freundeskreis der Vorwurf des Plagiats. Habermas habe nicht nur Koselleck politisch »abgeschossen«, um dem Weg für *Strukturwandel der Öffentlichkeit* zu bereiten, sondern auch *Kritik und Krise* für seine Habilitationsschrift ausgeschlachtet.

Strukturwandel der Öffentlichkeit erscheint 1962 in der Reihe POLITICA, herausgegeben von Wilhelm Hennis und Roman Schnur. Im Jahr davor wird Habermas auf Vermittlung Gadamers nach Heidelberg berufen, bevor er 1964 die Nachfolge Max Horkheimers in Frankfurt am Main antritt. Mit anderen Worten: Für ungefähr drei Jahre ist er mit Koselleck an derselben Fakultät. Auch Hanno Kesting, der zu dieser Zeit im Feuilleton der *Frankfurter Rundschau* arbeitet, bevor er später als Assistent Gehlens an die Technische Universität Aachen wechselt, kommt oft nach Heidelberg. So wie später bei Wehler bricht Koselleck nach der öffentlichen Attacke von Habermas den Kontakt nicht ab. Im Ge-

digi.ub.uni-heidelberg.de/diglit/habermas1954/0007/image,info〉, letzter Zugriff am 12. 11. 2022.

genteil: In dieser frühen Phase der konzeptionellen Arbeit an den *Geschichtlichen Grundbegriffen* lädt er ihn zu Heidelberger Konferenzen und Seminaren ein, und auch privat trifft man sich, aber da sind Kosellecks Vorbehalte wohl schon spürbar. Bei einem privaten Abschiedsabend der beiden Ehepaare im Hause Koselleck in der Zeit des Wechsels nach Frankfurt bricht es dann offenbar doch aus Koselleck heraus.

Noch am gleichen Abend schreibt Habermas einen langen Brief, der in Bezug auf Stilfragen entschuldigend ist, aber den Plagiatsvorwurf scharf zurückweist: »Bisher musste ich Ihren (und Hanno Kestings) Bemerkungen entnehmen, dass Sie den Bezug auf meine Merkur-Kritik, zumal in einem Zusammenhang, in dem ich mich sonst affirmativ auf Sie stütze, als unfreundlichen Akt aufgefasst haben. Denn jene Kritik war eine politisch gezielte Auseinandersetzung mit gewissen – von Carl Schmitt inspirierten – Voraussetzungen Ihrer Interpretation; vor allem schliesst sie, was mich in jedem Fall von einer Bezugnahme im Buch hätte abhalten sollen, mit einer taktischen Bemerkung, die ich in dieser Form bedaure.« Habermas bezieht sich hier nicht nur auf den letzten Satz der *Merkur*-Rezension, sondern auch darauf, dass er in einer Fußnote von *Strukturwandel der Öffentlichkeit* Kosellecks »unzutreffende« Interpretation einer Textstelle bei Locke mit dem Hinweis auf seine eigene Rezension von 1960 verknüpft. »Soweit tat mir die Sache leid, und ich hatte die Hoffnung, dass Sie, was Sie als Unfreundlichkeit auffassen mussten, mir grosszügigerweise nachsehen würden. Ich habe einiges versucht, um unsere gesellschaftlichen Beziehungen wieder ins Lot zu bringen, denn man verliert nur ungern so gescheite Gesprächspartner. Nun scheint das nicht zu gelingen, weil, wie ich eben von Ihnen erfahre, die Tatsache jenes Selbstzitates gar nicht der eigentliche Grund Ihres Ärgers ist. Es liegt mir nun daran, lieber Herr Koselleck, klarzumachen, dass ich Ihnen nach meinem Wissen einen weiteren Grund allerdings nicht gegeben habe.«

Da Koselleck an dem Abend anscheinend vorgegeben hat, das Buch nicht gelesen zu haben, fasst Habermas seine Untersuchung noch einmal zusammen: Ausgangspunkt sei »ganz simpel der, soziologisch-historisch zu begreifen, wie es kommt, dass sich heute die Öffentlichkeit als Sphäre immer weiter auszudehnen, als Prinzip (der politischen Kontrolle) aber immer schlechter zu funktionieren scheint. Thema ist also, was ich den Zerfall der bürgerlichen

Öffentlichkeit nenne, sowohl ihrer politischen Funktion als auch ihrer sozialstrukturellen Voraussetzungen.« In dem von Koselleck beanstandeten Unterkapitel zur Begriffsgeschichte von »öffentlicher Meinung« habe er sich, »sehr dankbar und für mich sehr nützlich auf Textstellen bezogen, die Sie in einem anderen, inhaltlich anspruchsvolleren Zusammenhang interpretieren«. Diesen Zusammenhang, also Kosellecks Hypokrisie-These, die Aufklärung habe in den geheimen Logen, Lesegesellschaften und Salons eine indirekte Macht geschaffen, die sich als rein moralisch und unpolitisch verstand und deshalb die politischen Folgen der »öffentlichen Meinung« im Bürgerkrieg und Terror der Französischen Revolution nicht antizipierte, habe Habermas nicht im Buch diskutiert, weil er die Voraussetzungen dieser These in Kosellecks Lektüren von Locke und Rousseau bereits in der *Merkur*-Rezension zurückgewiesen habe. Daher das Selbstzitat, auf das er in künftigen Auflagen verzichtet, was Habermas im Brief bereits ankündigt, so wie er auch den inkriminierenden Satz zu Schmitt am Ende der *Merkur*-Rezension beim Wiederabdruck des Textes tilgt.[50] Auch wolle er an einigen Stellen im Buch noch deutlicher machen, wo er sich auf *Kritik und Krise* stützt. Gegen die Vorwürfe des Plagiats, »so stillschweigend immer sie vorgebracht werden«, wehrt sich Habermas am Ende des Briefes aber entschieden: »ich möchte sie deshalb aus dem Wege räumen; es täte mir von Herzen leid, wenn ich genötigt wäre, ihnen [sic!] aus dem Weg zu gehen.«[51]

Koselleck hat auf diesen Brief nicht geantwortet, aber seine Verärgerung auf einem Zettel »ad Habermas« in drei Punkten festgehalten, den er in sein Exemplar von *Strukturwandel der Öffentlichkeit* legt. Der überzogene Plagiatsvorwurf selber stand für ihn nicht im Vordergrund, und er vermutet, dass dieser von Kesting und einem anderen Freund, Gert Kalow, in Richtung Habermas adressiert wurde.[52] Kesting verfasst später bei Gehlen sogar eine

50 Jürgen Habermas, »Zur Kritik an der Geschichtsphilosophie«, in: ders., *Philosophisch-politische Profile*, Frankfurt/M. 1981, S. 435-444.

51 Familienarchiv Koselleck (jetzt DLA Marbach), Jürgen Habermas an Reinhart Koselleck, o. D. [1964]; Korrespondenz des Verf. mit Jürgen Habermas, 9. 7. 2022.

52 Kalow unterrichtete bis 1963/64 an der Ulmer Hochschule für Gestaltung, behielt aber seine Wohnung im Turm des Heidelberger Brückentors. 1963 ging er zum Hessischen Rundfunk und leitete dort viele Jahre das literarische »Abendstudio«. Im Oktober 1961 erhielt er auf Vermittlung von Hannah Arendt ein Rockefel-

ganze Habilitationsschrift, die *Strukturwandel der Öffentlichkeit* widerlegen soll. Koselleck stört an der *Merkur*-Rezension, so »ad Habermas«, dass der Verweis auf die Anthropologie Schmitts oder Gehlens, also auf eine bestimmte politische Richtung, keineswegs seine These von der Hypokrisie der Aufklärung widerlege. Habermas mag das anders gesehen haben. Dieser habe ihn im *Merkur* »›politisch‹, sprich polemisch« abgeschossen, so Koselleck weiter, »in seinem Buch benutzt er mich zustimmend über ganze Strecken seines Gedankengangs hinweg, zitiert gleichwohl wieder den Merkur«. Koselleck wiederholt also den Vorwurf, den er Habermas bereits an dem Abend gemacht haben muss. »Eine schizoide Situation, und das ganze, weil er sich nirgends expressis verbis mit der Hypokrisie-These auseinandersetzt, sondern sie umgeht, sowohl in seiner Besprechung wie in seinem Buch.« Nicht die »kluge Besprechung« habe er Habermas übelgenommen, trotz der »Entgleisung« des letzten Satzes, wofür sich Habermas bei ihm entschuldigt habe. Aber dass Habermas die inhaltliche Auseinandersetzung mit seinen Thesen immer umgangen habe, sei es gewesen, was Koselleck getroffen hat. »Im grunde bin ich verletzt, weil ich persönlich zu engagiert war. Ich hielt eben sowas nicht für möglich, zumal er sich für die CS auslegung entschuldigt hatte.«[53]

Die Wege von Habermas und Koselleck kreuzen sich nach 1964 nur noch selten. 1970 organisiert Koselleck auf der Reichenau das

ler-Jahresstipendium für ein Buch, das 1967 im Münchner Piper-Verlag erschien unter dem Titel *Hitler, das gesamtdeutsche Trauma. Zur Kritik des politischen Bewußtseins*, zusammen mit Alexander und Margarete Mitscherlichs *Die Unfähigkeit zu trauern. Grundlagen kollektiven Verhaltens*, München 1967. Kalow und die Mitscherlichs kannten sich aus Heidelberg. Aus der engen Zusammenarbeit ging auch eine Reihe von Gesprächsbänden zu verschiedenen Themen hervor, etwa (unter Beteiligung von Günter Grass) Alexander Mitscherlich, Gert Kalow (Hg.), *Über Eigentum und Gewalt. Zwei Gespräche*, München 1972. Siehe Christiane Wachsmann, »›Diese Schule ist überdies ein Stück Demokratie‹ – Gert Kalow und die HfG«, in: Petra Keller u. a. (Hg.), *Rückblicke. Die Abteilung Information an der hfg ulm*, Ulm 2015, S. 124-135, hier S. 131. Siehe auch oben, Kap. 1, S. 63.

53 DLA Marbach, C: Koselleck, Einlagen 918 zu Jürgen Habermas, *Strukturwandel der Öffentlichkeit*, Neuwied am Rhein 1962: Reinhart Koselleck, »ad Habermas«, Ts., o. D. [1964], 1 Bl. Zwei Jahre zuvor hatte Hans Robert Jauß um Rezensionen von *Kritik und Krise* gebeten, die ihm Koselleck übersandte, darunter »der kluge Verriss, den Habermas im Merkur 147/1960 drucken liess, um mich als Sprachrohr von Carl Schmitt zu diffamieren«. Familienarchiv Koselleck (jetzt DLA Marbach), Koselleck an Jauß, 17. 9. 1962.

Treffen von »Poetik und Hermeneutik«, an dem Habermas teilnimmt und mitdiskutiert. Koselleck bittet ihn anschließend um die bei Tagungen der Forschungsgruppe übliche Verschriftlichung des Diskussionsbeitrags und schickt ihm seine eigene Vorlage, »Geschichte, Geschichten und formale Zeitstrukturen«, eine erste Skizze seiner Historik, die Habermas anscheinend auf der Tagung wiederum mit Blick auf ihre ideologischen Voraussetzungen kritisiert hat.[54] Auch sein eigener Beitrag, eine Art Postskript zur Geschichtsphilosophie, enthält einen Seitenhieb auf Kosellecks Vortrag: »Den Kollektivsingular Geschichte beseitigt man nicht durch Pluralbildung.« Darin verabschiedet Habermas auch die Idee eines Subjekts der »Geschichte«, nicht aber, so der letzte Satz, bereits im Theoriejargon der 1970er Jahre, »die darin zugleich ausgesprochene und verfehlte Intention, die Entwicklung soziokultureller Systeme an den Steuerungsmodus der Selbstreflexion im Sinne einer politisch folgenreichen Institutionalisierung von Diskursen (selbsthergestellter höherstufiger intersubjektiver Gemeinsamkeiten) zu binden«.[55]

Es scheint, als ob Habermas das Zerwürfnis mit Koselleck zwischenzeitlich bedauert hat.[56] Im Juni 1971 schlägt er Karl Markus

54 Universitätsarchiv Frankfurt, Vorlass Jürgen Habermas, Reinhart Koselleck an Jürgen Habermas, 27.7.1971; Jürgen Habermas, »Über das Subjekt der Geschichte. Kurze Bemerkung zu falsch gestellten Alternativen«, in: Reinhart Koselleck, Wolf-Dieter Stempel (Hg.), *Geschichte – Ereignis und Erzählung* (= Poetik und Hermeneutik V), München 1973, S. 470-476; siehe auch im gleichen Band Koselleck, »Geschichte, Geschichten und formale Zeitstrukturen«, ebd., S. 211-222, und ders., »Ereignis und Struktur«, ebd., S. 560-571, sowie auf Kosellecks Beiträge bezogen: Jacob Taubes, »Geschichtsphilosophie und Historik. Bemerkungen zu Kosellecks Programm einer neuen Historik«, ebd., S. 490-498.

55 Habermas, »Über das Subjekt der Geschichte«, S. 476.

56 In einer Rezension von Dirk van Laaks grundlegender Studie *Gespräche in der Sicherheit des Schweigens. Carl Schmitt in der politischen Geistesgeschichte der frühen Bundesrepublik*, Berlin 1993, formuliert Habermas dreißig Jahre später vorsichtiger, dass in den fünfziger Jahren »viele der klügsten und produktivsten jungen Leute zum ›Schmittianismus‹ konvertiert« seien, ohne sich »von den politischen Vorurteilen des ›Benito Cereno‹« auf Dauer gefangen nehmen zu lassen. Jürgen Habermas, »Das Bedürfnis nach deutschen Kontinuitäten«, in: *Die Zeit*, 3.12.1993. Dass er damit auch Koselleck gemeint hat, macht Habermas kurz darauf in einem Leserbrief an die *Frankfurter Allgemeine Zeitung* (»Keine Nähe zu Carl Schmitt«, 18.1.1994) deutlich: »In seiner Glosse ›Wer, was, wann?‹ (F.A.Z. vom 12. Januar) insinuiert Henning Ritter, daß ich zu jenen Kritikern von Carl Schmitt gehöre, die Grund haben, ihre einstigen Sympathien für den heute Kri-

Michel vor, in der gemeinsam mit Dieter Henrich seit 1965 bei Suhrkamp herausgegebenen Reihe »Theorie« einen Band mit Kosellecks geschichtstheoretischen Aufsätzen zu veröffentlichen.[57] Koselleck schreibt umgehend an Michel zurück mit dem Titelvorschlag »Vergangene Zukunft« und dem später geänderten Untertitel: »Studien zur Temporalstruktur der Geschichte«. Für den geplanten Band schlägt er einige seiner bekannten Aufsätze vor, die dann acht Jahre später in *Vergangene Zukunft* auftauchen. »Über die Theoriebedürftigkeit der Geschichte«, Kosellecks Programm für die Bielefelder Geschichtsfakultät, das bereits publiziert vorlag, gehört zunächst zum vorläufigen Inhaltsverzeichnis wie auch zwei Arbeitstitel für Texte, deren Materialien wahrscheinlich in anderen Aufsätzen verarbeitet, jedenfalls so nie publiziert werden: »Temporale Strukturen

tisierten zu unterschlagen. Dabei bezieht er sich auf den Umstand, daß ich im Jahr 1960 (›Merkur‹, Seite 468-477) eine Rezension von zwei unter Carl Schmitts Einfluß abgefaßten Dissertationen mit einer dem Wortlaut nach anerkennenden, tatsächlich aber süffisanten Bemerkung abgeschlossen – und diesen Satz in einem späteren Nachdruck weggelassen habe. Das Gegenteil des damit Insinuierten ist richtig. Jene Rezension enthält eine unmißverständliche, heute noch aktuelle Abrechnung mit Schmitts Aufklärungskritik und Weltbürgerkriegsthese. Als ich den Text 1973 nachdrucken ließ, habe ich ihn, ohne den Tenor irgendwie zu verändern, um zwei längere Absätze gekürzt, und zwar nicht, wie Ritter mir mit perfider Absicht unterstellt, um eine verräterische Affinität zu Carl Schmitt, sondern umgekehrt: um die herbe Kritik an den beiden jungen Kollegen abzuschwächen.« Der Einfluss Schmitts genügt dennoch oft, *Kritik und Krise* sowie Kosellecks methodischen Ansatz als verschwörungstheoretisch und hyperbolisch zu verwerfen. Siehe etwa Michael Schwartz, »Leviathan oder Lucifer. Reinhart Kosellecks ›Kritik und Krise‹ revisited«, in: *Zeitschrift für Religions- und Geistesgeschichte* 45 (1993), S. 33-57; Franz Leander Fillafer, »The Enlightenment on Trial. Reinhart Koselleck's Interpretation of *Aufklärung*«, in: Q. Edward Wang, Franz L. Fillafer (Hg.), *The Many Faces of Clio. Cross-Cultural Approaches to Historiography, Essays in Honor of Georg G. Iggers*, Oxford 2007, S. 322-345; Timo Pankakoski, »Conflict, Context, Concreteness. Koselleck and Schmitt on Concepts«, in: *Political Theory* 38 (2010), S. 749-779. Ausgewogener argumentiert: Reinhard Mehring, »Begriffssoziologie, Begriffsgeschichte, Begriffspolitik. Zur Form der Ideengeschichtsschreibung nach Carl Schmitt und Reinhart Koselleck«, in: Harald Bluhm, Jürgen Gebhardt (Hg.), *Politische Ideengeschichtsschreibung im 20. Jahrhundert. Konzepte und Kritik*, Baden-Baden 2006, S. 31-50; ders., »Begriffsgeschichte mit Carl Schmitt«, in: Hans Joas, Peter Vogt (Hg.), *Begriffene Geschichte. Beiträge zum Werk Reinhart Kosellecks*, Berlin 2011, S. 138-167.

57 DLA Marbach, SUA: Karl Markus Michel an Reinhart Koselleck, 22. 6. 1971.

des Demokratiebegriffs« und »Hitlers Zukunftshorizont und das Problem der Zeitgeschichte«, also ein Aufsatz über Zeiterfahrungen im Nationalsozialismus, dessen Stelle in *Vergangene Zukunft* später »Terror und Traum« sowie »Über die Verfügbarkeit der Geschichte« einnehmen werden.[58]

Bereits 1965 hatte Michel im Auftrag von Henrich und Habermas bei Koselleck angefragt, ob er für die Theorie-Reihe eine Auswahl aus Pierre Bayles *Dictionnaire Historique et Critique* (1694-1697) herausgeben würde, was er aus Zeitgründen ablehnte, obgleich Bayle alle seine »historischen Sympathien« habe.[59] Ebenfalls 1965 signalisiert Siegfried Unseld gegenüber Koselleck sein Interesse an einer Neuausgabe von *Kritik und Krise*, die dann aufgrund rechtlicher Probleme mit dem Verlag Karl Alber erst 1973 zustande kam. Zugleich möchte Unseld ihn auch für das letztlich gescheiterte Projekt einer neuen Zeitschrift mit dem Titel »Theorie« gewinnen, das er gemeinsam mit Taubes, Blumenberg, Habermas und Henrich auf den Weg bringen will.[60] Koselleck sitzt zu dieser Zeit an der Überarbeitung der Habilitationsschrift für den Druck und antwortet erst nach drei Monaten, zeigt sich aber aufgeschlossen, denn »es gibt bei uns kein Organ, das die theoretische Seite der Geschichtswissenschaft berücksichtigt«, und verweist auf die englischsprachige Zeitschrift *History and Theory*, zu deren Beirat er später gehören wird. »In ihr wird exakt das behandelt, was mich interessiert, und was die Brücken zur Philosophie und zur Soziologie schlägt. Es ist nun bezeichnend, dass die Deutschen – Hegel, Marx, Ranke, Dilthey usw. – dauernd besprochen und thematisch werden, dass aber deutsche Autoren kaum vertreten sind. [...] Ein Desiderat wäre also gegeben.«[61] Das Zeitschriftenprojekt scheitert letztlich,

58 Siehe oben, Kap. 3, S. 166-179.

59 DLA Marbach, SUA: Reinhart Koselleck an Karl Markus Michel, 20.4.1965.

60 DLA Marbach, SUA: Siegfried Unseld an Reinhart Koselleck, 16.6.1965, 30.9.1965.

61 DLA Marbach, SUA: Reinhart Koselleck an Siegfried Unseld 5.1.1966. Koselleck legt Unseld auch einen Sonderdruck seines Aufsatzes »Geschichtliche Prognose in Lorenz von Steins Schrift zur preußischen Verfassung« bei, veröffentlicht 1965 in der konservativen Zeitschrift *Der Staat*, und schreibt: »Sie werden zu Recht unwillig sein, wenn ich zuerst ein Vierteljahr nicht antworte, und Ihnen dann gleich mit dem ›Staat‹ ins freie Haus falle. Aber bei näherem Zusehen werden Sie bemerken, dass es sich um einen kleinen Beitrag zur ›Theorie‹ handelt.« Koselleck spielt hier darauf an, dass der Aufsatz sich auf den Gesprächszusam-

aber nicht nur die vorgesehenen Herausgeber und der Suhrkamp Verlag sehen spätestens ab 1965 in Koselleck den Theoretiker unter den deutschen Historikern. Umgekehrt fühlt sich Koselleck – anders als Wehler, den es mit seiner *Deutschen Gesellschaftsgeschichte* zum gediegenen Verlag C. H. Beck nach München zieht – in der »Suhrkamp Culture« und in Habermas' Theorie-Reihe mit seinen Schriften anscheinend gut aufgehoben.

Zum Einfluss Carl Schmitts auf *Kritik und Krise* hat sich Koselleck seit der Publikation des Buchs bis an sein Lebensende erklären müssen, erst in privaten Briefen, später in verschiedenen Reden und Interviews. Die von ihm immer wieder verwendete Rechtfertigungsformel lautet, dass er Anregungen von Schmitt, aber auch Heidegger aufnahm, ohne beiden politisch zu folgen. So formuliert er auf einer Dankesrede zur Verleihung des Preises des Historischen Kollegs im November 1989, zwei Wochen nach dem Fall der Berliner Mauer, »ohne die Fragen« von Schmitt und Heidegger, aber »nicht unbedingt mit deren Antworten« sei seine Heidelberger Lehrzeit kaum denkbar gewesen, ungeachtet ihrer »tiefen Verstrickung *in unser aller Geschichte* des Nationalsozialismus«.[62] Koselleck erinnert in seiner Rede »Wie neu ist die Neuzeit?« die versammelten bundesrepublikanischen Honoratioren in der Münchener Residenz an diese geteilte Verantwortung, darunter den Bundespräsidenten Richard von Weizsäcker und den Chef der Deutschen Bank Alfred Herrhausen, der sieben Tage später von der Roten-Armee-Fraktion ermordet wird, eines der letzten Todesopfer im »Weltbürgerkrieg«.[63] Kosellecks Mappe mit Gratulationsschreiben zu seiner Preisverleihung endet mit drei ausgeschnittenen Zeitungsseiten der Todesanzeigen für Herrhausen.[64]

menhang der neuen Zeitschrift und der Reihe bezieht. Eine andere Lesart schlägt vor: Wolf Feuerhahn, »On the Battlefield of ›Theorie‹. Koselleck Reads L. von Stein with Carl Schmitt's Eyes«, in: *History of European Ideas* 15 (2021), S. 1-17, bes. S. 9 f.

62 Reinhart Koselleck, »Wie neu ist die Neuzeit?«, in: *Historisches Kolleg 1980-1990. Vorträge anlässlich des zehnjährigen Bestehens und zum Gedenken an Alfred Herrhausen am 22. November 1990*, S. 37-52, hier S. 38, meine Hervorhebung, SLH.

63 Alexander Cammann, »München, Herbst 1989«, in: *Zeitschrift für Ideengeschichte* 9 (2015), S. 48-54, hier S. 53.

64 Familienarchiv Koselleck (jetzt DLA Marbach), Mappe »München Preis«, Anzeigen aus der *Frankfurter Allgemeinen Zeitung*, 4. 12. 1989.

Es ist die ideologisch geteilte Welt des Kalten Krieges, die in den Revolutionen und Unabhängigkeitskriegen von Algerien bis Vietnam, von Ungarn bis Kuba die Erde mit einem »Feuerkranz von Bürgerkriegen« umfängt, wie Koselleck 1969 schreibt, »der sich zwischen den großen Machtblöcken weiterzufressen scheint« und erst um 1989/90 auszuglühen schien, deren zeit- und geschichtsbegriffliche Anfänge er in *Kritik und Krise* freizulegen versucht.[65] Dieser ideologiekritische Ansatz lässt sich auch gegen Schmitt oder Heidegger wenden, so wie es Koselleck in Aufsätzen und späteren Interviews auch getan hat. Gleichwohl wurden der Bezug auf Schmitt, insbesondere auf dessen *Der Leviathan in der Staatslehre des Thomas Hobbes (1938)*, sowie die Erwähnung Schmitts in der Danksagung entscheidend für die Rezeption von *Kritik und Krise*, nicht nur in der jungen Bundesrepublik.

Kritik und Krise in Amerika

Im gleichen Jahr, in dem Habermas insinuiert, wer heute wissen wolle, was Carl Schmitt denkt, möge doch *Kritik und Krise* lesen, veröffentlicht der in Harvard lehrende Politikwissenschaftler Carl Joachim Friedrich eine Besprechung des Buchs in der Zeitschrift *American Political Science Review*. Friedrich ist damals Professor für Regierungslehre in Harvard. 1946-1948 berät er die US-Militärverwaltung in Deutschland bei der Entnazifizierung und beteiligt sich an der Ausarbeitung des Grundgesetzentwurfs von Herrenchiemsee. Vor dem Antritt der Professur in Harvard 1926 promovierte er bei Alfred Weber in Heidelberg. Wie Udi Greenberg gezeigt hat, überträgt Friedrich seine Thesen zu den Ursprüngen der

65 Reinhart Koselleck, »Historische Kriterien des neuzeitlichen Revolutionsbegriffs«, in: ders., *Vergangene Zukunft. Zur Semantik geschichtlicher Zeiten*, Frankfurt/M. 1979, S. 67-86, hier S. 85; Koselleck u. a., »Revolution, Rebellion, Aufruhr, Bürgerkrieg«, in: Otto Brunner u. a. (Hg.), *Geschichtliche Grundbegriffe. Historisches Lexikon zur politisch-sozialen Sprache in Deutschland*, Bd. 5, Stuttgart 1984, S. 653-788. Siehe auch Reinhart Koselleck, »Hinter der tödlichen Linie. Das Zeitalter des Totalen«, in: Michael Jeismann (Hg.), *Das 20. Jahrhundert. Welt der Extreme*, München 2000, S. 9-27, sowie, ganz ähnlich argumentierend, Odd Arne Westad, *The Global Cold War. Third World Interventions and the Making of Our Times*, Cambridge 2012.

Demokratie aus der Weimarer Zeit auf den frühen Kalten Krieg.[66] Als Calvinist argumentiert Friedrich, die Demokratie sei im protestantischen Mitteleuropa im 16. und 17. Jahrhundert erfunden worden, insbesondere in den calvinistischen Bünden. Die Französische Revolution mit ihrem Säkularismus und der Aufwiegelung der »Massen« ist für ihn das genaue Gegenteil der auf Prädestinationsglauben beruhenden »angelsächsischen« und »germanischen« demokratischen Traditionen – eine These, die in der späten Weimarer Republik, aber auch im frühen Kalten Krieg auf eine klare politische Aussage zielt: Sie soll den deutschen Eliten die Demokratie und ein transatlantisches Bündnis mit den Vereinigten Staaten historisch plausibel machen.[67]

Bereits 1950 kommt Friedrich für ein Semester als Gastprofessor nach Heidelberg, womöglich hat Koselleck bei ihm Lehrveranstaltungen besucht. In jedem Fall zeichnet er wie bei den anderen Lehrern das Profil des Harvard-Professors und nimmt es in sein 1983 als Privatdruck veröffentlichtes Karikaturenbuch unter »Lehrpersonen 1947-1953« auf. 1956 erhält Friedrich eine zusätzliche Professur in Heidelberg, wo er für die nächsten zehn Jahre bis zu seiner Pensionierung im Wechsel mit Harvard jedes zweite Semester politische Bildung unterrichtet. 1955 kommt Koselleck aus Bristol zurück nach Heidelberg und wird Assistent erst von Johannes Kühn, dann ab Sommersemester 1957 von Werner Conze.[68] Mit anderen Worten: Friedrich besitzt eine intime Kenntnis des Mikrokosmos Heidelberg im Nachkrieg. Und er warnt in seiner Rezension in einer der führenden Zeitschriften die amerikanische Fachwelt vor der Dissertation eines jungen Kollegen, der an der gleichen Fakultät unterrichtet.

66 Udi Greenberg, *The Weimar Century. German Émigrés and the Ideological Foundations of the Cold War*, Princeton 2015.

67 Im Frühjahr 1951 nimmt Koselleck an einem Harvard-Seminar in Salzburg teil. Im Jahr darauf bewirbt er sich für eine Harvard Summer School in Cambridge, Mass., die von Friedrich organisiert wird. Einer von Friedrichs Doktoranden in Harvard, der junge deutsch-jüdische Emigrant Henry Kissinger (so wie Koselleck Jahrgang 1923), formuliert die Absage. DLA Marbach, A: Koselleck: Henry Kissinger an Reinhart Koselleck, 14. 5. 1952. Der gleichaltrige Wilhelm Hennis nimmt an dem Seminar als junger Mitarbeiter der Bonner SPD-Fraktion dagegen teil. Schlak, *Wilhelm Hennis*, S. 22.

68 Familienarchiv Koselleck (jetzt DLA Marbach), Mappe »Reinhart«, Reinhart Koselleck an die Eltern, 14. 11. 1956. Siehe dazu oben, Kap. 1, S. 80 f.

Friedrichs ausgeprägter Antikommunismus und seine ablehnende Haltung gegenüber der französischen Aufklärung und Revolution hätte Sympathien für Kosellecks utopiekritischen Ansatz erwarten lassen. Sein gemeinsam mit Zbigniew Brzeziński (dem späteren Sicherheitsberater der Regierung Carter) verfasstes Buch *Totalitarian Dictatorship und Autocracy* (1956) war ein Jahr darauf auch auf Deutsch erschienen. Im Literaturverzeichnis von *Kritik und Krise* taucht es, anders als Arendts *Elemente und Ursprünge totaler Herrschaft*, nicht auf. Die Rezension von Friedrich zielt aber allein auf den sichtbaren Einfluss Carl Schmitts, der seinerzeit in der US-amerikanischen Öffentlichkeit kaum bekannt ist. So erwähne Koselleck in der Danksagung Schmitt und zitiere ihn an mehreren Stellen. »Der ›Dezisionismus‹ dieses Autors führt Dr. Koselleck dazu, den Absolutismus primär im Sinne von ›souveränen Entscheidungen‹ aufzufassen – was aber nur ein Aspekt dieses komplexen Regierungssystems darstellt. Die Abhandlung ist voll von bestimmten Modewörtern dieser Kreise«, heißt es weiter, auf den Schmitt-Zirkel anspielend, und Friedrich führt einige deutsche Begriffe als Beispiele an: »sprengen«, »Raum« oder auch »verorten«. Damit nicht genug, weist die Rezension auch darauf hin, dass mit Bernard Faÿ, Autor von *La Franc-maçonnerie et la révolution intellectuelle du XVIIIe siècle* (1935), eine weitere »zweifelhafte Autorität« herangezogen werde. Faÿ, ein Historiker der transatlantischen Welt des späten 18. Jahrhunderts und Professor am Collège de France, hat zwar Gertrude Stein, die er aus seiner Studienzeit in den USA kannte, und Alice B. Toklas im Paris unter deutscher Besatzung mit seinen Kontakten geholfen. Aber er ist eben auch ein verurteilter Kollaborateur und, so wie Schmitt, ein Antisemit. Als Direktor der *Bibliothèque Nationale* in den Jahren 1940 bis 1944 und der Antifreimaurer-Behörde der Vichy-Regierung hat er Zugriff auf die konfiszierten Materialien der französischen Logen, die er nicht nur als Quellen für seine wissenschaftliche Arbeit nutzt, sondern auch zur Denunziation von Freimaurern bei der Gestapo.

So wie das gesamte katholisch-konservative Milieu Frankreichs, einschließlich des Marschalls Philippe Pétain, ist Faÿ davon überzeugt, dass Juden und Freimaurer gemeinsam den französischen Staat unterwandern. Faÿs Studie wird tatsächlich in einer Fußnote von *Kritik und Krise* prominent hervorgehoben als »ein Werk, das von höchstem Einfühlungsvermögen in die z.T. neu gehobenen

Quellen getragen« sei.[69] Fünfzig Jahre später notierte sich Koselleck für seine Dankesrede zur Feier seines fünfzigjährigen Promotionsjubiläums, er habe seinerzeit von Faÿs Denunziationen nichts gewusst. Der Lektor der französischen Übersetzung von *Kritik und Krise*, Jérôme Lindon, ein ehemaliges Mitglied der Résistance, habe deshalb Zitate aus Faÿs Schriften entfernt und konsequenterweise überhaupt nur Quellenzitate zugelassen. So wurde die Ausgabe bei *Les Éditions de Minuit* zu einem französischen Essay verschlankt, »was ihre wirkung nur befördert hatte (das gegenteil in der engl. rezeption)«, wie Koselleck 2004 bemerkt.[70]

Die Schärfe der Rezension Friedrichs 1960 hat mithin nicht nur damit zu tun, dass Koselleck mit dessen kruden Thesen zu den anglo-germanischen Ursprüngen der Demokratie nichts anfangen kann. Es geht Friedrich vielmehr darum, einem jungen und augenscheinlich begabten Heidelberger Kollegen vor der englischsprachigen Fachöffentlichkeit eine politische Lektion zu erteilen. Daran lässt der Schluss der Rezension keinen Zweifel: »Inspiriert von antiliberalen und *antibürgerlichen* [dt. im Original] Affekten«, sei *Kritik und Krise* »die brillante Darstellung eines Themas, die aber eher fragwürdig wirkt, wo sie von den gewohnten Pfaden abweicht«.[71] Mit anderen Worten: Auch die amerikanische Rezeption von *Kritik und Krise* beginnt in Heidelberg und mit Carl Schmitt.

Nach dem prominenten Verriss Friedrichs gibt es erst wieder mit dem Erscheinen der Suhrkamp-Taschenbuchausgabe von 1973 eine englischsprachige Rezension von *Kritik und Krise*. Geschrieben hat sie der tschechische Sozial- und Ideenhistoriker Bedřich Loewenstein, der aus einer deutsch-jüdischen Prager Familie stammt und als Jugendlicher unter deutscher Besatzung Zwangsarbeit verrichten musste. Loewenstein erhält nach dem Prager Frühling Berufsverbot und schreibt, zunächst nur für die Schublade und für Diskussionen in Dissidentenzirkeln, selber an einer ideengeschichtlichen Analyse der Entstehung der bürgerlichen Gesellschaft.[72] »Koselleck formu-

69 Koselleck, *Kritik und Krise*, S. 182, Fn. 40.

70 Familienarchiv Koselleck (jetzt DLA Marbach), Ordner »Dr HD KriKi«, Reinhart Koselleck, handschriftl. Notiz o. D. zur Dankrede vom 23. 11. 2004 in Heidelberg.

71 Carl J. Friedrich, [Rezension zu *Kritik und Krise,*] in: *American Political Science Review* 54 (1960), S. 746-748.

72 Erschienen mehr als zehn Jahre später und nachdem Loewenstein 1979 einen Ruf an die Freie Universität Berlin angenommen hatte. Siehe Bedřich Loewenstein,

liert Fragen brillant«, heißt es in der im *Journal of Modern History* erschienenen Besprechung, »er verfügt über ein sehr reiches Feld an Quellen, die er fast schon pedantisch einsetzt, er hat einen philosophischen Geist – und doch ist seine Analyse ein Beispiel für eine hoch einseitige Deutung.« Anlass zur Kritik sieht Loewenstein ausdrücklich nicht darin, dass Kosellecks Analyse die Gegenwart durch den Blick auf die Vergangenheit reflektiere, die Vergangenheit also nicht historistisch als abgeschlossen betrachtet werde. »Aber seine Überbetonung der Parallelen mit dem 20. Jahrhundert (der Entstehung einer moralisierenden, pseudologischen Geschichtsphilosophie, die zu harter politischer Gegnerschaft und ideologischem Terror geführt habe) wird der Aufklärung nicht gerecht.« Anders als Habermas 1960 kommt Loewenstein ohne den inkriminierenden Hinweis auf Schmitt aus, weist aber die politische Pointe von *Kritik und Krise* ebenso scharf zurück: »Die Gleichsetzung von beständiger demokratisch-kritischer Reflexion mit permanenter Revolution ist Demagogie: eine kausale Beziehung zwischen Kritik und Terror muss erst noch bewiesen werden.«[73]

Koselleck hat selber in seiner Rede zum fünfzigjährigen Promotionsjubiläum rückblickend die »leicht manierierte Strenge des Argumentationsganges« von *Kritik und Krise* eingeräumt, und er macht auch in dieser Dankrede kein Geheimnis daraus, welchen Einfluss Schmitts begrifflicher Zugriff (erneut: nicht aber die damit verbundene politische Stoßrichtung) auf seine Arbeiten ausgeübt habe, insbesondere in der Studienzeit.[74] Gleichzeitig benutzt er diese Rede, um den breit gefächerten Einfluss seiner akademischen Lehrer herauszustellen. An erster Stelle wird Johannes Kühn

Der Entwurf der Moderne. Vom Geist der bürgerlichen Gesellschaft und Zivilisation, Essen 1987, sowie ders., *Der Fortschrittsglaube. Geschichte einer europäischen Idee*, Göttingen 2009.

73 Bedrich Loewenstein, [Rezension zu *Kritik und Krise,*] in: *Journal of Modern History* 48 (1976), S. 122-124.

74 Reinhart Koselleck, »Dankrede am 23. November 2004«, in: *Reinhart Koselleck (1923-2006). Reden zum 50. Jahrestag seiner Promotion in Heidelberg*, hg. v. Stefan Weinfurter, Heidelberg 2006, S. 33-60, hier S. 52. Siehe Reinhart Koselleck, Carl Schmitt, *Der Briefwechsel 1953-1983*, hg. v. Jan Eike Dunkhase, Berlin 2019, sowie das Nachwort des Herausgebers, ebd., S. 409-425; Niklas Olsen, *History in the Plural. An Introduction to the Work of Reinhart Koselleck*, New York 2012, S. 58-63; ders., »Carl Schmitt, Reinhart Koselleck and the Foundations of History and Politics«, in: *History of European Ideas* 37 (2012), S. 197-202.

erwähnt, der Doktorvater und Patenonkel, der neben der aufwendigen Edition der Akten des Speyrer Reichstags von 1529 auch das Thema Utopie und Geschichtsphilosophie in eigenen Arbeiten verfolgt hatte.[75] Über Kühns Anbiederung an das »Dritte Reich«, die

75 Siehe Johannes Kühn, »Geschichtsphilosophie und Utopie«, in: *Die Welt als Geschichte. Eine Zeitschrift für Universalgeschichte* 11 (1951), S. 1-11. In diesem Essay, Kühns Heidelberger Antrittsvorlesung im Wintersemester 1949/50, unterstreicht sich Koselleck auf S. 4: »Denn die Wirkung der unerbitterlichen Zeit mit ihrem καιρός [*kairos*], die dem Heute verwehrt, was sie dem Morgen erlaubt, die alles zersetzt, dem wir Dauer verleihen möchten, die unsere Pläne über der Ausführung ins Gegenteil verkehrt, diese ›Zeit‹ setzt der Utopist sozusagen außer Kraft. Er wünscht sie nicht zu sehen. Er plant eine Art Geschichte ohne Zeit.« Auf S. 7 spricht Kühn vom »Einbruch der Utopie in die Geschichtsphilosophie« im 18. Jahrhundert, das Thema von *Kritik und Krise* vorwegnehmend. Anders als Koselleck wollte Kühn die Geschichtsphilosophie (und damit auch »die Geschichte«) wieder auf ihre »wahren«, religiösen Ursprünge zurückführen. Siehe Johannes Kühn, *Die Wahrheit der Geschichte und die Gestalt der wahren Geschichte*, Oberursel (Taunus) 1947, sowie bereits Kühns Habilitationsschrift *Toleranz und Offenbarung. Eine Untersuchung der Motive und Motivformen der Toleranz im offenbarungsgläubigen Protestantismus*, Leipzig 1923, die einzige Schrift Kühns, auf die sich Koselleck in *Kritik und Krise* bezieht. In seinem Nachruf auf Kühn schreibt Koselleck, es sei die »Suche nach den Strukturen der Geschichte« gewesen, »die seine Lehre leitete« – eine Reverenz, die anzeigt, wie sehr er sich dem Frühneuzeithistoriker verpflichtet sieht. Weiter heißt es, auch mit Blick auf das eigene Forschungsprogramm, Kühn habe nicht nur verstanden, »weltanschauliche Systeme, geschichtsphilosophische Perspektiven oder Utopien auf ihren harten politischen Kern zu reduzieren«, sondern habe auch »geschichtliche Verlaufsformen, besonders der Revolution« untersucht. »Dabei berücksichtigte er die geographischen Vorgegebenheiten, unter deren Handlungszwängen sich die Bewegungen unserer Geschichte vollziehen. Zunehmend zielte er auch auf strukturelle Zusammenhänge, die die Geschichte über Jahrhunderte oder gar Jahrtausende hinweg als Einheit erkennen lassen.« Reinhart Koselleck, »Zum Tode von Johannes Kühn«, in: *Ruperto Carola* 51 (1973), S. 143 f., hier S. 143. Nicht erwähnt werden Kühns Schriften aus dem »Dritten Reich«, etwa »Über den Sinn des gegenwärtigen Krieges« in der von Karl Haushofer herausgegebenen *Zeitschrift für Geopolitik* 17 (1940), S. 57-62, 20 (1943), S. 252-256, erstmals vorgetragen auf Vorlesungen im Wintersemester 1939 an der TH Dresden und 1940 auch als eigenständige Broschüre erschienen. Kühn, *Über den Sinn des gegenwärtigen Krieges* (= Schriften zur Geopolitik, 19] Heidelberg 1940. Der letzte Absatz (ebd., S. 72) lautet: »Krieg und Revolution – wenn wir den Krieg gewonnen haben, steht die weitere Aufgabe vor uns, die Revolution zu gewinnen, d. h. die neue Volksordnung zu befestigen. Auch um sie wird gekämpft, nicht nur um die deutsche, sondern um die Völkererneuerungsbewegung rund um die Welt.« Laut einer von Koselleck vermutlich 1995 hinzugefügten Notiz hat er die Broschüre im Frühjahr

Victor Klemperer in seinen Tagebüchern dem befreundeten Kollegen an der TH Dresden vorwirft, schweigt Koselleck. Genannt wird weiter der aus der Emigration zurückgekehrte Karl Löwith und die überragende Bedeutung von *Weltgeschichte und Heilsgesche-*

1941 als Geschenk von Kühn erhalten, als er sich in Homburg in der militärischen Ausbildung befand. Siehe dazu oben, Kap. 1, S. 32.

Die Vorwürfe in Victor Klemperers 1995 erschienenen Tagebüchern gegen Kühn (die beiden waren eng befreundete Kollegen an der TH Dresden, auch die Ehefrauen Lucie Kühn und Eva Klemperer standen sich nahe) veranlassten Koselleck, dessen Schriften aus der Kriegs- und Nachkriegszeit erneut zu lesen. In seinem Tagebuch notierte Klemperer am 16. August 1936: »Johannes Kühn aber, den ich immer für einen intakten Menschen und ernstlich denkenden Kopf hielt, der Professor der Geschichte Johannes Kühn hat in der Sonntagsnummer der ›Dresdener NN‹ (16. August) einen kurzen Artikel zum 150. Todestag Friedrichs des Großen. Darin nennt er ihn auf 100 Zeilen zweimal mit Nachdruck ›einen nördlich-germanischen Menschen‹. Seine Philosophie sei zeitübernommen und belanglos; dahinter stehe der germanische Glaube an ein Höheres und Jenseitiges; seine Hinneigung zum Französischen sei die typische Form- und Südsehnsucht des nördlichen Germanen. – Wenn es einmal anders käme und das Schicksal der Besiegten läge in meiner Hand, so ließe ich alles Volk laufen und sogar etliche von den Führern, die es vielleicht doch ehrlich gemeint haben könnten und nicht wußten, was sie taten. Aber die Intellektuellen ließe ich alle aufhängen, und die Professoren einen Meter höher als die andern; sie müßten an Laternen hängen bleiben, solange es sich irgend mit der Hygiene vertrüge.« Klemperer, *Ich will Zeugnis ablegen bis zum letzten. Tagebücher 1933-1941*, hg. v. Walter Nowojski unter Mitarb. von Hadwig Klemperer, Berlin 1995, S. 296. Zu einem Gespräch mit dem Theologen Friedrich Delekat notiert Klemperer am 17. 9. 1941 (ebd., S. 667): »Von Kühn und seiner Kriegsbroschüre – *ich* nannte Kühn einen Verräter an seiner Wissenschaft – Kühn [so Delekat] sei innerlich ›Skeptiker‹, er habe sich ein wenig vom Zeitstrom treiben lassen, verkehre viel mit Offizieren, habe deren Meinung wiedergegeben, sei jetzt wohl schon davon abgekommen. Kühns Frau als kinderlos im Arbeitsdienst (beachte zur LTI Arbeitseinsatz), als Bibliothekarin bei Zeiss-Ikon. (Dort gibt es eine ganze isolierte Judenabteilung) [...].« Bei der Aufführung von Lessings »Nathan der Weise« im Provisorium der Dresdner Bühnen am 10. Juli 1945 traf Klemperer unter den geladenen Gästen »zu meinem höchsten Erstaunen und mich begrüßend, als wären wir gestern das letzte Mal zusammengewesen und dieses Zusammentreffen das allerselbstverständlichste, das Ehepaar Kühn.« Und noch am 1. August 1945 notiert er: »Den Punkt, an dem meine Beglücktheit ins Gegenteil umschlug, kann ich auf die Minute angeben u. habe das wohl auch getan: als ich Kühn beim festlichen Nathan sah u. neben [Christian] Janentzky [1922 bis 1952 Professor für Germanistik an der TH Dresden] saß.« Victor Klemperer, *Und so ist alles schwankend. Tagebücher Juni bis Dezember 1945*, Berlin 1996, S. 41, 63. Koselleck hat das gesamte Tagebuch Klemperers als zeit- und begriffshistorische Quelle intensiv durchgearbeitet.

hen für das eigene Denken. Löwith ist neben Schmitt der einzige seiner Lehrer, für dessen Festschrift er einen Beitrag schreibt, »Historia Magistra Vitae«, einen seiner wichtigsten Aufsätze. Koselleck erinnert auch an Alfred Weber in der Soziologie, bei dem er (»noch in der Gegenwart von Else Jaffé-Richthofen«, die später auch bei Kosellecks Antrittsvorlesung zugegen war) sein Referat zur Jakobinerherrschaft, aber auch weitere zu »Marxens Weg zum Kommunismus« und zu Thomas Hobbes hielt. Anregungen (nicht zuletzt die Metapher der »Pathogenese« im Untertitel von *Kritik und Krise*) erhalten habe er auch von dem medizinischen Anthropologen Viktor von Weizsäcker, dem Psychologen Willy Hellpach und dem Philosophen Franz-Josef Brecht, für den Koselleck Referate zu Heidegger, Burckhardt und Hegel verfasst hat, sowie von Hans-Georg Gadamer, wie Löwith ein Schüler Heideggers, den Gadamer regelmäßig in seine Kolloquien einlud. Und Koselleck nennt Hannah Arendt, deren Studie *Elemente und Ursprünge totaler Herrschaft* zwar erst 1955 auf Deutsch erschienen sei, die er aber nachträglich in die Druckfassung von *Kritik und Krise* aufgenommen habe.

Klemperers auf den Tag genaue Aufzeichnungen dienten ihm offensichtlich auch zur eigenen Erinnerung. Auf einer leeren Seite von Klemperer, *Tagebücher 1933-1941*, notiert er: »Einnahme von Kiew 20.9. = meine Ankunft im Osten!« Zu den Kühn betreffenden Stellen gibt es zahlreiche Randbemerkungen. Siehe auch Familienarchiv Koselleck (jetzt DLA Marbach), Mappe »J Kühn Varia«, Johannes Kühn, »Zum 150. Todestag von Friedrich d. Gr.«, Typoskript des Artikels für die *Dresdner Neueste Nachrichten*, 16.8.1936; Reinhart Koselleck an Gerald Wiemers (Universitätsarchiv Leipzig), 14.3.2000, wo er den Vorwurf Klemperers, Kühn sei ein Rassist und Nationalsozialist gewesen, zurückweist. »Klemperer, mit dem Kühn offensichtlich persönlich und geistig in enger Beziehung gestanden hatte, zitiert einen Aufsatz von Kühn, der zum 150-jährigen Todestag von Friedrich dem Großen in Dresden erschienen war. Da sprach Kühn ganz im Sinne der Nord-Süd Deutungsideologie der 20er Jahre, die auch Klemperer teilte, von dem nördlichen Charakter Friedrichs und seiner Sehnsucht nach der romanischen Form. Dieses zunächst im Tagebuch korrekt wiedergegebene Zitat wird kurz darauf in ›nordisch‹ verwandelt, wodurch Kühn zu einem Rassisten wurde, der er niemals gewesen ist.« Siehe Klemperer *Tagebücher 1933-1941*, S. 313, »nördlich«, und S. 313: »Wir nahmen auf der Rückfahrt Frau Kühn ein Stück in unserm Wagen mit. Sie fiel in schwerer Erschütterung Eva mit Tränen um den Hals und machte ihr eine wirkliche Liebes- und Treueerklärung (nachdem sie vor Monaten hier unsere politische Verbitterung etwas kühl aufgenommen und nachdem ihr Mann die nordische Seele Friedrichs des Großen entdeckt hatte.« Koselleck notiert am Rand: »nördlich! cf. 296«. Laut der Mitgliederkartei im Bundesarchiv gehörte Kühn nicht der NSDAP an.

Diese und andere Einflüsse, so die Dankrede, gehalten zwei Jahre vor seinem überraschenden Tod, treten aber in der öffentlichen Wahrnehmung zurück hinter der Liaison mit Schmitt. Und Koselleck spricht erstmals öffentlich vom Stigma der Habermas-Rezension aus dem Jahr 1960: »So wurde, wer sich bei Carl Schmitt bedankt, zum Sprachrohr von Carl Schmitt abgestempelt. So wurde, wer Verschwörungstheorien aus dem 18. Jahrhundert zitiert, selbst ein Verschwörungstheoretiker. So wurde, wer einen politischen oder einen moralisch inspirierten Dualismus kritisiert, selbst ein Dualist. Das Gegenteil ist freilich der Fall: Gerade die gegenseitige Angewiesenheit von Politik und Moral war die normative Implikation meiner Thesenführung. Auf dem Ausweis der polemischen Gegenüberstellung beider Größen beruhte ja meine Kritik an der Utopie, hinter der mauvaise foi oder Hypokrisie lauern: Die utopischen Zukunftsentwürfe, mit deren Verwirklichung die Fürsten als Tyrannen verschwinden würden, weshalb es auch keine Tyrannei mehr geben werde, also auch die Kriege dauerhaft beendet würden, ja schließlich dass der Staat selbst von friedliebenden Bürgern zum Verschwinden gebracht würde (bei den Illuminaten, bei Mercier, dann bei Fichte, endlich bei Marx und Engels): All diese, wie wir inzwischen wissen, gefährlichen und bluttrachtigen Illusionen folgten ja gerade aus dem Missverhältnis, Moral ohne Politik oder Politik ohne Moral zu denken oder zu vollstrecken.«[76]

Koselleck geht es nach eigener Lesart in den 1950er Jahren darum, aufzuzeigen, wie die utopische Geschichtsphilosophie auch die antagonistische Situation des Kalten Kriegs bestimmt – des globalen Bürgerkriegs zwischen einer kommunistischen und einer liberalen Weltordnung. Wie Jacob Talmon in *Origins of Totalitarian Democracy*, geschrieben in Jerusalem etwa zur gleichen Zeit wie *Kritik und Krise* und von Koselleck enthusiastisch besprochen, sucht er die Ursprünge der Gewaltgeschichte des 20. Jahrhunderts in der Aufklärung und im Revolutionszeitalter.[77] Es ist das ideologische Potenzial globaler Selbstzerstörung im Atomzeitalter, das Koselleck politisch umtreibt, nicht aber Schmitts nachträgliche geopolitische Begründung der NS-Lebensraumideologie, die im Begriff des »Weltbürgerkriegs« mitschwingt, den Koselleck in *Kritik und Krise*,

76 Koselleck, »Dankrede am 23. November 2004«, S. 55 f.

77 Reinhart Koselleck, »Der Ursprung der Moderne«, in: *Neue Politische Literatur* 8 (1963), S. 863-866.

aber auch in den späteren Aufsätzen in *Vergangene Zukunft* bewusst nicht verwendet.

Wie eine Flaschenpost aus der versinkenden Welt des ideologisch gespaltenen Nachkriegs taucht *Kritik und Krise* 1988 in englischer Übersetzung auf. Im Vorwort zu dieser Ausgabe, geschrieben im September 1987, formuliert Koselleck, ihm sei es seinerzeit darauf angekommen, die historischen Voraussetzungen des deutschen Nationalsozialismus zu untersuchen, »dessen Verlust an Wirklichkeitsnähe, dessen utopische Selbstüberhöhung zu Verbrechen geführt hatte, die bis dahin unbekannt waren«. Ein anderes Motiv sei der Kalte Krieg gewesen. »Auch diesen suchte ich auf seine utopischen Elemente hin zu befragen, die beide Supermächte gegenseitig daran hinderten, sich als Gegner anzuerkennen. Beide Mächte blockierten sich gegenseitig, sie machten einen Frieden unmöglich, den sie mit selbstbewußtem Alleinvertretungsanspruch durchzusetzen suchten. Die gemeinsame Wurzel dieses moralisch und geschichtsphilosophisch legitimierten Ausschließungsanspruchs suchte ich in der Aufklärung, auf die sich beide, die liberaldemokratische USA und die sozialistische UdSSR, zu Recht berufen konnten. Die politische Ausgangsfrage der Studie richtete sich also darauf, die neuzeitliche Utopie aus ihren Entstehungsbedingungen heraus zu erklären.«[78] Die Utopiekritik entspringt bei Koselleck einem anderen Erfahrungshintergrund als bei Schmitt; sie zielt auf die Anerkennung von Differenz und Konflikt und gerade deshalb auf Ausgleich und Kompromiss statt Negation und Ausmerze.[79]

Kosellecks Historik kann folglich als eine Form politischer Theorie begriffen werden.[80] Was er später über seinen Freund Furet schreibt, gilt auch für ihn: »Die historischen Kategorien – wie Geschichte selbst, Freiheit, Fortschritt, Verfassung, Totalitarismus, Klasse, Notwendigkeit, zufällige Umstände –, derartige Begriffe reduziert er nicht auf außersprachliche Interessen, auf ökonomische Vorgaben oder gar Determinanten. Vielmehr werden solche

78 Koselleck, »Preface to the English Edition«, in: ders., *Critique and Crisis*, S. 1, hier zit. n. dt. Orig., DLA Marbach, A: Koselleck, Prosa. Vor- und Nachworte: »Vorbemerkung«, Bielefeld 1987, S. 1.

79 So auch das Argument von Gennaro Imbriano, *Der Begriff der Politik. Die Moderne als Krisenzeit im Werk von Reinhart Koselleck*, Frankfurt/M. 2018.

80 Kari Palonen, *Die Entzauberung der Begriffe. Das Umschreiben der politischen Begriffe bei Quentin Skinner und Reinhart Koselleck*, Münster 2004, S. 309.

Kategorien auf ihre politische Logik hin überprüft, und sie werden daraufhin befragt, wie sie in das Tun und Lassen der Menschen eingehen, wie sie Leiden und Erfahrung strukturieren. Damit eröffnet sich Furet eine so alte wie immer neue Dimension der Geschichte – oder findet sie mit Hannah Arendt wieder –, die des Handelns und einer Ereignisse produzierenden Politik.«[81] Koselleck sieht sich deshalb nicht als Gegner, sondern als »Aufklärer der Aufklärung«, wie sein Studienfreund Ivan Nagel in seiner Gedenkrede formuliert, eine Wendung Kosellecks aufgreifend.[82]

Die politische Theorie Kants und die Schmitts, aufgeklärter Liberalismus und Antiliberalismus, erleben ein erstaunliches Revival im Zuge der Neuvermessung der Welt am Ende des 20. Jahrhunderts. *Kritik und Krise*, begonnen als historische und theoretische Auseinandersetzung mit Kants Kritiken, bewegt sich genau in diesem Spannungsfeld. Es ist aber Habermas' Studie *Strukturwandel der Öffentlichkeit*, die nach dem Ende des Kalten Kriegs zum weltweit vielzitierten Schlüsselwerk aus der westdeutschen Nachkriegszeit aufsteigt. Für die neuen Kant-Enthusiasten nicht nur in der englischsprachigen Welt, die »bürgerliche Öffentlichkeit« und »Zivilgesellschaft«, »Menschenrechte« und »Weltbürgerrecht«, mithin die aufgeklärte Begriffssprache des späten 18. Jahrhunderts, für eine Zeit nach dem Kollaps des globalen Sozialismus entdecken, ist *Kritik und Krise* zu aufklärungskritisch, zu nah bei Schmitt.[83] Umgekehrt klingt Koselleck vielleicht nicht schmittianisch genug für radikale Kritiker des normativen Liberalismus der 1990er Jah-

81 Koselleck, »Laudatio auf François Furet«, S. 298.

82 Ivan Nagel, »Der Kritiker der Krise. Über den Historiker Reinhart Koselleck«, in: *Neue Zürcher Zeitung*, 8./9. 1. 2006; DLA Marbach, A: Koselleck, Reinhart Koselleck an Stephen Holmes, 30. 5. 1989.

83 Siehe etwa Margaret C. Jacob, *Living the Enlightenment. Freemasonry and Politics in Eighteenth-Century Europe*, New York 1991, S. 14 f. zu Koselleck und Furet; Jean L. Cohen, Andrew Arato, *Civil Society and Political Theory*, Cambridge, Mass. 1992, v. a. Kap. 5: »The Historicist Critique. Carl Schmitt, Reinhart Koselleck and Jürgen Habermas«; William E. Scheuerman, »Unsolved Paradoxes. Conservative Political Thought in Adenauer's Germany«, in: John P. McCormick (Hg.), *Confronting Mass Democracy and Industrial Technology. Political and Social Theory from Nietzsche to Habermas*, Durham 2002, S. 221-242, insbes. S. 234-240, dort auch zur »devastating effectiveness« von Habermas' Kritik an Koselleck, die auch die Rezeption von *Kritik und Krise* in der englischsprachigen Welt beeinflusst habe.

re.[84] Wozu auch brauchen beide Seiten, die neuen Liberalen und ihre Kritiker, eine Theorie geschichtlicher Zeiten, nachdem die Geschichte ihr Ziel, die endlose Gegenwart der liberalen Moderne, erreicht hat?

Begriffsgeschichte im Methodenstreit

Kosellecks besondere Stellung im intellektuellen Leben der alten Bundesrepublik gründet nicht nur auf *Kritik und Krise*. In der eigenen Zunft anerkannt und auf einen historischen Lehrstuhl berufen wird er erst mit der Heidelberger Habilitationsschrift *Preußen zwischen und Reform und Revolution*, aufgrund der umfangreichen Archivarbeit und Methodenvielfalt vielleicht sein wichtigstes historisches Buch, das aber bislang nur ins Italienische übersetzt wurde.[85] Darüber hinaus gibt Koselleck zusammen mit Otto Brunner und Werner Conze die *Geschichtlichen Grundbegriffe* heraus und formuliert die Einleitung. Brunner scheidet früh aus gesundheitlichen Gründen aus und steuert nur einen Artikel (»Feudalismus, feudal«) bei. Conze hat die *Geschichtlichen Grundbegriffe* angeschoben und auch einige sozialhistorische Grundlinien eingezogen, nicht zuletzt den Fokus auf dem Übergang vom Stand zur Klasse in den Dekaden um 1800. Der deutlich jüngere Koselleck ist aber zweifellos und auch nach außen sichtbar der programmatische Kopf des Lexikons. Einige der zeittheoretischen Überlegungen in *Vergangene Zukunft* zu einzelnen Begriffen wie »Revolution« oder »Geschichte« beruhen auf dem umfangreichen empirischen Material der Habilitationsschrift und der Lexikonarbeit. Koselleck entwirft die historischen Verlaufsthesen zum Lexikon und einige wichtige methodische Aufsätze, die so wie das Preußen-Buch exemplarisch vorführen, wie sich Begriffsgeschichte und Sozialgeschichte wech-

84 Siehe beispielsweise die Beiträge in Chantal Mouffe (Hg.), *The Challenge of Carl Schmitt*, London 1999; sowie dies., *Über das Politische. Wider die kosmopolitische Illusion*, Frankfurt/M. 2007.

85 Willibald Steinmetz, »Nachruf auf Reinhart Koselleck«, in: Joas, Vogt (Hg.), *Begriffene Geschichte*, S. 57-83, hier S. 68. Aufgrund der schlechten Verkaufszahlen von *Futures Past* ließ Columbia University Press eine geplante Übersetzung des Preußen-Buchs fallen (Columbia UP hatte die Rechte an *Futures Past* von MIT Press erworben). Korrespondenz des Verf. mit Keith Tribe, 22. 6. 2015.

selseitig ergänzen können. Koselleck übernimmt die Redaktion von fünf der insgesamt sieben Bände (Conze nur von zwei) und steuert fast 600 Druckseiten zum Lexikon bei – mehr als jeder andere Autor, einschließlich Conzes (circa 400 Seiten).[86] In der Wahrnehmung der deutschen Öffentlichkeit der 1970er und 1980er Jahre ist Koselleck mithin beides: ein etablierter Begriffs-, Sozial- und Rechtshistoriker, insbesondere der Geschichte Preußens, aber auch ein intellektueller Grenzgänger, der gleichzeitig im Arbeitskreis für moderne Sozialgeschichte und in der Forschungsgruppe »Poetik und Hermeneutik« zu den führenden Köpfen zählt. Koselleck streitet sich mit Wehler sozial-, begriffs- und verfassungshistorisch über den deutschen Sonderweg im »langen« 19. Jahrhundert und erinnert an die föderalen Strukturen in der deutschen Geschichte. Zugleich provoziert er Habermas zu einem sozialphilosophischen Gegenentwurf zu *Kritik und Krise*. Koselleck überspringt scheinbar mühelos die Grenzen der Disziplinen und gehört ganz unterschiedlichen Gesprächskreisen und Netzwerken an. Das macht ihn zum idealen Herausgeber der *Geschichtlichen Grundbegriffe*, markiert aber zugleich seine Ausnahme- und Außenseiterposition.

Das Lexikon sorgt aber auch dafür, dass Kosellecks theoretische Reflexionen zunehmend nur als Überlegungen zur begriffsgeschichtlichen Methode wahrgenommen werden. Je mehr sein Name, besonders international, zum Synonym für die deutsche Begriffsgeschichte aufsteigt, desto stärker empfindet er das Lexikon als eine Belastung, die ihn daran hindert, anderen Forschungen nachzugehen, etwa der Ikonologie des gewaltsamen Todes oder seiner ungeschriebenen Historik.[87] In einem Interview mit dem italienischen Historiker Edoardo Tortarolo spricht er im Dezember 1988 sogar von der »Strafarbeit« für die *Geschichtlichen Grundbegriffe*, ohne sich von der Begriffsgeschichte ganz zu distanzieren. »Wenn man ein Vierteljahrhundert da hineingehängt hat, dann macht das keinen Spaß mehr, mit dieser Methode zu arbeiten, es ist langweilig für mich.«[88]

86 Siehe zum Lexikon *Geschichtliche Grundbegriffe*, oben, Kap. 1, S. 79-83, Kap. 3, S. 211-217.

87 Olsen, *History in the Plural*, S. 196. Ähnlich Helge Jordheim, »Thinking in Convergences. Koselleck on Language, History and Time«, in: *Ideas in History* 2 (2007), S. 65-90.

88 DLA Marbach, A: Koselleck, Edoardo Tortarolo, Interview mit Reinhart Kosel-

Das methodische Problem, wie sich sozial- und rechtshistorische Fragen auch mit Hilfe von diachron weit ausgreifenden Begriffsanalysen beantworten lassen, hat Koselleck für sich bereits Mitte der sechziger Jahre geklärt. *Preußen zwischen Reform und Revolution*, erschienen 1967 und auf intensiver Arbeit in deutschen und polnischen Archiven beruhend, wird auf beiden Seiten des Atlantiks als Meilenstein der Geschichtsschreibung anerkannt.[89] Dass Koselleck hier auch geschichts- und zeittheoretisch argumentiert, nimmt hingegen kaum jemand wahr. 1969 formuliert der amerikanische Historiker Mack Walker, der zwei Jahre später seine eigene bahnbrechende Studie *German Home Towns* veröffentlichen wird, die einige von Kosellecks Themen über einen noch längeren Zeitraum für den deutschen Südwesten verfolgte, in einer Rezension den Konsens in der Zunft: Man könne Kosellecks *Preußen zwischen Reform und Revolution* »zu dem halben Dutzend der wichtigsten in Deutschland seit 1945 erschienenen Studien zählen«, und dennoch bleibe eine gewisse Skepsis gegenüber seinen Thesen.[90]

In seinem Vorwort zur Taschenbuchausgabe 1975 spricht Koselleck die Rezension Walkers direkt an, wenn er auf die Aporien der preußischen Geschichte in der ersten Hälfte des 19. Jahrhunderts eingeht, für die der »rechte Zeitpunkt« der Verfassungsreform immer verpasst worden sei: entweder eilten sie der gesellschaftlichen Entwicklung voraus oder die Reformen kamen zu spät. »Das wäre

leck, Ts., o. D. [1988], 17 Bl., hier Bl. 12. Auch in einem Brief aus dem Berliner Wissenschaftskolleg an Christian Meier schreibt Koselleck, er »ersticke an Strafarbeiten (Gutachten und das restliche Lexikon)« und komme nicht zu eigenen Arbeiten. DLA Marbach, A: Meier, Reinhart Koselleck an Christian Meier, 14.5.1988.

89 Siehe Jürgen Kocka, »Reinhart Koselleck als Sozialhistoriker Preußens«, in: Manfred Hettling, Wolfgang Schieder (Hg.), *Reinhart Koselleck als Historiker. Zu den Bedingungen möglicher Geschichten*, Göttingen 2021, S. 194-207; Martin Nebelin, »Das Preußenbild Reinhart Kosellecks«, in: Hans-Christof Kraus (Hg.), *Das Thema »Preußen« in Wissenschaft und Wissenschaftspolitik vor und nach 1945* (= Forschungen zur Brandenburgisch-Preußischen Geschichte, N.F., Beiheft 12), Berlin 2013, S. 333-384.

90 Mack Walker, [Rezension zu *Preußen zwischen Reform und Revolution*,] in: *Journal of Social History* 3 (1969-70), S. 183-187, hier S. 184; ders., *German Home Towns. Community, State, and General Estate, 1648-1871*, Ithaca 1971; Siehe auch ausführlich: Jonathan Sperber, »State and Civil Society in Prussia. Thoughts on a New Edition of Reinhart Koselleck's Preussen zwischen Reform und Revolution«, in: *Journal of Modern History* 57 (1985), S. 278-296.

eine Antwort auf die Frage Mack Walkers, ob nicht meine Darstellung auch in Problemkreise einführe, die vielleicht vor 1789 oder nach 1848 vordringlicher waren als gerade im Zeitraum meiner Untersuchung. Es gibt eben Ereignisse, in denen sich durchhaltende Strukturen deutlicher werden als in anderen.«[91] Koselleck beantwortet Walkers Frage, ob nicht die von ihm freigelegten, unlösbaren Strukturprobleme Preußens in der ersten Hälfte des 19. Jahrhunderts auf die Zeit davor und danach verweisen, geschichts- und zeittheoretisch mit dem Hinweis auf die von ihm herausgearbeiteten Temporalstrukturen, die sich durchziehen oder auch retardierende Effekte zeitigen können. Gerade hierin sah der Autor von *Kritik und Krise* die Eigenart der preußischen Sozial- und Verfassungsgeschichte nach der Französischen Revolution. Auch wenn *Preußen zwischen Reform und Revolution* also von den Fachkollegen anerkannt wird und nuancierten Geschichten Preußens, etwa Christopher Clarks *Iron Kingdom* (2006), den Weg bereitet, so stößt doch die einzigartige Verbindung verschiedener methodischer Ansätze mit Kosellecks zeittheoretischen Denkfiguren kaum auf Resonanz in der Geschichtsschreibung auf beiden Seiten des Atlantiks, die theoretische Fragen entweder als Methodenprobleme ansehen oder an die Nachbardisziplinen weiterreichen.

Für Koselleck führen das Preußen-Buch und die *Geschichtlichen Grundbegriffe* vor Augen, dass die Begriffsgeschichte als Methode den Ausgangspunkt für alle möglichen historischen Fragen und Ansätze bilden könnte. Daher auch das Lexikonformat. Die Artikel bieten einen ersten Zugriff auf vergangene Begriffswelten von der Antike bis zum frühen 19. Jahrhundert – im Fall von Kosellecks Beiträgen: bis zur Gegenwart –, auf die in ihnen begriffenen Geschichten, um Verlaufshypothesen formulieren zu können, die dann in der weiteren Arbeit mit ganz unterschiedlichen Materialien bestätigt, umformuliert oder auch verworfen werden können. So hat Koselleck gearbeitet, und das eint auch die methodisch oft weiter ausgefeilten im Bielefelder Schülerkreis entstandenen Arbeiten. Jörg Fisch, Gerhard Dohrn-van Rossum, Lucian Hölscher, Willibald Steinmetz, Monika Wienfort, Ulrike Spree, Michael Jeismann und andere haben begriffsgeschichtliche Analysen für ihre

91 Reinhart Koselleck, »Vorwort zur zweiten Auflage«, in: ders., *Preußen zwischen Reform und Revolution. Allgemeines Landrecht, Verwaltung und soziale Bewegung von 1791 bis 1848*, Stuttgart 1975, S. 4-7, hier S. 6.

eigenen Studien zu ganz unterschiedlichen Themen und Fragestellungen genutzt.[92] In den letzten dreißig Jahren ist der Ansatz der *Geschichtlichen Grundbegriffe* international und in Form von eigenen Studien und Lexikonprojekten in Westeuropa, Skandinavien, Osteuropa und Russland, Indien, China und Japan, Zentral- und Südamerika und zuletzt auch in der englischsprachigen Welt aufgegriffen worden.[93] Die Begriffsgeschichte als Methode hat sich global als deutscher Export durchgesetzt und weiterentwickelt, ganz anders als von Wehler 1979 erwartet und erhofft.[94]

Für Koselleck allerdings bleibt die begriffsgeschichtliche Methode immer zurückgebunden an die Theorie. Und die theoretische Frage, um die er seit den 1950er Jahren in immer neuen Suchbewegungen kreist, die seine begriffsgeschichtlichen Analysen und auch seine Lexikonartikel leitet, zielt auf mögliche Kategorien einer historischen Epistemologie, die auf die Zeiterfahrungen der ersten Jahrhunderthälfte reagiert. Je mehr er seit den späten 1960er Jahren

92 Jörg Fisch, *Krieg und Frieden im Friedensvertrag. Eine universalgeschichtliche Studie über Grundlagen und Formelemente des Friedensschlusses*, Stuttgart 1979; Lucian Hölscher, *Weltgericht oder Revolution. Protestantische und sozialistische Zukunftsvorstellungen im deutschen Kaiserreich*, Stuttgart 1989; Gerhard Dohrn-van Rossum, *Die Geschichte der Stunde. Uhren und moderne Zeitordnungen*, Stuttgart 1992; Michael Jeismann, *Das Vaterland der Feinde. Studien zum nationalen Feindbegriff und Selbstverständnis in Deutschland und Frankreich, 1792-1918*, Stuttgart 1992; Willibald Steinmetz, *Das Sagbare und das Machbare. Zum Wandel politischer Handlungsspielräume – England 1780-1867*, Stuttgart 1993; Ulrike Spree, *Das Streben nach Wissen. Eine vergleichende Gattungsgeschichte der populären Enzyklopädie in Deutschland und Großbritannien im 19. Jahrhundert*, Tübingen 2000; Monika Wienfort, *Patrimonialgerichte in Preußen. Ländliche Gesellschaft und bürgerliches Recht 1770-1848/49*, Göttingen 2001.

93 Die »History of Political and Social Concepts Group« wurde 1998 auf Initiative von Melvin Richter und Kari Palonen gegründet; sie veranstaltet seither Jahreskonferenzen in verschiedenen Teilen der Welt und hat eine eigene Zeitschrift (*Contributions to the History of Concepts*). Siehe auch die kurzen Beiträge zu Kosellecks Rezeption in Frankreich, Spanien, Italien, der Türkei und Russland im *Forum Interdisziplinäre Begriffsgeschichte* 4:1 (2015).

94 Siehe oben, S. 252-259, sowie Willibald Steinmetz, »Vierzig Jahre Begriffsgeschichte – The State of the Art«, in: Heidrun Kämper, Ludwig M. Eichinger (Hg.), *Sprache – Kognition – Kultur. Sprache zwischen mentaler Struktur und kultureller Prägung*, Berlin 2008, S. 174-197; Jan-Werner Müller, »On Conceptual History«, in: Darrin M. McMahon, Samuel Moyn (Hg.), *Rethinking Modern European Intellectual History*, Oxford 2014, S. 74-93; Ernst Müller, Falko Schmieder, *Begriffsgeschichte und historische Semantik. Ein kritisches Kompendium*, Berlin 2016.

nach den anthropologischen Oppositionspaaren für seine Historik sucht, also gerade nach vorsprachlichen Bedingungen möglicher Geschichten, desto weniger interessiert ihn die (methodisch berechtigte) Frage, wie sich die Begriffsgeschichte sprachpragmatisch und diskursanalytisch weiten, also mit anderen Ansätzen verknüpfen lässt. Während seine Schüler und Adepten Sprache und Geschichte methodisch enger und kontrollierbarer zusammenführen, geht Koselleck den umgekehrten Weg und betont immer mehr die Eigenmacht der Sprache wie auch die Grenzen des sprachlich Begreifbaren.[95]

Koselleck folgt hier auch einer anderen Fragestellung als Conze und die meisten Autoren der *Geschichtlichen Grundbegriffe*, die ohnehin von den beiden Herausgebern nur mit Mühe dazu bewogen werden können, begriffsgeschichtlich zu arbeiten. Für Conze stellt die Begriffsgeschichte keine eigenständige Methode dar, wie er im Oktober 1977 James J. Sheehan als Antwort auf die vorab erfolgte Übersendung der Rezension der ersten beiden Bände des Lexikons versichert. Sheehan, Nachfolger von Gordon Craig in Stanford und seit der Promotionszeit mit Hans-Ulrich Wehler befreundet, schließt sich dessen skeptischem Urteil über die Begriffsgeschichte an: »Ungeachtet seiner vielen Vorzüge, überzeugt mich das Lexikon nicht davon, dass sich die Begriffsgeschichte als eigenständiger Zweig der historischen Forschung, mit eigenem Gegenstandsbereich und eigenen Methoden, etablieren wird. Es wird, denke ich, üblicherweise in den Orbit anderer Methoden gezogenen werden. Falls die Begriffsgeschichte einerseits ihre chronologische Breite behalten sollte, die Koselleck als bestimmende Eigenschaft der Methode ansieht, dann wird sie zu Auswahl und Abstraktion gedrängt und damit der Ideengeschichte ähnlich werden. Falls sie anderseits die konkrete Analyse der Verwendung eines Begriffs im

95 In einem Interview sagt Koselleck 1988, er habe in den 1960er Jahren die Begriffsgeschichte für das Lexikon im engen Bezug auf die Sozialgeschichte entwickelt und die Sprache vornehmlich als »Indikator« für einen Kriterienkatalog genommen, der sozialen Wandel anzeige. »Je länger ich mich damit beschäftigte, desto skeptischer bin ich eigentlich geworden. Man muß sagen, daß die Eigenständigkeit der Sprache mich eigentlich mehr und mehr in den Bann gezogen hat.« Diese Skepsis habe ihn zu der Position geführt, »daß die Geschichte nie identisch ist mit dem, was darüber gesagt wird«. DLA Marbach, A: Koselleck, Tortarolo, Interview mit Koselleck, Bl. 3f.

historischen Kontext leisten will, dann wird sie Teil einer intensiven und weitreichenden Analyse, die sie nur schwer von Sozial-, Politik- oder Wirtschaftsgeschichte unterscheidbar macht.«[96] Conze sieht es genauso. In seinem Antwortbrief an Sheehan beschreibt er als Minimalziel des Lexikons, »die Historiker und Sozialwissenschaftler dazu [zu] animieren, ein schärferes Bewußtsein gegenüber ihrer eigenen Terminologie zu gewinnen«.[97]

Koselleck will weder einen Rückfall in die Ideengeschichte, der in Deutschland nach 1945 das Stigma des Historismus anhängt, noch die Begriffsgeschichte als eine eigene Methode etablieren, die sich grundsätzlich von anderen historischen Zugängen unterscheidet. Aus den Begriffsgeschichten heraus entwickelt er seine Geschichtstheorie, wie er umgekehrt seine semantischen Analysen entlang der von ihm entwickelten zeit- und geschichtstheoretischen Kategorien aufschlüsselt – zunächst entlang der Verlaufsthesen der »Verzeitlichung«, »Politisierung«, »Ideologisierbarkeit« und »Demokratisierung«, später dann gruppiert um die Gegensatzpaare innen/außen, früher/später, oben/unten, die von den geschichtstheoretischen Aufsätzen in seine Lexikonartikel und Begriffsgeschichten wandern.

Dass sich Koselleck selbst in der Zeit, als die Mehrzahl der Bände des Lexikons herauskommen, längst anderen Fragen zugewandt hat, wird nach außen kaum sichtbar. So findet er sich zunehmend in der schwierigen Lage, auf internationalen Symposien und Vorträgen, Seminaren und Interviews theoretische oder methodische Positionen erklären zu müssen, die er Jahrzehnte früher entwickelt hat und die ihm jetzt zwar nicht egal sind, ihn aber auch nicht mehr umtreiben. Dazu kam, dass nur wenige seiner theoretischen Aufsätze vor 1985, als *Futures Past* erscheint, auf Englisch (oder Französisch) vorliegen, und wenn, dann nicht in *History and Theory*, sondern etwas abseitig in der soziologischen Zeitschrift *Economy and Society*, auf Initiative von Keith Tribe, der zu dieser Zeit an der Übersetzung von *Vergangene Zukunft* arbeitet.[98] Und dann ist da

96 James J. Sheehan, »Begriffsgeschichte. Theory and Practice«, in: *Journal of Modern History* 50 (1978), S. 312-319, hier S. 319.

97 Werner Conze an James J. Sheehan, 20. 10. 1977, Privatarchiv James J. Sheehan. Siehe hierzu auch Jan Eike Dunkhase, *Werner Conze. Ein deutscher Historiker im 20. Jahrhundert*, Göttingen 2010, S. 151 f.

98 Korrespondenz des Verf. mit Keith Tribe, 22. 6. 2015. Reinhart Koselleck, »Modernity and the Planes of Historicity«, in: *Economy and Society* 10 (1981), S. 166-

noch der New Yorker Politikwissenschaftler Melvin Richter, der sich in dieser Zeit intensiv, wenn auch letztlich vergeblich dafür einsetzt, die Begriffsgeschichte als historische Methode mit dem Ansatz der Cambridge School um John Pocock und Quentin Skinner zusammenzuführen.[99] Richter trifft Koselleck erstmals 1978 in Bielefeld und schlägt eine gemeinsame Konferenz mit Pocock und Skinner vor, die bereits zugestimmt hätten. Koselleck zögert mit der Zusage einer Teilnahme, an die ihn Richter jedes Jahr von neuem erinnert.[100] Auch wenn Koselleck die Arbeiten von Pocock und Skinner kaum gelesen hat, so dürfte ihm doch klar gewesen sein, dass es zwischen den beiden Herangehensweisen mehr Unterschiede als Gemeinsamkeiten gibt und dass die Unterschiede nicht nur mit der Methode (um die sich die einsetzende Debatte drehen sollte), sondern auch mit der anderen Fragestellung seiner Geschichtstheorie zu tun haben. Auch die deutschen und französischen Methodendebatten um die Begriffsgeschichte, die ebenfalls darauf abzielen, seinen Ansatz »historischer« zu machen, also sprachpragmatisch auf die situationsgebundene Verwendung von Semantiken und Argumenten in spezifischen historischen Kontexten zu begrenzen,[101] ignorieren Kosellecks parallele Suche nach den »Bedingungen möglicher Geschichten« – danach, was sich historisch wiederholt.

In seinem im November 1992 geschriebenen Vorwort für den Abschlussband der *Geschichtlichen Grundbegriffe* nimmt Koselleck einzelne methodische Kritikpunkte auf, um seine theoretischen Prämissen erneut und differenziert zu begründen. »Jeder Begriff ist sowohl einmalig, in seiner situationsbezogenen Anwendung, wie auch

183; ders., »Begriffsgeschichte and Social History«, in: *Economy and Society* 11 (1982), S. 409-427. Kein einziger Aufsatz von Koselleck erscheint in der führende Fachzeitschrift *History and Theory*, obgleich er seit 1986 zum Herausgebergremium gehört.

99 Siehe dazu oben in diesem Kap., S. 241. Darüber hinaus bemüht sich auch der finnische Politikwissenschaftler Kari Palonen um eine parallele Lesart von Kosellecks und Skinners Ansätzen. Siehe Palonen, *Die Entzauberung der Begriffe*.

100 DLA Marbach, A: Koselleck: Briefe von Melvin Richter an Reinhart Koselleck, 8.7.1978, 9.10.1978, 31.12.1980, 24.12.1981.

101 Siehe etwa Heiner Schultz, »Begriffsgeschichte und Argumentationsgeschichte«, in: Reinhart Koselleck (Hg.), *Historische Semantik und Begriffsgeschichte*, Stuttgart 1979, S. 43-74; sowie Rolf Reichardt u. a. (Hg.), *Handbuch politisch-sozialer Grundbegriffe in Frankreich 1680-1820*, 10 Bde., München 1985-2021.

wiederholbar, nicht unbegrenzt, aber doch über lange Zeiträume hinweg. Er bündelt sowohl konkrete Lagen, die er diagnostizieren hilft (deshalb sind ›Begriffe‹ keine Ideen), wie jeder Begriff zugleich eingebettet bleibt in den diachron vorgegebenen Sprachhaushalt, der sich situativ, von Tag zu Tag, ändern kann. Darüber hinaus überschreiten zahlreiche Begriffe die bisherige Erfahrung, sind Vorgriffe, die die Zukunft erschließen sollen. Jeder Begriff hat also seine eigene temporale Binnenstruktur, die nicht in der einmaligen Applikation aufgeht, sondern diese erst freigibt. Die sprachlichen Vorgaben sind zähflüssiger als die Ereignisse – oder sie eilen diesen voraus. Die Begriffe enthalten deshalb, über ihre je einmalige Anwendung hinaus, vielfache Möglichkeiten wiederholbarer Applikation und ebenso erfahrungsstiftende Potenzen. Daher ist keine Begriffsgeschichte deckungsgleich mit der sogenannten wirklichen Geschichte.«[102] Hierin liegt auch der entscheidende Unterschied zur politischen Ideengeschichte der Cambridge School. Während sich die Analysen Skinners und Pococks auf die synchrone Geschichte konzentrieren, auf das Sprachhandeln, sind die Begriffe für Koselleck selten identisch mit der politischen Ereignisgeschichte. Sie gehen den Ereignissen zeitlich voran oder liegen ihnen voraus, besitzen also eigene Vergangenheiten oder Zukünfte. »Jeder Begriff enthält seine eigene, langfristige Strukturgeschichte, in der sich Erfahrungen angesammelt haben, verändern und neue Erwartungen anmelden.« Er verteidigt auch die pragmatische Entscheidung, sich auf Grundbegriffe zu begrenzen, auf die sich alle Schichten und Parteien beziehen müssen, »um ihre unterschiedlichen Erfahrungen, ihre schichtenspezifischen Interessen, ihre parteipolitischen Programme miteinander zu vermitteln«. Als Desiderate nennt er die Einbeziehung der Elemente, »Erde«, »Wasser«, »Luft« und »Feuer«, aber auch von »Land« und »Meer« sowie von Gegenbegriffen (»Öffentlichkeit« *und* »Geheimnis«), sodann von Übersetzungsvorgängen von Begriffen, die in verschiedenen Sprachen zirkulieren,[103] und von Metaphern, wie sie Hans Blumenberg gefordert hat.

102 Reinhart Koselleck, »Vorwort,« in: *Geschichtliche Grundbegriffe*, Bd. 7, Stuttgart 1992, S. v-viii, hier S. vi-vii.

103 Siehe Reinhart Koselleck u. a., »Drei bürgerliche Welten? Zur vergleichenden Semantik der bürgerlichen Gesellschaft in Deutschland, England und Frankreich«, in: Hans-Jürgen Puhle (Hg.), *Bürger in der Gesellschaft der Neuzeit*, Göttingen 1991, S. 14-58; Jörn Leonhard, *Liberalismus. Zur historischen Semantik eines europäischen Deutungsmusters*, München 2001.

An der theoretischen Prämisse, begrifflich sedimentierte geschichtliche Erfahrungen der historischen Erkenntnis zugänglich zu machen, hat sich für Koselleck aber nichts geändert. Aufgabe sei es gewesen, die »Wende zu *unserer* Neuzeit, gespeist aus langfristigen Vorgaben, begrifflich und begriffsgeschichtlich aufklären zu helfen«.[104] Mehr noch als die Methode trennt also die Fragestellung einer theoretischen Erschließung der als krisenhaft erlebten Gegenwart, der Erfahrungen des 20. Jahrhunderts, Koselleck von den beiden Cambridge-School-Historikern der politischen Sprache der frühen Neuzeit. Das Gleiche gilt für die französische *Annales*-Schule der zweiten und dritten Generation – von Fernand Braudel bis Philippe Ariès –, die in den Themen, etwa der Geschichte der Zeit oder des Todes, auf den ersten Blick Kosellecks historischer Anthropologie nahezustehen scheinen, deren Fluchtpunkt aber nicht auf den Brüchen, Rissen, Disruptionen der modernen Zeiterfahrungen liegt, sondern auf der langen Dauer und Kontinuität französischer Geschichte *vor* dem Revolutionszeitalter und den beiden Weltkriegen, so als bewege sich die historische Zeit weiterhin in den gleichsam naturhaften, sich kaum ändernden zeitlichen Rhythmen des Mittelmeerraums.[105]

Im Dezember 1992 gelingt es Richter, Koselleck endlich für ein Symposium zum Abschluss der *Geschichtlichen Grundbegriffe* am Deutschen Historischen Institut in Washington, D.C. zu gewinnen, das ihn erstmals direkt ins Gespräch mit Pocock bringen wird. Ironischerweise erweist sich die Sprache als größtes Verständigungshindernis. Pocock, ein Jahr jünger als Koselleck und in Neuseeland aufgewachsen, liest (so wie auch Skinner) kein Deutsch und kennt Kosellecks Arbeiten nur aus den Berichten Richters. Wie bereits erwähnt, hat umgekehrt Koselleck kaum etwas von Pocock gelesen.[106]

104 Koselleck, »Vorwort,« in: *Geschichtliche Grundbegriffe*, Bd. 7, S. vii, meine Hervorhebung, SLH.

105 So auch die Kritik an Braudel, der *Annales*-Schule und dem französischen Strukturalismus der Nachkriegszeit bei Kristin Ross, *Fast Cars, Clean Bodies. Decolonization and the Reordering of French Culture*, Cambridge, Mass. 1995, S. 10.

106 Kosellecks Bibliothek (jetzt im DLA Marbach) enthält drei Bücher von John Pocock: *The Machiavellian Moment*, Princeton 1975, das ihm 1979 vom Verlag auf Veranlassung von Melvin Richter geschickt wurde; *Virtue, Commerce, and History*, Cambridge 1985, das Koselleck von Pocock erhielt, und *Politics, Language, and Time* (die Ausgabe von 1971), das Richter Koselleck 1986 schenkt (mit einer

In seinem Kommentar zu den *Geschichtlichen Grundbegriffen* äußert sich Pocock skeptisch, auch wenn er sich nicht *in toto* dem kritischen Urteil Skinners anschließt, der 1987 erklärt hat, eine diachrone Geschichte von Begriffen sei unmöglich, möglich sei allein eine Rekonstruktion ihrer Verwendung in konkreten historisch-politischen Situationen.[107] Umgekehrt kann Koselleck, wie er später Richter gesteht, Pocock in der Diskussion spontan kaum antworten, weil er dessen englische Aussprache (eine eigenwillige Mischung aus Neuseeländisch und Cambridge) nur schwer versteht. Aber selbst Jahre später, als Koselleck eine formale Antwort auf Pococks schriftlichen Kommentar verfasst, geht er nur widerwillig auf die Einwände ein, die er für sich schon vor Jahren erledigt zu haben glaubt.[108] So existieren die anglophone Geschichte politischer Ideen und die deutsche Begriffsgeschichte mit wenigen Ausnahmen auch nach dem Symposium weiter in methodischen Paralleluniversen, ungeachtet Richters Bemühungen, beide Ansätze methodisch zu verknüpfen.[109]

Ein Grund für dieses wechselseitige Nichtverstehen könnte sein, dass die theoretischen Fluchtlinien von Kosellecks Begriffsgeschichten in der Gegenwart des späten 20. Jahrhunderts liegen. In diesem Erklärungsanspruch haben sie mehr mit Foucaults diskursanalytischen Genealogien gemein als mit dem historisierenden Ansatz der Cambridge School.[110] Für seine Vorlesungen zur Gou-

Widmung Pococks für Richter). Koselleck hat anscheinend nur die Einleitung zu *Virtue, Commerce and History* gelesen sowie das Kapitel »Languages and their Implications« in *Politics, Language and Time*. Kein Buch von Quentin Skinner findet sich in Kosellecks Bibliothek, dafür aber einige fotokopierte Aufsätze, die Skinner ihm 1984 geschickt hat. DLA Marbach, A: Koselleck, Quentin Skinner an Reinhart Koselleck, 12. 11. 1984.

107 DLA Marbach, A: Koselleck: Melvin Richter an Reinhart Koselleck, 19. 11. 1987. Siehe auch Melvin Richter, *The History of Social and Political Concepts. A Critical Introduction*, Oxford 1997; sowie Palonen, *Die Entzauberung der Begriffe*.

108 »As my previous comments indicate, I dealt with the issues he raises already a long time ago.« Reinhart Koselleck, »A Response to Comments on the *Geschichtliche Grundbegriffe*«, in: Hartmut Lehmann, Melvin Richter (Hg.), *The Meanings of Historical Terms and Concepts*, Washington, D.C. 1996, S. 59-70, hier S. 65. Der Satz fehlt im dt. Orig.: Koselleck, »Offene Fragen an die ›Geschichtlichen Grundbegriffe‹« [November 1995]. Familienarchiv Koselleck (jetzt DLA Marbach), Ordner »Politische Semantik«.

109 Siehe aber Steinmetz, *Das Sagbare und das Machbare*.

110 Reinhart Koselleck, »Probleme der Relationsbestimmung der Texte zur revo-

vernementalität am Collège de France 1978-1979, vor allem für den Abschnitt zum Verhältnis von Staat und bürgerlicher Gesellschaft, stützt sich Foucault offenbar auf Artikel aus den *Geschichtlichen Grundbegriffen*.[111] Von Koselleck hört er zuerst 1977, zwei Jahre vor der Veröffentlichung der französischen Übersetzung von *Kritik und Krise*, von Walter Seitter bei einem Treffen mit Pasquale Pasquino und den Merve-Verlegern Heidi Paris und Peter Gente in Paris.[112] Begegnet sind sich die beiden nie.

Hayden White und Saul Friedländer

Auch wenn Kosellecks gegenwartsbezogene Fragestellung näher bei Foucault als bei Pocock oder Skinner liegt, so trennt ihn doch sein Beharren darauf, Texte nicht für die Realität zu nehmen, sondern stattdessen an der Differenz von Sprache und vergangener Wirklichkeit festzuhalten, methodisch von der Diskursanalyse.[113] Diese Differenzbestimmung führt Koselleck zu den geschichtstheoretisch-anthropologischen Überlegungen zu Zeiterfahrungen im Nationalsozialismus, nur aus dieser Differenz heraus ist beispielsweise

lutionären Wirklichkeit«, in: ders., Rolf Reichardt (Hg.), *Die Französische Revolution als Bruch des gesellschaftlichen Bewußtseins*, München 1988, S. 664-666. Siehe auch Jason Edwards, »The Ideological Interpellation of Individuals as Combatants. An Encounter Between Reinhart Koselleck and Michel Foucault«, in: *Journal of Political Ideologies* 12 (2007), S. 49-66; Elías Palti, »Koselleck – Foucault: The Birth and Death of Philosophy of History«, in: Concha Roldán u. a. (Hg.), *Philosophy of Globalization*, Berlin 2018, S. 409-422.

111 Michel Foucault, *Die Geburt der Biopolitik. Geschichte der Gouvernementalität II*, Frankfurt/M. 2004, S. 433, Fn. 27-30 zu Manfred Riedel, »Gesellschaft, bürgerliche«, in: *Geschichtliche Grundbegriffe*, Bd. 2, Stuttgart 1975, S. 719-800. Foucault endet die Vorlesungen so: »Und was schließlich ist der Marxismus, wenn nicht die Suche nach einer Art von Gouvernementalität, die sich natürlich nach einer Rationalität ausrichtet, aber nach einer Rationalität, die sich nicht sauber als Rationalität individueller Interessen darstellt, sondern als Rationalität einer Geschichte, die sich nach und nach als Wahrheit manifestiert.« (Ebd., S. 429)

112 Kassettenaufnahme des Treffens im Besitz des Merve Verlags. Ich danke Philipp Felsch dafür, mir diese Aufnahmen zugänglich gemacht zu haben. Siehe Philipp Felsch, *Der lange Sommer der Theorie. Geschichte einer Revolte, 1960-1990*, München 2015.

113 Koselleck, »Probleme der Relationsbestimmung der Texte zur revolutionären Wirklichkeit«, S. 664.

sein Interesse an Träumen als historischen Quellen zu erklären.[114] Hier liegt auch der Dissens mit Hayden Whites Auflösung aller Geschichtsschreibung in Erzählformen. Whites 1973 erschienenes Hauptwerk *Metahistory* wird zum Synonym für eine auf Sprachanalyse beruhende Geschichtstheorie und sorgt wie die Diskursanalyse Foucaults an den US-amerikanischen *humanities departments* des späten 20. Jahrhunderts für Furore. Koselleck nimmt 1986 eine Sammlung von Whites Aufsätzen in seine Reihe »Sprache und Geschichte« bei Klett-Cotta auf, gibt ihr, seine eigene Formulierung aus »Terror und Traum« aufgreifend, den deutschen Titel *Auch Klio dichtet oder Die Fiktion des Faktischen* und schreibt eine Einleitung, in der er konzise Whites Ansatz zusammenfasst, Geschichte als Erzählung zu analysieren.

Die Frage nach dem Zusammenhang von Historik und Poetik beschäftigt auch Koselleck.[115] Subtil, aber deutlich weist er dennoch die von White propagierte Einebnung des Unterschieds »von Sein und Sagen, von Geschehen und Erzählen, von Geschichte und Historie« zurück.[116] Auch in späteren Interviews betont Koselleck, dass die Quellenexegese es der Geschichtsschreibung ermögliche, zwischen wahren und falschen Aussagen unterscheiden zu können. Das mache sie erst zu einer Wissenschaft – ein Anspruch, an dem Koselleck zeitlebens festhält und der sich schon allein sprachlich nicht ins Englische übertragen lässt, wo »history« nicht als eine »science« gilt.[117]

Die Einebnung des Unterschieds zwischen vergangener Wirklichkeit und der Erzählung darüber wird später auch zum Streitpunkt zwischen Hayden White und Saul Friedländer auf einer von dem israelischen Historiker im Frühjahr 1990 veranstalteten Konferenz an der University of California in Los Angeles, wo Fried-

114 Siehe dazu oben, Kap. 3, S. 151-156, 166-179.

115 Reinhart Koselleck, »Vorstellung«, in: *Deutsche Akademie für Sprache und Dichtung*, Jahrbuch 1981, Göttingen 1981, S. 89-91.

116 Reinhart Koselleck, Einführung zu Hayden White, *Auch Klio dichtet oder Die Fiktion des Faktischen. Studien zur Tropologie des historischen Diskurses*, Stuttgart 1986, S. 1-6, hier S. 1 (Orig.: *Tropics of Discourse. Essays in Cultural Criticism*, Baltimore 1978). Siehe auch Reinhart Koselleck u. a. (Hg.), *Formen der Geschichtsschreibung* (= Theorie der Geschichte – Beiträge zur Historik, 4), München 1982.

117 Reinhart Koselleck, Carsten Dutt, »Geschichte(n) und Historik«, in: *Internationale Zeitschrift für Philosophie* 2 (2001), S. 257-271, hier S. 267.

länder seit 1988 unterrichtet. So wie sich Friedländer in den Jahren zuvor heftig in einem Briefwechsel mit Martin Broszat gegen dessen »Plädoyer für eine Historisierung des Nationalsozialismus« wehrt, weil er eine historiographische Normalisierung des Entsetzens der Schoah befürchtet, so widerspricht er jetzt umgekehrt Whites Idee, die historische Darstellung des Judenmords gründe allein auf der Vorentscheidung für bestimmte ästhetische Erzählformen.[118] Im Vorfeld seines zweibändigen Werks *Nazi Germany and the Jews* geht es ihm in dieser Zeit darum, methodisch und theoretisch zu klären, welche Herausforderungen eine Gesamtdarstellung der Schoah an die Historie stellt. Friedländer wehrt sich gegen zwei Tendenzen der Zeit: gegen eine diskurs- oder erzähltheoretische Auflösung vergangener Wirklichkeit (White) und gegen eine Historisierung des »Dritten Reichs« (Broszat), die die Singularität des Erfahrungsbruchs von Auschwitz verwischt. Friedländer ringt hier also mit methodischen, theoretischen und moralischen Fragen, die sich zu dieser Zeit auch Koselleck stellt.

Zur Konferenz »Nazism and the ›Final Solution‹. On the Limits of Historical and Artistic Representation« lädt Friedländer auch Koselleck ein, den er im November 1985 am Berliner Wissenschaftskolleg kennengelernt hat, wo sie über eine andere von Friedländer geplante Tagung gesprochen haben, bei der es um die Frage gehen soll, ob ein kollektives Gedächtnis eine »stabilisierende Kraft« zu entfalten vermag. Diese Frage wird beide fortan begleiten, und sie werden sie unterschiedlich beantworteten – Koselleck skeptisch, Friedländer vorsichtig optimistisch. Und sie haben in Berlin auch über ihre unterschiedlichen Erfahrungen im Zweiten Weltkrieg gesprochen, den Friedländer, 1932 in eine Prager deutsch-jüdische Familie geboren und aufgewachsen im Vichy-Frankreich, nur überlebt hat, weil seine Eltern, die beide später in Auschwitz ermordet wurden, ihn unter falschem Namen in einem katholischen Internat versteckten.[119]

118 Saul Friedländer, *Probing the Limits of Representation. Nazism and the »Final Solution«*, Cambridge, Mass. 1992, inbes. die Einführung von Friedländer sowie die Replik von White, »Historical Emplotment and the Problem of Truth«, ebd., S. 37-53; Dan Diner, »Das kognitive Entsetzen. Über die Geltung und die Grenzen des Vergleichs von Massenverbrechen«, in: *Frankfurter Allgemeine Zeitung*, 8. 7. 2021.

119 DLA Marbach, A: Koselleck, Reinhart Koselleck an Saul Friedländer, 2. 12. 1985, 20. 12. 1985. Korrespondenz des Verf. mit Saul Friedländer, 22. 1. 2022.

Wenn die Erinnerung kommt (1998, franz. Orig. 1978), Friedländers Buch über diese Kindheit und Jugend, findet sich mit zahlreichen Anstreichungen ebenso in Kosellecks Bibliothek wie die zweite Auflage von *Kitsch und Tod* (1986, franz. Orig. 1982), seine Auseinandersetzung mit der irritierenden Faszination, den der Nationalsozialismus auf einige westeuropäische Filmemacher und Literaten in den 1970er Jahren ausübte.

In seinem Einladungsbrief an Koselleck erläutert Friedländer, auf der Tagung in Los Angeles solle es um die »ethics of interpretation« gehen, bezogen auf die Geschehnisse im Zweiten Weltkrieg, besonders die Schoah, die bereits Gegenstand der gemeinsamen Gespräche in Berlin gewesen seien wie auch von Kosellecks Aufsatz »Kriegerdenkmale als Identitätsstiftungen der Überlebenden«, den dieser direkt nach der ersten Begegnung an Friedländer geschickt hat.[120] Koselleck sagt die Teilnahme brieflich zu und formuliert gleich seine Position: »Mit der Frage nach den Grenzen der Darstellbarkeit der sogenannten Endlösung fordern Sie eine Antwort heraus, die zu suchen notwendig, die zu finden fast unmöglich ist.« Koselleck kommt also in seinem Antwortbrief auf Überlegungen zurück, die er ein Jahr später auch in Erfurt vortragen wird.[121]

Für die Konferenz bietet Koselleck zwei Themen an, mit denen er sich schon seit langem herumschlage. »Das erste Thema würde lauten: Die Historie der ›Endlösung‹ zwischen Moral, Politik und Religion. Ich vermute, daß die Historie zugleich unter moralischen, politischen und auch religiösen Herausforderungen steht, die allesamt nicht ausreichen, um mitzuteilen, was der Fall war. Das moralische Urteil ist unentrinnbar, gewinnt aber durch Wiederholung nicht an Gewicht. Die politische oder soziale Erklärung ist auch erforderlich, greift aber in Anbetracht dessen, was der Fall war, ebenfalls zu kurz. Das Ausweichen in eine religiöse Deutung erheischt Kultformen, die sich der historischen, der moralischen und der politischen Kompetenz entziehen.« Bis heute, so Koselleck an Friedländer im Sommer 1989, sei sein Nachdenken zu dieser Frage nicht über diese aporetische Situation hinausgekommen. »Jedenfalls zielen diese Überlegungen auf die Einmaligkeit, die festzustellen sowohl Vergleiche erforderlich macht wie auch, sie

120 DLA Marbach, A: Koselleck, Saul Friedländer an Reinhart Koselleck, 14.1.1986.
121 Siehe oben, Kap. 3, S. 179, 188-193.

hinter sich zu lassen.« Ein zweites Thema beziehe sich auf die Frage der Visualisierbarkeit der sogenannten Endlösung. »Auch hier gibt es Grenzen, die kaum überschritten werden können, wenn die KZ-Denkmäler analysiert werden.« Koselleck hat seit den späten 1950er Jahren immer wieder Gedenkstätten von Konzentrationslagern besucht, nicht zuletzt auch Auschwitz.[122] Hierzu wolle er eventuell in Los Angeles vortragen. »Vor dem nächsten Frühjahr werde ich kaum Gelegenheit haben, Auschwitz noch einmal zu besuchen, aber vielleicht bekomme ich genügend Informationen, um auch diesen Komplex miteinbeziehen zu können.«[123]

Friedländer zeigt sich in seiner Antwort hocherfreut über Kosellecks Zusage. Beide Themen würden den Kern der Probleme berühren, die auf der Konferenz diskutiert werden sollen. James Young, der begonnen habe, sich mit den Denkmälern der Schoah zu beschäftigen, stelle die Frage nach den Grenzen der Darstellbarkeit (noch) nicht.[124] Das zweite Thema sei also durchaus eine Möglichkeit, selbst wenn Koselleck nicht alle die neuen Gedenkstätten und Denkmäler vorher studieren könne, die gerade im Entstehen seien. Die Fragestellung des ersten Themas, so Friedländer, sei aber so bemerkenswert klar formuliert, dass er darum bittet, die Formulierungen künftig zitieren zu dürfen.[125] Koselleck schickt daraufhin den Aufsatz »Recht, Gerechtigkeit und Geschichte« nach Los Angeles, seinen versteckten Kommentar zum Historikerstreit, in dem er die Absurdität historischer Sinnstiftung nach Auschwitz nachzuweisen sucht.

Warum Koselleck am Ende doch nicht an der Konferenz teilnimmt, geht aus dem Briefwechsel nicht hervor. An Friedländer hat es nicht gelegen.[126] Im Gegenteil, in seinem Vortrag »The Shoah in Present Historical Consciousness«, erschienen 1990, kurz vor der Konferenz in Los Angeles, zitiert er ausführlich aus Kosellecks Brief, den er nahe an seinen eigenen Überlegungen zur Singulari-

122 Siehe oben, Kap. 3, S. 222-224, 233-235.

123 Familienarchiv Koselleck (jetzt DLA Marbach), Reinhart Koselleck an Saul Friedländer, 29.6.1989; Friedländer an Koselleck, 24.5.1989.

124 James Young, *The Texture of Memory. Holocaust Memorials and Meaning*, New Haven 1993.

125 Familienarchiv Koselleck (jetzt DLA Marbach), Friedländer an Koselleck, 7.7.1989.

126 Korrespondenz des Verf. mit Saul Friedländer, 13.6.2022.

tät und Undarstellbarkeit der Schoah verortet.[127] Warum gelingt es Picassos *Guernica*, fragt Friedländer, das Grauen, die Zerstörung und das Massensterben nach dem deutschen Luftangriff auf einen friedlichen spanischen Ort in einem Bild festzuhalten, während das unfassbare Grauen der Vernichtung der europäischen Juden nicht zu einem angemessen bildlichen Ausdruck findet, vielleicht nicht finden könne? Für *Guernica* gibt Koselleck in der Diskussion nach einem Referat von Max Imdahl zehn Jahre zuvor auf einer Tagung zum Thema »Politische Ikonologie« in Bad Homburg eine vorweggenommene Antwort: die Erfahrung des gewaltsamen Massensterbens sei allenfalls dann vermittelbar, »wenn gleichzeitig Nichtaussagefähigkeit/ Nichtvermittelbarkeit« thematisiert werde.[128] Nur wenn das Nichtdarstellbare selbst zum Thema gemacht oder von historisch-dokumentarischen Informationen begleitet werde, lasse sich die spezifische Erfahrung der Vernichtungsgewalt des 20. Jahrhunderts visualisieren.

Auch bei der letzten Begegnung von Friedländer und Koselleck im Jahr 1997 auf einer vom Getty Center organisierten Konferenz am Hamburger Warburg-Haus zum Thema »Memory, History, Narrative. A Comparative Inquiry into the Representation of Crisis« geht es um die Frage nach den Grenzen dessen, was durch Sprache oder Bilder ausgedrückt werden kann, die beide hier unterschiedlich beantworten. Koselleck betont in seinem Vortrag auf der Konferenz, an der auch Martin Warnke teilnimmt, dass einschneidende, präzedenzlose Erfahrungen – sein Beispiel ist die Explosion der Atombombe 1945 in Hiroshima – nach einer neuen Sprache verlangen, obgleich den Überlebenden nur die überkommenen Worte und Begriffe zur Verfügung stehen, also auch Risserfahrungen oft in semantischen Zeitschleifen gefangen bleiben.[129] Auf dieses Thema, die zeitlichen Wiederholungsstrukturen der Semantik, kommt

127 Saul Friedländer, »The Shoah in Present Historical Consciousness« [zuerst erschienen als *The Daniel E. Koshland Memorial Lecture*, San Francisco 1990], in: ders., *Memory, History, and the Extermination of Jews of Europe*, Bloomington 1993, S. 42-63, hier S. 57; siehe dazu Olsen, *History in the Plural*, S. 273.

128 DDK – Bildarchiv Foto Marburg, Nachlass Koselleck, Konvolut 2 »Homburg-Tagung«, Mappe 382, Tagung »Politische Ikonologie« in Bad Homburg, 28. 2.-1. 3. 1980, Stichwortprotokoll, 29. 2. 1980.

129 DLA Marbach, A: Koselleck, Konvolut »Materialien zum Thema ›Erinnerung‹«, Konferenz »Memory, History, Narrative. A Comparative Inquiry into the Representation of Crisis, 3.-5. 7. 1997, Protokoll, Bl. 26 f.

Koselleck auch in anderen Vorträgen aus dieser Zeit zu sprechen. Friedländer ergänzt zustimmend in der Diskussion, dass aber auch andere Formen zur Verfügung stehen, um auf extreme Erfahrungen zu reagieren: ein Ausweichen und Schweigen oder auch Poesie und Kunst. Und manchmal könne ein historisches Dokument für sich selbst sprechen und bedürfe nicht der Nacherzählung der Historie. Dieses Verfahren hatte Friedländer selbst, so lässt sich ergänzen, in *Nazi Germany and the Jews* gerade erst zur Anwendung gebracht.[130] Auch die »wilde Erinnerung« der Überlebenden, die oft erst nach Jahren eruptiv plötzlich und chaotisch ungeordnet durchbreche (von Koselleck »Primärerfahrung« genannt und in seinen Tagebuchnotizen sprachlich festgehalten), zeuge vom bestürzenden Einbruch der Katastrophe, die erst durch die vermeintlich objektive »Historisierung« gezähmt werde. Dagegen will Friedländer, wie er auch in einem rückblickenden Gespräch erläutert, »dieses erste Gefühl, dieses Primärgefühl der Fassungslosigkeit bewahren«.[131]

Es sind diese Grenzen dessen, was sich in Sprache und Bildern überhaupt fassen lässt, die Koselleck über viele Jahre, ja Jahrzehnte beschäftigen. Seine Überlegungen zu diesem Thema bewegen ihn zu seinen Interventionen im Streit um die Berliner »Neue Wache« und das Holocaust-Mahnmal. Und sie schlagen sich nieder in seinen methodischen Reflexionen zur Begriffsgeschichte, die sich immer weiter vom methodischen und theoretischen Ausgangspunkt des Lexikons *Geschichtliche Grundbegriffe* entfernen. Wie eine verpasste Chance wirkt daher Kosellecks Abwesenheit in den intensiven Debatten, die Ende des 20. Jahrhunderts um den *linguistic turn* ausgetragen werden. In Martin Jays programmatischem Aufsatz

130 Saul Friedländer, *Nazi Germany and the Jews: The Years of Persecution, 1933-1939*, New York 1997 (dt.: *Das Dritte Reich und die Juden*, Bd. 1: *Die Jahre der Verfolgung 1933-1939*, München 1998).

131 Saul Friedländer, *Den Holocaust beschreiben. Auf dem Weg zu einer integrierten Geschichte*, Göttingen 2007, S. 104; ders., *Das Dritte Reich und die Juden*, Bd. 2: *Die Jahre der Vernichtung 1939-1945*, München 2006, S. 25. Friedländer lässt Koselleck den ersten Band nach Erscheinen der deutschen Ausgabe über den Verlag C.H. Beck schicken, den Koselleck intensiv annotiert und wie üblich mit einem eigenen Stichwortverzeichnis versieht. Siehe DDK – Bildarchiv Foto Marburg, Bibliothek Koselleck. Im Dezember 2000 schlägt Koselleck das Buch für den Preis des Historischen Kollegs vor – den dann aber Wolfgang Reinhard für *Geschichte der Staatsgewalt. Eine vergleichende Verfassungsgeschichte Europas von den Anfängen bis zur Gegenwart* (München 1999) erhält.

von 1982, »Should Intellectual History Take a Linguistic Turn?«, der das Eindringen des Französischen Poststrukturalismus in die Praxis der Geschichtsschreibung eindämmen soll, werden weder Koselleck noch die Begriffsgeschichte erwähnt. Stattdessen wird die anglophone Leserschaft in die Habermas-Gadamer-Debatte eingeführt.[132] Wenn es einen deutschen Historiker gibt, der seit den 1960er Jahren über die Frage nach dem Verhältnis von Sprache und Geschichte nachgedacht und in Auseinandersetzung mit seinem Lehrer Gadamer den Anspruch der Hermeneutik, Geschichte gehe im Text auf, zurückgewiesen hat, dann ist das Koselleck. Aber in den damaligen methodischen und theoretischen Debatten darüber, ob »die ganze Welt nur ein Text« sei, kommt Koselleck (anders als Habermas, Geertz, Derrida, Deleuze, Lacan und Foucault) in den wichtigsten Interventionen nicht vor.[133] Dabei führen diese Interventionen genau zu jenen Fragen hin, mit denen sich Koselleck zur Zeit der letzten Jahrhundertwende intensiv beschäftigt hat.

Sprache und Ereignis

Kosellecks geschichtstheoretische und begriffsgeschichtliche Aufsätze aus den 1960er und 1970er Jahren liegen auf Englisch erst seit 1985 vor, und eine Sammlung von Texten aus den 1980er und 1990er Jahren erscheint erst 2002 in Übersetzung, wobei dort wichtige Arbeiten zur Historik fehlen.[134] Dieser lückenhafte Transfer seines Werks in die englischsprachige Welt erklärt aber nur teilweise die Skepsis und Ratlosigkeit, die es dort auslöste. Ganz anders dagegen die Situation in Frankreich, wo Koselleck nicht nur mit Historikern wie Furet und Michel Vovelle, Philippe Ariès und Daniel Roche eng zusammenarbeitet. Er steuert auch einen Beitrag zur Festschrift für

132 Martin Jay, »Should Intellectual History Take a Linguistic Turn?«, in: Dominick LaCapra, Steven L. Kaplan (Hg.), *Modern European Intellectual History. Reappraisals and New Perspectives,* Ithaca 1982, S. 86-110. Koselleck wird nur beiläufig erwähnt in: Martin Jay, *Songs of Experience. Modern American and European Variations on a Universal Theme*, Berkeley 2005, S. 20.

133 Siehe Judith Surkis, »When was the Linguistic Turn? A Genealogy«, in: *The American Historical Review* 117 (2012), S. 700-722.

134 Reinhart Koselleck, *The Practice of Conceptual History. Timing History, Spacing Concepts*, Stanford 2002.

Louis Dumont bei und wird als wichtigster deutscher Geschichtstheoretiker des späten 20. Jahrhundert rezipiert – so schon 1980 von Jean Starobinski (in einer Rezension von *Vergangene Zukunft* für *Le Débat*), aber auch von Paul Ricœur in *Temps et Récit* (dt. *Zeit und Erzählung*) oder in François Hartogs *Régimes d'historicité*, einer Kritik an unserer »omnipräsenten« Gegenwart, die Kosellecks Theorie geschichtlicher Zeiten weiterdenkt.[135]

Eine Schwierigkeit der Rezeption Kosellecks in der anglophonen Welt liegt sicher in seinem ehrgeizigen Anspruch, eine neue Theorie historischen Wissens zu entwerfen und diese in eigenen historischen Arbeiten vorzuführen, also nicht bei der Theorie stehenzubleiben. Das ist seine Grundidee. Anstatt theoretische Begriffe von anderen sozial- und geisteswissenschaftlichen Disziplinen zu übernehmen, so wie es nicht nur seine Bielefelder Kollegen mit Blick auf die Ökonomie und Soziologie vorgeschlagen haben und wie es die nachfolgende Generation der Kultur- und Alltagshistoriker mit der Anthropologie oder der Diskurs- und Literaturtheorie praktizieren wird, sucht Koselleck seit der Studienzeit nach einer eigenen Theorie der Geschichte, mit der »Zeit« als Ausgangs- und Fluchtpunkt seines Nachdenkens. Die Begriffsgeschichte liefert ihm hierfür Anhaltspunkte (»semantische Befunde«), um diese Theorie der Bedingungen möglicher Geschichten zu entfalten.[136] Diese Idee, dass eine wissenschaftliche Disziplin ihre eigenen theoretischen Grundlagen benötige, kommt aus der deutschen Wissenschafts-

135 Reinhart Koselleck, »Time and Revolutionary Language«, in: Jean-Claude Galey (Hg.), *Différences, valeurs, hiérarchie. Textes offerts à Louis Dumont*, Paris 1984, S. 119-127 (Koselleck verwendet sich auch ohne Erfolg für die deutsche Übersetzung von Dumonts Schriften, insbesondere *Homo Æqualis I: genèse et épanouissement de l'idéologie économique; II: l'Idéologie allemande*, Paris 1978, siehe DLA Marbach, A: Koselleck, Briefwechsel Dumont/Koselleck, 17. 8. 1979, 18. 9. 1979); Jean Starobinski, »Un livre étranger?« in: *Le Débat* (Mai 1980), Nr. 1, S. 133; Paul Ricœur, *Zeit und Erzählung*, Bd. 3: *Die erzählte Zeit*, München 1991, S. 334-359; Hartog, *Regimes of Historicity*. Siehe auch die französischsprachige Einführung zu Kosellecks Theorie historischer Zeiten von Alexandre Escudier »Le temps de l'histoire. ›Temporalisation‹ et modernité politique. Penser avec Koselleck«, in: *Annales. Histoire, Sciences sociales* 64 (2009), S. 1267-1301.

136 Siehe John Zammito, »Koselleck's Philosophy of Time(s) and the Practice of History«, in: *History and Theory* 43 (2004), S. 124-135; Luca Scuccimarra, »Semantics of Time and Historical Experience. Remarks on Koselleck's *Historik*«, in: *Contributions to the History of Concepts* 4 (2008), S. 160-175.

tradition des 19. Jahrhunderts. Sie wirkt in postmodernen Zeiten überholt, in jedem Fall sehr deutsch. Dazu kommt die Form, in der Koselleck seine theoretischen Überlegungen präsentiert. Während Jürgen Habermas und Niklas Luhmann ihre Gesellschaftstheorien in umfangreichen systematischen Werken entwickeln, bevorzugt Koselleck den präzise formulierten Essay, um seine gedanklich nicht weniger weit ausgreifende Geschichtstheorie zu umreißen – in immer neuen Anläufen und an unterschiedlichen Materialien.

Ein Beispiel hierfür ist »Language and History«, Kosellecks Antrittsvorlesung als Lurcy Visiting Professor in Chicago, gehalten im November 1988 vor einem irritierten Publikum.[137] Zu einem Zeitpunkt, als die meisten theoretisch bewanderten Historiker von den französischen Poststrukturalisten gelernt hatten, die ganze Welt sei nur ein Text, erinnert ausgerechnet der Begriffshistoriker Reinhart Koselleck an die *vorsprachlichen* Bedingungen aller möglichen Geschichten. Aber auch die Gegenposition der Sozialhistoriker oder der Marxisten unter den Zuhörern, Sprache sei nur ein Epiphänomen der Wirklichkeit, wurde von Koselleck zurückgewiesen. Stattdessen verknüpft er in dem Vortrag seine begriffsgeschichtlichen Vorarbeiten mit den anthropologischen Kategorien seiner Historik.

Christian Meier hatte angesichts von Kosellecks langsamem und eigensinnigem Schreibtempo am Aufsatz »Erfahrungswandel und Methodenwechsel«, an dem fast die Freundschaft der beiden zerbrochen wäre, im Jahr zuvor gefragt, ob er sich für Chicago denn nicht vornehmen könne, »dort in jedem der drei Semester je ein Kapitel Ihrer so lange geplanten Historik vorzutragen, zur Diskussion zu stellen, um es dann zu Papier zu bringen?«[138] Genau das hat Koselleck dann auch getan und mit »Sprachwandel und Ereignisgeschichte« (so der deutsche Titel seiner Chicagoer Antrittsvorlesung) ein mögliches Kapitel seiner Historik entfaltet – in Gestalt

137 Reinhart Koselleck, »Linguistic Change and the History of Events«, in: *Journal of Modern History* 61 (1989), S. 649-666. Die deutsche Fassung erschien zuerst als »Sprachwandel und Ereignisgeschichte«, in: *Merkur* 8 (1989), S. 657-673, wiederabgedr. in: ders., *Begriffsgeschichten. Studien zur Semantik und Pragmatik der politischen und sozialen Sprache*, Frankfurt/M. 2006, S. 32-55. Gespräch des Verf. mit David Bates, 3. 4. 2015.

138 DLA Marbach, A: Koselleck, Konvolut »Materialien zum Aufsatz ›Erfahrungswandel und Methodenwechsel‹«, Christian Meier an Reinhart Koselleck, 7. 7. 1987; zuvor schon Reinhart Koselleck an Christian Meier, 3. 7. 1987.

einer konzisen Zusammenfassung seiner über die eigenen Vorarbeiten hinausgehenden Überlegungen zu der Frage, wie sich Sprache und Geschichte zueinander verhalten. In dem Moment, als sein begriffsgeschichtlicher Ansatz auf der anderen Seite des Atlantiks erstmals wahrgenommen wird, formuliert er diesen dort also schon wieder um.

Dagegen hält er in Frankreich in dieser Zeit, das heißt in den späten 1980er und frühen 1990er Jahren, zumeist Vorträge zur vergleichenden Ikonologie der Kriegerdenkmäler. Koselleck formalisiert seine anthropologischen Gegensatzpaare weiter aus und verfeinert seine Überlegungen zu der von ihm postulierten Differenz zwischen der begriffenen und zur Sprache gebrachten Geschichte und der geschichtlichen Wirklichkeit. An Wolfgang Iser, den Mitbegründer von »Poetik und Hermeneutik«, der zu dieser Zeit seine Literaturtheorie anthropologisch umformuliert, schreibt er im April 1987, er habe von ihm »in gewisser Weise zu wenig gelernt«. Denn er komme »zunehmend auf den anthropologischen Tatbestand, daß sich Geschichte in actu und auch ex post gesehen im Grunde sprachimmanent vollzieht: was freilich nur die halbe Wahrheit ist. Aber die andere Hälfte, die den Historikern als vermeintlichen Wirklichkeitsbeschreibern verbleibt, entzieht sich ins Unsichtbare, wenn auch nicht in das Unsagbare.«[139]

Koselleck beginnt »Sprachwandel und Ereignisgeschichte« wie so oft mit einer Redewendung, in die vergangene Erfahrungen eingelassen sind. »*Sticks and stones may break my bones, but words (or names) will never hurt me.*« Nun ist es zwar eine alltägliche menschliche Erfahrung, dass Stockschläge einem die Knochen brechen können, sprachliche Äußerungen hingegen nicht. Aber auch Worte können verletzen, ergänzt Koselleck und formuliert gleich zu Anfang der Vorlesung seine These von der grundlegenden Differenz zwischen Sprache und Geschichte. Die Ereignisgeschichte enthält immer mehr, als gesprochene Sprache begreifen kann. Umgekehrt

139 DLA Marbach, A: Koselleck, Reinhart Koselleck an Wolfgang Iser, 29.4.1987. Weiter heißt es: »Ich schicke Ihnen einen Aufsatz über Begriffsgeschichte und Sozialgeschichte, der davon zeugt, wie sehr sich meine Position verschoben hat und vermutlich der Ihren sich annähert. Den Vortrag über Historik und Hermeneutik, den ich für Gadamer gehalten hatte, werden Sie hoffentlich in Kürze von der Akademie in Heidelberg zugeschickt bekommen. Er kreist um dieselben Fragen.«

formulieren Begriffe mehr oder auch weniger als das, was sich in den Ereignissen selbst vollzieht. Die gesprochene Sprache und ihre Begriffe besitzen folglich eine andere temporale Struktur als die Ereignissequenzen: Sie enthalten mögliche Geschichten. Begriffe können Vorgriffe auf künftige Ereignisse sein.[140] Die Sprache, wie Koselleck schreibt, »bündelt in sich, als Speicher der Erfahrung, die Bedingungen möglicher Ereignisse«.[141] Wir können nicht wissen, wie sich eine bestimmte Ereignisfolge – eine Revolution oder ein Bürgerkrieg, eine ökonomische Krise oder eine globale Pandemie – vollziehen wird, aber wir können aus historischen Erfahrungen, in der Sprache festgehalten, einige mögliche Verläufe erwarten. Koselleck stellt also die ihn in dieser Zeit beschäftigende Frage nach den historischen Wiederholungsstrukturen und Möglichkeitsbedingungen auch an die Begriffsgeschichte. Und er wendet die von ihm gewonnenen formalen, metahistorischen Kategorien der vorsprachlichen Bedingungen möglicher Geschichten auf die Geschichtsschreibung selber an.

Für Koselleck ist die Geschichte eine *Erfahrungswissenschaft*, und Erfahrungen bestimmen auch die Sprache der Historiker. Koselleck entfaltet erneut die von ihm entwickelten historischen Gegensatzpaare, die immer neue, einzelne Geschichten hervorbringen. Die Perspektive der Historiker auf eine Ereignissequenz hängt davon ab, ob sie Zeitgenossen der zu berichtenden Ereignisse sind oder nicht, ob sie also *früher* oder *später* geboren wurden. Sodann ist bedeutsam, ob sie *oben* oder *unten* stehen, ob sie zu den Siegern oder den Besiegten gehören. Und schließlich ist entscheidend für den Blickwinkel des Historikers, ob sie die Ereignisse von *außen* oder von *innen* betrachten, ob sie also zur politischen Handlungseinheit gehören, zur *polis*, über die sie berichten, oder ob sie außen stehen (*apolis*) und von dort aus auf sie schauen. In wenigen Absätzen skizziert Koselleck dann drei Formen der Geschichtsschreibung, die von diesen Zeiten und Erfahrungsstrukturen abhängen: *Aufschreiben* im Moment, wenn sich Ereignisse ereignen, *Abschreiben*, wenn einmal an Ereignisse geknüpfte Erfahrungen unverändert weitergegeben werden, und schließlich *Umschreiben*, wenn unter dem Druck der Ereignisse neue Erfahrungen gemacht werden, die

140 Koselleck, »Sprachwandel und Ereignisgeschichte«, S. 37.
141 Ebd., S. 41.

nach neuen Erklärungen für bekannte Ereignisse verlangen.[142] Auch die Geschichtsschreibung selber ist mithin von außersprachlichen Bedingungen abhängig, wie Koselleck in seiner »historisch-anthropologischen Skizze« für Christian Meier, dem kurz zuvor veröffentlichten Aufsatz »Erfahrungswandel und Methodenwechsel«, argumentiert – ein weiteres Beispiel, wie eng er hier seine früheren begriffsgeschichtlichen Überlegungen mit der Historik zusammenzuführen sucht. Kein Wunder also, dass seine Zuhörerschaft in Chicago, aber auch anderswo, in den beiden Jahrzehnten um 1990 nicht so recht wusste, wo sie den Begriffshistoriker Koselleck, der von anthropologischen, vorsprachlichen Bedingungen möglicher Geschichten spricht, in den Theoriedebatten der Zeit verorten sollte.

Einen ähnlichen Eindruck mag sein Vortrag »The History of Concepts – Concepts of History« hinterlassen haben, gehalten im November 1997 in Tel Aviv auf Einladung von Dan Diner, dem Nachfolger von Shulamit Volkov in der Leitung des Instituts für Deutsche Geschichte der dortigen Universität, der in seinen eigenen Arbeiten theoretische Anregungen Kosellecks aufgegriffen hat.[143] Auf dieser Reise, seiner ersten nach Israel, besucht und fotografiert Koselleck auch die Gedenkstätte Yad Vashem. In Begleitung von Gabriel Motzkin begibt er sich außerdem an die Stelle neben dem Rathaus von Tel Aviv, wo ein schlichtes Denkmal an Jitzchak Rabin erinnert, den nach dem Osloer Friedensabkommen im Jahr zuvor von einem rechtsextremen Zionisten erschossenen Premier-

142 Ebd., S. 48f. Siehe hierzu auch Reinhart Koselleck, »Erfahrungswandel und Methodenwechsel. Eine historisch-anthropologische Skizze« [1988], in: ders., *Zeitschichten*, S. 27-77.

143 Der englischsprachige Vortrag erschien erst zwölf Jahre später: Reinhart Koselleck, »On the History of Concepts and the Concept of History«, in: Dan Diner, Moshe Zimmermann (Hg.), *Disseminating German Traditions. The Thyssen Lectures*, Leipzig 2009, S. 29-49; dt. Fassung: »Die Geschichte der Begriffe und Begriffe der Geschichte«, in: Carsten Dutt (Hg.), *Herausforderungen der Begriffsgeschichte*, Heidelberg 2003, S. 3-16, wiederabgedr. in: Koselleck, *Begriffsgeschichten*, S. 56-76. Siehe auch DLA Marbach, A: Koselleck, Konvolut »Materialien zum Vortrag ›Concepts of History and History of Concepts‹«. Auf Shulamit Volkov hält Koselleck im darauffolgenden Jahr die Laudatio zur Verleihung des Friedrich-Gundolf-Preises der Deutschen Akademie für Sprache und Dichtung. Die beiden kannten sich seit den 1980er Jahren von einem Forschungsaufenthalt Volkovs in Bielefeld. Reinhart Koselleck, »Laudatio auf Shulamit Volkov«, in: ders., *Vom Sinn und Unsinn der Geschichte*, hg. und mit einem Nachwort von Carsten Dutt, Berlin 2010, S. 342-348.

minister. Auf dem Skopusberg zu Jerusalem geht er den britischen Militärfriedhof ab, macht sich Notizen, fertigt Zeichnungen an. Sein Vortrag beginnt mit einer Reverenz an den deutsch-jüdischen Emigranten und Historiker Richard Koebner, der 1953 in seinem grundlegenden Aufsatz »Semantics and Historiography« eine, in Kosellecks Worten, »pragmatische Begriffsgeschichte« vorgeschlagen habe, die nach argumentativen Verwendungsweisen frage, so wie später Pocock und Skinner.[144] Zugleich erinnert er daran, dass Koebners Ansatz auch in der deutschen Tradition der Begriffsgeschichte steht, genauer: von Hegels »Arbeit am Begriff«, die nach der sprachimmanenten Geschichte von Begriffen fragt. Begriffsgeschichte und begriffene Geschichte, historische Semantik und Geschichtstheorie werden von Koselleck in dem Vortrag in zwei getrennten Argumentationsschritten behandelt und erneut aufeinander bezogen.

Ganz im Sinne von Kosellecks Brief an Wolfgang Iser (*Das Fiktive und das Imaginäre. Perspektiven literarischer Anthropologie* war in der Zwischenzeit erschienen) wird die Begriffsgeschichte in einem ersten Schritt anthropologisch begründet. »Alles menschliche Leben konstituiert sich aus Erfahrungen, mögen diese nun überraschend und neu oder aber wiederkehrender Natur sein. Um Erfahrungen zu machen oder zu sammeln und sie in sein Leben einzubinden, braucht man Begriffe.«[145] Der Erfahrungswandel, fasst Koselleck ein zentrales Thema seiner Historik zusammen, bringt das Erzählen von Geschichten, also die Historie, hervor, um zu erklären, was sich gewandelt hat. »Aber der Wandel ist nur begreifbar, wenn sich die allgemeinen, die strukturellen Bedingungen dieses Wandels wiederholen. Nur auf dem Hintergrund sich wiederholender Bedingungen lassen sich überhaupt Veränderungen registrieren und erfassen.«[146] Die unterschiedlichen Tempi der einmaligen Ereignisse und der repetitiven Strukturen (das Thema von Kosellecks

144 Richard Koebner, »Semantics and Historiography«, in: *Cambridge Journal* 7 (1953), S. 131-144 (dt.: »Semantik und Historiographie«, in: Joas, Vogt [Hg.], *Begriffene Geschichte*, S. 207-224). Koselleck berief sich bereits 1972 prominent auf diesen Aufsatz in »Begriffsgeschichte und Sozialgeschichte«, in: Koselleck, *Vergangene Zukunft*, S. 108 f., Fn. 3.

145 Reinhart Koselleck, »Die Geschichte der Begriffe und Begriffe der Geschichte«, in: ders., *Begriffsgeschichten*, S. 56-76, hier S. 58 f.

146 Ebd., S. 59.

Preußen-Buch) erzeugen auch »Friktionen im Sprachgebrauch, in Sätzen, in Texten, in Diskursen und ihren Bedeutungshaushalten«. Nur wenn die Begriffe und das, was wir »die Geschichte« nennen, also die vergangene Wirklichkeit, nicht in eins gesetzt werden, treten diese Brechungen hervor und bleiben analysierbar. Für Koselleck ist das »zeitliche Verhältnis von Begriffen und Sachverhalten« ohne Zweifel »der Schlüssel zur Geschichte der Begriffe« – das, was seinen Ansatz von allen »heute modischen Theorien« unterscheide, »die die Wirklichkeit auf Sprache und sonst nichts reduzieren«.[147]

Im Anschluss an Heiner Schultz skaliert Koselleck vier mögliche zeitliche Verhältnisbestimmungen von Begriff und Sachverhalt, von Sprache und vergangener Wirklichkeit.[148] Beide können erstens deckungsgleich sein und bleiben; oder, zweitens, das Wort bleibt sich gleich und der Sachverhalt ändert sich; oder umgekehrt und drittens, die Wirklichkeit bleibt gleich und das Wort ändert sich. In den beiden letztgenannten Fällen ist die Semantik gezwungen, neue sprachliche Ausdrucksformen zu finden, die auf die sich ändernde beziehungsweise gleich bleibende Wirklichkeit reagieren. Und es gibt noch eine vierte Möglichkeit, nämlich dass Sachverhalte und Worte völlig auseinanderstreben; dann kann nur noch die Begriffsgeschichte ermitteln, welche vergangenen Wirklichkeiten hier einmal auf den Begriff gebracht worden sind. Wie in anderen Aufsätzen reichert Koselleck diese abstrakte Theorieskizze mit anschaulichen Beispielen aus seinen begriffsgeschichtlichen Analysen von »Geschichte«, »Revolution« und »Staat« an. Aber der theoretisch springende Punkt der Temporalstrukturen ist glasklar: Nur wenn Begriffe und Realität auseinandergehalten werden, lässt sich erkennen, ob sie sich mit unterschiedlichen Geschwindigkeiten ändern, »so daß mal die Begrifflichkeit der Wirklichkeit, mal die Wirklichkeit der Begrifflichkeit vorauseilt«.[149]

Das bedeute aber umgekehrt nicht, so Koselleck in einem zweiten, »geschichtsbegrifflichen« Argumentationsschritt, dass eine entweder rein sozialökonomische oder rein erzähltheoretische Historiographie, also eine kaum auf Sprache Bezug nehmende Betrachtungsweise oder eine, die wiederum ausschließlich sprachbezogen vorgeht, nicht ihre Berechtigung hätten. Koselleck wird für die eine

147 Ebd., S. 60 f.

148 Schultz, »Begriffsgeschichte und Argumentationsgeschichte«.

149 Koselleck, »Die Geschichte der Begriffe und Begriffe der Geschichte«, S. 67.

Form der Geschichtsschreibung an seine Bielefelder Kollegen Wehler und Kocka gedacht haben und nennt für die andere Extremposition Hayden White. Aber beiden Perspektiven entgehe die immer neu aufbrechende Differenz zwischen Sprache und Wirklichkeit, die bereits Thukydides als Grundmuster seiner Historie zugrunde gelegt hat, indem er beides getrennt voneinander darstellt – »hier sprachliche oder dialogische Überlegung und Botschaft, dort Taten und Versäumnisse, Handeln und Erleiden«.[150] Die modische Reduktion der Wirklichkeit auf Sprache oder Erzählung bleibt Koselleck genauso fremd wie eine »Historische Sozialwissenschaft«, die in der Sprache nur ein Epiphänomen der Wirklichkeit sieht, die Schaumkrone von Wellen, die durch Konjunkturzyklen und andere ökonomische Entwicklungen hervorgebracht werden.

Kurzum: Koselleck verknüpft hier und in anderen Aufsätzen ab den späten 1980er Jahren seine Historik mit der Begriffsgeschichte, setzt sie in Beziehung und formuliert beides um. »BG [Begriffsgeschichte] zwingt zu allgemeinerer theorie«, notiert er sich für einen Vortrag am Collège de France im März 1999 noch einmal den aus seiner Sicht springenden Punkt.[151] Die Einleitung zu dem posthum erschienenen Band *Begriffsgeschichten*, die er kurz vor einem unaufschiebbaren Krankenhausaufenthalt Mitte Januar 2006 auf Tonband spricht, soll genau diesen Überschritt von der Begriffsgeschichte zur begriffenen Geschichte skizzieren.[152] Den Bogen zurück zu seinen Anfängen mit *Kritik und Krise* und der Auseinandersetzung mit Habermas spannend, erläutert Koselleck in einem seiner letzten Interviews: »[W]enn ich eine Konflikttheorie habe, die potenziell immer wieder greift, dann habe ich den Zündkern möglicher Probleme, die Keime von Generierungen von Konflikten im Blick. Und das scheint mir das Wichtigste zu sein, dass Geschichten eben nicht eo ipso harmonisch enden, wie die Geschichtsphilosophen das immer erneut unterstellt haben, dass sie diachrone Erfüllungsstrukturen hätten, sondern dass wir diachron immer wieder neue Konflikte auf anderem – höherem oder tieferem –

150 Ebd., S. 73.

151 Familienarchiv Koselleck (jetzt DLA Marbach), Mappe »Paris Bourdieu Vortrag«. Koselleck hielt insgesamt vier Vorträge in Paris vom 24.-27. 3. 1999, u. a. auf Einladung von Pierre Bourdieu.

152 Carsten Dutt, »Nachwort. Zu einem Einleitungsfragment Reinhart Kosellecks«, in: Koselleck, *Begriffsgeschichten*, S. 529-540, hier S. 531.

Niveau aufbrechen sehen.« Die Geschichte hat kein Ziel, so lässt sich mit Koselleck die Summe aus seinen Annäherungen an eine Historik ziehen. »Ein Konflikt ist immer erst dann zu Ende, wenn der neue entsteht.«[153] Geht es in den frühen begriffsgeschichtlichen Aufsätzen darum, zu zeigen, wie Sprache historische Wirklichkeit generiert und vergangene Wirklichkeit sich wiederum in Sprache niederschlägt, so ist es jetzt gerade die geschichtsbegriffliche, also auch temporale *Differenz* zwischen Sprache und Geschichte, die Koselleck interessiert und die er als eigene konflikt- und zeittheoretische Dimension seiner Historik, das heißt der anthropologischen Metakategorien, die ebenfalls immer neue Konflikte – und Geschichten – hervortreiben, zur Seite stellt.

Eine neue Sattelzeit?

Seit ungefähr zwei Jahrzehnten erlebt Koselleck eine weltweite Rezeption wie kein anderer deutscher Historiker und wie nur wenige deutsche Geistes- und Sozialwissenschaftler seiner Generation, etwa Hans Blumenberg oder Niklas Luhmann.[154] In einer Zeit, die sich selbst als konflikt- und krisenhaft begreift, werden Kosellecks zeitbegriffliche Analysen (nicht zuletzt von »Krise«) neu und anders gelesen. Es scheint, als ob sich die Welt seit den Dekaden um das Jahr 1990 herum in eine neue Sattelzeit hineinbewegt hat: eine Zeit sozialer und politischer Umbrüche in eine unsichere Zukunft, deren begriffliche und theoretische Reflexion noch aussteht.

Kosellecks Begriffspaare und Metaphern wie »Kritik und Krise«, »vergangene Zukunft« oder »Erfahrungsraum und Erwartungshorizont« sind in die Wissenschaftssprache eingegangen und werden vielerorts herangezogen, um unsere krisenhafte Gegenwart zu beschreiben oder gar zu verstehen.[155] Ausgeblendet bleibt aber zu-

153 Koselleck, Dutt, »Geschichte(n) und Historik«, S. 259 u. S. 261.

154 Nicht zuletzt aufgrund der exzellenten Einführung von Olsen, *History in the Plural*.

155 Siehe etwa Andreas Huyssen, *Present Pasts. Urban Palimpsests and the Politics of Memory*, Stanford 2003; David Scott, *Conscripts of Modernity. The Tragedy of Colonial Enlightenment*, Durham 2004; Samera Esmeir, *Juridical Humanity. A Colonial History*, Stanford 2012; Didier Fassin, *Humanitarian Reason. A Moral History of the Present*, Berkeley 2011; Janet Roitman, *Anti-Crisis*, Durham 2013;

meist, dass Kosellecks zeit- und begriffsgeschichtliche Aufsätze von dem Versuch zusammengehalten werden, eine neue Theorie historischen Wissens zu entwerfen, die nach den Bedingungen möglicher Geschichten fragt, für Koselleck eine Form des Umgangs mit der Krise als Dauerzustand. Ein Grund für diese Blindstelle liegt auch in den verzögerten und verschlungenen Rezeptionswegen, die ich in diesem Kapitel nachgezeichnet habe. Koselleck galt in der englischsprachigen Welt lange Zeit entweder als liberalkonservativer Historiker und antiutopischer Kritiker von Aufklärung und Revolution à la Furet; oder als Herausgeber eines Lexikons und Begründer der Begriffsgeschichte, die als Methode im Gegensatz zur Geschichte politischer Ideen à la Pocock und Skinner steht; oder als Metahistoriker und Geschichtsphilosoph à la White oder Ricœur – eine Beschreibung, die Koselleck stets abgelehnt hat.

Für Koselleck gehörten diese verschiedenen empirischen und theoretischen Interessen zusammen. Aber nur in den spät beziehungsweise posthum veröffentlichten Essaybänden *Zeitschichten*, *Begriffsgeschichten* und *Vom Sinn und Unsinn der Geschichte*, die erst seit kurzem und nicht vollständig auf Englisch vorliegen, zeigt sich, wie diese Interessen von der Frage nach einer Theorie möglicher Geschichten zusammengehalten werden. Anders gewendet: Koselleck wurde in der englischsprachigen Welt ab der Mitte der 1980er Jahre zwar nicht mehr ignoriert, aber seine Fragestellung liegt abseits der vorhandenen Theorieschulen. Deshalb taucht sein Name in den transatlantischen Theorie- und Methodendebatten des späten 20. Jahrhunderts so gut wie nicht auf. Kosellecks Geschichtsdenken wirkt über lange Zeit für seine an kritischer Theorie oder französischem Poststrukturalismus, an *new cultural history* oder der politischen Sprache der frühen Neuzeit interessierten Zuhörer merkwürdig unzeitgemäß. Wer sucht schon nach den anthropologischen Bedingungen möglicher Geschichten in einer Welt, die nur noch aus Texten oder Diskursen besteht? Wozu braucht es eine Theorie historischen Wissens nach dem Ende der Geschichte?

Warum sich das in den letzten beiden Jahrzehnten geändert hat

Enzo Traverso, *Left-Wing Melancholia. Marxism, History, and Memory*, New York 2016; Jens Beckert, *Imaginierte Zukunft. Fiktionale Erwartungen und die Dynamik des Kapitalismus*, Berlin 2018; Hartog, *Regimes of Historicity*; ders., *Chronos. L'Occident aux prises avec le Temps*, Paris 2020.

und sich der »lumineux théoricien de l'histoire« (François Hartog)[156] plötzlich wie ein Zeitgenosse unserer krisenhaften, ungleichen Gegenwart liest, werde ich nun im abschließenden Kapitel dieses Buchs beleuchten. Dabei wird sich zeigen, dass Koselleck aus der Denkfigur der »Gleichzeitigkeit des Ungleichzeitigen« eine neue Theorie der (historischen) Zeit entwickelt hat, die uns einen Vorschlag macht, was unter »Geschichte« am Beginn des 21. Jahrhunderts verstanden werden könnte: die gleichzeitige Präsenz unzählig vieler Zeiten, ihre Kollisionen und Konflikte in unserer globalen Gegenwart.

156 François Hartog, »Reinhart Koselleck, Théoricien de l'Histoire, il était tenu par la profession pour un histoire à part entière«, in: *Le Monde*, 28.11.1997.

5.
Ungleiche Gleichzeitigkeit: Die Zeiträume unserer Gegenwart

Die Zeiten zehren uns aus.
– *Ibn Chaldūn*[1]

Im Schatten der Venus

Im Oktober 2005 reist die Designstudentin Lisa Reihana nach Canberra, um in der National Gallery of Australia die Ausstellung Bill Violas, eines bekannten US-Videokünstlers der Gegenwart, zu sehen. In einem der Nebenräume entdeckt die Künstlerin eine Neuerwerbung der Galerie: *Les Sauvages de la Mer Pacifique* (1804/1805), eine französische Wandtapete, im Original zehn Meter lang und zweieinhalb Meter hoch, entworfen von Jean-Gabriel Charvet und hergestellt von der Firma Joseph Dufours für die Villen der französischen Oberschicht des unter Napoleon I. neugegründeten Empires. Das Panorama setzt sich zusammen aus zwanzig einzelnen Bildern, die den Moment der Ankunft der Schiffe des britischen Kapitäns James Cook 1769 in Tahiti festhalten, vermeintlich aus der Sicht der »noblen Wilden«. Für die dramatische Farbgebung und die detailreichen Motive der pazifischen Insellandschaft und ihrer Bewohner ließ sich Charvet von der exotischen Bildwelt der Zeichnungen und Aquarelle anregen, die zusammen mit den topografischen und astronomischen Karten auf den Reisen Cooks oder Louis-Antoine de Bougainvilles angefertigt worden waren. Diese sind als Lithografien und Gemälde in das »koloniale Archiv« des aufgeklärten Europas eingegangen, das um 1800, so die Idee Dufours, auch als großflächige Tableaus den französischen Salons ein weltläufiges Flair geben sollte: die Pazifikinseln und ihre Bewohner als eine harmonische Welt im »Naturzustand« à la Rousseau, ihre koloniale Unterwerfung und »Zivilisierung« als ebenso tragisch wie unvermeidbar für Aufklärung und menschlichen Fortschritt.

Auf der reich bemalten Wandtapete scheinen einige Inselbewoh-

1 Ibn Khaldūn, *The Muqaddimah. An Introduction to History*, 3 Bde., Princeton 1958, Bd. 1, S. 1.

ner der antiken Mythologie entsprungen. So tauchen Hula-Tänzerinnen als die drei griechischen Grazien auf. Einige Polynesier sind nur spärlich in traditioneller Tracht bekleidet, andere tragen eine römische Toga, zuweilen in den Farben der Trikolore. Ganz in der Ferne ist inmitten des Pazifikidylls der Tod Cooks während seiner dritten Reise zehn Jahre später auf Hawai'i festgehalten,[2] was Reihana als »THE site of rupture« bezeichnet, also die Stelle, wo ein Riss in dem kolonialen Panorama erkennbar ist.[3] Von diesem Riss ausgehend entfaltet sie über mehr als ein Jahrzehnt eine Kunstinstallation, in der die auf *Les Sauvages de la Mer Pacifique* dargestellten Ereignisse aus anderer Perspektive erzählt werden. Reihana, die auf Seiten der Mutter Māori-, auf Seiten des Vaters britische Vorfahren hat, entwirft ein komplett neues, belebtes Panorama: nicht als statisch-dekorativer Blockdruck auf gerolltem Leinen wie bei der Wandtapete von Charvet und Dufours, sondern als technisch aufwendige digitale Videoinstallation mit bewegten Bildern.

Die neuseeländische Künstlerin reanimiert die Begegnung mit Cook und seiner Besatzung aus der Sicht der indigenen Bevölkerung Polynesiens, das Vorher und das Nachher, und zwar gleichzeitig und aus multiplen Perspektiven. Aufgenommen wurden 70

2 Die Gründe dafür, warum Cook von den Einheimischen getötet wurde, sind umstritten. In der berühmten Lesart Marshall Sahlins handelte es sich um ein tödliches Missverständnis bei der Begegnung von zwei sich fremden Kulturen. Cook wurde zuerst im Januar 1778 von den Bewohnern Hawai'is als Zeichen der Wiederkehr des Gottes Lono empfangen. Seine Ankunft fiel zusammen mit der viermonatigen Makahiki-Jahreszeit, in der die Inselbewohner ab November Lono als Gott der Regenzeit und Fruchtbarkeit feierten. Cooks Schiffe verließen Hawai'i am Ende der Makahiki-Zeit im Februar 1779, mussten aber aufgrund eines Sturms zurückkehren, was die Einheimischen als Provokation Lonos wahrnahmen. Die Gründe für die Ermordung Cooks sind für Sahlins also im magisch-religiösen Glaubenssystem der Polynesier zu suchen. Da diese Version der Geschichte ausschließlich auf Cooks eigenen Aufzeichnungen und denen seiner Crew beruht, hat ein anderer Anthropologe, Gananath Obeyesekere, sie als eine Form westlicher Mythenbildung zurückgewiesen. Für die Inselbewohner mag es rationale Gründe gegeben haben, warum sie den britischen Schiffskapitän bei seiner Rückkehr erschlugen. Siehe Marshall Sahlins, *Der Tod des Kapitän Cook. Geschichte als Metapher und Mythos als Wirklichkeit*, Berlin 1986; Gananath Obeyesekere, *The Apotheosis of Captain Cook. European Mythmaking in the Pacific*, Princeton 1992.

3 Lisa Reihana, »Re-staging *Les Sauvages De La Mer Pacifique*. Theoretical and Practical Issues«, Master's thesis, Unitec Institute of Technology, Auckland 2012, S. 15.

kurze Videofilme mit nachgestellten Szenen heutiger indigener und »westlicher« Darsteller vor einem Greenscreen und später projiziert auf eine fiktionale, stilisierte Landschaft Tahitis. Zu sehen ist Cook mit seinem Schreibtisch und Teleskop am Strand, mal als Frau, mal als Mann dargestellt (die Bewohner Tahitis waren sich über seine Geschlechtszugehörigkeit nicht sicher), aber auch sein polynesischer Navigator Tupaia, der bei den Begrüßungszeremonien übersetzte und vermittelte. Andere Szenen zeigen das Leben vor dem Eintreffen der britischen Schiffe: Māori-Krieger und hawai'ische Häuptlinge mit ihren überlieferten Körperbemalungen und Tattoos, die ersten Begegnungen, traditionelle rhythmische Tänze, die Übergabe von Geschenken, aber auch das Auspeitschen für vermeintliche Übertretungen, erst von Angehörigen der Mannschaft, dann von Inselbewohnern, alles genauestens von Reihana und ihrem Team historisch recherchiert und reanimiert.

Für die Szenen verwendet wurden historische Artefakte, oft aus dem British Museum, etwa nachgebaute polynesische Boote oder auch die Standuhr, die Cook auf seinen Reisen mitführte, deren Ticken in den Soundtrack der Installation eingingen wie auch neu aufgenommene Māori-Gesänge. Cooks Reise diente beidem, der kolonialen Expansion des britischen Weltreichs wie auch der wissenschaftlichen Erkundung. Ein Ziel der Reise war es, den Durchgang des Planeten Venus vor der Sonnenscheibe im Juni 1769 auf Tahiti und den dadurch geworfenen Schatten zu beobachten. *In Pursuit of Venus* stellt beides in seiner Gleichzeitigkeit dar: das Ereignis der ersten Begegnung vor dem Tod Cooks, also die lineare, fortschreitende Zeit von europäischer Aufklärung und Kolonialismus, und die sich wiederholende Zeit der indigenen Bevölkerung der pazifischen Inseln, für die Vergangenheit, Gegenwart und Zukunft kosmologisch im Jetzt zusammenfallen können.[4] Die Videoszenen der digitalen Installation laufen in verschiedenen Zeitschleifen nebeneinander für eine Stunde. Sie ergeben zusammen den Eindruck eines doppelt so breiten Panoramas wie *Les Sauvages*

4 Siehe ⟨http://www.inpursuitofvenus.com⟩, letzter Zugriff am 14.11.2022. Eine erste Entwurfsversion der Videoinstallation wurde 2013 im Museum Van Loon in Amsterdam gezeigt. Zahlreiche Vertreter der Familie van Loon hatten Führungspositionen in der Niederländischen Ostindien-Kompanie (VOC) inne. Die Beschreibung hier bezieht sich auf die Ausstellung im Pavillon von Neuseeland auf der Biennale in Venedig 2017.

de la Mer Pacifique, das Reihana je nach Ausstellungsort abwandelt und ergänzt. Die Besucher auf der Biennale in Venedig 2017 betraten den abgedunkelten Raum von unterschiedlichen Seiten und begriffen erst allmählich, dass sich die gleichzeitig laufenden Ereignissequenzen entlang des mehr als zwanzig Meter breiten Landschaftspanoramas in sich wiederholen: eine die Zeit zerreißende, unumkehrbare Begegnung als Zeitschleife.

Lisa Reihana gelang es damit, visuell einzufangen, wofür Reinhart Koselleck nach der geeigneten Theoriesprache suchte: wie einmalige, oft katastrophische Ereignisse eingebettet sind in sich wiederholende Strukturen geschichtlicher Zeit, dass sich also aus perspektivisch gebrochenen, einander verfehlenden Wahrnehmungen »Geschichte« ereignet und daraus geschichtliche Zeiten (oder »Zeitschichten«) entstehen, die wiederum neue Konflikte bedingen. *In Pursuit of Venus* zeigt zudem, dass die gerichtete, als Fortschritt apostrophierte und als Beschleunigung wahrgenommene geschichtliche Zeit selbst eine spezifisch moderne Zukunftsutopie darstellt, die schrittweise die gesamte europäisch beherrschte Welt umgreift und sich ihr Gegenteil, so wie in *Les Sauvages de la Mer Pacifique*, also die in der Naturzeit verbliebenen, unaufgeklärten »Wilden« des fernen Pazifiks, als idyllische Tapete an die Wand oder ins Museum hängt – unbeweglich, vorgeschichtlich.[5] Reihanas Videoinstallation erinnert aber auch daran, dass diese gerichtete, beschleunigte Zeiterfahrung immer koexistierte und in Konkurrenz stand mit ganz anderen Wahrnehmungen von historischen Zeiten – dass also Zeit und Geschichte nur im Plural existieren.

Ich werde in diesem Schlusskapitel Kosellecks Überlegungen zu »Zeit« und »Geschichte« zusammenfassend erläutern und danach fragen, welche Angebote sie formulieren, um unsere eigene Gegenwart zu begreifen. Dabei wird es zunächst darum gehen, wie sich Kosellecks Historik zu seiner Theorie historischer Zeiten verhält. Stehen seine Thesen zu »Verzeitlichung« und »Beschleunigung« als Charakteristika der gerichteten, aus Kosellecks Sicht katastrophischen »Neuzeit« nicht im Widerspruch zu seiner Historik, die nach allen Geschichten voraus liegenden anthropologischen Gegensatzpaaren sucht? Was ist damit gemeint, wenn er im Vorwort von *Zeit-*

5 Maria Stavrinaki, *Transfixed by Prehistory. An Inquiry into Modern Art and Time*, Princeton 2022.

schichten, seinen »Studien zur Historik« aus drei Jahrzehnten, im Januar 2000 schreibt, auch in diesem Band bleibe seine »durchgängige Fragestellung« eine »Theorie geschichtlicher Zeitschichten«?[6]

In den 1970er Jahren knüpft Koselleck an frühere Überlegungen zu den verschiedenen Geschwindigkeiten unterschiedlicher zeitlicher Strukturen an, die er jetzt »Zeitschichten« zu nennen beginnt, und baut sie ein in seine Theorie der Bedingungen möglicher Geschichten. Koselleck versucht beides, »Apokalypse« und »Kreislauf«, lineare und sich wiederholende Zeit, als historische Denkfiguren mit dem Theorem der »Zeitschichten« neu und anders aufeinander zu beziehen. Im Lichte des *temporal turn* in den Geistes- und Sozialwissenschaften und der verbreiteten Diagnose, dass es sich bei der Krise unserer Zeit auch um eine Krise des modernen Zeitregimes handelt, erscheint Kosellecks Geschichtsdenken von schlagender Aktualität. Um so erstaunlicher ist es, dass seine Überlegungen zu der Frage, was sich ungeachtet der als präzedenzlos erfahrenen Katastrophen und Krisen historisch wiederholt, kaum aufgegriffen werden. Seine Antwort auf die Krise als moderne Zeiterfahrung spielt weder eine Rolle in der jüngsten Rezeption von *Vergangene Zukunft* durch postkoloniale Autoren noch in den Debatten zum Anthropozän und auch nicht in der neuen Globalgeschichte, die sich primär mit der Synchronisierung der Zeit beschäftigt. In diesem abschließenden Kapitel will ich deutlich machen, dass Kosellecks Zeit- und Geschichtstheorie einen analytisch-kategorialen Ausweg aus dem »rasenden Stillstand« unserer als dystopisch wahrgenommenen »endlosen Gegenwart« anbietet, in dem sie Riss und Rekurrenz historischer Zeiten zusammendenkt.

Zeit und Geschichte

Wie also verhält sich Kosellecks Historik zu seiner Theorie historischer Zeiten? Jörg Fisch hat diese Frage zuerst aufgeworfen. So wie Niklas Olsen in seiner Einführung in Kosellecks Werk sieht Fisch in Koselleck einen »unsystematischen Denker«, der weder die von ihm in Aussicht gestellte Historik geschrieben noch eine

6 Reinhart Koselleck, »Vorwort«, in: ders., *Zeitschichten. Studien zur Historik*, Frankfurt/M. 2000, S. 7.

»wirkliche Theorie der *historischen* Zeit(en)« vorgelegt habe.[7] Was Koselleck unter »Zeit« oder »Geschichte« verstanden haben mag, so die beiden Kenner seines Werks, sei schwierig zusammenzufassen. Handelt es sich bei der Vielzahl unterschiedlicher Ansätze vielleicht mehr um einen »methodologischen Werkzeugkasten« für Historiker als um eine kohärente historische Zeittheorie?[8] Kosellecks erstaunliche »Scheu vor der Zeit oder eher vor dem Zeitbegriff« habe auch dazu geführt, dass im Lexikon *Geschichtliche Grundbegriffe* ausgerechnet der Artikel zu »Zeit« fehlt.[9] Koselleck sei ein »assoziativer und experimentierender Denker« gewesen, der suggestive Metaphern und Begriffe geprägt habe. Ein Anreger zweifellos, aber ohne eigene Zeit- oder Geschichtstheorie. Wenn Koselleck von »Zeit« spreche, dann meine er einfach nur »Geschichte«, genauer gesagt: den historischen Wandel im späten 18. und frühen 19. Jahrhundert, in der sogenannten Sattelzeit. Auch die Metapher von den pluralen Zeitschichten beantworte, so Fisch, nicht die Kernfrage: Wie verhalten diese sich zueinander?

Andere Beobachter aus Kosellecks engstem Umfeld haben ebenfalls auf eine systematische Ausformulierung seiner Studien zur Historik und zur Semantik (nicht unbedingt: Theorie) geschichtlicher Zeiten gewartet. Noch 1993 zum 70. Geburtstag wünscht ihm Hans Robert Jauß »die Zusammenfügung Deiner Begriffsgeschichten zu einer ›Geschichte der historischen Zeit‹ (wie Du das Projekt 1965 einmal getauft hast) und das Einbringen Deiner

7 Jörg Fisch, »Reinhart Koselleck und die Theorie historischer Zeiten«, in: Carsten Dutt, Reinhard Laube (Hg.), *Zwischen Sprache und Geschichte. Zum Werk Reinhart Kosellecks*, Göttingen 2013, S. 48-64, hier S. 55; Niklas Olsen, *History in the Plural. An Introduction to the Work of Reinhart Koselleck*, New York 2012, S. 5 f. Fisch hat bei Koselleck sowohl promoviert als auch habilitiert und war einer seiner engsten Mitarbeiter beim Lexikon *Geschichtliche Grundbegriffe*; Olsen hat sein Buch als Dissertation in Florenz noch zu Kosellecks Lebzeiten begonnen.

8 So auch die Skepsis bei Lucian Hölscher, *Zeitgärten. Zeitfiguren in der Geschichte der Neuzeit*, Göttingen 2020, S. 281 f., der vorschlägt, Zeit schlicht als »leere Zeit« zu denken, in der sich verschiedene historische Figuren »verkörperter Zeit« begegnen. »Die Zeitlosigkeit ist in der Geschichte daher so etwas wie die Anti-Materie in der Physik, ihre historische Wirkmächtigkeit so unsichtbar wie die schwarzen Löcher im Universum.« (Ebd., S. 287) Kosellecks Zeit- und Geschichtstheorie wird nicht erwähnt in Ulrich Raulff, *Der unsichtbare Augenblick. Zeitkonzepte in der Geschichte*, Göttingen 2000.

9 Fisch, »Reinhart Koselleck und die Theorie historischer Zeiten«, S. 55.

geschichtstheoretischen Ansätze in eine Historik, alias: historische Anthropologie in systematischer Absicht«. Und Jauß fügt mahnend hinzu: »Dem Enzyklopädisten Diderot bist Du im aufklärerischen Impetus, im Arbeitsübermaß, im energischen Zugriff wie in der Gabe, verworrene Probleme auf den Begriff zu bringen, schon zu Recht an die Seite gestellt worden; die Chance, auch der Chladenius oder Droysen des ausgehenden 20. Jahrhunderts zu werden, solltest Du nicht vertun.«[10]

Anders als ein Vorfahre der Mutter aus deren hugenottischer Gelehrtenfamilie, der Aufklärer und Sekretär der Berliner Akademie Johann Heinrich Samuel Formey (1711-1797), der zu Diderots Enzyklopädie den Artikel »Zeit« beisteuerte,[11] hat Koselleck seinen Artikel »Zeit« für die *Geschichtlichen Grundbegriffe* nicht geliefert – »aus Zeitmangel«, wie das Vorwort zum letzten Band 1992 mit müder Ironie bemerkt.[12] In seinem Nachlass findet sich aber eine aus dem Jahr 1991 stammende kurze Exposition des Artikels, den er gemeinsam mit Gerhard Dohrn-van Rossum und dem Philosophen Rainer Enskat schreiben wollte. Angesichts der Revolutionen und Reformen in Osteuropa um 1989/90 investiert Koselleck jedoch viel Zeit in den ebenfalls für den letzten Band vorgesehenen Artikel »Volk, Nation, Nationalismus, Masse«, den er im Ausblick bis in die unmittelbare Gegenwart führt, um zeigen, wie »Volk« auf einmal wieder zum politischen Erwartungsbegriff geworden ist, um unerwartet die in dem Begriff gespeicherten historischen Erfahrungen freizusetzen.[13] Aus »Wir sind das Volk« wurde bekanntlich in wenigen Wochen »Wir sind ein Volk«. Nation und Nationalismus, aber auch Bürgerkriege und der Zerfall föderaler Strukturen standen in Europa plötzlich wieder auf der politischen Agenda.

Auch für den Artikel »Zeit« hat er vor, die Einleitung und den

10 Familienarchiv Koselleck (jetzt DLA Marbach), Hans Robert Jauß an Reinhart Koselleck, 21.4.1993.

11 Jean-Henri-Samuel Formey, »Tems (*Métaphysique*)«, in: *Encyclopédie ou Dictionnaire raisonné des sciences, des arts et des métiers, par une Société de gens de lettres*, hg. v. Denis Diderot, Jean le Rond d'Alembert, Bd. 16, Paris 1765, S. 93-96, online unter ⟨https://encyclopedie.uchicago.edu⟩, letzter Zugriff am 14. 11. 2022.

12 Reinhart Koselleck, »Vorwort«, in: Otto Brunner u. a. (Hg.), *Geschichtliche Grundbegriffe. Historisches Lexikon zur politisch-sozialen Sprache in Deutschland*, Bd. 7, Stuttgart 1992, S. v-viii, hier S. vii.

13 Reinhart Koselleck u. a., »Volk, Nation, Nationalismus, Masse«, in: *Geschichtliche Grundbegriffe*, Bd. 7, S. 427-431.

Ausblick sowie den Abschnitt zum Umbruch in die moderne Zeitsemantik zu schreiben.[14] Der Titel für diesen Abschnitt – »Zeit als Legitimationstitel der Moderne« – klingt wie eine Zusammenfassung seiner Überlegungen zu diesem Thema von der Dissertation bis zu den Texten in *Vergangene Zukunft*, führt aber auf den ersten Blick nicht unbedingt zu einer »Theorie« geschichtlicher Zeiten oder historischen Wissens. Auf die Frage, ob er seinen Aufenthalt am Wissenschaftskolleg 1988/89 nutzen wolle, um an dem Artikel »Zeit« für die *Geschichtlichen Grundbegriffe* zu arbeiten, antwortet Koselleck zwei Jahre vorher unwillig: »Ja, ja, ich muß ›Zeit‹ noch schreiben. Ich bin dabei.« Dabei handele es sich aber um »nichts Neues, weil ich das nun schon immer getan habe«. *Vergangene Zukunft* enthalte »so viele Temporalanalysen«, dass ihn im Augenblick die Geschichte des politischen Totenkults weit mehr reizen würde.[15]

Mitte Januar 1979 schließt Koselleck die Arbeit an *Vergangene Zukunft* ab. Danach hält er mehrfach den Vortrag »Zeit und Geschichte«, jeweils mit anderem Einstieg, der den Tag, auf den sein Vortrag fällt, selbst als historisches Datum zum Thema macht – am 24. Januar 1979 den Geburtstag Friedrichs II., am 8. Mai 1980 das Kriegsende –, um den Unterschied von reiner Chronologie oder Zeitrechnung und historischer Zeit, die in kulturelle und politische Rituale eingebunden ist, zu veranschaulichen.[16] Den ausgearbeite-

14 Enskat war für den Abschnitt »Geschichte der Zeittheorien und -begriffe in Philosophie, Theologie und Naturwissenschaften« vorgesehen, Dohrn-van Rossum für den Abschnitt »Chronologie und ihr politisch-soziales Umfeld« sowie, gemeinsam mit Koselleck, für »Epochenbegriffe und Zeitalterlehren«. Familienarchiv Koselleck (jetzt DLA Marbach), Ordner »Zeit«, Reinhart Koselleck, »Zeit und Zeitalter«, Ts., o. D. [1991], 6 Bl..

15 DLA Marbach, A: Koselleck, Edoardo Tortarolo, Interview mit Reinhart Koselleck, Ts., o. D. [1988], 17 Bl., hier Bl. 13.

16 Reinhart Koselleck, »Zeit und Geschichte«, in: *Klett-Cotta, Das Erste Jahrzehnt 1977-1987. Ein Almanach*, Stuttgart 1987, S. 195-216. Siehe Familienarchiv Koselleck (jetzt DLA Marbach), Mappe »Zeit + Geschichte«. Einmal die gedruckte Variante, die am 24. 1. 1979, dem Geburtstag Friedrichs II., gehalten wurde, in Preußen zu Friedrichs Lebzeiten ein dynastischer Feiertag, womit Vortrag und Aufsatz beginnen, aber auch eine andere Variante des Vortrags, gehalten am 8. Mai 1980 in Berlin. Dort heißt es: »Für die einen war es ein Tag der Befreiung, für die anderen ein Tag des Verstummens. Es war ein Tag anhaltender Rache und schleunigen Versteckens, beginnender Gefangenschaft oder der Entlassung aus ihr. Aber wenden wir den Blick von den konkreten Einzelschicksalen ins

ten Vortrag nimmt er aber später nicht in seine Aufsatzsammlung *Zeitschichten* (2000) auf, so als werde dieser – anders als »Raum und Geschichte«, sein Vortrag auf dem Historikertag 1986 – nicht dem wichtigen Thema gerecht.

Was also hat es mit Kosellecks »Scheu« vor der Zeit auf sich? Verhält es sich womöglich umgekehrt so, dass sich seine begriffliche Arbeit seit der Heidelberger Studienzeit um geschichtliche Zeiterfahrungen dreht und es ihm deshalb jetzt schwerfällt oder auch unnötig erscheint, sein gesamtes Werk in einen Aufsatz oder Lexikonartikel zu pressen? Wozu ein Lexikonartikel zur Begriffsgeschichte von »Zeit«, wenn doch *Vergangene Zukunft*, seine gesammelten Analysen »zur Semantik geschichtlicher Zeiten«, vorliegt? Warum »Zeit und Geschichte« in *Zeitschichten* aufnehmen, wenn doch *alle* Texte in diesem Band, seine »Studien zur Historik« sich ohnehin mit diesem Thema auseinandersetzen?

»Zeit« und »Geschichte« sind die beiden Begriffe, um die sich Kosellecks Werk von Anbeginn dreht. Es lässt sich aber eine Verschiebung nachzeichnen: Galt das Hauptaugenmerk in den frühen Arbeiten – von *Kritik und Krise* über die Konzeption des Lexikons bis hin zu *Vergangene Zukunft* – vornehmlich der *geschichtskritischen* Analyse der »Verzeitlichung« moderner Erfahrungen und Erwartungen, ihrer »Pathogenese«, so tritt im Laufe der 1970er Jahre die *geschichtstheoretische* Frage nach den »Zeitschichten« hinzu, also nach den sich geschichtlich wiederholenden Zeitstrukturen. So wie Heidegger meint auch Koselleck, historische Zeitlichkeit sei der eigentliche theoretische Gegenstandsbereich der Geschichtswissenschaft.[17] Er will mit der geologischen Metapher die Gleichzeitigkeit

Allgemeine (gut rankisch gesprochen), der 8. Mai hatte eine welthistorische Dimension. […] Unsere Überlegungen zum heutigen Tag haben uns unversehens eingeführt in unser Thema – Zeit und Geschichte. Das Datum hat offensichtlich verschiedene Bedeutungen, je nachdem in welchen Zusammenhang es gerückt wird. Das Datum als Vorgegebenheit der Zeitrechnung, der Chronologie, liest sich anders, als wenn es in einen geschichtlichen Zusammenhang einrückt.« Koselleck, »Zeit und Geschichte«, Ms., o. D. [8. 5. 1980], 3 Bl., hier Bl. 2 f.

17 Siehe Heideggers Habilitationsvortrag »Der Zeitbegriff in der Geschichtswissenschaft (1916)«, in: ders., *Gesamtausgabe*, Abt. I, Bd. 1: *Frühe Schriften*, hg. v. Friedrich Wilhelm von Herrmann, Frankfurt/M. 1978, S. 433: »Die Erkenntnis der fundamentalen Bedeutsamkeit des historischen Zeitbegriffs wie seiner völligen Andersartigkeit gegenüber dem der Physik wird es ermöglichen, weiter wissenschaftstheoretisch in den eigentlichen Charakter der Geschichtswissenschaft

von vergangenen, gegenwärtigen und zukünftigen Zeiten erfassen, visuell eindrücklich eingefangen auf dem Cover der Erstausgabe von *Zeitschichten* in einer Fotografie von gegenläufigen und sich überlagernden Gesteinsschichten des Geologen und Fotografen Bernhard Edmaier (ein Vorschlag des Suhrkamp Verlags). Koselleck ersetzt erst ganz am Ende seines Lebens die Metapher »Zeitschichten« mit dem Denkmodell der »Wiederholungsstrukturen«, um noch präziser zu betonen, worauf es ihm ankommt: dass sich diese Schichten nicht nur überlagern, sondern auch überschneiden und sich mit verschiedenen Geschwindigkeiten bewegen, die Wiederholbarkeit genauso ermöglichen wie plötzliche, einmalige Verschiebungen, Risse oder Brüche, aus denen wiederum neue Erfahrungen und mögliche Zukünfte entstehen. Das ist schon die zeittheoretische Pointe von *Preußen zwischen Reform und Revolution*, wird aber ab 1970 mit der Historik zusammengedacht und schrittweise in den folgenden vier Jahrzehnten mit der Frage verknüpft, was sich ungeachtet der Zeitenbrüche historisch wiederholt.

»Zeitschichten« ist nichts anderes als eine Metapher für Kosellecks späte Zeit- und Geschichtstheorie, die im Kern danach fragt, wie aus zeitlicher Dauer, die er nicht als gedehnte Zeit, sondern als Wiederholung begreift, immer neue Ereignisse und Differenzen aufreißen, die, politisch gewendet, nur durch Ausgleich und Kompromiss ausgehalten werden können, deren Negation aber, so Kosellecks eigene Zeiterfahrung, zu entgrenzter Gewalt bis hin zur ideologisch motivierten Selbstzerstörung führen kann. Daher sein Versuch, »Zeit« und »Geschichte«, die im modernen Zeitregime der »Neuzeit« in eins fielen, etwa im Begriff des linearen »Fortschritts«, analytisch zu trennen und anders zueinander ins Verhältnis zu setzen: als sich wiederholende Differenzbestimmung. Daher auch, verfassungspolitisch gewendet, sein Interesse an föderalen Strukturen, um Differenzen in Zeiten der Globalisierung auszuhalten, sie nicht ideologisch und moralpolitisch zu überwölben, was Konflikte nur weiter eskalieren ließe.[18]

einzudringen und sie als originale und auf andere Wissenschaften unreduzierbare Geisteshaltung theoretisch zu begründen.« Siehe auch ders., *Prolegomena zur Geschichte des Zeitbegriffs* (= ders., *Gesamtausgabe*, Abt. II, Bd. 20), Frankfurt/M. 1979.

18 Auch das Interesse an föderalen Strukturen findet sich bereits im Preußen-Buch und zieht sich durch die Vorträge und Aufsätze durch vier Jahrzehnte. Siehe

Mit anderen Worten: Die Theorie historischen Wissens ist für Koselleck eine mögliche Antwort auf die von ihm analysierten Zeiterfahrungen im 20. Jahrhundert. Sie ist zum einen ganz konkret lebensgeschichtlich grundiert in der Auseinandersetzung mit Nationalsozialismus, Stalinismus und Vernichtungskrieg, zum anderen aber auch Reaktion auf den krisenhaften Zustand einer in der zweiten Jahrhunderthälfte auf die beschleunigte Selbstzerstörung zurasenden Welt. Bereits die ersten, nach dem »Sputnik-Schock« geschriebenen und oft überlesenen Sätze von *Kritik und Krise* markieren den Fragehorizont Kosellecks: »Die gegenwärtige Weltkrise, bestimmt durch die polare Spannung der Weltmächte Amerika und Rußland, ist – historisch gesehen – Ergebnis der europäischen Geschichte. Die europäische Geschichte hat sich zur Weltgeschichte ausgeweitet und vollendet sich in ihr, indem sie die ganze Welt in den Zustand der permanenten Krise hat geraten lassen. Wie schon die erstmalige Erfassung des gesamten Erdballs durch die bürgerliche Gesellschaft«, Koselleck spricht hier von der kolonialen, aufgeklärten Expansion, eines der möglichen Habilitationsthemen aus seiner Zeit in Bristol, »so steht auch die gegenwärtige Krise im Horizont eines geschichtsphilosophischen, vorwiegend utopischen Selbstverständnisses. Utopisch ist dieses Selbstverständnis deshalb, weil es dem modernen Menschen bestimmt ist, überall und nirgends zu Hause zu sein. Die Geschichte ist über die Ufer der Tradition getreten und hat alle Grenzen überflutet. Die Omnipräsenz aller Gewalten unterwirft durch die technische Kommunikation auf der unendlichen Fläche des Globus alles unter jedes und jedes unter alles. Zugleich wird jenseits der geschichtlichen Räume und Zeiten der planetarische Raum erschlossen, und sei es auch nur, um die Menschheit in dem Prozeß, den sie gegen sich selber angestrengt hat, mit in die Luft zu jagen.«[19]

Das Vorwort zur Taschenausgabe von 1973 stellt erneut diesen

Reinhart Koselleck, »Bund, Bündnis Föderalismus, Bundesstaat«, in: *Geschichtliche Grundbegriffe*, Bd. 1, Stuttgart 1972, S. 582-671; ders., »Diesseits des Nationalstaats. Föderale Strukturen der deutschen Geschichte«, in: *Transit. Europäische Revue* 7 (1994), S. 63-76, wiederabgedr. in: ders., *Begriffsgeschichten. Studien zur Semantik und Pragmatik der politischen und sozialen Sprache*, Frankfurt/M. 2006, S. 486-503.

19 Reinhart Koselleck, *Kritik und Krise. Eine Studie zur Pathogenese der bürgerlichen Welt* [1959], Frankfurt/M. 1973, S. 1.

gegenwartspolitischen Zusammenhang her. Der Aufstieg Chinas und die »Emanzipation der dritten Welt« habe zwar die außenpolitische Lage »auf unserem Globus« verschoben. An der Ausgangsfrage von *Kritik und Krise* (ein Buch über Geselligkeitsformen und Geschichtsphilosophien der deutschen und französischen Aufklärung des 18. Jahrhunderts!) habe sich aber dadurch nichts geändert, da sie »von vornherein hinter die antithetischen Zwänge zurückfragen wollte«, also hinter die eine politische Teilung der Welt rechtfertigenden Geschichtsideologien der Machtblöcke im Kalten Krieg. »Freilich hat sich die Einmaligkeit unserer Lage immer mehr verdeutlicht. Während zur Zeit der absolutistischen und nationalstaatlichen Politik der Krieg immer noch als Entlastungsvorgang für drohende Bürgerkriege verstanden und auch bemüht werden mochte, stehen wir heute vor einer fatalen Umkehr dieses Vorgangs. Unter der Drohung gegenseitiger atomarer Vernichtung haben die Weltmächte Randzonen ihrer Interessengebiete herausgeschnitten, innerhalb deren die Bürgerkriege – mit dem Schein gegenseitiger Entlastung – umgrenzt werden und so legitimiert werden sollen. Ein ständig sich verschiebender Ring von Elend, Blut und Schrecken hat sich um den Globus gelegt. Nicht mehr der alte Staat ist die Gegenposition zu diesem Bürgerkrieg, sondern zunächst der ganze Globus, dessen neue Geschichten sich erst in der Zukunft abzeichnen.«[20]

Kosellecks Historik mit seinen Theoremen der »Zeitschichten« und der »Wiederholungsstrukturen« geht über diese von ihm selbst formulierte Kritik moderner Zeiterfahrungen hinaus, bleibt aber immer darauf bezogen. Anstelle eines Lexikonartikels zur Begriffsgeschichte von »Zeit« entwirft er historische Zeitbegriffe, die auf Erfahrungsschübe des späten 20. Jahrhunderts reagieren, und verknüpft sie mit seiner Theorie historischen Wissens. Es geht ihm um den Riss zwischen Erfahrung und Erwartung, um die dadurch erzeugte offene, unbestimmte Zukunft, die wie eine Leerstelle ist, in die hinein sich die Kollektivsingulare »Geschichte« und »Fortschritt« schieben, aber auch Erlösungsutopie und Machbarkeitswahn, implizite Geschichtsteleologie (»Geschichte als Weltgericht«), globale Beschleunigung und apokalyptische Zeitverkürzung. All das ist, so Koselleck, eingelassen in die modernen

20 Ebd., S. xf.

Zeiterfahrungen beziehungsweise ruft diese mit hervor, nicht zuletzt das Massenmorden und Massensterben im Zeitalter des Totalen, Stalingrad und Auschwitz, aber auch Hiroshima und eine sich beschleunigende Umweltzerstörung. Das zieht sich als Dreh- und Angelpunkt seiner Zeit- und Geschichtskritik von der Nachkriegszeit bis in das frühe 21. Jahrhundert durch, »unsystematisch« herausgefordert durch immer neue katastrophische Zeiterfahrungen. Der Kalte Krieg friert die ideologisch motivierte Vernichtungsgewalt nur in Europa ein. Die entgrenzte Gewalt setzt sich nach 1945 fort im chinesischen Bürgerkrieg, bei der Teilung Indiens, im Koreakrieg sowie in den Dekolonisierungskriegen von Algerien bis Vietnam. Und sie endet auch nicht nach 1990. Erneut finden »ethnische Säuberungen« statt, es geschehen die Terroranschläge vom 11. September 2001 sowie davor und danach die Kriege in Irak und Afghanistan – bei gleichzeitig zunehmender globaler Verdichtung durch exponentielles Bevölkerungswachstum und digital beschleunigten Fortschritt in Kommunikation und Technik, von David Harvey »Raum-Zeit-Kompression« des Spätkapitalismus genannt.

»Unser Globus ist kraft der Beschleunigung selbst zu einem geschlossenen Raumschiff geworden«, wie Koselleck diese Zeiterfahrungen 1985 in verschiedenen Vorträgen mit einer anderen Metapher zu fassen versucht hat.[21] Je mehr die Welt als ganze auf einen letzten Schiffbruch zusteuert, desto dringender stellt sich für ihn die Frage nach den sich wiederholenden Bedingungen möglicher Zukunft. Kosellecks Zeit- und Geschichtskritik kann als theoretische Reflexion auf Zeiterfahrungen im späten 20. Jahrhundert gelesen werden, in deren Schatten sich auch die Krisen und Katastrophen unserer Gegenwart bewegen. Daher wirft seine Theorie historischen Wissens die drängende Frage auf, was an unserer Zeit wirklich neu ist und was sich »nur« wiederholt.[22]

21 Reinhart Koselleck, »Einige Fragen an die Begriffsgeschichte von ›Krise‹«, in: Krzysztof Michalski (Hg.), *Über die Krise. Castelgandolfo-Gespräche 1985*, Stuttgart 1986, S. 64-77, hier S. 76; ders., »Zeitverkürzung und Beschleunigung. Eine Studie zur Säkularisation«, in: ders., *Zeitschichten*, S. 177-202, hier S. 199; ders., »Raum und Geschichte«, in: ebd., S. 78-96, hier S. 93.

22 Reinhart Koselleck, »Stetigkeit und Wandel aller Zeitgeschichten. Begriffsgeschichtliche Anmerkungen«, in: ders., *Zeitschichten*, S. 246-264, hier S. 264. Siehe Zoltán Boldizsár Simon, *History in Times of Unprecedented Change: A Theory for the 21st Century*, London 2019.

Beschleunigung, Zukunftsschwund

Der Ausgangsbefund von Kosellecks Geschichtsdenken ist die »Krise« als Dauerzustand der modernen Welt, bei ihm zunächst begriffen als die seit dem Umbruch in die »neue Zeit« der Moderne stetig zunehmende Differenz zwischen Erfahrungsraum und Erwartungshorizont – als das, was bei Hans Blumenberg »der ›Ordnungsschwund‹ als Grund zum Zweifel« oder auch die »Öffnung der Zeitschere« heißt.[23] »Es ist immer die jeweils eigene Zeit«, so Koselleck Mitte der 1980er Jahre, »die seitdem als Krise erfahren wird.«[24] Diese »Verzeitlichung« und die damit einhergehende »Verblindung« der Erfahrungen sind eingelassen in die politisch-soziale Sprache der sich als neue Zeit begreifenden Moderne, in ihre *geschichtlichen* Grundbegriffe, also jene Begriffe, die seit der Französischen Revolution zwar politisch und sozial umstritten, jedoch unverzichtbar sind: »Geschichte« und »Fortschritt«, »Entwicklung« und »Krise«, »Revolution« oder »Volk« und Nation« und andere mehr. Die den politisch-sozialen Begriffen, aber auch den Bildern innewohnenden »geronnenen« Zeit- und Erfahrungsstrukturen freizulegen, um auf die Krise reagieren zu können und ihr nicht nur ausgeliefert zu sein, darum vor allem geht es Koselleck, und nicht einfach um Methoden für den Werkzeugkasten der Historiker, die sich aus der Fragestellung ergeben, nicht umgekehrt. Die These einer »Epochenschwelle« des Übergangs in die Moderne als neuer, krisenhafter Erfahrung findet sich in den 1960er und 1970er Jahren in je spezifischer Form bei Hans Blumenberg, Niklas Luhmann und Michel Foucault, der in *Die Ordnung der Dinge* die Zeit um 1800 als Übergang von einer räumlich in eine zeitlich strukturierte Wissensordnung beschreibt.[25]

23 Hans Blumenberg, *Die Legitimität der Neuzeit. Erneuerte Ausgabe*, Frankfurt/M. 1996, S. 150; ders., *Lebenszeit und Weltzeit*, Frankfurt/M. 1986, zweiter Teil: »Die Öffnung der Zeitschere«. Siehe hierzu Gennaro Imbriano, *Der Begriff der Politik. Die Moderne als Krisenzeit im Werk von Reinhart Koselleck*, Frankfurt/M. 2018; sowie Michael Makropoulos, »Historische Semantik und Positivität der Kontingenz. Modernitätstheoretische Motive bei Reinhart Koselleck«, in: Hans Joas, Peter Vogt (Hg.), *Begriffene Geschichte. Beiträge zum Werk Reinhart Kosellecks*, Berlin 2011, S. 481-513.

24 Koselleck, »Einige Fragen an die Begriffsgeschichte von ›Krise‹«, S. 67.

25 Zu dieser Parallele siehe Theo Jung, »Das Neue der Neuzeit ist ihre Zeit. Reinhart Kosellecks Theorie der Verzeitlichung und ihre Kritiker«, in: *Moderne. Kulturwissenschaftliches Jahrbuch* 6 (2010/2011), S. 172-184, hier S. 173.

Eine noch zu schreibende Geschichte der Zeit im späten 20. Jahrhundert könnte bei der Frage ansetzen, warum einige der klügsten Köpfe dieser Generation die Zeit in der Geschichte suchten.

Mit Blumenberg und Luhmann stand Koselleck in engem Austausch, genauso wie mit Norbert Elias, den er 1971 erstmals auf einer Konferenz in den provisorischen Räumen des Zentrums für interdisziplinäre Forschung (ZiF) auf Schloss Rheda trifft, wo er ihn auch zeichnet,[26] und den er für seine Arbeitsgruppe »Philosophie und Geschichte« nach Bielefeld holt. 1978 sorgt Koselleck dafür, dass Elias im Gebäude des ZiF für sechs Jahre eine Gästewohnung beziehen und dort an seinen soziologischen Studien arbeiten kann, insbesondere zur Wissenssoziologie der Zeit, ein Thema, über das sie sich in Bielefeld immer wieder gestritten haben, wobei Elias die soziale Bedingtheit von Zeiterfahrungen, Koselleck dagegen mit Heidegger die Zeit als anthropologisch an den Tod gebunden sieht, eine Auffassung die wiederum Elias nicht teilt.[27]

Auch mit Hans Blumenberg streitet sich Koselleck über die »Zeit«, wobei hier der wechselseitige Austausch tiefer ging, wenn auch mit einer gewissen Asymmetrie. Blumenberg produziert seit Mitte der 1960er Jahre ein seitenstarkes Buch nach dem anderen, während Koselleck neben der Arbeit am Lexikon nur zu Vorträgen und Aufsätzen kommt. Beide verbindet, wie Blumenberg Koselleck 1971 schreibt, eine »beängstigend nahestehende Problemstellung«, die sich in einem intensiven Briefwechsel und in der Auseinandersetzung mit *Kritik und Krise* in der erneuerten Ausgabe von *Die Legitimität der Neuzeit* spiegelt.[28] Im April 1973 gratuliert Blumenberg »zur Präsentation des ersten Bandes Ihrer zyklopischen

26 Siehe Reinhart Koselleck, *Vorbilder – Bilder*, Bielefeld 1983, S. 131.

27 Norbert Elias, *Über die Zeit. Arbeiten zur Wissenssoziologie II*, Frankfurt/M. 1984; Familienarchiv Koselleck (jetzt DLA Marbach), Mappe »Elias + Gleichmann«, Eberhard Firnhaber, Martin Löning, »Interview mit Reinhart Koselleck zu Norbert Elias im Universitätsarchiv«, Ts., 16. 2. 2001.

28 Hans Blumenberg an Reinhart Koselleck, 4. 8. 1971, in: dies., *Briefwechsel 1965-1994*, hg. v. Jan Eike Dunkhase und Rüdiger Zill, Berlin 2023, Brief Nr. 21. Siehe Blumenberg, *Die Legitimität der Neuzeit*, S. 40-62. Zu Blumenberg und Koselleck siehe Hans Joas, »Die Kontingenz der Säkularisierung. Überlegungen zum Problem der Säkularisierung im Werk Reinhart Kosellecks«, in: Joas, Vogt (Hg.), *Begriffene Geschichte*, S. 319-338, hier S. 327 f.; Imbriano, *Der Begriff der Politik*, S. 199-122, sowie zu Blumenberg: Nicola Zambon, *Das Nachleuchten der Sterne. Konstellationen der Moderne bei Hans Blumenberg*, München 2017.

Enzyklopädie«. Und sechs Jahre später dankt er ebenso ironisch für die Übersendung von Kosellecks Aufsatzsammlung *Vergangene Zukunft*: »Es ist der seltene Fall eines Buches, von dem ich bei der ersten Inspektion des Inhaltsverzeichnisses sagen kann: Ich habe es bereits gelesen.«[29]

Koselleck versucht immer wieder, Blumenberg vom Schreibtisch wegzubewegen und für Vorträge und Konferenzen zu gewinnen. Auch fühlt er sich, wie er im Dezember 1975 schreibt, Blumenbergs »radikal-historischem Ansatz« stärker verbunden, als dessen Kritik an den impliziten Säkularisierungsannahmen von *Kritik und Krise* zu erkenne gebe.[30] »Denn ich versuchte seinerzeit die Entstehung der Utopie aus der Situation im absolutistischen System heraus zu erklären, unter bewusstem Verzicht auf Transformationsthesen.« Koselleck sieht sich Blumenbergs Arbeiten, die zur Zeit der Dissertation in den frühen 1950er Jahren noch nicht vorlagen, näher als Löwiths Säkularisierungsthese und verweist auf seine Geschichtstheorie, die davon ausgehe, dass »in der Geschichte immer mehr oder weniger geschieht, als in den Vorgegebenheiten enthalten« sei.[31] Aber so ganz auf die Seite Blumenbergs kann und will Koselleck sich nicht schlagen. Denn »Verzeitlichung« und auch die anderen Verlaufs- und Verfallsthesen, die er in den 1960er Jahren begriffsgeschichtlich entwickelt hat, zielen zweifellos auf moderne, krisenhafte Zeiterfahrungen, angezeigt und angetrieben von Begriffen wie »Geschichte« oder »Fortschritt«, in die christlich-apokalyptische Endzeiterwartungen in säkularisierter Form nach wie vor eingelassen sind.[32] Anders als Blumenberg sieht Koselleck kei-

29 Hans Blumenberg an Reinhart Koselleck, 19.4.1973; Blumenberg an Koselleck, 10.8.1979, in: dies., *Briefwechsel*, Brief Nr. 26 u. Nr. 37.

30 Reinhart Koselleck an Hans Blumenberg, 16.12.1975, in: dies., *Briefwechsel*, Brief Nr. 32.

31 Koselleck kam auf Löwiths Werk immer wieder zurück, so auch in einem Bielefelder Seminar im Wintersemester 1983/84 mit dem sprechenden Titel »Löwiths Geschichtsphilosophie im Kontrast zu Blumenbergs Geschichtstheorie«, in dem einzelne Kapitel aus *Weltgeschichte und Heilsgeschehen* mit Blumenbergs *Legitimität der Neuzeit*, insbesondere den Teilen zur Säkularisierung, verglichen wurden. DLA Marbach, A: Koselleck, Konvolut »Materialien und Notizen zu Karl Löwith«, Reinhart Koselleck, »Löwith und Burckhardt«, Ts., o. D. [1983], 2 Bl.

32 »Durch alle Schriften Kosellecks hindurch zieht sich die simplifizierende Unterstellung eines ablaufenden Säkularisierungsprozesses.« Joas, »Die Kontingenz der Säkularisierung«, S. 331.

nen Widerspruch zwischen seiner These eines radikalen Bruchs mit der Tradition und deren Fortbestehen in begrifflichen und erfahrungsgeschichtlichen Residuen. Im Gegenteil, wie er Blumenberg schreibt: »Ohne die Rückversicherung an den stoischen Vorsehungsglauben und ohne den aus dem Christentum stammenden Erwartungshorizont einer paradiesischen Zukunft würde die vermeintliche Machbarkeit der Geschichte schnell in sich zusammensinken. Gerade die Rückversicherungen, die aus den Traditionsbeständen übernommen worden sind, gaben dem modernen Kern der Machbarkeit ihre enorme Schubkraft.«[33]

Mit dem Begriffspaar »Beschleunigung« und »Zeitverkürzung« versucht Koselleck in den 1970er Jahren, die beschleunigten Krisenerfahrungen zu beschreiben – nach dem Bericht des Club of Rome über die Grenzen des Wachstums und dem Ölpreis-Schock, als die Nachkriegsmoderne an Tempo verliert, die deutschen Autobahnen auf einmal sonntags nicht befahren werden dürfen und die Jugend sich der Anti-Atomkraft- und Ökologie-Bewegung zuwendet, aus der Gewissheit heraus, dass eine völlige Zerstörung des Planeten bevorsteht. In dafür zusammengestellte Materialmappen legt er sich Briefe und Sonderdrucke Niklas Luhmanns, der Koselleck mit neuer, oft amerikanischer sozialwissenschaftlicher Literatur zu den Themen »Zeit« und »Zukunft« versorgt.[34] Bereits in *Preußen zwischen Reform und Revolution* versucht Koselleck zeittheoretisch aufzuzeigen, dass sich historischer Wandel in unterschiedlichen Geschwindigkeiten vollzieht. Anstelle einer linearen historischen Erzählung zerlegt er die Geschichte zwischen den preußischen Reformen bis zur Revolution 1848 in drei gesonderte Strukturen – Landrecht, Verwaltung und soziale Bewegungen – mit je eigenen Zeiten. Das von Koselleck geschriebene Schlusskapitel in *Das Zeitalter der europäischen Revolution, 1780-1848* beschreibt »Beschleunigung« als die gemeineuropäische Erfahrung der neuen Generation,

33 Koselleck an Blumenberg, 16.12.1975.

34 DLA Marbach, A: Koselleck, Konvolut »Materialien zum Thema ›Beschleunigung‹«, Mappe 2/6, mit Widmung versehener Sonderdruck von Niklas Luhmann, »The Future Cannot Begin. Temporal Structures in Modern Society«, in: *Social Research* 43 (1976), S. 130-152. Koselleck unterstreicht sich darin unter anderem: »I propose to define time as the interpretation of reality with regard to the difference between past and future.« (Ebd., S. 135); DLA Marbach, A: Koselleck, Konvolut »Materialien zum Thema ›Beschleunigung‹«, Mappe 4/6, Niklas Luhmann an Reinhart Koselleck, 23.2.1976.

die in den Jahren der Französischen Revolution geboren, deren Jugend aber von Napoleon und seinem Sturz geprägt wurde. Häufige Regimewechsel, einander überholende Gesetze und Verordnungen, aber noch mehr die technologisch-industrielle Beschleunigung durch die Eisenbahn hätten diesen Erfahrungsschub ausgelöst, den er erneut als »Verzeitlichung« begreift. Durch die Eisenbahn werde, wie er Heine zitiert, »der Raum getötet« und es bleibe »nur noch die Zeit übrig«.[35]

In den 1970er Jahren entwickelt Koselleck die Kategorie »Beschleunigung« weiter, unter anderem als Ergebnis seiner Arbeit an den Artikeln »Geschichte, Historie« und »Fortschritt«, beide geschrieben mit Christian Meier für den 1975 erscheinenden zweiten Band der *Geschichtlichen Grundbegriffe*. Im Jahr darauf wird er zum Vortrag an der Rheinisch-Westfälischen Akademie der Wissenschaften und anschließender Diskussion mit den Mitgliedern eingeladen, zu denen auch Niklas Luhmann gehört. Koselleck wählt als Thema die Frage »Gibt es eine Beschleunigung der Geschichte?«. Auf der Einladungskarte heißt es: »Daß sich die neuzeitliche Geschichte beschleunige, ist ein Satz, der seit dem 18. Jahrhundert zunehmend belegbar ist. Der Ausdruck der Beschleunigung hat einerseits eine Vorgeschichte, die in die apokalyptische Tradition zurückreicht. Andererseits gewinnt die Wendung im technisch bedingten Handlungsraum der Moderne einen allgemeinen Erfahrungsgehalt. Es soll untersucht werden, wieweit die Kategorie der Beschleunigung trägt: ob es berechtigt ist, von einer Beschleunigung in der Geschichte zu sprechen oder gar von einer Beschleunigung der Geschichte.«[36]

Im Vortrag, aber auch in dem später daraus entstandenen Aufsatz kommt er erneut auf die Beschleunigungserfahrung der Zeit um 1830 zu sprechen. »Selbst unsere heute lebende Generation, Zeugin der Mondfahrt und des Sputniks, der Fernsehdirektübertragung, der Raketen und der Düsenflugzeuge, hat keinen solchen

35 Zit. n. Reinhart Koselleck, »Aufstieg und Strukturen der bürgerlichen Welt«, in: Louis Bergeron u. a., *Das Zeitalter der europäischen Revolution, 1780-1848* (= *Fischer Weltgeschichte*, Bd. 26), Frankfurt/M. 1969, S. 296-319, hier S. 303.

36 DLA Marbach, A: Koselleck, Konvolut »Materialien zum Thema ›Beschleunigung‹«, Mappe 1/6, Reinhart Koselleck, »Gibt es eine Beschleunigung der Geschichte?«, Vortrag bei der Rheinisch-Westfälischen Akademie der Wissenschaften, 29. 9. 1976, Einladungskarte.

Erfahrungsschub erlitten wie die Generation des Vormärz.« Dieser Erfahrungsschub habe zu einer »Denaturalisierung der bis dahin überkommenen Zeiterfahrungen« geführt. Koselleck modifiziert seine These aus »Vergangene Zukunft«, der Antrittsvorlesung von 1965. Beschleunigung als »geschichtliche Erwartungskategorie« sei alt, erhalte aber seit dem 16. Jahrhundert »neue Erwartungsgehalte« und werde erst mit der industriellen Revolution zu einem »gesättigten Erfahrungsbegriff«. »Anders gewendet«, so Koselleck, Erfahrung und Erwartung neu aufeinander beziehend: »Die von der Apokalyptik vorformulierte Zeitverkürzung wird zu einer Metapher der Beschleunigung, die seit dem 16. Jahrhundert andere und neue Inhalte zur Sprache bringt, als im Horizont christlicher Eschatologie gemeint waren.«[37] Modern an »Beschleunigung« als Zeiterfahrung sei genau, dass sich »alles schneller ändert, als man bisher erwarten konnte oder früher erfahren hatte«, also eine Zeitverkürzung, die als neue Endzeit gedeutet worden sei.

In der Diskussion fragt Niklas Luhmann skeptisch nach dem Unterschied zwischen Beschleunigung als Erwartungsbegriff und Beschleunigung als Erfahrungsbegriff. »Mir schien es, als ob Sie diese beiden Varianten historisch trennten, so daß zunächst einmal die Erwartung da war und nachher, durch Postkutsche und Eisenbahn sozusagen, die Erfahrung nachgeliefert wurde. Ich frage mich, ob Sie wirklich Erwartung und Erfahrung historisch so auseinanderziehen können oder ob nicht auch das, was die Erwartung konstituiert, daß alles schneller gehen würde, seinerseits wiederum eine Erfahrung ist.«[38] In seiner Replik stimmt Koselleck zu, es gebe keine Erfahrung ohne Erwartung und vice versa. Sein Ansatz sei vielmehr, »die historische Zeit, wenn man diese abstrakte Kategorie überhaupt empirisch verifizieren will, dadurch greifbar zu machen, daß ich die Differenzbestimmung von Erfahrung und Erwartung untersuchen möchte. Ohne auf die Beschleunigung

37 Koselleck, »Gibt es eine Beschleunigung der Geschichte?« [1976], in: ders., *Zeitschichten*, S. 150-176, hier S. 153. Siehe auch ders., »›Erfahrungsraum‹ und ›Erwartungshorizont‹ – zwei historische Kategorien« [1975], in: ders., *Vergangene Zukunft. Zur Semantik geschichtlicher Zeiten*, Frankfurt/M. 1979, S. 349-375, bes. S. 368 f.

38 DLA Marbach, A: Koselleck, Konvolut »Materialien zum Thema ›Beschleunigung‹«, Mappe 1/6, Diskussion zum Vortrag »Gibt es eine Beschleunigung der Geschichte?«, Rheinisch-Westfälische Akademie der Wissenschaften, Düsseldorf 29. 9. 1976, Ts., 73 Bl. hier Bl. 10.

zu achten, habe ich bisher die These vertreten, daß sich bis in die frühe Neuzeit hinein Erwartungen unmittelbar aus den Erfahrungen ableiten ließen, weil in den natürlichen Vorgegebenheiten die Erfahrungsübertragung auf die nächste Generation den Erwartungshorizont determinierte, und daß diese Determinante des Erwartungshorizonts durch überkommene Erfahrungen in dem Maße verlorengeht, wie diese technischen Veränderungsfaktoren den Erwartungshorizont ausdehnen und verändern, nämlich in Richtung auf Unbekanntes hin, was man aus der bisherigen Erfahrung nicht ableiten kann. Es gehört also in gewisser Weise zum technischen Fortschritt, daß man wohl erwarten kann, daß es anderes wird, aber nicht aufgrund seiner bisherigen Erfahrung sagen kann, was anders wird. Das heißt, es kommt eine Unbekanntheitskomponente hinein, die vorher so noch nicht da war, und dadurch entsteht ein anderer Erfahrungshaushalt, der durch eine größere Differenz von Erfahrung und Erwartung zu definieren ist.« Erst bei der Arbeit mit der Kategorie der Beschleunigung sei ihm aufgefallen, »daß offenbar diese Zeitverkürzungskategorien der Apokalyptik und deren Tradition eben sehr viel spezifischere Erwartungsbegriffe sind, deren Erfahrung nicht im empirischen Sinne aus geschichtlichen Ereignissen selber erhärtet werden kann, sondern umgekehrt: Die Erfahrung wird determiniert durch die Erwartung, und was an geschichtlichen Erfahrungen dann apokalyptisch gedeutet wird, ist sekundär, das heißt, da ist die Dominanz der Erwartung für diese Zeitbestimmung meines Erachtens vorgegeben.«[39] Man sieht hier ganz deutlich, dass Koselleck seine früheren Überlegungen zur »Verzeitlichung« reformuliert. Moderne Zeiterfahrungen, so sagt er jetzt, also 1975/76, können durchaus »Erfahrungsschübe« durchlaufen, und »Beschleunigung« lasse sich als neue Erfahrung im frühen 19. Jahrhundert nachweisen. Aber diese neuen Erfahrungen werden, so Koselleck, in den neuen Begriffen »Geschichte« und »Fortschritt« teleologisch in die Zukunft verlängert, bleiben mithin formal eingespannt in den Zeitstrukturen apokalyptischer Erwartung.

Eine solche Analyse der modernen Zeiterfahrungen unter Rekurs auf »Beschleunigung« und »Zeitverkürzung« zielt zweifellos auch auf die Erfahrungen und Erwartungen der späten 1970er und

39 Ebd., Bl. 12 f.

frühen 1980er Jahre. Koselleck, der sich selten in tagespolitische Debatten eingeschaltet hat, organisiert im Oktober 1982 eine interdisziplinäre Konferenz in Bielefeld mit Geistes-, Sozial- und Naturwissenschaftlern, Risikoforschern und Militärexperten zu den Gefahren des nuklearen Wettrüstens zwischen NATO und Warschauer Pakt, aus der ein Sammelband hervorgeht, für den er auch die Einleitung schreibt.[40] Sein Bildvorschlag für den Umschlag, Rudolf Hausners Lithografie *Erschrockener Europäer* aus dem Jahr 1980, fängt die nukleare Vernichtung als apokalyptischen Erwartungshorizont der Zeit ein. Wir sehen einen aufsteigenden Atompilz am erhobenen Horizont, der bereits auf der ganzen Linie brennt, und im Vordergrund das von Entsetzen gezeichnete Gesicht eines Mannes mit rotgeränderten Augen. Über dem tiefroten Himmel steht im Bild der Satz: »Adam, schau hin! Siehst Du denn nicht, es brennt bereits am Horizont!??« (siehe *Abb.* 29).

Auf der Konferenz werden auch zwei Dokumentarfilme über die Folgen des Abwurfs der Atombombe auf Hiroshima gezeigt. Das Vorwort der Herausgeber, neben Koselleck sind das die beiden Bielefelder Physiker Ludwig Streit und Philippe Blanchard, spricht von der »tödlichen Absurdität des globalen Rüstungswettlaufs« und auch von der drohenden Katastrophe eines »nuklearen Holocausts«. In seiner Einleitung beschreibt Koselleck die aporetische Situation: Beide Seiten, Befürworter der nuklearen Abschreckung wie ihre Gegner gehen davon aus, dass es keine Überlebenden einer atomaren Katastrophe geben würde. Wie auch an anderer Stelle plädiert er dafür, diese sich wechselseitig ausschließende Symmetrie der Argumente sichtbar zu machen, um Differenzen »in politisch handhabbare Argumente und Handlungsdirektiven umzusetzen«.[41] Auf dem vom Wirtschaftsrat der CDU veranstalteten Umweltkongress im Oktober 1979 meint Koselleck, angesichts der globalen Umweltzerstörung sei die Berechtigung eines allgemeinen Interesses an ökologischen Fragen nicht mehr zu leugnen. Auch hier kommt er auf die Nuklearwaffen zurück: »Die Atomphysik stellt ein Zerstörungspotential bereit, kraft dessen apokalyptische Visionen aus dem Bereich religiöser Erwartungen herausgetreten sind

40 Reinhart Koselleck, »Einleitung«, in: Philippe Blanchard u. a. (Hg.), *Taktische Kernwaffen. Die fragmentierte Abschreckung*, Frankfurt/M. 1987, S. 13-18.

41 Ebd., S. 18. Siehe auch Joseph Masco, *The Future of Fallout, and Other Episodes in Radioactive World-Making*, Durham 2021.

und empirisch einlösbar werden. Die theologische Frage nach den Letzten Dingen gehört längst in den säkularen Alltag und lauert hinter allen Fragen der Außenpolitik, der Interventionen und der Abrüstung.«[42]

Im Vorgespräch mit Vertretern des Wirtschaftsrats einen Monat zuvor, bei dem auch der Politikwissenschaftler Karl W. Deutsch zugegen ist, betont Koselleck den Unterschied zwischen den ökologischen Bürgerinitiativen und ihren Vorläufern, etwa den wilhelminischen Naturschutzvereinen, zu deren Vorstellungsvermögen es noch nicht gehört habe, »daß das Ökosystem zusammenbrechen könnte«. 1979 stünden nicht allein die sozialen Folgelasten von Modernisierungsschüben zur Debatte, »sondern die naturalen Voraussetzungen unseres gesamten Systems [...]«.[43] Ohne Zweifel sei die Umweltbewegung aufgrund des Zusammenhangs mit den Atomwaffen durch linke Gruppen politisiert. Was er bei ehemaligen Studenten und den eigenen älteren Kindern, die sich in der Friedens- und Ökologiebewegung engagierten, darüber hinaus beobachte, sei aber mehr und anderes: eine naturreligiöse Grundstimmung und ein Ethos der Enthaltsamkeit bis hin zur Abkehr vom technischen Fortschritt, aus Angst vor einem Weltuntergang. Bei dieser apokalyptischen Erwartung handele es sich zwar um einen traditionellen Topos. »Aber wir sind jetzt innerhalb des technischen Fortschritts in eine Position gelangt, wo nicht nur die Menschen sich gegenseitig vernichten können, sondern obendrein auch die Natur weitgehend vernichtbar wird durch die Atomexplosionen. Denn wenn das ganze Atompotential losgeschossen wird«, wie Koselleck den konservativen Politikern und Unternehmern bei dem Treffen im Flughafenhotel Holiday Inn in Köln-Wahn erklärt, »dann wird eben nur noch auf wenigen Inseln das Überleben möglich sein. Ich meine, das ist eine Vision, die empirisch möglich ist. Und das scheint mir das bewußtseinsmäßige Moment zu sein.«[44]

42 Reinhart Koselleck, »Allgemeine und Sonderinteressen der Bürger in der umweltpolitischen Auseinandersetzung«, in: ders., *Begriffsgeschichten*, S. 516-526, hier S. 524 f.

43 DLA Marbach, A: Koselleck, Konvolut »Materialien zum Thema ›Ökonomie, Ökologie und Umweltpolitik‹ 1978-1979«, Wortprotokoll über das Vorgespräch zum Umweltkongreß des Wirtschaftsrats der CDU, 11. 9. 1979, Ts., 74 Bl., hier Bl. 9. Deutsch war damals Professor an der Harvard University und am Wissenschaftszentrum Berlin.

44 Ebd., Bl. 52, 64. Siehe auch Klaus Vondung, *Die Apokalypse in Deutschland*,

Ende April 1986 ereignet sich die Nuklearkatastrophe im Kernkraftwerk Tschernobyl. Ein halbes Jahr später hält Koselleck den Schlussvortrag auf dem Historikertag in Trier unter dem Titel »Raum und Geschichte«, ein Thema, mit dem sich die Historiographie seinerzeit kaum mehr beschäftigt. In dem Vortrag unternimmt er den Versuch einer geschichtstheoretischen Rehabilitation des Begriffs des Raums, der durch die Geopolitik des imperialistischen Zeitalters und den Nationalsozialismus belastet ist. Zugleich spricht er von der im späten 18. Jahrhundert entstandenen »fragwürdigen Opposition« zwischen Natur und Geschichte, »die uns heute noch umtreibt, unter der historischen Herausforderung ökologischer Fragen heute vielleicht mehr als früher«.[45] Der Raum gehöre wie die Zeit zu den Bedingungen möglicher Geschichten. Astrophysik, Geologie, Geografie, Biologie und Zoologie zeichneten allesamt je eigene Entwicklungslinien über mehrere Millionen Jahre nach, das heißt Naturgegebenheiten, »die sich unserem Zugriff entziehen, die gleichwohl als Bedingungen des Handelns zur Herausforderung menschlicher Aktion werden«. Koselleck verweist auf »Land und Meer, die Küsten und die Flüsse, die Gebirge und Ebenen, alle geologisch entstandenen Formationen samt ihren Bodenschätzen. Auch diese gehören zu den metahistorischen Vorgaben, denn sie sind auszubeuten, aber nicht wiederherzustellen. Dazu gehören das Klima und der Klimawechsel, ohne die der Wandel in der Pflanzen- und Tierwelt, aber ohne die auch die Genese höheraggregierter Kulturen der Menschen nicht erklärbar sind.«

Die natürlichen Bedingungen möglicher Geschichten, so Koselleck, rückten aber historisch immer mehr in den Bereich der menschlichen Verfügungsgewalt, es drohe eine »Denaturalisierung«, die in einer »Ökologie der Gegenwart« von Natur- und Geisteswissenschaften gemeinsam untersucht werden sollte.[46] Ein Ereignis wie Tschernobyl, »das uns durch die Luft auf den Leib gerückt ist«, zeige das Grundproblem »unseres eigenen Zeitraumes«, so Koselleck. Die Beschleunigung habe den Globus zu einer Erfahrungseinheit verdichtet, dem noch keine politische Handlungsein-

München 1988; Frank Biess, *Republik der Angst. Eine andere Geschichte der Bundesrepublik*, Reinbek bei Hamburg 2019, S. 359-411.

45 Koselleck, »Raum und Geschichte«, S. 79.

46 Ebd., S. 83 f., 94.

heit entspreche, solange die Erde – der Boden und zunehmend auch das Wasser – weiter territorial organisiert bleibt. Die Luft bewege sich dagegen noch jenseits der politischen Grenzen, als radioaktive Wolken ebenso wie als Medium der Nachrichtenübertragung via Funk, Fernsehen und Satelliten, die ebenfalls eine »zeiträumliche Verkürzung« herbeigeführte habe.[47]

»Krise« ist der gemeinsame Begriff für die apokalyptische Zeitverkürzung, die dem Jüngsten Gericht vorausgeht, wie auch für die Erfahrung geschichtlicher Beschleunigung. Das könne kein sprachlicher Zufall sein, wie Koselleck in seinem Vortrag »Einige Fragen an die Begriffsgeschichte von ›Krise‹« suggeriert, gehalten in Castel Gandolfo, der Sommerresidenz des Papstes.[48] Dort trifft er im August 1985 nicht nur Johannes Paul II., sondern unter anderen auch Leszek Kołakowski und Paul Ricœur. Das letzte Drittel des 20. Jahrhunderts enthält für ihn weiterhin die katastrophischen Zeitstrukturen, die er bereits in *Kritik und Krise* sowie in seinen begriffsgeschichtlichen Arbeiten nicht zuletzt zum Begriff »Krise« freigelegt hat, nur dass durch den technologischen Fortschritt die Beschleunigung den Globus in ein Raumschiff verwandelt habe, das sich auf seinem Flug von den natürlichen Vorbedingungen menschlichen Lebens entfernt, von der, wenn man so will, planetarischen Zeit der Erde, und auf eine globalen Selbstzerstörung zurast.[49] »Während die apokalyptische Zeitverkürzung immer noch eine Schleuse, einen Durchgang zum ewigen Heil darstellte, zeichnet sich im Bereich der geschichtszeitlichen Beschleunigung die Möglichkeit ab, daß der Mensch selber die überkommenen, kulturell und industriell angereicherten Bedingungen seiner Existenz vernichtet.«[50] Für Koselleck ist die »Zeit« also nicht erst im späten

47 Ebd., S. 95 f.

48 Koselleck, »Einige Fragen an die Begriffsgeschichte von ›Krise‹«, S. 75. Die Treffen wurden von Krzysztof Michalski organisiert, einem Schüler Kołakowskis, der zu dieser Zeit auch das »Institut für die Wissenschaft vom Menschen« in Wien gründete. Bei den Castelgandolfo-Gesprächen zwei Jahre zuvor traf Koselleck unter anderem Emmanuel Levinas. Die Einladung Kosellecks geht vermutlich zurück auf die Vermittlung Gadamers.

49 Ebd., S. 75 f. Siehe dazu Bruno Latour, *Kampf um Gaia. Acht Vorträge über das neue Klimaregime*, Berlin 2020; zum Unterschied zwischen »globalen« und ›planetarischen‹ Zeiten: Dipesh Chakrabarty, *Das Klima der Geschichte im planetarischen Zeitalter*, Berlin 2022, insbes. das Gespräch mit Latour, ebd., S. 345-365.

50 Koselleck, »Zeitverkürzung und Beschleunigung«, S. 200. Siehe auch Jan Eike

20. Jahrhundert aus den Fugen geraten. Die heute diagnostizierte »Krise der Zeit«, die sich als Erfahrungskompression und Zukunftsschwund bemerkbar macht und als Zerfall des modernen Zeitregimes gedeutet wird, hat Koselleck schon früh diagnostiziert und in immer neuen »Temporalanalysen« zu belegen versucht. Die Neuzeit ist für ihn ein »Zeitalter der Krise«[51] – einer Krise, die sich nun angesichts der drohenden ökologischen Katastrophe und unter Bedingungen der Globalisierung nur weiter verschärft.

Kosellecks Frage nach der »vergangenen Zukunft« hat in den letzten beiden Jahrzehnten des melancholischen Abschieds von der Geschichte als moderner Utopie neue Resonanz gefunden, ja, seine Zeitbegriffe und Zeitmetaphern sind im disziplinenübergreifenden *temporal turn* omnipräsent.[52] Hingegen werden seine Überlegungen und Befunde zu geschichtlichen Zeiterfahrungen im 20. Jahrhundert nur selten aufgegriffen. Das gilt besonders für seine Texte über Zeiterfahrungen in den beiden Weltkriegen und im Nationalsozialismus, aber auch für seine theoretischen Reflexionen zu den Erfahrungsschüben und Zeitverschiebungen im späten 20. Jahrhundert.[53] So erwähnt Dipesh Chakrabarty in seinen zeit- und geschichtstheoretischen Überlegungen zum Anthropozän beiläufig *Vergangene Zukunft*, nicht aber Kosellecks Begriffspaar »Beschleunigung« und »Zeitverkürzung« oder seine seit den 1980er Jahren unternommene Versuche, menschliche und geologische Zeiten aufeinander zu beziehen.[54] Auch François Hartog, der wie kaum ein anderer Kosellecks Zeit- und Geschichtstheorie zum Ausgangs-

Dunkhase, *Kornmanns Wahrheit. Eine Geschichtslehre aus der Sattelzeit*, Berlin 2022, S. 59-83.

51 Reinhart Koselleck, »Krise«, in: *Geschichtliche Grundbegriffe*, Bd. 3, Stuttgart 1982, S. 617-650, hier S. 635.

52 Siehe etwa die Beiträge in: Chris Lorenz, Berber Bevernage (Hg.), *Breaking Up Time. Negotiating the Borders Between Present, Past and Future*, Göttingen 2013; Dan Edelstein u. a. (Hg.), *Power and Time. Temporalities in Conflict and the Making of History*, Chicago 2020.

53 Siehe dazu oben, Kap. 4, S. 246 f.

54 Siehe Chakrabarty, *Das Klima der Geschichte im planetarischen Zeitalter*, S. 279-281, aber auch Erik Isberg, »Multiple Temporalities in a New Geological Age: Revisiting Reinhart Koselleck's *Zeitschichten*«, in: *Geschichte und Gesellschaft* 46 (2020), S. 729-735; Helge Jordheim, »Natural Histories of the Anthropocene. Koselleck's Theories and the Possibility of a History of Lifetimes«, in: *History and Theory* 61 (2022), S. 391-425.

punkt für seine luzide Bestandsaufnahme des Auseinanderbrechens von Zeit und Geschichte am Anfang des 21. Jahrhunderts gemacht hat, bezieht sich kaum auf Kosellecks eigene Überlegungen zu den Zeiträumen unserer Gegenwart.[55]

Eine Ausnahme bildet die neuere postkoloniale Historiographie, die sich auf *Vergangene Zukunft* bezieht, um die Geschichte der spezifischen Zeiterfahrungen der 1950er bis 1970er Jahre und des Scheiterns des antikolonialen Projekts im späten 20. Jahrhundert zu analysieren. Das erstaunt auf den ersten Blick angesichts der aus Carl Schmitts *Nomos der Erde* abgeleiteten und von Koselleck oft wiederholten These, mit dem Zeitalter des europäischen Imperialismus, also seitdem »die geographisch unendliche Oberfläche unseres Globus zur Endlichkeit eines interdependenten Aktionsraumes zusammengeschrumpft« sei, hätten sich alle Kriege, »europazentrisch gesehen«, wie er auf dem Höhepunkt des Vietnamkriegs 1969 in einem Vortrag zum Begriff der »Revolution« einräumt, in latente oder offene Bürgerkriege verwandelt. Anstelle einer direkten Konfrontation, bei der im atomaren Zeitalter die »totale Vernichtung« drohe, befeuerten die beiden Machtblöcke lokale Revolutionen und Kriege auf der ganzen Welt.[56] In Vietnam tobte über drei Jahrzehnte ein entgrenzter Bürgerkrieg, erst als kommunistischer Aufstand gegen die französische Kolonialmacht, dann zwischen Nord und Süd, ausgerüstet von den verfeindeten Weltmächten, bis hin zur direkten militärischen Intervention der USA ab 1965. Koselleck erkennt in diesen antikolonialen Revolutionen und Unabhängigkeitskriegen nach dem Zweiten Weltkrieg nur *proxy wars* zwischen den beiden verfeindeten Ideologien im Kalten Krieg, deren zeitliche Strukturen sich aus dem Zeitalter der atlantischen Revolutionen heraus ableiten lassen, so als sei der Antikolonialismus selbst in diesen modernen Zeitstrukturen befangen.

Genau an diesem Punkt setzt David Scott in seinem Buch *Conscripts of Modernity* ein, für den Titel eine Formulierung Talal Asads verwendend. Es ist Kosellecks Frage nach den in die modernen Zukunftsutopien eingelassenen zeitlichen Strukturen, die in der postkolonialen Historiographie aufgegriffen wird, um die vergangenen

55 Siehe François Hartog, *Regimes of Historicity. Presentism and Experiences of Time*, New York 2015.

56 Reinhart Koselleck, »Historische Kriterien des neuzeitlichen Revolutionsbegriffs«, in: ders., *Vergangene Zukunft*, S. 67-86, hier S. 86.

Zukünfte des Antikolonialismus zu beschreiben.[57] Auch antikoloniale Geschichtsdenker verbleiben im zeitlichen Horizont der kolonialen Aufklärung, wie Scott am Beispiel von C. L. R. James' *The Black Jacobins* zeigt. Daher ist die Zeit nach dem Scheitern des antikolonialen Projekts aufgespannt zwischen »Erfahrung« und »Erwartung«, die bei Scott nicht als Übergang von der Vormoderne zur Moderne, sondern »von einem Rhythmus moderner Zeit zu einem anderen« begriffen wird, als Umschlag von den Zukunftsutopien der antikolonialen Bewegung zum Zukunftsschwund in der postkolonialen Gegenwart.[58]

Zeitschichten

Unsere Gegenwart ist, wie François Hartog 2020 in *Chronos* schreibt, eingeschnürt zwischen zwei Unmöglichkeiten: der Unmöglichkeit einer Vergangenheit und der Unmöglichkeit einer Zukunft.[59] Das genau ist Kosellecks implizite These in seiner Antrittsvorlesung »Vergangene Zukunft«, die er zehn Jahre später in »›Erfahrungsraum‹ und ›Erwartungshorizont‹ – zwei historische Kategorien« und danach in den Vorträgen und Aufsätzen zur globalen Beschleunigung und apokalyptischen Zeitverkürzung weiter ausfaltet. Zugleich sucht er für seine Historik nach formalen Ka-

57 David Scott, *Conscripts of Modernity. The Tragedy of Colonial Enlightenment*, Durham 2004, Kap. 1: »Futures Past«; Talal Asad, »Conscripts of Western Civilization«, in: Christine Gailey (Hg.), *Dialectical Anthropology: Essays in Honor of Stanley Diamond*, Bd. 1: *Civilization in Crisis*, Gainesville 1992, S. 333-351. Als Beispiele für die Rezeption Kosellecks in der postkolonialen Historiographie siehe Manu Goswami, »Imaginary Futures and Colonial Internationalisms«, in: *American Historical Review* 117 (2012), S. 1461-1485; Samera Esmeir, *Juridical Humanity. A Colonial History*, Stanford 2012; Matthew O'Hara, *The History of the Future in Colonial Mexico*, New Haven 2018; Samira Haj, *Reconfiguring Islamic Tradition. Reform, Rationality, and Modernity*, Stanford 2008; Sara Pursley, *Familiar Futures. Time, Selfhood, and Sovereignty in Iraq*, Stanford 2019.

58 Scott, *Conscripts of Modernity*, S. 44. Siehe auch ders., *Omens of Adversity. Tragedy, Time, Memory, Justice*, Durham 2014, S. 12: »In a certain respect, one might say that in the very moment that history has seemed so resistant to change, so unyielding, time has suddenly become more discernible, more conspicuous, more at odds, more palpably in question – as though the ends of history somehow marked the beginnings of time.«

59 François Hartog, *Chronos. L'Occident aux prises avec le Temps*, Paris 2020, S. 330 f.

tegorien, die in ihrer gegenseitigen Bedingtheit historischen Einschnitten und Verschiebungen voraus liegen, diese dauerhaft neu und immer anders hervortreiben. Was für Jacob Burckhardt die drei Potenzen sind – Staat, Religion und Kultur –, ist bei Koselleck zuerst das Begriffspaar »Erfahrung und Erwartung«, das er dann zur anthropologischen Differenz von »früher und später« formalisiert. »Innen und außen« »oben und unten«, »früher und später« seien »stetige anthropologische Differenzbestimmungen, die ihre zeitlichen Konsequenzen aus sich hervortreiben«, wie er in der Einleitung von *Zeitschichten* schreibt.[60] Das Auseinandertreten von Erfahrungsraum und Erwartungshorizont ist eine solche zeitliche Konsequenz um 1800, Zeitverkürzung und Beschleunigung eine Variante davon, die im frühen 19. Jahrhunderts mit der industriellen Revolution einsetzt, um 1900 mit dem europäischen Imperialismus den gesamten Globus umgreift und für Koselleck auch die Zeiterfahrungen des späten 20. Jahrhunderts beschreibt. In »Geschichte, Recht und Gerechtigkeit« arbeitet er in einem Parforceritt von der Antike bis Auschwitz fünf zeitliche Verlaufstypen heraus, in denen je verschiedene Formen von Gerechtigkeitserwartungen an geschichtliche Erfahrungen verknüpft werden, wobei im späten 20. Jahrhundert beides nebeneinander steht: der Versuch, den beiden Weltkriegen und der Vernichtung in der »kollektiven Erinnerung« einen Sinn abzuringen, und Kosellecks eigene Zeiterfahrung der abgründigen Sinnlosigkeit der Geschichte.

Koselleck kehrt also immer wieder zum Ausgangspunkt der Antrittsvorlesung »Vergangene Zukunft« aus dem Jahr 1965 zurück, zu zeitlichen Verlaufsthesen, die kategorial-analytisch zur Geschichtskritik zugespitzt werden. Diese werden schrittweise mit den Gegensatzpaaren seiner Historik zusammengedacht, aufeinander bezogen, analytisch aber getrennt in anthropologische Differenzbestimmungen und zeitliche Konsequenzen. Die Kernfrage lautet – auch für Koselleck –, wie sich seine Zeit- und Geschichtstheorie, seine »The-

60 Reinhart Koselleck, »Einleitung«, in: ders., *Zeitschichten*, S. 9-16, hier S. 16. Siehe aber seinen Beitrag auf einer internationalen Konferenz zur Geschichtsphilosophie in Ottawa 1980, dort zu »Erfahrungsraum und Erwartungshorizont als zeitliche Kategorien«: Reinhart Koselleck, »Concepts of Historical Time and Social Time«, in: David Carr u. a. (Hg.), *Le Philosophie de l'histoire et la pratique historienne d'aujourd'hui*, Ottawa 1982, S. 113-126; dt.: »Moderne Sozialgeschichte und historische Zeiten«, in: Koselleck, *Zeitschichten*, S. 317-335, hier S. 331-335.

orie historischer Zeiten« und seine Historik als »Theorie der Bedingungen möglicher Geschichten« zusammenführen lassen. Sein ursprüngliches Begriffspaar, »Erfahrungsraum und Erwartungshorizont«, scheint dazu kaum geeignet, weil es auf die aufbrechende zeitliche Differenz zielt, das heißt auf den Beginn der Neuzeit und die »Verzeitlichung« der politisch-sozialen Semantik. Die Gleichzeitigkeit verschiedener Zeiten, ihre unterschiedlichen Geschwindigkeiten, dauerhafte, sich wiederholende Strukturen sowie Ereignisse und Zeitenbrüche lassen sich so aber nicht zusammendenken. Horizontal bewegen sich verschiedene geschichtliche Zeiten mit unterschiedlichen Geschwindigkeiten. Vertikal koexistieren diese verschiedenen Zeiten, deren Konflikte neue Risse, Brüche und Verschiebungen hervorbringen, aber zu einem bestimmten Zeitpunkt. Mit einer geologischen Metapher, die nur im Deutschen funktioniert, hat Koselleck die »Geschichte« in dauerhafte Schichten und differierende Zeiten zerlegt: in »Zeitschichten«.

Wie erwähnt, geht Koselleck bereits in *Preußen zwischen Reform und Revolution* der zeittheoretischen Frage nach, wie sich historischer Wandel in unterschiedlichen Tempi vollzieht. So heißt es dort in der Einleitung: »Die Darstellung geht also nicht entlang einem Leitfaden gedachter Zeit vor. Theoretisch handelt es sich um verschiedene Schichten geschichtlicher Zeit, deren differierende Dauer, Geschwindigkeit oder Beschleunigung die Differenzen der damaligen Epoche auslösten und so ihre Einheit charakterisieren.«[61] Das erinnert zunächst an Fernand Braudels historische Denkfigur der drei Zeitebenen, die der französische Historiker in *Das Mittelmeer und die mediterrane Welt in der Epoche Philipps II.* entwickelt hat.[62] Braudel geht davon aus, dass es neben einer ersten Ebene, den geographischen Bedingungen und der *longue durée* gesellschaftlicher Strukturen, noch zwei weitere Ebenen gibt: eine mittlere Dauer etwa von ökonomischen Konjunkturen und eine dritte Zeitebene, die sich über den Wogen des Meeres und der langen Dauer der

61 Reinhart Koselleck, *Preußen zwischen Reform und Revolution. Allgemeines Landrecht, Verwaltung und soziale Bewegung von 1791 bis 1848*, Stuttgart 1975, S. 14. Meine Hervorhebung, SLH.

62 Fernand Braudel, *Das Mittelmeer und die mediterrane Welt in der Epoche Philipps II.*, 3 Bde., Frankfurt/M. 1990. Die franz. Originalausgabe erschien 1949, eine auf zwei Bände erweiterte Ausgabe 1966. Siehe zum Verhältnis zwischen Koselleck und den französischen Historikern der *Annales*-Schule oben, Kap. 4, S. 291.

Gesellschaften als Schaumkrone an der Oberfläche kräuselt und aus den flüchtigen Ereignissen besteht. Braudel, der sein Buch in deutscher Kriegsgefangenschaft konzipiert hat, interessiert sich vor allem für die zweite Ebene, für die dauerhaften Kontinuitäten, um die katastrophischen Ereignisse seiner Zeit auszublenden.[63] Koselleck, der sich in seinem Preußen-Buch nicht (jedenfalls nicht direkt) auf Braudel bezieht, nimmt hingegen die dritte Ebene zum Ausgangspunkt seiner Zeit- und Geschichtstheorie. Der Gegensatz könnte also auf den ersten Blick kaum größer sein. Braudel interessiert an der Zeit allein das Dauerhafte, Koselleck hingegen ist fasziniert vom Ereignis und den Rissen in der Zeit. Im Preußen-Buch verfolgt er genau die Frage, die Braudel umgeht: Wie können verschiedene Zeitstrukturen und gewaltsame Ereignisse historisch ins Verhältnis gesetzt werden? Oder konkret: Wie führten die sich mit unterschiedlichen Geschwindigkeiten bewegenden Zeiten des Landrechts, der Verwaltung und der sozialen Bewegungen zur Revolution von 1848? Die Frage nach geschichtlichen Zeitstrukturen übernimmt Koselleck also nicht von Braudel, vielmehr entwickelt er sie aus seinen Heidegger-Lektüren zuerst in *Kritik und Krise*.

Auch das Theorem von der »Gleichzeitigkeit des Ungleichzeitigen« gewinnt Koselleck aus den Zeittheorien der Zwischenkriegszeit. Ernst Bloch hatte 1935 damit zu erklären versucht, dass es trotz geschichtlichen Fortschritts und bei aller Modernität nach wie vor Schichten in der Gesellschaft gibt, besonders im »Kleinbürgertum«, die historisch »zurückgeblieben« und deshalb anfällig für den Nationalsozialismus sind. Koselleck hat sich aber eher von dem bereits in der Weimarer Zeit zirkulierenden Begriff »geschichtliche Gleichzeitigkeit« anregen lassen. Dieser wurde von dem Kunsthistoriker Wilhelm Pinder geprägt und unter anderem von Karl Mannheim und George Kubler weitergedacht, der bei Pinder promoviert hatte.[64] »In derselben chronologischen Zeit leben verschiedene Gene-

63 Fernand Braudel, »Die Suche nach einer Sprache der Geschichte. Wie ich Historiker wurde«, in: ders. u. a., *Der Historiker als Menschenfresser. Über den Beruf des Geschichtsschreibers*, Berlin 1990, S. 7-14, hier S. 14.

64 Wilhelm Pinder, *Das Problem der Generation in der Kunstgeschichte Europas*, Berlin 1926, bes. das Kap. »Das Problem der geschichtlichen Gleichzeitigkeit«; ders., »Kunstgeschichte nach Generationen«, Sonderdruck aus Willy Schuster (Hg.), *Zwischen Philosophie und Kunst. Johannes Volkelt zum 100. Lehrsemester*, Leipzig 1926, S. 1-16; George Kubler, *Die Form der Zeit*, Frankfurt/M. 1982 (engl. Orig.

rationen. Da aber wirkliche Zeit nur die erlebte Zeit ist, leben sie alle eigentlich in einer qualitativ völlig verschiedenen inneren Zeit«, wie Mannheim 1928 den Gedankengang des Kunsthistorikers zusammenfasste. »Jeder Zeitpunkt ist deshalb eigentlich ein Zeitraum, er hat mehrere Dimensionen, da er ja stets von verschiedenen Entfaltungen der einzelnen daseienden Generationsschichten aus erreicht wird. Das Zeitdenken muß also – um ein musikalisches Gleichnis Pinders anzuwenden – *polyphon* organisiert sein, in jedem ›Zeitpunkt‹ muß man die einzelnen Stimmen der einzelnen Generationen heraushören, die stets von sich aus jenen Punkt erreichen.«[65] Es ist diese Vorstellung von einer Polyphonie verschiedener Generationsschichten, allerdings begriffen als »Zeitschichten«, die nicht nur Generationen umfassen, die Koselleck geeignet scheint, um den Zusammenhang der bei Braudel getrennten Zeitebenen analytisch zu bestimmen.[66]

Diese verschlungenen Rezeptionswege erklären zum Teil, warum Koselleck und Siegfried Kracauer, die beide zur selben Zeit an einer neuen Geschichtstheorie laborieren, auf dem dritten Treffen von »Poetik und Hermeneutik« aneinander vorbeireden, das Anfang September 1966 in Lindau stattfindet. Es ist bezeichnend, dass weder Gadamer noch Adorno je eine Einladung zu den Treffen der Forschungsgruppe erhalten haben – hier traf sich Kosellecks Generation des »Jahrgangs 1923«: Hans-Robert Jauß, Hans Blumenberg, Wolfang Iser, Dieter Henrich, Wolf-Dieter Stempel, auch Max Imdahl, Jacob Taubes sowie der etwas jüngere Péter Szondi und andere mehr. Als einziger Vertreter der Weimarer Generation wird Kracauer, der nach dem Krieg in New York geblieben ist und seine Texte nicht mehr auf Deutsch schreibt, von Jauß bereits zum zweiten Treffen 1964 eingeladen. Kracauer hatte zuvor Jauß' *Zeit*

1962). Siehe auch Adriana Markantonatos, »Reinhart Koselleck – Geschichtsdenken zwischen Bild und Text«, in: Bettina Brandt, Britta Hochkirchen (Hg.), *Reinhart Koselleck und das Bild*, Bielefeld 2021, S. 185-215, hier S. 201.

65 Karl Mannheim »Das Problem der Generationen« [1928], in: ders., *Wissenssoziologie. Auswahl aus dem Werk*, eingeleitet und hg. v. Kurt Wolff, Berlin 1964, S. 509-565, hier S. 517 f. Meine Hervorhebung, SLH. Siehe dazu auch oben, Kap. 1, S. 85 f.

66 Siehe Helge Jordheim »Against Periodization. Koselleck's Theory of Multiple Temporalities«, in: *History and Theory* 51 (2012), S. 151-171; John Zammito, »Koselleck's Philosophy of Historical Time(s) and the Practice of History«, in: *History and Theory* 43 (2004), S. 124-135.

und Erinnerung in Marcel Prousts ›À la recherche du temps perdu‹ begeistert gelesen. Für das nächste Treffen 1966 schlug er als Thema »Die nicht mehr schönen Künste« vor, auch um dort ein Kapitel aus seinem Buchmanuskript *History. The Last Things Before the Last* zu diskutieren. Kracauer wählt aber nicht das Kapitel »Time and History«, seinen Beitrag für die Adorno-Festschrift, in dem er sich unter anderem auf Jauß' Proust-Analysen, Herders plurale Zeittheorie sowie Kublers *The Shape of Time* stützt und den Begriff der »Ungleichzeitigkeit« bei Marx beiläufig erwähnt. Hier hätte es also Überschneidungen mit Kosellecks Ansatz gegeben. Für das gemeinsame Panel der beiden mit Christian Meier legt Kracauer aber das Kapitel »Allgemeine Geschichte und ästhetischer Ansatz« vor, also zu der Jauß beschäftigenden Frage nach historischen Erzählformen.[67] Eine intensivere Verbindung stellt Kracauer neben Jauß nur mit Blumenberg her, dessen Kritik der Säkularisierungsthese, insbesondere bei Karl Löwith, ihn besonders interessiert.[68]

Zu Kosellecks zeittheoretischem Vortrag »Der Zufall als Motivationsrest der Geschichtsschreibung«, der zeigt, wie die Erfahrung von Kontingenz, »das Bestürzende, das Neue, das Unvorhergesehene«, vom modernen Geschichtsbegriff beseitigt wird – vom Historismus, der jedes Ereignis als einmalig und »unmittelbar vor Gott« ansieht, oder von den Geschichtsideologien, die es als Vollzug historischer Gesetze wegerklären –, äußert sich Kracauer in der Diskussion nicht.[69] Koselleck notiert sich umgekehrt seine Einwände gegen Kracauers Vortrag nur in privaten Aufzeichnungen. Anders als Kracauer (oder Hayden White) sieht er in der Geschichtsschreibung nicht nur eine Form des mit ästhetischen Kategorien zu erfassenden Erzählens, die sich linearer oder zyklischer Modelle bediene; »die historische frage ist, warum solche modelle überhaupt anwendbar waren bzw. sind: sie enthalten eben auch einen wirk-

67 Koselleck liest später Kracauers »Time and History« mehrfach und in verschiedenen Ausgaben, zuerst als Aufsatz in *History and Theory*, versehen mit zahlreichen Anstreichungen und Randbemerkungen (siehe DLA Marbach, A: Koselleck, Konvolut »Materialien zum Thema ›Geschichte und Zeit‹«), sowie als Kapitel in Kracauers *Geschichte – Vor den letzten Dingen*, in: ders., *Schriften*, Bd. 4, Frankfurt/M. 1971. Der Band befand sich in Kosellecks Bibliothek.

68 Jörg Später, *Siegfried Kracauer. Eine Biographie*, Berlin 2016, S. 580-593, hier S. 586 f.

69 Reinhart Koselleck, »Der Zufall als Motivationsrest der Geschichtsschreibung«, in: ders., *Vergangene Zukunft*, S. 158-175, hier S. 159.

lichkeitsgehalt. Wiederholbarkeit der G. ist nicht nur das rad der fortuna […], sondern indiz für dauerstrukturen der betreffenden sozialen formationen und ihrer möglichen ›umschläge‹.« Sodann bringt er erneut die Fragestellung seiner Historik ins Spiel, denn es sei nicht nötig, »zeitliche differenzen, verschiedene zeitebenen die in einen ereigniskomplex eingehen, zu eliminieren: vielmehr kann gerade diese differenz selber zum thema gemacht werden. Geschichte als geschichte unlösbarer konflikte, bis sie durch andere derartige konflikte überholt werden, ist vielmehr spezifisch für die G. – mehr als die harmonisierenden universalhistorien, die Kr[acauer] vor augen hat.«[70] Kracauer überträgt seine ästhetische Filmtheorie auf die Geschichtsschreibung, im Stile eines »Historiographen der Historiographie«; für ihn sind Historiker in erster Linie Erzähler.[71] Koselleck sucht hingegen nach einer Zeit- und Geschichtstheorie, die er glaubt aus der historischen Überlieferung und auch mit den Methoden der Geschichtsschreibung gewinnen zu können. Bei aller persönlichen Sympathie und sich überschneidenden Lektüren: Das sind zwei unterschiedliche Ansätze, was ihren Autoren wohl auch bewusst gewesen ist.[72] Kracauer stirbt Ende November 1966

70 DLA Marbach, C: Koselleck, Einlagen 977 zu *Die nicht mehr schönen Künste. Grenzphänomene des Ästhetischen* (= Poetik und Hermeneutik), hg. v. Hans Robert Jauß, München 1968: Reinhart Koselleck, »ad Kracauer«, 3 Bl., hier Bl. 2. Siehe auch Moritz Neuffer, »Koselleck liest Kracauer«, in: *Zeitschrift für Ideengeschichte* 7 (2013), S. 123-127.

71 Dagmar Barnouw, »An den Rand geschriebene Träume. Kracauer über Zeit und Geschichte«, in: Michael Kessler, Thomas Y. Levin (Hg.), *Siegfried Kracauer. Neue Interpretationen*, Stuttgart 1990, S. 1-16, hier S. 8.

72 In seinem Tagebuch notiert Kracauer »At our table: […] Taubes, Iser and Koselleck who is particularly nice and concedes much.« DLA Marbach, A: Kracauer, Siegfried Kracauer, Verschiedenes. Autobiographisches Juli-Oktober 1966, zit. n. Till van Rahden, »Lumpen sammeln. Mit Siegfried Kracauer im Dickicht des 19. Jahrhunderts«, in: *Historische Zeitschrift* 307 (2008), S. 319-340, hier S. 329. Umgekehrt schreibt Koselleck an Lili Kracauer am 13. 8. 1967, wie tief ihn der Tod Siegfried Kracauers getroffen habe. »Seitdem ich an meinem Lindauer Beitrag sitze, fehlt mir der unmittelbare Adressat, auf dessen Antwort ich nunmehr vergeblich warten muß. Wie gerne hätte ich gerade die Kritik, die liebenswürdig im Wort, schon im Wortklang seiner Sprache, aber nüchtern und unverstellt in der strittigen Sache blieb. Wie selten ist diese Mischung, die das Persönliche und das Sachliche konvergieren läßt, so daß nie das andere über dem einen verloren ging. Seit dem Tage, an dem ich Ihrem Mann zum ersten Mal in Frankfurt gegenübersaß, hat mich das spontane Gefühl nie verlassen, einen Menschen kennengelernt zu haben, der jenseits seines Alters Offenheit und Hintersinnigkeit unmittelbar

in New York, knapp drei Wochen nach dem Treffen am Bodensee. Wenig später fragt der Suhrkamp Verlag bei Koselleck an, ob er einen Band »Über Siegfried Kracauer« herausgeben würde. Dazu ist es leider nicht gekommen.[73]

Die Metapher der »Zeitschichten« taucht bei Koselleck erst Anfang der 1970er Jahre auf, und zwar über den Umweg seiner begriffsgeschichtlichen Temporalanalysen, etwa bei der Arbeit an den Lexikonartikeln »Geschichte, Historie« und »Fortschritt«, die er mit der Problemstellung einer neuen, erfahrungsgestützten Historik zu verknüpfen beginnt, von der er seit dem Studium redet. Im Vortrag »Geschichte, Geschichten und formale Zeitstrukturen«, gehalten im Juni 1970 auf dem fünften Treffen von »Poetik und Hermeneutik« auf der Insel Reichenau, unterscheidet er drei temporale Erfahrungsmodi von Ereignissen: zum einen die Erfahrung ihrer Unumkehrbarkeit, des unvermeidlichen »Vorher und Nachher«, zum zweiten die Erfahrung ihrer möglichen Wiederholbarkeit, also von bestimmten Ereigniskonstellationen, die historisch wiederkehren können, und zum dritten die Erfahrung der ereignisbezogenen Gleichzeitigkeit des Ungleichzeitigen, die er wie folgt beschreibt: »In dieser zeitlichen Brechung sind einmal verschiedene Zeitschichten enthalten, die je nach den erfragten Handlungsträgern oder Zuständen von verschiedener Dauer sind und die aneinander zu messen wären. Ebenso sind in dem Begriff der Gleichzeitigkeit des Ungleichzeitigen verschiedene Zeiterstreckungen enthalten. Sie verweisen auf die prognostische Struktur geschichtlicher Zeit, denn jede Prognose nimmt Ereignisse vorweg, die zwar in der Gegenwart angelegt, insofern schon da, aber noch nicht eingetroffen sind.«[74]

In seiner zweiten Diskussionsvorlage für das von ihm gemeinsam mit Wolf-Dieter Stempel unter dem Titel »Geschichte und Geschichten« organisierte Treffen versucht Koselleck, Ereignisse und Strukturen zeitlich aufeinander zu beziehen. Wiederum bringt

mitzuteilen wußte. Damit wurde der Generationsabstand – und mehr noch: der gewaltige, nicht auszulotende Erfahrungsabstand – von seiner Seite übersprungen. Das strapazierte Wort der Menschlichkeit gewann Erdung, sobald man sich im Umkreis Ihres Mannes befand.«

73 Siegfried Kracauer, *Geschichte – Vor den letzten Dingen*, in: ders., *Werke*, Bd. 4., hg. v. Ingrid Belke, Frankfurt/M. 2009, S. 502.

74 Reinhart Koselleck, »Geschichte, Geschichten und formale Zeitstrukturen«, in: ders., Wolf-Dieter Stempel (Hg.), *Geschichte – Ereignis und Erzählung* (= Poetik und Hermeneutik V), München 1973, S. 211-222, hier S. 213.

er die »Zeitschichten«-Metapher ins Spiel, um an verschiedene »Zeitabfolgen« und »zeitliche Erstreckungen« zu erinnern, die für die Historie jeweils andere Zugriffe erfordern. So können Ereignisse erzählt, Zeitstrukturen aber nur beschrieben werden. In die Ereignisse eingelassen seien aber diachrone Strukturen möglichen Verlaufs, Anlaufzeiten und Peripetien, Krisen und deren Enden, die den Akteuren »einsichtig« seien, wie Koselleck später ergänzt. Davon zu unterscheiden seien die Strukturen, »von denen heute mehr die Rede ist«, eine Fußnote verweist auf Braudel, Conze und Brunner.[75] Gemeint sind die von der Sozial- und Strukturgeschichte untersuchten Herrschaftsformen, die »Produktivkräfte und Produktionsverhältnisse« bei Marx, aber auch Verfassungen und das Recht, Krieg und Frieden, Freund und Feind, »geographisch-räumliche Vorgegebenheiten« oder Generationenabfolgen, die sich in unterschiedlichen Zeitschichten bewegen. Schon im Preußen-Buch hatte er am Beispiel des Rechts gezeigt, inwiefern dieses auf Wiederholung angewiesen ist und seine eigenen Zeitstrukturen besitzt, die mit denen von Verwaltung oder sozialen Bewegungen, Herrschaft oder Revolution nicht identisch sind.[76]

Umgekehrt gebe es auch Strukturen, »die so anhaltend sind, daß sie im Unbewußten oder Ungewußten der Beteiligten aufgehoben bleiben, oder deren Wandel so langfristig ist, daß er sich dem Erfahrungswissen der Betroffenen entzieht.«[77] Auch zeitliche Dauer kann also zum Ereignis werden, eben als »Gleichzeitigkeit des Ungleichzeitigen«. Entscheidend ist jedoch für Koselleck, dass Ereignis und Struktur nie ganz zur Deckung kommen. Strukturen können Ereignisse überdauern, und Ereignisse können ihrerseits mehr »zeitigen« (eines der bevorzugten, von Heidegger entlehnten Verben in Kosellecks Theoriesprache), als in den Strukturen vorgegeben ist:

75 Reinhart Koselleck, »Darstellung, Ereignis und Struktur«, in: ders., *Vergangene Zukunft*, S. 144-157, hier S. 146, Fn. 4.

76 Zu den Wiederholungsstrukturen des Rechts siehe Natasha Wheatley, »Law in History and in Time«, unveröffentl. Ms., German Studies Association Annual Conference, 2016; dies., *The Life and Death of States. Central Europe and the Transformation of Modern Sovereignty*, Princeton 2023, sowie Marianne Constable, Samera Esmeir, »Rhetoric and the Possibilities of Legal History«, in: Markus D. Dubber, Christopher Tomlins (Hg.), *Oxford Handbook of Legal History*, Oxford 2018, S. 79-96.

77 Reinhart Koselleck, »Ereignis und Struktur«, in: ders., Stempel (Hg.), *Geschichte – Ereignis und Erzählung*, S. 560-571, hier S. 563.

Wenn es nichts Neues und Überraschendes enthält, dann handelt es sich nicht um ein Ereignis. Am Ende dieses dichten Textes, den Christian Meier den Teilnehmern des Kolloquiums auf der Rückfahrt weiter zu erklären versucht, formuliert Koselleck erneut sein Programm. Wie lassen sich aus den Zeiterfahrungen des späten 20. Jahrhundert, hier um 1970 begriffen als eine Polychronie von dauerhaften, sich wiederholenden Zeitschichten oder Strukturen und den anderen Zeitrhythmen und Zeiträumen der Ereignisse, »die Bedingungen möglicher Zukunft« ablesen? Eine unbekannte Zukunft, aber in den »Zeitschichten« der Gegenwart bereits vorhanden?[78]

Koselleck faltet die Frage nach den unterschiedlichen Zeiten von Geschichte, Recht und Gerechtigkeit, von Begriffen und Ereignissen, Träumen und Terror, der Geschichtsschreibung und der »Zeitgeschichte« in verschiedenen Vorträgen und Aufsätzen über die folgenden zwei Jahrzehnten immer weiter aus. Eine eigene Mappe zum Thema »Zeitschichten, Wiederholungsstrukturen« enthält unter anderem einen Kommentar für eine Tagung zur Französischen Revolution Ende der 1980er Jahre. Dort stellt er die Kernfrage nach der Polychronie der Zeiten, also der »Zeitschichten«, bezogen auf den Moment des Ereignisses, aus dem wiederum neue Zeiterfahrungen hervorgehen, etwa das Auseinandertreten von Erfahrung und Erwartung um 1800 oder, wie Hartog ergänzen würde, zweihundert Jahre später die Krise des modernen Zeitregimes: »Die temporal aufgefächerten Ereigniszusammenhänge verlaufen also mehrschichtig. In jeder konkreten Situation sind alle drei Zeitebenen zugleich präsent: längerfristige Dauer, mittelfristiger Wandel und momentaner Wechsel. Denn kein Ereignis stellt sich ein,

78 Talal Asad verweist genau auf diese Passagen in *Vergangene Zukunft*, um die Zeitstrukturen der islamischen Tradition herauszustellen, die sich nicht mit einem linearen, teleologischen Geschichtsbegriff fassen lassen, für den die Gegenwart nur ein flüchtiger Zeitpunkt zwischen Vergangenheit und Zukunft ist. Für die Tradition stehe die ›Gegenwart‹ immer im Zentrum. Auf die Zustimmung zu Kosellecks These vom Riss zwischen Erfahrung und Erwartung folgt in einer Fußnote versteckt eine kritische Bemerkung: »Koselleck does not add that in this rupture the old might be remembered in unexpected ways because the future looked forward to is not experienced as such when it arrives. One should not take it as a given, as progressivists tend to do, that all positive invocations of the past are inevitably ›nostalgic‹.« Talal Asad, *Formations of the Secular. Christianity, Islam, Modernity*, Stanford 2003, S. 222 f.

das nicht auf rekurrenten Bedingungen aufruht, die sich selber mit anderen Geschwindigkeiten ändern, als die Ereignisse es tun. Die Frage, die sich daraus ergibt, lautet also, ob sich in der und durch die Französische Revolution die Zuordnung der drei zeitlichen Dimensionen selber verändert hat, so daß sich seitdem neue Zuordnungen ergeben. Die Vermutung hat viel für sich, daß die Französische Revolution eine neue Konstellation der zeitlichen Verhältnisse herbeigeführt bzw. zu Tage gefördert hat. Ein beschleunigter Ereigniswandel hat auch dessen mittel- oder längerfristig währende Voraussetzungen in den Sog der Veränderungen einbezogen. Aber wieviel und wie lange, bis sich eine neue zeitliche Konstellation eingespielt hat? Eine mögliche Antwort läge, anthropologisch gesprochen, in der veränderten Zuordnung von Erfahrung und Erwartung, von Vergangenheit und Zukunft.«[79]

1985 formuliert Koselleck in einem Vortrag für Gadamer seine anthropologischen Gegensatzpaare (die 1970 noch unter den zeitlichen Strukturen auftauchen) als Bedingungen möglicher Geschichten – die Zukunft wird mitgedacht, aber die Betonung liegt jetzt auf dem historischen Wissen. Anfang der 1990er Jahre nimmt er die Metapher »Zeitschichten« auf, um erneut »Zeit« und »Geschichte« aufeinander zu beziehen. Nun greift er auch explizit Braudels »sehr impressionistische Gedanken« zu den drei Zeitebenen auf und entwirft mit der Metapher der Zeitschichten einen Geschichtsbegriff, der weder linear noch kreisläufig gedacht wird, sondern die tektonischen Spannungen zwischen den drei Zeitebenen zum Thema macht.[80] Auch Koselleck unterscheidet die Sukzession einmaliger Ereignisse, die aber bei ihm mehr Gewicht erhalten als bei Braudel, weil sie einmalige neue Erfahrungen ermöglichen »durch Zufall, Überraschung, Unvorhergesehenes, Unerwartetes, was alles die

79 Reinhart Koselleck, »Zum Auseinandertreten von Erfahrungsraum und Erwartungshorizont im Zeitalter der Revolution«, in: ders., Rolf Reichardt (Hg.), *Die Französische Revolution als Bruch des gesellschaftlichen Bewußtseins*, München 1988, S. 657-659, hier S. 658 f. Siehe auch DLA Marbach, A: Koselleck, Konvolut »Materialien und Notizen zu Vorträgen zum Thema ›Wiederholungsstrukturen/Zeitschichten‹«.

80 DLA Marbach, A: Koselleck, Konvolut »Materialien und Notizen zu verschiedenen Vorträgen«, Reinhart Koselleck, »Zeitschichten«, unveröffentlichtes Ts., o. D. [1994], 8 Bl., hier Bl. 1; ders., »Zeitschichten«, in: Heinrich Pfusterschmid-Hardtenstein (Hg.), *Zeit und Wahrheit. Europäisches Forum Alpbach 1994*, Wien 1995, S. 95-100, wiederabgedr. in: Koselleck, *Zeitschichten*, S. 19-26.

Situation verändert, in der ein Einzelner oder eine Handlungsgemeinschaft lebt und agiert und leidet«. Eine mittelfristige Zeitschicht beruhe auf der Wiederholbarkeit, so wie das Recht oder die Sprache, und auch die Produktionsbedingungen und Produktivkräfte werden erneut genannt. Anders als bei Braudel ist für Koselleck diese Zeitebene anthropologisch gebunden an die Ereignisse. Ohne Ereignisse gibt es ihm zufolge keine Erfahrungen, und nur das Sammeln von Erfahrungen führe zur Einsicht in die »Rekurrenz möglicher Überraschungen«. Eine dritte Zeitschicht sieht Koselleck in den transzendenten Wiederholungsstrukturen von Letzterklärungen, die über die Generationen hinausgreifen und sich nicht als Erfahrungen unmittelbar übertragen lassen. Hierzu gehören für ihn auch die sich nur langsam ändernden geologischen, astrologischen, biologischen und zoologischen Implikationen menschlicher Geschichte, die jeweils eigenen Zeitkurven folgen. Zusammengenommen ergeben die drei analytisch getrennten Zeitschichten immer »ein unlösbares Knäuel der Wirklichkeit«, sie bewegen sich in verschiedenen Beschleunigungen oder Verzögerungen, »die in ihren Wiederholungsweisen die Konflikte stiften helfen«.[81]

Die Historie hat es also immer mit sich in der Gegenwart überlagernden und überschneidenden, nur scheinbar stabilen »Zeitschichten« zu tun. Periodisierungen und Epocheneinteilungen sind historiographische Konventionen, die der Historismus des 19. Jahrhunderts erfunden hat, um die neuen Zeiterfahrungen als einmalige Ereignisse oder Epochen stillzulegen. Antike, Mittelalter, frühe Neuzeit, Neuzeit, die verschiedenen Zeiträume sind aufgehoben in der Gegenwart, sie ragen in unsere »Zeitgeschichte« hinein und treiben neue Konflikte hervor. »In unserer Zeitgeschichte sind Strukturen enthalten, die nicht nur unserer eigenen Zeitgeschichte eigentümlich sind. Es gibt wiederholbare Konstellationen, langfristige Wirkungen, Gegenwärtigkeiten archaischer Einstellungen, Regelhaftigkeiten von Ereignissequenzen, über deren Aktualität ein Zeithistoriker sich aus der Geschichte überhaupt informieren kann. Denn, wie gesagt, Zeitgeschichte, auf ihren Begriff gebracht, ist mehr als die Geschichte unserer Zeit.«[82] Alle Historiker sind für Koselleck »Zeithistoriker«, auch wenn vielen von ihnen das (noch)

81 Koselleck, »Zeitschichten« [1994], Bl. 6 f.
82 Koselleck, »Stetigkeit und Wandel aller Zeitgeschichten«, S. 263 f.

nicht bewusst sein mag, wie in Abwandlung einer ursprünglich auf die Globalgeschichte gemünzten Formulierung von Christopher Bayly gesagt werden könnte.[83]

Aber widerspricht die Idee der polychronen Zeit mit ihren verschiedenen diachron gestaffelten Schichten und Geschwindigkeiten nicht einer der Grunderfahrungen unserer heutigen Zeit, die mit dem Begriff »Globalisierung« erfasst werden soll? Folgt auf die Verzeitlichung der Welt in der Moderne mit ihren linearen Zeitbegriffen der »Geschichte« und des »Fortschritts« nicht eine »Verräumlichung« der Zeit in einer synchronen, »breiten Gegenwart«, die den gesamten Globus erfasst hat? Anders gefragt: Wird die sich oft katastrophisch überschlagende Zeit des Ereignisses durch die Globalisierung ebenso obsolet wie der Raum als politisch umkämpftes »Territorium«? Lässt sich also im Rückblick eine andere Geschichte des 20. Jahrhunderts schreiben, in der »Zeit« und »Raum« nur Nebenrollen spielen und ersetzt werden durch globale Netzwerke und Interaktionen?[84]

Für die in den 1990er Jahren entstandene Globalgeschichte ist räumliche Verflechtung die zentrale Kategorie, sie beschäftigt sich mit der weltweiten Zirkulation von Kapital, Waren, Akteuren oder Ideen. Erst seit kurzem interessiert sie sich auch für die Zeit, allerdings – implizit modernisierungstheoretisch – zumeist für Prozesse der Synchronisierung der Welt.[85] Die Standardisierung der Zeit und das Verschwinden der Pluralität der Zeitmessungen in der Welt gehen bekanntlich auf das Konto des europäischen Imperialismus im späten 19. Jahrhundert – haben also etwas mit Macht zu tun, auch wenn die Uhren *alla turca* für einige Zeit noch anders ticken konnten.[86] Die »geschichtliche Zeit« als Geschichte diachronen

83 Christopher A. Bayly, *The Birth of the Modern World, 1780-1914*, Oxford 2004, S. 469: »All historians are world historians now, though many have not yet realized it.«

84 Charles S. Maier, »Consigning the Twentieth Century to History. Alternative Narratives for the Modern Era«, in: *American Historical Review* 105 (2000), S. 807-831.

85 Siehe aber Sebastian Conrad, *What is Global History?*, Princeton 2017, bes. Kap. 7: »Time in Global History«, sowie als globalgeschichtliche Analyse der Zeitschichten eines katastrophischen Ereignisses: Lasse Heerten, »Biafras of the Mind. French Postcolonial Humanitarianism in Global Conceptual History«, in: *American Historical Review* 126 (2021), S. 1448-1484.

86 Zur neueren Globalgeschichte der Zeitmessungen siehe Sebastian Conrad,

Wandels wird abgelöst durch das Aufzeigen räumlicher Synchronität von Strukturen (Imperien, globaler Kapitalismus), Netzwerken (Experten, Eliten, Gegeneliten) oder Ereignissen (»1918«, »1968«, »1989«), die es historisch aufzuzeigen gilt. Die Globalgeschichte folgt also selbst historiographisch dem Synchronisierungsschub der »Globalisierung« und damit, bei aller methodischen Innovation, dem neuen Zeitregime, in dem Vergangenheit und Zukunft von einer endlosen Gegenwart aufgesogen werden.[87] Anfang des 21. Jahrhunderts hat es den Anschein, als ob an die Stelle der von Koselleck analysierten modernen geschichtlichen Zeit, in der sich überholende Erwartungen den überkommenen Erfahrungen verschließen, des »Überholens-ohne-einzuholen«, ein nachmodernes Zeitregime getreten ist, in dem die Gleichzeitigkeit eines global gestreckten Erfahrungsraums kaum mehr neue Erwartungshorizonte, sprich Utopien zulässt. Die expandierende Beschleunigung endet im Spätkapitalismus des frühen 21. Jahrhunderts in rasendem Stillstand und zeitlicher Entfremdung.[88] Die Implosion des modernen Zeitregimes und der Leitbegriffe »Fortschritt« und »Geschichte« erzeugt eine »allgegenwärtige Gegenwart«, die im Spiegel von Vergangenheit und Zukunft nur noch sich selbst sieht.[89]

»›Nothing Is the Way It Should Be‹: Global Transformations of the Time Regime in the Nineteenth Century«, in: *Modern Intellectual History* 15 (2018), S. 821-848; Jürgen Osterhammel, *Die Verwandlung der Welt. Eine Geschichte des 19. Jahrhunderts*, München 2009, Kap. 2: »Zeit: Wann war das 19. Jahrhundert?«; On Barak, *On Time. Technology and Temporality in Modern Egypt*, Berkeley 2013; Vanessa Ogle, *The Global Transformation of Time, 1870-1950*, Cambridge, Mass. 2015; Avner Wishnitzer, *Reading Clocks, Alla Turca. Time and Society in the Late Ottoman Empire*, Chicago 2015.

87 François Hartog, »Von der Universalgeschichte zur Globalgeschichte? Zeiterfahrungen«, in: *Trivium* 9 (2011), S. 1-15.

88 Siehe zu »Beschleunigung« als Zeiterfahrung des späten 20. und frühen 21. Jahrhunderts unter anderem Paul Virilio, *Geschwindigkeit und Politik*, Berlin 1980; David Harvey, *The Condition of Postmodernity*, London 1989; Hartmut Rosa, *Beschleunigung. Die Veränderung der Zeitstrukturen in der Moderne*, Frankfurt/M. 2005; ders., *Beschleunigung und Entfremdung. Entwurf einer kritischen Theorie spätmoderner Zeitlichkeit*, Berlin 2013.

89 So das Argument von Hartog, *Regimes of Historicity*; ähnlich danach: Hans Ulrich Gumbrecht, *Unsere breite Gegenwart*, Berlin 2010; Aleida Assmann, *Ist die Zeit aus den Fugen? Aufstieg und Fall des Zeitregimes der Moderne*, München 2013; sowie als erste historiographische Bestandsaufnahme die Beiträge in: Fernando Esposito (Hg.), *Zeitenwandel. Transformationen geschichtlicher Zeitlichkeit nach dem Boom*, Göttingen 2017.

Für Koselleck bleiben in dieser globalen Transformationszeit um das Jahr 2000 beide Zeitbegriffe aufeinander bezogen. Zum einen experimentiert er weiter mit dem »Zeitschichten«-Theorem und verknüpft es mit dem Begriff der Wiederholung, gerade um Kategorien anzubieten, mit denen sich entscheiden lässt, was sich in der Gegenwart wirklich neu und präzedenzlos ändert. Zugleich werden »Verzeitlichung« und »Beschleunigung« nicht etwa fallengelassen, sondern »unsystematisch« mit der Frage nach der Globalisierung als neuer Zeiterfahrung verknüpft. So gibt es unveröffentlichte Vorträge aus dieser Zeit zum Thema »Globalisierung«, die sich mit der zunehmenden Synchronisierung der Welt seit dem 16. Jahrhundert (Kolonialismus), dem späten 18. und frühen 19. Jahrhundert (die atlantischen Revolutionen) und dem späten 20. Jahrhundert beschäftigen.[90] Koselleck stellt hier die Frage, was mit »Globalisierung«, die er wörtlich als »Verkugelung« ins Deutsche überträgt, seit den 1990er Jahren auf den Begriff gebracht werde, obgleich es sich in der Sache um keine prinzipiell neue Erfahrung handelt. Die Rückwirkung kolonialer Expansion auf die Alltagserfahrungen habe seit der Entdeckung der Kugelgestalt der Erde stetig zugenommen. Als Beispiel erwähnt wird der Siebenjährige Krieg, der Mitte des 18. Jahrhunderts nicht nur in Schlesien, sondern auch als früher globaler Konflikt zwischen den europäischen Mächten in Nordamerika und der Karibik, in Indien und auf den Philippinen sowie den Weltmeeren geführt wurde.

Damit haben sich, so Koselleck in einer für sein Geschichtsdenken typischen Wendung, die fernen Bedingungen der eigenen Erfahrung aber zunehmend den unmittelbaren Erfahrungen im Alltag entzogen. Hierin sieht er einen der Gründe, warum im späten 18. Jahrhundert von der Erfahrung abgelöste Leitideen entstanden. Die »Weltgeschichte« ist für ihn hierfür ein Beispiel, genauso wie der von Immanuel Kant neu geprägte Begriff »Völkerbund«, der aus der Einsicht in die Begrenztheit der Oberfläche der Erdkugel politisch-rechtliche Konzepte des Zusammenlebens der Mensch-

90 DLA Marbach, A: Koselleck, Konvolut »Materialien zum Begriff ›Globalisierung‹«, Reinhart Koselleck, »Nation oder Föderation? Erfahrungen deutscher Geschichte auf dem Weg zur Globalisierung«, Ts., o. D. [Vortrag am 9. 7. 2003], 16 Bl.; ders., »Begriff Globalisierung«, Ts., o. D., 7 Bl. Siehe auch Olaf Bach, *Die Erfindung der Globalisierung. Entstehung und Wandel eines zeitgeschichtlichen Grundbegriffs*, Frankfurt/M. 2013.

heit ableitet, sowie, ökonomisch gewendet, etwa bei Adam Smith, die Idee eines weltweiten Freihandels als moralisches Gebot. Diese Distanz zwischen den globalen Bedingungen unserer Erfahrungen und den Alltagserfahrungen, also zwischen voneinander getrennten, sich aber wechselseitig bedingenden Erfahrungsräumen, habe sich im Laufe des 19. Jahrhundert immer weiter geschlossen, bis sich im 20. Jahrhundert aufgrund der modernen Technologien ein »Qualitätssprung« ereignet habe.[91] Die wachsende Konvergenz von Ereignis und Nachricht (vom Ereignis) über mehrere Jahrhunderte globaler Verflechtung führt im späten 20. Jahrhundert dazu, dass die als Bild übermittelte Nachricht von einem Ereignis selbst zum Ereignis wird – von der Ermordung vor laufender Kamera des japanischen Politikers Asanuma Inejirō 1960 bei einem Wahlkampfauftritt und dem Attentat auf John F. Kennedy in Dallas drei Jahre später, damals für Fernsehzuschauer eine schockierend neue Erfahrung, bis hin zu den weltweit live und »in Echtzeit« übertragenen Bildern der zusammenstürzenden Türme des World Trade Center. Für die Zuschauer wird das ferne Ereignis als Bild identisch mit der Information und auf diese Weise Bestandteil der eigenen Erfahrungswelt. Was der neue Begriff der Globalisierung temporal und nicht nur räumlich beschreibt, ist für Koselleck genau das: wie ferne Erfahrungen in den Alltagshaushalt unserer gemachten Erfahrungen eingehen, ein Resultat der technologisch induzierten Beschleunigung, aber eben auch der »Globalisierung«.

Auch dass Innen- und Außenpolitik durch die Globalisierung in eins fallen, sich nicht mehr räumlich trennen lassen, gehört für ihn zu diesen neuen Zeiterfahrungen. Anders als damals zirkulierende neue Sozialtheorien, von der globalen »Netzwerkgesellschaft« (Manuel Castells) bis hin zur transnationalen »Weltbürgergesellschaft« (Ulrich Beck), sieht Koselleck hierin die Ursache von neuen Ungleichheiten und Konflikten. Mit dem Ende des Kalten Kriegs verschwindet für ihn daher auch nicht das Gespenst des »Weltbürgerkriegs«. In seinem globalhistorischen Rückblick auf die Geschichte des 20. Jahrhunderts, einem kurzen Essay für die Jahrtausendbeilage der *Frankfurter Allgemeinen Zeitung*, sieht Koselleck die Situation der eigenen Gegenwart nicht viel anders als im Vorwort zu *Kritik und Krise* von 1973: als Ergebnis von zwei Trends, die aus dem euro-

91 Koselleck, »Nation oder Föderation?«, Bl. 14.

päisch beherrschten 19. Jahrhundert in das »Zeitalter des Totalen« hineingewirkt und inzwischen den ganzen Globus erfasst haben: »Erstens die geopolitisch lückenlose Nationalstaatenbildung und zweitens die zunehmende Aushöhlung ebendieser Nationalstaaten. Sie erfolgt von oben und von innen durch über- und internationale Machtakkumulationen politischer und ökonomischer Art, die in die Staaten eingreifen, sowie durch Aufstands- und Spaltungsbewegungen, die das staatliche Gewaltmonopol von unten oder von außen ins Wanken bringen. Staat und Souveränität klaffen zunehmend auseinander, lassen sich nicht mehr, wie seit den Fürstenstaaten versucht, zusammenführen. Dauernd ausbrechende Bürgerkriege schaffen immer wieder unlösbare Konflikte.«[92] Wenige Monate nach dem 11. September 2001 bezeichnet er in einem Interview die globale Interventionspolitik der USA zur Bekämpfung von »Terror« sogar als »totalitär«. »Diese Politik nimmt für sich in Anspruch, Menschenrechte zu verteidigen, aber mit Maßnahmen, die sich von den Menschenrechten entfernen.«[93] Der Vortrag »Nation oder Föderation« zwei Jahre später, in dem er den neuen Begriff der Globalisierung analysiert, setzt einem weltweiten Interventionsanspruch des Westens die deutsche föderale Tradition entgegen. »Es könnte sein, daß die föderalen Grundprinzipien, Ungleiches gleich zu behandeln, um hierarchischen Abhängigkeiten zu entkommen und um Unterschiede gegenseitig auszumessen und um die Andersartigkeit anderer Gruppierungen und ihrer Interessen anzuerkennen, elastische Auffangpositionen finden lassen und schaffen helfen.«[94] Auf die Frage, was politisch seine größte Sorge sei, antwortete der Achtzigjährige nach den militärischen Interventionen der USA erst in Afghanistan und dann erneut im Irak: »ein globaler Bürgerkrieg.«[95]

92 Reinhart Koselleck, »Hinter der tödlichen Linie. Das Zeitalter des Totalen«, in: *Frankfurter Allgemeine Zeitung*, Nr. 277, Beilage »Bilder und Zeiten«, 27. 11. 1999, wiederabgedr. in: Michael Jeismann (Hg.), *Das 20. Jahrhundert. Welt der Extreme*, München 2000, S. 9-27, hier S. 27.

93 Frank Ebbinghaus, »Eine totalitäre Antwort auf totalitären Terror. Amerika verteidigt die Menschenrechte mit Maßnahmen, die sich von Menschenrechten entfernen. Ein Gespräch mit Reinhart Koselleck«, in: *Süddeutsche Zeitung*, 16./17. 2. 2002.

94 Koselleck, »Nation oder Föderation?«, Bl. 15.

95 Reinhart Koselleck in »Der Fragebogen«, in: *Forschung & Lehre* 8 (2003), S. 464.

Koselleck schreibt diese letzten Vorträge, bevor digitale Technologien unsere Alltagswelt vollkommen neu formatieren, auch und vor allem in zeitlicher Hinsicht. Er greift dafür auf Texte und Materialien zurück, die bis in die 1950er Jahre zurückreichen, und gleicht sie mit neuen Zeiterfahrungen ab. Für eine Konferenz zu seinem Werk, die 2002 in Sofia stattfindet, skizziert er drei Vortragsthemen, die ihn neben dem Buch zur Ikonologie der Reiterdenkmäler in diesen letzten Lebensjahren beschäftigen: »Wiederholungsstrukturen«, daraus entstehen 2005 seine letzten beiden Aufsätze, sodann »Zum erkenntnistheoretischen Status der Begriffsgeschichte«, seine Überlegungen für die Einleitung des Bandes *Begriffsgeschichten*, die Fragment bleiben wird, aber im Grunde das Thema seiner Vorträge zur Differenz von Sprache und Geschichte weiter ausformuliert, sowie »Das quasi-Gesetz zunehmender Konvergenz von Ereignis und Information«.

Mit »quasi-Gesetz« spielte Koselleck an auf Henry Adams' »law of acceleration« aus dem Jahr 1904. So wie Adams ein Jahrhundert zuvor bringt Koselleck im Rückblick über mehrere Jahrhunderte die Beschleunigung des Alltags auf eine Gesetzesformel, wenn auch ironisch eingeschränkt als »quasi-Gesetz«.[96] Hier greift er auf seine früheren Vorträge zum Thema Krise und Beschleunigung zurück, in denen er die zunehmende Synchronisierung von Ereignis und Nachricht antizipiert hat, die heute unsere digitale Realität ausmacht. Um die Jahrtausendwende geht er noch einen Schritt weiter. Der »Qualitätssprung« der Globalisierung liegt für ihn jetzt auch darin, dass moderne Informationsträger die Ereignisse sogar erzeugen können. »Ereignisse werden mehr und mehr durch Informationen hergestellt, um sie gleichzeitig ökonomisch und politisch beherrschbar zu machen.«[97] Die Konvergenz von Ereignis und Information schlägt um in eine den Ereignissen vorangehende Programmierung im Silicon Valley und anderswo. »Der entscheidungsspielraum der handelnden und wartenden schrumpft immer enger zusammen zugunsten der informationsmenge, die schon zur handlung und tat zu nötigen scheint. In alle technisch vorbereitete

96 Familienarchiv Koselleck (jetzt DLA Marbach), Mappe »Sofia 2002«, Koselleck, »Das quasi-Gesetz zunehmender Konvergenz von Ereignis und Information«, Ts., 2002, 4 Bl.; Henry Adams, *The Education of Henry Adams. An Autobiography*, Boston 1918, Kap. 34: »The Law of Acceleration« [1904].

97 Koselleck, »Nation oder Föderation?«, Bl. 15.

planung schiebt sich unversehens ein der technik innewohnendes utopisches, fiktives element ein. Die überkommene basis sich regelhaft wiederholender erfahrungsmöglichkeiten wird verzehrt vom sog in der scheinbar vorprogrammierten oder jedenfalls vorprogrammierbaren zukunft.«[98] An die Stelle der Geschichte als Utopie, die sich in der Neuzeit zwischen Erfahrung und Erwartung schiebt und die unbekannte Zukunft versiegelt, tritt für Koselleck um die Jahrtausendwende die digitale Technik als neue »zukunftslose Zukunft«.[99]

Der »Zeit« in der eigenen Gegenwart auf die Schliche zu kommen, ihr nicht nur ausgeliefert zu sein, darum ging es Koselleck auch in diesen letzten Vorträgen und Essays. Den Band *Zeitschichten* legt er bewusst als eine Sammlung thematisch heterogener Texte aus verschiedenen Zeiten (oder »Zeitschichten«) an, nur wenig geglättet oder aufeinander abgestimmt, so als wolle er mit diesen »Studien zur Historik« dokumentieren, dass es sich hier auch um zeit- und geschichtstheoretische Momentaufnahmen des späten 20. Jahrhunderts handelt. Zugleich verfasst er knappe Skizzen, die seine Überlegungen zu »Zeit« und »Geschichte« auf neue Weise schematisch zusammenführen. Zum einen publiziert er 2002 doch noch einen Lexikonartikel zu »Zeit«, aber nicht aus begriffsgeschichtlicher, sondern dezidiert aus geschichtstheoretischer Perspektive.[100] Dabei operiert er bewusst vereinfachend mit zwei Grundunterscheidungen: der zwischen innerer und äußerer Zeit sowie der zwischen linearer und sich wiederholender Zeit. Als »innere Zeit« bezeichnet er die geschichtliche Erfahrung von Zeit, ihre subjektive Wahrnehmung, die anthropologisch durch die eigene Vergänglichkeit geprägt sei, sein Thema etwa in den Arbeiten zu Zeiterfahrungen in den beiden Weltkriegen und im Nationalsozialismus. Davon unterschieden sei die »äußere Zeit«, die temporalen Regelungen, Rechnungen und Rituale von Gesellschaften, also von Chronologien und Kalendern, von Einteilungen in Stunden, Tage, Wochen usw., wozu er selbst nur am Rande gearbeitet hat. Die analytische

98 Koselleck, »Das quasi-Gesetz zunehmender Konvergenz von Ereignis und Information«, Bl. 4.

99 Siehe auch Bernard Stiegler, *Technik und Zeit. Der Fehler des Epimetheus*, Berlin 2009.

100 Reinhart Koselleck, »Zeit«, in: Stefan Jordan (Hg.), *Lexikon Geschichtswissenschaft. Hundert Grundbegriffe*, Stuttgart 2002, S. 331-336.

Trennung von erfahrener und messbarer Zeit werde aber empirisch in allen menschlichen Kulturen unterlaufen, so Koselleck, indem beides immer aufeinander bezogen bleibe. Die Differenz zwischen linearer und sich wiederholender Zeit hingegen unterliege historischen Verschiebungen, wie er bereits in »Raum und Geschichte« dargelegt hat. Die »gleichsame statische« Natur der »Zeit«, die vom Menschen »primär gefunden, nicht erfunden« werde und weder bei Newton und noch bei Einstein »veränderungsneutral« gedacht sei, werde parallel seit dem späten 18. Jahrhundert in der Naturkunde (*historia naturalis*), also den Wissenschaften der Biologie, Geologie, Archäologie, Astronomie, Meteorologie oder Ökologie, verzeitlicht. Als Naturgeschichte gewinnt sie »Millionen Jahre an Vergangenheit und eine offene Zukunft [...]. Zeit wird zum Prozess, der – in verschiedenen zeitlichen Dimensionen – sowohl die Natur als auch die Geschichte erfasst. Seitdem gewinnt der so genannte Zeitpfeil eine neue Schubkraft, die irreversibel auf Erneuerung, Fortschritt oder Wandel verweist.« Die Zeit werde so nicht mehr nur Maßstab, wie Koselleck erneut formuliert, sondern Antrieb der Veränderung, die in der Neuzeit durch Wissenschaft und Technik eine Beschleunigung erfahre, welche in der Natur nicht vorgegeben gewesen sei.[101] »Gesellschaftliche Zustände und politische Entscheidungen geraten unter Beschleunigungszwänge, deren Folgen zu stabilisieren immer schwerer fällt.« Zugleich pluralisieren sich die Zeiten und folgen je eigenen Wiederholungsstrukturen, ohne die keine Neuerung denkbar sei. Alle einmaligen Ereignissequenzen treiben »unwiederholbare Zeitpunkte der rechten Entscheidung (*kairos*)« hervor, »die – wie in der Liebe – verpasst oder eingelöst werden«. Und schließlich folge daraus, dass sich wiederholende Strukturen selbst wiederum eigenen Zeitrhythmen folgen, also »kürzer oder länger währen, sich beschleunigen oder verzögern können«. Koselleck skizziert hier auf nur wenigen Seiten seine eigene geschichtstheoretische Bestimmung der »Zeit«.

In diesen seinen letzten Lebensjahren versucht Koselleck zum anderen, seine Überlegungen zu den Bedingungen möglicher Geschichten im Begriff der Wiederholung neu zu fassen. Wiederum greift er hier auf Mappen mit weit zurückreichenden Materialien,

101 Ebd., S. 334. So bereits Koselleck, »›Neuzeit‹. Zur Semantik moderner Bewegungsbegriffe«, in: ders., *Vergangene Zukunft*, S. 300-348, hier S. 321.

Notizen und Vorträgen zurück, die er aber für die Konferenz in Sofia 2002 unter den Titel »Wiederholungsstrukturen« stellt und aus denen drei Jahre später seine letzten beiden Aufsätze entstehen. Der Begriff der »Zeitschichten« taucht in diesen Texten überraschenderweise nicht mehr auf. »Zeit« und »Geschichte«, »Ereignis« und »Struktur«, »Einmaligkeit« und »Wiederholung« müssen, so Koselleck, als mehrschichtig begriffen werden, um »Zeit« und »Geschichte« aufeinander zu beziehen – weder linear, als ausgerichtete Zeit der »Geschichte« und des »Fortschritts«, noch zyklisch als wiederkehrende Abfolge der drei mal drei Generationen des Polybios (oder Ibn Chaldūns), wodurch der gerichtete Zeitpfeil nur in sich zur Drehung gebracht werde. Wenn sich alles nur wiederholte, gäbe es keine Veränderung, so Koselleck. Und wenn »alles nur neu oder innovativ wäre, fiele die menschheit von einem tag zum anderen in ein gähnendes loch. Die kategorie der dauer oder der linear progressiven linie sind als solche ungeeignet, menschliche geschichte zu deuten.«[102] Von einer »Theorie historischer Zeiten« oder einer »Historik« ist ebenfalls nicht mehr die Rede, stattdessen mit Karl Mannheim von einem möglichen »Denkmodell«, das Repetition und Innovation »abschichtig« in Beziehung setze, so dass auch Beschleunigungen oder Verzögerungen registriert werden könnten. Im Anspruch bleibt es aber auch jetzt eine Zeit- und Geschichtstheorie. Sein Denkmodell ziele auf nicht weniger, als »alle nur denkbaren ereignisse möglicher geschichten theoretisch mit hilfe der genannten kategorien einzufangen, wie auch die länger währenden voraussetzungen, eben die wiederholungsstrukturen, ohne die keine ereignisse zustande kämen«.[103] In einem 2005 geschriebenen, aber erst postum veröffentlichten Aufsatz kommt Koselleck diesbezüglich auf seine Überlegungen in *Zeitschichten* zurück und ergänzt: »Wir fragen nach dem, was *allen* Menschen eigentümlich ist, was nur *einigen* Menschen eigentümlich ist oder was nur einem *einzelnen* Menschen eigentümlich ist. Dann staffelt sich die Diachronie abschichtig mit Überlappungen, die quer zu den konventionellen Zeitaltern vielfache Zuordnungen freigeben. Dann ließen sich auch, je nach Mischverhältnissen von Wiederho-

102 Familienarchiv Koselleck (jetzt DLA Marbach), Mappe »Sofia 2002«, Koselleck, »Wiederholungsstrukturen«, Ts., 2002, 9 Bl., hier Bl. 1.

103 Ebd.

lungsstrukturen und Einmaligkeit, die Zeitalter pluralisieren, ohne auf die wenig oder nichtssagende Periodenbestimmung zu verfallen, sie seien ›alt‹, ›mittel‹ oder ›neu‹.« So ließe sich auch die »eurozentrische« Sichtweise der drei Zeitalter verabschieden und »ethnologische« Perspektiven gewinnen, die zeit- und raumübergreifende Fragen stellen, von den vorschriftlichen Zeiten »bis hin zu den unseren ganzen Erdball erfassenden ökonomischen, ökologischen und religiösen Herausforderungen, den Rissen und Verwerfungen, die allesamt nach politischen Handlungsalternativen rufen«.[104]

Welche Bedingungsgefüge wiederholen sich also in der Geschichte? Wie in dem Lexikonartikel »Zeit« nennt Koselleck auch in den beiden letzten Aufsätzen an erster Stelle die *naturalen* Wiederholungsstrukturen, die sich nur langsam und nahezu unmerklich ändern. Hierzu gehöre »der Kosmos, innerhalb dessen der Umlauf der sich um sich selbst drehenden Erde um die Sonne sowie der Umlauf des Mondes um die Erde«, die den Rhythmus menschlichen Lebens, Tag- und Nachtzeiten, Ebbe und Flut vorgeben.[105] In seinem Vortragsentwurf für Sofia 2002 notiert sich Koselleck zu dieser ersten Wiederholungsstruktur ergänzend: »Dennoch gibt es gleichsam ereignishafte vorkommnisse: eruptionen, risse, brüche, die als beben wahrnehmbar sind. Aber schon klimaschübe, wie etwa die rhythmische abfolge der eiszeiten, lassen sich empirisch gerade noch, quasi zeitgenössisch, wahrnehmen, sind jedenfalls naturwissenschaftlich nachweisbar.«[106] In »Wiederholungsstrukturen in Sprache und Geschichte« wird aus der von Koselleck immer wieder betonten »Verzeitlichung« eine »Vergeschichtlichung« der alten Naturkunde (*historia naturalis*) zur Naturgeschichte (seit Buffon und Kant), die dazu geführt habe, dass sukzessive die je eigenen Zeiträume der Kosmologie und Physik, Chemie und Biologie, aber auch der Anthropologie entdeckt werden – der empirische Hintergrund von Herders Diktum, dass ein »jedes veränderliche Ding das Maß *seiner* Zeit in sich« habe, also zu »*Einer* Zeit unzählbar

104 Reinhart Koselleck, »Wiederholungsstrukturen in Sprache und Geschichte«, in: *Saeculum* 58 (2006), S. 145-160; wiederabgedr. in: ders., *Vom Sinn und Unsinn der Geschichte. Aufsätze und Vorträge aus vier Jahrzehnten*, hg. und mit einem Nachwort von Carsten Dutt, S. 96-114, hier S. 99; sowie Reinhart Koselleck, »Was sich wiederholt«, in: *Frankfurter Allgemeine Zeitung*, 21. 7. 2005.

105 Koselleck, »Was sich wiederholt«.

106 Koselleck, »Wiederholungsstrukturen«, Bl. 2.

viele Zeiten« koexistieren.[107] Jede Naturwissenschaft benötigt seither ihre eigene Zeittheorie, um Wiederholung und Einmaligkeit zu analysieren.[108]

Eine zweite Wiederholungsstruktur sieht Koselleck in den *biologischen* Vorgaben menschlicher Natur. Hier tauchen wenig überraschend die Gegensatzpaare seiner Historik wieder auf: oben versus unten, innen versus außen, früher versus später.[109] Sie werden erneut zurückgeführt auf Geburt und Tod, Geschlechtstrieb und Fortpflanzung, auf die Frage der Generationen, also auf alles, was für Koselleck zu einer »biologischen basis jeder historischen anthropologie« gehört – eine Basis, die der Mensch mit den Tieren »verschieden dosiert« teilt, wie ihm jetzt, wo er zeitgleich an seinem Buch zu den Pferde- und Reiterdenkmälern schreibt, zu betonen wichtig ist. Diese formalen Oppositionspaare, und darauf kommt es ihm an, setzen die Ereignisse in Bewegung, bringen Differenzen hervor, von der Hackordnung unter Tieren »bis hin zur sogenannten Globalisierung, die jetzt ihrerseits neue Binnenunterscheidungen auf unserer gemeinsamen Erde hervortreibt«.[110]

Davon zu trennen seien drittens allein *menschliche*, von Menschen geschaffene Wiederholungsstrukturen. Hierzu gehöre mit Marx die Arbeit, was in den 1970er Jahren auch bei Koselleck noch »Produktivkräfte« und »Produktionsverhältnisse« heißt, aber eben auch das Recht, das auf lange Dauer und wiederholte Anwendung angewiesen ist, um reine Willkür zu verhindern. Hierher gehören auch gesellschaftliche Institutionen, also die Gemeinden und die Kirchen, die Vereine und die Verfassungen, auch die Regeln in Parlamenten, Parteien und Unternehmen sowie die modernen Kommunikations- und Verkehrsmittel, die unsere Welt synchronisieren. Alle diese menschlichen Wiederholungsstrukturen stehen selbst

107 Johann Gottfried Herder, »Eine Metakritik zur Kritik der reinen Vernunft«, in: ders., *Werke in zehn Bänden*, Bd. 8: *Schriften zu Literatur und Philosophie 1792-1800*, hg. v. Hans Dietrich Irmscher, Frankfurt/M. 1988, S. 360, zit. n. Koselleck, »Wiederholungsstrukturen in Sprache und Geschichte«, S. 101.

108 Koselleck bezieht sich hier und an anderen Stellen auf Friedrich Cramer, *Der Zeitbaum. Grundlegung einer allgemeinen Zeittheorie*, Frankfurt/M. 1993.

109 Siehe oben, Kap. 2, S. 120-130.

110 Koselleck, »Was sich wiederholt«. Zum Verhältnis von biologischer und historischer Zeit siehe Julia Adeney Thomas, »History and Biology in the Anthropocene. Problems of Scale, Problems of Value«, in: *American Historical Review* 119 (2014), S. 1587-1607.

wiederum im Sog der Beschleunigung, von der Rationalisierung der Arbeit, den sich überschlagenden Gesetzen und Verordnungen (die unter totalitären Regimen von Tag zu Tag wechseln können), den sich überlappenden und überschneidenden Souveränitätsansprüchen verschieden aggregierter Formen gesellschaftlicher Selbstorganisation (von der Gemeinde bis zur UNO) bis hin zur modernen Computertechnik, die »eine ubiquitäre, globale, also gemessen an früher beschleunigt erreichbare, dauerhafte präsenz« ermögliche, in die sich aber auch »neue, global organisierbare rekurrenzsysteme« einschleifen würden.

Und schließlich beinhalten für Koselleck die einmaligen *Ereignisse* selbst diachron gespeicherte wiederholbare Regeln und Rhythmen. Beiläufig erwähnt er 2005 Crane Brinton, der mit Blick auf die Revolutionen in England, Frankreich und Russland gezeigt habe, wie sich Ereignissequenzen wiederholen – jenen soziologisch orientierten amerikanischen Historiker der Zwischenkriegszeit, auf den er sich bereits in der Seminararbeit bei Alfred Weber mehr als ein halbes Jahrhundert zuvor gestützt hat.[111] Koselleck kehrt also bewusst zu seiner Ausgangsfrage aus der Nachkriegszeit zurück, ob sich aus geschichtlichen Erfahrungen eine Prognose über zukünftige Ereignisse ableiten lasse – im Unterschied zur Prophezeiung, die eine Enderwartung formuliert, die sich durch das Ausbleiben des Endes nur bestätigt sieht, also auch auf Rekurrenz verweist. Sein Beispiel ist hier die theologisch grundierte *manifestatio Dei*, die von Hegel auf die Geschichte übertragen und im *Manifest der Kommunistischen Partei* als »irrtumsresistente Dauergewißheit« festgeschrieben wurde. Von der Prophezeiung unterscheidet Koselleck wiederum die Planung, in die sich, so wie bei Hitler im September 1939, die utopische Verblendung einschleichen kann.

Alle vier Wiederholungsstrukturen bewegen sich in ihren eigenen repetitiven Zeiten. Das gelte auch für die Sprache, wie er in »Wiederholungsstrukturen in Sprache und Geschichte« ergänzt, die aber von einer eigenen Differenz, der zwischen Sprachgestalt und Sachverhalt, zehre: »Der Befehl (oder der Beifall) zum Töten oder die Nachricht vom Tod sind nicht identisch mit dem Tod selber.«[112] In jedem Fall geht es Koselleck um unterscheidbare Wieder-

111 Siehe oben, Kap. 3, S. 198-205.

112 Koselleck, »Wiederholungsstrukturen in Sprache und Geschichte«, S. 113.

holungsstrukturen, die einmalige Ereignissequenzen – und damit neue Geschichten – hervorbringen. Bereits für »Wie oft wiederholt sich die Geschichte«, einen seiner ersten Vorträge zum Thema, notiert er sich 1990:

Es gibt immer beides: einmaliger verlauf,
　　　　das absolute vorher und nachher
　　　　das unüberholbare zuspät
　　　　das missglückte zufrüh
u n d　das wiederkehrende
　　　　als bedingung möglicher einmaligkeit
　　　　als bedingung möglichen handelns.[113]

Riss und Rekurrenz

Jede Wiederholung enthält die Möglichkeit des Neuen, das heißt von einmaligen Einschnitten oder Ereignisketten, die wiederum eigenen Wiederholungsstrukturen folgen können. Koselleck, der ein halbes Leben lang die Ikonologie des gewaltsamen Todes in der Moderne archiviert hat, wählt für seinen letzten Aufsatz als Einstieg die Liebe und zitiert Johann Nestroy, für den sich alle Liebesgeschichten immer um das Gleiche drehten und doch in ihren Anfängen und Enden so unendlich verschieden seien, dass einem als Dramatiker der Stoff nie ausgehe. Den einander Liebenden, so Koselleck zu Beginn von »Wiederholungsstrukturen in Sprache und Geschichte«, erscheine es so, als sei gerade ihre Liebe der Geschichte enthoben, »unverwechselbar, einmalig, einzigartig, wie auch immer die gegenseitigen Beschwörungen lauten«. Und doch wiederhole sich hier anthropologisch und strukturell, was von einzelnen Menschen immer wieder neu oder erneut und anders erfahren werde. Mit einem für seine späten Essays typischen Sprung von erfahrungsgesättigten Sätzen zu allgemeineren Aussagen schreibt Koselleck weiter: »Personen [...] und ihre Begebenheiten, Geschehnisse und Konflikte sowie deren Lösungen, also Katastrophen oder

113 DLA Marbach, A: Koselleck, Konvolut »Materialien und Notizen zu Vorträgen zum Thema ›Wiederholungsstrukturen/Zeitschichten‹«, Reinhart Koselleck, »Wie oft wiederholt sich die Geschichte?«, Ts. mit handschriftl. Ergänzungen, o. D. [Vortrag im Rathaus Stuttgart, 8. 6. 1990], 5 Bl., hier Bl. 3.

Kompromisse, sind und bleiben auf der Zeitschiene der Ereignisse einmalig und unwiederholbar. Daß sie gleichwohl in sich wiederholenden Vorgaben angelegt oder enthalten sind, ohne jemals mit diesen Vorgaben identisch zu sein, das ist meine These, die ich entwickeln möchte.« So erkennt er in Christian Meiers Buch über Athen Spuren seines eigenen Ansatzes, »der dauerhafte Fragen stellt, um die jeweilige Einmaligkeit zu verstehen«.[114] Riss und Rekurrenz gehören für Koselleck zusammen. Das eine bedingt das andere.

Kosellecks Historik kann als Suche nach historischen Wiederholungsstrukturen in einer Zeit der Extreme begriffen werden. Diese Suche zieht sich über ein halbes Jahrhundert durch sein gesamtes, thematisch weit verstreutes Werk. Für Koselleck konnte alles zu Quellen und damit »theoriefähig« werden, die Begriffe ohnehin, aber auch die Zeitlichkeit von Gesetzestexten,[115] die eigenen Traum- und Erinnerungsfragmente aus dem Krieg, die von ihm gesammelten Reiterfiguren oder der Kitsch von Marx- und Mao-Büsten. Seine Herangehensweise zielte immer auf den Vergleich unzähliger Belege und Befunde, um in der seriellen Häufung sich wiederholende Strukturen und einmalige Innovationen zu erkennen. Mit den *Geschichtlichen Grundbegriffen* gelang es ihm, zwei Generationen von deutschen Geisteswissenschaftlern in diese Suche nach Belegen für den semantischen Wandel der Erfahrungsstrukturen in der Neuzeit einzuspannen, ohne dass den Lexikonautoren immer bewusst war, dass in diesen sieben Bänden eine neue Zeit- und Geschichtstheorie getestet wurde, die auf die Zeiterfahrungen des 20. Jahrhunderts reagierte. Wie sich neue Wörter, etwa »Globalisierung«, herausbilden und ob damit neue Erfahrungsschübe auf den Begriff gebracht werden oder warum überkommene Begriffe wie »Volk« und »Nation« plötzlich wieder auftauchen und dazu beitragen, Ereignisse in Gang zu setzen, die Historiker nicht überraschen sollten, wie also Begriffe die Erfahrungen speichern oder freigeben, um diese Fragen ging es Koselleck mit seiner Suche nach den Grundbegriffen, die

114 DLA Marbach, A: Christian Meier, Reinhart Koselleck an Christian Meier, 24.3.1994. Christian Meier, *Athen. Ein Neubeginn der Weltgeschichte*, Berlin 1993.

115 »Über die langsame Einschränkung körperlicher Züchtigung«, einer von drei sozial- und rechtsgeschichtlichen Exkursen am Ende des Preußen-Buchs.

politisch umstritten und unverzichtbar zugleich sind.[116] Ähnliches gilt für seine Ikonologie des gewaltsamen Todes, die methodisch auf Erwin Panofsky zurückgriff und Parallelen zu Aby Warburgs Versuch aufweist, sich wiederholende visuelle »Pathosformeln« seriell zu erfassen und so über Jahrhunderte hinweg zu verfolgen.[117] Koselleck verglich die visuelle Sprache des gewaltsamen Todes diachron vom 18. Jahrhundert bis in die unmittelbare Gegenwart hinein, aber auch national und politisch übergreifend, um ebenfalls gemeinsame Signaturen herauszuarbeiten (*Abb.* 30). 1997 stellt er sich eine gerahmte Fotografie Panofskys in das Regal mit den Fotokästen und Ordnern, die seine Sammlung zum politischen Totenkult enthalten (*Abb.* 31). In den Kästen befinden sich nicht nur seine Aufnahmen von Denkmälern und Gedenkstätten samt dem sie umgebenden öffentlichen Raum, sondern auch Notate und Skizzen, die er vor Ort angefertigt hat, um ihre Proportionen festzuhalten (*Abb.* 32).[118] Ausgerüstet mit Kamera, Stift und Notizblock, ist Koselleck ständig auf der »Denkmaljagd«,[119] so auch bei den Ausflügen der Deutschen Akademie für Sprache und Dichtung nach Krakau 2000 und Sankt Petersburg 2004, wo er sich mit den Freunden Christian Meier und Ivan Nagel trifft (*Abb.* 33 und 34).

Anders als die Geschichtsphilosophen sammelte Koselleck die Evidenzen seiner Theorie in den historischen Überresten. Was er methodisch einforderte: erst einen den Suchradius verkleinernden theoretischen »Vorgriff« formulieren, dann anhand des empirischen Materials entscheiden, welche theoretischen Aussagen sich belegen und welche hingegen abgewandelt oder verworfen werden sollten, das praktizierte er auch selbst. Seine vielzitierte Formel vom »Vetorecht der Quellen« meint genau das. Nicht die Quellen sprechen zu uns, wie der Historismus des 19. Jahrhunderts glaubte. Aber geschichtliche Theorien müssen auch empirisch widerlegbar sein, sich an der vergangenen Wirklichkeit, also auch an gemach-

116 Gustav Seibt, »Die Begriffe führen das Volk. Die Leitworte der Geschichte sind die Welle selbst«, in: *Frankfurter Allgemeine Zeitung*, 30. 3. 1993.

117 Siehe Raulff, *Der unsichtbare Augenblick*, bes. S. 85-118 zu »Warburg oder die Wiederholung«.

118 Siehe Brandt, Hochkirchen (Hg.), *Reinhart Koselleck und das Bild*, sowie Andrew Shanken, *The Everyday Life of Memorials*, Princeton 2022.

119 Markantonatos, »Reinhart Koselleck – Geschichtsdenken zwischen Bild und Text«, in: Brandt, Hochkirchen (Hg.), *Koselleck und das Bild*, S. 190.

ten Erfahrungen bewähren. Sein geplantes Buch über die Reiterdenkmäler ist dafür ein Beispiel. Ende der 1990er Jahre gibt er die ursprüngliche, über mehr als drei Jahrzehnte verfolgte Idee einer Geschichte des politischen Totenkults auf zugunsten des zugespitzten Themas der Reiterdenkmäler, für das er nach dem Fellowship am Warburg-Haus 1996/97 sein gesamtes Material noch einmal in Hinblick auf die Ikonologie von Pferden und Reitern umsortiert.[120] Seine Hypothese, die auf seinen vorangegangenen Studien zur Ikonologie des gewaltsamen Todes aufbaut, lautet, dass es im 19. und 20. Jahrhundert eine »Demokratisierung des Reiters« gegeben habe. Im »Pferdezeitalter«, das im zweiten Jahrtausend v. Chr. begann und in Kosellecks eigener Jugend im Zweiten Weltkrieg endete, sei Herrschaft symbolisch an die Frage gebunden gewesen, wer hoch zu Ross dargestellt wird. Das gelte für den dynastischen Herrscherkult genauso wie für die Mythologie oder für beides, etwa vereint in der Figur des heiligen Georg. Der gewaltsame Tod werde auf den dynastischen Reiterdenkmälern nie selbst zum Thema, denn das Herrscherdenkmal soll ja gerade die dynastische Kontinuität verbürgen.

Das habe sich, wie so vieles aus Kosellecks Sicht, mit der Französischen Revolution und der Einführung der allgemeinen Wehrpflicht geändert, die den Bürger zum Soldaten machte. Fortan habe sich die Legitimation von Volk und Nation, Revolution und Republik, Krieg und Bürgerkrieg an den gewaltsamen Opfertod geknüpft. Nur die »sinnliche Präsenz der Toten« verbürge den Herrschaftsanspruch.[121] Anders als im dynastischen Totenkult rücke in der Neuzeit gerade die gewaltsame Diskontinuität in das Zentrum des politischen Totenkults mit seinen Riten, Feiern und Denkmälern. Und erst jetzt steige der einfache Soldat auf das Reiterdenkmal, werde »denkmalfähig«, was einen Übergang vom dynastischen zum nationalen Totenkult anzeige, genauso wie der neue Kult des

120 Gespräch des Verf. mit Katharina Koselleck, 14.4.2022. Erschienen sind zwei Aufsätze, die als spätere Kapitel gedacht waren: Reinhart Koselleck, »Der unbekannte Soldat als Nationalsymbol im Blick auf Reiterdenkmale«, in: *Vorträge aus dem Warburg-Haus* 7 (2003), S. 139-166; ders., »Der Aufbruch in die Moderne oder das Ende des Pferdezeitalters«, in: Berthold Tillmann (Hg.), *Historikerpreis der Stadt Münster. Die Preisträger und Laudatoren von 1981-2003*, Münster 2005, S. 159-172. Siehe auch oben, Kap. 3, S. 218-224.

121 DDK – Bildarchiv Foto Marburg, Nachlass Koselleck, Reinhart Koselleck, »Der politische Totenkult der Neuzeit«, Ts., o. D. [1991], 11 Bl., hier Bl. 1.

»unbekannten Soldaten«. Nach dem Massensterben der mit moderner Technik geführten Kriege, die auch die Körper der Soldaten (und der Pferde) zerfetzen und »zernichten«, tauchen auch sterbende Reiter und Pferde in der Ikonologie des gewaltsamen Todes auf. Koselleck nennt den italienischen Maler und Bildhauer Marino Marini, der nach dem Zweiten Weltkrieg unzählige Plastiken von niedergestreckten oder sich ein letztes Mal aufbäumenden Pferden und stürzenden Reitern schuf. In der Zeit, als er an seinem »Reiterbuch« sitzt, in seinen letzten Lebensjahren, notiert er sich auch das ihn seit dem Winter 1941/42 verfolgende Traumbild vom apokalyptischen Pferd, dem der Kopf halb weggesprengt wurde und das an ihm vorbeistürmt – eine metaphorisch verdichtete Bildsequenz des Vernichtungskriegs, wie sie auch Marini hätte gestalten können.

Anfang Februar 2006 muss sich Koselleck im Krankenhaus in Bad Oeynhausen einem operativen Eingriff unterziehen, den er nicht überlebt. In einem letzten Brief drei Wochen zuvor, wie so oft auf Band gesprochen und danach von einer Schreibkraft abgetippt (ein Computer stand unbenutzt in den Kellerräumen seiner ikonologischen Sammlung), fragt er Heinz Dieter Kittsteiner, den in Berlin lebenden Geschichtsphilosophen und Kulturhistoriker, seit 1993 Professor an der neugegründeten Viadrina-Universität: »[K]ennen Sie Lossow? Wenn nicht, lohnt es sich vielleicht einmal hinzufahren. Lossow ist ein kleines Pfarrdorf gewesen und ein Rittergut am Rande von Frankfurt und am Ufer der Oder gelegen. Dort befindet sich ein Kriegerdenkmal, auf dem ein totes Pferd dargestellt ist, auf dem ehedem ein Soldat rücklings gesessen hat – oder auch gestorben ist, was nicht mehr erkenntlich ist, da er offenbar nach dem Zweiten Weltkrieg weggeschossen worden ist.« (*Abb.* 35) Weiter schreibt Koselleck: »Für meine These der Demokratisierung des Reiterdenkmals, speziell durch die Darstellung sterbender Pferde und Reiter, ist dieses Denkmal von großem argumentativem Wert für mich. Nun ahnen Sie schon, welche Frage und Bitte ich an Sie stellen möchte: Haben Sie irgendeinen Mitarbeiter, der sich die Zeit nehme, dieses Denkmal rundum zu erfassen (samt Inschrift und Blickwinkel, etc.) und der eventuell auch fähig wäre, im Frankfurter Archiv oder in dem ehemaligen Pfarrdorf, das sicherlich inzwischen zur Stadt gehört, Informationen über das Denkmal einzuholen? Ich würde mich riesig freuen, wenn ich solche Bilder und Informationen bekommen könnte und würde dafür natürlich entsprechend ein Honorar entrichten.«[122]

Das Reiterdenkmal in der brandenburgischen Provinz, eines von zehntausenden in ganz Europa, die er bereits akribisch katalogisiert hat, gewinnt nur eine mögliche Aussagekraft in der Suche des Historikers nach dem Ereignis in den sich wiederholenden Strukturen, hier für Koselleck die erfahrungsgestützte Hypothese vom Ende des Pferdezeitalters im Massensterben der beiden Weltkriege, die letzten Kriege, in denen prozentual mehr Pferde als Soldaten dahingerafft werden.[123] In denselben gedanklichen Zusammenhang gehört auch seine parallele Suche nach Wiederholungsstrukturen in einer sich beschleunigenden Zeit politischer und ökologischer Katastrophen. Die Frage nach den sich stets wiederholenden, nur langsam ändernden Bedingungen geschichtlicher Ereignisse über zweitausend Jahre hinweg, um die einmalige Katastrophe seiner eigenen Zeit zu begreifen, durchzieht Kosellecks gesamtes Werk. Sie findet sich zuerst in Briefen noch aus der Studienzeit, animiert die Geschichtskritik der Dissertation und verknüpft auch seine verschiedenen Forschungsfelder zur Zeit seines Heidelberger Habilitationsvortrags »Vergangene Zukunft« – von der Theorie historischer Zeiten, die er am begriffs-, sozial- und rechtshistorischen Material im Preußen-Buch weiter entfaltet, zu den Leitideen für die *Geschichtlichen Grundbegriffe* und den ersten Skizzen zur politischen Ikonologie. Diese Suche nach Riss und Wiederholung in den geschichtlichen Zeiterfahrungen seit dem Beginn der Neuzeit führt in den folgenden vier Jahrzehnten zu jenem Materialgebirge aus Zettel- und Fotokästen, das sich heute in Marbach und Marburg findet.

Je mehr dieses Gebirge im Laufe der Jahrzehnte anwächst, desto knapper und verdichteter, oft auch autobiografischer werden Kosellecks zeit- und geschichtstheoretische Texte. Gerade die letzten theoretischen Skizzen stehen oft konträr zur »Geschichtspolitik« der Berliner Republik und zu jenem Zeitenwandel, in dem die Erfahrungsgeschichte des 20. Jahrhunderts in »kollektive Erinnerung« umformatiert worden ist – als sei die Geschichte und

122 Familienarchiv Koselleck (jetzt DLA Marbach), Reinhart Koselleck an Heinz Dieter Kittsteiner, 19. 1. 2006.

123 Koselleck, »Der Aufbruch in die Moderne oder das Ende des Pferdezeitalters«, S. 37

mit ihr Vergangenheit und Zukunft, also die geschichtliche Zeit selbst an ihr Ende gekommen. Seine Theorie der Bedingungen möglicher Geschichten ziele dagegen, so noch einmal Koselleck bewusst unzeitgemäß 1999 bei der Dankrede zur Verleihung des Sigmund-Freud-Preises der Deutschen Akademie für Sprache und Dichtung, auf die »vorausgenommene, also wiederholbare Vergangenheit«. »Wissenschaftstheoretisch gesprochen sind es Wiederholungsstrukturen, die in alle Ereignisse eingehen, indem sie diese bedingen und ermöglichen. Ereignisse und Personen wiederholen sich nie, sie sind und bleiben einmalig. Wohl aber wiederholen sich die Voraussetzungen und Bedingungen, unter denen Personen leben und handeln und unter deren Vorgaben Geschehnisse sich abwickeln.«[124]

Die Frage, was sich in der Geschichte wiederholt, die Koselleck in der Zeit nach den überraschenden Ereignissen um den Mauerfall 1989/90 erstmals als Vortragstitel wählt und zu der er seine letzten Aufsätze publiziert, verknüpft die Fäden seiner vielfältigen methodischen und theoretischen Arbeiten seit den 1950er Jahren: seine begriffs-, sozial- und rechtsgeschichtlichen Analysen historischer Zeiten, ihrer ungleichen Zeiträume und Geschwindigkeiten ebenso wie seine Überlegungen zu den anthropologischen Gegensatzpaaren, die immer neue Differenzen hervortreiben, die es auszuhalten gilt, sowie seine Studien zur Ikonologie des gewaltsamen Todes von Mensch und Tier. Zusammengenommen ergeben sie die Umrisse einer Historik des späten 20. Jahrhunderts: eine aus geschichtlichen Zeiterfahrungen gewonnene Theorie möglicher Zukunft. Wie Nestroys Liebesgeschichten drehen sie sich letztlich um die eine Stelle, wo sich ein Riss in der Wiederholung zeigt.

124 Reinhart Koselleck, »Vorgriff auf Unvollkommenheit«, in: *Jahrbuch der Deutschen Akademie für Sprache und Dichtung 1999*, Göttingen 2000, S. 146-149, hier S. 148.

Zeittafel

23. April 1923	Geburt in Görlitz als Sohn von Arno und Elisabeth Koselleck (geb. Marchand)
1929 bis 1933	Volksschule in Breslau, Kassel und Dortmund
1934 bis 1940	Humanistisches Gymnasium in Dortmund, München und Saarbrücken
Februar 1941	Einberufung in die Wehrmacht, gleichzeitig Notabitur am Ludwigs-Gymnasium in Saarbrücken
ab 20. September 1941	Teilnahme am Vernichtungskrieg gegen die Sowjetunion als Artillerist
26. Juni 1942	Schwere Fußverletzung in der Ostukraine auf dem Vormarsch nach Stalingrad; sieben Monate Lazarett-Aufenthalt
Februar 1943 bis Februar 1945	Einsatz als Funktechniker bei einer Radareinheit der Luftwaffe bei Hagenau/Haguenau, Elsass
März bis April 1945	Infanterieeinsatz in Böhmisch-Mähren, sowjetische Kriegsgefangenschaft (ab 1. Mai 1945)
Juni bis Juli 1945	Zwangsarbeit in Auschwitz
August 1945 bis September 1946	Kriegsgefangenenlager in Karaganda, Kasachstan
Ab Sommersemester 1947	Studium in Heidelberg (Geschichte, Philosophie, Staatsrecht, Soziologie)
Sommersemester 1950	Studienaufenthalt an der University of Bristol
November 1954	Promotion in Geschichte an der Universität Heidelberg bei Johannes Kühn, Zweitgutachter Karl Löwith sowie Hans-Georg Gadamer (Philosophie) und Ernst Forsthoff (Staatslehre)
1953 bis 1955	DAAD-Lektor am German Department der University of Bristol
1956 bis 1960	Assistent an der Universität Heidelberg (bei Johannes Kühn, ab 1957 bei Werner Conze)
1958, 1959	Archivreisen nach Polen, erster Besuch der Gedenkstätte Auschwitz

1960	Heirat mit Felicitas Flimm, fünf Kinder: Bettina *1960 (Juristin), Felix *1963 (Ökonom), Ruprecht *1967 (Konzeptkünstler), Konrad *1971 (Jazzmusiker), Katharina *1975 (Kunsthistorikerin)
1960 bis 1965	Mitarbeiter im »Arbeitskreis für moderne Sozialgeschichte« in Heidelberg, ab 1965 Mitglied
1960 bis 1997	Mitarbeiter am Lexikon *Geschichtliche Grundbegriffe*, seit 1972 Herausgeber
1963 bis 1994	Mitglied der Forschungsgruppe »Poetik und Hermeneutik«
Februar 1965	Habilitation an der Universität Heidelberg
1965	Vertretung der Professur für Neuere Geschichte an der Universität Heidelberg
1966 bis 1967	Professor für Politische Wissenschaften unter Berücksichtigung der Neueren Geschichte an der Ruhr-Universität Bochum
1966 bis 1973	Mitglied des Gründungsausschusses und -beirats der Universität Bielefeld
1967 bis 1973	Professor für Neuere Geschichte an der Universität Heidelberg
1973 bis 1988	Professor für Allgemeine Geschichte unter besonderer Berücksichtigung der Theorie der Geschichte an der Universität Bielefeld
1974 bis 1979	Direktor am Zentrum für interdisziplinäre Forschung (ZiF) der Universität Bielefeld
1975	Reuchlin-Preis der Stadt Pforzheim
1978	Vortragsreise in Japan
1986	Gastprofessor an der New School for Social Research, New York
1987 und 1988	Fellow am Wissenschaftskolleg zu Berlin
1989	Preis des Historischen Kollegs München
Herbst 1988, 1989, 1990	Gastprofessor am Department of History der University of Chicago
Herbst 1991	Gastprofessor am Department of Philosophy der New School for Social Research, New York

Herbst 1992	Gastprofessor an den Departments of German Languages and History, Columbia University, New York
1993	Ehrenmedaille der École des hautes études en sciences sociales (EHESS), Paris
Herbst 1993	Fellow am Institute for Advanced Studies, Budapest
Juni 1996	Simmel-Vorlesungen an der Humboldt-Universität zu Berlin
1996 bis 1997	Gastaufenthalt am Warburg-Haus, Hamburg
Herbst 1998	Gastaufenthalt am Netherlands Institute for Advanced Studies
1999	Sigmund-Freud-Preis für wissenschaftliche Prosa der Deutschen Akademie für Sprache und Dichtung
2003	Historikerpreis der Stadt Münster
3. Februar 2006	Tod im Krankenhaus Bad Oeynhausen

Dank

Den Anstoß dafür, mit Beginn der globalen Pandemie im Frühjahr 2020 ein anderes Manuskript zur Seite zu legen und meine Vorarbeiten zu Kosellecks Historik zum Ausgangspunkt für dieses Buch zu nehmen, verdanke ich Aglaya Glebova. Zu unserer geplanten Reise nach Karaganda und Moskau, um in den Archiven mehr über Kosellecks Zeit im Krieg und im Gulag zu erfahren und vor Ort die Spuren des Lagers mit seinen Zeichnungen zu vergleichen, kam es aufgrund der politischen Situation – erst in Kasachstan, dann in Russland – nicht. Stattdessen fuhren wir im Sommer 2022 nach Lossow bei Frankfurt an der Oder, um das dortige Reiterdenkmal zu fotografieren. Eine andere Kunsthistorikerin, Katharina Koselleck, hat dieses Buch ebenfalls von Anfang an unterstützt und mit mir die Bildmappen ihres Vaters sowie die privaten Fotoalben durchgesehen, auch zu einer Zeit, wo sie sich als Direktorin des Käthe-Kollwitz-Museums in Köln gefordert fand. Bettina Rickert gewährte mir im Namen der Erbengemeinschaft Koselleck Einsicht in bislang unzugängliche Materialien, darunter die Zeichnungen, Briefe und Erinnerungsfragmente aus der Kriegs- und Lagerzeit, die sich seinerzeit noch im Besitz der Familie befanden. Ruppe Koselleck hat mir die Unterlagen von Reinhart und Arno Koselleck zu ihren Reisen nach Polen in den 1950er Jahren zugänglich gemacht, die er selbst 2019 als Materialien zur Vorbereitung für ein Kunstprojekt mit Studierenden auf einer Exkursion nach Auschwitz-Birkenau und in das ehemalige Arbeitslager Plaszów nutzte. Besonderen Dank schulde ich schließlich Felicitas Koselleck für unsere gelösten Gespräche in Bielefeld und ihre Bereitschaft, auch auf schwierige Fragen einzugehen.

Für weitere Gespräche und Lektüren danke ich dem Althistoriker Christian Meier, einer der engsten Freunde Kosellecks, der mir auch Zugang zu dem mehrere Jahrzehnte umfassenden Briefwechsel gewährte, sowie Gerhard Casper, ehemaliger Präsident der Stanford University, der sich als junger deutscher Jurist in den 1960er Jahren mit Charlotte Beradt und Hannah Arendt anfreundete und 2017 eine Sammlung von Beradts Materialien nach Marbach gab, die ich dort ebenfalls einsehen konnte. Shulamit Volkov teilte mit mir ihre Eindrücke von Begegnungen mit Reinhart Koselleck, Hans-Ulrich Wehler und Hans Rosenberg, ihrem Lehrer in Berkeley, als ich sie und Celino Bleiweiß an einem Sommertag bei München besuchen durfte. Viele andere Zeitgenossen Kosellecks gaben mir weitere Auskünfte und die Erlaubnis, aus ihrer Korrespondenz zu zitieren. Stellvertretend genannt seien Saul Friedländer, Michael Geyer, Gabriel Motzkin, Dirk van Laak, James J. Sheehan und besonders Jürgen Habermas.

Eine erste Fassung des Manuskripts gelesen und kritisch kommentiert haben Willibald Steinmetz, Nina Verheyen und Lasse Heerten. Mit einem anderen Freund, Christian Geulen, diskutiere ich Kosellecks Geschichtsdenken seit unserer gemeinsamen Studienzeit. Für die Lektüre einzelner Kapitel danke ich darüber hinaus Dagmar Herzog, Nicholas Stargardt, Andreja Novakovic, Irina Paperno, Martin Jay, Thomas Laqueur, Samuel Moyn, Sebastian Conrad und Christian Meier. Weitere Anregungen und Hinweise erhielt ich von AJ Solovy, Pawel Koscielny, Sloane Nilsen, Monika Wienfort, Christina Morina, Amanda Rubin-Lewis, Ferdinand Kramer, Dietrich Erben, Lucian Hölscher, Harald Bluhm und Jan Eike Dunkhase. Barbara Klemm und Isolde Ohlbaum erlaubten mir den Abdruck ihrer Fotografien, Michael Zozmann war so freundlich, viele der Abbildungen aus dem Familienarchiv zu scannen. Veit Friemert hat das gesamte Manuskript im Sommer vorlektoriert, Elena Kempf half bei der Durchsicht der Fahnen und der Erstellung des Registers im Winter. Eva Gilmer vom Suhrkamp Verlag hat jede Zeile genau gelesen und kritisch kommentiert, wofür ich ihr besonders danke. Alle verbliebenen Fehler gehen selbstverständlich auf mein Konto.

Kosellecks Nachlass findet sich etwas unglücklich geteilt an zwei verschiedenen Orten, dem Deutschen Literaturarchiv Marbach und dem Deutschen Dokumentationszentrum für Kunstgeschichte – Bildarchiv Foto Marburg, beides idyllische Inseln der Forschung, nicht zuletzt aufgrund der dort arbeitenden Mitarbeiterinnen und Mitarbeiter. Für ihre Hilfestellungen danke ich besonders Dorit Krusche, Ulrich von Bülow und Heidrun Fink in Marbach sowie Hubert Locher und Susanne Schulz in Marburg. Den Universitätsarchiven in Frankfurt/M., Freiburg, Chicago, Heidelberg und Bielefeld sowie der Handschriftenabteilung der Staatsbibliothek zu Berlin danke ich für den gewährten Zugang zu Koselleck betreffende Unterlagen und Briefwechsel. Sebastian Conrad und Paul Nolte waren meine Gastgeber bei Forschungsaufenthalten an der Freien Universität Berlin im Rahmen des Graduiertenkollegs »Global Intellectual History« und des Erasmus-Programms der Europäischen Union, genauso wie Klaus Kiran Patel an der Ludwig-Maximilians-Universität München im Rahmen des Berkeley-LMU-Austauschprogramms, wo ich das Manuskript unter den denkbar besten Bedingungen im Sommer 2022 abschließen konnte. Dort teilte ich mir das Büro mit der ukrainischen Wissenschaftshistorikerin Olena Korzun, deren Wohnhaus in Winnyzja, 200 Kilometer westlich von Kyjiw gelegen und nur zwei Flugstunden von München entfernt, an einem Vormittag im Juli von russischen Raketen getroffen wurde, als wir gerade über Kosellecks Kriegserfahrungen sprachen.

Seinen Anfang nahm dieses Buch bereits im Februar 2006 mit einer Anfrage von Paul Betts, für die Zeitschrift *German History* einen Nachruf auf Reinhart Koselleck zu verfassen. Auf zwei Themen kam Koselleck in Gesprächen in den 1990er Jahren immer wieder zu sprechen, die uns Bielefelder Doktoranden fremd und aus der Zeit gefallen schienen: seine Kriegs- und Lagererfahrungen sowie seine Theorie der Bedingungen möglicher Geschichten. In dem Nachruf bin ich erstmals der Frage nachgegangen, wie diese beiden Themen zusammenhängen. Daraus entstand ein Essay zu Kosellecks Historik, der 2009 in der Zeitschrift *Merkur* erschien. Aufgrund dieses Essays bat mich Hans Joas für den von ihm zusammen mit Peter Vogt herausgegebenen Band *Begriffene Geschichte* um einen Beitrag zu Kosellecks Geschichtstheorie, in dem ich auch den überraschenden Parallelen zu Hannah Arendts Geschichtskritik nachging. Dieser Artikel bewog wiederum Anson Rabinbach und Andreas Huyssen, mich 2015 zu der New Yorker Konferenz »Transatlantic Theory Transfer: Missed Encounters« einzuladen, aus der 2017 ein Sonderheft der Zeitschrift *New German Critique* hervorging. Teile meines dort erschienenen Beitrags »Koselleck in America«, den ich auch 2016 auf einem gemeinsam mit Natasha Wheatley organisierten Panel der *German Studies Association* in San Diego diskutieren konnte, sind in das vorliegende Buch eingeflossen.

Dass Kosellecks späte Aufsätze zu einer Theorie möglicher Geschichten in der anglophonen Welt kaum bekannt sind, gab mir den Anlass, gemeinsam mit Sean Franzel eine Auswahl aus seinen Texten für den Band *Sediments of Time. On Possible Histories* zu übersetzen und einzuleiten. Die gemeinsame Arbeit begann noch während meiner Zeit als Fellow am Stanford Humanities Center 2015/16; an der Einleitung saß ich im Herbst 2017 im Grunewald als Fellow des Wissenschaftskollegs Berlin und der Guggenheim-Stiftung, insbesondere im Austausch mit Manu Goswami, Dieter Grimm, Christoph Möllers und Stephan Schlak. Vorträge zur Grundidee des Buchs, Kosellecks Historik als Auseinandersetzung mit Zeiterfahrungen des 20. Jahrhundert zu begreifen, hielt ich danach auf Tagungen in Marbach und Bielefeld, auf einem Symposium in Cambridge sowie in Vorlesungsreihen am Deutschen Historischen Institut London und am Historischen Seminar der LMU. Dass ich im Frühjahr 2022 in Ruhe an diesem Buch arbeiten konnte, danke ich auch Peter Zinoman und Cathryn Carson, die das Berkeley History Department äußerlich gelassen durch die Polykrisen unserer Zeit steuerten. Das Schlusskapitel geht zurück auf Diskussionen in zwei Seminaren, die ich mit Doktoranden und zwei befreundeten Kollegen aus anderen Departments gehalten habe: »Ruins of History«, gemeinsam mit Samera Esmeir, und »Yesterday's Tomorrows«, mit Andrew Shanken.

Berkeley, im November 2022

Verzeichnis der Abbildungen

Abb. 1: »13. Juni 1948. Reiko«. Selbstporträt Reinhart Kosellecks (Erbengemeinschaft Koselleck).

Abb. 2: »3. Aug. 41, auf Urlaub in Saarbrücken. Lisel, Reinhart, Eckart«. Der letzte Urlaub vor dem Transport einen Monat später an die Ostfront bei Kyjiw (Erbengemeinschaft Koselleck).

Abb. 3: Karte des Operationsraums der 6. Armee in der Ukraine 1941/42, mit den 1996 handschriftlich eingezeichneten Stationen Kosellecks. Aus dem Ausstellungskatalog *Vernichtungskrieg. Verbrechen der Wehrmacht 1941-1944*, hg. v. Hamburger Institut für Sozialforschung, Hamburg 1996. (DDK –Bildarchiv Foto Marburg / Erbengemeinschaft Koselleck).

Abb. 4: »Reiko in der Irrenzelle. Er ist unzurechnungsfähig u. bittet alle Unfreundlichkeiten zu entschuldigen.« Gezeichnet Weihnachten 1942 im Lazarett Bunzlau/Bolesławiec (Erbengemeinschaft Koselleck).

Abb. 5: In der Unterkunft der Radarstation »Forelle« bei Hagenau/Haguenau, Sommer 1944 (Erbengemeinschaft Koselleck)

Abb. 6: Die Eltern mit Reinhart und dem älteren Bruder Wolfram, 1923 (Erbengemeinschaft Koselleck).

Abb. 7: »Juni 1930: Reinhart malt Schloss Wilhelmshöhe« in Kassel (Erbengemeinschaft Koselleck).

Abb. 8: Elisabeth Koselleck mit Reinhart, Eckart und Wolfram, Oktober 1935 (Erbengemeinschaft Koselleck).

Abb. 9: Das Lager Spassk bei Karaganda, Zentralasien. Aquarell von Reinhart Koselleck 1947 (Erbengemeinschaft Koselleck).

Abb. 10: »Entschuldigen Sie, wie war nochmal Ihr Name?« Mit dem Vater im Zug. Zeichnung von Reinhart Koselleck, 1946 (Erbengemeinschaft Koselleck).

Abb. 11: »Aus Rußland zurück. April 1947«, das Gesicht noch aufgeschwemmt von der Genesung nach der Lagerhaft (Erbengemeinschaft Koselleck).

Abb. 12: Eric Hobsbawm. Zeichnung von Reinhart Koselleck, August 1947 (Erbengemeinschaft Koselleck).

Abb. 13: »Blick von Overbecks Wohnung« in Saarbrücken. Aquarell von Reinhart Koselleck, Herbst 1946 (Erbengemeinschaft Koselleck).

Abb. 14: »Abendmahl bei Oma Frey, 17. II. 1948«, der Wirtin in Heidelberg. Zeichnung von Reinhart Koselleck (Erbengemeinschaft Koselleck).

Abb. 15: Im Atelier des Heidelberger Malers Willibald Kramm, 1950er Jahre. Foto: Hermann Speer (Erbengemeinschaft Koselleck).

Abb. 16: Mit Willibald Kramm, der Schauspielerin Wawe Frank und sitzend Hanno Kesting, 1950er Jahre. Foto: Hermann Speer (Erbengemeinschaft Koselleck).

Abb. 17: Nach der Antrittsvorlesung in der Alten Aula der Universität Heidelberg, mit Felicitas Koselleck und Ion Contiades, Februar 1965 (Erbengemeinschaft Koselleck).

Abb. 18: Selbstporträt Reinhart Kosellecks aus einem Zyklus zum Heidelberger Universitätsbetrieb, hier bei der Klausuraufsicht *Die Welt* lesend (Erbengemeinschaft Koselleck).

Abb. 19: Universität Bielefeld, 1975. Foto: Fritz Dasselaar (Universitätsarchiv Bielefeld, FOS 00481).

Abb. 20: Mit den Bielefelder Kollegen Neithart Bulst, Friedrich Fulda, Ernst Christian Schröder (Rektor der Pädagogischen Hochschule Lippe-Westfalen), Jürgen Kocka, Hans-Ulrich Wehler und dem Rektor Karl Peter Grotemeyer (1980). Gefeiert wird die Fusion von Universität und Pädagogischer Hochschule, die Koselleck stets abgelehnt hat (Universitätsarchiv Bielefeld, FOS 04321).

Abb. 21: Gedenkstätte Vernichtungslager Treblinka, gestaltet 1960-1964 von Adam Haupt und Franciszek Duszeńko mit namenlosen Grabsteinen am ehemaligen Standort der Gaskammern. Foto: Reinhart Koselleck (DDK – Bildarchiv Foto Marburg / Erbengemeinschaft Koselleck).

Abb. 22: Charlotte Beradt in ihrem Apartment in Manhattan, 1977. Foto: Gerda Meyerhof (Fotostiftung Schweiz).

Abb. 23: An der New School for Social Research in New York 1986. Foto: Andy Feldman (Erbengemeinschaft Koselleck).

Abb. 24: Rückenansicht der Figurengruppe von Fritz Cremer, *Buchenwalddenkmal*, 1952-1958, mit Blick vom Ettersberg, 1993. Foto: Felicitas Koselleck (DDK – Bildarchiv Foto Marburg / Erbengemeinschaft Koselleck).

Abb. 25: Porträtfotoserie, Heidelberg, 1950er Jahre. Foto: Hermann Speer (Erbengemeinschaft Koselleck).

Abb. 26: Zigarrenkiste mit Begriffszetteln für die Dissertation, Anfang der 1950er Jahre (DLA Marbach / Erbengemeinschaft Koselleck).

Abb. 27: Im Arbeitszimmer, Bielefeld 2000. Foto: Barbara Klemm.

Abb. 28: Albert Gleizes, *Retour* (Lithografie, 1915), abgedruckt in der Zeitschrift *Le Mot*, 1.7.1915. Eine Reproduktion hing über der Liege im Arbeitszimmer (Princeton University Library).

Abb. 29: Rudolf Hausner, *Erschrockener Europäer* (1980). »Adam, schau hin! Siehst Du denn nicht, es brennt bereits am Horizont!??« Kosellecks Bildvorschlag für den Umschlag von *Taktische Kernwaffen. Die fragmentierte Abschreckung*, Frankfurt/M. 1987 (akg-images).

Abb. 30: Seite aus dem Bildteil von Reinhart Koselleck, »Kriegerdenkmale als Identitätsstiftungen der Überlebenden«, in: Odo Marquard, Karlheinz Stierle (Hg.), *Identität*, München 1979 (DLA Marbach / Erbengemeinschaft Koselleck).

Abb. 31: Regal mit gerahmter Fotografie Erwin Panofskys vor Karteikästen der ikonologischen Sammlung in den Kellerräumen des Privathauses in der Bielefelder Luisenstraße. Foto: Horst Fenchel (DDK – Bildarchiv Foto Marburg / Erbengemeinschaft Koselleck).

Abb. 32: Notizzettel Reinhart Kosellecks zum Denkmal für die Opfer des KZ Buchenwald, errichtet 1948 auf dem Ehrenhain der Verfolgten des Naziregimes, Hauptfriedhof Weimar. Inschrift: »Unsterbliche Opfer ihr sanket dahin… Den unbekannten antifaschistischen Kämpfern aller Nationen zum Gedenken« (DDK – Bildarchiv Foto Marburg / Erbengemeinschaft Koselleck).

Abb. 33: Vor der Marienkirche in Krakau 2000, mit Stift und Notizbuch auf »Denkmaljagd«. Ausflug mit der Deutschen Akademie für Sprache und Dichtung. Foto: Isolde Ohlbaum.

Abb. 34: Mit Ivan Nagel in Sankt Petersburg 2004. Foto: Isolde Ohlbaum.

Abb. 35: Reiterdenkmal für die Gefallenen des Deutsch-Französischen Krieges 1870/71 und des Ersten Weltkriegs, errichtet 1923 vor der Dorfkirche in Lossow bei Frankfurt/Oder. Foto: Aglaya Glebova.

Nachweise

Kapitel 1: »Ruinen der Geschichte: Zur intellektuellen Biografie«.
Engl. Teilabdruck: »Repetition and Rupture. Reinhart Kosellecks Theory of History for a World in Crisis«, in: *Aeon*, 7. 9. 2020, ⟨https://aeon.co/essays/reinhart-kosellecks-theory-of-history-for-a-world-in-crisis⟩, letzter Zugriff am 14. 11. 2022.

Kapitel 2: »Koselleck, Arendt und die Anthropologie geschichtlicher Erfahrungen«.
Erste Teilfassung: »Was die Zukunft birgt: Über Reinhart Kosellecks Historik«, in: *Merkur. Deutsche Zeitschrift für europäisches Denken* 63 (2009), S. 546-550. Erweiterte Fassung: »Zur Anthropologie geschichtlicher Erfahrungen bei Reinhart Koselleck und Hannah Arendt«, in: Hans Joas, Peter Vogt (Hg.), *Begriffene Geschichte. Beiträge zum Werk Reinhart Kosellecks*, Berlin, 2010, S. 171-204. Engl. Übers.: »Koselleck, Arendt, and the Anthropology of Historical Experiences«, *History and Theory* 49 (2010), S. 212-236; span. Übers.: »Sobre la antropología de la experiencia histórica en Reinhart Koselleck y Hannah Arendt«, in: Felipe Torres (Hg.), *Conceptos que hacen historia. En torno a Reinhart Koselleck*, Santiago de Chile (im Erscheinen).

Kapitel 3: »Zeiterfahrungen im Nationalsozialismus«.
Teilabdruck: »Die totale Zukunft. Charlotte Beradt und Reinhart Koselleck zu Traumerfahrungen der 1930er Jahre«, in: Sandra Mass u. a. (Hg.), *Erträumte Geschichte(n): Zur Historizität von Träumen, Visionen und Utopien. Festschrift für Willibald Steinmetz*, Bielefeld 2022, S. 141-162.

Kapitel 4: »Begriffe am Ende der Geschichte oder: Ist die ganze Welt ein Text?«
Engl. Teilabdruck: »Koselleck in America«, in: *New German Critique* 44 (2017) (= Sonderheft *Transatlantic Theory Transfer: Missed Encounters*, hg. v. Anson Rabinbach u. Andreas Huyssen), S. 167-188.

Bei allen anderen Texten in diesem Buch handelt es sich um Erstveröffentlichungen.

Ortsregister

Namenregister

Reinhart Koselleck
im Suhrkamp Verlag

Geronnene Lava. Texte zu politischem Totenkult und Erinnerung. Herausgegeben von Manfred Hettling, Hubert Locher und Adriana Markantonatos. Fester Einband mit Schutzumschlag. 572 Seiten

Vom Sinn und Unsinn der Geschichte. Aufsätze und Vorträge aus vier Jahrzehnten. Herausgegeben und mit einem Nachwort von Carsten Dutt. stw 2090. 388 Seiten

Begriffsgeschichten. stw 1926. 569 Seiten

Zeitschichten. Studien zur Historik. Mit einem Beitrag von Hans-Georg Gadamer. stw 1656. 400 Seiten

Vergangene Zukunft. Zur Semantik geschichtlicher Zeiten. stw 757. 389 Seiten

Kritik und Krise. Eine Studie zur Pathogenese der bürgerlichen Welt. stw 36. 248 Seiten

Briefwechsel

Hans Blumenberg, Reinhart Koselleck. Briefwechsel 1965-1994. Herausgegeben von Jan Eike Dunkhase und Rüdiger Zill. Fester Einband mit Schutzumschlag. 181 Seiten

Reinhart Koselleck, Carl Schmitt. Der Briefwechsel 1953-1983. Herausgegeben von Jan Eike Dunkhase. Fester Einband mit Schutzumschlag. 459 Seiten

NF 186/1/2.23

Zu Reinhart Koselleck

Stefan Ludwig Hoffmann. Der Riss in der Zeit. Kosellecks ungeschriebene Historik. stw 2399. 392 Seiten

Begriffene Geschichte. Beiträge zum Werk Reinhart Kosellecks. Herausgegeben von Hans Joas und Peter Vogt. stw 1927. 590 Seiten

NF 186/2/2.23

Siegfried Kracauer
im Suhrkamp Verlag

Werke. Neun Bände
– Gesamte Werkausgabe (Leinen oder Broschur)

Die Bände sind auch einzeln lieferbar:

- **Band I: Soziologie als Wissenschaft. Der Detektiv-Roman. Die Angestellten.** Herausgegeben von Inka Mülder-Bach unter Mitarbeit von Mirjam Wenzel. Mit Faksimiles der Handschrift. 398 Seiten
- **Band 2.1: Von Caligari zu Hitler.** Herausgegeben von Sabine Biebl. Mit zahlreichen Abbildungen. 574 Seiten
- **Band 2.2: Studien zu Massenmedien und Propaganda.** Herausgegeben von Christian Fleck und Bernd Stiegler unter Mitarbeit von Joachim Heck und Maren Neumann. 896 Seiten
- **Band 3: Theorie des Films.** Die Errettung der äußeren Wirklichkeit. Herausgegeben von Inka Mülder-Bach unter Mitarbeit von Sabine Biebl. Mit zahlreichen Abbildungen und Faksimiles. 914 Seiten
- **Band 4: Geschichte – Vor den letzten Dingen.** Herausgegeben von Ingrid Belke unter Mitarbeit von Sabine Biebl. 645 Seiten
- **Band 5: Essays, Feuilletons, Rezensionen.** Vier Teilbände. Herausgegeben von Inka Mülder-Bach. In vier Teilbänden. 2982 Seiten
- **Band 6: Kleine Schriften zum Film.** Drei Teilbände. Herausgegeben von Inka Mülder-Bach unter Mitarbeit von Mirjam Wenzel und Sabine Biebl. In drei Teilbänden. 1676 Seiten

NF 173/1/08.12

- **Band 7: Romane und Erzählungen.** Herausgegeben von Inka Mülder-Bach unter Mitarbeit von Sabine Biebl. 670 Seiten
- **Band 8: Jacques Offenbach und das Paris seiner Zeit.** Herausgegeben von Ingrid Belke unter Mitarbeit von Mirjam Wenzel. Mit zahlreichen Abbildungen und Faksimiles. 608 Seiten
- **Band 9: Frühe Schriften aus dem Nachlaß.** Zwei Teilbände. Herausgegeben von Ingrid Belke unter Mitarbeit von Sabine Biebl. 724 Seiten

Theodor W. Adorno/Siegfried Kracauer

Briefe und Briefwechsel. Band 7: Theodor W. Adorno/Siegfried Kracauer. Briefwechsel 1923-1966. »Der Riß der Welt geht auch durch mich ...« Leinen. 772 Seiten

NF 173/2/08.12

50 Jahre suhrkamp taschenbuch wissenschaft
1973-2023
Das Jubiläumsprogramm

Aleida Assmann. Im Dickicht der Zeichen. stw 2429. 360 Seiten

Judith Butler. Die Macht der Geschlechternormen und die Grenzen des Menschlichen. Übersetzt von Karin Wördemann und Martin Stempfhuber. stw 2422. 414 Seiten

Esther Duflo. Kampf gegen die Armut. Übersetzt von Andrea Hemminger. stw 2428. 182 Seiten

Philippa Foot. Die Natur des Guten. Übersetzt von Michael Reuter. stw 2421. 162 Seiten

Eva Illouz. Gefühle in Zeiten des Kapitalismus. Übersetzt von Martin Hartmann. stw 2423. 170 Seiten

Rahel Jaeggi. Kritik von Lebensformen. stw 2424. 451 Seiten

Karin Knorr Cetina. Die Fabrikation von Erkenntnis. Zur Anthropologie der Wissenschaft. Mit einem Vorwort von Rom Harré. stw 2427. 372 Seiten

Martina Löw. Raumsoziologie. stw 2425. 320 Seiten

Beate Rössler. Autonomie. Ein Versuch über das gelungene Leben. stw 2426. 443 Seiten

Lucie Varga. Zeitenwende. Mentalitätshistorische Studien 1936-1939. Herausgegeben, übersetzt und eingeleitet von Peter Schöttler. stw 2430. 247 Seiten

NF 185/1/1.23